A JOURNEY FROM
KAIKOKU ("OPENNING TO THE WORLD")
TO
HAISEN ("DEFEAT IN WORLD WAR II")

近代日本外交历程

祝曙光 著

MODERN JAPANESE DIPLOMACY

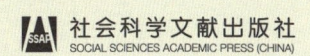

从
黑船来航
到
开罗会议

社会科学文献出版社
SOCIAL SCIENCES ACADEMIC PRESS (CHINA)

目 录

绪 论 …………………………………………………………………… 1

第一章 开国与日本外交的起步 …………………………………… 5
第一节 东西方两种国际秩序的并立与冲突 …………………… 5
第二节 "黑船来航"与《神奈川条约》的签署 ……………… 8
第三节 锁国体制的终结与德川幕府的倒台 …………………… 21

第二章 外务省的设立与明治前期的日本外交 …………………… 32
第一节 明治政府外交主导权的确立 …………………………… 32
第二节 修改不平等条约及其结果 ……………………………… 37
第三节 从"日清提携"到"脱亚入欧" ……………………… 46
第四节 日本与近代东亚国际秩序的转型 ……………………… 59

第三章 开启帝国时代的外交：中日甲午战争期间的日本外交 …… 82
第一节 "大陆政策"的形成 …………………………………… 82
第二节 东学党之乱与中日甲午战争的爆发 …………………… 85
第三节 《马关条约》及其影响 ………………………………… 94
第四节 "三国干涉还辽"与日本的暂时退却 ………………… 100

第四章 与强者为伍：日英同盟的建立与日俄战争 ……………… 106
第一节 "俄馆播迁"与《小村-韦贝尔备忘录》 ……………… 106
第二节 俄国占领中国东北与日英同盟的建立及修订 ………… 113
第三节 《朴次茅斯条约》的签署与日本对朝鲜的吞并 ……… 127
第四节 有贺长雄与《外交时报》 ……………………………… 135

第五章　远交近攻：日本对近东和中亚的外交战略 ……………… 139
第一节　日本与伊斯兰国家关系溯源 ………………………… 139
第二节　德皇威廉二世的"日祸西渐论"与日本伊斯兰战略的形成 ……………………………………………… 145
第三节　从第一次世界大战到《洛桑条约》：日本积极走向近东 ………………………………………… 153
第四节　日本近东、中亚外交战略的挫折与失败 …………… 159

第六章　权力真空：第一次世界大战与日本的参战外交 ………… 172
第一节　移民问题与日美关系 ………………………………… 172
第二节　从《桂太郎-塔夫脱备忘录》到《蓝辛-石井协定》 ……………………………………… 177
第三节　辛亥革命与日本涉华外交 …………………………… 186
第四节　日本外交的拙劣之作："二十一条"及其后果 ……… 195

第七章　日本外交的转型：从巴黎和会到华盛顿会议 …………… 210
第一节　威尔逊的"十四点纲领"：新外交的诞生与日本 …… 210
第二节　巴黎和会与日本的种族平等提案 …………………… 216
第三节　山东问题与中日关系 ………………………………… 223
第四节　外务省内的"革新运动" …………………………… 230
第五节　华盛顿会议与日本 …………………………………… 235
第六节　华盛顿会议的影响 …………………………………… 269

第八章　在华盛顿体系内运行的日本外交 ………………………… 274
第一节　币原外交的限度：从第二次直奉战争到北京关税特别会议 ……………………………………… 275
第二节　北伐战争与日本所谓的"绝对不干涉主义" ………… 299
第三节　艰难曲折的中日修订商约谈判 ……………………… 306
第四节　中国政局的急剧变化与日本的应对 ………………… 314
第五节　田中外交与东方会议 ………………………………… 320
第六节　"协调外交"的绝唱：伦敦海军裁军会议 …………… 329

目录

第七节　一波三折的日苏、日英关系 …………………………… 334

第九章　摆脱华盛顿体系：九一八事变与日本退出国联 …………… 350
　　第一节　九一八事变与远东国际关系 …………………………… 350
　　第二节　不抵抗政策与中国国际地位的严重失坠 ……………… 360
　　第三节　九一八事变与日本国内政治 …………………………… 369

**第十章　日本外交的破产：从不战不和到全面侵华战争
　　　　　及太平洋战争的爆发** …………………………………… 376
　　第一节　华北事变与中日关系的急剧恶化 ……………………… 376
　　第二节　卢沟桥事变的爆发与国际社会的反应 ………………… 387
　　第三节　德国调停与中国抗战 …………………………………… 394
　　第四节　日本全面侵华战争前期的对华政策 …………………… 403
　　第五节　失去的机会：日美谈判的破裂与太平洋战争的爆发 …… 410
　　第六节　穷途末路的战时外交 …………………………………… 424

主要参考文献 ……………………………………………………………… 428

后　记 ……………………………………………………………………… 450

绪 论

本书对1853年7月"黑船来航"至1945年8月太平洋战争结束的日本外交史进行比较全面的论述，揭示日本外交的起步、发展、扭曲乃至破产的过程。江户时代，日本实行闭关锁国政策，没有设置近代意义上的专门外交机构。虽然日本仿效中国，构建"大君外交体制"，即日本版的华夷国际秩序，但这是被明、清政府逐出华夷国际秩序，成为"化外之国"和东亚"孤儿"的日本的无奈之举，其仅有不定期的对外贸易和文化交流。"黑船来航"后，日本被纳入了世界资本主义体系。继中国之后，日本也与西方国家订立条约，东亚传统国际秩序在武力威胁与军事冲突中向近代转型。日本开始设置外交专管机关，按国际惯例任免外交官员，注意保持外交工作的连续性，建立外交官录用考试制度，选拔优秀人才充实外交队伍，朝着外交人员专业化和职业化迈进。

太平洋战争爆发前的日本外交可划分为五个阶段。第一阶段，从"黑船来航"到1869年外务省成立，这是日本外交的起步阶段。日本从锁国到逐渐融入国际社会，允许外国在日设立公使馆和领事馆，建立外交专管机构，订立国际条约，保护外国外交官员和侨民。第二阶段，从外务省成立到中日甲午战争前夕，这是日本外交的摸索阶段。日本派出驻外使节（1870年），改变只有外国驻日使节而没有日本驻外使节的状况，建立外交官录用考试制度（1893年）；与中国签署《日清修好条规》（1871年，中国称《中日修好条规》），在"日清提携"与"脱亚入欧"间一度徘徊不定但最终选择了后者，并在修改不平等条约上取得重大突破。第三阶段，从中日甲午战争到第一次世界大战，这是日本开启帝国外交的阶段。在"殖产兴业""文明开化""富国强兵"理念的引导下，日本现代化建设卓有成效，具备了挑战中国、与西方列强争霸亚洲的实力。日本通过中日甲午战争和日俄战争，占据了中国台湾和朝鲜，进行殖民统治，占领库页岛南部，从俄国手中获得旅顺、大连的租借权和中东铁路，成为亚洲历史上唯一拥有殖民地和半殖民地或势力范围的国家，与英国结盟，产生了历史上独一无二的东西方同盟，建立了类似英国东印度公司的组织——南满洲铁道株式会社（满铁），开启了帝国外交，其对外政策越来越具有侵略性和扩张性。第四阶段，从巴黎和会到九一八事变前夕，这是日本的"协调外交"阶段。币原喜重郎将萌芽于原敬内阁时期的"协调外交"推向了新的高度。这一时期也被称为近代日本的"和平与民主主义时期"，政治上实行普选制和由政党组阁，外交上积极融入国际社会，参与构建凡尔赛-华盛顿国际体系，签订《五国海军协定》和《伦敦海军公约》，日本外交运行在华盛顿体系内。但反对"协调外交"、主张推进强硬自主外交的政治势力依然暗潮涌动。第五阶段，从九一八事变到太平洋战争，这是日本外交走向扭曲及彻底破产的阶段。日本军部和右翼势力选择"满蒙"地区作为对外扩张的突破口，发动九一八事变并退出国联，脱离了凡尔赛-华盛顿体系，在体系内与西方列强协调的外交模式宣告终结，日本对外政策日趋激进。卢沟桥事变爆发后，中日两国进入了全面战争状态，日本的行动突破了西方国家特别是美国的容忍限度。当日本加入轴心国集团并开始染指西方国家在东南亚的势力范围时，日本已经与世界上大多数国家为敌，日本外交的回旋余地越来越小。在日美对立日益严重的情况下，日本仍在寻求妥协的可能性，在长达9个月的日美谈判中，由于日本缺乏诚意，拒绝妥协，太平洋战争爆发，日本外交彻底破产。

太平洋战争爆发前，日本外交呈现如下特点。

第一，外交的战争导向性。太平洋战争爆发前日本外交的目的往往不是制止战争，而是为战争做准备，为军部对外扩张和发动对外战争进行辩解与粉饰。外交在军国主义的日本成了推行战争的手段。外交的战争导向性是太平洋战争爆发前日本外交的基本特征。从1874年5月借琉球岛民遇难一事公然出兵台湾开始，日本先后发动中日甲午战争、日俄战争，参加第一次世界大战，攻占青岛和胶济铁路，出兵西伯利亚，发动九一八事变、卢沟桥事变，袭击珍珠港，近代日本几乎每10年要发动一次对外战争，而外交扮演了为战争做准备、造舆论的角色。即便像九一八事变这样以特异形态爆发的战争，即既没有经过内阁会议、军部首脑会议研究讨论，也没有经过御前会议的最后裁决，而是由关东军用阴谋手段发动的战争，外务省仍然积极为关东军的行动辩护，这使得九一八事变期间的日本外交显得非常活跃，因为外务省与关东军在企图扩大日本在中国东北的殖民权益方面是完全一致的。由于经济实力的欠缺和科学技术的落后,日本最终走上了需要投入更多成本、对军事力量依赖度较高的扩张道路。西方国家的殖民地都设在与本国并不接壤的远隔之地,西方国家通过"和平"的自由贸易方式构建"自由贸易"帝国主义,而日本外交常常以所谓军事安全保障为出发点,鼓动国家"在直接连接本国国境线的南方及北方地域进行空间上的扩张"。①

第二,政府体制外势力对外交进行干预。外交是主权国家间或主权国家与国际组织间的正常交往,是一国政府通过其官方代表进行的对外活动。但由于明治宪政体制的缺陷,政府体制外势力如军部、枢密院、右翼组织等对外交部门施加压力,政府对军队缺乏管控权,军部拥有"帷幄上奏权",常常越过外交部门直接实施外交行动并迫使政府承认,形成了所谓"双重外交"。由于在历次对外战争中不断取得胜利,军部在国家政治生活中的影响力越来越大,这同时也增强了其在外交事务上的发言权,其独断专行,肆意妄为。

第三,理性与具有民主和平意识的外交官员被排挤,极端民族主义和国家主义者被重用。外交活动说到底是人的活动,有什么样的人就有什么样的外交活动,而人的活动是受意识形态影响的。纵观太平洋战争爆发前日本外交的历史,在实施什么样的对外政策方面,有些外务省主管官员甚至比军部更加激进。因为军部在发动对外战争时以及战争进行期间,要评估敌我双方的实力,评估过程中理性的声音有时会占据主导地位。例如,日俄战争期间的1905年3月13日,参谋总长山县有朋率先要求与俄国进行和谈,认为俄国仍拥有强大的兵力,相反日方兵力已近用罄,最终山县的意见被采纳。而卢沟桥事变后,外相广田弘毅会见德国驻日大使,要求德国出面调停中日冲突并提出具体议和条件,但广田缺乏谈判诚意,不断改变议和条件,层层加码,这实际上是配合军事行动所展开的外交行动。当中国同意在德国驻华大使转达的日方条件基础上进行谈判时,广田却辩称在付出了巨大"牺牲"后,以这样"简单"的条件谈判是难以容忍的,出尔反尔,要求断绝与中国政府的"和平交涉"。为此,日本政府发出了"不以国民政府为对手"的声明,彻底断绝了与中国政府进行正式谈判的

---

① 俞辛焞:《俞辛焞著作集》第十卷,南开大学出版社,2016年,第2—3页;〔日〕三谷太一郎:《日本的"近代"是什么:问题史的考察》,曹永洁译,社会科学文献出版社,2019年,第160—161页。

机会，侵华战争由此长期化。战后广田弘毅作为甲级战犯被逮捕和审判，是被远东国际军事法庭判处死刑的7名甲级战犯中唯一的外交官员。另一位外相松冈洋右因奉行侵略性的对外政策以及推动建立日、德、意三国军事同盟，也作为甲级战犯被逮捕和审判，因审判期间病亡而逃脱了惩罚。相反，具有国际协调主义思想的外相币原喜重郎，因将外交行动诉诸理性，反对采取情绪化、非理性行动而遭到排挤，黯然下台。田中义一组阁后亲自兼任外相，以所谓的田中外交取代币原外交。森恪受田中赏识，担任外务政务次官，成为实际的外相。森恪具有强烈的右翼民族主义思想，多次与松冈洋右一起撰文或当面抨击币原外交，主持召开第二次东方会议，奉行非常激进的对华政策，认为在对华行动方面，外务省必须与军部协同。为此，其与军部人士频繁接触，秘密策划了谋杀张作霖的震惊国际的"皇姑屯事件"。犬养毅内阁成立后，森恪反对犬养毅奉行的对华稳健政策，并辞去内阁书记官长一职。九一八事变后的1932年8月，外相内田康哉在众议院会议上发表"焦土演说"，声称：为了解决"满蒙问题"，"举国一致，即使把国家化为焦土，也决心贯彻这一主张，寸步不让"。[①] 内田康哉从东京帝国大学毕业后即进入外务省工作，先后担任驻中国临时代理公使、驻奥地利兼瑞士公使，以及驻美国和俄国大使。1911年8月，内田首次出任外务大臣。他是日本历史上唯一一位在明治、大正和昭和三个时代担任过外相的外交官。然而，作为资深外交官，内田康哉竟然抛出了"焦土外交"，如此胡言乱语，说明其完全失去了理智。

鉴于第二次世界大战的惨痛教训，战后日本政府提出了外交三原则，即以联合国为中心、与自由主义国家协调和坚持作为亚洲一员的立场。日本不再走"脱亚入欧"、侵略亚洲邻国的道路，"放弃发动战争的权利""不承认国家的交战权"被写入宪法，这为战后日本的和平发展与经济腾飞创造了条件。

[①] 〔日〕信夫清三郎编《日本外交史》下册，天津社会科学院日本问题研究所译，商务印书馆，1980年，第579页。

第一章　开国与日本外交的起步

19世纪前东西方运行着两种截然不同的国际体系，即华夷国际秩序与自《威斯特伐利亚和约》签订起形成的西方国际秩序。被逐出华夷国际秩序的日本，在江户时代实施和强化锁国政策。随着西欧资本主义的发展，东西方力量对比发生了变化，凭借经济和军事实力的增长，西方国家逐渐向东方扩张，裹挟着国家主权平等、主权国家间订立条约和承担条约义务、建立外交常驻代表机构等理念的西方国际秩序向华夷国际秩序发起了挑战。日本在美国的压力下被迫放弃锁国政策，开港通商，这引发了剧烈的经济和社会变动，最终导致德川幕府垮台。

第一节　东西方两种国际秩序的并立与冲突

19世纪前东西方运行着两种截然不同的国际体系，即华夷国际秩序与自《威斯特伐利亚和约》签订起形成的西方国际秩序。华夷国际秩序是一种阶层性的等级秩序，以具有伦理性名分秩序的"中华世界秩序"为规范；而构建西方国际秩序的主体是号称主权国家的"民族国家+民族国家"，民族国家间"主权对等"，以国际法为规范。[①] 尽管所秉持的原理、运行的机制不同，但这两种国际体系在维护国际秩序和地区安全方面都发挥了积极作用。在东西方相对隔绝和实力均等的状态下，两种国际体系并立，相安无事。但随着西欧资本主义的发展，东西方力量对比发生了变化，凭借经济和军事实力的增长，西方国家逐渐向东方扩张，裹挟着国家主权平等、主权国家间订立条约和承担条约义务、建立外交常驻代表机构等理念的西方国际秩序向华夷国际秩序发起了挑战。华夷国际秩序不依靠

---

① 张启雄：《宗藩与独立——壬午兵变的国际秩序原理论述》，载栾景河、张俊义主编《近代中国：思想与外交》上卷，社会科学文献出版社，2013年，第1页。

武力，不干涉内政，以道德、文化和贸易方式处理周边事务和问题，通过朝贡与册封来维系中国与周边国家和周边民族的关系，是一种以礼仪和儒家的德治理念运行的国际秩序，中国与周边国家不存在统治与被统治的权力关系。周边国家为了保持与中国的文化和贸易交流而加入朝贡国行列，同时又保持了自主性和独立性，这使得双方都没有必要维持庞大的军事力量，因此华夷国际秩序是一种廉价的集体安全保障体系。中国常常称周边朝贡国家为"藩属""属邦""藩属国""属国"等，对中国而言，其就是"藩屏""藩蔽"的缓冲国。儒家的德治理念对通过使用武力形成的权力统治——"霸道"予以否定。武力仅仅是作为对不接受德治、破坏安宁的行为进行惩罚的手段而使用的，"无文而武绝非中华"。[①] 长期以来，中国的权势有兴有衰，但华夷国际秩序一直运行良好，加入该体系的国家甚至依然会对一个已经被推翻的中国王朝表示效忠，"尽管那个王朝已经不能影响他们的生存状态"。因此，华夷国际秩序的运行状态超出了国际政治中纯粹以权力为基础的解释。"严格来说，中华帝国的军事实力时常处于虚弱状态，但是军事力量既不是东亚秩序得以维续的必要条件也不是充分条件。"一种共享的文化才是东亚国际社会存续的首要原因。周边国家使用中国语言彼此交流，熟悉儒家思想的人身居高位，"他们历史上的某些时期一定程度上按照中国模式采用了中央集权的政府架构"。"这些做法进一步促进了朝贡体系的被接受，使成员国的身份认同更紧密地与东亚国际社会联系在一起"，获得中国册封经常被周边国家统治者看成具备统治合法性的必要条件。[②] 此外，中国为维护华夷国际秩序的稳定耗费了大量资源，如奉行"厚往薄来"原则，与周边民族和国家进行不等价的朝贡贸易，为此，按亲疏远近对华夷国际秩序内的各国规定了不同的朝贡时间和朝贡规模，不追求无限制扩张华夷国际秩序，其只局限于周边国家和地区，这是华夷国际秩序与西方国际秩序的本质区别。西方国际社会的特点"在于它始终处于扩张态势。在扩张过程中，早期最为显著的例子是它分别于1721年和1783年吸纳了俄罗斯帝国（其前身为莫斯科公国）和美国。19世纪则见证了它如何闯入世界上非基督教地区，1856年的《巴黎条约》宣布接纳土耳其为其成员。当西方国际大家庭抵达远东世界时，

[①] 茂木敏夫『変容する近代東アジアの国際秩序』、山川出版社、2016年、4—7頁。
[②] 〔英〕铃木胜吾：《文明与帝国：中国与日本遭遇欧洲国际社会》，王文奇译，世界知识出版社，2019年，第50—51页。

它发现自身遭遇到另外一个由中国领导的国际大家庭。两个互不相容的体系于是发生了碰撞,最终处于扩张态势的西方国际大家庭的光芒盖过了对手"。①

日本曾是华夷国际秩序中的一员。但丰臣秀吉发动的侵朝战争,恶化了中日、日朝关系,破坏了东亚和平,日本被明政府逐出华夷国际秩序,这使日本不能享受华夷国际秩序内的贸易利益,并成为"化外之国"和东亚"孤儿"。德川政权建立后,力图回归华夷国际秩序,但遭到明政府的冷遇,未取得实质性进展。清取代明以后,德川幕府一方面对"以夷变夏"的清政府持轻蔑态度,颁布锁国令,不断强化锁国政策;另一方面模仿华夷国际秩序,构建以日本为中心的特殊的东亚国际秩序,即"大君外交体制"。华夷国际秩序是以文化优越性为根据构建的,而"大君外交体制"则以"武威"和"天皇的万世一系"为根据。② 1610 年,著名儒学家林罗山奉德川家康之命起草的信函勾画了日本业已形成的国际秩序:"其教化所及之处,朝鲜入贡,琉球称臣,安南、交趾、占城〔以上全属越南〕、暹罗〔泰国〕、吕宋〔菲律宾〕、西洋、柬埔寨等蛮夷君长酋帅,无不分别上书输贡。"③ 但信中所言显然有夸大的成分。德川幕府所构建的"大君外交体制"仅涵盖三个国家,即日本、朝鲜和琉球,不仅涵盖国家数量少,而且朝鲜与琉球同时还处于华夷国际秩序内。与在中朝关系中奉行"事大主义"、甘居下位不同的是,朝鲜认为本国与日本处于对等的地位,且在朝日交往中表现出文化上的优越感。"朝鲜对日本姿态贯彻的是'交邻'(原则),甚至对日本的文化优越的夸示也很显著。而且朝鲜自丰臣秀吉的侵略以后,加强了对日本的警戒,原则上禁止日本人进入国内,因此,即使德川将军想直接派遣使节,也可以说没有实现的可能性。"④ 江户时代从壹岐、对马和九州各港口上岸的朝鲜通信使有 500 人,从陆路经大阪、京都、名古屋等地抵达江户。通信使由对马藩 800 名武士护卫,加上为朝鲜通信使服务的劳役人员,整个队伍人数超过 3000 人,

---

① 〔美〕徐中约:《中国进入国际大家庭:1858—1880 年间的外交》,屈文生译,商务印书馆,2018 年,第 8—9 页。
② 茂木敏夫『変容する近代東アジアの国際秩序』、山川出版社、2016 年、11 頁。
③ 〔日〕信夫清三郎:《日本政治史》第一卷,周启乾译,上海译文出版社,1982 年,第 10 页。
④ 荒野泰典編『江戸幕府と東アジア』、吉川弘文館、2003 年、161 頁、转引自复旦大学文史研究院编《世界史中的东亚海域》,中华书局,2011 年,第 158 页。

可以说浩浩荡荡，在日本境内往返时间长达6个月。而作为日本使者的对马藩武士仅能来往于对马与釜山草梁。倭馆是李朝为接待日本使者修建的设施，仅供对马藩使用，允许对马藩在一定范围内进行公私交易。实际外交事务，日本方面由对马藩宗家负责，朝鲜方面由统辖釜山的东莱府使负责。除此以外，朝鲜方面不允许任何正式的接触。由于李朝严密的控制，绝大多数朝鲜人根本不知道日本使节的存在，也根本不知道朝鲜与日本有"交邻关系"。① 日本著名儒学家中井竹山于1792年上书幕府首席老中松平定信，认为朝鲜并非日本的属国："朝鲜终究不会以武力强加于我，故欲以文事凌驾于我……因我邦暗于学而乘之虚，欺我不知，于途中之卤簿建'巡视'之旗号、'清道'之旗令等，无礼之甚者。巡视乃巡察领内者，有将我邦视为渠属国而遣使者巡察之心；清道乃清扫道路之事，原应致谢沿途诸侯之清扫接待，却命清扫是为何事？令旗是号令我日本听命，清国使者至朝鲜之时则必定有之。渠将其施之我国，公然辱我，可憎之甚。若近年有聘使，可移书前方而诘问之，并可悉数改之。"② 1609年，萨摩藩出兵入侵琉球以后，不仅不禁止琉球向明廷的朝贡，而且对琉球臣服日本之事"秘而不宣"，使琉球处于同时与日本和中国保持藩属关系的两属状态，谋求恢复日中之间的贸易关系。

进入19世纪，以英国为代表的西方国家，凭借工业革命带来的国家实力的巨大增长以及对原料和商品销售市场的追求，要求与东方国家订立条约，将西方国际秩序扩展至东方。英国通过鸦片战争与中国签约，"嗣后大清大皇帝、大英国君主永存平和，所属华英人民彼此友睦，各住他国者必受该国保佑，身家全安"，③ 建立一种表面上平等的国家关系，与华夷国际秩序内上下有序、各安其位的国家关系不同，导致了华夷国际秩序的破裂与中国国际地位的下降。

第二节 "黑船来航"与《神奈川条约》的签署

18世纪末叶后，日本越来越感受到来自北边俄国和其他西方国家的

---

① 吴善花『韓国併合への道 完全版』、文藝春秋、2013年、44—45頁。
② 荒野泰典编『江户幕府と東アジア』、吉川弘文馆、2003年、162頁、转引自复旦大学文史研究院编《世界史中的东亚海域》，中华书局，2011年，第159页。
③ 王绳祖主编《国际关系史资料选编》上册（第一分册），武汉大学出版社，1983年，第105页。

压力。俄国为寻求远东不冻港，沿堪察加半岛南下，威胁到日本北部边界的安全，为此，德川幕府将北海道收归直辖，安抚原住民，加强海防。与此同时，在日本近海的外国船只日益增多，锁国政策面临崩溃的危险。中国在鸦片战争中失败的消息传到日本后，引起日本决策者的极大震动。日本为此于1842年废弃了仅实施了17年的"驱逐异国船只令"，恢复向外国船只提供燃料、淡水及食物补给的惯例，显示以柔性手段处理对外事务。1844年，法国东印度舰队司令塞西尔为谋求处于"两属状态"的琉球开国，派军舰驶入那霸港，与琉球政府谈判，提出"和好"与"通商"要求。1846年，美国东印度舰队司令比德尔率舰队驶抵浦贺冲海面。但这些开国通商的要求，在日本决策者的虚与委蛇下，均无果而终。

德川时代掌控外交权的是将军，实际的外交事务由4个机构负责，即负责与朝鲜关系的对马藩宗家、负责与琉球关系的萨摩藩岛津家、负责与阿伊努人①关系的松前藩松前家，以及负责与来航长崎的唐船与荷兰船关系的长崎地方政府。1824年5月28日，常陆国多贺郡大津滨（今茨城县北茨城市）发生12名英国捕鲸船员乘坐舢板登陆事件，即"大津滨事件"。翌年，幕府发布"驱逐异国船只令"。但驶入日本近海的外国船只日益增多，出现海防危机。1845年，幕府将非常设的海防挂（1792年）改为常设，海防挂老中由原来的仅为接收各藩提交的海防报告而设置的临时性职位转变为常设职位，先由所有老中、若年寄等每月轮流兼任，强化以江户湾为中心的近海防备；1856年11月，改为由首席老中堀田正睦专门兼任至1858年7月。1858年7月，幕府明确了处理对外事务上的责任归属问题，在海防挂之下形成了负责对外问题咨询和讨论的外交团体。②

1851年6月，美国东印度舰队司令奥利克奉命率三艘军舰再次前往日本，要求开国。但舰队抵达香港后，奥利克健康状况恶化，被解除职务，佩里③准将被任命为新的舰队司令。佩里接任后，认真收集与研读有关日本的研究资料，特别是德国著名学者西博尔德的著作，与到达日本近海的捕鲸船船长取得联系，详细了解日本的情况，并任命于1849年随"布兰

---

① 也被称为"虾夷人"，近代以前日本人称北海道为"虾夷地"。
② 上白石实『幕末期対外関係の研究』、吉川弘文館、2011年、177—178、182—186頁。
③ 佩里（Matthew Caibraith Perry, 1794-1858），出生于美国罗得岛，年仅15岁就加入美国海军，20岁结婚，参加了1812年爆发的美英战争，美墨战争期间任"密西西比"号军舰舰长兼舰队副司令，指挥了墨西哥湾的登陆作战。

德湾"号军舰前往长崎的本托大尉为副官。

1852年11月，美国政府正式下达了向日本派遣舰队的训令。11月5日，美国国务院和海军部发出了给佩里的指令，指示舰队远航日本的目的为：（1）保护在日本近海遇险的美国船员的生命与财产；（2）确保美国船舶有在日本补充食品、燃料和淡水的港口，并尽可能获得在日本港口设立煤炭储存所的权利；（3）为美国船舶获得一个以上进行贩卖货物或以货易货港口的入港许可。① 美国政府关于向日本派遣远征舰队的命令公布以后，居然在美国和欧洲掀起了热潮，文人、科学家和旅行者纷纷要求加入远征舰队，把佩里舰队远征视为一次浪漫的东方之旅。政府迫于民间压力，要求佩里允许一定数量的民间人士登船随行，遭到佩里的断然拒绝。佩里认为民间人士难以忍受海军严苛的军纪和漫长、枯燥的海上生活。此次舰队远航不是进行学术考察，而是负有特殊的军事和外交使命，需要严格保密，如允许民间人士随行，有泄露军事和外交机密的危险。② 19世纪中叶以前，因交通、通信不便，美国和欧洲国家海军承担了相当繁重的外交任务，如递交国书、护送外交使节、传递外交信息等，一旦遭遇他国攻击，也能有效保护自己。③

1853年7月8日（嘉永六年六月三日），佩里率领由蒸汽动力军舰"萨斯奎哈纳"号、"密西西比"号和武装帆船"普利茅斯"号、"萨拉托加"号组成的舰队驶抵江户湾的浦贺冲海面，即日本历史上有名的"黑船来航"。佩里的身份是由总统任命的美国东印度舰队司令（Commander-in-Chief, U. S. East India Squadron），但佩里认为将自己的身份局限于军人不利于开展与幕府的外交谈判，难以达成外交使命，便擅自决定调整自己的身份。当1854年佩里第二次抵达日本，幕府被迫答应与其进行具体的外交谈判时，佩里将自己的身份调整为"Commander-in-Chief, U. S. Naval Forces in the East India, China and Japan Seas, and Special Ambassador to Japan"。幕府官员将佩里身份用汉语翻译为"亚美利坚合众国特命钦差大使专到日本国，兼管本国舰船停泊中国、日本海，东印度舰队提督"，也就是说佩

---

① 横浜開港資料館『ペリー来航と横浜』、横浜開港資料館、2004年、22頁。
② M. C. ペリー著、F. L. ホークス編纂、宮崎壽子監訳『ペリー提督日本遠征記』上、角川ソフィア文庫、2014年、192頁。
③〔日〕五百旗头真编著《日美关系史》，周永生等译，世界知识出版社，2012年，第18—19页。

里具有了外交特使的身份。① 由于没有外交官随行，佩里的把戏也就不会被戳穿。但佩里对达成目的并没有把握。因此，他首先率领舰队于1853年5月26日抵达琉球那霸，拟在琉球建立仓库等设施。1853年6月14日，舰队驶抵小笠原群岛，购买了煤炭储存地。显然，一旦交涉失败，美国也可以在太平洋方面拥有两处补给基地。②

佩里通过望远镜观察日本的海岸防务，认为"日本方面的大炮口径小，有些堡垒一门大炮也没有，海岸一带的防备不足为惧"。一些火炮是过时的，或是木头仿制品，其中的矮墙有些是涂画的舞台布景。幕府的巡逻小船团团围住了美国军舰，一些亢奋的日本人爬上绳索和锚链，然后在美国水兵的摇晃、棒击和刀刺下落入水中。③ 浦贺地方官员带着翻译，命渔夫划着快船到达美国舰船停泊处，高举着用法语书写的"迅速离开，你们不要冒险在此停泊"的条幅，自下方向上怒吼。④ 因总统严令舰队禁止向日本开炮，佩里决定用测量海湾地形、水深的办法向幕府施加压力，拒绝将舰队驶往长崎，在长崎进行交涉的要求。最终幕府答应在浦贺附近的久里滨村进行谈判。其实，德川幕府对"黑船来航"并非一无所知。1852年，荷属印度尼西亚殖民当局在致德川幕府的《别段风说书》中就提到了"美国舰队来航日本情报"，指出：

> 北美合众国政府为了与日本缔结贸易关系，向日本派遣远征队的流言再次流传开来。关于此事，就以下所知事情予以告知。
>
> 派遣的使节携带了美国总统致日本皇帝的一封书信并有几名日本漂流民。使节表示，为了北美人的贸易，努力获得日本开放若干港口的成果，并且为了北美人，要求以日本某一合适的港口为他们计划从加利福尼亚到中国的蒸汽船航行所需的煤炭储存地。
>
> 目前在中国海域的有北美蒸汽军舰"萨斯奎哈纳"号（司令官奥利克的旗舰）和武装帆船"萨拉托加"号、"普利茅斯"号、"桑托·

---

① 〔日〕加藤祐三：《黑船异变：日本开国小史》，蒋丰译，东方出版社，2014，第48页。
② 横浜開港資料館『ペリー来航と横浜』、横浜開港資料館、2004年、23頁。
③ 横浜開港資料館『ペリー来航と横浜』、横浜開港資料館、2004年、23頁；〔美〕戴维·贝尔加米尼：《天皇与日本国命》（上），王纪卿译，民主与建设出版社，2016年，第193—194页。
④ 〔日〕半藤一利：《幕末史》，王琪译，九州出版社，2020年，第3页。

亚美利加"号以及"旺达利亚"号。据说，他们奉命将使节送往江户。

最近收到的报告显示，奥利克提督作为远征指挥官被佩里提督所取代，并且在中国海域的美国海军，有蒸汽船"密西西比"号（舰长佩里的旗舰）、"普林斯顿"号（司令官史密斯·李），帆船"佩里"号（胡佛海军大尉）以及运输船"萨布拉伊"号（桑托·克莱海军大尉），强化了舰队实力。据各大报纸的报道，船上还装载了用于登陆以及攻击包围的物资。

但是，这些舰船绝对不会在4月底之前出发，出发时间恐怕会相当晚。①

1853年7月14日，佩里在300名水兵的护卫下在久里滨登陆，在日本临时搭建起来的接待所内递交了美国总统的国书。国书全文如下：

美利坚合众国总统米勒德·菲尔莫尔呈日本国皇帝陛下：

伟大的朋友，我通过马休·C.佩里提督向陛下递交这封官方信件。佩里提督是居合众国海军最高位之一的军官，也是本次造访陛下国土的舰队司令官。我命令佩里提督确认以下事情。换言之，我对陛下及您的政府怀有深厚感情，我派遣提督前往日本是为了提议合众国与日本结成友好关系，相互之间进行商业交流，除此之外，别无他求。

合众国宪法以及诸法律禁止对其他国家国民的宗教或政治问题进行干预。我也特别训令佩里提督，慎重避免产生扰乱陛下国土安宁的行动。

美利坚合众国跨越大洋，我国俄勒冈州、加利福尼亚州与陛下国土隔海相望。我国的蒸汽船从加州驶往日本仅需十八日。

广阔的加利福尼亚州不仅年产黄金六千万美元，而且还出产银、水银、宝石等诸多有价值的物资。日本也是物产富饶的国家，出产诸多极具价值的物资。陛下的臣民也精通各种技术。为了日美两国的利

---

① 松方冬子编『別段風説書が語る19世紀——翻訳と研究』、東京大学出版会、2012年、249頁。

益，我热切盼望两国之间互通贸易。

我们深知，陛下政府的古老法律禁止与中国和荷兰之外的国家进行贸易。但是，世界形势正在发生变化，形成了许多新政府，因此我认为顺应时势制定新的法律是贤明之举。陛下政府的古老法律，也是顺应当时的时代而制定的。

与此同时，时常被称为新世界的美国为欧洲人最早发现并殖民。相当长时间内，人口稀少且十分贫困。而如今，人口数量急剧增长，商业显著发展，如果陛下修改古老的法律，允许两国之间进行自由贸易，对两国而言将会带来莫大利益。

假如陛下不同意废除禁止与外国进行贸易的旧法律不会有任何障碍的看法的话，我建议可将新法保留五年乃至十年时间进行试验。如果证明新法并不能取得预期的利益，恢复旧法律即可。合众国与外国签订的条约经常设定两二年的期限，根据对方意向决定更改与否。

还有一事，我命令佩里提督禀告陛下。我国每年有许多船只从加州驶向中国，也有诸多国民在日本近海从事捕鲸作业，时常有船只遭遇恶劣天气，在贵国沿岸遇难。如果发生此类事情，在我们派出船舶搭救之前，迫切希望我国不幸的国民能得到亲切对待，其财产得到保护。我们对于此事是极其认真的。

我还命令佩里提督向陛下禀告以下事情。我们深知日本有极丰富的煤炭和食物。我国蒸汽船在横渡大洋时燃烧了大量煤炭，把煤炭从遥远的美国装船运送补充极为不便。因此恳请允许我国蒸汽船及其他船舶在日本停泊并获得煤炭、食物、淡水的补给。我国船舶一定会支付对应的金钱或是价值对等的可以使陛下臣民称心如意的物品。我们迫切希望陛下在帝国南部指定一个便利港口，以供我国船舶停泊并补给物资。对于上述之事我们抱有热切期望。

我派遣佩里提督带领强大舰队造访陛下威名之下的江户市的唯一目的，便是友好、通商、煤炭与食物的补给以及我国遇难国民的保护。

我命令佩里提督向陛下呈上两三件礼物，恳请收下。虽然这些礼物本身没有多大价值，但是也许体现了合众国制造物品的典范；此外，也作为我们满怀诚实与敬意的友情的象征。

愿万能的上帝赐予陛下伟大而又神圣的加护。

作为凭证,我在此盖上合众国大印并署名。

于我国政府所在地,美国华盛顿市,1852年11月13日。

陛下的良友
米勒德·菲尔莫尔

受总统之命附署 　　　　　　　　　　　　　国务长官

爱德华·艾佛里特①

用英文草拟的总统国书被翻译为荷兰文和汉文,同时递交给幕府官员。从国书内容来看,国书冗长、啰唆,似乎在反复劝说幕府,语气谦和、委婉,符合日本的礼仪。

在接待所内佩里与浦贺奉行等幕府官员仅进行了礼节性交谈,因为佩里认为美国军人在日本国土登陆以及幕府接受美国总统的国书就是了不起的成就,不愿意横生枝节。递交国书后,宾主双方陷入了短暂的沉默。佩里表示他将在两三天内率舰队驶往琉球和广东,来年春天的4—5月会再来日本。幕府官员询问:"提督会率全部四艘军舰再次前来吗?"佩里回答:"率领全舰队前来。这些船只不过是舰队的一部分,恐怕要率领更多的船只前来。"话语中隐含着武力威胁。②

佩里深知美国提出的开港、通商要求违背了幕府传统的锁国政策,幕府需要一定时间加以研究,绝不会在短期内予以答复,于是决定立即返航。其实佩里舰队返航有更深层次的原因,即舰队的食物和淡水消耗甚多,不具备在日本沿海逗留一个月以上的条件,如果向日本提出为舰队补充食物和淡水的请求,会受到轻视,从而削弱已取得的外交成果。由此可见,佩里具备娴熟的外交手腕。

此外,1853年8月22日,俄国海军将领普提雅廷率领由4艘舰只组成的舰队来到长崎,要求日本改变锁国状态,开放通商港口,并与之谈判千岛和库页岛的归属问题。俄国舰队在日本逗留了很长时间,直到克里米亚战争爆发后的10月23日才离开日本。这对实施锁国政策的日本又是一

---

① M.C.ペリー著、F.L.ホークス編纂、宮崎壽子監訳『ペリー提督日本遠征記』上、角川ソフィア文庫、2014年、601—604頁。

② M.C.ペリー著、F.L.ホークス編纂、宮崎壽子監訳『ペリー提督日本遠征記』上、角川ソフィア文庫、2014年、611—612頁。

个冲击。

1854年2月13日，佩里率领由7艘军舰组成的庞大舰队驶入横滨附近的柴村冲，把舰队抛锚处命名为"美国舰队停泊地"。不久，另外2艘军舰也抵达了横滨，使佩里舰队数量达到了9艘。幕府面对强大的美国舰队，决定采取避免武力冲突的稳健政策。佩里派出舰队参谋长亚当斯与幕府代表交涉两国谈判的地点问题。幕府方面提出以镰仓或浦贺为谈判地点，遭到佩里的拒绝，佩里要求把谈判场所定在江户附近，双方互不相让，交涉陷于胶着状态。随佩里舰队赴日充当汉文翻译的中国人罗森在日记中写道："初事，两国未曾相交，各有猜疑。日本官艇亦有百数泊于远岸，皆是布帆，而军营器械各亦准备，以防人之不仁。"① 佩里派出测量船和护卫的蒸汽军舰驶入江户附近的品川冲，向幕府施加压力。最终，幕府决定：谈判场所设在神奈川附近，美国舰队停泊在横滨港。佩里对此表示满意，因为在江户附近进行谈判可以更好地向幕府炫耀武力，并且谈判场所在美国舰队的火炮射程内。3月8日，佩里率领500名官兵在横滨登陆，舰队鸣礼炮致敬，震耳欲聋的礼炮声使幕府官员暗暗心惊，佩里先声夺人。谈判场所是临时搭建的。美方有30人进入谈判场所。谈判进行双重翻译，即日方翻译负责将本国代表的语言译成荷兰语，将美方通过荷兰语传达的意见翻译成日语；美方翻译则是英、荷对译。根据美方翻译波特曼留下的绘画记录，双方谈判代表各为5人，美方代表就座于接待客厅左侧，面前的长桌上铺了红色的台布，日方代表就座于接待客厅右侧。日方代表为大学头林复斋（首席代表）、町奉行井户觉弘、浦贺奉行井泽美作守、目付鹈殿长锐和儒者松崎满太郎。日本翻译森山荣之助等则以跪姿位于双方谈判代表之间。②

佩里在谈判中以《中美五口通商章程》即《望厦条约》为蓝本，要求日方接受美方要求。《望厦条约》是由美国特使顾盛与清两广总督耆英在澳门附近的望厦村签署的。顾盛在谈判中使用了高超的外交手腕，获得了英国通过战争才获得的权益，如片面最惠国待遇、协定关税权、领事裁判权等。佩里舰队中没有外交家和法学家，因此不得不以《望厦条约》为蓝本与日本进行交涉。双方进行了4次会谈以及多次书面交涉，于1854

---

① 钟叔河主编《日本日记 甲午以前日本游记五种 扶桑游记 日本杂事诗（广注）》，岳麓书社，1985年，第24页。
② 横浜開港資料館『ペリー来航と横浜』、横浜開港資料館、2004年、26—28頁。

年3月31日签署了《日美和亲条约》，即《神奈川条约》。

在第一次会谈中，日方表示，愿意为美国船舶提供煤炭、淡水、食物以及对遇难船员的救助，向美国开放南部的长崎港，不过长崎港尚不具备为美国船舶补充燃料和食物的能力，须有5个月的准备期。对于美国提出的通商要求则采取拖延的态度。佩里指出：日本对美国漂流民和其他国家漂流民采取了不同的行动，日本的态度是非人道的；如果今后不加以改变也许会发生战争，日本将遭遇墨西哥一样的命运。大学头林复斋认为佩里所言与事实不符，称日本向外国船只供应燃料、淡水和食物，外国漂流民则是通过荷兰商馆馆长送还的。

3月15日，日方提出了自己的条约草案，主要内容为：来年正月在长崎向美国船只供应所需物品，5年后长崎开港，将漂流民送到长崎但不允许其擅自上岸，开港后就增加供应品的问题进行协商，拒绝进行关于琉球开港问题的交涉，等等。

3月17日，双方进行第二次会谈。佩里提出除长崎外，追加开放浦贺、鹿儿岛、松前、那霸等港口。林复斋认为，美国总统国书提出仅在日本南方开放一个港口，现在佩里却提出开放5个港口，他无法回答。最后，日本代表决定做出适当让步，开放下田和箱馆两个港口。3月18日，林复斋和井户觉弘抵达江户，征求意见，得到了老中的同意。

3月24日，日美双方举行第三次会谈，双方就下田、箱馆开港问题达成协议。佩里在给美国的报告中指出：下田对航行于加利福尼亚和中国间的船舶及捕鲸船而言是绝佳的停泊港，作为避难港和补给港具有许多优点。在解决了开港问题后，关于美国人在下田的上岸散步区域、下田何时开港以及美国领事进驻下田的问题又成为争执的焦点。佩里要求条约签署后下田立即开港，但日方认为下田开港需要进行一些准备，双方达成下田在翌年3月开港的意见。关于美国领事进驻下田一事，双方留下的会谈记录不同。根据美方的记录，18个月后，美国任命驻下田领事。而日方的记录为，18个月后美方派遣使节来日进行交涉。

3月29日，双方进行第四次会谈，就主要问题达成妥协。3月29日，由翻译森山荣之助等拟定条约的最终条款，下田开港被写入条约，但双方达成默契：实际开港时间为翌年3月、下田的上岸散步区域确定为7日里等。

3月31日，佩里与日方代表在接待所内签署条约。日方准备的条约文

第一章　开国与日本外交的起步

本由3份日文本及1份荷兰文本和汉文本组成，而美方准备的条约文本由3份英文本及1份荷兰文本和汉文本组成。佩里在条约英文本上签名；日方首席代表林复斋则在日文本上签名，拒绝在英文本和荷兰文本上签名。于是签署后，双方交换了林复斋签名的日文本和佩里签名的英文本。森山荣之助和波特曼在荷兰文本上签名并交换，松崎满太郎与美方汉文翻译卫廉士（卫三畏）在汉文本上签名并交换。① 按照国际惯例，双方应在同一种文本上签字。当日方拒绝在同一种文本上签字时，佩里没有坚持己见，暴露了外交经验的不足。尽管不同的文本具有同等的效力，但日本方面向美国递交的日文本不是从荷兰文本，而是从汉文本翻译过来的，其中的第十一条规定：开设领事馆一事需征得两国政府一致同意。而英文本和荷兰文本的第十一条是这样表述的："若两国政府中的任何一方认为有必要，合众国政府可在本条约签署之日起满十八个月后，随时任命领事或代理官员驻下田。"② 由于存在内容不同的文本以及双方对文本措辞的不同解释，这埋下了日后纷争的导火索。其实佩里很快就发现了日本代表不在英文本上签名导致的法律问题，为此，他一方面写信给海军部掩饰这一错误："我认为，他们即使不在英文本条约上签字，也丝毫不会影响条约的效力。因此我对他们的要求，对他们固有的方针，没有提出特别的异议。""作为代替，他们提出了附有证明的条约翻译本各三份。这既符合所有的规定，也满足了他们的要求，我本人也是感到满意的。"另一方面致信日方代表，指出"贵国政府遵从已定法令，使双方在不同的条约文本上签字。如果双方所依据的条约文本内容有出入的话，那么美日必然要发生问题"，③ 为将来发生分歧埋下伏笔。

《神奈川条约》的主要内容可以归纳如下：

1. 日本政府开放下田与箱馆两港，向美国船只提供欠缺的燃料、淡水、食物和煤炭等；
2. 对在日本海域遭遇海难的美国船只进行救助，并将漂流民护

---

① 横浜開港資料館『ペリー来航と横浜』、横浜開港資料館、2004年、28—30頁。
② M.C.ペリー著、F.L.ホークス編纂、宮崎壽子監訳『ペリー提督日本遠征記』下、角川ソフィア文庫、2014年、238頁；〔日〕加藤祐三：《黑船异变：日本开国小史》，蒋丰译，东方出版社，2014年，第147页。
③ 〔日〕加藤祐三：《黑船异变：日本开国小史》，蒋丰译，东方出版社，2014年，第140页。

送至下田或箱馆；

3. 给予美国最惠国待遇；

4. 美国漂流民及其他美国人可在下田、箱馆逗留并在7日里区域内随意散步；

5. 美国船只可在下田、箱馆两港采购所需物品；

6. 允许美国官员驻扎下田。①

《望厦条约》有34条，而《神奈川条约》仅有12条。双方在谈判中都做出了一定让步。佩里提出的条约草案有24条，结果被删除了12条。

双方都对条约有些不满意，但在向本国政府呈报条约签订过程时都有所隐瞒，从对本国有利的角度解释条约文本。佩里在条约签订后给本国政府起草的报告中指出："这一条约或是因为偶然，抑或是因有意图的行动的结果，将为即将来到这一帝国的所有美国人提供保护与良好待遇。这一条约还将为合众国的船只提供避难场所以及粮食物品，还规定将向美国市民提供过去二百年中从未向其他国家提供过的特权。合众国将成为迄今为止坚持拒绝与所有国家发生往来关系的这一国民建立友好独立关系的第一个国家，合众国政府完全可以自信地享有这一荣誉。荷兰人以及中国人在长崎享有的例外地位也应当从这一角度来看待。"因此日本人做出了大幅的让步，"这一让步甚至超出了为本次远征提供资金的我国国民中乐观的人们所预期"。②

其实，美国政府提出的日本开港、通商、救助遇难船员、与美国建立外交关系等要求，佩里仅完成了一半，特别是最为关注的通商问题，佩里未能解决。为此，佩里通过牧师、历史学家霍克斯在给参议院的报告中予以辩解，指出："当我国政府决定派遣日本远征队时，必须注意这个特异国民的独特性格。与其他所有文明国家的国民不同，日本自觉保持永久的孤立状态。他们不希望、不寻求与其他国家交往，相反极力避免这种交往。向允许世界其他国家船舶自由入港的国家提议缔结通商条约是比较容易的事情。因为这些国家把通商本身作为国家制度的一部分，作为许可的原则而成为惯例。"但是，与通商本身受到禁止并被当成违法行为的国家

---

① 外务省编『日本外交年表並主要文書』（上）、原書房、1965年、9—10頁。

② 〔日〕三谷博：《黑船来航：对长期危机的预测摸索与美国使节的到来》，张宪生、谢跃译，社会科学文献出版社，2013年，第155页。

协议通商的一般条件之前，首先要让这些国家确认通商的合法性，为此有必要做大量的准备工作。在此佩里暗示自己的所作所为是将来美日最终建立通商关系的"准备工作"。报告指出，"如果作为金科玉律的锁国方针有立即并永久废除的意向，以提督的权限，完全可以与日本缔结类似于美国同欧洲缔结的范围广泛的一般通商条约"。但是，当美国代表抵达日本时，"这是一个习惯了已实施200多年苛刻法律、仅允许外国人进入长崎一个港口的国家。其国民在极为严苛的控制下，除了荷兰人和中国人，决不允许与来航的外国人进行通商。同荷兰和中国以外国家的间接交流是通过被限制在出岛的荷兰人来进行的。据我们所知，在过去的历史中，日本从未与文明国家缔结正式的条约。对于这样的国民，期待如同两大商业国家，如英国和合众国那样缔结协约，完全是一件愚蠢的事情"。报告认为美国从条约中所得甚多，这为将来继续同日本交涉通商事宜打开了大门。①

需要注意的是，佩里把《神奈川条约》仅仅视为贯彻广泛的太平洋和远东计划的第一步，并充分认识到尚需商定其他条约；此外，佩里已经做到了以往外国人所未能做到的事："没有经过战争或屈从，甚至没有引起普遍的敌意，他就成功地使日本废弃了禁止自由国际关系的二百多年的成法。"②

日方代表也从有利于本国的角度解释条约，在向老中提交的报告书中指出：

第一，本条约是在经过对美国的草案进行删减、增补之后制成的。

第二，缔结条约时，未作出对美国国书的答复，将军未发出回信。

第三，对美国漂流民与其他国家人员一样，不强制关禁。

第四，出于尊重生命的原则，决定对美方提供食物、燃料、淡水的补给品以及煤炭，同时把对方支付的代价视为回礼予以接受。

---

① M.C.ペリー著、F.L.ホークス編纂、宮崎壽子監訳『ペリー提督日本遠征記』下、角川ソフィア文庫、2016年、241—246頁。
② 〔美〕马士、宓亨利：《远东国际关系史》，姚曾廙等译，上海书店出版社，1998年，第287页。

第五，在开港地问题上部分地拒绝了美方的要求，以下田、箱馆两地为开港地。美方拒绝了我方开放长崎的要求。

第六，允许美方人员在开港地登陆、自由行动。

第七，拒绝了美方使节前往江户的要求。

第八，对"交易时谋求双方的利益，与人道救援无关"一条，在谈判中坚持无法回答的立场，美方最后不再坚持原立场。

第九，为了保全对方使节的体面，承认立即开放下田港。

第十，此次谈判为提高国家威望作出了努力，并取得了成功。未对美国国书作出答书，在条约文本上仅仅由应接使节共同署名，拒绝了美方使节前往江户的要求。从美方获得了美国国旗、大炮等赠礼，还得到了当日本与其他国家发生冲突时美国将提供支援的口头承诺。拒绝在条约文本上双方共同署名。

第十一，遗憾的是，美国在缔结条约后寄来的书信中预言说，日本的国法将无法通行于世。

第十二，条约中有"当发生不派出官员则无法解决的问题时"一句，可知对条约的内容将有增补。

第十三，此次接待美国使节，挫败了对方挑衅开战的企图，以宽大怀柔之胸怀教喻之，终得以妥善平稳之结局，且无损于国家之荣誉体面。①

报告书显示了日方代表尽量掩饰条约的消极因素和对方让步的有限性，夸大在维护国家尊严方面所取得的成绩，尤其是拒绝了美国的通商要求。但是不管如何解释，开港、与美国缔结正式条约是事实，而且日本对美国的义务是单方面的。因此，《神奈川条约》具有不平等性质。为此，首席老中阿部正弘提出辞呈，表示"由于疏于海防而被迫接受外国的屈辱性条件，身为老中首席的自己应承担这一结果的责任"。② 一些谈判人员被解职或降职。

从另一方面来说，《神奈川条约》又是在当时的历史背景下日本所能

---

① 〔日〕三谷博：《黑船来航：对长期危机的预测摸索与美国使节的到来》，张宪生、谢跃译，社会科学文献出版社，2013 年，第 157—158 页。

② 〔日〕三谷博：《黑船来航：对长期危机的预测摸索与美国使节的到来》，张宪生、谢跃译，社会科学文献出版社，2013 年，第 162 页。

取得的最好结果。该条约是日美两国通过外交谈判达成的。从双方第一次会谈到正式签约历经 20 多天，如果把前期交涉计算在内，时间长达 40 多天。双方唇枪舌剑、斗智斗勇，互有让步。由于达成妥协，双方都松了一口气，"由是两国和好，各释猜疑"。佩里向日本首席代表林复斋赠送了美国国旗，表示此一举动体现了最高的礼仪和感情，林复斋深表谢意并为美方代表举办了精心准备的宴会。

对于在未费一枪一弹的情况下迫使日本与美国签约，打开了日本关闭多年的国门，佩里倍感兴奋，几天后在旗舰"波瓦坦"号上宴请日本谈判代表。罗森在日记中写道："提督请林大学头于火船宴会。船上彩奏乐，日本官员数十于火船上大宴。有诗为证：两国横滨会，骥虞一类同。解冠称礼义，佩剑羡英雄。乐奏巴人调，肴陈太古风。几番和悦意，立约告成功。宴罢，于船歌舞，日暮方终。"①

第三节　锁国体制的终结与德川幕府的倒台

1856 年 8 月 21 日，美国驻日本第一任总领事（后为公使）哈里斯（Townsend Harris）在荷兰语翻译兼秘书黑斯肯（Henry Conrad Joannes Heusken）的陪同下来到下田，但遭到了幕府的阻拦，不被允许上岸。哈里斯援用国际法据理力争。幕府妥协，答应哈里斯在下田设立领事馆。9月 3 日，哈里斯在下田玉泉寺升起美国国旗。玉泉寺是一座破败的寺庙，哈里斯记录道："房间里有蝙蝠，可以看到巨大的死蜘蛛，倘若它立起来腿应该有五英寸半长（1 英寸为 2.54 厘米）。糟糕的是还发现了许多硕鼠，它们在房子里跑来跑去。"② 哈里斯在下田处境窘迫，"他在那里一连十四个月没有看到过任何海军船舶来访，一年半没有接到过本国的训令。日本人勉强地予以接待，而他只是靠了乐观的坚韧精神、坦率和机警，才能慢慢地、好不容易地达成了他奉使的两项目标：在江户呈递国书，和商谈一广泛的商约"。③ 哈里斯最重要的任务就是解决通商问题。为此，哈

---

① 转引自陶德民编《卫三畏在东亚——美日所藏资料选编》卷上，大象出版社，2016 年，第 34—35 页。
② 转引自〔美〕W. 拉夫伯尔《创造新日本：1853 年以来的美日关系史》，史方正译，山西人民出版社，2021 年，第 20 页。
③ 〔美〕马士、宓亨利：《远东国际关系史》，姚曾廙等译，上海书店出版社，1998 年，第 289 页。

里斯多次要求进入江户面见将军,均遭到幕府的拒绝,幕府仅承诺可以修改《神奈川条约》。1857年6月17日,哈里斯与下田奉行井上清直签署《日本国美利坚合众国条约》(《下田条约》)。《下田条约》作为《神奈川条约》的补充,共9条,包括日本增加长崎为开放港口,允许美国人在下田、箱馆居住以及享有治外法权等。日本在条约中做了重大让步,尤其是在治外法权方面,显示了外交经验的严重不足,"后来,日本花费了莫大的努力说服外国政府放弃这条侵犯他们主权的特权"。对于幕府而言,治外法权问题并非首次出现。早在1613年,英国东印度公司的萨里斯携带詹姆斯一世的国书来航时,德川家康在致英国国王的备忘录中,阐述了日英交往的原则,即"不得强行无理倾卸货物","英人中有胡作非为者,依罪行之轻重,由英人头目处置可也"。与美国缔结《下田条约》的幕府,继承了德川家康的做法,"下田的地方长官可能都没有预见到自己做出的让步会如此巨大"。《下田条约》签署后,哈里斯再次提出进入江户面见将军的要求,幕府仍虚与委蛇。但第二次鸦片战争的爆发给哈里斯提供了机会。1857年2月,荷兰商馆馆长克提俄斯向长崎奉行告知第二次鸦片战争的情况,并提出警告:"中国第一处理不当之事,为终将许可之事先加拒绝,俟被迫处于窘境后又加以允诺。一度拒绝之事,又被迫允诺,故每次损害本国之威严;而外国就被拒绝之事进行逼迫,故每次增强外国之威严。我国国威受损,彼国国威增强,其利害如何洞若观火。如开始即知外国之强而进行商谈,则英人决不至做出上述之事。""望多加考虑,不把此中国之事作为外国事件而置若罔闻,必须仔细考察,加以处理。"[①] 1857年7月,美国军舰驶入下田港,形势骤然紧张起来,最终幕府于1857年9月18日同意哈里斯进入江户。

哈里斯从下田启程前往江户时,幕府如临大敌。哈里斯队伍由350人组成,包括12名卫兵、2名旗手、2名提鞋和拿扇子的仆从、2名马夫、40名负责搬运哈里斯行李与日用品的工人以及20名负责抬哈里斯和黑斯肯所乘轿子的轿夫,浩浩荡荡,沿途的气派无异于一个藩主,并于11月30日抵达江户。哈里斯敏锐地意识到进入江户的重大历史意义,他写道:这次进城"是我人生的重要一刻,对于日本人来说更是如此",因为"我

[①] 转引自〔日〕信夫清三郎《日本政治史》第一卷,周启乾译,上海译文出版社,1982年,第238—239页。

迫使这个非凡的民族承认了使馆的权利"——与美国的正式外交关系。①12月7日，将军德川家定在江户接见了哈里斯，哈里斯向家定递交了美国总统的国书，国书赋予哈里斯在两国缔结通商条约上"商定、处理、商讨和谈判"的权力。德川家定简单回答了哈里斯，并以"两国友谊永世长存"作结。②

哈里斯与老中堀田正睦进行了长谈，向其陈述国际形势，分析日本与美国订立条约、融入世界贸易的益处，并恫吓日本拒绝开港通商将面临悲惨结局。首先，哈里斯针对世界发展趋势发表意见，指出，美国与其他西方国家不同，在东方没有殖民地，也不企图建立殖民地；近50年来西方世界发生了许多变化，由于蒸汽动力船的发明，从加利福尼亚到日本仅需18天，这促进了国际贸易，西方国家日益富强。而日本与外界隔绝，不与外国交往将阻碍世界形成一个整体。其次，哈里斯阐述了国际形势，指出，近年来英法携手与俄国发生战争。俄国向中国东北及中国其他地方扩张，英国占据了印度，英俄在向东方的扩张中产生了尖锐矛盾。为了防范俄国，英国有占领虾夷、函馆等日本领土的欲望。18年前，闭关锁国的中国与英国发生战争，结果战败求和，支付巨额赔偿，导致国家由富强转为衰落。现在英法又与中国发生战争，战争结果如何尚难预料，也许中国全境将沦为英法殖民地。最后，哈里斯表达了美国对日本的"善意"，指出，总统担心日本与中国一样，发生鸦片战争。一个国家因战败蒙受的损失可以借由时间弥补，但若被迫接受鸦片贸易，随着岁月流逝，则积重难返矣。若日本像其他国家一样，开港通商，设置使领馆，可保国家安全。日本数百年来未发生战争，天之幸也。美国政府禁绝本国公民在日本进行鸦片贸易，总统对日本人有高度评价，认为日本人英勇无畏。但是仅有勇气而没有技术是不行的。蒸汽轮船以及其他军械装备在战争中居于首位。英国拥有强大军备，若日本与之开战，必定损失惨重，被迫签订条约。总统不希望国家间发生战争，而是希望国家间相互尊重，缔结条约，如西方某著名将领所言，和平、安全比胜利更重要。如果日本与美国缔结坚固的条约，其他国家必定仿效，也就不必担心不幸之事的发生。美国与二三百

---

① 转引自〔美〕W. 拉夫伯尔《创造新日本：1853年以来的美日关系史》，史方正译，山西人民出版社，2021年，第22页。
② 〔美〕唐纳德·基恩：《明治天皇（1852—1912）》，曾小楚、伍秋玉译，上海三联书店，2018年，第48—49页。

年前的葡萄牙人、西班牙人不同，他们来日本是为了传教；而美国信奉宗教自由，不强迫传教。在美国，佛教寺庙、耶稣教会可以共存，宗教信仰完全取决于人们的内心。印度全境已被英国占领。印度原分割为几个国家，但它们都没有与西洋缔结条约，因此被英国各个击破，全境沦陷。因为这些国家与其他国家没有条约关系，无法得到他国援助，容易被打败。不与他国缔结条约，其实对孤立之国是一种损失。哈里斯还向老中出示了英国香港总督鲍林格的信件，表明英国可能要进攻日本。①

哈里斯的游说获得了成功，幕府将其起草的条约草案和贸易章程作为双方谈判的基础。从1858年1月25日起，哈里斯与下田奉行井上清直、目付岩濑忠震举行正式订约谈判，谈判共进行了13轮，2月25日双方达成初步协议。但朝廷始终以开港通商违背祖制为由，拒绝批准签署通商条约，一些攘夷派人士也向朝廷施加压力。尽管老中堀田正睦在京都做了大量工作，历经两个多月，仍未获得天皇敕许。幕府也显得犹豫不定。哈里斯软硬兼施，告知幕府官员：第二次鸦片战争已经结束，中国被迫签订了《天津条约》，英法有可能挟胜利余威派舰队赴日，迫使日本签署通商条约，在此情况下，与持宽大条件的美国签署通商条约，对日本是有利的。哈里斯的说辞打动了德川幕府。彼时日本政局发生变化，井伊直弼就任大老。他认为：假若战败就不得不蒙受割让土地的"国辱"，是拒绝签约而令国体蒙受永久的耻辱，还是不待敕许、直接签约从而避免国体受辱，究竟孰轻孰重呢？何况当时海防军备并不完备。井伊直弼权衡利害，决定即便赌上个人政治命运，也要与美国签署通商条约。② 1858年7月29日（安政五年六月十九日），日美两国代表正式签署了《日本国美利坚合众国修好通商条约》（《日美修好通商条约》），幕府此后与荷兰（8月18日）、俄国（8月19日）、英国（8月26日）、法国（10月9日）等签署同样性质的通商条约，即"安政五国条约"。1859年6月27日，哈里斯升任美国驻日代理公使，其关闭下田的驻日领事馆，决定在江户开设美国公使馆。

"安政五国条约"的签署，标志着持续了220多年的锁国体制的终结。1858年8月16日，幕府废止海防挂，设立外国奉行，由岩濑忠震等5人

---

① 外务省编『日本外交年表並主要文書』（上）、原書房、1965年、10—16頁。
② 池井優『日本外交史概説 増補版』、慶応通信、1982年、18頁。

任外国奉行，掌管具体外交事务。外交体制从原来的由海防挂老中及其外交团体构成的海防挂体制转变为外国奉行体制。海防挂设立于1792年（宽政四年），由老中兼任，其目的是加强海防，防止锁国体制变动和崩溃。海防挂的职责重海防而非外交，有时也称"海岸防御挂"。海防挂仅仅是具有咨询性质的职位，最初并非常设，1845年（弘化二年）改为常设。佩里来航以后，应接挂、内海台场普请挂、大船并御船制造挂、虾夷地御用挂、下田管理挂等具有实务性质的职位陆续产生，也就是说，在海防挂体制下，海防挂发挥着咨询性质的功能，而实际的外交事务则由新设的"挂"来处理。长崎奉行、浦贺奉行、箱馆奉行、下田奉行作为与海防挂不同的职位，参与了对外问题的讨论，形成了具有咨询性质的海防挂和具有实务性质的各奉行、各挂相分离的外交团体。为了弥补海防挂职责欠缺而设立的各种"挂"，随着海防挂的废止，均由掌管外交和对外贸易的外国奉行统一管理，外国奉行受老中的直接领导，而且外国奉行的兼职现象非常普遍，如所有外国奉行都兼任神奈川奉行，岩濑忠震还兼任作事奉行，水野忠德兼任勘定奉行，井上清直兼任下田奉行，堀利熙兼任箱馆奉行等，实现了对外关系机构的单一化。外国奉行管理"外国方"等下属组织，"外国方"设有头役、调役、调查役、定役元缔、定役、同心等职位。还下设了有别于外国方的书简挂，其由调役、翻译方、通弁方、书物方等职位构成，负责拟定外交文书、翻译外国来函等。因为有了这些下属专门人员，以前由奉行各自处理的外交事务，此后就由外国奉行统一处理了，形成了兼具对外问题咨询机构与处理外交事务实务机构功能的外国奉行体制。但外国奉行的设置并不意味着收回了原来的4个机构，即对马藩宗家、萨摩藩岛津家、松前藩松前家以及长崎地方政府的对外事务权力，其权力一直延续到1871年废藩置县。在此期间，日本处于同时应对欧美各国的外交机构与应对东亚世界外交机构的时代，采取了对欧美各国与对东亚世界不同的外交政策（双重规范）。[1]

1859年6月28日，幕府发布了关于允许俄国、法国、英国、荷兰和美国等五国在神奈川、长崎和箱馆三个港口进行自由贸易的公告，还划拨佛教寺院用于充当外国领事馆。1859年7月6日，英国决定将江户高轮东禅寺作为总领事馆，翌日从下田进入江户的美国驻日代理公使哈里斯入住

---

[1] 上白石実『幕末期対外関係の研究』、吉川弘文館、2011年、192—195頁。

麻布善福寺，将此地作为美国公使馆。法国选择三田济海寺作为总领事馆，法国总领事于 9 月 22 日入住。荷兰选择长应寺作为领事馆。俄国选择大中寺和天德寺作为临时领事馆。之后法国和荷兰外交官员还先后使用过真福寺和西应寺。1865 年，英国将幕府在高轮新建的招待所作为临时公使馆。1861 年 8 月 16 日，幕府批准在品川设立各国公使馆。① 但是由于发生了一系列针对外国人的袭击事件，出于安全考虑，各国一度纷纷将公使馆或领事馆迁往横滨。只有美国公使馆仍然留在原地，但美国公使馆在遭遇人为纵火并烧毁馆舍以后，也不得不像其他国家的代表一样撤往横滨。在横滨，有日本官方配备的警卫队和停泊的英国军舰保障外交人员的生命安全。②

　　1867 年 5 月 27 日，日本设立外国总奉行。开国后，幕府先后 6 次向欧美各国派遣使节团。比较重要的使节团如下。1860 年 2 月 13 日，为了交换《日美修好通商条约》批准书，幕府派出了以外国奉行兼神奈川奉行新见正兴和箱馆奉行村垣范正为正、副使的遣美使节团。使节团访问了美国多个城市，参观了造船厂、天文台和博物馆等，并首次乘坐火车经过巴拿马峡。使节团成员小栗忠顺、福泽谕吉、胜海舟等人回国后致力于引进和宣传西洋文明。1862 年 1 月 21 日，以外国奉行兼勘定奉行竹内保德为正使，外国奉行兼神奈川奉行松平康直为副使的遣欧使节团，在品川搭乘英国军舰出使英国、法国、荷兰、普鲁士、俄国和葡萄牙等 6 国。福泽谕吉、福地源一郎和松木弘安等作为翻译随团出行。1866 年 7 月，福泽谕吉根据自己的出访经历和所购西方书籍撰写了《西洋事情》（初编），该书畅销日本。《西洋事情》（初编）列有"外国交际"一章，指出：西洋各国言语风俗虽有不同，然而各国人民彼此往来，自由贸易，"其君主互结友好，吉凶相贺吊，缓急相救"。由于各国独立，制度相异，为防止发生争端，应缔结条约，向他国首都派驻全权代表，由其处理两国交际事务，"基于条约大义，保全两国之亲睦"，"一旦交际上起争端，破和亲，进行周旋，挽回和平"。③ 福地源一郎后成为著名作家和政治家。1864 年 1 月 7 日，幕府派出了以外国奉行池田长发为正使的遣欧美使节团，与各缔

---

① 川崎晴朗「明治時代の東京にあった外国公館（2）」、『外務省調査月報』第 1 期、2012 年。
② 〔英〕萨道义：《明治维新亲历记》，谭媛媛译，文汇出版社，2017 年，第 14—15 页。
③ 福澤諭吉纂輯『西洋事情』（初編）卷之一、尚古堂、1871 年。

约国交涉关闭横滨港问题。5月3日，使节团谒见了法国皇帝拿破仑三世。拿破仑三世虽然款待了使节团，却断然拒绝了关闭横滨港的要求。使节团意识到交涉不可能取得成功，而且关闭港口也不符合日本的国家利益，决定放弃使命，立即打道回府，向幕府提出了日本应采取的外交政策以及确立开国的五项国策："第一，希向欧洲各国派遣公使；第二，希不仅同欧洲，而且同宇内一切独立国家缔结友好条约，以为必要之时伐谋伐交之方略；第三，海陆两军之方法自不待言，即使治国经济之道，亦宜取西洋之所长，故应派遣留学生前往学习；第四，希如西洋诸国报馆之互通消息，使彼此事情相通；第五，希准许国民自由前往外国，从事经商以及了解当地学问事情等……"[①] 1867年2月15日，民部大辅德川昭武率团从横滨出发参加在巴黎举行的万国博览会。幕末六次派出的遣欧美使节团人数达200余人，[②] 日本与多个国家进行外交交涉，积累了外交经验，培养了外交人员，如松木弘安后改名寺岛宗则，担任了首任日本驻英公使、驻美公使及外务卿，成为著名外交家。

开国以后，日本经济和社会经历剧烈的变动，一些地区凭借开国的机会，经济迅速发展，如沿海港口城市；一些地区遭到严重剥夺或边缘化，特别是农村地区。同样，一些人因开国而大发横财，如一些经营进出口贸易的商人，而另一些人则因开国而日趋贫困，如下级武士和农民。同时在外力逼迫下的开国，也导致了民族主义的勃兴。针对外国人的暗杀事件时有发生。1859年8月25日，两名俄国水兵在横滨被刺杀。1860年2月26日，两名荷兰人被刺杀。1861年1月15日，美国公使馆翻译被暗杀。1862年6月26日，英国公使馆两名卫兵被刺杀。1862年9月14日，萨摩藩武士在生麦村刺杀了英国商人（生麦事件）。1863年1月31日，正在建设中的英国公使馆被烧毁。围绕外国人被害事件，幕府与各国进行了频繁交涉。1861年1月26日，英法公使指责幕府对外国人保护不力。生麦事件发生后，英国提出了赔偿、处罚凶手的要求，但萨摩藩持强硬立场，结果于1863年8月发生了萨英战争。英国外交官、翻译萨道义在回忆录中写道：开国后"神奈川和横滨的街头渐次出现了外国人的身影。与日本

---

① 〔日〕信夫清三郎：《日本政治史》第二卷，周启乾等译，上海译文出版社，1988年，第58页。

② 郭丽：《近代日本的对外认识——以幕末遣欧美使节为中心》，北京大学出版社，2011年，第24—33页。

人面对贵族阶层时的畏缩恭顺不同，他们的态度独立而从容，因而被傲慢的武士阶层视为无礼的冒犯"。萨道义在列举了一系列谋杀事件后说："类似的谋杀事件还可列出一个长长的清单，而这些不过是开放通商后两年之内发生的事。每次袭击都是有预谋的，但其动机却毫无缘由。凶手无一例外都来自佩刀的武士阶层。所有的受害者都不曾对凶手有丝毫冒犯，他们的被害显然只是出于政治原因，而凶手们总能逃脱法律的严惩。此刻对于外国人而言，日本已变成一个随时会丢掉性命的危险之地，人们整日战战兢兢，生怕那些血淋淋的罪行某天会降临到自己身上。"[1]

开国初期，日本呈现出两股社会政治思潮的对立，即锁国攘夷与保幕开国。以孝明天皇（1846年即位，在位21年）为首，朝廷基本上主张攘夷。孝明天皇听说佩里率军舰来日本时，第一反应就是前往7座神社和7座寺院祈祷："希迅速攘除夷类，切莫殃及国体。"《日美修好通商条约》的签署令孝明天皇非常愤怒，宣布自己将退位。"他已经越来越抱有一种信念：必须不惜一切代价将外国人赶出去，让他们出现在日本就是对神灵和自己祖先的不敬"，对幕府无法应付外国人感到不满。[2] 但很显然，攘夷不符合日本的国家利益，而且日本也没有攘夷和继续实行锁国的能力。一旦日本拒绝开国，必将与西方列强发生战争，结局自然与中国一样，将造成更大损失。攘夷论者也逐渐认识到锁国攘夷是不可能的，但是他们利用开国后出现的各种社会问题向幕府发难，乘机为自己捞取政治资本。

与朝廷不同，由于持续执政，幕府比较了解国际形势，采取了明智的政策，即坚持对外开放的方针，积极引进西方先进的物质文明和精神文明，不为攘夷高调所动摇，同时提倡公（朝廷）武（幕府）合体运动，举国一致，共同对外。但德川幕府的统治有一个不可克服的弱点，即其政治合法性的最终来源是天皇的委任。1862年，第14代将军德川家茂娶了孝明天皇的同父异母妹妹和宫，实现了朝廷和幕府以姻缘为纽带结合为一体的目标。但是西南强藩利用公武合体运动为自己谋取私利。西南强藩作为另一种"武"，和朝廷（公）联合起来，力图借公武合体运动掌握中央政权。而一直被排除在政治圈外的朝廷，则力图借公武合体运动在政治上掌握主导权。"于是，留恋昔日的王政和梦想再掌政权的公卿，和欲以救

---

[1]〔英〕萨道义：《明治维新亲历记》，谭媛媛译，文汇出版社，2017年，第33—34页。
[2]〔美〕W. 拉夫伯尔：《创造新日本：1853年以来的美日关系史》，史方正译，山西人民出版社，2021年，第54页。

第一章 开国与日本外交的起步

命的权威将自己的意见强加于幕阁（或欲使幕阁陷入困境）的反幕阁派，通过阴谋和贿赂结合起来，使京都成了尊王攘夷运动的策源地。"① 所以由幕府和西南强藩各自进行的公武合体运动实际上是一场权力之争。

1866年7月20日，将军德川家茂病逝，年仅21岁，德川庆喜被推举为将军。在此以前，由于家茂年幼，德川庆喜担任了将军监护人一职，实际上处于政治舞台的中心。德川庆喜继任将军后，日本国内民族主义情绪高涨，废约攘夷的呼声一浪高过一浪。各派政治势力都在考虑如何对民族主义加以政治运用，这样攘外与安内就密切纠缠在一起了。德川庆喜有两种选择：一是迎合国内日益高涨的民族主义情绪，大唱废约攘夷的高调，以此来笼络人心，确立自己政权的合法性，但后果是有可能激化日本与西方列强的矛盾；二是遵守已经签订的各种条约，继续开国，融入世界现代化潮流，但要承受由继续开国引起的各种难以预料的后果。德川庆喜选择了后者，他认为废约攘夷决不可行，将导致更大的民族灾难，日本不应孤立于世界，而应堂堂正正开国。早在4年前，德川庆喜就提出了自己的开国主张："今日世界各国基于天地间之道理而相互友好交往，并非唯独日本应受锁国之旧制"，尽管幕府所订条约是"慑于美夷（美国）之虚声恫吓"的"不正当"条约，然而条约具有国际条约的性质，外国人"则以为既属政府之间已相互交换之条约，故决不应谓为不正当。即使由我进行谈判，彼将不予应允，乃十分明显。又有议论谓应树立决战之思想准备，彼若不应允与我谈判，而挑起战争，亦可谓彼曲我直。但彼既不视为不正当之条约，则反将以破坏条约者为曲，而以坚守条约者为直。若果如此，则如谚语所说之抬死杠，两者之曲直遂无定准。故由此事而开战，天下后世将谓之何？即使我方战胜对方，亦不足为名誉，更何况我方战败乎？"② 当时的著名思想家横井小楠听到德川庆喜的开国论后，为庆喜的"卓识与果断"所震惊，一时间竟说不出话来。据说，横井小楠原来以为庆喜太年轻（25岁），挑不起开国的担子，但当他听到庆喜的开国论后，便认为自己的见识所不及。当时有人颇为庆喜担心，认为庆喜向热衷于攘夷的朝廷宣传开国论是非常危险的，"原来攘夷一事乃征夷府（幕府——引者注）当然之职责，若不接受（攘夷的敕命），将出现攘将军之议论亦未可测"。

---

① 〔日〕升味准之辅：《日本政治史》第一卷，董果良译，商务印书馆，1997年，第62页。
② 转引自〔日〕信夫清三郎《日本政治史》第一卷，周启乾译，上海译文出版社，1982年，第306—307页。

所谓"攘将军"就是攘除将军或打倒幕府之意。① 许多幕府官吏出于维护幕府统治的需要,希望庆喜唱唱高调,尊奉攘夷敕命,作为"暂使人心镇静之策"。但德川庆喜不为所动,表示幕府将采取新的策略,切实履行友好条约的规定。他还在大阪会见各国驻日使节,展示一种姿态,即希望与各国建立友好亲密的关系。在会见英国驻日公使巴夏礼后,德川庆喜邀请公使团成员共进西式晚餐。虽然德川庆喜坐在首席,"态度却相当殷勤"。巴夏礼刚对墙上挂着的《三十六位诗仙》的画表示了赞美,德川庆喜立刻命人将其中一幅摘下来赠给他。几天后,德川庆喜在会见各国外交人员时,还让各国海军的舰长列席参加。②

当朝廷、西南强藩与幕府的权力之争越来越激烈,引发社会秩序动荡不安时,德川庆喜毅然决然奉还大政,结束朝廷与幕府的权力之争,以便一致对外。1867 年 11 月 9 日,庆喜向朝廷提出大政奉还上表,说"当今与外国之交际日趋繁盛,如朝廷政权不出一途,则纲纪难立"。英国驻日公使巴夏礼非常赞赏庆喜奉还大政的行动:"看来现在日本人要用和平方式完成国家宪制的大改革——可以说是完全改变国家组织的革命。如果改革成功,则必将受到日本人的高度赞扬。大君(将军或幕府——引者注)以牺牲权力作出了很好的表率。诸大名也应效仿他的榜样。这样一来,就有望产生一个强有力的中央政府来管辖日本全国。"③

倒幕派并不以德川庆喜奉还大政为满足,要彻底清除幕府的政治影响

---

① 〔日〕信夫清三郎:《日本政治史》第一卷,周启乾译,上海译文出版社,1982 年,第 308 页。
② 〔英〕萨道义:《明治维新亲历记》,谭媛媛译,文汇出版社,2017 年,第 185—187 页。
③ 参见〔日〕升味准之辅《日本政治史》第一卷,董果良译,商务印书馆,1997 年,第 91 页。明治维新元老、担任过日本首相的伊藤博文对庆喜这么爽快地将维持 270 年的政权拱手相让感到不可思议。多少年后在皇族举行的一次国宴上,伊藤博文和德川庆喜为陪客。宴会结束后,伊藤博文和德川庆喜坐在一起闲聊。伊藤博文突然问德川庆喜:"总想什么时候有了会面的机会便要问的,却一直到今日都不曾有过这样的机会。今晚恰好是难得的机会,所以要请问,当年您将大政奉还,令人感到突然。决定这样的大事,要算是非常坚决的态度了,可是,当时在公左右建议那样果断的处置的,究竟是什么人呢?"德川庆喜平静地回答道:"我不曾借什么人的智慧,确是根据自己的信念而果断决定。我过去经常受到亡父烈公的教导。幼年时,父亲曾经谆谆地教育我以皇室的尊严、国家的大体为重,在我到西丸之后,父亲每当出门的时候,一定会用这种话教诲我。我在大政奉还之前,曾独自一个人仔细思考了一番,觉得此时实行父亲以前所训诫的事情正是时候,所以不曾和任何人商量,便果断实行了这一举措。这既不是他人的智慧,也不是自己的力量,总之不过都是照父亲的教训实行罢了。"(〔日〕久米正雄:《伊藤博文传》,林其模译,团结出版社,2003 年,第 152 页。)

力，倒幕派领袖西乡隆盛指使临时聚集在江户萨摩藩邸的浪人在江户城内和关东各地大搞打、砸、抢，进行骚扰，并在江户城内开炮，以此激怒幕府，挑起保幕派和倒幕派的矛盾，结果导致了1868年1月的鸟羽、伏见之战。鸟羽、伏见之战的失利使德川庆喜决心退出政坛，也最终导致了德川幕府的垮台。

第二章　外务省的设立与明治前期的日本外交

明治政府成立后，在外交上面临的主要问题是：设立外交机构，构建类似于西方国家的外交决策机制；修改不平等条约，与各国建立平等的外交关系；在现有条约体系下处理急迫的外交问题。随着中国、日本被迫向西方开放国门，并与西方国家缔结不平等条约以及中日之间缔结条约，东亚国际秩序开始向近代转型。日本以把朝鲜纳入国际条约体系为名挑战中国权威并与中国在朝鲜展开权力竞逐。

第一节　明治政府外交主导权的确立

1867年11月9日，将军德川庆喜上奏朝廷，请求奉还大政："朝廷宽厚，摄关执政，保平之乱（保元之乱和平治之乱，公元12世纪围绕天皇继位问题所发生的纷争——引者注）又将政权移至武门，至德川一族，更蒙恩宠，执掌政权二百余年，子孙相承。然臣奉其职，政务失当之处甚多，直至今日，毕竟德薄能鲜，惭惧不堪。当今与外国之交际日趋繁盛，如朝廷政权不出一途，则纲纪难立，故改从来之旧习，向朝廷奉归政权，广开天下之公议，仰仗圣断，共保皇国，必能与海外万国并肩。"[1] 翌日，朝廷下达诏书，同意大政奉还："自祖宗以来，委卿重任，依赖深厚，考察当今宇内之形势，建议书之主旨尤为高见，闻之可治天下，与卿同心尽力，维持皇国。"[2]

由于长期疏离政治以及各国政府一直以幕府为交涉对象，朝廷确立外交主导权并不容易。幕府以将军为国家元首同欧美11个国家缔结了通商

---

[1]　外務省調査部編『大日本外交文書』第一巻第一冊、日本国際協会、1936年、2—3頁。
[2]　外務省調査部編『大日本外交文書』第一巻第一冊、日本国際協会、1936年、2—3頁。

第二章 外务省的设立与明治前期的日本外交

条约。11月17日，朝廷传谕幕府，外交及其他紧急事务仍由将军相机处理。但是由幕府处理外交事务实际上是向外国使节表示将军仍然代表日本，这严重动摇了朝廷执政的合法性。1868年1月3日，朝廷发布"王政复古宣言"，宣布"德川内府之大政奉还、辞退军职二事，今断然允之。癸丑（黑船来航——引者注）以来，未曾有之国难，为先帝频年烦恼之缘由，众庶之所知也。据此决定，乃王政复古、挽回国威之基。自今以后，废绝摄关、幕府等，暂行设立总裁、议定、参与三职，亲裁万机。诸事基于神武创业之始，无缙绅、武士、堂上、地下之别，开至当之公议，可与天下同休戚焉。各自勉励，去旧来骄堕之陋习，奉尽忠报国之诚"，① 成立了取代幕府的新中央政府，这激化了朝廷与幕府的矛盾，最终导致鸟羽、伏见之战，鸟羽、伏见战役的胜利确立了朝廷权威。

朝廷对政府机构进行改组。1868年2月2日，设立外国事务总裁及外国事务取调挂，任命嘉彰亲王为外国事务总裁，三条实美、东久世通禧、岩下方平、后藤象二郎为外国事务取调挂，"这是新政府外政机关的嚆矢"。2月8日，东久世通禧在兵库向各国驻日公使通报，天皇代替将军成为国家元首并行使外交权："日本国天皇告诸外国帝王及其臣民，朕已准许将军德川庆喜归还政权，内外政事亲裁之，以往条约虽用大君名称，至今往后，当换以天皇名称。而各国交际之职，专命有司等。""这是新政府的外政机构与欧美诸国外政机构间的首次接触。"② 2月14日，确定了"三职七科"官制，即总裁、议定和参与"三职"，以及神祇、内国、外国、海陆军、会计、刑法和制度"七科"。外国事务总裁改为外国事务总督，其职责是"监督外国、交际、条约、贸易、拓地、育民之事"。2月25日，又改"三职七科制"为"三职八局制"，将外国事务科改为外国事务局，山阶宫晃亲王为外国事务局督，伊达宗城、东久世通禧为外国事务局辅。③ 4月15日，明治政府致函对马藩藩主宗义达，声称："现在，王政一新，所有对外国交往事务均由朝廷掌管"；朝鲜自古以来就与日本交往，尽管目前仍与以往一样由对马藩具体负责对朝事务，但对马藩须遵照

---

① 外務省調査部編『大日本外交文書』第一卷第一冊、日本国際協会、1936年、145頁。
② 外務省調査部編『大日本外交文書』第一卷第一冊、日本国際協会、1936年、236頁。
③ 三上昭美「外務省設置の経緯―わが国外政機構の歴史的研究（1）―」、『国際政治』第26号、1964年。

外务部门的指示行事,"尽力树立国威"。①

1868年3月10日,维新政府颁布《关于与外国和亲谕告》,这是向民众全面阐述维新政府对外政策的重要文件,不同于以往屡次陈说的"遵守宇内之公法"的简单辞令,而是表明将采取开港通商和与各国订立条约的外交政策,实际上这是对朝廷以往锁国政策的一种否定。公告首先指出,自古以来日本就有对外交往的传统,有远近各国归化入籍并贡献方物者,尤其与中国的交往更为密切,常有使者往来或长期居留。因受阻于船舰之利未开,故交往之国仅限于朝鲜与中国,暂且无法与西洋各国交往,印度地区尚未探明。进入近代,如民众所知,凭借船舰技术与航海知识的发达,国家之间纵然相隔万里波涛,亦如比邻。公告其次说明朝廷不得不开国通商的原因,追根溯源乃是幕府对外政策的失误,"皇国政府受制于既有条约。尽管条约可以根据利害得失进行修改,但条约的订立毕竟依据的是万国公法,如果朝廷现在加以改变,将失信于海外各国。此事非同小可,不得不接受此前幕府与外国的既有条约,以期与各国亲善"。公告最后告诫臣民,在"国内大局未定,海外万国交际之大事有待解决"的今日,应齐心协力勤劳王事,"顺时势,识大体,脱以往之陋习","使圣德光耀万国","以慰列祖列宗在天之灵"。②

1868年3月23日,明治天皇在京都接见了法国公使罗斯和荷兰公使波尔斯布鲁克。这是日本天皇第一次接见外国使节,表明天皇对与外国建立外交关系以及订立条约的认可。罗斯首先面见天皇,行鞠躬礼。天皇表示:"贵国国君身体无恙,乃朕之喜悦。望自今两国之交际日益亲睦,永世不变。"罗斯以拿破仑三世的名义祝愿日本繁荣昌盛,天皇得到神明的保佑。接着荷兰公使被领到天皇面前,天皇对他说了同样一番话之后,赐给两位公使茶点。③英国使节团由于在前往皇宫途中遭遇袭击,不得不推迟谒见天皇的时间。对英国使节团在天皇的眼皮底下公然遭遇袭击,明治天皇和政府要员均感错愕。政府要员纷纷前往公使馆看望巴夏礼,并称此事令天皇"极为痛心"。巴夏礼借此要求日本政府颁布保护外交官的法律,

---

① 外務省調査部編『大日本外交文書』第一巻第一冊、日本国際協会、1936年、573—574頁。
② 外務省編『日本外交年表並主要文書』(上)、原書房、1965年、33—34頁。
③ 〔美〕唐纳德·基恩:《明治天皇(1852—1912)》,曾小楚、伍秋玉译,上海三联书店,2018年,第156—157页。

向民众普及外交知识。他先是提醒日本官员依照外交惯例提交书面致歉公文，接着重申他的观点：日本政府应尽早修订法律，对那些无故袭击外国人的暴徒按普通罪犯的方式进行公开处决，而绝不允许其以切腹的方式自行了断；政府还应颁布公告，将天皇希望增进与各国友好之圣意诏告天下，令国民周知；此外，政府官员有责任杜绝对外国人的敌意，这种无端的敌意已使许多人沦为牺牲品，其根源在于某些人士仍将袭击外国人视作为天皇"尽忠"。翌日，英国使节团收到了日本政府的正式道歉函，以及一份剥夺凶手武士身份并将其公开斩首示众的宣判书的誊本。日本政府保证宣判书将尽快在全国各地张贴公示并愿提供相应的赔款。3月26日，天皇会见了巴夏礼，天皇首先发言："愿贵国之君龙体康泰。朕喜见两国交往日益亲睦，愿能持之长久，永世不变。本月23日，贵使所遇之不虞之事，竟致大礼延引，朕甚为遗憾。然，今日终得贵使来朝，实乃幸事矣。"巴夏礼回奏道："承蒙陛下垂询，敝国女王陛下甚为安康。能向吾国政府转达陛下的问候和友好之情，实为本人无上的荣耀。一国之外交，必依托其国内的安定与繁荣。如今陛下正在统一全国、建立巩固的中央政府，研讨采纳通行于各国的国际法制度，此种种英明之策，都将为日本的外交关系奠定永久的基石。关于敝人23日所遇之事，蒙陛下不弃，竟能采纳微言，敝人必将感铭肺腑，永记于心。另承蒙各位阁员大人多方协力支援，在此深表谢意。敝人坚信，今日陛下的拳拳盛情，必将抹去那些令人不快的回忆。"[①]

英国使节团遇袭事件推动了日本外交与国际接轨。1868年6月11日，明治政府再次改革官制，将外国事务局改为外国官，设知官事并扩充编制，知官事的职责是掌管对外交往事务，监督贸易和开拓疆土，伊达宗城任知官事。6月23日，太政官确定了外国官的权限，"条约之权、开锁（开国与锁国——引者注）之权、和战之权、赏罚之权、金银之权等重大事件接受太政官之裁决，其余均为外国官被委任之事"，严格限定了外国官的权限。1869年1月，扩大了外国官的职权范围，除"和战、开锁二事"，其余均由外国官处理。4月，制定《外国官规则》，规定"除各国来往事务与和战两大事件外，其余均由外国官决定"，有关开港港口的事务

[①] 参见〔英〕萨道义《明治维新亲历记》，谭媛媛译，文汇出版社，2017年，第352—353页。

也由外国官管辖。6月，制定《外国官职制》，规定了外国官知官事和判官事的任用条件，按国际惯例任免外交官员，强调保持外交工作的连续性以及外交主管官员的涉外工作经历，朝着外交人员专业化和职业化迈出了重要一步。① 1869年8月15日，明治政府颁布职员令，对政府机构进行根本性调整，强化中央集权，在太政官下设立民部、大藏、兵部、刑部、宫内、外务等六省，以卿为各省首长，外务省正式成立。外务省设卿（正三位），总管与外国交涉的事宜，监督贸易。卿以下设大辅、少辅、大丞、少丞、大录、翻译官、史生、省掌、使部等。其中卿、辅、丞、录为各省共有的"四分官"，史生以下为杂官。翻译官分为大翻译官、中翻译官和少翻译官，为外务省所独有的官职。泽宣嘉为首任外务卿，寺岛宗则任外务大辅。外务省成立后，其机关所在地多次变更。9月3日，改江户为东京。10月23日，改元明治。1869年12月11日，外务省机关迁入原民部省机关所在地——霞关，一直延续至今。1869年7月和1870年4月14日，先后颁布了《外务省省则》和《外务省规范》。1870年6月10日，制定了《外务省法则》，指出"外务之职至重至大"，"皇国之安危系之"，"卿辅者，总裁也。大少丞者，议判也。大少录以下者，弁理也。正其尊卑，明其职掌，严肃井然，不可逾越其职位，但各有意见须直言讨论，不可面从而后言。卿辅接待各国公使、水师提督以及其他大臣；大少丞接待各国秘书、领事等；判任以下接待各国卑官及商人等。若卿辅皆有事，则大少丞代卿辅而接待，其余皆然。接待之际，宜正其威仪，明其事理。今所以分定课目者，虽使人人知专务之所在焉，不可徒立门户以生隔绝滞积之弊，须各课事务脉络贯通。小琐事务则各课议判人裁之断之，不必烦满省人之检阅"。② 明治政府正式实施向海外派驻外交官制度，向英国、美国、法国、普鲁士各派遣了一名外交官。此后在各主要国家设立公使馆。③ 1971年，将对朝鲜的外交权从对马藩收回。1872年，外务省又接管了在釜山的倭馆，将其改名为大日本公馆。④

1871年7月14日，岩仓具视就任外务卿。8月10日，明治政府修订

---

① 三上昭美「外務省設置の経緯—わが国外政機構の歴史的研究（1）—」、『国際政治』第26号、1964年。
② 外務省百年史編纂委員会編『外務省の百年』上巻、原書房、1969年、59—60頁。
③ 加地良太「外交実施体制の強化に向けた取組—在外公館を中心に—」、『立法と調査』第342号、2013年。
④ 茂木敏夫『変容する近代東アジアの国際秩序』、山川出版社、2016年、62頁。

官制，外务省在省序列中居第一位，设职务、官省、公书、各港、翻译法书、编集、语学、庶务等8课。1871年11月20日，岩仓具视就任特命全权大使，12月23日率团从横滨港启程，搭乘美国蒸汽船出访欧美。12月15日，副岛种臣被任命为外务卿。副岛任职期间进一步修订、完善各项规章制度，调整和充实内部机构。

第一，扩大外务卿权限，规定在国书和全权大使委任状上必须加盖外务卿之印，涉及外交的事务必须先同外务卿商议，确立了与西方国家一样的首长负责制。

第二，调整官制，废除分课制，采用局、课制，如设立弁事局、外事左局、外事右局、考法局、翻译局、庶务局等6局，在弁事局下设置编辑、往复、免状、电信4课，另设书库课。

第三，开了现任外务卿出访海外的先例。1873年2月28日，副岛种臣为特命全权大使，出访中国，出席同治帝亲政大典，谒见同治帝，并与清政府代表交换《日清修好条规》批准文书。

第四，处理"'玛利亚·路斯'号事件"，确立日本对未缔约国船舶的管辖权。[①] 1872年7月13日，停泊在横滨港的秘鲁籍船"玛利亚·路斯"号上的一名中国劳工，不堪虐待，跳海逃亡，揭开了西方殖民者大肆欺骗中国劳工赴海外从事危险工作的黑幕。神奈川县开庭审理，认定"玛利亚·路斯"号船方虐待中国劳工属实，并将"玛利亚·路斯"号船上的229名华工送还清政府。[②]

从1869年7月外务省成立到1873年10月副岛种臣辞去外务卿，明治政府逐渐构建了与西方国家相似的近代外交体制。

第二节 修改不平等条约及其结果

1854—1869年，日本与西方15个国家签署条约，这些条约一般被称为不平等条约，其不平等性体现在四个方面：西方人在日本享有治外法权或领事裁判权；日本在进出口贸易中没有关税自主权；西方国家享有最惠国待遇；条约上虽列有改订条约的期限，但没有条约的有效期限或废弃条

[①] 外務省百年史編纂委員会編『外務省の百年』上卷、原書房、1969年、95—108頁。
[②] 王铁军：《玛利亚·路斯号事件与中日关系》，《日本研究》2006年第2期。

约的内容。① 没有关税自主权就意味着日本未能进入自由贸易体系，这导致国内外贸易不平衡，货币外流，危及了国家的经济基础；具有不平等性质的治外法权有损国家名誉，为了确保国家独立，日本必须修改不平等条约。② 此外，西方国家还以保护侨民名义在日本驻扎军队，停泊军舰。因此，修改不平等条约就成为明治时期日本最重要的外交课题之一。

在新旧政权和体制转换期间，日本国内民族主义情绪高涨，治安混乱。德川幕府"开放东京及横滨、神户、大阪、长崎、新潟、函馆六港充通商之地，任外人居留焉"。③ 开国初期，前来日本的有外交官、传教士以及少数商人。不久，商人及其家人纷纷涌入开港城市，如在横滨形成了最大的外国人居留地。"洋夷"入住江户、横滨等地引起了民族主义者的极大愤慨，"在横滨及神奈川一带经常出没一批见了'夷狄'便一刀斩死的浪士"。④ 为此，英法等国在居留地附近驻扎军队，军舰停泊在港口，向日本施加压力。明治政府在倒幕过程中依靠各藩藩兵，没有自己的军队。幕府倒台后，藩兵各归故土。面对驻扎的外国军队，明治政府领导人芒刺在背。明治二年（1869年）4月9日，岩仓具视在意见书中对外国在日驻军表示极为愤慨。1869年4月17日，政府在名为《外国官问题十七条》的文件中再次提及外国在日驻军问题，"一旦外国人被杀害，其国兵员便增加，以至于充斥开港城市，我神州被侮辱未有比之更甚"。⑤ 当时在日的英法军队为1000人左右。但英国公使巴夏礼认为，倒幕派在推翻德川幕府的过程中并没有明确提出撤军的要求，因此拒绝对撤军做出答复。1869年11月26日，岩仓具视拜访巴夏礼，再次提出撤兵要求。1870年2月，巴夏礼建议本国政府减少驻军人数。巴夏礼不同意完全撤出英军的理由是：明治政府的权威并没有完全确立，常备军的创立遇到了困难，由长州藩等下级武士掀起的叛乱有可能引起连锁反应，社会秩序并不安定，等等。9月6日，巴夏礼答复岩仓，将把一半英军撤回国内。10月17日，外务卿泽宣嘉、外务大辅寺岛宗则为撤军问题再次拜访巴夏礼。随

---

① 池井優『日本外交史概説 増補版』、慶応通信、1982年、42頁。
② 井上寿一『日本外交史講義』、岩波書店、2003年、15—16頁。
③〔日〕大隈重信撰《日本開國五十年史》上册，上海社会科学院出版社，2007年，第126页。
④ 张晓刚等：《试析日本幕末时期的攘夷运动——以关东地区的暗杀外国人活动为线索》，《内蒙古师范大学学报》（哲学社会科学版）2010年第1期。
⑤ 永井秀夫『明治国家形成期の外政と内政』、北海道大学出版会、1990年、80頁。

后，泽宣嘉和寺岛宗则又拜访了法国公使。当时普法战争正酣。泽宣嘉和寺岛宗则设想在普法战争结束两个月后正式向英法两国公使递交关于要求撤军的文件。但1870年末至1871年，日本仍然处于政局不稳的状态，接连发生下级武士的暴动，谣言四起。1871年4月5日，巴夏礼在与岩仓的会谈中，要求日本政府立即采取断然措施，并根据"三藩献兵"计划①，强化中央政府权威，闭口不谈撤军问题。岩仓具视深感屈辱，但毫无反驳理由。直到1871年7月15日，明治政府才向英法两国公使正式发出撤军建议书，而政府要求同西方列强交涉修改不平等条约的通告是在1871年6月30日发出的，撤军建议书的发出整整晚了半个月。英国政府拒绝撤军建议书，仍推进以前的计划，即把海军陆战队人数减少到300人。不久便发生了日本侵略台湾事件，中日关系紧张，撤军问题交涉一度处于停顿状态。1875年1月27日，英法公使通告将全部撤出本国军队。② 外国驻军问题之所以延续了较长时间，主要是因为日本国内政局不稳，明治政府没有自己的军队，不敢承诺在外国军队撤出日本后保证各国外交官和侨民的安全。

修改不平等条约、收回领事裁判权和关税自主权的斗争更是历经曲折，"恒为日本政治之一大难关"，③ 持续了40年。1868年1月15日颁布的《关于外交的公告书》明确表示，迄今为止由幕府签订的条约有"弊害"，政府将在审议利害得失的基础上进行修正，"与万国之交际应秉执宇内之公法"。④ 1870年末外务省设置了条约改正挂，翌年6月30日正式向各国驻日代表通告了修改条约的意向。在具体交涉过程中，明治政府面临诸多问题，如：究竟是与签约国家一并交涉，还是与单个国家个别交涉？是一并恢复法权和税权，还是率先恢复法权甚或相反？在修约谈判中明治政府受到国内舆论的巨大压力，外交与内政紧密纠缠在一起。

日本与西方国家签署的条约规定，"明治五年以降经缔约盟国互相认诺可改正"。1872年7月为签约方可提出修约谈判的期限。为此，1871年末，外务省动员知识分子研究国际条约，拟订新的条约文本草案，为即将

---

① 明治初期，主要由长州、萨摩、土佐等三藩武士组成直属中央政府的新式军队，共10000多人，拱卫天皇和皇宫，之后演变为近卫师团。
② 永井秀夫『明治国家形成期の外政と内政』、北海道大学出版会、1990年、81—83頁。
③ 〔日〕大隈重信撰《日本開國五十年史》上册，上海社会科学院出版社，2007年，第126页。
④ 外務省調査部編『大日本外交文書』第一卷第一册、日本国際協会、1936年、228頁。

到来的修约谈判做准备。外务省秉持合乎现实的渐进性的修约原则。为了掌握修约谈判的主动权,防止西方国家提出不利的修约条件,1871年11月20日,明治政府通告将向美国和欧洲国家派出以外务卿岩仓具视为特命全权大使的使节团,副使是参议木户孝允、大藏卿大久保利通、工部大辅伊藤博文、外务少辅山口尚芳,加上秘书、随从等,合计59人。另有一些留学生随行。使节团先后访问了美国、法国、比利时、荷兰、德国、俄国、丹麦、瑞典、意大利、英国、奥地利、瑞士等12个国家。太政大臣三条实美给使节团的训令是在三年内完成修约谈判。12月23日,岩仓使节团从横滨港出发,跨越太平洋,首先抵达美国,与美国进行修约谈判并会见总统格兰特,在美国滞留了8个月,但谈判以失败告终。

在修约谈判不可能取得进展的情况下,使节团转换出使目的,开始把考察欧美各国的政治、经济和文化制度以及法律法规作为主要工作内容,原定出访时间为10个月,后延长为一年以上,直到1873年9月使节团才返回国内。① 使节团在外访问期间逐渐适应西方习惯,岩仓具视尤其注意细节,尽量不随身携带酱油、拖鞋、和服和咸菜。使节团在滞留美国期间,其和服外袍、和服裙裤搭配皮鞋的装束曾引起美国公众嘲讽,被讥讽为"身着女性似的绸缎衣服"。为此,使节团摒弃在西方人眼中的"奇装异服"——和服,而是身着西装,"暗沉的面容十分严肃,令人肃然起敬"。1872年11月12日,明治政府发布通告,决定采用洋服,以中国战国时代赵武灵王"胡服骑射"的故事驳斥守旧派的观点,效仿赵武灵王"着胡服以制胡"。岩仓具视在美国议会发表历史性演讲,声称:"我们为追寻教化而来,并荣幸地在此地发现了它",相信美国人和日本人注定被贸易线联结起来,"在未来越发扩大的贸易将以千百种方式将我们的国家利益联合起来。如同水滴间的融合,贸易将从我们各自的河流中奔涌而出,汇入将我们的国土分开的大海"。②

使节团回国后,因发生"征韩论"及随后的西南战争,修约交涉处于停顿状态。西南战争结束后,寺岛宗则任外务卿,再次启动修约谈判工作。寺岛搁置法权议题,把恢复关税自主权列为修约谈判中最重要的工

---

① 池井優『日本外交史概説 増補版』、慶応通信、1982年、45頁。
② 〔美〕W. 拉夫伯尔:《创造新日本:1853年以来的美日关系史》,史方正译,山西人民出版社,2021年,第46页;〔日〕三谷太一郎:《日本的"近代"是什么:问题史的考察》,曹永洁译,社会科学文献出版社,2019年,第91页。

作。因为西南战争前后政府发行不兑换纸币以及严重的贸易逆差,再加上遭受战争破坏,日本经济雪上加霜。为了刺激经济和平衡财政,必须收回关税自主权。寺岛宗则率先选择美国为交涉对象。美国驻日公使比克曼对日本的修约要求表示理解,认为不平等条约妨碍了日本产业的发展,进而在政治上、经济上为美国带来不利影响。结果,1878年7月,日本驻美公使与美国国务卿签署了新的日美条约。新条约虽然保留了美国的领事裁判权,但日本恢复了关税自主权和沿岸贸易权。日美改约遭到其他西方国家特别是英国的强烈反对。日美新约规定,只有日本与其他西方国家签署相同性质的条约,新约才能付诸实施。[1]

1878年前后日本掀起了自由民权运动,要求修改不平等条约是自由民权运动的主要内容之一,这向政府施加了压力。1879年9月10日,井上馨就任外务卿(1885年12月22日伊藤博文内阁成立后,外务卿改为外务大臣),将修改不平等条约列为最重要的工作。司法省和外务省聘请大量外国专家,以西方国家法律文本为基础编撰日本法典,构建近代法律体系。1880年,日本颁布修改后的刑法和治罪法,向缔约国通报修约草案,要求各缔约国向东京派出全权代表,与日本交涉修约事宜。井上馨改变了寺岛宗则与各缔约国分别谈判修约问题的做法,而是与所有缔约国同时交涉修约事宜。由于缔约国特别是英国的强烈反对,井上馨的计划遭遇挫折,列强仅答应在东京召开关于修改条约的预备会议。1882年1月25日,日本与各缔约国在外务省召开了修约预备会议,井上馨为议长。井上馨表示可以向外国人开放内地、允许外籍人士在日本拥有动产和不动产以及营业自由,并公布了实施细目。其中内地开放后将完全废除治外法权,但日本法院将录用外籍法官,以外籍人士为被告的案件将在以外籍法官占多数的法庭进行审理等。但政府内部的反对派攻击井上馨让步过多,而列强则表示不相信日本法院会进行公正的审判。预备会议共举行大小会议20多次,持续到7月27日仍未取得进展,不得不闭会。

预备会议的失败使井上馨意识到日本文明开化的成果并未获得西方国家的认可,日本与近代国家的标准仍有相当大的差距。1887年,在内阁会议讨论修约草案时,井上馨指出:"在欧美力量逼近东洋的当下,解决之道就是把日本、日本国民改变为欧洲一国、欧洲国民。简言之,即在东

---

[1] 池井優『日本外交史概説 増補版』、慶応通信、1982年、49頁。

洋创造一个欧洲类型的国家。"① 1886 年，外务省设置法律调查委员会。作为修约工作的一环，民法、商法的编纂工作也由外务省负责。外务省还在日比谷公园建造"鹿鸣馆"②，举行西式舞会，营造一种文明开化的风气。每年天长节（11 月 3 日，明治天皇生日）在鹿鸣馆举行盛大舞会，有 1000 多人参加。法国海军士官罗特（Pierre Loti）受邀参加了 1886 年天长节举行的舞会。当时罗特所在的法国舰队停靠在横滨港。他从横滨坐火车抵达新桥，然后乘坐人力车到达鹿鸣馆。深夜 1 点，罗特从新桥乘坐临时火车返回横滨。井上馨亲自主持舞会，伊藤博文首相、内阁成员以及各国使节纷纷出席，舞会热闹非凡，给罗特留下了深刻印象。为此罗特专门画了一幅素描，题为《秋之日本》。鹿鸣馆不仅举行舞会，还举行慈善会和演讲会等，是当时日本最重要的社交场所。人们往往把以鹿鸣馆为中心推行的外交行动称为"鹿鸣馆外交"。达官贵人痴迷于这种社交活动。1887 年 4 月，伊藤博文在首相官邸举行假面舞会，参加者有井上馨、警视总监三岛通庸等，甚至连不苟言笑的山县有朋也戴上奇兵队队长面具出现在舞会上。但是这种表面上的欧化之风引起了民众和国粹主义者的不满，抨击政府耗费民脂民膏取悦外国人，体现了上层阶级的放荡和腐化，这种抨击和不满汇入了轰轰烈烈的自由民权运动。1887 年 5 月，胜海舟在"21 条建议书"中指出，鹿鸣馆周边淫风肆虐，希望自重。7 月，谷干城表达了相同的意见。③

  1886 年 5 月 1 日举行的关于修改条约的正式会议历时一年多（1886 年 5 月 1 日至 1887 年 7 月 29 日），"反复论辩，不得归决"。会议未取得实质性进展。1887 年 6 月 15 日，英德公使在第六次会议上提出英德草案。井上馨以英德草案为谈判基础。英德草案的主要内容为：（1）条约实施 2 年内，日本全国向外国人开放，外国人享有与日本人一样的地位；（2）根据西方原则编订法院章程，实施刑法、民法、商法等，并以英文通告外国政府，修改法律须在 6 个月前通知；（3）以外国人为原告或被告的案件，凡百元以上民事诉讼以及重罪或轻罪被起诉的情况，法院立即组成以外籍

---

① 池井優『日本外交史概説 増補版』、慶応通信、1982 年、46 頁。
② 鹿鸣馆是西式风格的二层建筑，由英国建筑师康德（J. Conder）设计，1880 年施工，1883 年 11 月末竣工。"鹿鸣"取自中国《诗经》中的一首宴饮诗《小雅》，即"呦呦鹿鸣，食野之苹"，表现宾客在宴会上互相唱和、其乐融融的气氛。
③ 永井秀夫「鹿鳴館と井上外交」、『北海学園大学人文論集』第 2 号、1994 年 3 月。

法官占多数的法庭进行审理，诉讼用语为英语；（4）日本与外国政府商议，选任数名外籍法官和检察官，在任职期限内，除由外籍法官组成的惩戒法庭要求外，其不得被免职；（5）有效期限为17年。① 8月6日，在外务省设置法律调查所。但是，政府内部不少人对雇用外籍法官以及由外籍法官占多数席位的法庭审理涉外案件表示反对，担心日本的立法权、司法权受制于外国。会议期间"所议之条目，遂漏泄于外，舆论嚣然"。② 结果井上馨迫于朝野压力不得不黯然辞职，修约会议无限期延期。

井上馨下台后，伊藤博文首相兼任外相。但民间对政府外交政策的批评并未停止。随着自由民权运动的深入发展，民众提出了减轻地税、集会及言论自由、改革外交三大要求。为了缓和民众的反对情绪，1888年2月，伊藤博文起用大隈重信为外相。大隈重信（1838—1922）出生于佐贺藩武士家庭，曾任参议兼大藏卿。1882年创建立宪改进党，积极投身自由民权运动，要求尽快开设国会、颁布宪法，深受民众拥戴。大隈重信改变与缔约国同时谈判修约事宜的策略，而是进行个别交涉，"以减杀列国公使之势力"。为了在修约谈判中取得突破，大隈重信指示驻美公使陆奥宗光与墨西哥政府代表谈判建交事宜，"乃察墨国无一人居住日本，通商之利害所关尤薄，而先与之商议"。③ 1888年11月，双方签署了基于完全平等的《日墨修好通商条约》。这是大隈外交结出的第一颗果实，同时关于日本与德国、美国和俄国即将签订新约的消息也在社会上流传，唤起了民众对大隈外交的更大期待。但是大隈与缔约国的谈判进程是不透明的，大隈操控舆论，向媒体泄露有利的谈判消息，利用舆论对列强施加压力。英国《泰晤士报》报道了日美新约草案的内容，随即日本媒体予以转载。大隈的条约草案尽管比井上馨的条约草案略有改善，但仍然保留大审院（最高法院）采用外籍法官、以外国人为被告的一定数量的民事刑事案件由大审院审理以及有条件给予最惠国待遇等内容，这引起了一部分人士的强烈反对，政府内部围绕条约草案也发生了严重分歧。1889年夏天和秋天，东京接连举行支持或反对大隈外交的集会。舆论也推波助澜。1889

---

① 東元春夫「『東雲新聞』と条約改正問題」、『新聞学評論』第27巻、1978年6月。
② 〔日〕大隈重信撰《日本開國五十年史》上册，上海社会科学院出版社，2007年，第128页。
③ 〔日〕大隈重信撰《日本開國五十年史》上册，上海社会科学院出版社，2007年，第129页。

年6—10月，《东云新闻》、《大阪朝日新闻》和《大阪每日新闻》三大报纸发表有关修约谈判的社论共132篇，占社论总数的41%，围绕雇用外国法官、外国人拥有土地（不动产）所有权、开放内地、法典编撰以及关税自主权等5个问题展开激烈讨论。① 大隈重信也通过媒体阐述新约的优点：第一，5年后治外法权完全废除；第二，在缔结条约的同时，关税增长3倍以上，并可对酒、烟草类商品自主课税；第三，12年后解雇外籍法官，仅由日本法官审理案件；第四，12年内日本关税自主权可恢复大半，12年后完全恢复关税自主权等。但大隈的解释工作并未取得预期效果，舆论尤其反对雇用外籍法官。7月13日，《东云新闻》发表社论指出，雇用外籍法官损害了国家体面，既然不许外国人干预日本行政、立法事务，自然司法权也不许外人染指，这是不言自明的。此外，雇用外籍法官也与宪法相抵触。关于外国人拥有土地所有权的问题，《东云新闻》认为这是"过度的退让"，担心"日本的富源将悉数落入外人之手"，"日本收益的事业半数以上被外人掌握"。人民与土地是构成国家的两大要素，欧美各国在给予外国人土地所有权方面是非常慎重的。② 1889年10月18日，在内阁会议后，大隈重信在外务省门口遭遇极端民族主义组织玄洋社成员来岛恒喜投掷的炸弹，被炸伤了右腿，做了截肢手术。受伤后的大隈重信辞去外相职务，修约工作再次搁置。

1889年12月24日，山县有朋内阁成立，青木周藏（1844—1914）任外相。青木周藏是职业外交官，出生于长州藩的一个医生家庭，1868年赴德国留学，曾任驻德公使、外务大辅、外务次官等职。青木周藏采取了比大隈重信更加强硬的谈判方针，其起草的条约草案内容为：（1）"治外法权向后五年间只存之于租界，租界之外皆令服于日本裁判权"；（2）"土地、铁路、矿山、股票等之领有权不许外人"；（3）"不立法官任用外人之约"；（4）"不许沿岸贸易"；（5）"不预约法典之编纂"；（6）开放内地；（7）酒、烟草、酱油等商品可任意课税，其余则以平均12%为输进税之准率。③ 鉴于舆论的强大压力，青木周藏决定把法权和税权的双收回作为目标。在具体的交涉过程中仍沿袭大隈重信的做法，即与缔约国进行

---

① 東元春夫「『東雲新聞』と条約改正問題」、『新聞学評論』第27卷、1978年6月。
② 東元春夫「『東雲新聞』と条約改正問題」、『新聞学評論』第27卷、1978年6月。
③ 〔日〕大隈重信撰《日本開國五十年史》上册，上海社会科学院出版社，2007年，第129—130页。

个别交涉，但青木选择了在修约谈判中持最强硬立场的英国为首先交涉的对象。当时英俄在远东矛盾日趋尖锐。1886年，俄国提出修建一条横贯西伯利亚、全长7000多公里的大铁路，"在欧洲俄国和遥远的东方之间建立起更迅速的交通设施"。① 面对俄国在远东咄咄逼人的战略，英国开始考虑拉拢日本作为抗衡俄国的力量，因此软化了在修约谈判中的强硬立场。青木抓住机会与英国交涉。青木向英国驻日公使表示，一旦日本议会开始运行，原来的交涉方式也许就不能采用了，英方应该加以注意。言外之意就是希望日英两国尽快取得修约谈判的成果，避免议会的节外生枝。正当日英修约谈判进展顺利时，发生了"大津事件"。1891年，俄国皇太子（后来的尼古拉二世）前往符拉迪沃斯托克（海参崴）参加西伯利亚铁路开工仪式，顺路访问日本，结果在大津被警察津田三藏所刺伤。青木引咎辞职，榎本武扬任外相。榎本武扬（1836—1908）是幕末和明治时期的传奇人物，出生于江户武士家庭，是佐幕派的核心人物之一，曾任"虾夷共和国"总裁，对抗倒幕派。投靠明治政府后，其先后担任开拓使、驻俄公使、外务大辅、海军卿、驻华公使、递信大臣、文部大臣等。榎本武扬继承青木周藏的修约方针，在内阁设置条约改正案调查委员会，以枢密院议长伊藤博文、递信大臣、外务大臣、内务大臣以及枢密顾问官等为委员。其于1892年以削减经费的理由废止驻葡萄牙总领事一职，同时也废除了葡萄牙的领事裁判权。但是朝野双方围绕修约问题产生了尖锐对立，导致内阁辞职。1892年8月，第二次伊藤博文内阁成立，陆奥宗光任外相。

陆奥宗光认为修约工作的主要障碍在国内。在野党立宪改进党与极端国家主义组织——大日本协会是反政府和强硬论的中心。陆奥宗光把废除领事裁判权作为修约重点，获得部分极端国家主义分子的支持。同时，陆奥也对某些有过激观点和行为、刺激列强感情的极端国家主义分子进行打压，以免其对修约工作造成干扰。陆奥甚至公开表示，为了修约工作的成功，不惜解散议会和大日本协会。陆奥宗光任命前外相青木周藏为驻英公使，继续与英国进行修约谈判。1894年7月16日，青木与英国外交大臣签署了《日英通商航海条约》及附属议定书等。条约共22条，主要内容

---

① 〔日〕信夫清三郎编《日本外交史》上册，天津社会科学院日本问题研究所译，商务印书馆，1980年，第190页。

为：（1）日本向英国国民开放内地，废除领事裁判权；（2）相互给予最惠国待遇；（3）条约5年后生效等。[①] 当时，中日关系日趋紧张，战争一触即发。日本舆论的关注点转移到了朝鲜半岛，接受了这个基本平等却含有某些缺陷的条约。"日清交战之际，日本海陆军屡胜。列国畏敬，于是美、意、俄、德、法、奥匈等诸国皆继英国而认改正约章。"[②] 1897年末，欧美国家均与日本签署相同性质的新约。1899年日英新约开始实施。由于日本赢得了中日甲午战争的胜利，民族自信心膨胀，对外国人进入日本内地的恐惧心理逐渐消退，原来引起民间强烈反对的内地开放问题也烟消云散。1911年，日本最终收回了关税自主权。

第三节 从"日清提携"到"脱亚入欧"

一 明治初期日本的安全保障战略

明治初期，强敌压境，日本面临严峻的外部环境，应该制定和实施什么样的国家安全保障政策是一个紧迫课题。1868年，维新三杰之一的木户孝允在日记中表达了对西方国际法的不信任："我不得不确信帝国的军事力量必须足够强大才能对付西方列强这些潜在的敌人。一个国家如果没有充分的军事力量是不能够依赖国际法的。很多国家只是利用国际法作为遮掩来谋求它们与弱国打交道时的利益。这也是为什么我将国际法称为剥削弱国权力工具的原因之一。"[③] 岩仓具视对当时国际形势的看法更加悲观。1869年，他在一份文件中指出："尽管海外万国之间保持着彼此联系，但归根结底，海外万国都是我皇国之敌。这些敌国如今在干什么？它们在不断研究提升它们的科技实力，目的是变得更加富强。像荷兰这样的小国，被大国环绕，却能够通过努力享有荣耀和独立……海外万国皆希望凌驾于其他国家之上。甲想凌驾于乙，乙想凌驾于丙。因此我说海外万国

[①] 外务省编『日本外交年表並主要文書』（上）、原書房、1965年、144—148頁。
[②] 〔日〕大隈重信撰《日本開國五十年史》上册，上海社会科学院出版社，2007年，第131页。
[③] 转引自〔英〕铃木胜吾《文明与帝国：中国与日本遭遇欧洲国际社会》，王文奇译，世界知识出版社，2019年，第99页。

皆是我皇国之敌。"① 为此，日本决策者曾提出"日清提携论"，即亚洲联合论，认为"日清提携"不失为抗衡西方列强的有效手段，可以使东西方力量保持某种平衡。

早在幕末，会泽安、佐藤信渊、平野国臣等就主张"日清提携论"。1825年，会泽安在《新论》中指出："若夫未尝沾染回回罗马之法（指伊斯兰教与基督教——引者注），则神州之外，独有满清。是以与神州相为唇齿者，清也。夫方今天下形势，大略如此焉。"1849年，佐藤信渊在《存华挫夷论》中写道："满清为当今世界之大邦，然不像蒙古忽必烈那样凌驾我邦。且近来侈然自大而不务外详攘之武事，故英夷侮之而率舟师来侵伐，战而屡屡大败，江南四省流血而满清不能自卫，只好割地赔款乞和。如此以往其国益式微之时，西夷贪得无厌之祸，将东渐而至本邦。故愚老希望满清的君臣苦心积虑，赈贫吊死，上下同廿共苦练兵数年，乃起复仇之义兵，征伐英夷而大破之，收复失地，完全攘除出东洋，这样满清可永远为本邦之西屏。"平野国臣认为中日"两国相与合力，一其志，断然扫夷不予之以寸尺之地，逐诸洋外"。胜海舟呼吁日中朝三国"合纵连横以共抗西洋"。②

幕末有识之士的主张一度为明治初期决策者所接纳。1875年3月，右大臣岩仓具视在《具视笔录外交之机务以供御览》的文件中指出："清国占据亚细亚之大部分，土地辽阔，人口众多，无与伦比，与我邦为唇齿之邦，近来虽政纪废弛萎靡不振，但因与我国关系颇大，故加强和谊以建久远之基，应为今日所当务。窥其国势，应机而施经略，为他年之远略。"③克里米亚战争后，俄国加紧向远东扩张，这威胁到日本的国家安全，但日本难以凭借一国之力抗衡俄国。当时中国的经济实力和军事实力远在日本之上，"日清提携"是抵挡俄国南下的有效盾牌。但是"日清提携论"夹杂了日本的私心，即由日中两国"劝告"朝鲜开国，将朝鲜纳入近代国际体系，割断中朝宗藩关系，形成日、中、朝三国合作，而日本则充当东洋

---

① 转引自〔英〕铃木胜吾《文明与帝国：中国与日本遭遇欧洲国际社会》，王文奇译，世界知识出版社，2019年，第80页。
② 刘岳兵：《近代以来日本的中国观》第三卷，江苏人民出版社，2012年，第36—37、39页；杨栋梁：《近代以来日本的中国观》第一卷，江苏人民出版社，2012年，第44页。
③ 刘岳兵：《近代以来日本的中国观》第三卷，江苏人民出版社，2012年，第36—37、39页；杨栋梁：《近代以来日本的中国观》第一卷，江苏人民出版社，2012年，第44页。

盟主。因此，"日清提携论"非但没有增进中日关系，反而引起了中国的警觉。①

二 《中日修好条规》的签署（1871年9月）

1870年7月，日本外务权大丞柳原前光奉命前来中国，欲与中国签订条约。柳原在与李鸿章的会谈中表示："以英、法、美诸国强逼该国通商，伊国君民受其欺负，心怀不服而力难独抗，虽于可允者应之，其不可允者拒之。惟思该国与中国最为邻近，宜先通好以冀同心协力，拟俟贵衙门示下再取进止。"②柳原认为，中日两国同为欧美不平等条约所压迫，理应"同心协力"。柳原的提议获得了李鸿章的响应。李鸿章认为，"日本距苏、浙仅三日程。精通中华文字，其兵甲较东岛各国差强，正可联为外援，勿使西人倚为外府。将来若蒙奏准通商，应派官前往驻扎，管束我国商民，以备联络牵制"。③"日本近在肘腋，永为中土之患。闻该国自与西人定约，广购机器、兵船，仿制枪炮、铁路，又派人往西国学习各色技业，其志固欲自强以御侮，究之距中国近而西国远，笼络之或为我用，拒绝之则必为我仇。"④作为两个正在转型的东亚国家，中日缔结条约也有助于彼此西化运动的展开。

1871年7月下旬，李鸿章与日本代表伊达宗城、柳原前光举行订约谈判。日方提出以《中德通商条约》为蓝本的条约草案，企图享有西方列强不平等条约所规定的单方面权利，遭到中方拒绝。但中方从维护中日关系大局出发，在维护国家主权的前提下，愿意做出某种妥协。曾国藩在奏折中指出："彼国习闻前代故事，本无畏慑中土之心。又与我素称邻邦，迥非朝鲜、琉球、越南臣属之国可比。其自居邻敌比肩之礼，欲仿英法诸国之例，自在意中。""日本自诩为强大之邦，同文之国，若不以泰西诸国之例待之，彼将谓厚腾〔滕〕薄薛，积疑生衅。臣愚以为，悉仿泰西之例亦无不可。但条约中，不可载明比照泰西各国总例办理等语，尤不可载后有

---

① 井上寿一『日本外交史講義』、岩波書店、2003年、20頁。
② 参见顾廷龙、戴逸主编《李鸿章全集》第30册（信函二），安徽教育出版社，2008年，第99页。
③ 顾廷龙、戴逸主编《李鸿章全集》第30册（信函二），安徽教育出版社，2008年，第99页。
④ 顾廷龙、戴逸主编《李鸿章全集》第4册（奏议四），安徽教育出版社，2008年，第217页。

恩渥利益施于各国者一体均沾等语。""总之，中国之处外洋礼数不妨谦逊，而条理必极分明。练兵以图自强，而初无扬威域外之志。收税略从彼俗，而亦无笼取大利之心。果其百度修明，西洋东洋一体优待，用威用德随时制宜，使外国知圣朝驭远一秉大公，则万国皆将亮其诚，何独日本永远相安哉！"① 在谈判中，中方坚持原则，始终掌控谈判主导权，结果双方以中方提出的包括所属邦国保全、中日联合、互相援助、排除最惠国条款等内容的草案为谈判基础。1871年9月13日，中日两国代表签署了《中日修好条规》、《通商章程》以及《海关税则》。

《中日修好条规》是近代中日两国最初签署的平等的、自主的、具有一定同盟性质的条约。② 条约规定：中日"倍敦和谊"，"两国所属邦土，亦各以礼相待，不可稍有侵越，俾获永久安全"。"两国既经通好，自必互相关切。若他国偶有不公及轻藐之事，一经知照，必须彼此相助，或从中善为调处，以敦友谊。"两国政事"自主"，"彼此均不得代谋干预，强请开办"。两国均可派秉权大臣"驻扎京师"。两国往来公文，"中国用汉文，日本国用日本文，须副以译汉文，或只用汉文"。两国指定沿海各通商口岸，"准听商民来往贸易，并另立通商章程，以便两国商民永远遵守"。在通商口岸设理事官（领事），约束本国商民并办理相关案件……③

但是日本并不愿意与中国建立平等的外交关系，更不愿意与中国结盟，以西方列强为楷模的日本，在"日清提携论"与"脱亚入欧论"之间徘徊，并逐渐向后者倾斜。《中日修好条规》的第二条引起了西方国家的疑惑，其纷纷向日本质询。为此，外务卿岩仓具视于1871年10月13日致函伊达宗城，要其急速回国复命："来函所附条约正文以及关于该约第二条尚须于以后来函中说明等，业已知悉。然上述第二条所谓两国特殊友谊云云，不易实行：第一、对日本自主立国的主权有所妨碍；第二、正如柳原君自东京启程前所已了解，美国公使对此有异议，法国公使也有意见。美国报纸曾经报道，我国报纸曾予辩解，保证两国不缔结特殊友谊，只效法（日本）与德国间签订的条约，采取各国平等的体裁。这一方针，

---

① （清）曾国藩撰《曾国藩全集》第12册，岳麓书社，2011年，第184页。
② 〔日〕西里喜行：《清末中琉日关系史研究》上册，胡连成等译，社会科学文献出版社，2010年，第269—271页。
③ 复旦大学历史系中国近代史教研组编《中国近代对外关系史资料选辑（1840—1949）》上卷第一分册，上海人民出版社，1977年，第276—279页。

已与台端说明，委任执行。然此极关紧要之事却未彻底实施，鄙人等同感惊愕。这点已向政府请示，意见相同。如此进行，对西洋各国招致不信，这不待言；也可能给国家造成难题，很难预料。"① 1872 年 3 月 29 日，柳原前光奉命抵达天津，照会清政府要求修改条约，修改内容及其理由如下：

  一、修好通商各条款内因嗣后改定西例，应行修改事件。从前我国与各国间，彼商民则有来，我商民则无往。而今特发钦使，遍历欧西，欲取法于诸国互相常行条例，以定我国外交约款而待彼诸国来人耳。故昨与清所定条约，至他日我与欧西改定其约之后，则如国法讯断等事，必有须行更正者，是以应议俟后改正。

  二、修好条规第二条调处之约。两国既结和谊，若遇事从中调处，尽其友情，虽无此条，有权可行。是系诸国通例，故此一条需议裁撤。

  三、修好条规第十一条刀械之禁。刀械之于我国人也，有准无禁，惟清国所禁耳。此遵修好条规第八条②，由我理事官检束之，可毋庸立约明禁也。故此禁约须议削除。③

  对日方的改约要求，李鸿章持坚决拒绝的态度。他在致友人信中说："日本议约甫定，忽又派人来津商改，狡黠可恶"，④ 一度以公务繁忙为由拒绝接见柳原前光。在致总理衙门的信函中，李鸿章表示："鸿章因知该使此来意在改约，暂不准令进见，且以柳原系上年随员，不应遽称本大臣字样，即将所呈照会发交关道面为掷还。""若该使必欲求见，鸿章自当竭

---

① 王芸生编著《六十年来中国与日本》第一卷，生活·读书·新知三联书店，2005 年，第 50—51 页；外務省調査部編『大日本外交文書』第四巻、日本国際協会、1938 年、238 頁。
② 《中日修好条规》第十一条规定：两国商民在指定各口彼此往来，各宜友爱。不得携带刀械，违者议罚，刀械入官，并须各安本分。无论居住久暂，均听己国理事官管辖，不准改换衣冠入籍考试，致滋冒混。第八条规定：两国指定各口，彼此均可设理事官约束己国商民。凡交涉财产、词讼案件，皆归审理，各按己国律例覆办。两国商民彼此互相控诉，俱用秉呈理事官，应先为劝息，使不成讼，如或不能照会地方官，会同公平讯断。其窃盗、通欠等案，两国地方官只能拿究追办，不能代偿。转引自虞和平主编《中国抗日战争史料丛刊（199）——政治·外交》，大象出版社，2016 年，第 2—3 页。
③ 外務省調査部編纂『大日本外交文書』第五巻、日本国際協会、1939 年、246 頁。
④ 顾廷龙、戴逸主编《李鸿章全集 30 信函二》，安徽教育出版社，2008 年，第 439 页。

力开导，务守前约。""此次该使来津，无论如何措词用意，鸿章总当坚持成议，不稍摇动。""东人悍鸷不足，狡诈多端，现与西人勾通一气，似须急脉缓受，持以镇静，待其智索能尽，然后相机妥办，或可迎刃而解。"①5月15日，李鸿章才会见柳原前光。会见中李鸿章指出日本改约的荒谬："第一条，尔国嗣后改定西例，现甫往议，尚未知若何定论，即虑改章后稍有不合，自可随时知会。以待泰西商人者待中国商人，原约章程第三十一款本有变通商办之语，无庸预改。第二条系美国和约所有。第三条带刀系中国所禁，缘恐彼此商民或因口角滋事行凶，预为防范。""总之，两国条约甫派全权大臣议定。所谓全权者，各有自主之权。伊达（宗城）上年若不能作主，即不应与我定议，既经定议，断不能遽然改悔。伊达虽免职，我但知此约系日本全权大臣与我画押盖印，伊达去而日本朝廷尚在，岂有所派全权大臣与邻邦定约而廷议欲毁之耶。尔系随同定议之人，当时何不辩论而事后欲改之耶。即使另派全权大臣，而各国议约只一全权，无两次全权也。该外务省与敝处照会，一则曰故须裁撤，一则曰故议削除，试问当日派全权文内何不预议及此。至今而议裁撤，议削除，我所不敢受也。原约内一再声明彼此信守，用昭凭信，一体信守无渝等字样。夫交邻所重者信耳，失信为万国公法所最忌。尔国不应蹈此不韪，贻笑西人。外务卿此件照会，我若据理直复，转恐有伤睦谊。请仍带还可耳。"② 面对李鸿章的指责，"柳原（前光）嗫嚅缩伏，迭称所言极是正理。自知惶愧，惟回国不能销差，乞将照会暂存，鸿章坚不允行"。③ 6月28日，李鸿章正式复照驳斥日本修约要求："会议和约，因贵国伊大臣奉有全权明文，是以彼此相信，议成条约，当于画押盖印互交后，即已奏明定案。两国初次订约，最要守信，断不能旋允旋改。""向来中国与各国交际，通例一经全权大臣公同议约，只有再行各派大臣换约，并无定议之后未换之先，另派大臣议改之事。贵卿大臣此次铨选柳原前来，据称为因拟议改换正约事宜，业经议定，忽又遣员议改，显与上年全权大臣公同拟议者自相矛盾。"④ 日本要求修改条约的行动延缓了条约生效时间，直到1873年4

---

① 顾廷龙、戴逸主编《李鸿章全集 30 信函二》，安徽教育出版社，2008年，第436页。
② 顾廷龙、戴逸主编《李鸿章全集 30 信函二》，安徽教育出版社，2008年，第440—441页。
③ 顾廷龙、戴逸主编《李鸿章全集 30 信函二》，安徽教育出版社，2008年，第441页。
④ 顾廷龙、戴逸主编《李鸿章全集》第5册（奏议五），安徽教育出版社，2008年，第128—129页。

月30日，条约才正式生效。从签约到批准、生效居然耗费了一年半，这说明日本对华外交处于摇摆不定的状态。随后，日本出兵中国台湾、吞并琉球、控制朝鲜，"原本被认为将有助于东亚世界之稳定并被寄予厚望的《日清修好条规》之精神，即日清提携——亚洲联合的理念，转瞬之间就黯然失色了"。①

三 琉球交涉

吞并琉球是日本从"日清提携"转向"脱亚入欧"的重要一步。中国与琉球的关系始于明代，1372年（明洪武五年），双方建立宗藩关系，琉球被纳入以中国为中心的华夷国际秩序内。作为中国的藩属国，琉球使用中国年号，向中国派遣朝贡使。中国允许琉球贸易船驶入中国港口进行贸易，琉球王国在福州设有办事机构——琉球馆。清取代明之后继续维持中琉宗藩关系。1609年，日本萨摩藩派兵进攻琉球，导致琉球王国处于同时和中国、日本保持藩属关系的两属状态。但日本竭力隐瞒与琉球的关系，担心一旦暴露会引起清政府的震怒，从而使中琉关系断绝，日本也就失去了在中琉贸易关系中获取实际利益的机会。每当中国册封使抵达琉球的时候，萨摩藩驻琉球官员便躲藏起来。因此长期以来，清政府对琉球的两属状态毫不知情。

明治政府成立后，决定单方面改变这种两属状态。1872年、1875年和1879年，明治政府分三次实施"琉球处分政策"，将琉球并入日本。②1872年10月，明治政府强行册封琉球国王尚泰为藩王，设置琉球藩，停止琉球外交权，割断中琉之间的宗藩关系。1872年10月30日，太政官致函外务省，明确规定："近年来该藩（琉球藩——引者注）与各国缔结条约以及今后交往事务由外务省管辖。"11月5日，外务卿副岛种臣致函美国驻日公使，表示："该岛数百年前即已附属于我邦，此次更改确定为内藩。正如阁下所述，（琉球）作为我帝国的一部分，本政府将维持和遵守1854年7月11日贵国与琉球缔结的规约。"③ 对日本的举动，尽管李鸿章

---

① 〔日〕西里喜行：《清末中琉日关系史研究》上册，胡连成等译，社会科学文献出版社，2010年，第266页。
② 布和「1874年の台湾事件における清国琉球政策の変化」、『桜花学園大学研究紀要』第3号、2000年。
③ 外務省調査部編『大日本外交文書』第五卷、日本国際協会、1939年、392—394頁。

有所警觉——"琉球距台北千余里，现日本分兵踞琉球，难保不渐思吞噬"，①但李鸿章对日本肆意改变中琉关系的行为并没有采取有效的应对措施，而是妥协、退让。1871年12月18日，琉球岛民在海上遭遇风暴，漂流至台湾后有54人被当地人杀害。1873年3月8日，日本备中（今属冈山县）人佐藤利八等人漂流至台湾，上岸后遭遇抢劫。明治政府以此为借口，决定出兵台湾。1874年4月4日，陆军中将西乡从道被任命为台湾番地事务都督。4月13日，西乡从道通告清政府，声称："明治四年十二月，我琉球岛人民六十六名遭风坏船，漂到台湾登岸，是处属牡丹社，竟被蛮人劫杀，五十四名死之，十二名逃生，经蒙贵国救护，送回本土。又于明治六年二月我备中州人佐藤利八等四名漂到台湾卑南蛮地，亦被劫掠，仅脱生命。"②西乡从道在出兵通告中将在台湾遇难的琉球人和日本备中人并列，称琉球是日本的领地，琉球人遇难也是日本人出兵的依据。5月22日，日军在台湾登陆。面对日本咄咄逼人的战略，清政府仍对"日清提携"抱有幻想。1874年9月，日本特使大久保利通来华交涉，寓居美国领事馆。参议兼开拓使长官黑田清隆向太政大臣建言，要求为对华战争做好准备：

  一旦接获大久保大臣之飞报，知和战之议已定，则立即公布清国政府理亏之处，将其罪行广泛宣诸国内外，以万国公法为基础，参照交战条约，决定处分方式，速发王师，猛攻急击，使其无暇防御。如此方为用兵之秘诀也。
  天皇陛下亲自统御军务之大本（即大元帅），速下亲征之诏书，以使全国人民团结一心。遵奉圣旨、统辖军务乃元帅之责。应命三条太政大臣（三条实美——引者注），担当此任。③

在交涉中，大久保口口声声称呼"我琉球岛人民""我备中人佐藤利八等"，把所有涉事人员称为"我人民""我国良民"。清政府代表在交涉

---

① 中国史学会主编《洋务运动》（二），上海人民出版社，1961年，第354页。
② 此为西乡从道向清政府发送的汉文通告。外務省調査部編『大日本外交文書』第七卷、日本国際協会、1939年、30頁。
③〔日〕坂野润治：《未完的明治维新》，宋晓煜译，社会科学文献出版社，2018年，第86页。

中则把琉球遇难人员称为"琉球民""中山国难民",与日本备中人相区别,把琉球遇难人员问题作为国内问题加以处理。① 美国副领事毕德格劝说李鸿章让步:"彼(大久保利通——引者注)虽未肯明言如何办法,但揣其意不给兵费必不退兵,且将决裂,扰乱中国各口。缘日本以萨摩岛人为最强,其国主力不能制。台湾生番之役实萨摩岛诸侯主意,国主愿与中国和好,该诸侯则必欲逞兵。大久保即萨摩岛首领,向称能干,曾出使西洋各国,此来意颇凶凶,恐其至京后与总署议论不合,遂启衅端,于中外大局甚有关系。我亦知贴补兵费,中国断不能应允,旁人亦未便强劝,惟事已至此,须想一办法出路。中国与日本各说有理,两边俱不认错,如何下台。据我愚见,日本总借生番杀人为词,大久保到京,总署宜先给一照会,历叙此事本末缘由,不必为激烈决绝之语,末后提明中国现拟办法,仍如柳原前在上海与潘方伯所议三条,请大久保查明日本及日本属国人民,不必提琉球,免致彼此争较。属国在番地先后被害若干人,是何姓名,以便中国查拿凶首问抵并酌议抚恤。嗣后当设法保护,不准番人再有扰害行旅情事等云云。想大久保接阅此文,心气稍平,或易商办,兵费之言亦难遽出诸口,此先发制人之计。""西国每有彼此两国意见不对,专请他国评断者,但须向东使言明,问其欲请何国公断,再备文函知会。""各国遇此等大事,无不持平者,谅无再令中国贴补兵费之礼。倘彼必不愿请他国公断,则我既遵照原议三条,又允加抚恤,情理已属周到,只可听其行止,不便再与日本辩论。""中国先与将情理尽到,庶可感悟该使,渐化其桀骜不平之气。若猝与决裂交兵,各国只能坐视,各保本国商民而已。"② 毕德格的意见得到了李鸿章的认可。其实美国并不关心琉球的归属,而是关注在琉球的实际利益。

10月31日,在英国驻华公使威妥玛的斡旋下,中日双方签署了《北京专条》,全文如下:

  照得各国人民有应保护不致受害之处,应由各国自行设法保全,如在何国有事,应由何国自行查办。兹以台湾生番曾将日本国属民等

---

① 布和「1874年の台湾事件における清国琉球政策の変化」、『桜花学園大学研究紀要』第3号、2000年。
② 参见顾廷龙、戴逸主编《李鸿章全集》第31册(信函三),安徽教育出版社,2008年,第86—87页。

妄为加害,日本国本意为该番是问,遂遣兵往彼,向该生番等诘责。今与中国议明退兵并善后办法,开列三条于后:一、日本国此次所办,原为保民义举起见,中国不指以为不是。二、前次所有遇害难民之家,中国定给抚恤银两,日本所有在该处修道、建房等件,中国愿留自用,先行议定筹补银两,别有议办之据。三、所有此事两国一切来往公文,彼此撤回注销,永为罢论。至于该处生番,中国自宜设法妥为约束,以期永保航客不能再受凶害。[1]

《北京专条》显然有利于日本。11月15日,为了向英国驻华公使威妥玛表示感谢,明治天皇专门接见了英国驻日公使巴夏礼,声称在威妥玛的努力下,达成了令日本真正满意的协定,请巴夏礼转达其对威妥玛的感谢。[2] 日本有意将琉球问题模糊化,在《北京专条》中使用了诸如"日本国属民""保民义举"等词,日后被日本单方面声称是清政府默认琉球人是日本"属民"。自西方列强凭借强大的经济、军事实力闯入东亚以来,中国面临如何维持东亚传统的国际秩序——华夷国际秩序的严峻挑战,"对战略上不太重要的属国,多半放弃作为宗主国的责任,以此避免与外部的冲突"。[3] "毫无疑问,台湾远征是单纯的海盗式进攻。问题是琉球人是不是日本臣民?如果是这样的话,日本首先应该通过外交手段来解决损失,但是没有发出任何警告就派遣了远征军,远征军抵达(台湾)后,日本使节才首次出现在北京,说明远征的理由。巴夏礼公使既反对日本的海盗行为,也反对中国的怯弱态度。"[4]

在中日交涉期间,日本加紧实施"废琉置县处分"。1875年7月14日,内务大丞松田道之(同年任"琉球处分官")抵达首里城,要求琉球停止进贡、断绝与清朝的关系,使用明治年号,声称:"今琉球若照从前仍旧归于两属,不仅为明治政府之缺典,亦有不可继续听之任之之理

---

[1] 王绳祖主编《国际关系史资料选编》上册(第一分册),武汉大学出版社,1983年,第220—221页。
[2] F. V. ディキンズ著、高梨健吉訳『パークス伝　日本駐在の日々』、平凡社、1984年、186頁。
[3] 布和「1874年の台湾事件における清国琉球政策の変化」、『桜花学園大学研究紀要』第3号、2000年。
[4] F. V. ディキンズ著、高梨健吉訳『パークス伝　日本駐在の日々』、平凡社、1984年、187頁。

由。诚言其一二。若英国与支那兵马相交,占领支那大地,本藩亦在其掌中。此时,日本必与英国举行谈判。故此时不与支那断绝关系,则无辩解之辞,本藩亦将陷入困局。若与支那开启衅端,则本藩难以依附任何一方,实至无奈之境地。因此之故,从前之两属维持说,终不可行之矣。宜察万国之形势,详取舍,明去就。"① 同时又以"日清提携"防俄拉拢中国决策者。1876年11月8日,李鸿章与日本驻华公使森有礼举行会谈,森有礼声称:"黑龙江东岸俄人方鸠集蒙古、高丽人民开拓日广,日本现于土满江置领事府,实虑俄人南侵高、日地界,方欲与中国、高丽并力拒俄,岂肯同室操戈自开衅隙。"李鸿章对森有礼的所谓好意回复:"告以朝鲜系我之东藩,亦即汝之北邻,均应体恤其孤立之情,不可逼迫以难堪之事。该使唯唯,且密属鸿章致书钧处,嗣后商办各件如蒙开诚相示,定当竭力以从。""日本前使副岛种臣于月初子身来游,造门请谒,因系旧识,与谈时事。据称该国闻之法使窃取俄国政府密书云俄如与日本生事,必先据日本赤马关,以断东西之路。赤马关盖日之海峡,往年英、法所攻处也。故该国防俄之吞噬甚切,其愿与中国并力亦属实情。"② 因此清廷将联日防俄置于中琉关系之上。1877年11月6日,李鸿章在信函中声称:"彼以琉球为藩封,不欲他属,我以大度包之,岂复有无故兴兵之理,但久后难保不觊觎生事耳。"③ 虽然称"久后难保不觊觎生事",其却未采取断然措施,这使日本吞并琉球的图谋轻易得逞。1879年4月4日,明治政府宣布"废琉置县",翌日任命锅岛直彬为冲绳县令。清政府一方面要求日本收回"废琉置县处分";另一方面仍不改变"日清提携"的外交基调,李鸿章在致日本公使的信函中表示:"惟以邻谊论,则中国与贵国,实有唇齿相依之势。区区琉球,何关轻重!必因此而失邦交,殊非计也。"④

中国首任驻日公使何如璋要求以强硬手段应对琉球问题,认为日本阻止琉球向中国进贡是重大事件,涉及中国与日本和周边属国的关系问题。

---

① 〔日〕西里喜行:《清末中琉日关系史研究》上册,胡连成等译,社会科学文献出版社,2010年,第284页。
② 顾廷龙、戴逸主编《李鸿章全集》第31册(信函三),安徽教育出版社,2008年,第503页。
③ 顾廷龙、戴逸主编《李鸿章全集》第32册(信函四),安徽教育出版社,2008年,第154页。
④ 参见〔日〕西里喜行《清末中琉日关系史研究》上册,胡连成等译,社会科学文献出版社,2010年,第293页。

如果处理不当，将引发国境纷争，并导致朝贡体系的崩溃。何如璋指出："夫阻贡，大事也。阻贡而涉日本，邻封密迩，稍有不慎，边衅易开，是事大且有关于安危利害也。"① 琉球问题也关系到国家安全，周边的属国是中国的国防线，只有保卫属国才能保卫本国，"阻贡不已，必灭琉球！琉球已灭，次及朝鲜。否则，以我所难行，日事要求，听之乎？何以为国！拒之乎？是让一琉球，边衅究不能免。欲寻嫌隙，不患无端。日人即横奚必拘拘借此乎？且先发制人，后发为人所制。凡事皆然，防敌尤急。今日本国势未定，兵力未强，与日争衡，犹可克也。隐忍容之，养虎坐大，势将不可复制"。何如璋认为失去琉球，将危及台湾和东南沿海安全，"况琉球逼近台湾，若专为日属，改郡县、练民兵、资以船炮，扰我边陲。台、澎之间，将求一夕之安而不可得。即为台湾计，今日争之，其患犹纾；今日弃之，其患更亟也。"② 另一方面，朝贡国以中国为宗主国，居丨属国的地位；中国则应履行宗主国义务。1878年5月，何如璋向总理衙门提出了应对日本"废琉置县处分"的"琉球三策"（由驻日参赞黄遵宪起草）："为今之计，一面辩论，一面遣兵舶，责问琉球，征其贡使，阴示日本以必争，则东人气慑。其事易成，此上策也。据理与争，止之，不听，约球人以必救，使抗东人。日若攻球，我出偏师应之，内外夹攻，破日必矣。东人受创，和议自成，此中策也。言之不听，时复言之。或援公法邀各使评之，日人自知理屈，球人侥幸图存，此下策也。坐视不救，听日灭之。弃好崇仇，开门揖盗，是为无策。查琉球虽小，近三万户，课丁抽练，不止万人。弃以资敌，并坚其事敌之心，日人练之为兵，驱之为寇，习劳苦、惯风涛，不出数年，闽海先受其祸，非特无策，又将失计。一日纵敌，数世之患，非所宜也。如璋明知今日中国与诸国结约决非用兵之时，况值晋、豫旱饥，尤难措手。第揣之日本近情，其不能用兵，更甚于我。故先筹上中二策，或操胜算。若徒恃口舌与争，则日本亦深悉我情实，决不因弹丸之地张挞伐之威。往反辩论，经旬累月，必求如旧日之两属，诚无了期！""然较之今日隐忍不言、失体败事，犹为彼善于此。窃谓

---

① （清）何如璋：《何如璋集》，天津人民出版社，2010年，第95页；張偉雄「明治初年日中間の文化交流と外交交渉：初代駐日公使何如璋を中心に」、『札幌大学総合論叢』第7号、1999年。
② （清）何如璋：《何如璋集》，天津人民出版社，2010年，第96页。

各国纵横之局,必先审势,而后可以言理。"① 惜何如璋、黄遵宪的真知灼见未被采纳,结果日本达到了吞并琉球的目的。

四　走向脱亚

随着中日两国经济与军事实力差距的逐渐增大,日本抛弃了"日清提携"战略,加快了脱亚步伐。1879年夏天,美国前总统格兰特为调停琉球问题访问日本,回国时对媒体发表谈话,比较了中日两国的军事实力,指出:"中国的军事实力远远不及日本。虽然中国进行西洋式的军事训练,而其武器均为英美的旧式武器。"兵士平时嬉戏,没有临战的感觉。相反,日本兵士训练精良,使用新式武器,"即便与欧洲各国对抗,也不分高下"。② 1881年1月底2月初,明治政府领导人大隈重信、井上馨和伊藤博文在热海聚会,商讨国家未来的发展方向。会后不久,福泽谕吉便撰写了《时事小言》。③ 福泽谕吉充分肯定了明治以来日本积极吸收西方文明所取得的进步,认为不久的将来,日本将成为东方的大英帝国,充当这一地区的霸主。而清帝国固守旧制,抱残守缺,进取不足,依然处于"半开化"状态,屡遭西方列强的欺凌。至于朝鲜,则是"东洋之一小野蛮国"。那么如何处理与中国、朝鲜的关系呢?福泽谕吉认为:"如今,西洋诸国以其威势压迫东洋的状态,无疑会像火灾一样蔓延开来。然而,东洋诸国,特别是我国的近邻中国、朝鲜等国顽陋愚笨,要挡住西洋各国的威势是不可能的,就如木造的板屋一样,怎么阻挡得住火势的蔓延呢?因此,应以我日本的武力进行援助,这不仅是为了别国的利益,也是为了我们自身的利益。用武力保护他们,用文明诱导他们,使他们迅速仿效我国进入近代文明,在不得已的情况下,可以用武力迫使其进步。"④ 1882年8月15日,山县有朋提出了以中国为假想敌国的军备扩张方案。9月,海军也提出了以中国为假想敌国的扩军方案。明治政府最终确立了以对华作战

---

① (清)何如璋:《何如璋集》,天津人民出版社,2010年,第96—97页。
② 張偉雄「明治初年日中間の文化交流と外交交渉:初代駐日公使何如璋を中心に」、『札幌大学総合論叢』第7号、1999年。
③ 〔日〕梅村又次、山本有造编《日本经济史3:开港与维新》,李星、杨耀录译,生活·读书·新知三联书店,1997年,第61页。
④ 转引自张华《中朝日近代启蒙思想比较——以严复、俞吉浚、福泽谕吉的思想为中心》,中央民族大学出版社,2012年,第209—210页。

为基准的军备扩张计划。①

第四节　日本与近代东亚国际秩序的转型

一　洋夷侵犯与中朝宗藩关系

1863年，朝鲜高宗李熙即位，年仅12岁，大王大妃赵氏（神贞王后）垂帘听政，但掌控实权的是高宗生父大院君李昰应。"大院君"是朝鲜人对国王生父的尊称。大院君坚持攘夷锁国政策和"藩臣无外交"原则。1832年，英国商船抵达朝鲜海面，要求通商，遭到朝鲜政府的坚决拒绝。相持十几天后，英船退却。事后，朝鲜国王咨请礼部转奏。礼部奉上谕："朝鲜国臣服本朝，素称恭顺，兹以英吉利商船驶入古代岛洋面，欲在该国地面交易，经该国地方官告以藩臣无外交之义，往复开导，相持旬余，英吉利商船始行开去。"②

1831年，罗马教廷宣布朝鲜教区独立，不再从属于北京教区，而是归属巴黎外国传道会。于是越来越多的法国天主教传教士前往朝鲜传教，天主教在朝鲜的影响力日益增大，连高宗的乳母也接受了天主教洗礼，甚至大院君的妻子闵氏也皈依了天主教，这使大院君深感震惊。1866年2月，大院君决定处决9名法国传教士，不久后，近万名朝鲜天主教徒被处决或处刑，酿成了朝鲜历史上最大规模的宗教镇压事件，史称"丙寅邪狱"。后大院君释放了3名被捕的法国传教士，其中一名传教士逃亡天津，请求法国出兵。9月，法国远东舰队司令罗兹以为被杀害的天主教徒报仇为借口率领3艘军舰驶入江华岛海域，其中2艘军舰溯汉江抵达汉城附近。10月，罗兹再次率领7艘军舰驶入江华岛海域，法国海军陆战队占领了江华府，提出处罚杀害神父者和缔结条约的要求，对汉江进行了长达20天以上的封锁，导致全罗道、庆尚道和忠清道向汉城的货物输送船被迫停航。大院君从汉城出动兵力并进行全国动员，向法军发起反击。朝鲜军队击破位于江华岛南部鼎足山城的法军，11月12日，法国舰队在掠夺了大量金银财宝和珍贵图书后被迫撤退。法国舰队侵扰被称为"丙寅洋扰"。

---

① 池井優『日本外交史概説　増補版』、慶応通信、1982年、62頁。
② 云南社会科学院历史研究所摘编《清实录中朝关系史料摘编》，吉林文史出版社，1991年，第275页。

1866年7月，配备武器的美国商船"舍门"号驶入大同江，抵达平壤后，要求开国通商并悍然开炮攻击。平壤军民在观察使朴珪寿的领导下，烧毁了"舍门"号。美国不甘心失败。1871年4月，美国亚洲舰队司令罗杰斯以"'舍门'号事件"为借口，率领4艘军舰驶入江华岛海域，美军登陆江华岛并占领3座炮台，要求与朝鲜缔结条约，美国驻华公使随舰前往。但朝鲜显示出不惜一战的态度，迫使美国舰队撤退，此即"辛未洋扰"。大院君下令在全国竖立"斥和碑"，上刻"洋夷侵犯，非战则和，主和卖国"12个大字，"戒我万年子孙"。①

日本以将朝鲜纳入国际条约体系为名挑战中国权威并与中国在朝鲜展开权力竞逐。西方国家在迫使朝鲜开国通商问题上屡屡碰壁，因此鼓动日本向朝鲜施加压力，尽快打开朝鲜国门，以便坐享贸易利益。中朝山水相连，朝鲜居中国属国的首位，维持中朝宗藩关系对延续华夷国际秩序具有象征意义。朝鲜对外关系的变化关系到中国安全，中国在政治外交层面坚持传统朝贡关系，在经济层面建立近代意义上的通商贸易关系，试图让两种国际体系并存、兼容，甚至"援用近代条约体制之部分内容与形式来维护朝贡关系大局"。② 幕末以来，"征韩论"逐渐在日本社会酝酿、蔓延。明治政府成立后，向朝鲜派遣使节，要求建立邦交关系，但遭到朝鲜的拒绝。1870年1月，外务省派遣判任佐田白茅、外务少录森山茂出使朝鲜，告知王政复古、明治政府成立事宜。使节团还兼负调查幕府时代日朝关系历史，对马藩与朝鲜间勘合贸易状况，清朝与朝鲜宗藩关系的实际情况，朝鲜与俄国的关系，朝鲜的军备状况，朝鲜政局，适合与朝鲜进行贸易的物品及其价格、贸易程序等的任务。③ 3月23日，佐田白茅一行抵达釜山。但朝鲜拒绝与日本使节进行交涉。朝鲜的举动惹怒了佐田白茅，归国后上书"征韩意见书"，鼓吹征伐朝鲜，若清廷出兵援助，则一并征讨："朝鲜知守不知攻，知己不知彼，其人深沉狡狯，固陋傲顽，觉之不觉，激之不激，故断然不以兵力莅焉，则不为我用也。况朝鲜蔑视皇国，谓文字有不逊，以与耻辱于皇国，君辱臣死，实不戴天之寇也，必不可不伐

---

① 糟谷憲一『朝鮮の近代』、山川出版社、1996年、24—25頁；趙景達『近代朝鮮と日本』、岩波書店、2012年、24—33頁。
② 权赫秀：《东亚世界的裂变与近代化》，中国社会科学出版社，2013年，第13页。
③ 平山龍水「明治初期の日本の朝鮮政策—1868年~1872年—」、『東京國際大學論叢 グローバルスタディーズ論集』第2号、2018年。

之。不伐之，则皇威不立也，非臣子也。"佐田提出派遣三十个大队侵略朝鲜，其中"十大队向江华府，直攻王城"；另外六大队"进自庆尚、全罗、忠清三道"，四大队"进自江原、京畿"；其余十大队"溯鸭绿江，自咸镜、平安、黄海三道而进，远近相待，缓急相应"，"必可不出五旬，而虏其国王矣。若不然，而徒下皇使，虽百往复，实下策却法。不若征讨之最速，决非浪举也。朝鲜仰正朔于清国，而其实不欲事之，以其清祖兴乎夷狄也。然苟仰正朔，则患难相救，义当然。故当天朝加兵之日，则遣皇使于清国，说可以伐之者，而不听之，出援兵，则可并清而伐之"。① 1871年，明治政府将江户时代以来一直由对马藩负责的对朝外交事务转交外务省管理，1872年又将釜山草梁的倭馆移交外务省管辖，改称"大日本公馆"，对朝关系已列入日本决策层的议事日程。

1878年12月1日，中国驻日公使何如璋在与日本友人宫岛诚一郎的笔谈中指出："熟察亚洲大局，将来为我大害者，非英非德非澳，唯一俄国也。俄国真虎狼之国，其作祸，先发端于朝鲜。朝鲜一跌，中土则危，中土危则贵国亦危，不可不思也。"宫岛问："朝鲜近状如何？"何如璋答："固守旧法，不好通商。事我中土，颇极谨恪。奈何力不足敌俄。"宫岛又问："今朝鲜不好通商，其势不免固陋，然我之防俄，借以为干城，却似为得策，如何？"何如璋表示："不然。防俄之策，却在劝彼使为通商。其劝通商，宜以英法人为之，何也？英法通商而入朝鲜，俄必与之拮抗。若使英法牵制俄国，则中东之祸庶得少迟，故曰亚洲安危在朝鲜。朝鲜一跌，则亚洲之势忽变，诚可寒心。"② 由此可见，何如璋将俄国视为亚洲最大的威胁，认为朝鲜一国不足以抵抗俄国，需要引进英法势力以达到抗衡俄国的目的，为朝鲜谋划了"亲中国、结日本、联欧美"的防俄外交战略。③ 驻日参赞黄遵宪以中日两国在西方列强的武力威胁下被迫签订不平等条约、丧失国家主权和利益的教训告诫朝鲜："今朝鲜趁无事之时，与外人结约，彼不能多所要挟。即曰欧亚两土风俗不同、法律不同，难遽令外来商人归地方管辖。然第与之声明归领事官暂管，随时由我酌改，又为

---

① 「佐田白茅外二人帰朝後見込建白」、太政官・内閣関係/公文録/公文録・明治八年・第三百五巻・朝鮮講信録/国立公文書館蔵、JACAR系统查询编号：A01100124300。
② 刘雨珍编校《清代首届驻日公使馆员笔谈资料汇编》下册，天津人民出版社，2010年，第468页。
③ 刘雨珍：《中日文学与文化交流史研究》，江苏人民出版社，2019年，第180—182页。

之定立领事权限,彼无所护符,即不敢多事;而其他决毒药输入之源,杜教士蔓延之祸,皆可妥与商量,明示限制。此自强之基一也。"①

中国由于国力衰落,越来越难以维持传统的朝贡体系。1880年,驻英公使曾纪泽在致总署的信函中指出:"我朝绥驭属国,平时无所取利,遇有事故,则不惜内地之力,安辑而保字之,此如天如日之德,所以度越前古也。顾自西洋通商以来,吾华交涉强邻之务逐渐增多,属邦附庸之被侵侮者,尤为常有之事。我国家既守宽仁博大之成法,于朝贡效顺之国未尝夺其自主之权,彼之军国内政,从不牵掣而遥制之。至于救灾恤患,又复无可推诿,揆之事势,可谓千古之至难者矣。"②

如何改变这种"千古之至难"的局面呢?早在1879年4月,曾纪泽在与日本驻英公使的谈话中就指出用西洋"公法"体制取代朝贡体制:"中华与日本皆在亚细亚洲,辅车依倚,唇齿毗连,中华之富庶,日本之自强,皆欧洲之所敬畏也。是宜官民辑睦,沆瀣一气,中华财产,足以沾润于东邻;日本兵力,足以屏蔽于东海。邦交既固,外患可泯,盖不独通商之利而已。"在谈及高丽、琉球问题时,曾纪泽说:"西洋各国,以公法自相维制,保全小国附庸,俾皆有自立之权,此息兵安民最善之法。盖国之大小强弱,与时迁变,本无定局。大国不存吞噬之心,则六合长安,干戈可戢。吾亚细亚洲诸国,大小相介,强弱相错,亦宜以公法相待,俾弱小之邦足以自立,则强大者亦自暗受其利,不可恃兵力以凌人也。"③ 问题在于用西方国际条约体系取代传统朝贡体系将改变东亚权力结构,危及中国国家安全,损害中国利益,所以曾纪泽又认为要"申明中国统属藩国之权"。"至中国管辖藩属,法本妥善。乃近日西洲,每垂涎亚洲,以至藩属之事,西国屡有违言。而中国已失外藩数国,今决欲监察藩国之所为,不任其私自专主,并且设法照顾保护,俾余国不被侵蚀。现已钦派大臣,往高丽……借以维持大局。后有侵夺该藩属土地或干预其内政者,中国必视此国为欲与我弃玉帛而事干戈矣。"④

为了维持朝贡体系并调和西方国际条约体系与朝贡体系的矛盾,让两种不同的国际体系兼容、并存,中国左支右绌,处境艰难。中国不仅要应

---

① 陈铮编《黄遵宪全集》上册,中华书局,2005年,第256页。
② (清)曾纪泽:《曾纪泽集》,岳麓书社,2008年,第170页。
③ (清)曾纪泽:《出使英法俄国日记》,岳麓书社,2008年,第187页。
④ (清)曾纪泽:《曾纪泽集》,岳麓书社,2008年,第373页。

对来自日本与西方国家的挑战，还面临朝鲜内部的离心倾向。随着朝鲜民族主义的萌发，一部分开化派知识分子试图断绝中朝宗藩关系，使朝鲜成为所谓完全"自主之国"。1871年9月13日，中日两国签署了《中日修好条规》，规定："嗣后大清国、大日本国倍敦和谊，与天壤无穷。即两国所属邦土，亦各以礼相待，不可稍有侵越，俾获永久安全。"日本与宗主国中国建立平等的外交关系，"以文事争长于"日本的朝鲜自然不甘心居于日本之下。

二 《江华条约》与朝鲜开国

1875年9月20日，为炫耀武力，日本军舰"云扬"号等侵入朝鲜西南海岸，与朝鲜江华岛守军发生冲突，即"'云扬'号事件"（又称"江华岛事件"），导致朝鲜方面有35人死亡，日本方面有2名水兵负伤。① 美国向日本提供了江华岛附近海域的海图。俄国驻日公使则保证："日本对朝鲜用兵，俄保持局外中立。"② 9月28日，日舰返回长崎。日本企图借"'云扬'号事件"迫使朝鲜开国并与日本建立外交关系。其实在此以前，日本已向朝鲜派出使节。1874年5月15日，外务少记森山茂③出使朝鲜。9月3日，新任朝鲜国倭学训导玄昔运会见了森山茂。这是明治以来朝鲜官方首次接待日本外交官员。1874年12月28日，森山茂被日本政府任命为理事官，赴朝鲜进行交涉。"然而谈判重演了以前的书契问题，还没有触及具体内容就被搁浅。"④ 在日本向朝鲜递交的文件中出现了"皇""敕"等字眼，在华夷国际秩序下，朝鲜认为"皇""敕"等字只有中国皇帝可用，日本违背了礼仪，朝鲜作为礼仪之邦和中国的属国绝对不能接受。"丙寅年，日本来文用敕，称皇称朕，谓自今以后除关白朕以亲总万几〔机〕云云。""我国奉事中国，今来书违式，万不能受，若如前书契投于我政府则仍修好。日人拔剑威胁，我仍一直坚拒。"⑤

"'云扬'号事件"为明治政府提供了打开朝鲜国门、扩大日本在朝

---

① 外務省調查部編『大日本外交文書』第八卷、日本国際協会、1940年、131頁。
② 林子候：《日韩江华岛事件的检讨》（上），台北《食货月刊》（3/4合刊），1984年7月。
③ 森山茂于1869年7月进入外务省，任外务少录。1870年4月升任外务权大录。之后又升任外务大录、外务少记。1874年12月，升任外务少丞。
④ 〔日〕冈本隆司：《属国与自主之间——近代中朝关系与东亚的命运》，黄荣光译，生活·读书·新知三联书店，2012年，第29页。
⑤ 王彦威、王亮辑编《清季外交史料》第3册，湖南师范大学出版社，2015年，第1004页。

利益的机会。接到"'云扬'号事件"报告的翌日,日本政府要求正在长崎的森山茂立即返回釜山以了解具体情况,并面临三项选择:立即出兵;派遣交涉使节;听之任之,无所作为。但"'云扬'号事件"并不是一个纯粹的外交事件,与日本内政有密切关系。明治初期百废待兴,内政问题堆积如山,在内政与外交上,大久保利通、木户孝允达成了内政优先的共识。但以西乡隆盛为代表的在明治改革中失意的武士,对大久保、木户等人充满了怨恨,一旦政府在"'云扬'号事件"上处理不当,就会引发政局不稳。为此,大久保、木户摒弃嫌隙,携手处理"'云扬'号事件",逼迫板垣退助等人辞职,建立举国一致的政府。当时大久保、木户在处理"'云扬'号事件"上仍具有一定的舆论弹性空间,除了《横滨每日新闻》大肆鼓噪"征韩论"外,《东京日日新闻》、《朝野新闻》和《邮便报知新闻》等有影响力的媒体都不主张诉诸战争。政府最为担心的是充满被剥夺感的武士借助舆论的鼓噪,乘机发难。起初,木户设想让清政府进行斡旋,但很快放弃了这一计划,因为让中国介入日朝交涉不利于削弱中朝宗藩关系,"关于事件处理,政府决定采取直接与朝鲜交涉、日朝间的问题与清政府无关的立场"。对"'云扬'号事件"的处理,日本政府内部有不同的意见。驻华公使森有礼上书太政官,提出可向朝鲜提出如下要求:(1)为防止海难事故,允许日本测量朝鲜沿岸;(2)为了给日本船补充燃料和淡水,在江华岛周边和北海各择一处开港。森有礼对与朝鲜建交以及要求朝鲜政府对"'云扬'号事件"进行赔偿等不以为然。森认为朝鲜系独立国家,拥有拒绝建交的权利;"'云扬'号事件"是"以暴对暴"事件,从国际法而言也不能仅判朝鲜一方为非。但政府并不接受森的意见,在致森的训令中指出:向清政府说明日本向朝鲜派遣使节的理由以及日本对朝鲜的要求,即查明"'云扬'号事件"真相、对日本进行赔偿以及日朝建立邦交。森有礼对政府的训令提出激烈反驳意见,认为在国库匮乏的情况下是不能进行战争的,提出并非重要事项的赔偿要求与建立邦交将受到国内外批评,导致政府瓦解,这是"政府自害的政术","拙策的最拙劣者"。政府应将要求局限于沿岸测量以及为了保护海难者而开港,以和平为第一位进行交涉,如果和平解决事件的话,日本会获得列国赞赏,提高国家威望。即便谈判破裂,引发战争,日本也会因为秉持公正的名义而获得各国袒护,日本民众也会支持政府。1876年1月5日,森在抵达北京的当天即与英国驻华公使会谈,说明日本的对朝要求:(1)为保护海难者，江华开港；（2）允许日本测量朝鲜沿岸；（3）建立邦交。森有礼未触及赔偿问题。日本驻俄公使榎本武扬出于对俄国南下的忧虑和危机感，主张积极扩大日本在朝鲜的影响力，如果不能与朝鲜建立邦交，则为了防卫日本西海岸、控制对马海峡，必须占领对马岛对岸的釜山。榎本对朝鲜的经济价值评价很低，认为"朝鲜对于我邦经济上的实益微少"，"我邦国务多端、仓廪不满"，在此情况下对朝动武、加剧国家财政困难是得不偿失。其与大久保、木户一样，持内政优先论。①

1876年1月10日，森有礼与总理各国事务衙门（总署）交涉朝鲜问题，向清政府递交了不承认朝鲜为中国属邦的照会，企图割断朝鲜与中国的宗藩关系，照会声称："我国与朝鲜国交涉，其该政府及其人民向我所为之事，贵国能否自任其责之处，其前其后并未获一确断之言；则本大臣仍当以前次所称，朝鲜是一独立之国，贵国谓之属国亦徒空名，而凡事起于朝鲜、日本间者，断谓于清国与日本国条约上无所关系等语为准耳。"②总署复照驳斥森的谬论："查朝鲜为中国所属之邦，与中国所属之土有异。而其合于《修好条规》两国所属邦土不可稍有侵越之言者，则一概修其贡献，奉我正朔，朝鲜之于中国应尽之分也；收其钱粮，齐其政令，朝鲜之所自为也。此属邦之实也。纾其难，解其纷，期其安全，中国之于朝鲜自任之事也。此待属邦之实也。不肯强以所难，不忍漠视其急，不独今日中国如是，伊古以来，所以待属国皆如是也。本王大臣照会所引不稍侵越之言，正以不侵越者厚期于贵国，非遽以侵越为言也。贵大臣谓：事起于朝鲜、日本间者，断为与条约无与，则《修好条规》言之甚明，未能讳也。惟中国之于贵国，友邦也，邻国也。朝鲜，则中国属国也。中国之望其相安无事，则一也。今贵国之于朝鲜犹期无事，而于中国先开办难之端，揆之事理，似非所宜。至于中国，苟有可为之处，自由本王大臣早筹酌办，以期彼此相安，正不待贵大臣再三言之也。"③但总署复照的语气比较缓和，有妥协退让之意。

1876年1月24日，森有礼与李鸿章就朝鲜问题举行会谈，双方唇枪舌剑。森有礼声称，"高丽不算中国属国"。对此李鸿章予以驳斥："高丽奉正朔，如何不是属国！""高丽属国几千年，何人不知。和约上所说所属

---

① 高桥秀直「江華条約と明治政府」、『京都大學文學部研究紀要』第37号、1998年。
② 王彦威、王亮辑编《清季外交史料》第1册，湖南师范大学出版社，2015年，第77页。
③ 王彦威、王亮辑编《清季外交史料》第1册，湖南师范大学出版社，2015年，第77页。

邦土，土字指中国各直省，此是内地，为内属，征钱粮，管政事；邦字指高丽诸国，此是外藩，为外属，钱粮、政事向归本国经理，历来如此，不始自本朝，如何说不算属国？"森有礼表示："日本极要与高丽和好，高丽不肯与日本和好。"李鸿章认为责任在日本，丰臣秀吉出兵攻打朝鲜，破坏了日朝关系，且朝鲜拒绝与西方列强交往，"日本既改西制"，朝鲜"自应生疑，恐与日本往来，他国随进来了"。李鸿章又称，"'云扬'号事件"的发生系日本侵入朝鲜近海，违反了国际法，"近岸十里之地即属本国境地，日本既未与（朝鲜）通商，本不应前往测量，高丽开炮有因"。森有礼威胁说，如果朝鲜拒绝与日本交往，"以后恐不免要打仗"。森还表示，在国际关系中居于第一位的是国家实力，"和约没甚用处"，"和约不过为通商事可以照办；至国家举事只看谁强，不必尽依着条约"。李鸿章不为所动，而且告诫森有礼："且闻俄罗斯听见日本要打高丽，即拟派兵进扎黑龙江口。不但俄国要进兵，中国也难保不进兵。"①

虽然在与总署和李鸿章的会谈中，森有礼、郑永宁②企图割断中朝宗藩关系之谋并未得逞，却也给中国出了一个难题，即如果中国承认朝鲜为藩属国，那就要承担宗主国的责任，介入日朝纠纷，劝说朝鲜开国，"总要求总理衙门与李中堂设法，令高丽接待日本使臣"。③

清政府将与森有礼会谈的具体情况，"备文转交朝鲜"，"朝鲜国王酌办可也"。《总署奏与日本交涉朝鲜事情片》回顾了19世纪60年代中期以来，西方国家再三要求清政府"劝谕"朝鲜开国的史实，称西方国家"均未得志"，"近数年间，西洋各国使臣，亦未以前往朝鲜之说，来臣衙门饶舌。今日本国使臣森有礼复以修好为词，由日本国派员前赴朝鲜，森有礼并有自行派人由中国前赴该国之说。日本与朝鲜共隶东洋，邻封密迩，构衅甚易。且日本国近已改从西洋政俗，衣冠正朔全行变易，闻甚为朝鲜人所鄙夷。此次日本构衅之谋，或因为朝鲜轻视，积羞为怒；抑或西洋各国前以皆未得志于朝鲜，因而怂恿日本以图报复，均未可知"。"现在

---

① 王彦威、王亮辑编《清季外交史料》第1册，湖南师范大学出版社，2015年，第79—80页。
② 郑永宁（1829—1897），日本外交官、翻译。出生于长崎，本姓吴。1848年任长崎唐通词（翻译）。1871年初进入外务省工作，7月陪同民部卿兼大藏卿伊达宗城来华，与李鸿章就签署《中日修好条规》谈判。1872年11月，任日本驻华临时代理公使。
③ 顾廷龙、戴逸主编《李鸿章全集》第31册（信函三），安徽教育出版社，2008年，第341页。

使臣森有礼来臣衙门，多有辩论。臣等总本条规（《中日修好条规》——引者注）之言力为阻止，能否就我范围，殊难逆料。"① 清政府仅将具体会谈情况告知朝鲜，并指出西方各国"怂恿"日本，因此"能否就我范围，殊难逆料"，其言下之意是朝鲜要有开国的思想准备。1876年2月5日，朝鲜收到清政府的转交文件，而日朝第一次谈判于2月11日开始。清政府以"五百里飞递"的非常规手段向朝鲜转咨，显然是希望对日朝会谈施加影响，"与其说是为了向朝鲜王朝表明因循传统朝贡关系原则与惯例之不干涉政策，毋宁说是为了赶在朝、日双方会谈前向一直坚持锁国政策的朝鲜王朝转达并不反对朝鲜最终与日本'修好'的意图"。②

日本在与朝鲜交涉的同时，以武力为后盾向朝鲜施加压力。1875年12月9日，明治政府派遣以陆军中将兼参议黑田清隆为正使的使节团（12月27日井上馨被任命为副使），与朝鲜交涉"江华岛事件"。太政大臣三条实美在致黑田清隆的训令中要求朝鲜满足日本3项要求：（1）确定江华港为贸易之地；（2）日本船拥有在朝鲜海域航行的自由；（3）朝鲜就江华岛事件表示道歉。几天以后，三条实美再次向黑田清隆发出的训令中删除了要求朝鲜道歉的内容。③ 1876年1月6日，日本使节团在3艘军舰和3艘运输船及300名护卫兵的护送下，从品川港出发，15日抵达釜山港。美国驻日公使向井上馨赠送了《佩里远征日本小史》，希望井上馨仿效佩里打开朝鲜国门。朝鲜派出接见大官申櫶和副官尹滋承与日本使节交涉，但申櫶和尹滋承不懂国际法，也不知条约为何物。当井上馨告诉朝鲜使者，基于外交先例，与日本签订条约"也将把贵国视为独立国家"，这是符合天地公道的，朝鲜使者却询问什么是条约，黑田清隆回答说，与日本签订条约，"意味着要开放你们的口岸，并与我们进行贸易"。朝鲜使者则强调，过去300年间两国关系都是在没有条约的情况下发展的，黑田清隆则表示："如今，如果国家之间要进行贸易，都要签订条约。我们日本已经和许多国家签订条约并开始进行贸易。"④ 朝鲜保守派对与日本进行签约谈判非常不满，认为"倭洋一体"，抨击政府软弱。但高宗在开化派

---

① 王彦威、王亮辑编《清季外交史料》第1册，湖南师范大学出版社，2015年，第74页。
② 权赫秀：《东亚世界的裂变与近代化》，中国社会科学出版社，2013年，第43页。
③ 外務省調査部編『大日本外交文書』第八卷、日本国際協会、1940年、145—148頁。
④ 〔英〕铃木胜吾：《文明与帝国：中国与日本遭遇欧洲国际社会》，王文奇译，世界知识出版社，2019年，第195页。

的影响下，决定与日本缔结条约。① 2月11日，日朝谈判开始。日朝谈判比较顺利。由于长期闭关锁国，朝鲜对如何在开国的前提下维持国家主权与民族利益缺乏应对之策，拿不出作为谈判基础的条约草案，而是被动地以日本草拟的条约草案为谈判基础。朝鲜代表特别重视国家名分等形式内容，而在损害国家主权和利益的实质内容上却一再退让。2月13日，朝鲜代表得到日文版的条约草案，经翻译后于15日将文本送达政府。朝鲜政府经研究，原则上同意与日本修好通商。19日，朝鲜政府将修正案送至谈判代表处。19日和20日，双方代表就日方条约草案和朝鲜修正案进行讨论，20日正午基本达成一致。日方条约草案的主要内容为4项：（1）邦交的形式（条约前文，第一、第二、第三、第十二条）；（2）开港规定（第四、第五、第六、第八、第九、第十一条）；（3）沿岸测量权（第七条）；（4）治外法权（第十条）。日方条约草案具有鲜明的不平等条约色彩，但昧于世界形势和不了解国际法的朝鲜代表，沉浸在与日本建立平等的国家关系的虚幻想象中，居然未对第三、第四项内容提出任何修改意见。朝鲜代表基于名分论对双方谈判代表的任命者——"大日本国皇帝陛下""朝鲜国王殿下"的措辞提出修改，认为不对等，建议删除国家元首的措辞，仅提国号，在礼仪上使两国对等，日方接受了朝方的修改意见。日本提出以京畿、忠清、全罗、庆尚四道和永兴府为开港区域，朝方拒绝，仅以庆尚为开港区域，结果日方妥协，同意从京畿、忠清、全罗、庆尚四道中选择两处作为开港区域。关于通商问题，朝方提出：（1）禁止日本侨民使用朝鲜常平钱；（2）禁止米谷贸易；（3）贸易方式为易货贸易。② 条约须经两国君主批准。围绕批准书的形式双方又发生了激烈争论。朝鲜代表宣称不在批准书上加盖国王实名之印，而是加盖"为政以德"之印。为此日本强烈要求在批准书上有国王亲笔签名或加盖国王实名之印，黑田清隆甚至以退出会议、立即回国为要挟，但追求与日本建立形式上平等关系的朝鲜代表自然也不甘示弱，最后双方达成妥协，以"朝鲜国君王之宝"的新印代替"为政以德"之印。③

1876年2月26日，日朝双方代表签署《日鲜修好条规》（《江华条

---

① 趙景達『近代朝鮮と日本』、岩波書店、2012年、44—45頁。
② 高橋秀直「江華条約と明治政府」、『京都大學文學部研究紀要』第37号、1998年。
③ 諸洪一「明治初期の朝鮮政策と江華島条約——宮本小一を中心に」、『札幌学院大学人文学会紀要』第81号、2007年。

约》）。条约共 12 条，主要内容为："朝鲜国自主之邦，保有与日本国平等之权"（第一条）；日朝双方互派使臣到对方首都驻留（第二条）；朝鲜允许日本人来釜山通商，"就该地赁借地基，造营家屋，或侨寓所在人民屋宅，各随其便"（第四条）；朝鲜在"京畿、忠清、全罗、庆尚、咸镜五道中，沿海择便通商之港口二处"（第五条）；日本船只在朝鲜沿海或遭大风，"或薪粮穷竭，不能达指定港口，即得入随处沿岸支港，避险补缺，修缮船具，买求柴炭等，其在地方供给费用，必由船主赔偿。凡是等事，地方官民须特别加意怜恤救援无不至，补给勿敢吝惜。倘两国船只在洋破坏，舟人漂至，随所地方人民即时救恤保全，禀地方官，该官护还其本国，或交付其就近驻留本国官员"（第六条）；允许日本测量朝鲜沿海岛屿岩礁（第七条）；允许日本在朝鲜通商口岸设置商务官，办理相关案件（第八条）；治外法权（第十条）；日朝两国择期订立通商章程（第十一条）。[①]

《江华条约》的签署进一步瓦解了传统的华夷国际秩序，美国新任驻华公使乔治·西华德从"日本的胜利中看到了使美国得到一个条约的机会"。[②] 1882 年，朝美两国代表签署了《朝美修好通商条约》。翌年，朝鲜分别与英国、德国签署通商条约。1884 年，朝鲜又分别与意大利、俄国签署通商条约。

三 从仁川开港到"甲申政变"：日本对朝影响力的急剧上升

《江华条约》签署后，1876 年 5 月 29 日，以金绮秀为正使的朝鲜使节团抵达东京。使节团在日本逗留了 20 余天。从金绮秀的《日东记游》中可以看出日本给使节团留下了良好印象。金绮秀返回汉城后奉召谒见高宗，与高宗之间有一段问答。高宗问："倭王之为人？"答："颇为精明。"问："国人之风俗？"答："概以富强为务，专尚富强之术。"问："其国人品？"答："人各有业，勤不游食，路无流丐，人皆柔顺款曲，则无强悍者。"《日东记游》把日本描绘成"一幅山明水秀，生气勃勃，文明开化的画面，这和不久之前还被视为夷狄禽兽的日本，真是天壤之别，给高宗

[①] 外務省調査部編『大日本外交文書』第九巻、日本国際協会、1940 年、114—120 頁。
[②] 李晓丹：《美国对朝政策研究（1882—1905）》，吉林大学博士学位论文，2017 年，第 41 页。

的印象是深刻的"。① 使节团与日本官员诗酒唱和，其乐融融，仿佛有乐不思蜀之感。金绮秀在《和宫本公题画韵却寄晴湖女史》中写道："东京女子尽风流，合璧联珠共唱酬，情种千秋谁得似，无人解佩下西州。"日方人士则高唱："四海皆兄弟，万方亦一视，而况同文邦，谁复别彼此，鸡林与马洲，一衣带水耳……惟愿源源来，寻盟从此始。"②

为了加强对朝鲜的影响，日本积极鼓动朝鲜向日本派遣考察团，亲身感受明治维新的成就，以日本的先进性改变"国俗未开之韩人"。1881年5月25日，抵达横滨的朝鲜朝士考察团（俗称"绅士游览团"）一行64人乘坐火车抵达东京，下榻芝公园内的海军宿舍，考察团中有中高级官员12人，包括参判朴定阳、赵准永、承旨严世永、姜文馨，参议沈相学、洪英植，应教鱼允中等，另有12名翻译、27名随员以及13名仆人。这是朝鲜进行近代化改革、以日本为楷模的最初尝试。朝士考察团以5人为一组，对日本的政治、经济、文化、军事、社会、教育等方面进行了全方位考察，撰写了80余册考察报告，参观了外务省、内务省、大藏省、陆军省、海军省、农商务省、开拓使、元老院等，考察了造船厂、工程局、学校、煤矿、兵工厂、造币局、造纸厂、博览会、医院、监狱、女子工厂、军校、农业学校、电信局、邮局、印刷厂、煤气局、博物馆等，观摩了军事演习，会见了三条实美、岩仓具视、寺岛宗则、副岛种臣、山田显义、井上馨、大山岩、川村纯义、松方正义等高级官员。③ 日本认为朝士考察团的访问"事关日本将来之安危"，非常重视，考察团的行程主要由外务省负责，外务省被要求对考察团殷勤接待，在旅途中防止产生对考察团的不敬行为，尽量满足其考察要求，"要令其无遗憾"。外务省大书记官宫本小一负责具体联络工作，各省都指定专人负责接待考察团成员，安排考察线路，介绍日本文明开化的成果。尽管考察团在日本逗留的时间不长，仅4个月，但日本近代化的成果还是给他们留下了深刻印象，其形成了以日本为榜样推进朝鲜内政改革、谋求自强独立的思想意识。洪英植很快转变为激进开化派成员，与金玉均一起参与策划了"甲申政变"。洪英植、鱼

---

① 林子候：《日韩江华岛事件的检讨》（下），台北《食货月刊》（5/6合刊），1984年9月。
② 鈴木文「明治初期日朝関係と詩文応酬」、『史観』第160号、2009年。
③ 狐塚裕子「一八八一年朝鮮朝士視察団（紳士遊覧団）の来日（二）——朝士の視察状況を中心に」、『清泉女子大学紀要』第57号、2009年；許東賢「朝士視察団（一八八一）の日本経験に見られる近代の特性」、『神奈川法学』第38巻第2、3号、2006年。

允中还与兴亚会成员诗酒唱和。"澹溟如带隔东陲,为结深知步险夷,过境都从流水去,松竹而今式好时。""同生斯世又同洲,三国衣冠共一楼,今逢兄弟兼知己,不负扶桑作壮游。"(洪英植)"邦土相连海一陲,殷勤谈笑说攘夷,多谢诸君须努力,政值东风不竞时。"(鱼允中)"衣冠会三国,万里即同邻,共尽绸缪策,何应御外人。"(鱼允中)①

朝士考察团归国后,首先改革军制,废除原有的五营制,改设武威、壮御两营,另建立新军"别技军"(俗称"倭技军"),按日本模式训练军队,以京城东部的下都监为军营及训练场,选拔两班子弟80余名进行训练,聘请日本驻朝公使馆陆军中尉堀本礼造为教官。② 当时朝鲜人口为1300万人,而军队人数居然不到3000人,与高丽王朝时期中央军人数高达45000人相比,差距很大,且军队使用旧式枪械,③ 根本没有防卫能力,因此改革军制刻不容缓。

《江华条约》签署后,日本对朝鲜影响力的上升与中国对朝鲜影响力的下降是非常明显的。但《江华条约》的签署并不意味着朝鲜完全向日本敞开了大门,日朝之间仍有一些悬而未决的问题,如确定朝鲜的开港港口、公使驻京、日本人在朝鲜全境旅行以及对进口日本商品征收关税等方面的问题。围绕上述问题,日朝之间进行频繁的外交交涉。外务卿井上馨决定采取"恩威并施"的政策。所谓"恩",就是向朝鲜提供枪械和军舰,在关税问题上做出适当让步,把朝鲜政府转变为亲日政府,最后割断中朝宗藩关系。1880年1月,日本驻朝代理公使花房义质致函外务卿井上馨,要求向朝鲜政府提供枪械或军舰,改善自《江华条约》签署以来日趋紧张的日朝关系。井上馨采纳了花房义质的意见,以通过提供武器谋求朝鲜军政改革,增强改革派即亲日派的力量,牵制保守派,"以此达成朝鲜变革的契机为新的目标"。如果施"恩"政策不见效,则采用强硬手段。花房义质认为,朝鲜最怕与日本决裂。尽管中朝有宗藩关系,保护属国、抵御外敌是宗主国的义务,但鸦片战争以来,中国自顾不暇,已经没有保

---

① 狐塚裕子「一八八一年朝鮮朝士視察団(紳士遊覧団)の来日(二)——朝士の視察状況を中心に」、『清泉女子大学紀要』第57号、2009年。
② 吴正萬「近代朝鮮ナショナリズムに関する一考察(一)」、『神奈川法学』第21卷第1号、1986年。
③ 呉善花『韓国併合への道 完全版』、文藝春秋、2013年、65頁。

护属国的力量。①

《江华条约》没有在对输入朝鲜的外国商品课税方面做出规定，朝鲜因此失去了国家重要的财政收入。为此朝鲜政府于1878年9月6日确定釜山港输出入品的税率，对朝鲜商人输入的外国商品课税，导致日本向朝鲜输出的包括大米在内的商品数量急剧减少。为此日本极为恼火，11月29日花房义质乘坐军舰抵达釜山，兴师问罪。花房义质向朝鲜提出"七条要求"，主要内容就是朝鲜停止对日本商品课税以及向日本"谢罪"。12月26日，朝鲜政府下令停止在釜山征税。

1880年8月，朝鲜礼曹参议、修信使金宏集一行出访日本，处理日朝间的关税纠纷。井上馨和花房义质多次与金宏集举行会谈，介绍明治维新的成果，指出向西方开国的重要性及变革的必要性，以此劝说朝鲜。8月13日，金宏集与外务大辅上野景范就关税问题举行会谈。上野景范一方面表示不反对两国就关税问题进行谈判；另一方面声称，讨论税额、税则问题并非易事，需要两国政府深思熟虑后任命全权委员，由其议定。其实日方已经知道，由于朝鲜不熟悉外交谈判规则，金宏集等人既没有准备供谈判用的关税草案，也没有携带议约的全权委任状，故以外交礼仪为托词拒绝与朝鲜谈判关税问题。但是与日本交涉关税问题是修信使最重要的任务，金宏集表示，朝鲜的税则将与清政府一样。上野景范立即表示，反对"尽与清国相同"。日本的方案是：朝鲜对谷物以外的输出品不课税；在输入品上，除西洋物品外，对日本产品不课税。在日期间，金宏集拜访了中国驻日公使何如璋，何如璋告知金宏集，日本正在同西方国家交涉修改不平等条约，暗示朝鲜可以仿效，修改朝日不平等条约。8月31日，金宏集在与井上馨的会谈中要求朝鲜采用与日本相同的税率。井上馨表示，采用5%的税率是适当的，不能仅着眼于关税收入的增加，各国经济发展状况不同，如果初期把税率定得太高，易造成许多人逃税，发生争执。日本最初的税率就不高，可供朝方参考。

由于《江华条约》没有对朝鲜的开港港口做出明确规定，究竟选择哪个港口作为开港港口，日朝发生了分歧。日本不接受朝方提出的开港港口，要求将仁川作为开港港口。朝鲜认为，仁川系王家重地，一旦确定为

---

① 布和「1880年代初期の日本の対朝鮮外交——壬午事変までの時期を中心に」、『桜花学園大学人文学部研究紀要』第7号、2004年。

第二章 外务省的设立与明治前期的日本外交

开港港口必将引起人心不稳，拒绝了日本的要求。金宏集抵日后，井上馨再次要求仁川开港。日本驻釜山领事近藤真锄也要求仁川尽快开港。1880年12月，花房义质无视金宏集等人的劝告，强行谒见朝鲜国王，这是朝鲜国王首次接见海外使臣，造成事实上的日本公使进驻京城。1881年1月4日，金宏集在与花房义质的谈判中表示，因仁川开港会造成人心不稳，朝鲜政府经研究决定仁川不开港，也不同意日本公使进驻京城。面对朝鲜政府的决定，花房义质极为恼火，并以普法战争为例，表示日本为了达到目的，不惜与朝鲜开战，要求朝鲜政府改变决定。1月24日，朝鲜做出妥协：决定仁川开港，但出于内政上的原因，开港日期延至5年后；日本公使馆可设在仁川。花房义质表示自己接到的政府训令是仁川在15个月内开港，不接受5年后开港的要求。如果朝鲜尽早确认仁川开港，公使馆可暂时设在仁川，但在首都也有必要设置公使馆。1月25日，金宏集表示仁川开港日期缩短为3年后，花房义质仍然拒绝接受，最后将仁川在20个月内开港作为日本最终的退让条件。花房义质在交涉中凶相毕露，完全不顾及国际礼仪。1月26日，金宏集通过日本驻朝公使馆馆员告知花房义质，由于朝鲜"亲日派"是少数，立即决定仁川开港会引发"激变"。花房义质仍一意孤行，在致井上馨的信函中表示，在开港问题上坚决不妥协。2月7日，花房义质向朝方提出了日本海军驻扎仁川等7项要求，遭到朝方拒绝。经过2月25日和2月28日的艰苦谈判，日本将禁止仁川港输出大米作为条件，朝鲜政府承诺1882年9月仁川开港。"由此，日本实现了《江华条约》的最大目标。"[①] 1882年5月11日，花房义质抵达汉城履职。

尽管日本实现了仁川开港的目的，但由于花房义质是用胁迫手段使朝鲜开港的，连日本驻釜山领事近藤真锄都认为这是"炮舰外交"，因此这在朝鲜不仅引起了保守派人士的强烈不满，也引起了金宏集等中间派人士的反感，亲日的李东仁、李载竞相继下台。[②]

朝士考察团归国后，开化派加快推进近代化改革并激化了与事大派的矛盾。开化派以日本为后盾，谋求朝鲜独立。开化派与事大派的矛盾在一

---

① 布和「1880年代初期の日本の対朝鮮外交——壬午事変までの時期を中心に」、『桜花学園大学人文学部研究紀要』第7号、2004年。
② 布和「1880年代初期の日本の対朝鮮外交——壬午事変までの時期を中心に」、『桜花学園大学人文学部研究紀要』第7号、2004年。

定程度上折射了中日两国力量在朝鲜的角逐。1882年（农历壬午年）7月23日，朝鲜爆发了反日的壬午兵变。8月5日，中国驻日公使黎庶昌根据本国政府训令，向日方提出中国派遣军舰到朝鲜调停日朝冲突的方案。翌日，日方予以拒绝。8月9日，黎庶昌再次通告日方，为了保护属邦，中国已出兵朝鲜，也将保护日本驻朝公使馆，日方再次予以拒绝，外务大辅吉田清成致函黎庶昌，声称："本国据约，与朝鲜议办，本与贵国并无相关，违言相当，徒属多事矣。"① 日本以保护侨民的名义立即向朝鲜派遣3艘军舰及300多名军人，同时在国内大肆鼓噪朝鲜非中国属国论。北洋水师提督丁汝昌奉命率舰队赴朝，拘禁大院君并将之送往天津，很快平定了叛乱。

壬午兵变平息后，日朝围绕善后事宜进行交涉，日本提出了惩凶、赔偿、谢罪、扩大殖民权益等7项要求。在军事力量占优的情况下，作为朝鲜的宗主国，中国未能积极介入日朝交涉，还被排除在日朝交涉之外。当朝鲜代表奉命请求中国干预日朝交涉、迫使日本放弃某些苛刻要求时，随北洋舰队入朝的李鸿章的主要外交幕僚马建忠居然表示"此属日朝之事，我中国仅能隐与维持，不便显相干预"，② 完全放弃了宗主国的权利与义务。当然日本也不希望中国介入，实际上就是不承认中国的宗主国地位。马建忠仅为朝鲜代表"逐条剖决"，对日本提出的7项要求没有据理驳斥，而是采取息事宁人的态度，劝说朝鲜代表予以接受，尤其是在日本驻军问题上妥协退让，"至该公使（日本公使——引者注）为保身之计，随带若干兵弁在馆内驻扎，尚无不可"。③ 这使日本在朝鲜获得了驻军权，对中国国家安全和地缘政治产生了严重影响。

1882年8月30日，朝鲜代表李裕元、金宏集在《济物浦条约》和《修好条规续约》上签字。壬午兵变发生后，中国迅速出兵平叛，掌控了朝鲜政局，却未能强化中朝宗藩关系，反而使日本借机扩大了在朝鲜的殖民权益，暴露了中国外交能力的低下与外交技巧的幼稚。马建忠清楚在日

---

① 戚其章主编《中国近代史资料丛刊续编 中日战争》第9册，中华书局，1994年，第3页。
② 中国史学会主编《中国近代史资料丛刊 中日战争》第二册，新知识出版社，1956年，第205页。
③ 中国史学会主编《中国近代史资料丛刊 中日战争》（二），上海人民出版社，1957年，第199页。

第二章 外务省的设立与明治前期的日本外交　　75

朝交涉中，"日人遇事生风以求逞欲，直行同无赖焉"，①却不敢凭借政治上和军事上的优势，以宗主国的名义仗义执言、据理力争，而是推卸责任。为此，马建忠遭到朝野猛烈抨击，不仅被调离朝鲜，从此再未踏上朝鲜国土，甚至还被公开弹劾。

壬午兵变也是中朝关系的分水岭，导致中朝关系急剧恶化，"封贡关系完全变质，和睦、礼敬、关爱之情谊为不信任、猜忌、反感所代替，同时权利、贪欲、国家利益主宰了两国关系。这是旧制度的破灭"。②壬午兵变后，朝鲜政府被迫遣使赴日"谢罪"。在日期间使节团成员会见了英国驻日公使巴夏礼。巴夏礼对会见情况做了如下记载："朝鲜对绑架大院君感到愤怒。……他们告诉我，除掉大院君对朝鲜而言当然是好事，但中国无权这么做，朝鲜是独立国家。当我说这与中国的主张不一致，与国王给中国皇帝的书信中的从属宣言不一致时，他们说这是对书简的误解。朝鲜声明在内政外交上自主，朝鲜（对中国）的朝贡关系仅限于礼仪上的规定。……从闵（泳翊）的发言中，我感觉朝鲜人很难缠。在此之前中国的行动显然难以被朝鲜所接受，引起强烈反感。""当我问国王给中国皇帝的文书中写有'臣'（minister）字，不是从属的证据吗？使节回答说这仅显示感情而已，该用语是否还使用是将来应考虑的问题。因为朝鲜是弱国，对中国这样的强国不得不顺从。但是，当与西方缔结条约关系时便寻求国际法的保护。"③

朝鲜开化派对日本抱有不切实际的幻想，试图凭借日本的力量，彻底摆脱中朝宗藩关系。金玉均在其《甲申日记》中详细记载了出使情况，其中写道："时日本政府，方注意于朝鲜，视为独立国，待公使颇殷殷。余察知其实心宴事，仍与朴君（泳孝——引者注）议，遂倾意依赖于日本。而我国新经变乱，经用竭绌，公使之来，亦不能优赏盘缠；苦请于日本外务卿井上馨，仅借丨二万弗金丁横滨之正金银行，用是为偿却恤金，兼资诸费。""时日本政府加酒草之税，锐意为扩张海陆军。一日余访外务卿，

---

① 中国史学会主编《中国近代史资料丛刊 中日战争》第二册，新知识出版社，1956年，第205页。
② 张存武：《读金基赫著〈东亚世界秩序的结局：一八六〇——八八二间的朝鲜、日本及大清帝国〉》，台北《"中央研究院"近代史研究所集刊》第10期，1981年。
③ 小林隆夫「サー・ハリー・パークスと華夷秩序——イギリスと中国・朝鮮の宗属関係」、『中京大学教養論叢』第43巻第2号、2002年。

语次，井上言：'今我国扩张军势，非独为我国固本而已，为贵国独立一事，亦有所注意云。'"①

1882年7月2日，金玉均在与外务卿井上馨的笔谈中就朝鲜是否立即成为独立国家问题征求其意见，"我国已与贵美两国结成对等条约，因此已呈独立之态，可支那依然派兵驻军视我国为属国"。井上馨指出："依拙者局外人之见，贵国依然如属国般遵从支那。七年前江华事件之际，（贵国）已稍稍呈现独立之萌芽，今又与美国缔结法约，进一步增加了独立倾向。然而（中朝）有三百年之久的关系，欲割断（与中国）关系，谋完全之独立，势必与支那干戈相争，此事一定要避免。因此不要步激进之道，而是循序渐进，争取各国对独立的支持，谋求纯粹无瑕之独立。"金玉均表示："不可激进不仅是小生之见，我国政府人士也均对此予以认可。现在应立即断绝支那的干涉。假如此设想难以实现，就不得不走激进之道。"井上馨认为："日美两国承认（朝鲜）独立，而支那依然不改旧见，盖因有三百年来关系之故。"②

1882年11月7日，高宗下诏设立掌管"外务"的统理衙门，"讲求时务，参酌变通"。12月4日，统理衙门改名为"统理交涉通商事务衙门"，设置掌交司、征榷司、富教司、邮程司等四司。掌交司"掌条约内应准、应驳、应办事宜"；征榷司"掌海关边关"；富教司"掌开拓利源，如铸币，如开矿，如制造，如官银币，如招商社等"；邮程司"掌运道，如电报、驿传、铁路及水陆通衢诸事"。此外，仿照中国同文馆，"设立同文学，教育人才，俾收实用"。③ 统理交涉通商事务衙门是一个兼具传统和现代的外交机构，欠缺专业化和职业化，如该衙门督办赵宁夏（1882年11月17日至1883年1月1日在任）兼任兵曹判书、协办金玉均（1883年9月至1884年10月在任，分管富教司）兼任副护军等，但毕竟迈出了建立近代外交体制的第一步，改变了"藩臣无外交"原则。

---

① 中国史学会主编《中国近代史资料丛刊 中日战争》（二），上海人民出版社，1957年，第459页。
② 「井上外務卿朝鮮人金玉均卜談話筆記」、太政官・內閣關係/公文別錄/公文別錄・朝鮮事變始末・明治十五年・第八卷・明治十五年/国立公文書館藏、JACAR系统查询编号：A03023653800。
③ 「朝鮮國統理交涉通商事務衙門章程ノ件」、太政官・內閣關係/公文錄/公文錄・明治十六年・第十四卷・明治十六年五月~六月・外務省/国立公文書館藏、JACAR系统查询编号：A01100246500。

1882年10月，天津海关道周馥、候选道马建忠与朝鲜奉正使赵宁夏等签订《中朝商民水陆贸易章程》。出于对属国的笼络和照顾，清政府在该章程中取消了一些旧规，允许中朝海上贸易，"惟现在各国既由水路通商，自宜亟开海禁令，两国商民一体互相贸易，共沾利益。其边界互市之例亦因时量为变通。惟此次所订水陆贸易章程，系中国优待属邦之意，不在各与国一体均沾之列"。[1]但朝鲜代表在章程商议过程中有自己的考量，声称："贸易章程与各国有不同处，虽曰体制不得不然，此与事大典礼自是殊观，窃虑各国援以为例。"为此中国代表指出："既曰事大，必有小大相维之道，非仅恃空虚之典礼，要恃有实在之名分。故公法内凡攸关藩属朝贡之国所定贸易往来之限，有非与国所可比拟者。执事（鱼允中——引者注）虑贸易章程不同之处，他国或援以为例，是未知夫名实之所在。他国所定者条约，必俟两国之批准而后行。兹所定者章程，乃朝廷所特允，为彼此互订之约章，一为上下所定之条规，其名异而其实故不同也。且与与国互立条款内，每有许于此而靳于彼者。一国所立条约尚不免有参差之处，他国亦不得援以为例，而况现定之贸易章程，有不可以条约例之者乎。所虑者或恐他国诘贵国以不同之处，而贵国君臣首鼠其说，不敢显然以三百年臣服朝廷之心，有以关其口而夺其气，是无怪日本士大夫每以贵国自处于独立、半立之间为笑耳。""倘尊意必以章程内微有与他国不同，必强请从同而后可，则贵国隐然欲与中国敌体，只知畏日人而不知畏中国矣。"[2]为了强化中朝宗藩关系、防止朝鲜的离心倾向，清政府在章程前言中添加上谕："朝鲜久列封藩，典礼所关一切均有定制，毋庸更议。"[3]但是问题并没有得到解决。

1884年12月4日，朝鲜爆发"甲申政变"，这是朝鲜内部亲日开化派和亲华事大派之间矛盾激化的再次表现。"甲申政变"的幕后推手是日本驻朝公使竹添进一郎。"甲申政变"前夕，即11月28日，外务大辅吉田清成在致外务卿井上馨的电文中指出："目前朝鲜国党派倾轧甚烈"，"竹添公使戒止其（指开化派——引者注）暴举，且该公使就任后，支那

---

[1] 顾廷龙、戴逸主编《李鸿章全集》第10册（奏议十），安徽教育出版社，2008年，第128页。
[2] 顾廷龙、戴逸主编《李鸿章全集》第33册（信函五），安徽教育出版社，2008年，第169—170页。
[3] 顾廷龙、戴逸主编《李鸿章全集》第10册（奏议十），安徽教育出版社，2008年，第128页。

党势焰稍显退缩"。竹添提出甲、乙两种方案,甲系激进方案,乙为稳妥方案。"尤其是我政府帮助朝鲜政党的一方抑或不做干涉之事?目前帮助被称为日本党的人士采取稳健手段,尽力引导该国文明开化,此系对我有利,须注意焉。"① 1883年12月,法国侵略越南,爆发了中法战争。竹添进一郎认为,清政府忙于中法战争,无暇东顾,这是将中国势力从朝鲜清除出去的好机会,于是鼓动开化派于1884年12月4日发动政变,杀害多名事大派高官,成立以开化派成员出任要职的新政府。竹添进一郎还派出100余名日本士兵"护卫"王宫,控制国王高宗,企图一举清除事大派。事大派要求清政府出兵干预。受命会办朝鲜事务的袁世凯迅速率军包围王宫,与日军发生冲突,不少朝鲜军人倒戈,与清军合流。高宗在清军的帮助下,脱离开化派的控制。竹添进一郎见大势已去,自焚公使馆,率日军撤退到仁川。开化派官员也逃至仁川。40多名日本侨民在政变中丧生。②12月7日,朝鲜政府向英、美、德三国公使发出日本公使竹添进一郎与叛徒合谋拘禁国王、杀害大臣的通告。

1884年12月21日,日本政府任命外务卿井上馨为特命全权大使赴朝商谈善后事宜。1885年1月7日,井上馨与朝鲜外务督办、全权大臣金宏集进行谈判。井上馨坚持谈判在日朝之间进行,严禁中国介入日朝谈判。当一位中国官员坐在谈判桌前时,井上馨"站起来,与中国官员握了握手,说道:'今天我是与朝鲜官员谈判,你在场是不合适的。'"③ 1月9日,日朝签署《汉城条约》,主要内容为:(1)朝鲜国修国书致日本国表明谢意;(2)对此次日本国遇难人民之遗族及负伤者予以抚恤,并补偿货物被损毁掠夺之商民,由朝鲜国拨支11万元;(3)查问缉拿杀害矶林大尉的凶徒并从重典刑;(4)在新基上建筑日本公使馆,由朝鲜国交付地基、房屋并使之足以容纳公使馆及领事馆,其修筑增建之处,由朝鲜国拨交2万元以充工事费;(5)以公使馆附近之地择定日本护卫兵弁之营舍,按照《壬午续约》第五款施行。④签约后,金宏集再次要求引渡金玉均、

---

① 「朝鮮事変/2〔明治17年11月28日から明治18年1月〕」、戦前期外務省記録/1門 政治/1類 帝国外交/2項 亜細亜/対韓政策関係雑纂/明治十七年朝鮮事変/外務省外交史料館藏、JACAR系统查询编号:B03030194500。
② 池井優『日本外交史概説 増補版』、慶応通信、1982年、60頁。
③ 〔英〕铃木胜吾:《文明与帝国:中国与日本遭遇欧洲国际社会》,王文奇译,世界知识出版社,2019年,第203页。
④ 外務省編『日本外交年表並主要文書』(上)、原書房、1965年、101頁。

朴泳孝等开化派成员,遭到井上馨的拒绝。《汉城条约》造成了严重后果,"《济物浦条约》规定日本在汉城驻兵,还属于临时性质,而《汉城条约》则使之变成永久性的了"。①

在"甲申政变"中清军与日军发生了直接冲突。政变平息后,清军仍驻扎朝鲜,对日军保持优势。如何处理中日关系是日本朝野关注的重要问题。金玉均、朴泳孝等开化派人士曾向日本政府寻求援助。日本政府顾虑清政府的反应以及还未做好与中国决裂的准备,没有公开允诺。日本政府的举动引起了政治上失意的原自由民权派领袖后藤象二郎、板垣退助等人的不满。他们大肆鼓噪对华战争,募集义兵,在高知组织了1000多人的义勇兵,积极介入朝鲜事务,捞取政治资本。朝鲜开化派人士在争取日本政府援助受挫的情况下,向日本民间求助,通过福泽谕吉,得到了后藤象二郎的帮助。为了一举清除朝鲜的事大派,后藤象二郎准备为开化派筹集100万元。为此,后藤象二郎、板垣退助拜访法国公使。板垣声称:朝鲜政府拟任命后藤象二郎为宰相,委以改革朝政的全权。在向朝鲜扩张方面法国已落后于德国,法国应乘此机会援助他们,贷款100万元。1884年12月,后藤象二郎还拜访久未谋面的伊藤博文,透露了援助朝鲜开化派的计划,把伊藤博文视为意大利统一运动中的加富尔(意大利首相),而以加里波第自居。伊藤博文秘密地将后藤象二郎、板垣退助的计划告知井上馨。井上馨认为朝鲜问题事关重大,不能让民间插手,政府应积极掌控对朝事务的主动权,挫败其计划。陆奥宗光指出:"他(后藤象二郎——引者注)在内政上失败了,在内政方面没有施展拳脚的余地。于是,秘密地同友人们援助金玉均等人,为了使自己成为总理大臣而企图经营朝鲜八道。"② 明治政府认为在中国实力居于优势的情况下,一旦决裂、开战,日本没有必胜的把握,所以选择了妥协。伊藤博文被任命为特命全权大使,赴中国交涉善后事宜。1885年4月3日,伊藤博文在天津与李鸿章举行谈判。翌日,中法两国签署停战协定,暂时消除了法国对中国南部的威胁,这增加了中国在中日谈判中的有利条件。但李鸿章并未把有利的国际形势转化为谈判优势。

1885年4月18日,中日两国签署《天津条约》。《天津条约》进一步

---

① 王如绘:《近代中日关系与朝鲜问题》,人民出版社,1999年,第169页。
② 岡崎久彦『陸奥宗光』下巻、PHP研究所、1990年、89—94頁。

动摇了中国对朝鲜的宗主权。陆奥宗光指出:"依据该条约,中国不得不撤出了在朝鲜的军队,虽然中国一直自称朝鲜是自己属国。不仅如此,而且今后不管在何种情况下若要向朝鲜派兵,首先必须以公函告知日本政府。签署了具有如此条款的这一条约,对于中国可谓是一大打击,多年来中国所主张的属国论的正当性无疑也就大为降低了。"① 但中日《天津条约》并未获得日本激进民族主义者的认可。担任后藤、板垣与法国公使会晤翻译的小林樟雄联合自由党中的大井宪太郎等人,秘密招募激进分子,企图制作武器、渡海潜入朝鲜,小林樟雄认为:"对外基于正义帮助朝鲜独立……对内以此创始立宪、责任政治,真正是一举两得之策。"由于准备疏漏、信息外泄,小林樟雄等人被一网打尽,被判处有罪的达158人,史称"大阪事件"。②

"甲申政变"的另一个后果就是加速了朝鲜内部的离心倾向,一些政界人士试图依靠强援来摆脱宗藩关系。时任朝鲜外交顾问的德国人穆麟德乘机策划了"朝俄密约事件"。早在1884年初,高宗就秘密派官员金光训去南乌苏里。金光训向俄方表达了高宗的亲俄意图:朝鲜和俄国领土接壤,俄国"据天下形胜,为天下最强,为天下最畏",朝鲜很想确立和俄国的友好关系,摆脱中国的控制。③ 英国担心中朝宗藩关系的崩溃以及朝俄接近会刺激俄国南下,损害英国利益,于1885年4月15日,即《天津条约》签署前夕,突然占领扼济州海峡要冲的巨文岛。英国一改以前拒不承认中国对朝宗主权的政策,通过强化中国对朝宗主权来维持东亚局势的稳定。英国没有向朝鲜政府通告占领巨文岛一事,而是直接告知中国驻英公使曾纪泽。④ 4月12日,英国外交部副大臣庞斯弗德从巴黎写信说:占领之事已"经过皇家国防委员会充分考虑……中国对朝鲜的宗主权是一个迫切的问题。我们曾拒绝承认中国的权利,不过我现在了解,这种权利是很有道理的"。在中国驻英公使曾纪泽质询时,英外交部回答说:"我们有意暂时占领巨文岛,但是我们不愿损害中国的威望,因此想同北京方面达成协议。"曾纪泽在强调中国宗主权的同时,也欢迎英国的保证,并询

---

① 〔日〕陆奥宗光:《蹇蹇录:甲午战争外交秘录》,徐静波译,上海人民出版社,2018年,第11页。
② 岡崎久彦『陸奥宗光』下卷、PHP研究所、1990年、89—94頁。
③ 潘晓伟:《俄国与朝鲜关系问题研究:1860—1910》,黑龙江大学出版社,2013年,第68—69页。
④ 呉善花『韓国併合への道 完全版』、文藝春秋、2013年、157頁。

问英国打算提出什么条件。"英国外交部提供他一个草案,规定英国必须付给朝鲜租金,并扣除其中的一部分给中国,作为朝鲜名分上应纳给中国的贡礼。"①

英国占领巨文岛以及中英在巨文岛事件上的合作,迫使日本不得不退却,朝鲜半岛保持了短暂平静。但华夷国际秩序已支离破碎。清政府逐渐失去对朝鲜的宗主权。

---

① 〔英〕季南:《英国对华外交(1880—1885年)》,许步曾译,商务印书馆,1984年,第194页。

第三章　开启帝国时代的外交：中日甲午战争期间的日本外交

1894年，日本的现代化建设卓有成效，具备了挑战中国、与西方列强争霸亚洲的实力。作为一个后起的资本主义国家，日本对外战略面临两种选择，一是帮助中国、朝鲜等邻国推进现代化建设，缩小东亚国家与西方国家的差距，追求东亚共同繁荣，排除西方殖民势力；二是与西方为伍，在牺牲东亚邻国的基础上建立自己的殖民帝国或势力范围。日本选择了后者，成为亚洲历史上唯一拥有殖民地的国家。通过中日甲午战争，日本占据了台湾及澎湖列岛，从而改变了日本的版图，开启了帝国时代的外交。①

第一节　"大陆政策"的形成

1853—1856年的克里米亚战争对俄国的扩张方向产生了重大影响。由于战败，俄国被迫于1856年3月30日与英、法、普（鲁士）、土耳其等国签订《巴黎和约》。《巴黎和约》使俄国失去了在土耳其境内的所有优势，宣布黑海中立化，规定"它的水域和港口对各国商船开放，正式地和永久地禁止沿岸国或任何其他国家的军舰通行"，俄土两国保证"不在黑海沿岸设立或保留任何陆海军军火库"。② 由此俄国向西、向南扩张的道路被堵塞，俄国的扩张逐渐转向了东边。与其他西方列强不同，俄国远东地区以图们江为界直接与朝鲜接壤。1864年2月10日，俄国政府颁布了关于外国人出入境管理和获得俄国国籍的国籍法，根据该法律，在俄国的

---

① 〔日〕三谷太一郎：《日本的"近代"是什么：问题史的考察》，曹永洁译，社会科学文献出版社，2019年，第152—153页。
② 王绳祖主编《国际关系史》第二卷（1814—1871），世界知识出版社，1995年，第195—196页。

外国人与俄国人一样拥有土地等财产的所有权，在俄国居住满5年，即有取得俄国国籍的权利。早在沿海州和阿穆尔州被合并进俄国的1851—1860年间，该地区已经有中国人和朝鲜人居住，属于俄国东西伯利亚总督管区。1869年以来，违反出国禁令，向俄国远东地区迁徙的朝鲜人越来越多，形成了一些拥有30人以上的朝鲜人村。1880年初，约有1万名朝鲜人居住在俄国沿海州。俄朝边境贸易十分活跃。① 俄朝边境贸易额的持续上升以及俄国沿海州朝鲜人的增加，使得俄国越来越关注与朝鲜的关系，对朝事务在俄国外交议程中的分量日趋加重，由此引起了日本决策层的不安。

1886年，俄国提出修建一条横贯西伯利亚、全长7000多公里的大铁路。日本政界人士把西伯利亚铁路看作俄国"席卷日清韩，逐英国于太平洋之外，以囊括亚洲之武器"，并预测铁路完工之日，"不动一兵，不派一舰，即可把朝鲜划入该国版图之中"。② 陆军中将山县有朋在1888年草拟的《军事意见书》中提出，俄国一旦开始修建西伯利亚铁路，鉴于符拉迪沃斯托克（海参崴）冬季不能使用，便会寻求其他良港，随之而来的动向大概就是侵略朝鲜半岛。③

1889年山县有朋首次组阁并于翌年制订了《外交政略论》，提出了所谓"主权线"与"利益线"的理论，即"主权线"就是日本的"国境线"，"利益线"就是日本的"势力范围"，并断言日本"利益线"的焦点在朝鲜，至此日本的"大陆政策"正式形成。"大陆政策"是一个涵盖外交、政治、军事和殖民地经营等的综合性政策，在不同历史时期，呈现不同的内涵和外延，其主要战略目标和实质就是征服中国和朝鲜等亚洲邻国，将日本转变为拥有广阔殖民地和势力范围的庞大帝国。"大陆政策"的实施始于中日甲午战争。

西伯利亚铁路是一条军事铁路或政治铁路，而不是一条用于发展经济的铁路。俄国有很多理由不兴建西伯利亚铁路。与当时的美国和加拿大相

---

① サヴェリエフ・イゴリ『移民と国家：極東ロシアにおける中国人、朝鮮人、日本人移民の比較研究（1860—1917）』、名古屋大学博士学位論文（乙第6228号）、2003年7月、49、91—92頁。
② 〔日〕信夫清三郎编《日本外交史》上册，天津社会科学院日本问题研究所译，商务印书馆，1980年，第240页。
③ 〔日〕横手慎二：《日俄战争：20世纪第一场大国间战争》，吉辰译，社会科学文献出版社，2019年，第16页。

比，俄国经济建立在低效的农业基础上。西伯利亚铁路将要穿越的乌拉尔以东广阔的地域，几乎没有工业，人口稀少，气候比加拿大和美国西部还要恶劣得多，而且西伯利亚似乎对潜在的移民毫无吸引力，而能够吸引大量移民，才可以证明建设铁路的必要性。显然，俄国兴建西伯利亚铁路主要出于军事目的，即服务于俄国舰队的远东港口，加强俄帝国中心地带与其最偏远地方的联系。①

1875年，长崎成为俄国舰队在太平洋上的据点。俄国舰队一年中的大部分时间都在长崎——从深秋到次年初夏。在相当长的一段时间内，符拉迪沃斯托克（海参崴）只是一处可供俄国舰队夏季停泊的地方。显然，只有在与日本保持睦邻关系的前提下，俄国舰队才能停泊在长崎。但在长崎停泊的俄国舰队，受到了英国的长期严密监视。19世纪80年代中后期，符拉迪沃斯托克（海参崴）的船舶维修能力十分有限，并且没有破冰船。因此远东的俄国舰队依然无法在本国水域过冬。对俄国来说，修建西伯利亚铁路极为必要，如果要在远东开展更为积极的活动，没有雄厚的兵力和强大的舰队是绝不可能的。如要增强俄国远东的军事实力，不建设一条穿越西伯利亚，连接滨海边疆区与俄国欧洲地区的可靠交通线路是不现实的。1891年西伯利亚铁路建设工作如期展开，一旦竣工能够极大地巩固中俄交界处的俄方阵地，截至1895年，该地区的俄国武装力量仍旧薄弱，兵力仅为3万人。②西伯利亚铁路的敷设极大地刺激了日本朝野，日本决策层积极谋划对策。山县有朋在提出"大陆政策"的同时，联合英、德两国，倡导"日清提携"以确保"朝鲜永世中立化"，试图以此阻止俄国及其他西方国家对朝鲜的扩张并化解中日在朝鲜的矛盾，"朝鲜永世中立化构想是在西力东渐的国际环境中，对包括军事力量在内的外交资源相对匮乏的明治国家而言，更为有利的安全保障秩序构想"。③但"朝鲜永世中立化"构想与"大陆政策"难以兼容，这是两种完全不同的战略构想。

1891年5月11日，俄国皇太子（后来的尼古拉二世）前往俄国远东地区参加西伯利亚铁路开工仪式，顺路访问日本，结果在大津遭遇警察津

---

① 〔英〕克里斯蒂安·沃尔玛：《通向世界尽头：跨西伯利亚大铁路的故事》，李阳译，生活·读书·新知三联书店，2017年，第7—8页。
② 〔俄〕奥列格·阿拉别托夫：《溃败之路：1904~1905俄日战争》，周健译，社会科学文献出版社，2021年，第82—87页。
③ 井上寿一『日本外交史講義』、岩波書店、2003年、29—30頁。

田三藏的偷袭。皇太子在日记中写道："我坐着人力车，沿着同一街道返回。街道两旁的人群排成一列。我们左转，驶入了狭窄的街道。就在那时，我的右太阳穴传来一阵强烈的痛感。我转过身，一个丑到让我反胃的警察用双手挥舞着一把军刀，正准备对我进行第二次袭击，在接下来的一瞬间，我跳下人力车，落到平整的路面上，大声叫道，'你知道你在做什么吗？'这个恶棍追着我跑，没有一个人试图阻止他。我一边把手按在流血的伤口上，一边尽全力快跑。我本想躲在人群中，但却没法那样做，因为日本民众惊慌失措，四下逃散。"所幸皇太子伤势并不严重。但这件事导致了皇太子对日本的恶感，俄国财政大臣维特在回忆录中说："在我看来，袭击让皇太子对日本和日本民众产生了敌意和蔑视，这可从官方报道中看出来。在官方报道中，他称日本人为'狒狒'。"① 西伯利亚铁路的修建使日俄关系趋于恶化，日俄利益在朝鲜发生了正面碰撞。俄国舰队于1892年以避冬为名，开进了日本的长崎港。与此同时，清政府也加强了与朝鲜的经济关系，对朝出口增加，使中日两国的对朝出口比例在中日甲午战争前已趋于均衡。为此日本加快了战争步伐。

第二节　东学党之乱与中日甲午战争的爆发

1894年2月，朝鲜爆发了东学党之乱。东学是由崔济愚（1824—1864，号水云）创立的新兴宗教，该宗教以儒学为中心，糅合了佛教、道教和朝鲜固有的生命思想、神灵观念等要素，排斥西学，否定身份等级制，对以农民为主体的底层民众有很大吸引力，因而受到统治者的忌恨。1864年，崔济愚被处死。第二代教主崔时亨（1827—1898，号海月）积极整理经典，组织教团，东学迅速在民间传播，获得了大批信徒。朝鲜王朝对东学的残酷镇压引起了东学信徒的强烈反抗，导致爆发了东学农民战争。因1894年系农历甲午年，其又被称为甲午农民战争。5月，起义军占领全州，基本上控制了朝鲜南部。② 由于朝鲜政府无力对抗起义军，于6月1日请求宗主国中国出兵，声称起义军"聚众万余人，攻陷县邑十余处，今

---

① 转引自〔美〕唐纳德·基恩《明治天皇（1852—1912）》，曾小楚、伍秋玉译，上海三联书店，2018年，第513—515页。
② 金容暉「東学・天道教の霊性と生命平和思想」，『都留文科大学研究紀要』第76号、2012年。

又北窜,陷全州省治","距汉城仅四百数十里,如再任其北窜,恐畿辅骚动。……倘滋蔓日久,其所以遗忧于中朝者实多。查壬午、甲午(甲申)敝邦两次内乱,咸赖中朝兵士代为戡定。兹拟援案,请烦贵总理迅即电恳北洋大臣,酌遣数队速来代剿,并可使敝邦各将随习军务,为将来捍卫之计。一俟悍匪挫衂,即请撤回,自不敢渎请留防,致天兵久劳于外也。并请贵总理妥速筹助,以济急迫等语"。① 6月8日,2500名清军在牙山登陆。

1894年6月2日,日本内阁在得知中国决定出兵朝鲜的消息后,决定立即向朝鲜派遣一个旅团。6月7日,中国驻日公使汪凤藻通告日本政府,中国应朝鲜国王请求为保护属邦而出兵朝鲜,"且派兵援助、保护属邦,我朝既有旧例,因奏奉谕旨,令直隶提督叶选带劲旅,驰赴朝鲜全罗、忠清道一带地方,见机防堵攻讨,克期扑灭,务使属邦境土又安,各国人在朝鲜贸易者皆各安其生业,及其平定,当即撤兵,不更留防"。日本外相陆奥宗光立即回复汪凤藻:"然帝国政府未曾承认朝鲜国为贵国属邦。"当天,总理衙门照会日本临时代理公使小村寿太郎:"贵国派兵,专为保护公使馆、领事馆及商民,固无须派遣多数兵员,又非由朝鲜请求,决不可进入朝鲜内地,以免引起惊疑,何况与我国兵士逢遇时,因言语不通,军礼差异,恐有引起不测事例之虞,实堪忧虑。"6月9日,小村寿太郎奉令答复总理衙门:"帝国政府未曾承认朝鲜为贵国属邦,此次我国派兵朝鲜,乃根据济物浦条约,而出兵手续即按天津条约办理。又帝国派遣军队之众寡,帝国政府自可裁决,至其行动如何,当然不至开赴无其必要之地区,但亦毫无受到他国掣肘之理。"② 6月14日,朝鲜驻日公使要求日军撤退。朝鲜政府对中日矛盾激化、战争一触即发的状态深感忧虑,对起义军采取了怀柔政策,起义军偃旗息鼓,半岛局势逐渐恢复平静。日本驻朝公使大鸟圭介致电日本政府,认为没有必要将大量日军派往朝鲜,要求立即中止派兵行动,否则将在外交上造成极大被动。但外相陆奥宗光认为日本出兵并不是为了平息东学党之乱,而是为了在朝鲜半岛"维持权

---

① 王彦威、王亮辑编《清季外交史料》第4册,湖南师范大学出版社,2015年,第1850—1851页。
② 中国史学会主编《中国近代史资料丛刊 中日战争》(七),上海人民出版社,1957年,第13—16页。

力的均衡"。①

中国出兵是应朝鲜政府的正式邀请并基于传统的中朝宗藩关系，而日军入朝没有任何理由。为此，日本视朝鲜为独立国家，拒不承认中朝宗藩关系，引用《天津条约》和《济物浦条约》作为出兵朝鲜的依据。6月16日，一个旅团的日军在仁川集结。陆奥宗光向汪凤藻提议中日两国共同镇压东学党之乱并帮助朝鲜进行内政改革。6月21日，清政府断然拒绝日本提议。翌日，日本政府在致大鸟圭介的训令中表示日中冲突已不可避免。其实陆奥宗光对达成中日妥协从未抱有希望，他声称："如今我国的外交将百尺竿头更进一步。此后的一缕希望，就取决于中国政府究竟是否会同意我国的提案。不管中国政府采取怎样的措施，倘若拒绝了我国政府的提案，我国政府当然不能无所作为。因此，将来日中之间如果无法避免冲突，我们也不得不下定最后的决心来维护自己的利益。这样的决心，在最初帝国政府向朝鲜派兵的时候，就已经下定了，事到如今，已不必有丝毫的犹豫。"②

明治政府成立后，推行"殖产兴业"、"文明开化"和"富国强兵"政策，全方位引进西方文明，推进国家现代化建设。19世纪80年代末90年代初，陆奥宗光、山县有朋、川上操六等军政官员认为经过20多年的苦心经营，日本已足够强大，能够与中国在朝鲜半岛一决胜负。1893年12月末，外相陆奥宗光在众议院发表演讲，列举了明治维新以来日本在政治、经济、军事方面所取得的巨大成绩，踌躇满志地说："诸君，请将明治初年的日本帝国和现在的日本帝国作一比较，就不难看出其进步程度是如何之大，其开化效果是如何之显著。首先就经济来说，明治初年，国内外贸易额不足3千万日元，而明治25年几乎达到1亿6千多万日元。此外在陆地上铺设了近3千英里（1英里约合1.6公里——引者注）的铁路，架设了近1万英里的电线，还有数百艘西洋式的商船在内外海域航行。再就军备来说，官兵训练武器精锐。我们拥有15万常备军，不亚于欧洲强国的军队。海军拥有近40艘战舰，将来只要国力允许，还将继续增加。……尤其是作为一大特例，立宪政体业已确立。今天本大臣和诸君在论述国家最需要的政务之前，要想到我们之进步在亚洲处于什么地位。

---

① 池井優『日本外交史概説 増補版』、慶応通信、1982年、69頁。
② 〔日〕陆奥宗光：《蹇蹇录：甲午战争外交秘录》，徐静波译，上海人民出版社，2018年，第22页。

我们 20 年取得的长足进步，使欧洲各国人民惊叹：那是一个世界无比的国家！"①

陆奥宗光（1844—1897）出生于纪州藩（今和歌山地区）武士家庭。幕末受胜海舟的影响参加了海援队，成为坂本龙马的部下，表现十分活跃。明治初期进入外务省工作。西南战争爆发后因参加举兵叛乱计划被逮捕，关押狱中，达 4 年之久。出狱后于 1884 年赴英国和澳大利亚学习。回国后先后任驻美公使、农商相，回归政界。1892 年 8 月 8 日，第二次伊藤内阁成立，陆奥宗光担任外相，时年 48 岁。第二次伊藤内阁被称为"元勋内阁"，伊藤博文、山县有朋、井上馨、黑田清隆、松方正义、西乡从道、大山严等 7 位元勋入阁，一些政党领袖也被网罗，组成了一届具有超强政治实力的内阁，力争一举解决日本外交史上最为重大的课题，即彻底修改不平等条约和确立日本在朝鲜的"优越地位"。②

1894 年 5 月末，参谋次长川上操六指出，在"壬午兵变"和"甲申政变"中，由于中国军队在数量上占有优势，日本失败。"对清国出兵朝鲜，我军在数量上必须超过清军，一雪十五年、十七年的屈辱（指壬午兵变和甲申政变——引者注）。现在清国派遣朝鲜的兵员数量也许在 5000 人以上，因此我军至少要出动七八千人。如果出动此种数量的兵力，一旦日清两军在京城附近发生冲突，我军必可加以击破。"③ 6 月 2 日内阁决定出兵后，川上操六特地到陆奥宗光官邸拜访。川上告知陆奥宗光，"先派一个旅团。平时的一个旅团不过两千人，因此（内阁）无异议。假如编成混成旅团，实际兵员数量将达七八千人"。"陆奥赞成川上的意见，两者意见一致。在之后军事的行动与外交的工作上，两者间未发生任何龃龉，并行并进，缘于此次会见。"伊藤博文曾询问川上拟派多少兵力到朝鲜，川上的答复为一个旅团，伊藤希望减少一些兵员数量。川上指出："出兵与否必须由朝廷决定。出兵以后的事则是参谋总长的责任，出兵多少由我们决定。""大将的所谓一个旅团不是平时的一个旅团，而是临时编成的混成旅团，至少不下于八千人。以后伊藤闻之，心中颇不释然。"④ 这是军部介

---

① 〔日〕梅村又次、山本有造编《日本经济史 3：开港与维新》，李星、杨耀录译，生活·读书·新知三联书店，1997 年，第 56—57 页。
② 片山慶隆『小村寿太郎：近代日本外交の体現者』、中央公論新社、2011 年、32—33 頁。
③ 外務省百年史編纂委員会編『外務省の百年』上巻、原書房、1969 年、309 頁。
④ 外務省百年史編纂委員会編『外務省の百年』上巻、原書房、1969 年、309—310 頁。

入外交事务的例证。

在半岛局势日趋紧张的情况下，西方国家开始调解中日矛盾，担心中日兵戎相见会损害西方国家的商业利益。陆奥宗光在回忆录中称："在朝鲜的欧美各国官吏和商民对日中军队频频进入朝鲜甚感惊愕，而且他们自一开始就不同情日本一方。""其结果便是大约自6月中旬起，欧美各国政府开始向我国表现出干涉的势头来。"① 因此，日本在进行军事准备的同时，展开了一场紧张的外交战。6月24日，在美国公使的鼓动下，朝鲜统理交涉通商事务衙门照会美国、英国、德国、俄国、法国和意大利驻朝使馆，指出：

> 本督办谨奉我大君主陛下的敕旨，兹将本国现状照会各国公使、领事，并请转达各国政府。现在，中日两国军队驻屯朝鲜境内。中国军队是事先受邀前来讨伐近来产生之土匪，而日本军队并未受邀，也来我国，朝鲜政府已多次予以拒绝。对此日本则声称是为了保护在朝鲜的日本人免于受到危害。现在两国军队均无驻扎的必要。假如日本同意撤兵，中国官员表示，按现在局势也将撤兵。但日本官员声称不接受中国军队撤回之前而撤兵，更对此前协议两国同时撤兵也不愿接受。时至和平时期，大军驻扎，马兵炮队登陆，修筑堡垒，肆意开炮，把守沿途所有关隘，恐令今后各国加以仿效。现今状态妨碍了和平形势，损害了我大君主陛下对疆域的管辖。因此本督办照会各国使臣，恳求各国政府发表意见。日本与朝鲜彼此和平，素来无隙，日本却以重兵驻扎朝鲜，这是违反万国公法的。本督办奉我大君主陛下的敕旨，谨遵声明。上述之情形速望各国公使、领事周知。切望遵照条约，从中设法，善为调处。②

俄国率先采取行动。但俄国对朝政策的基调是维持朝鲜现状。1871年，俄国将远东地区的政治、经济中心从黑龙江流域的庙街转移至符拉迪沃斯托克（海参崴）。以往俄国从欧洲向远东移民的交通手段主要是"沿

---

① 〔日〕陆奥宗光：《蹇蹇录：甲午战争外交秘录》，徐静波译，上海人民出版社，2018年，第41页。
② 森万佑子『朝鮮外交の近代：宗属関係から大韓帝国へ』、名古屋大学出版会、2017年、157—158頁。

着西伯利亚公路东进，然后再乘船只沿黑龙江顺流而下"。但从19世纪70年代末开始，俄国开辟了南海航线，即从黑海的敖德萨港出发，穿过苏伊士运河，经亚丁湾、新加坡、香港、长崎抵达远东的符拉迪沃斯托克（海参崴）。这条南海航线不仅是移民的通道，也是联系俄国欧洲部分与远东部分的纽带。在此情况下，日本的函馆、长崎等地就成为俄国向远东发展时不可或缺的存在。尤其是长崎，不仅是俄国船只的停泊港与补给地，也是符拉迪沃斯托克（海参崴）、旅顺等地获取粮食、日用品、煤炭等补给的中转站。在每年冬季的4个月里，以符拉迪沃斯托克（海参崴）为据点，部分俄国太平洋舰队的舰只将长崎湾内的稻佐冲当成停泊港。同时由于对俄交往的加深，长崎的俄裔居民也在不断增加。根据1900年前后的调查数据，当时在长崎居住的外国人中俄裔居民（包括大量犹太人）的数量仅次于中国人。① 因此俄国向远东的发展与日本紧密相关，这在一定程度上制约了俄国的对日政策，也就是说俄国的对日强硬政策是有限度的。

6月25日，俄国驻日公使希特罗渥就朝鲜问题与陆奥宗光进行了长谈。陆奥宗光在回忆录中写道："希特罗渥请求与我见面，称接获本国政府的训令，中国政府已就日中事件请求俄国出面调停，俄国政府希望日中两国的纷争能尽快以和平的方式解决，并询问，倘若中国将派往朝鲜的军队撤回的话，日本政府是否同意也同样将在该国的军队撤回？"陆奥宗光表示，只有在清政府能保证做到以下两点之一并撤出军队的情况下，日本才可以撤军，即"同意日中两国共同担当并完成朝鲜的内政改革"；"如果中国方面不管出于何种理由拒绝与日本合作来共同完成朝鲜的改革，那么日本政府就单独来实行这一改革，这一过程中中国不可以直接或间接的方式加以阻碍"。② 陆奥强调，中日两国出兵朝鲜的目的不同，清军的目的是讨伐东学党，而日军的目的是保护使领馆和侨民的生命财产安全。通过与陆奥宗光的会谈，希特罗渥已经意识到日本乘东学党之乱干预朝鲜内政，以增强日本在朝鲜影响力的目的，日本有与中国开战的决心。③ 当天，英、美、法、俄驻朝公使劝告中日两国同时撤军。

---

① 〔日〕大谷正：《甲午战争》，刘峰译，社会科学文献出版社，2019年，第18—19页。
② 〔日〕陆奥宗光：《蹇蹇录：甲午战争外交秘录》，徐静波译，上海人民出版社，2018年，第42页。
③ 周継紅「日清戦争と李鴻章の外交指導」、『中京大学大学院生法学研究論集』第19号、1999年。

第三章 开启帝国时代的外交：中日甲午战争期间的日本外交

6月30日，希特罗渥再次要求面见陆奥宗光。陆奥宗光在回忆录中表示，希特罗渥"称又接到本国政府的训令，带来一份公文交给我。公文的概要是：'朝鲜政府已公开告知各国驻该国的公使说，本国的内乱，已经平息。并且请求各国公使等促使日中两国军队同时从朝鲜撤退。因此，俄国政府劝告日本政府接受朝鲜的请求。并忠告日本，倘若日本政府拒绝与中国政府一起同时将各自的军队撤出的话，日本政府将自己承担重大的责任。'"俄国的公文措辞相当严厉。① 俄国还提出为了实施朝鲜内政改革，成立日清俄三国委员会的构想。陆奥宗光在与伊藤博文商议后，决定不接受俄国要求日本撤军的劝告，但也认为没有必要激怒俄国。7月1日，陆奥宗光起草了致俄国的外交公文，经内阁讨论通过并报天皇批准后，外交公文于7月2日送交希特罗渥，公文指出，"帝国政府之所以向该国派遣军队，实在也是出于应对现今局势的无奈之举，绝无侵略疆土之意。因此，倘若该国的内乱确实已经完全平复且将来亦无任何忧患的话，自然应该自该国撤回军队，这一点不妨可向俄国特命全权公使明言。帝国政府在向俄国政府的友好劝告表示诚挚谢意的同时，也希望俄国政府对基于两国政府间现有的信义和友谊而做出的表态给予充分的信任"，以委婉的外交辞令拒绝了俄国政府的劝告。②

7月8日、9日，美、德、法、俄驻英使节提议各国采取共同行动，调停中日冲突，但未能实现。7月9日，美国政府电令驻日公使，对日本政府提出劝告："朝鲜变乱虽已平息，但日本和中国政府都拒绝自该国撤兵且欲对该国内政实行激烈的改革，美国政府对此深感遗憾。美国对日本以及朝鲜两国均抱有深厚的情谊，因此希望日本尊重朝鲜的独立和主权，倘若日本大兴无名之师，将一个弱小而无防御能力的邻国演变为一个兵火相交的战场的话，合众国总统对此深表痛惜。"陆奥宗光清楚美国不会深入介入中日纷争，对美国进行了说服工作并获得谅解。③

7月10日，大鸟圭介向朝鲜政府提出限期进行内政改革的方案。7月16日，朝鲜政府答复称内政改革以日军撤退为先决条件。7月14日，日

---

① 〔日〕陆奥宗光：《蹇蹇录：甲午战争外交秘录》，徐静波译，上海人民出版社，2018年，第42页。
② 〔日〕陆奥宗光：《蹇蹇录：甲午战争外交秘录》，徐静波译，上海人民出版社，2018年，第44—45页。
③ 冈崎久彦『陸奥宗光』下卷、PHP研究所、1990年、307頁。

本临时代理驻华公使小村寿太郎通告清政府,对今后的不测事变日本不负责任。7月17日,英代理驻日公使再次向陆奥宗光外相提议调停中日冲突。陆奥宗光指示大鸟圭介,现在有必要采取断然措施,只要不招致外国极大非难,无论制造什么样的口实都可以,迅速采取实际行动。① 7月20日,大鸟圭介向朝鲜政府发出要求废弃中朝宗藩关系的最后通牒。7月21日,俄国政府再次致函日本政府:"如今日本对朝鲜究竟提出了些怎样的要求?不管这些要求内涵如何,倘若这些要求与朝鲜作为一个独立国家和列强签订的条约相违背的话,俄国政府决不能承认其有效性。为了避免将来不必要的纷争,出于友谊,这里再次对日本政府提出忠告,望三思而行。"同日,"英国外交大臣对英国驻日本临时代办发出训令,向日本政府递交了一份备忘录。其大意为:日本此次向中国提出的要求与此前提出的谈判基础相矛盾,且已超出原先的范围,这次日本主张将单独处理朝鲜事务,丝毫不允许中国政府置喙和协商,这实际上已经置《天津条约》的精神于不顾,因此,如果日本政府坚持这样的方针从而导致开战的话,日本应对其结果负责"。"英国已经察觉到了远东的这两个大国正在走向战争的边缘,其结果最终将对本国的对外战略和贸易都会带来巨大的利害关系,而且从历史上彼此的关系来说,英国也不得不重视中国。""英国的立场是,不管出于何种原因,决不希望搅乱东亚的和平。"② 英国最初并没有以积极的态度来干预朝鲜问题。但是当俄国第一个介入中日纷争后,英国为了防止俄国对远东问题的深度干预和单独行动,改变了无所作为的态度。事实上,俄国和英国在中国存在外交竞争,英国与总理衙门交涉,俄国与李鸿章接触。日本一方面利用英、俄的外交竞争、互相牵制以回避列强干预,另一方面继续将与中国的外交纷争置于优先地位,也就是说,只要英俄两国不协调、各自采取外交行动,日本就可以继续维持与中国的外交纷争直至战争爆发。③ 7月22日,英国外交大臣向日本驻英公使青木荣一提出中日两国共同占领朝鲜的方案。显然英国在干预中日纷争上的态度较俄国缓和。

---

① 岡崎久彦『陸奥宗光』下卷、PHP研究所、1990年、307頁。
② 〔日〕陆奥宗光:《蹇蹇录:甲午战争外交秘录》,徐静波译,上海人民出版社,2018年,第46—47、52页。
③ 古結諒子「日清戦争下の外交関係―〈三国干渉〉への道―」、海外大学院とのジョイント教育 日本学共同ゼミ研究報告「国際社会と東アジア」、2005年。

面对国际压力，陆奥宗光决定采取所谓"日本处于被动者地位，而常常对清国居于主动者地位"的方针。为此，日本一方面向西方国家强调，朝鲜由于政局不稳，有必要进行内政改革，日本完全没有侵害朝鲜独立的意图；另一方面凭借在朝鲜的三倍于清军的兵力对朝鲜政府施加压力。[1] 7月23日，日军占领朝鲜王宫，建立亲日政权。7月24日，英国外交大臣向俄、法、德、意四国发出照会，提议中日两国军队共同占领朝鲜。这一幕具有象征意义，说明英国的调解行动得到了其他列强的支持，英国对日本不积极恢复与清政府的谈判感到焦虑。"总理衙门与英国、李鸿章与俄国的双方外交竞争在此被英俄协调关系所取代，达成了对于远东问题列强准备采取一致行动的共识。"[2] 但是列强的共同行动落后于局势的发展。7月25日，朝鲜亲日政府宣布废弃中朝宗藩关系，委派大鸟圭介全权处理牙山清军撤退事宜。同日，日本海军在丰岛海面袭击中国军舰并击沉清军运输船"高升"号。7月29日，日军占领成欢、牙山。8月1日，中日双方宣战。8月26日，日朝两国签署了《大日本大朝鲜两国盟约》，规定："朝鲜国政府以撤退清兵一事委托驻扎朝鲜国京城日本特命全权公使代为办理。""此盟约以将清兵撤退于朝鲜国之境外、巩固朝鲜国之独立自主、增进日朝两国利益为目的。""日本国承担对清国的攻守战争，朝鲜国则尽可能为日兵的进退以及粮食准备事宜提供方便。"[3] 日朝在战争中建立了军事协作体制，朝鲜向日军提供粮秣、劳力和基地等。陆奥宗光指出："如今依据一项国际条约的效力，一方面显示朝鲜是一个独立国家，拥有与所有的国家结成攻守同盟的权利，另一方面则通过这样的关系将朝鲜牢牢地掌握在我们手中，使其无法他顾，可谓是一举两得的上策。"[4] 9月8日，天皇奏准将指挥作战的大本营转移至广岛。9月13日，天皇从新桥站搭乘列车驶往广岛，15日抵达广岛，入住第五师团司令部，并立即批阅电文，发布指令。天皇在广岛逗留了7个月，直到《马关条约》签署

---

[1] 池井優『日本外交史概説 増補版』、慶応通信、1982年、69—70頁。
[2] 古結諒子「日清戦争下の外交関係—〈三国干渉〉への道—」、海外大学院とのジョイント教育 日本学共同ゼミ研究報告「国際社会と東アジア」、2005年。
[3] 外務省編『日本外交文書』第二十七巻第二冊、日本国際連合協会、1953年、337—339頁。盟约有日文、汉文两种文本，语句上稍有差异。
[4] 〔日〕陆奥宗光：《蹇蹇录：甲午战争外交秘录》，徐静波译，上海人民出版社，2018年，第94页。

后的 1895 年 4 月 27 日才从广岛乘坐列车返回。①

第三节 《马关条约》及其影响

　　战争结局出乎意料，日本在陆上和海上战役中均获得重大胜利。日本为了最大限度地获得战争利益，利用西方列强之间的矛盾，拒绝各国调停，加速推进军事行动，不仅将清军逐出朝鲜，而且侵入中国境内。在军事上接连失利的情况下，清政府自然希望早日息兵罢战并请求列强调停。1894 年 10 月 8 日，日本外相陆奥宗光致电正在广岛的伊藤博文首相，称英国公使提出了讲和方案，主要内容为确保朝鲜独立以及中国向日本支付赔偿金。日本决策者经研究，认为目前的战争状态还不足以保证日本获得满意的谈判结果，10 月 23 日，日本正式拒绝了英国的讲和方案。② 1894 年 11 月 22 日，美国驻华公使田贝致电美国驻日公使谭恩："中国委托本公使直接开启媾和谈判。媾和的条件为两条：承认朝鲜的独立和支付赔偿金。"但日本婉拒了美国的调停。1894 年 12 月 16 日，天津海关总税务司德璀琳携李鸿章的信函抵达神户，要求面见伊藤博文，"现与贵国小有龃龉，以干戈而易玉帛，未免涂炭生灵，今拟商彼此暂饬海陆两路罢战"。③ 但伊藤博文拒绝会见德璀琳。

　　1895 年 1 月，日军占领山东威海卫，北洋水师覆灭。随着军事上的巨大胜利，日本国内出现了狂热的民族主义情绪，"气势滔滔、口出大言"，"沉醉在百战百胜的浮夸的气氛中"。强硬派主张："至少要将中国东北部重要的疆土（盛京省）和台湾割让给帝国。军费的赔偿至少要在三亿日元以上。""战后中国如果陷入自己无法确保社稷的安稳、自暴自弃放弃主权的境地的话，我国必须要有分割其四百余州的思想准备。届时山东、江苏、福建、广东四省都应归我所有。"④

　　1895 年 1 月 27 日，日本在广岛大本营召开了关于日中媾和的御前会

---

① 竹内正浩『鉄道と日本軍』、筑摩書房、2010 年、114—115、119 頁。
② 外務省編『日本外交文書』第二十七卷第二冊、日本国際連合協会、1953 年、474、483—484 頁。
③ 参见〔日〕陆奥宗光《蹇蹇录：甲午战争外交秘录》，徐静波译，上海人民出版社，2018 年，第 127、139 页。
④ 参见〔日〕陆奥宗光《蹇蹇录：甲午战争外交秘录》，徐静波译，上海人民出版社，2018 年，第 127、144 页。

议，陆奥宗光起草了媾和草案，主要内容为：（1）中国确认朝鲜独立；（2）中国割地和赔款；（3）"确保在与中国的交往上我国的利益和特权，使我国与中国的关系达到欧美各国与中国关系同等的程度，并进一步设置几个新的开放港口以及扩大在江河通航的权利以及我国在中国永久性的通商航海的相关权利"。① 1月31日，中国谈判代表户部左侍郎张荫桓和兵部右侍郎、湖南巡抚邵友濂抵达广岛。伊藤博文告知陆奥宗光："今细察内外形势，觉得媾和的时机尚未成熟"，"不可轻易地开启媾和的端绪"。日本以张荫桓、邵友濂所携证书不符合国际惯例为由，拒绝与中国代表进行谈判。西方列强对日本的行动深感惊讶。陆奥在回忆录中写道，西方列强"觉得里面是否还隐含了别的企图和阴谋，对我国此后的举动产生了深深的怀疑"。为此，西方列强警告日本，"对于中国的要求不要太过分，就止于中国能够接受的程度"。日本企图排除列强对中日媾和的干预，"再想获得欧洲强国的暗中允诺或默认恐怕为时已晚"。日本不得不"尽可能诱使中国政府尽早再派议和使臣，迅速地结束战争以恢复和平，以此来一新列国的视听"。②

3月20日，中国内阁大学士李鸿章与日本内阁总理大臣伊藤博文等在日本下关进行媾和谈判。中国代表一行下榻在谈判场所"春帆楼"旁边的引接寺。日本选择此地作为谈判场所颇具深意。因为这是炫耀武力的最佳场所，比邻而居的引接寺、春帆楼和赤间神宫下是大海，即对马海峡，旁边是下关港。谈判期间，不时有日舰巡弋而过。③ 李鸿章首先要求两国军队停战，对此日本提出了苛刻的停战条件："日本军队占领大沽、天津、山海关以及该处的城堡，驻扎在上述各处的中国军队将一切的武器、军需物品交给日本军队，天津、山海关的铁路归日本军务局管辖，在休战期间，中国负担所有日军的军事费用，中国对此若无异议，将再提出实行休战的具体计划。"面对日本提出的停战条件，李鸿章"脸上出现相当惊愕

---

① 〔日〕陆奥宗光：《蹇蹇录：甲午战争外交秘录》，徐静波译，上海人民出版社，2018年，第146—147页。
② 参见〔日〕陆奥宗光《蹇蹇录：甲午战争外交秘录》，徐静波译，上海人民出版社，2018年，第152、161—162页。
③ 会议地点为日本山口县赤间关市，现为山口县下关市，"赤间关"也写作"赤马关"，江户时代的汉学家简称其为"马关"，故日本称《马关条约》为《下关条约》，参见〔日〕和田春树《日俄战争：起源和开战》上卷，易爱华、张剑译，生活·读书·新知三联书店，2018年，第176页。

的神色，口中连呼太过分了"。陆奥宗光认为，如果拒绝中国的停战要求，"恐有违各国通常的惯例，因此提出了如此苛刻的条件，迫使他们自己撤回停战的要求"。①

3月24日，第三轮谈判后，李鸿章在从春帆楼返回引接寺的途中因遭遇暴徒小山丰太郎的袭击而受伤。（本来李鸿章拟居住在船上，但日方感觉李鸿章住在船上不方便，所以安排李鸿章一行下榻于引接寺。）随从乘坐人力车，李鸿章则坐轿，轿子四周安装的玻璃使外面的人可以清楚地看见轿中人，结果李鸿章遭遇手枪袭击。"枪子击破左镜，中左颧，深入左目下，碎镜纷落衣襟及舆内，幸创口与目无之。舆夫见刺客所为，骇惧，逡巡不能进，警察促之行，拔剑逐路人，拥舆至行馆，昪入寝室，中堂晕眩几不省人事。"袭击事件发生后，国际舆论大哗，损害了日本的国家形象。伊藤博文闻讯，"震怒惊天"。山县有朋"一阅电文，不胜烦恨，立即离案大呼，该匪罔顾国家大计"。日本决策层"深为焦灼，竟夜筹思"。为了平息事端，日本不得不与中国签订停战条约。② 李鸿章因伤疗养了半个月，残留在脸上的子弹并没有摘除。

4月1日，日本提出和约底稿，主要内容为：朝鲜完全自主；中国将辽东、台湾、澎湖割让于日本；中国赔款三万万两（库平银）；中国增开北京、沙市、湘潭、重庆、梧州、苏州、杭州为通商口岸等。日本限中方三四日内答复。当晚，李鸿章将日本和约条款电告总理衙门，指出："查日本所索兵费过奢，无论中国万不能从，纵使一时勉行应允，必至公私交困，所有拟办善后事宜，势必无力筹办。且奉天为满洲腹地，中国亦万不能让。日本如不将拟索兵费大加删减，并将拟索奉天南边各地一律删去，和局必不能成，两国惟有苦战到底。"③ 清廷围绕是否接受日本和约条款产生了激烈争论，未给李鸿章明确答复。为此李鸿章草拟复文并将之于4月5日交给日方代表，内容涉及割地、赔款及通商权利，复文指出：

> 国家所有之地，皆列代相传数千年数百年无价之基业，一旦令其

---

① 〔日〕陆奥宗光：《蹇蹇录：甲午战争外交秘录》，徐静波译，上海人民出版社，2018年，第127、165—166页。
② 陈占彪编《甲午五十年（1895—1945）：媾和·书愤·明耻》，生活·读书·新知三联书店，2019年，第166—169页。
③ 戴逸、李文海主编《清通鉴》第10册，山西人民出版社，2000年，第8275页。

第三章　开启帝国时代的外交：中日甲午战争期间的日本外交　97

割弃，其臣民势必饮恨含冤，日思报复，况奉天为我朝发祥之地，其南边各处如被日本得去，以为训练水陆各军驻足之地，随时可以直捣京师，凡在中国臣民览此约文，必曰日本取我祖宗之地，以养水陆之兵，为乘隙蹈瑕之计，是欲与我为永远之仇敌也……日本与中国开战之时，令其公使布告各国，曰我与中国打仗所争者朝鲜自主而已，非贪中国之土地也，日本如果不负初心，自可与中国将此约稿第二款并以下所指各款酌量更改，成为一永远和好彼此援助之约，屹然为亚洲东方筑一长城，不受欧洲各国之狎侮。日本如不此之图，徒恃其一时兵力，任情需索，则中国臣民势必尝胆卧薪，力筹报复，东方两国同室操戈，不相援助，适来外人之攘夺耳。

此次战事中国并非首先开衅之人，战端已开之后，中国亦并未侵占日本土地，论理似不当责令中国赔偿兵费。……是纵使勒令中国赔偿兵费，亦只应算至中国声明愿认朝鲜自主之日而止，过此不应多索。且占定兵费数目，亦应酌量中国财力能否胜任，如中国财力实在短绌，一时勒令立约画押，后来不能如数赔偿，日本必责中国以负约之罪，兵端必因而复起。现查日本所索兵费数目，必非中国现在财力所能偿，现如将内地赋税加增，百姓必至相率为乱，盖国家屈志求和，百姓已引为深耻，如复横征暴敛，贫民岂能相安……故非请日本将拟索兵费之数大加删减不可。……

此款专索通商权利，情节极为繁重，非一时所能遍加考核，以下所陈各节，只照现时所见得及者而言，随后自应酌商增改，惟望贵大臣览此说帖，便知此款中国既有可以照准之处，亦即有必加更改之处，方能照准也。前此通商条约，一经开战，即作罢论，和局既成，自应另立新约，中国之意亦愿以中国与各国现行之条约章程作为底本，惟开端应将两国优待彼此相同一句叙入。①

伊藤博文对李鸿章的复文极为不满，"所复之处，不过缕述大清帝国之国内情形，请大日本全权办理大臣更加察酌，不但不能视为回复我国政府所具条约之意，且须如何商酌，亦未说明，至于大清帝国国内之情节如

---

① 顾廷龙、戴逸主编《李鸿章全集》第36册（信函八），安徽教育出版社，2008年，第66—68页。

何，当兹议和之时固不必具论，况因战后索款自与寻常事件不可同日而论"，要求"或全案或按条可否之处即请明复，如有商议改易，亦请一一开明条款"。①

4月8日，清廷致电李鸿章："奉省乃陪都重地，密迩京师，根本所关，岂宜轻让；台湾则兵争所未及之地，人心所系，又何忍辄弃资敌。既不能概行拒绝，亦应权其利害轻重，就该大臣之意决定取舍，迅即电复。至于赔费一节，万万以外，已属拮据，彼若不肯多减，则力难措办，可将实情告之。……通商一条，缓商最好，已由总署密饬赫德筹酌，各国皆未告知。至口岸七处，重庆、沙市、梧州可允，京师、湘潭大有窒碍，苏、杭两处均系内河，亦多不便，驳则俱驳。税则应仍照各国通例，若有减少，则各国均沾。进项顿亏，赔款更难措手。""南北两地朝廷视为并重，非至万不得已，极尽驳论而不能得，何忍轻言割弃。纵敌愿太奢，不能尽拒，该大臣但须将何处必不能允，何处万难不允，直抒己见，详切敷陈，不得退避不言。"② 当天慈禧太后下达懿旨：两地（辽东、台湾）皆不可弃，即撤使再战亦所不恤也。4月9日，李鸿章提出和约修正案，即割让奉天东边四厅州县及澎湖列岛，赔款一万万两。③ 但中方修正案遭到日方拒绝。4月10日，日方发出最后通牒，限中方4日内答复。④

李鸿章在奏折中描述了谈判的艰苦过程：

  综计自二月二十四日以后，迭与日本全权大臣伊藤、陆奥等会议，初商停战，要挟甚多；继索约章，又靳不与。二十八日臣由会议处归，途被刺。三月初三日陆奥面交节略，允即停战，二十一日要挟之款已噤不提。嗣后屡催约款，始于初七日交到。……直至十六日会议，伊藤交到改定约章，较之原约颇有删易。越日，专函申言此为末尾尽头办法，竟似西例所称哀的美敦书。若不允即行决裂。……且十七、十八、十九等日已派运船六十余艘载兵十万，分起由马关出口，

---

① 参见顾廷龙、戴逸主编《李鸿章全集》第36册（信函八），安徽教育出版社，2008年，第70页。
② 顾廷龙、戴逸主编《李鸿章全集》第26册（电报六），安徽教育出版社，2008年，第96—97页。
③ 戴逸、李文海主编《清通鉴》第10册，山西人民出版社，2000年，第8279—8280页。
④〔日〕陆奥宗光：《蹇蹇录：甲午战争外交秘录》，徐静波译，上海人民出版社，2018年，第188页。

第三章　开启帝国时代的外交：中日甲午战争期间的日本外交　　99

驶赴大连湾、旅顺一带，听候小松亲王号令，必欲直犯京畿。……所最疚心者，赔款虽减，尚有二万万两；奉天迤南虽退出数处，而营口至金、复一带不肯稍让；台湾兵争所未及，而彼垂涎已久，必欲强占。……今倭人乘胜踞朝鲜，遂欲兼并其地，事非偶然。然而敌焰方张，得我巨款及沿海富庶之区，如虎傅翼，后患将不可知。①

日本由于破译了中国的电报密码，完全掌握了谈判主动权。日本代表团于4月1日提出和约草案，但经过多轮谈判，其索取的赔款从最初的3亿两白银缩减为2亿两白银，割占的辽东半岛的范围也"退出数处"。中日两国代表于4月17日签署了《马关条约》。

《马关条约》的主要内容如下。（1）中国确认朝鲜"独立自主"。（2）中国割让辽东半岛。（3）中国割让台湾、澎湖列岛及所有附属各岛屿。（4）中国赔偿日本军费库平银二万万两，该款分八次交完。（5）中国增开沙市、重庆、苏州、杭州为通商口岸，"日本政府得派遣领事官于前开各口驻扎"。日本臣民可在中国通商口岸"从事各项工艺制造"，免征一切税收；"又得将各项机器任便装运进口"，只交进口税。（6）日本轮船可驶入长江，"附搭行客，装运货物"。（7）日本人可"在中国内地购买经工货件"。②

中日甲午战争及《马关条约》的签订使中日两国在东亚的地位发生了逆转，东亚传统华夷国际秩序彻底崩溃，世界由"一统垂裳之势"变为"列国并立之势"，中国成为"万国之一"，从此中国"当以列国并立之势治天下，不当以一统垂裳之势治天下"。③ 日本享有了与西方列强一样的对中国的优越地位。日本从中国获得的巨额战争赔款为其加快现代化建设提供了资金支持。日本占据台湾为其建立殖民帝国迈出了重要一步。中日甲午战争暴露了中国的虚弱，刺激列强对中国展开新的殖民侵略，东亚进入了不平静的动荡岁月。

---

① 顾廷龙、戴逸主编《李鸿章全集》第16册（奏议十六），安徽教育出版社，2008年，第56页。
② 王彦威、王亮辑编《清季外交史料》第5册，湖南师范大学出版社，2015年，第2175—2176页。
③ 吴天任：《康有为年谱》上册，广东人民出版社，2018年，第114页；茂木敏夫『変容する近代東アジアの国際秩序』、山川出版社、2016年、4—7頁。

第四节 "三国干涉还辽"与日本的暂时退却

《马关条约》引起了俄国的警觉。克里米亚战争以后，俄国向西扩张的道路被堵塞，俄国的扩张转向了东边。一旦日本占领中国东北南部和控制朝鲜，不仅会使俄日势力在远东迎头相撞，而且将为俄国的东扩之路设置重大障碍。早在中日甲午战争即将爆发之际，俄国就出面积极调停。1894年6月30日，俄罗斯驻日公使米哈伊尔·希特罗渥向日本外相陆奥宗光递交了要求日本撤兵的照会，照会指出："朝鲜政府已将该国内乱业已平定之事公然告知驻该国的各国使臣，并就敦促清军及日军撤回之事请求使臣等援助。故我皇陛下的政府命令本官劝告日本帝国政府接受朝鲜的请求，并忠告该政府若对与清国政府同时撤回在朝鲜军队之事横加阻碍，则日本应承担由此引发的重大责任。"①

俄国外交大臣洛巴诺夫-罗斯托夫斯基在得知日本的谈判要求后，立即于1895年4月6日上奏沙皇，指出：割让辽东半岛"无论对北京来讲，还是对朝鲜来讲，都会成为不断的威胁"。"从我们的利害角度来看，这是极度不希望出现的事态"，有必要采取"某种强制性措施"。沙皇尼古拉二世在奏文上批示道："俄罗斯确实无条件地需要一个终年都能够自由出入的、开放的港口，这个港口必须在大陆（朝鲜东南部），而且必须在陆地上与我国现有的领土连接在一起。"② 日本占据中国东北南部极大地妨碍了俄国在朝鲜获得不冻港的企图并危及俄国远东地区的安全。沙皇尼古拉二世召集海军大将阿列克塞·亚历山德罗维奇亲王、财政大臣维特等人商讨。维特主张"中华帝国领土完整的原则""为俄国的最大利益着想，要求维持中国的原状，任何国家也不得略取它的领土"。其称："我们可以向日本提出最后通牒，说明我们不能允许日本破坏中国领土主权完整的原则，因此我们不能赞同中日间所订的条约，我建议我们应当许可日本以战胜国的地位要求中国赔偿一笔相当大的款以补偿它的战费。如果日本不肯

---

① 外务省编《日本外交文书》第二十七卷第二册刊载了俄文照会并附有日文译文。外務省編『日本外交文書』第二十七卷第二册、日本国際連合協会、1953年、284—285页；〔日〕和田春树：《日俄战争：起源和开战》上卷，易爱华、张剑译，生活·读书·新知三联书店，2018年，第127页。
② 转引自〔日〕和田春树《日俄战争：起源和开战》上卷，易爱华、张剑译，生活·读书·新知三联书店，2018年，第177—178页。

答应我们的要求，我觉得那只有采取公开的有力行动。""我以为我们不妨炮击日本的一些港口。"①

4月11日，俄国政府召开会议讨论中日媾和问题。财政大臣维特再次重申自己的意见："如果我们现在允许日本进驻中国东北，那么，为了保护我们的领地和西伯利亚铁路，需要动用成千上万的军人，同时大幅扩充我们的舰队，因为我们迟早会与日本发生冲突，这是不可避免的。于是，存在这样一个问题：在侵华问题上，先与日本和解，而后在西伯利亚铁路竣工后自食苦果，还是现在下定决心积极干预日本侵华？哪种方案对我们最有利？……对我们而言，最为有利的做法是在力图不变更我们在黑龙江及其他占领区边界的情况下，尽量不同时与中国和日本对立，礼貌而不失分寸地对待欧洲各国，积极运作。同时，严正说明我们不允许日本占领中国东北南部，如果我们的要求得不到满足，我们不得不采取相应措施。""如果事情超出预期，日本不理会我们的外交主张，那么我们则命令舰队驶离驻泊地，袭击日本舰队，炮击日本港口。在此情况下，我们是中国的救世主，中国将感恩我们的援助，然后同意以和平的方式重划边界。"② 维特后来回忆说："马关和约使我们有正当的理由感到担心。这条约使日本在我们的权益范围的邻近获得大陆上的一个立足点。……因此，在我看来明显的是我们绝不可让日本渗透到中国的心脏而在辽东半岛攫得立足点，因为这地方在一定程度上占据着优势的地位。于是我坚决主张有必要阻止中日合约的实行。"③ 维特的意见获得了外交大臣洛巴诺夫-罗斯托夫斯基的支持。但俄国决策层部分人士对在俄国西部及高加索安全未能确保的情况下与日本发生战争心存疑虑。维特不为所动，坚持己见，最后会议得出如下结论："（1）为求保持中国北部的原来状态，先以友好态度劝告日本，放弃占领南满的念头，因为这种占领侵害我们的利益，同时对于远东和平将成为一种经常的威胁；如果日本拒绝遵从我们的劝告，我们就向日本政府声明保留我们行动的自由，我们将按照我们的利益行动。（2）向欧洲列强并向中国发表一项正式声明，说明我们这方面并不希求夺取任何

---

① 〔俄〕维特著，〔美〕亚尔莫林斯基编《维特伯爵回忆录》，傅正译，商务印书馆，1976年，第64—65页。
② 转引自〔俄〕奥列格·阿拉别托夫《溃败之路：1904~1905年俄日战争》，周健译，社会科学文献出版社，2021年，第108—109页。
③ 〔俄〕维特著，〔美〕亚尔莫林斯基编《维特伯爵回忆录》，傅正译，商务印书馆，1976年，第64—65页。

地方，为了保护我们的利益，我们认为必须坚持要求日本放弃进占南满的念头。"① 尼古拉二世在日记中记载了会议的结果："会议决定：坚决要求日本人撤离满洲南部和旅顺港，如果他们不听取建议，那么只能诉诸武力。"②

中日甲午战争前夕，法俄同盟成立，法国终于摆脱了普法战争以来的孤立状态，愿意在远东问题上助俄国一臂之力，以显示同盟的可靠性，而且法国对日本占据台湾和澎湖列岛心怀不满。德国深知法德矛盾是不可调和的，法国迟早要发动一场对德复仇战争，担心法俄同盟损害德国的利益。为此，德国试图通过在远东问题上站在俄国一边来转变俄国的欧洲政策，最终拆散法俄同盟。当时英德关系趋于冷淡，德国对英俄在远东合作抱有强烈的危机感。日本驻德公使青木周藏在致日本外相的电文中指出，此次德国参加"三国干涉还辽"的真正原因是，法国率先强烈声援俄国，法俄同盟迅速彰显效果，这将使德国处于危险之境，为此德国在俄法两国还未协调抗议日清媾和条件之前，与俄法两国沟通，遂向日本提出了三国一致的抗议，以避免德国处于危险的地位。此外，德国对日本不从德国购置军舰和武器感到不满，对日本政府拟授予德国皇帝菊花勋章一事"颇为冷淡"。③ 德国皇帝威廉二世怀有占领台湾的野心，对日本捷足先登深感不快。④ 在《马关条约》签署当天，德皇威廉二世向尼古拉二世保证将对俄国的行动予以支持。翌日，他将自己的另一个决定告知沙皇："统领中国水域德国巡洋舰的海军上将已接到率德国舰队向中国北方港口进发并且尝试与俄国海军上将建立联系的指令。如您不弃，请指示贵方海军上将告知我方驻地方位，并且提前向我透露您未来的行动计划，以便我能够向我方海军上将下达相应指令。若如此，我必感激万分。"当天，沙皇答复道："我将向我方海军上将下达与德联系的指令，但是我强烈希望，我们的武

---

① 〔俄〕维特著，〔美〕亚尔莫林斯基编《维特伯爵回忆录》，傅正译，商务印书馆，1976年，第65—66页。
② 参见〔俄〕奥列格·阿拉别托夫《溃败之路：1904~1905年俄日战争》，周健译，社会科学文献出版社，2021年，第111—112页；〔日〕和田春树《日俄战争：起源和开战》上卷，易爱华、张剑译，生活·读书·新知三联书店，2018年，第181—182页。
③ 外務省百年史編纂委員会編『外務省の百年』上卷、原書房、1969年、337頁。
④ 麻田雅文『日露近代史：戦争と平和の百年』、講談社、2018年、94頁。

装干涉能以和平方式告终。"由此可见，德国积极推动俄国介入中日媾和。①

英国认为日本占领辽东半岛有利于防范俄国南下，从而维护英国在长江流域的利益，决定不参加干涉活动。1895年4月23日，俄国驻日公使携法、德公使拜会日本外务次官林董，称各自接到本国政府训令，对日清媾和条约中的割让辽东半岛条款提出异议。俄国公使在备忘录中指出："俄国皇帝陛下在查阅日本向中国提出的媾和条件时认为，辽东半岛归日本所有不仅危及中国的首都，同时也使得朝鲜的独立变得有名无实，这将对远东将来的永久和平构成障碍，因此，俄国政府为对日本皇帝陛下的政府再次表示诚挚的友谊，在此奉劝日本政府放弃对辽东半岛的所有权。"②

面对突如其来的"三国干涉还辽"，日本外务省一时手足无措。与俄、法公使不同，德国公使的态度尤其强硬，指责日本无视德国的好意相劝，签署了一份要求清朝做出过多让步的条约，德国对此当然会提出抗议。外务次官林董问道，如果日本不遵从，德国是否会以开战相威胁？德国公使让步，请求在记录中删除他那番激烈言辞。但是德国公使的态度无疑是带着威胁的。德国的行动完全出乎日本意料。日本驻巴黎公使曾祢荒助表示："我不知道应当如何解释德国的介入，我只能猜测德皇出现了暂时性神经错乱。"事实上，这是威廉二世的精心算计。他希望在修订《马关条约》后，俄国趁机占领朝鲜港口，而德国紧随其后占领威海卫。1895年8月31日，威廉二世在写给首相霍亨洛埃亲王的文书中表示："有例可依的事情总是更容易的。"③ 正在播州舞子养病的陆奥宗光立即致电首相伊藤博文，"我国政府如今已经骑虎难下，不管会冒怎样的风险，我们现在只有向外界显示维持现状毫不退让的决心"。④ 但俄国联合舰队于4月下旬集结于烟台并举行大规模军事演习，向日本炫耀武力。与此同时，俄国军方在举行的建舰计划特别协商会上，决定"有必要使所有建成和正在建造

---

① 参见〔俄〕奥列格·阿拉别托夫《溃败之路：1904~1905年俄日战争》，周健译，社会科学文献出版社，2021年，第112—113页。
② 转引自〔日〕陆奥宗光《蹇蹇录：甲午战争外交秘录》，徐静波译，上海人民出版社，2018年，第194页。
③ 参见〔俄〕奥列格·阿拉别托夫《溃败之路：1904~1905年俄日战争》，周健译，社会科学文献出版社，2021年，第119—120页；〔美〕唐纳德·基恩《明治天皇（1852—1912）》，曾小楚、伍秋玉译，上海三联书店，2018年，第581页。
④ 〔日〕陆奥宗光：《蹇蹇录：甲午战争外交秘录》，徐静波译，上海人民出版社，2018年，第196页。

的战舰都回航太平洋","有必要使太平洋舰队的舰数和战斗能力无条件地凌驾于日本海军"。日本的海军实力在俄国之下,且没有战列舰。①

为此,伊藤博文首相在4月24日的御前会议上提出三种应对方案,即断然拒绝三国劝告、召开列强会议讨论如何处理辽东半岛问题、返还辽东半岛。经会议研究,日本认为第一种方案过于强硬,会导致与三国的军事冲突。陆奥宗光在回忆录中写道,"当时我征讨清军的部队乃集聚了全国最精锐的力量,目前均驻屯在辽东半岛,我最强大的舰队全都派至澎湖列岛,国内不仅海陆军处于空虚状态,且自去年以来的半年多来,我舰队已经历了长期的战斗,已经甚为疲惫,且人员、军需物资也皆告匮乏,今日且不说对抗三国联合舰队,光是俄国舰队恐怕也难以应付,因此今日决不可与第三国搞坏关系,断不可再增加新的帝国"。日本认为第三种方案又过于软弱,决定采取风险较小的第二种方案。内阁书记官长伊东巳代治提议与俄、德、法公使在东京或京都召开国际会议进行协商。榎本武扬致函伊藤博文,认为召开包括俄国在内的国际会议,确保"朝鲜的永世中立化"不失为良策。但陆奥宗光对第二种方案不以为然,"理由是,如果召开各国会议,参加者除了对立者的俄、德、法三国之外,还会有两三个大国加入,这五六个大国是否会同意参加目前尚难确定,即便答应参加,选定一个地方之后实际举行也要花费不少时日,而日中媾和条约的批准交换日期就迫在眼前,若和战长久举棋不定,只会使时局变得更加困难。且一般来说,在国际会议上讨论这样的问题,各国必定会从本国的利害关系出发来提出主张,会议的议题未必会局限于辽东半岛一个问题,说不定会从这一议题派生出各种话题,各国会互相提出许多要求,最终甚至有可能破坏整个《马关条约》,这等于是我们自己招来了欧洲大国的新干涉,这不是一个明智的做法"。②4月30日,日本决策层决定以提高赔偿额为条件归还除旅顺、大连以外的辽东半岛,但遭到俄国的反对;在俄国的支持下,清政府也表示将延期批准《马关条约》。5月4日,日本内阁通过归还整个辽东半岛的决议。5月10日,天皇下达归还辽东半岛的诏敕。但作为归还其占领的辽东半岛的条件,日本要求清政府不得将辽东半岛租给其

---

① 〔日〕和田春树:《日俄战争:起源和开战》上卷,易爱华、张剑译,生活・读书・新知三联书店,2018年,第184页。

② 〔日〕陆奥宗光:《蹇蹇录:甲午战争外交秘录》,徐静波译,上海人民出版社,2018年,第197—199页;麻田雅文『日露近代史:戦争と平和の百年』、講談社、2018年、93頁。

他国家，由于俄国持有异议，日本不得不撤回这一条件。1895年末，日本从辽东半岛撤军。"三国干涉还辽"取得了完全成功。① 但中国需向日本支付库平银三千万两"偿金"。

"三国干涉还辽"体现了远东国际关系的复杂性。日本以俄国南下会对英国利益产生威胁来恐吓英国，企图将英国与日本捆绑在一起。但英国不为所动，仍然保持所谓"局外中立"。俄、德、法三国也在拉拢英国，正是以英国的"局外中立"为后援，其才有恃无恐，拒绝接受日本的让步方案。无望得到英国支持并正是在英国的劝告下，日本被迫接受了"三国干涉还辽"。因此从外交关系而言，与其说是"三国干涉还辽"，不如说是包括英国在内的"四国干涉还辽"。② 美国和意大利也对牵制"三国干涉还辽"持消极态度。日本屈服于俄国的压力，被迫退还辽东半岛，这表明俄国远东外交的巨大成功，从而极大地提升了俄国在远东的国际影响力，同时使日本倍感屈辱，"卧薪尝胆"、对俄复仇成为朝野共识，日俄矛盾成为远东的主要矛盾。明治政府以"东方普鲁士"自居，在政治、经济和军事上向德国学习，模仿德国宪政体制，建立明治宪政体制，在军事体制方面全方位引进德国体制，日德关系非常密切。所以德国积极参加"三国干涉还辽"活动，引起了日本人的困惑和不解，也为今后的日德关系投下了阴影。

---

① 稲葉千晴『暴かれた開戦の真実：日露戦争』、東洋書店、2002年、6頁。
② 古結諒子「日清戦争下の外交関係―〈三国干渉〉への道―」、海外大学院とのジョイント教育 日本学共同ゼミ研究報告「国際社会と東アジア」、2005年。

第四章　与强者为伍：日英同盟的建立与日俄战争

中日甲午战争以后，日俄矛盾成为远东的主要矛盾，两国围绕朝鲜和中国东北展开了激烈角逐。为了防止矛盾激化和失控，日俄两国在外交上进行了多次交涉，各自提出妥协方案。由于缺乏信任，日俄交涉无果而终。日俄矛盾对远东国际关系产生了重要影响。1898年，法国租借广州湾，德国获得胶州湾租借权和胶济铁路敷设权，英国强租威海卫和九龙。翌年，美国发出"门户开放"照会。各方势力分化组合，并产生了历史上独一无二的东西方同盟，即日英同盟。但日本决策层始终在日英同盟与日俄协商之间徘徊。日俄战争改变了远东格局，日本确立了在中国东北与朝鲜的优势地位。

第一节　"俄馆播迁"与《小村-韦贝尔备忘录》

1894年7月，朝鲜成立了以金弘集[①]为首的亲日政府，设立军国机务处，进行内政改革。在日本公使井上馨的干预下，内政改革具有浓厚的对日从属色彩，政府部门充斥了大量日本顾问官，引起了以王后闵妃为代表的亲俄势力的不满。1895年5月，金弘集下台，朴定阳就任总理大臣，继续推进具有亲日性质的改革。"三国干涉还辽"后，俄国在朝鲜的影响力急剧上升，闵妃要求在政府部门中增加亲俄派人士的数量，结果李允用、安駧寿、李范晋、李完用等亲俄人士进入政府核心部门，[②]由此引起了日本的嫉恨。1895年9月，日本新任驻朝公使三浦梧楼抵达汉城，决定采取

[①] 1894年前名为"金宏集"。
[②] 糟谷憲一『朝鮮の近代』、山川出版社、1996年、24—25頁；趙景達『近代朝鮮と日本』、岩波書店、2012年、55頁。

武力手段清除亲俄势力:"近来,以王妃为首的闵党之辈与俄国勾结,其势力越发得逞,欲逐步破坏所有内政改革之业;并拟用闵党之策,故意唆使我士官培养的训练队与巡检等惹起争斗,遂以此为口实解散训练队,且悉行捕获其士官并杀戮之;进而擢拔闵泳骏执掌国政,万事依赖俄国而叛离我国。今日眼看将着手先解散训练队,故须当机立断,不可踌躇。"①1895 年 10 月 8 日,日本驻朝使领馆人员联合日军守备队、日本顾问官以及浪人闯入王宫,杀害闵妃和大臣,并组建亲日政府,亲俄派人士被驱逐,此即"乙未事变"。

"乙未事变"引起了国际舆论的谴责和俄国的追究。俄国驻日公使韦贝尔在致政府的报告中指出:"我们正直面着世界史中从未有过先例的犯罪性事实。在和平时期,外国的国民在该国军队,大概还有公使馆的庇护以及指导下,大肆闯入王宫,杀害王妃,焚烧遗体,做出一连串丑恶的杀戮和暴行之后,却在众目睽睽中恬不知耻地否认自己做过的事。迄今为止,我从没见到过这样的事情。"② 迫于国际舆论和俄国的压力,日本免去三浦梧楼的公使职务,任命小村寿太郎为驻朝公使,拘留、起诉参与"乙未事变"的人员。"乙未事变"也引起了朝鲜民族主义者的愤慨。以林最洙、李道彻等为中心的王室侍卫,与亲欧美派人士携手,制定了助国王逃离王宫、为闵妃报仇以及打倒亲日派内阁的计划。由于被人告密,10 多名参与行动的人在从春生门入宫时被逮捕,之后又有多人被逮捕,合计被捕者达 33 人。此即"春生门事件"。金弘集政府为了打击政敌,借口前军部协办李周会与闵妃被害有关,在 1895 年 12 月 28 日处决了李周会等 3 人。③ 李周会被处决为日本掩盖"乙未事变"提供了机会。翌年 1 月,日本法庭宣告因"乙未事变"被起诉的 48 名嫌疑人定罪"证据不充分",判决其无罪。

由于担心遭遇生命危险,1896 年 2 月 11 日,高宗和太子等人逃离王宫,藏身于俄国公使馆,即"俄馆播迁"。高宗发布诏敕,罢免亲日派官员,重新组建内阁。金弘集在光华门被逮捕,在押运途中被杀死。农商工

---

① 转引自〔日〕和田春树《日俄战争:起源和开战》上卷,易爱华、张剑译,生活·读书·新知三联书店,2018 年,第 205 页。
② 转引自〔日〕和田春树《日俄战争:起源和开战》上卷,易爱华、张剑译,生活·读书·新知三联书店,2018 年,第 213 页。
③ 趙景達『近代朝鮮と日本』、岩波書店、2012 年、128 頁。

部大臣郑秉夏、度支部大臣鱼允中也被杀死。内部大臣俞吉濬、法部大臣张博、军部大臣赵义渊等逃亡日本。外部大臣金允植被流放。"俄馆播迁"使得日本在朝鲜的影响力"飘忽不定,俄罗斯的力量占据了绝对优势"。"被称为日本党之人过半遭逐斥。事已如斯,除尽快动用兵力外,别无手段。然动用兵力必不免与俄国冲突。因相信眼下尚非起此种冲突之时机。"① 高宗滞留俄国公使馆长达一年。俄国借机扩大在朝鲜的影响力,如获得矿山、森林的开采权,派遣军事顾问对朝鲜政府军进行俄式训练,派遣财政顾问,租借釜山绝影岛,在汉城设立俄韩银行分行等。与此同时,美、英、法、德等国也获得了朝鲜矿山开采权和铁道敷设权,日本在朝鲜的殖民权益岌岌可危。② 为此,日本公使小村寿太郎加快与俄国公使的谈判,力图尽快达成妥协。"俄馆播迁"一方面削弱了日本在朝鲜的地位和影响力;另一方面导致了朝鲜内部亲俄派与亲日派的矛盾激化,政局混乱,政令不畅,民众对国王长期滞留俄国公使馆深感不安。此外,国王及其大量随从滞留俄国公使馆毕竟不是长久之计,也干扰了俄国公使馆的正常工作。③ 1896年5月14日,小村与俄国前代理驻朝公使韦贝尔签署《小村-韦贝尔备忘录》,其内容如下:

一、朝鲜国王陛下返回王宫之事,任由陛下一己之裁断,日俄两国代表对陛下返回王宫之安全抱有疑惧时,可忠告其不返回王宫。此外,日本国代表于兹保证,将采取严密措施取缔日本壮士。

二、现任内阁大臣皆为陛下独自任命,多为在位超过二年之国务大臣或其他显职者,以宽大温和主义为人所知。日俄两国代表常以劝告陛下任命宽大温和之人物为其阁臣,且以宽仁对其臣民为目的。

三、……鉴于朝鲜国之现况,为保护釜山至汉城间之日本电信线路,有必要于若干处部署日本国卫兵,尽速撤回现在由三个中队兵丁组成之护卫兵,代之以宪兵……宪兵队总数绝不超过二百人。并且此等宪兵将来在朝鲜政府恢复安宁秩序后,应自各地渐次撤回。

---

① 趙景達『近代朝鮮と日本』、岩波書店、2012年、128頁;〔日〕和田春树:《日俄战争:起源和开战》上卷,易爱华、张剑译,生活・读书・新知三联书店,2018年,第241—242页。

② 糟谷憲一『朝鮮の近代』、山川出版社、2015年、61頁。

③ 片山慶隆『小村寿太郎:近代日本外交の体現者』、中央公論新社、2011年、59頁。

第四章　与强者为伍：日英同盟的建立与日俄战争

四、为防止万一朝鲜人发动袭击，保护在汉城及各通商港的日本人居留地，可于汉城驻屯二中队、釜山一中队、元山一中队日本兵……为保护俄国公使馆及领事馆，俄国政府亦可于以上各地驻屯不超过日本兵人数之卫兵。①

1896年6月9日，参加沙皇尼古拉二世加冕典礼的山县有朋在莫斯科与俄国外交大臣洛巴诺夫－罗斯托夫斯基签署了关于朝鲜问题的议定书。议定书的秘密条款规定："第一条，不问原因之内外，若朝鲜国内的安宁秩序紊乱，或有紊乱之虞……日俄两帝国政府经协商，认为有必要进一步派遣军队援助该国官宪时，两国政府为预防军队间的一切冲突，须确定各自军队的用兵地域，并在军队之间留出完全不被占领的空地。第二条，在朝鲜国，至本议定书公开条款第二条所提朝鲜组建本国人军队为止，日俄两国有在朝鲜国驻屯相同数目军队的权利，小村氏与……韦贝尔署名的临时协定仍然有其效力；有关保护朝鲜国大君主的现存状态……亦均应继续。"② 1897年2月20日，高宗返回王宫。为了洗刷属国痕迹，彰显独立自主，借用历史上的"三韩"名称，8月朝鲜改年号为"光武"，10月改国号为"大韩"，高宗为大韩皇帝。

俄国利用"三国干涉还辽"的成功，密切了与清政府的关系。1896年6月3日，李鸿章和俄国财政大臣维特及外交大臣洛巴罗夫－罗斯托夫斯基在圣彼得堡签署《俄清秘密同盟条约》(《中俄密约》)，条约规定，中俄两国"为巩固远东幸而恢复的和平，防卫外国再次入侵亚洲大陆，决定缔结防御同盟"。"如果日本攻击东亚的俄罗斯领土、清国和朝鲜的领土，无论何种情况，均可视为立即适用本条约的契机。这种情况下，两缔约国在该时点，有义务以各自拥有的一切陆海军兵力进行相互支持，为这些兵力补给各种装备时，尽最大可能相互援助。""为确保俄军能够到达有可能遭受攻击的地点以及军队存在的手段，清国政府同意铺设通过满洲的铁路。""军事行动之际，俄罗斯拥有为输送本国军队和补给而自由利用这

---

① 〔日〕和田春树:《日俄战争:起源和开战》上卷，易爱华、张剑译，生活·读书·新知三联书店，2018年，第251页。
② 〔日〕和田春树:《日俄战争:起源和开战》上卷，易爱华、张剑译，生活·读书·新知三联书店，2018年，第264页。

条铁路的权力。平时,俄罗斯亦可行使同样权利。"① 1896 年 9 月 8 日,中俄两国代表在柏林签署《东清铁路协定》。根据该协定,俄国能够以最短距离铺设连接赤塔与符拉迪沃斯托克(海参崴)的铁路。② 通过《中俄密约》和《东清铁路协定》,俄国获得了东清铁路(下称"中东铁路")的敷设权。中东铁路采用俄式 1.524 米宽轨,实际上并入俄国铁路网。西伯利亚、中东两铁路的敷设引起了日本的焦虑。一旦这两条铁路竣工并得到完善,俄国人就能迅速地将大批军队运送到中国东北。日本想利用这两条铁路的运力尚不足以承担战争重负,以及环贝加尔湖铁路在 1906 年前不可能完工的机会发起进攻,这是日本决定开战时间的关键因素。铁路完工前,莫斯科到中国东北的补给线运输周期长达五六个星期,而一旦铁路敷设完成并充分发挥作用,运输周期就会被缩短到 10 天左右。日本决策层精明地意识到,尚未建成的环贝加尔湖铁路是整个铁路系统的一个严重缺口。果然,日俄战争爆发后,俄国东西两个方向的交通都马上陷入混乱,补给物资在贝加尔车站堆积如山,等待过湖。③

西伯利亚、中东两铁路的建设不仅对日本有威胁,对英国也同样如此。因为这两条铁路不仅可以延伸到朝鲜半岛,而且有可能延伸到北京。至 19 世纪末,欧洲到东北亚的交通主要是海上交通,因此英国凭借其海军力量保持着对亚洲的主导权,一旦西伯利亚铁路建成,英国在亚洲的这种优势地位就有动摇的危险。俄国财政大臣维特宣称"不值得因为满洲而围起墙垣","我们将通过历史的道路走向南方",因为"整个中国——它的全部财富主要是在南方"。④ 对日本和英国而言,为了阻止俄国把中东铁路从中国东北延伸到朝鲜和中国华北,必须防止京釜铁路和京奉铁路的敷设权落入俄国人手中。为此,日本加快了对京釜铁路敷设权的争夺,终于在 1898 年 9 月与朝鲜政府签订了《京釜铁路借款合同》,英国也在一个月后,即 1898 年 10 月与清政府签订了关内外铁路即京奉铁路的借款

---

① 〔日〕和田春树:《日俄战争:起源和开战》上卷,易爱华、张剑译,生活·读书·新知三联书店,2018 年,第 235—256 页。
② 〔日〕和田春树:《日俄战争:起源和开战》上卷,易爱华、张剑译,生活·读书·新知三联书店,2018 年,第 256 页。
③ 〔英〕克里斯蒂安·沃尔玛:《通向世界尽头:跨西伯利亚大铁路的故事》,李阳译,生活·读书·新知三联书店,2017 年,第 130—131 页。
④ 转引自〔苏〕鲍里斯·罗曼诺夫《俄国在满洲(1892—1906 年)》,陶文钊、李金秋、姚宝珠译,商务印书馆,1980 年,第 75 页。

合同。

中日甲午战争后，日俄矛盾是远东的主要矛盾，双方面临的共同问题是能否有效管控矛盾，防止矛盾激化并演变为新的战争，而双方都难以承受战争的后果。日本的目标是巩固和消化中日甲午战争的成果，并且愿意为此付出一定的代价，即在中国东北对俄国做出适当让步以换取其对日本在朝鲜具有排他性权利的承认。俄国则担心日本占据朝鲜后会威胁其在中国东北的权益，其在中国东北获取的权益不足以抵消失去朝鲜的损失。"三国干涉还辽"凸显了日本国际地位的孤立和脆弱，日本面临两种选择：与俄国在朝鲜和中国东北问题上达成妥协，即日俄协商；与英国结盟，利用日英同盟抗衡俄国，逼迫俄国后撤。

1898年3月3日，俄国又向中国提出了租借旅顺、大连和获得中东铁路南部支线敷设权的要求。3月27日和5月7日，清政府与俄国签订《旅大租地条约》和《续订旅大租地条约》。这样，俄国就把它的侵略势力从中国东北的北部扩展到了南部。

为了巩固俄国在中国东北的势力范围，排除日本的阻挠，俄国愿意与日本在朝鲜问题上达成某种妥协，避免过分刺激日本。早在1898年初，俄国政府就向日本驻俄公使透露，俄国希望以承认日本在朝鲜具有超过俄国的重大利害关系为基础，与日本达成协议，以结束在朝鲜的"不断摩擦"；1月15日，又通过驻日公使罗森，正式提议进行有关朝鲜问题的日俄协商。3月21日，日本外相西德二郎向罗森提出了"满韩交换方案"，即日本承认俄国在中国东北的权益，以此为代价，要求俄国不干涉日本在朝鲜的经济活动。对日本提出的"满韩交换方案"，俄国给予了积极响应，因为3月3日，俄国正式向中国提出了租借旅顺、大连以及敷设中东铁路南部支线的要求。3月27日，中俄两国代表签署《旅大租地条约》，中国"允将旅顺口、大连湾暨附近水面租与俄国"，允以"光绪二十二年所准中国东方铁路公司建造铁路之理，而今自画此约日起，推及"由中东铁路"某一站起至大连湾，或酌量所需，亦以此理，推及由该干路至辽东半岛营口、鸭绿江中间沿海较便地方，筑一支路"。俄国实现了在太平洋地区获得不冻港的夙愿。早在1895年，外交大臣洛巴诺夫-罗斯托夫斯基在致沙皇的备忘录中就指出：俄国需要在太平洋上取得一个不冻港并吞并"部分满洲领土"。沙皇尼古拉二世表示"完全正确"。①

1898年4月25日，日本外相西德二郎与俄国驻日公使罗森签署《西-罗森协定》，该协定的第三条规定，俄国承认日本在朝鲜具有经济上的优越地位，停止向朝鲜派遣军事顾问和财政顾问，并且不妨碍日本在朝鲜的经济活动，日本则默认俄国租借旅顺、大连以及修建中东铁路南部支线。②《西-罗森协定》签署后，俄国顾问陆续撤离朝鲜。但是俄国海军部门对放弃在朝鲜的权益深感不满。"俄罗斯获得旅顺，使它终于在太平洋岸得到了不冻港。与此同时，俄罗斯也相当于放弃了朝鲜。从战略上来看，这是最糟糕的领土获得方式。……如果俄罗斯从朝鲜收手，日本势力覆盖了朝鲜，就很难确保旅顺的安全了。"③但是此时俄国还不具备与日本进行军事对抗的条件。俄国外交大臣穆拉维也夫披露了在朝鲜问题上做出妥协的原因："依据1898年协议（《西-罗森协定》——引者注），我们向日本承诺朝鲜有权保持领土的完整和不可侵犯，试问，若要违背诺言，现在我们能否应付与日本所发生的纠纷？同时应当充分意识到，我们在太平洋沿岸的地位尚无保障，在地位巩固的过程中，我们很容易失去我们通过牺牲和努力换来的一切成果。对于该问题，军事机关已经给出了明确的答复，在目前的条件下，在朝鲜进行任何军事行动，对俄国而言都是艰巨的、昂贵的且几乎徒劳无功的事情。唯有通过加固旅顺港的防御、修建铁路支线使其与俄国相连，我们才能在远东事务中坚持己见，如有必要，还可以给予远东武力支持。"④

为此俄国海军部门期望在朝鲜东南部获得一个港口。此港口位于符拉迪沃斯托克（海参崴）与旅顺之间，扼对马海峡，俄国舰队在此可不受日本海军的阻挠，直接进入太平洋。俄国海军首脑多次向政府表示，"最简单的解决办法就是占领釜山"。海军大臣特尔托夫向外交大臣穆拉维也夫提出想获得距离釜山不远的马山浦，穆拉维也夫表示，如果俄国那样做就意味着终结了半岛和平。1899年，俄国太平洋舰队访问东京。舰队司令

---

① 佟冬主编《中国东北史》（修订版）第5卷，吉林文史出版社，2006年，第226页。
② 井上勇一『東アジア鉄道国際関係史：日英同盟の成立および変質過程の研究』、慶應通信、1989年、102—103頁。
③ 参见〔日〕和田春树《日俄战争：起源和开战》上卷，易爱华、张剑译，生活・读书・新知三联书店，2018年，第330页。
④ 转引自〔俄〕奥列格・阿拉别托夫《溃败之路：1904～1905年俄日战争》，周健译，社会科学文献出版社，2021年，第228—229页。

杜巴索夫拜访了位于东京神田的东正教教堂的大主教尼古拉[①]。杜巴索夫告诉尼古拉大主教，日俄战争不可避免。当尼古拉大主教询问日俄开战的原因时，杜巴索夫说："朝鲜。我们需要朝鲜。必须夺取朝鲜，将之变为我们的领土。但是，日本在朝鲜拥有许多权益，为此对俄国而言，就不得不发布宣战公告。"尼古拉问："为什么俄国一定要拥有朝鲜呢？"杜巴索夫回答："为了拥有太平洋出海口。"尼古拉问："但是，为此不是已经夺取旅顺了吗？"杜巴索夫回答："旅顺距离太平洋过于遥远了。"尼古拉问："但是，能够那么简单地剥夺一个国家的独立吗？这个国家存在了多少世纪，拥有 1400 万人口。"杜巴索夫回答："朝鲜在政治关系上不具有任何意义，是冻死了的民族。假如我们不夺取，日本必然会占有。不能让日本往大陆发展。日本的前进之路应该是南进。只是日本自己并不清楚，野心会驱使日本与俄国进行战争。"[②]

1899 年 5 月 1 日，朝鲜政府颁布了马山浦开港的公告。俄国驻朝代理公使巴甫洛夫立即向朝鲜政府申请在马山浦购买土地。杜巴索夫亲率两艘巡洋舰抵达马山浦，对预定购买的土地进行测量。但俄国的土地购买计划失败了。因为日本捷足先登，日本商人在参谋本部的资金支持下，率先购买了俄国人预定购买的土地。此即马山浦事件。俄国不甘心马山浦购地计划的失败，向日本施加压力并获得鸭绿江沿岸的森林开采权。

第二节　俄国占领中国东北与日英同盟的建立及修订

义和团运动爆发后，俄国以中东铁路施工人员遭遇袭击为由，出兵占领了中国东北。为此，1901 年 3 月，日本外相加藤高明在致首相伊藤博文的意见书中指出，日本有三种选择。其一，强烈抗议俄国对中国东北的占领。如果俄国无视日本的抗议，日本将诉诸武力予以阻止。因为一旦默认俄国占领中国东北，俄国势力将蔓延至朝鲜，从而使日本的国家安全处于

[①] 尼古拉俗名伊凡·德米特里耶维奇·卡萨特金，1836 年出生于俄国中部的斯摩棱斯克州，1861 年抵达函馆。1872 年尼古拉将传教阵地移至东京，以神田骏河台为据点。尼古拉在日本做的最有影响力的事情就是主持修建了尼古拉大教堂，即位于东京神田的东正教教堂——东京复活大教堂。该教堂修建历时 7 年，总共花费了 24 万日元（19 世纪 70 年代 1 日元等于 1500 毫克黄金，1897 年，日本实行金本位制，1 日元等于 750 毫克黄金），这在当时是一笔巨款，全由尼古拉回俄动用一切关系募集而来。

[②] 麻田雅文『日露近代史：戦争と平和の百年』、講談社、2018 年、106—107 頁。

非常危险的状态。其二，日本出于"自卫"，占领朝鲜。如果采取这一行动，将是无视1898年签署的"日俄两帝国政府确认朝鲜的主权及完全独立、相互约定不对该国内政进行直接干预"的《西-罗森协定》，结果将引发日俄战争。其三，抗议俄国的行动，但不采取直接行动，以后再采取适当措施。由于加藤高明辞职和伊藤内阁垮台，日本决策层内部并未对加藤意见书展开深入讨论。但日本决策层在一个问题上达成了共识，即日本单独对抗俄国太危险了。①

面对这一严峻局面，日本决策层以加强对朝鲜的控制来抵消在中国东北的暂时退却。日本驻朝公使林权助致函青木周藏外相，指出"分割清国近在眼前"，"长城以北满洲之地，名实同归俄国，此事殆不容置疑"，主张日本应该获得的"分配"是朝鲜半岛。他提出有限制地获得朝鲜半岛的方案，"可根据情况，以平壤、元山以北不驻屯兵士为条件，向俄国提议"，"汉城以南自然归我势域"，控制朝鲜南部，不在北部朝鲜部署军队，但要让俄国承认这里是日本的势力范围。日本驻俄公使小村寿太郎也认为，俄国占领中国东北引起了其他列强的不安，使得俄国在东亚的地位比较脆弱，为日本实施"满韩交换方案"提供了有利条件，"可追求的最佳途径是提议划定势力范围。也就是说，日本和俄罗斯各自在朝鲜和满洲拥有自由裁量权（free hand），在各自的势力范围保证相互的商业自由"。②8月20日，日本首相山县有朋提出《北清事变善后策》，指出："世上论北方经营者，欲以此次北清事变为契机，举朝鲜全部移入我之势力区域，或欲与俄约定，以不碍俄之满洲经营，诺我之朝鲜经营。是北方经营之策，实舍此无他。""彼之良机，亦我处置朝鲜之良机。纵令一时不能占朝鲜全土，亦可西以大同江为限，东以元山港为界，依山河划定区域，永避日俄之争，得以保全北方经营之目的。"③

但日俄双方都不愿意做出实质性让步，担心己方的退让并不会换来对方的善意回应，结果日本不得不放弃"满韩交换方案"。为了对抗俄国，日本选择与英国结盟。俄国占领中国东北打破了东亚战略平衡，激化了各

---

① 池井優『日本外交史概説 増補版』、慶応通信、1982年、82—83頁。
② 参见〔日〕和田春树《日俄战争：起源和开战》上卷，易爱华、张剑译，生活·读书·新知三联书店，2018年，第389—390页。
③ 参见〔日〕和田春树《日俄战争：起源和开战》上卷，易爱华、张剑译，生活·读书·新知三联书店，2018年，第394—395页。

方矛盾，也迫使最早打开中国国门并拥有最多殖民利益的英国调整外交方针。当时英国正在南非进行与布尔人的战争，无力应对俄国在远东咄咄逼人的战略。

"俄国侵占满洲并不仅仅是侵犯中国主权的一个孤立事件，而且是对现存国际秩序的严重破坏。尤其是日本，它关心自己在朝鲜和满洲的地位，而美国则担心中国门户开放的前途。英国感到它在北京的影响和在长城以南的地位受到了威胁。另一方面，法国支持俄国前进，德国也暗中鼓励俄国向东扩张，以使俄国的注意力从欧洲转移出去。显然，一个国际关系的新世纪展现于世，从而使历史上一个前所未有的东-西方结盟得以形成。"处在十字路口的英国，被迫放弃孤立政策，拼命寻找同盟者。最初英国选择德国为同盟者，但未获成功。"这便迫使伦敦另找新的同盟者。法国因它在法俄同盟中的地位而不可能追随英国；美国则坚持传统的'不介入同盟'的政策，而且它刚打过西班牙战争，所以它无心在海外进行冒险活动去保卫'门户开放'政策。这样一来，日本就成了唯一可能的新同盟者，而且更吸引人的是它的海军力量和人所共知的仇俄情绪。"[1]

日英同盟起源于1901年3月德国驻英代理公使向日本驻英公使林董提出的缔结日英德三国同盟方案，其目的是维持远东地区的势力均衡。山县有朋赞成缔结三国同盟。4月24日，山县有朋向伊藤博文首相递交了关于"东亚同盟论"的意见书。但是伊藤博文将日俄协商置于日英同盟之上，认为英国在朝鲜没有任何利益，"朝鲜完全是涉及日本与俄国间利害问题的地方"，因此在朝鲜问题上与俄国达成协议是"上策"，也是"正道"。7月15日，休假归国的英国驻日公使会见林董时，告知英国有缔结日英同盟的意愿，双方进行非正式接触。7月末，英国外交大臣兰斯多恩与林董进行会谈，认为在防止俄国南下方面日英两国的利益趋于一致。[2] 1901年10月8日，外相小村寿太郎训令驻英公使林董与英方交涉缔结同盟条约的事宜。10月16日，英国外交大臣与林董就缔结同盟条约举行正式会谈。11月6日，英国提出缔约草案，但日本迟至12月12日才予以回复。[3] 这主要是因为受到了伊藤博文倡导的日俄协商路线的干扰。

---

[1] 〔美〕费正清、刘广京编《剑桥中国晚清史（1800—1911年）》下卷，中国社会科学院历史研究所编译室译，中国社会科学出版社，2006年，第157—158页。
[2] 片山慶隆『小村寿太郎：近代日本外交の体現者』、中央公論新社、2011年、98—99頁。
[3] 外務省編『日本外交年表並主要文書』（上）、原書房、1965年、145—146頁。

辞去首相职务的伊藤博文赴美国出席耶鲁大学创办200周年庆典并接受该校授予的名誉博士称号，归国途中于1901年11月25日抵达俄国，受到了俄方的热烈欢迎。11月28日，沙皇尼古拉二世会见了伊藤博文，称赞伊藤"是对俄国一贯怀有友好感情的政治家"，并且还用伊藤听得懂的英语与他亲切交谈，声称："我坚信俄日之间的协商具有充分的可能，这种协商关系不仅对两国乃至远东和平有益，而且利用这种协商关系有助于达到更大的目的。……我现在说的并不是漂亮的辞藻，而是发自内心的信念。这也是俄国全体国民的想法。"① 但是漂亮的辞藻毕竟掩盖不了俄国对日本的戒心。在此之前，尼古拉二世在会见德皇威廉二世的弟弟时说："我不想要朝鲜。但是我不能默许日本人进入朝鲜，如果他们这样做了，对俄国来说就成为开战的原因。日本人进入朝鲜，就会在东亚产生新的博斯普鲁斯海峡。这是俄国绝对不能容忍的。"尼古拉二世将朝鲜比喻为阻止俄国从黑海南下地中海的博斯普鲁斯海峡，担心一旦日本拥有朝鲜，俄国通往太平洋的航线将会受阻。② 伊藤博文在与俄国外交大臣拉姆斯道夫和财政大臣维特举行会谈时表示，两国间不和的唯一根源在于朝鲜问题，日本人形成了一种观念，即俄国想要占有朝鲜半岛。如果事实如此，就会威胁日本的独立。为此，伊藤提出日俄协定案，其中一条为："俄罗斯承认日本在朝鲜拥有政治、工商业方面的行动自由，拥有为使朝鲜政府履行真正政府的一切义务，提供建议和援助的排他性权利。包括为镇压叛乱以及可能破坏日韩和平关系的其他一切骚扰提供必要限度的军事援助。"对伊藤的协定案，拉姆斯道夫表示，"这不是共识的基础，这只不过是日本为了自身的利益，希望获得更广泛特权的清单而已"，断然予以拒绝。③

1901年12月7日，在桂太郎首相的别墅举行元老会议，出席会议的有山县有朋、松方正义、井上馨、西乡从道4位元老和桂太郎与外相小村寿太郎。与会人员反复讨论缔结日英同盟的必要性并比较日英同盟与日俄协商的利弊得失。小村寿太郎在会议上提出了《关于日英同盟意见书》，力陈与日俄协商相比，缔结日英同盟对日本更为有利。④ 小村指出：

---

① 麻田雅文『日露近代史：戦争と平和の百年』、講談社、2018年、115頁。
② 麻田雅文『日露近代史：戦争と平和の百年』、講談社、2018年、115—116頁。
③ 参见〔日〕和田春树《日俄战争：起源和开战》上卷，易爱华、张剑译，生活·读书·新知三联书店，2018年，第464—467页。
④ 外務省百年史編纂委員会編『外務省の百年』上卷、原書房、1969年、423頁。

中朝两国与我国有颇为密切的关系，尤其是朝鲜的命运关乎我国之生存问题，绝不能等闲视之。帝国政府虽频繁与俄国协商朝鲜问题，但俄国与朝鲜国境相接，且"经营"满洲，常反对我方之要求，故遗憾时至今日仍未见圆满解决朝鲜问题。

然而另一方面，俄国在满洲的地位日益巩固，即便此次撤兵，其（在满洲）仍拥有铁道，且以护路之名享有驻兵权。倘若任凭事态发展，毫无疑问满洲终将被俄国事实上占领。如果满洲归俄国所有，朝鲜亦难以自保。因而现今我国迅速考虑应对之策极为重要。①

小村认为鉴于以往日俄两国围绕中朝的矛盾以及当下的现实状况，通过纯粹的外交谈判使俄国同意按照日本的设想解决朝鲜问题，是不可能的。可供选择的方法有两种：其一是诉诸战争，"为贯彻我国希望，展示不惜交战的决心"；其二是与第三国结盟，如与英国结盟，"利用共同势力，使俄国不得不接受我国的要求"。②

小村寿太郎比较了日俄协商与日英同盟的利弊得失，认为日俄协商虽能改善日俄关系，但具有四个弊端。（1）即便能维持东洋和平，这也是暂时的。因为"俄国的侵略主义终究不会满足于此，俄国企图将中国全境纳入其势力范围。因此与俄国的协约根本不足以保证维持永远之和平"。（2）经济上获利少。"中东铁路及西伯利亚铁路今日虽可利用，享有不少便利。但在该地区将来人口大量增长、各方面发展进步前，不能指望其成为贸易繁盛之地。"（3）伤害了中国人的感情，损害了日本利益。"近来中国上下亲近日本，弥漫着信赖我国的风潮。应趁此机会，或通商，或（发展）工业，或（派遣）文武教育顾问等。日本人在华可涉足的事业众多，使中国上下的（亲日）感情如今日一般持续下去极为重要。如果与俄国协约，此一趋势必将急转而变，仅留功亏一篑之遗憾。"（4）产生了必须保持与英国海军力量平衡之事。日俄协商不仅减损了日本的经济利益，而且"亲近俄国、伤害英国感情的结果就是不得不以我海军力量来制衡英国"。③

相反，小村寿太郎认为与英国结盟则有七大好处。（1）可以较长时间维持东洋和平。"英国不愿意在东洋增加领土上的责任，其反而希望维持

---

① 外務省編『小村外交史』上卷、新聞月鑑社、1953年、278—281頁。
② 外務省編『小村外交史』上卷、新聞月鑑社、1953年、278—281頁。
③ 外務省編『小村外交史』上卷、新聞月鑑社、1953年、278—281頁。

现状,专注于谋求通商利益。因此与英国缔约可以抑制俄国的野心,较为永久地维持东洋和平。"(2)无须担心受到列强的非难,贯彻帝国的方针。"日英协约的性质是和平和防御性的,其直接目的在于保全中朝两国与(维持)中国贸易上的门户开放,故丝毫无须担心受到列国的责难,也符合帝国屡次宣扬的方针。"(3)在中国增强日本的势力。"如果日英缔约,中国将较今日更为信赖我国,随之在中国扩张我利益和实施其他各种计划将更为容易。"(4)有利于朝鲜问题的解决。"如前所述,迫使俄国同意按照我方要求解决朝鲜问题的方法唯有最终与第三国缔约,俄国不得不接受我方要求,而英国为最合适的第三国。"(5)可获得财政上的利益。"日英缔约的结果不仅增添了经济界对我国的信赖,而且我国国力增强符合缔约对方英国的利益。英国人民乐意为我国提供财政及经济上的援助,无论政府或民间都获利不菲。"(6)获得不少通商方面的利益。"英国殖民地遍布五大洲,如果日英关系得到很大发展,那么我国在殖民、通商方面所享有的利益,与满洲、西伯利亚相比不可同日而语。"(7)可拥有制衡俄国的海军力量。和与拥有强大海军力量的英国抗衡相比,与俄国海军力量保持均衡并占据上风更为容易。①

小村最后指出:

> 综上所述,毫无疑问日英协约比日俄协约可为我国带来更大的利益。当今欧洲列强,有所谓三国同盟,或者两国同盟,各自合纵连横保护自身利益并不断扩张。在这样的形势下,坚守孤立并非善策。现在已进入即便如英国这样长期以中立为国是的国家也希望与他国订立协议的时代,时势变迁亦由此可见。因此我坚信,此时日本断然(与英国)缔结协约是良策。②

小村寿太郎的意见在元老会议上获得了通过,但是日英盟约谈判并非一帆风顺。伊藤博文访俄引起了英国的不满,英国怀疑日本与英国结盟的诚意。1901年11月20日,英国外交大臣兰斯多恩会见日本驻英公使林董,表示如果日本与俄国缔结条约,英国将感到不快。林董出示小村寿太

---

① 外務省編『小村外交史』上卷、新聞月鑑社、1953年、278—281頁。
② 外務省編『小村外交史』上卷、新聞月鑑社、1953年、278—281頁。

郎的训令电文，声称伊藤博文不负有解决外交问题的使命，其在俄国的行为由其个人负责。① 但是，伊藤博文、井上馨对英国抱有强烈的不信任感，"三国干涉还辽"期间，英国拒绝声援日本，认为与在朝鲜和中国东北拥有直接利益的俄国达成妥协对日本更为有利。鉴于法俄同盟和"三国干涉还辽"的历史事实，一旦日俄关系破裂，日本将面临俄、法、英三个强国。但在日本决策层中赞成日英同盟的占多数，在俄国拒绝日本"满韩交换方案"的情况下，伊藤博文也不得不接受内阁决议。1902年1月30日，英国外交大臣兰斯多恩与日本驻英公使林董签署同盟条约，即《第一次日英同盟条约》，条约规定，"鉴于缔约双方都已承认中国和朝鲜的独立，它们声明它们完全不受对上述任何一国的任何侵略倾向的影响，但是，考虑到它们的特殊利益，英国主要在中国的特殊利益，而日本除了在中国拥有的利益外，在政治、商业和工业上对朝鲜具有特别深切的利益，缔约双方承认，如果这些利益受到任何其他国家的侵略行动或在中国或朝鲜发生的骚乱的威胁，而有必要由缔约双方的任一国进行干涉，以保护它的臣民的生命和财产的话，将允许它们中的任一方采取必要的措施来保护这些利益"。"不论英国或日本，如以上所述，在保护它们的特殊利益时，与另一国发生战争，缔约另一方应保持严格的中立，并努力防止其他国家参与反对其盟国的敌对行动。""任何其他一个或几个国家参与反对其盟国的敌对行动，缔约另一方将提供援助，并将共同作战以及和其盟国相互协议缔结和平。"② 日英同盟条约公布后，在日本贵众两院受到了热烈欢迎，舆论一边倒地赞赏日英同盟，各大城市举行庆贺日英同盟建立大会，群情振奋。庆应大学的1500余名教职工和学生手持日本国旗和英国国旗，兴高采烈地游行到外务省和英国公使馆，高呼口号。③ 因为与最强大的国家英国缔结盟约提高了日本的国际地位和影响力，提此意见的小村寿太郎受封为男爵。

日英同盟的建立令俄国决策层感到震惊，以维特为代表的对日缓和派人士认为，日英同盟的建立反映了俄国外交的迟钝，对1901年11月伊藤博文的俄国之行以及伊藤博文提出的日俄协定案未予以足够重视，要求继续探索改善俄日关系的可能性，降低日英同盟的负面效应。1902年3月

---

① 外務省百年史編纂委員会編『外務省の百年』上卷、原書房、1969年、419頁。
② 世界知识出版社编《国际条约集（1872—1916）》，世界知识出版社，1986年，第216页。
③ 平間洋一『日英同盟：同盟の選択と国家の盛衰』、角川文庫、2015年、39頁。

19日，俄国联合同盟国法国发表关于日英同盟的宣言，声称，日英同盟再次确认了维持远东现状和全面和平、中朝两国独立和领土完整、对列国工商业活动开放等原则是构成两国政策的基础，俄法两政府对此感到满意。这些原则也是俄法两国的原则。① 4月，俄国与清政府签署了俄国军队从中国东北撤退的协定。9月，俄国驻朝公使巴甫洛夫致函沙皇，建议与日本达成某种妥协："我们在丝毫不损害我国实质性的国家利益，不妨害朝鲜问题最终解决的前提下，可以承认日本政府极其广泛的自由，允许日本参与朝鲜内政所有部门的组织和管理，包括财政和军事部门，允许日本确保在铁路、邮政、电信的设置和利用上专一的特权。"俄国外交部要求驻日公使罗森就朝鲜问题再度与日交涉，尽一切努力回避与日本的所有冲突。② 日本新任驻俄公使栗野慎一郎主张日俄两国应该积极缔结条约，协调双方利益，消除误解，对日英同盟的成立不以为然，并认为在日英结盟的情况下改善日俄关系是不可能的，一度考虑拒绝赴俄就任公使一职。后在伊藤博文的劝说下，栗野才赴俄继续交涉。

1903年4月8日，俄国发布公告，停止实施从中国东北撤军的计划，东亚形势骤然紧张起来。6月23日，日本决策层召开御前会议，商讨对策。小村提出对俄交涉意见书，指出："在环顾东亚时局、思考其未来之时，帝国所秉持的政策在具体领域上历来有所不同，但重要的是应以帝国防卫和经济活动为着眼点，各种经营活动必须主要基于这两大政纲。据此政纲进行盘算，帝国与大陆具有最为紧要关系的南北两处地方，即北为朝鲜，南为福建也。"小村强调朝鲜对日本安全的重要性，"朝鲜犹如从大陆伸向帝国要害部位的利刃。突出的半岛，其最前端与对马仅隔海相望。假如其他强国占据了该半岛，帝国的安全常处于威胁状态，难保平安无事矣。因此，帝国坚决不允许发生此种情况，可以说预防此种情况是帝国的传统政策。"小村认为与俄国交涉中的关键问题是朝鲜的安全问题，日本应以不影响朝鲜的安全为目的，将俄国在中国东北的行动限制在条约范围内，确保日本的防卫与经济上的利益。③ 为此小村提出对俄交涉的四点意

---

① 〔日〕和田春树：《日俄战争：起源和开战》上卷，易爱华、张剑译，生活·读书·新知三联书店，2018年，第476页。
② 参见〔日〕和田春树《日俄战争：起源和开战》上卷，易爱华、张剑译，生活·读书·新知三联书店，2018年，第488、491页。
③ 外務省编『小村外交史』上卷、新聞月鑑社、1953年、322页。

见：(1)"维持中朝两国的独立、领土完整以及工商业上机会均等主义";(2)日俄两国相互承认在朝鲜或中国东北现有的正当利益,为保护这些利益可采取必要的措施;(3)"日俄两国确认有必要为保护上述利益,或者在朝鲜、中国东北发生骚乱、引发国际纷扰时两国有镇压骚乱的出兵权";(4)日本有为朝鲜内政改革提供建议和援助的专权。[1] 小村的意见书再次重拾了"满韩交换方案",问题在于小村的"满韩交换方案"是不对等的,其实质是要废除1896年的《山县-洛巴诺夫-罗斯托夫斯基协定》和1898年的《西-罗森协定》,"将过去的这些协定全部废除,日本可以对韩国独占地进行政治指导、军事援助、推进经济活动等事项。总之,就是要求俄罗斯承认将韩国作为日本的保护国。若不承认,就意味着俄罗斯将来想要向朝鲜伸手"。[2]

1903年8月12日,日本驻俄公使栗野慎一郎向俄国外交大臣拉姆斯道夫递交了日本方案,方案除了包括小村在御前会议上提出的四点意见外,还增加了"俄国承认日本在韩国的优越利益,日本承认俄国在满洲经营铁路的特殊利益";"俄国约定,今后韩国铁路延长至满洲南部,不阻碍其与东清铁路……接续";"俄国承认,在韩国,为促进改革及实施善政的建议及援助(包括必要的军事援助)属于日本的专权"。[3] 日本要求俄国承认日本有给予朝鲜建议、援助的独占权,而日本只不过承认俄国在中国东北的铁路利益,并要求将"韩国铁路"连接到"东清铁路"上。显然,日本在"满韩交换方案"上不断增加日本的利益,缩减俄国的利益。从9月7日开始,日俄交涉场所从圣彼得堡转移到东京,由日本外相小村寿太郎与俄国驻日公使罗森进行谈判。10月3日,罗森提出俄国修正案,承认日本在朝鲜有"优越的利益",但这种优越利益仅限于民政方面,不承认日本可向朝鲜提供军事上的建议和援助,并建议以朝鲜的1/3,即北纬39度以北地区为中立地带。俄国修正案显示了俄国在朝鲜问题上的强硬态度,令小村深感震惊。10月30日,小村对俄国修正案发表修改意见,即日本可向朝鲜提供军事上的建议和援助,但日本不在朝鲜设立军事设施,

---

[1] 外務省編『小村外交史』上巻、新聞月鑑社、1953年、322頁。
[2] 〔日〕和田春树:《日俄战争:起源和开战》下卷,易爱华、张剑译,生活·读书·新知三联书店,2018年,第589页。
[3] 〔日〕和田春树:《日俄战争:起源和开战》下卷,易爱华、张剑译,生活·读书·新知三联书店,2018年,第629—630页。

以中朝边界各 50 公里为中立地带，日本和俄国在中国东北均无"特殊利益"。12 月 11 日，俄国在提出的答复案中拒绝做出让步。① 至此，日俄关系日趋紧张，战争一触即发。

俄国决策层某些人士对有可能爆发日俄战争深感忧虑，受到沙皇信任的别佐勃拉佐夫建议与日本缔结同盟。1904 年 1 月 10 日，他在致沙皇和内务大臣的报告中指出："现在，我们得到了所有必要的东西，因为最近的不冻港和辽东半岛事实上在我们手中。不过这样一来，我们直接的、非常重要的国家利害到此也就应该止步了。越过辽东，无论是向朝鲜半岛还是向中国内部扩展，对我们来讲非但完全不必要，而且大概还会削弱我们的实力吧。实际上，为强化我们在辽东半岛的地位，最短、最有力、最适宜的防卫线横穿朝鲜北部国境和满洲南部。因此，（获得）朝鲜半岛只是显著延长了我们的沿岸防备，对于作为陆上强国的我国而言是绝对不利的。""如果友好的国家，特别是同盟国扩大在朝鲜的势力，我们则完全欢迎，愿意提供协助。""同样，也反对将满洲并入我国版图，有这种重大考虑。""我们在满洲的一切关注点都只归结于确保我帝国与太平洋沿岸联络线的安全。""除此之外，我们在满洲和朝鲜没有任何利害。"② 陆军大臣库罗帕特金建议放弃旅顺。为了打开交涉僵局，1904 年 2 月 2 日，俄国提出妥协案，即承认日本可出于军事目的利用朝鲜，撤回关于设立中立地带的主张。但俄国方案迟至 2 月 7 日才抵达俄国驻日公使馆，太晚了。2 月 4 日，日本召开御前会议，做出对俄开战的最终决定。2 月 8 日，日本不宣而战，袭击驻旅顺的俄国舰队，日俄战争爆发。

俄国对日本的不宣而战非常愤慨，在欧美各国展开了外交攻势。担任海牙常设国际法院法官的俄国司法大臣，在法院发表演讲谴责日本的突然袭击，支持俄国政府的立场。俄国政府通过驻外公馆向各国外交部发出通牒，控告日本。俄国诉诸西方媒体，指责日本的军事行动违反了国际法。俄国对日本破坏国际法挑起的战争，断然应战。此外，俄国还利用所谓"黄祸论"，在欧美社会煽动对黄种人的种族歧视，企图将日本逼入绝境。

---

① 片山慶隆『小村寿太郎：近代日本外交の体現者』、中央公論新社、2011 年、128—130 頁。
② 参见〔日〕和田春树《日俄战争：起源和开战》下卷，易爱华、张剑译，生活·读书·新知三联书店，2018 年，第 760—761 页。

日本也派出了金子坚太郎①、末松谦澄②等人赴欧美各国展开宣传活动。日俄两国在战场外展开了紧张的宣传战和外交战。③

以明治天皇为代表的相当一部分的日本决策层人士对战争前景并不看好。"无论是陆军、海军，还是大藏省，无一人确信日本将获胜。"2月4日早晨，天皇单独召见伊藤博文，询问"万一战败了，到底怎么办呢？"御前会议结束后，天皇在返回内廷时又说："这次战争绝非朕之意愿，然事已至此，为之奈何？"天皇更流泪说道："万一遭遇挫折，朕何以面对祖宗和臣民？"当晚明治天皇一夜无眠，也没有进食。2月10日，日本发表宣战诏敕，天皇在诏敕中添加如下言辞："今诚为不幸，与俄国开启战端，岂是朕志也！"2月11日，罗森和俄国驻日公使馆人员撤离日本。伊藤博文一早派人悄悄向罗森致意。明治天皇的皇后向罗森夫人赠送精美礼品，宫内大臣田中光显夫妇亲往新桥站送别罗森夫妇。天皇还缺席宫中举行的宣战奉告祭，而由掌典长"代拜"。④ 与中日甲午战争爆发时的满怀信心完全不同，天皇以一首诗表达了他的焦灼情绪："悲叹多事秋，今又岂敢忘国忧。莺啼乱庭中，苦等无果倍增愁，纷纷扰扰几时休？"⑤ 由此可见，日本决策层中有一些人（包括军部人士）在掂量日俄两国国力后，对是否诉诸战争犹豫不决，反而是外相小村寿太郎最热衷于战争，颇有讽刺意味。小村奉行的以谈判为战争做准备的外交战略，对之后的日本外交造成了很大影响。小村的对俄外交，不是为了通过谈判解决争议从而避免战争，而是旨在为战争做准备。小村要求俄国承认朝鲜置于日本势力之下，是日本的保护国，"如果俄罗斯拒绝这一要求，就要开战；而要发动战争，现在西伯利亚铁路尚未完工，是最后的机会。从俄罗斯已经表明的立场来看，毋庸置疑，它会拒绝日本的要求。那么，只有发动战争，取得首战的胜利，进入议和阶段，迫使俄罗斯在媾和条约中承认日本的要求。也就是说，日本的想法是，交涉是为了创造面向开战的条件而进行的"。⑥

---

① 贵族院议员，曾留学美国，结识了之后担任美国总统的西奥多·罗斯福。
② 贵族院议员、外交官，伊藤博文的女婿。
③ 稲葉千晴『暴かれた開戦の真実：日露戦争』、東洋書店、2002年、3頁。
④ 麻田雅文『日露近代史：戦争と平和の百年』、講談社、2018年、129—133頁。
⑤ 转引自〔美〕唐纳德·基恩《明治天皇（1852—1912）》，曾小楚、伍秋玉译，上海三联书店，2018年，第693页。
⑥ 〔日〕和田春树：《日俄战争：起源和开战》下卷，易爱华、张剑译，生活·读书·新知三联书店，2018年，第911页。

日俄战争爆发后，日本无视朝鲜局外中立的立场，派遣一个师团进入朝鲜，2月8日占领仁川，9日占领汉城。12日，俄国驻朝公使馆撤出朝鲜。2月13日，日本驻朝公使林权助奉命向朝鲜临时署理外部大臣李址镕递交了《日韩议定书草案》。李址镕认为，草案损伤了朝鲜作为独立主权国家的体面，要求对措辞进行适当修正。结果做了个别无关紧要的修改后，2月23日，李址镕被迫在议定书上签字。

《日韩议定书》由6条组成："第一条，日韩两帝国间保持恒久不易之亲密交往，为确立东洋和平，大韩帝国政府坚信大日本帝国政府，关于改善设施、并容纳其忠告之事。第二条，大日本帝国政府以对大韩帝国皇室确实之亲，保障其安全康宁。第三条，大日本帝国政府切实保证大韩帝国之独立及领土保全。第四条，因第三国侵害或内乱，大韩帝国之皇室安宁或领土保全出现危险情况时，大日本帝国政府应迅速采取临机必要之措施，而大韩帝国政府为便利大日本帝国政府之行动，尽力提供一切方便。大日本帝国政府为实现上述目的，可临机收用军事战略上之必要地点。第五条，未经两国政府相互承认，今后不得与第三国签订违反本协约宗旨之协约。第六条，有关本协约未尽细目，由大日本帝国代表者与大韩帝国外部大臣临机协定。"[①] 1904年8月，日本迫使朝鲜政府签署《日韩协约》，根据协约，朝鲜聘用日本顾问，日本顾问有权对朝鲜各行政部门实施监督，这强化了日本对朝鲜内政的控制。

1904年12月2日，英国驻俄公使在向英国外交大臣兰斯多恩的报告中指出，日俄开战以来，俄国国内反英情绪高涨。阅读该报告的英国驻日公使认为，一旦战后日俄和解，英国有在远东被孤立的危险。1905年2月12日，小村寿太郎在庆贺日英同盟三周年会议上发表演说，高度评价并希望强化日英同盟。翌日，英国驻日公使立即建议兰斯多恩与日本协商，进一步强化日英同盟。英国驻俄公使与驻日公使的意见引起了兰斯多恩的重视。3月24日，兰斯多恩会见林董，表示小村希望继续和强化两国同盟的演说使他感到非常高兴，询问修订盟约、扩大同盟范围以强化同盟的可能性。3月27日，小村寿太郎正式授权林董与英国政府交涉修订盟约事宜。4月16日，小村寿太郎基于内阁会议的决定，向林董发出训令，其主

---

① 外务省编『日本外交文書』第三十七卷第一册、日本国際連合協会、1958年、345—346頁。

要内容为：（1）尽管在第一次日英同盟缔约谈判中，英国就提出了扩大同盟范围的要求，但目前日本仍反对扩大同盟范围，因为两国从同盟中获取的利益不均衡，同盟为英国巩固和扩大在华利益发挥了重要作用；（2）同盟有效期限从5年延长至7年；（3）最重要的问题是要求英国承认朝鲜为日本的保护国。在第一次日英同盟中，英国仅限于承认日本在朝鲜具有政治上以及工商业上的特殊利益，但经过一年多的日俄战争，形势发生了很大变化，英国确认日本在朝鲜自由行动的时期已经来临。[①] 5月17日，林董与兰斯多恩正式举行修约谈判。兰斯多恩首先表示："关于同盟问题，英国内阁经过协商，对于继续保持同盟关系一事，并无异议，尤其基于对本问题的舆论走向，还一致希望能够让英日同盟在现有基础上更进一步。例如，在现行盟约规定下，缔约一方向另一方寻求援助，仅限于受到联合起来的两个国家攻击的情况。英国政府希望更改为，缔约国一方受到另一国无故攻击时，另一方给予直接援助，在这种情况下，英国以其全部海军力量给予日本以援助，与之对应，日本应当以其陆军力量向英国提供援助。"显然英国政府希望进一步强化日英同盟的"军事色彩"。兰斯多恩要求将同盟范围扩大到印度，理由是俄国曾扬言，日俄战争结束后，"会倾其全力扩张海军，在此情况下，日本若要与之对抗，维持海上均势，则需要承受巨大的负担。倘若在同盟条约中明确规定，在日本遭受其他国家攻击的情况下，英国以其全部舰队予以直接增援，那么俄国必然会放弃扩张海军的想法，然而这样一来，俄国可能将其力量全部转移并倾注到印度方向上去。此时，如果俄国了解日本陆军会直接对英国加以援助的话，就会有所顾忌，不得不放弃这一计划"。[②]

5月24日，日本内阁举行会议，决定接受英国的修约要求。小村认为：（1）为了维持和平，与现条约确定的攻守同盟相比，转变为军事同盟将更为有效；（2）有利于防止俄国发动复仇战争；（3）日本取得日俄战争的胜利会引起欧洲国家的恐惧，出现排斥日本的动向，强化日英同盟有助于摆脱国际孤立。5月26日，林董会见兰斯多恩，递交日本方案。日本方案含有公开条款和秘密条款。秘密条款中的第三条规定："日本为防止

---

① 片山慶隆『小村寿太郎：近代日本外交の体現者』、中央公論新社、2011年、148—151頁。
② 《小村外交史》收录了《兰斯多恩与小村寿太郎会谈记录：关于日英同盟续订（1905年5月17日）》。外務省編『小村外交史』下巻、新聞月鑑社、1953年、165頁。

别的国家对朝鲜的侵略行动,以及因朝鲜发生国际纷争,确立对朝鲜的保护权时,英国予以承认。"[1] 兰斯多恩对日本方案颇有意见,质问林董是否要改变朝鲜现状。

6月5日,英国内阁讨论日本方案并提出修正案:(1)扩大同盟范围,将东南亚、印度以及周边地区纳入同盟范围;(2)英国同意日本为维护在朝鲜的政治、军事和经济上的特殊利益采取认为适当和必要的措施,但"这些措施必须始终不抵触列国的工商业机会均等主义";(3)删除英国承认日本确立对朝鲜保护权的条款;(4)日本承认英国在印度具有特殊利益和支配权;(5)战时日本随时保持与在印度的英国军队数量相等的兵力,日军配合英军在印度的战争;(6)删除秘密条款。针对英国修正案,小村提出两点修改意见:其一,接受各国在朝鲜工商业机会均等原则,但再次要求英国承认日本对朝鲜的保护国化;其二,删除日本承认英国在印度具有特殊利益和支配权以及战时日军配合英军在印度作战的条款。最后双方分别在朝鲜和印度问题上做出让步。[2]

8月12日,林董和兰斯多恩签署《第二次日英同盟条约》。《第二次日英同盟条约》由序言和8个条款构成,其中最重要的是第一条至第四条以及第六条,序言规定的同盟宗旨是:"一、巩固和保持东亚和印度地区的普遍和平。二、通过确保中华帝国的独立与完整和各国在中国的贸易和从事工业的机会均等原则,维护所有国家在中国的共同利益。三、保持缔约双方在东亚和印度的领土权利,并保卫它们在该地区的特殊利益。"[3]

  第一条,双方同意,当英国或日本认为本协定序言所指的任何权利和利益受到危害时,两国政府将充分和坦率地相互通知,并共同考虑为维护这些受到危害的权利或利益而应采取的措施。
  第二条,如果不论何处发生了任何其他一个或几个国家进行无端挑衅或侵略行动,而缔约双方的任何一方因保卫本协定序言所提到的它的领土权利和特殊利益而卷入战争,缔约另一方应立即向其盟国提

---

[1] 片山慶隆『小村寿太郎:近代日本外交の体現者』、中央公論新社、2011年、154—155頁。
[2] 片山慶隆『小村寿太郎:近代日本外交の体現者』、中央公論新社、2011年、155—162頁。
[3] 世界知识出版社编《国际条约集(1872—1916)》,世界知识出版社,1986年,第251页。

供援助,并共同作战,以及和盟国相互协议缔结和平。

第三条,日本在朝鲜拥有最重要的政治、军事和经济利益,英国承认日本在朝鲜有权采取为保护和增进这些利益而可能认为是适当和必要的指导、管制和保护措施,但必须始终以这些措施不违背各国的贸易和从事工业的机会均等原则为条件。

第四条,英国在所有涉及印度边界的安全方面具有特殊利益,日本承认英国有权在该边界的邻近地区采取为保护其印度领地而可能认为必要的措施。

……

第六条,对于日本和俄国之间目前进行的战争,英国应继续保持严格中立,除非其他一个或几个国家参与反对日本的敌对行动,在这种情况下,英国将援助日本,并将共同作战,以及和日本相互协议缔结和平。

……

英国承认日本对朝鲜的保护国化是《第二次日英同盟条约》给日本带来的最大利益,从此以后没有任何力量可以阻碍日本将朝鲜变为殖民地。

第三节 《朴次茅斯条约》的签署与日本对朝鲜的吞并

尽管日本在军事上接连获得了胜利,但日本缺乏进行长期持久战的能力。奉天会战后的1905年3月13日,参谋总长山县有朋要求与俄国进行和谈。3月23日,山县有朋致函桂太郎首相和内阁,指出:第一,俄国仍拥有强大的兵力,相反我方兵力已快用罄;第二,俄国军官并不匮乏,而我方已损失多数军官,今后不易补充,要求与俄和谈。[①] 1905年8月初,在中国东北的日本兵力为25个师团,俄国拥有49个师团,俄国兵力数量是日本的近两倍。如果战争陷入持久战,不仅日本难以确保胜利成果,而且这会造成日本经济的全面崩溃。日俄两国在美国总统西奥多·罗斯福的斡旋下进行媾和谈判,曾考虑以巴黎、柏林或伦敦为谈判地点。日本希望在烟台举行媾和会议,俄国建议巴黎为谈判场所。由于日俄两国对谈判地

---

① 平間洋一『日英同盟:同盟の選択と国家の盛衰』、角川文庫、2015年、64—69頁。

点有不同的意见，西奥多·罗斯福曾一度考虑以瑞士或海牙为谈判地点。最后经协商，日俄决定在华盛顿召开媾和会议。但1905年夏天，华盛顿异常炎热，日俄最后将媾和会议地点改在美国的朴次茅斯。朴次茅斯是一个海港城市，有人口1万多人，也是美国的海军基地。1905年8月10日，日俄两国代表正式举行媾和谈判，会议时间为每日上午9时至中午，下午3时至5时；会议语言为英语、法语、俄语和日语，记录语言为英语和法语。日本全权代表是外相小村寿太郎、驻美公使高平小五郎，俄国全权代表是原财政大臣维特和原驻日公使、现驻美公使罗森。维特一般使用法语，间或使用俄语，小村使用日语，由日方翻译为法语。日俄两国代表在会议上唇枪舌剑，维特的语速快、声音低，激动时常常摇晃椅子，给翻译造成了一定的困难，为此不得不求助罗森。小村发言简练，并常常停顿以便译员从容翻译。①

  维特的任务并不轻松，战场上的接连失败、欧美国家对日本的支持以及国际舆论对日本的同情，都为维特的对日谈判设置了巨大障碍。维特清楚，"唯有外交能力才是自己的依靠"。维特在谈判中展现了超凡的外交能力，将拒绝与让步巧妙地结合起来。对于谈判纲领的要点，维特本人概括为：（1）丝毫不显露俄方急于媾和的态度，使人感觉到沙皇陛下同意和谈，只是为了顺应各国对结束战争的普遍愿望；（2）做一个配称世界上最大帝国的特使，不因这个强大帝国一时稍受挫折而沮丧；（3）鉴于美国新闻界具有重大的影响力，对新闻界要殷勤对待，并使它的所有代表人物容易与我们接近；（4）"要有民主朴素而毫不势利的作风以博得美国人的同情"；（5）鉴于犹太人在美国新闻界和美国生活的其他方面，尤其是在纽约的势力很大，"对于他们不露任何敌意"。②此外，维特对日本提出的次要且明显无法推脱的条件做出让步，对其他条件一概拒绝。维特指出："在这种关系上日本的全权代表小村寿太郎犯了一个大错，尤其使人意想不到的是他在美国长大，知道这个国家的精神，他总是躲避记者们，竭力不使他们得知这件事情的许多情况。于是我就利用我的对方不善应酬，激起新闻界对他和他的事业的反感。谈判刚一开始，我便提议各种讨论应全

---

① 外務省百年史編纂委員会編『外務省の百年』上巻、原書房、1969年、456—457、464—465頁。
② 〔俄〕维特著，〔美〕亚尔莫林斯基编《维特伯爵回忆录》，傅正译，商务印书馆，1976年，第107页。

部对新闻界公开,这就好像是说,我愿意对全世界的人都信任,我作为俄国皇帝的全权特使,绝无任何秘密和偏私的目的。"维特还不无得意说:"我住在美国的整个时期,我都严格遵守了这个行动纲领,在那里我好像住在一间玻璃房子里一样,随时好像舞台上的演员,一举一动都在众目睽睽之下。我认为我这次外交上的成功部分应归功于我的这个纲领。"①

日本政府在给全权代表的训令中提出了议和的3项"绝对的必要条件"和4项"相对的必要条件"。"绝对的必要条件":(1)日本可自由处置朝鲜;(2)在一定期限内日俄两国军队同时从中国东北撤军;(3)俄国将辽东半岛和中东铁路转让给日本。"相对的必要条件":(1)战争赔款;(2)引渡逃往中立港的俄国舰队;(3)俄国将库页岛和周边岛屿割让给日本;(4)日本拥有在俄国远东海域的渔业权。另有两个附加条件,即限制俄国在远东的海军力量;将符拉迪沃斯托克(海参崴)港非军事化,改为商业港口。会议一开始,小村就将日本议和条件递交给俄方,但撤除了符拉迪沃斯托克(海参崴)港非军事化的要求。维特拒绝日本自由处置朝鲜的要求,认为这违背了之前日俄两国关于确保朝鲜"独立"的协议,并且将遭到其他国家的反对。对俄国而言,朝鲜的"独立"和"主权"关系到俄国的安全,俄国当然不愿意将朝鲜置于日本的控制之下。小村表示日本自由处置朝鲜所引发的任何问题是日本的问题,与俄国无关。最后罗森提出建议,将俄国的意见载入会议记录,双方达成了妥协。对日本第二项、第三项"绝对的必要条件",维特爽快地答应了。至此,日本基本上达到了目的。

会议最后争论的焦点是战争赔款和库页岛的处置问题。朴次茅斯会议前夕,日本政府和军部内部的强硬派主张日军乘胜前进,进攻哈尔滨和俄国远东沿海地区,割占部分俄国领土,日本满洲军总司令部参谋福岛安正少将在《战后处理方案(俄国)》中提出以下媾和条件:(1)占有俄国远东沿海州及库页岛;(2)获得战争赔款;(3)对西伯利亚铁路战略要地进行保障占领;(4)俄国在中国东北的权益全面让渡给日本。②俄国的

---

① 〔俄〕维特著,〔美〕亚尔莫林斯基编《维特伯爵回忆录》,傅正译,商务印书馆,1976年,第107—108页。
② 小林道彦『山県有朋——明治国家と権力』、中央公論新社、2023年、176頁。福岛安正(1852—1919),日俄战争期间任日本满洲军总司令部参谋、陆军少将。1906年晋升陆军中将,1908年任参谋次长。1914年晋升陆军大将。

基本要求是不赔款、不割地。维特表示:"假如被日军占领的是莫斯科,也许你们可以提出这种要求。"围绕战争赔款和库页岛的处置问题,双方激烈争吵,会议一度濒临破裂。调停者罗斯福总统写道:"与俄国、日本的和谈代表团交涉让我熬白了头,日本人索求无度,而俄国佬比小日本更差劲,他们愚钝并且不说实话。"维特提出了最后妥协案,即将库页岛南部割让给日本,表示库页岛北部对俄国的国家安全至关重要,库页岛南部沿海渔业资源丰富,可以满足日本的经济利益要求。小村表示现在日军占领了库页岛全岛,作为将库页岛北部返还俄国的代价以及考虑到日本国民的感情,俄国至少要支付12亿日元。但维特断然予以拒绝,声称俄国陆军有挽回战局的打算,暗示日俄两国有再战的可能性,为避免重启战端,希望尽快达成妥协。沙皇在会见美国公使时表示,俄国不会割让一寸土地、赔偿一个卢布,但鉴于历史原因,可在库页岛南部做出适当妥协。美国总统西奥多·罗斯福劝说日本代表做出让步,如果日本为了金钱拒绝妥协而导致战争继续下去的话,各国会同情俄国,即便战争继续、日本占领西伯利亚,俄国也不会支付赔款,因此继续进行战争毫无意义。日俄双方拟定的会议结束日期为8月28日。但在8月26日举行的会议上双方仍未达成妥协。日本政府致电代表团,要求将会议结束日期延后一天。日本内阁举行紧急会议。晚上8时35分,政府向代表团发出训令,决定无论从经济上,还是从军事上,继续进行战争都是极为困难的,而"满韩"等重大问题已经得到解决,"帝国政府鉴于人道和文明的大义且为了日俄两国的真正利益,做出最后让步,即确认俄国对库页岛占领的既成事实,撤回关于军费赔偿的我方要求"。9月1日,日俄双方签署停战议定书,9月5日,小村寿太郎和维特签署《朴次茅斯条约》。① 显然,俄国对谈判结果

---

① 外务省百年史编纂委员会编『外務省の百年』上卷、原書房、1969年、464—466頁;片山慶隆『小村寿太郎:近代日本外交の体現者』、中央公論新社、2011年、170—176頁;〔俄〕奥列格·阿拉狄托夫:《溃败之路:1904~1905年俄日战争》,周健译,社会科学文献出版社,2021年,第589—590页。其实,围绕战争赔款和库页岛处置问题,日本决策层十分纠结,朝令夕改,反复无常。1905年8月26日凌晨,枢密院议长伊藤博文、首相桂太郎、海相山本权兵卫、陆相寺内正毅和外务省次官珍田舍巳举行五人会议,要求俄国割让库页岛并支付战争赔款。但是,同日上午9时举行的御前会议却发生了180度的转换,决定放弃要求俄国割让库页岛和支付战争赔款的议和条件。8月28日,日本政府向全权代表小村寿太郎发出训令电报,告知御前会议决定。训令电报发出后不久,外务省通商局局长石井菊次郎从英国驻日公使处获悉俄国愿意在割让库页岛南部问题上做出妥协。为此,外务省电信课代理课长币原喜重郎与石井菊次郎立即(转下页注)

感到满意。当维特从小村口中得知日本政府的最后决定时喜形于色,说:"再谈下去没有意义了,好了,就把萨哈林的南半部割让给你们吧。"会议结束后,等候的记者一拥而上,纷纷询问:"怎么样了?怎么样了?"维特得意扬扬地用法语回答:"分文未付。"①

《朴次茅斯条约》由15个条款和2个附加条款构成,主要内容为:第一,俄国承认日本在朝鲜拥有最高的政治、军事和经济利益,并保证既不阻挠也不干涉日本政府在朝鲜必须采取的指导、保护和管制措施;第二,两国军队全部和同时从中国东北撤出,但被租借的辽东半岛的领土除外;第三,俄国将旅顺、大连和其邻近的领土和领水的租借权以及其他一切权利、特权转让给日本,并将上述租借的领土上的一切公共工程和财产转移和转让给日本;第四,俄国将长春和旅顺之间的铁路和其一切支线及在该地区的属于铁路的一切权利、特权和财产,以及在上述地区的一切属于或为铁路利益经营的煤矿,转移和转让给日本;第五,俄国将库页岛南部和邻近该岛的所有岛屿,以及在该地区的所有公共工程和财产永久和全部割让给日本,以北纬50度为这块被割让领土的北部边界;第六,俄国约定与日本进行安排,为日本人在日本海、鄂霍次克海、白令海上的俄国领地的沿海取得捕鱼的权利;第七,双方尽快互相遣返战俘。②俄国代表团认为他们在谈判中创造了一个奇迹,即避免了支付赔款,做出的领土让步也只是割让日本曾经占领的那个荒凉小岛的一半,因此俄国代表团在签约后的庆功宴上喝香槟酒加以庆祝。日本代表团没有参加庆功宴。"小村和同行人员奉命不得不签署了一份完全违背他们意愿的条约。他们能很容易地想象出来,在回到日本后将受到狂风暴雨般的接待。"③

日俄战争的胜利确立了日本在东北亚的优势地位,为日本最终吞并朝鲜提供了有利条件。日本从俄国手中获得旅顺、大连和中东铁路,进一步

(接上页注①) 将这一信息告知首相桂太郎并向小村寿太郎拍发紧急电报,推迟与俄国代表团的最终会谈时间,暂缓执行先前发出的训令电报,为获取库页岛南部保留机会。8月29日(当地时间),小村寿太郎在从住宿酒店前往与俄罗斯代表团举行最终会谈的途中获得了来自外务省的紧急电报。参见熊本史雄『幣原喜重郎:国際協調の外政家から占領期の首相へ』、中央公論新社、2021年、26—27頁。

① 幣原喜重郎『外交五十年』、読売新聞社、1951年、36頁。
② 世界知识出版社编《国际条约集(1872—1916)》,世界知识出版社,1986年,第254—259页。
③ 〔美〕唐纳德·基恩:《明治天皇(1852—1912)》,曾小楚、伍秋玉译,上海三联书店,2018年,第723页。

激发了日本对中国东北的殖民野心。从中日甲午战争起经日俄战争，由于经济实力的欠缺和科学技术的落后，日本最终踏上了需要投入更多成本、对军事力量依赖度较高的构建殖民帝国的扩张道路，通过不平等条约来获取经济利益，而不是通过"自由贸易"的方式构建"自由贸易帝国主义"。日本具有与欧洲国家不同的殖民帝国特性，即相较于对经济利益的关心，"更多的是以对军事安全保障的关心为出发点。欧洲的殖民地都设在与本国并不接壤的远隔之地，殖民帝国日本却是在直接连接本国国境线的南方及北方地域进行空间上的扩张"。①

日俄战争对国际关系产生了重要影响。日俄战争前，日本与欧美各国之间还未被允许交换大使，在欧美国家的驻外公馆还不是大使馆（Embassy），而是停留在公使馆（Legation）级别上。以欧美为中心的国际社会是一个等级社会。按照国际惯例，互派大使只能在所谓的一等国（First Class Powers）之间进行。日本与欧美各国之间互派大使是在日俄战争之后，此时日本才被国际社会正式视为一等国。②日俄两国在战后迅速和解，不断强化两国关系，"日俄关系处于史上罕有的友好时期"。1907年，双方缔结了第一次《日俄协约》，在协约附属的秘密条款中规定了两国在中国东北的势力范围，并相互承认日本在朝鲜的特殊利益与俄国在外蒙古的特殊利益。"同样的协定也在1910年、1912年和1916年签订。最后一个协定确定了两国的同盟关系。"俄国在奉行对日亲善政策的同时，放弃了与德国结盟的路线，转而走上了与英国和解与协调的路线。"鉴于日本与英国在亚洲结下了牢固的同盟，加入英法协定对于保障俄国的安全显然是合宜的。"1907年8月，英俄两国缔结协定，"与德国与奥匈帝国的同盟形成对立，第一次世界大战时的两大阵营至此成立。就这样，日俄战争成为将列强导向第一次世界大战的触媒"。③

日本在日俄战争中战死84000人，耗费战费17亿日元，作为战胜国却未能获得战费赔偿，也未能得到整个库页岛，引起了日本社会舆论和战争期间承受巨大牺牲的民众强烈不满。《万朝报》《二六新闻》《都新闻》

---

① 〔日〕三谷太一郎：《日本的"近代"是什么：问题史的考察》，曹永洁译，社会科学文献出版社，2019年，第160—161页。

② 〔日〕三谷太一郎：《日本的"近代"是什么：问题史的考察》，曹永洁译，社会科学文献出版社，2019年，第160—161页。

③ 〔日〕横手慎二：《日俄战争：20世纪第一场大国间战争》，吉辰译，社会科学文献出版社，2019年，第141页。

《日本新闻》《大阪日报》《大阪朝日新闻》等著名媒体抨击《朴次茅斯条约》。《大阪朝日新闻》发表社论，指出《朴次茅斯条约》是损伤帝国威信的"屈辱的和约"，以这样的条件缔结的和约"绝非陛下的圣意"，请求明治天皇下令废除和约。"讲和问题同志联合会会长"、众议院原议长河野广众致电小村寿太郎，"由阁下议定的讲和条约，误了军国的大事，应尽快自裁以谢朝野"。1905年9月5日，对俄同志会等团体在东京日比谷公园举行大规模集会，反对无赔偿、无割地的议和，集会演变为暴力活动，有数万人卷入暴力活动，与警察发生激烈冲突。内务大臣官邸和外务省以及美国使馆遭到袭击，13处教会设施损毁，17人死亡，500多人受伤。[1] 一些暴徒甚至扬言要刺杀小村寿太郎等和谈代表。小村归国时先搭乘海轮抵达横滨港，海轮进入近海后由驱逐舰在一旁护卫，不允许任何船只靠近。条约原件由另一艘驱逐舰先行送往芝浦，以防止聚集在横滨港的愤愤不平的民众抢夺条约原件。小村上岸后换乘火车抵达新桥站，首相桂太郎和海相山本权兵卫亲往迎接。小村居中，桂太郎和山本权兵卫与小村紧紧挽着胳膊下车，走出车站。因为警视厅接到一份报告，报告声称有人计划趁小村抵达时对其进行枪击。[2]

其实在启程赴美国谈判前，小村寿太郎等和谈代表对和谈是否能达到日本的预期目标实在没有把握。1905年7月8日，小村寿太郎等从新桥站启程时，民众自发聚集在车站欢呼送行。小村对首相桂太郎说道："回来时，恐怕完全是反对之声吧！"外务省政务局局长山座园次郎对小村说："万岁之声，回来时不会变成混蛋之声就可以了！"小村对和谈结果并不满意，但也无可奈何。在《朴次茅斯条约》签署后，小村说："我确信将会受到本国多数人的非难，但让所有人满意是不可能的。俄国也有许多不满的人。但是，群众心里是不能解开时局难关的。"[3]

和谈结束后，小村病倒了。小村身矮体弱，和谈期间常常忙到凌晨2时才卧床休息，早晨6时就起床了，加上感染风寒，导致小村发热、无法入睡。天皇亲自命令正在芝加哥参加医学大会的海军军医总监铃木重道急

---

[1] 平間洋一『日英同盟：同盟の選択と国家の盛衰』、角川文庫、2015年、68—69頁；片山慶隆『小村寿太郎：近代日本外交の体現者』、中央公論新社、2011年、178頁。
[2] 幣原喜重郎『外交五十年』、読売新聞社、1951年、35頁。
[3] 外務省百年史編纂委員会編『外務省の百年』上巻、原書房、1969年、457、474—478頁。

赴旧金山为小村诊治。小村在回国途中,向秘书口授了《满韩经营纲领》,内容包括设置朝鲜统监府及理事厅、在马山和釜山修建港口、设置辽东总督府、敷设连接中国东北南部与朝鲜的铁路、在博多湾扩建海港作为大陆用兵基地等。小村的设想之后被明治政府陆续实施。小村从横滨上岸返回东京,沿途戒备森严。天皇颁布敕语嘉奖代表团,赏赐小村 3 万日元,赏赐高平小五郎 1 万日元。① 日比谷暴动事件反映了民众对外交的重要影响,支持政府议和方针的国民新闻报社被民众捣毁,而一贯持对外强硬态度的右翼思想家德富苏峰则赞成妥协退让,社会舆论多样化了。从这个意义上讲,这是日本外交民主化的端倪。但外交民主化不是来自民众的和平诉求,而是来自民众对继续进行战争的呼吁,颇有讽刺意味。②

1905 年 11 月,日本迫使朝鲜缔结《第二次日韩协约》(《乙巳保护条约》),朝鲜沦为日本的保护国。1906 年 2 月,日本将驻朝公使馆改为统监府,并设立 12 个理事厅和 11 个支厅。伊藤博文被任命为首任统监,统监有权对重要法案进行审议。3 月,伊藤博文进入统监府,要求各国撤回驻朝使节,宣布除守卫宫城的一个陆军大队以外,解散所有朝鲜军队。李完用(学部大臣)、李根泽(军部大臣)、李址镕(内部大臣)、朴齐纯(外部大臣)、权重显(农商工部大臣)等赞同签订《第二次日韩协约》。③ 高宗听闻《第二次日韩协约》签署的消息,"流泪吐血",极为愤慨,痛骂臣子无能,号召各地"赤子"奋起反抗。原参政大臣闵永焕、原左议政赵秉世相继自杀。高宗通过美国教师以及美国前驻朝公使等外籍人士向美国政府发出密信,请求美国进行干预,但美国政府始终不予理会。1906 年 6 月 22 日,高宗又向美、英、法、德、俄、奥匈、意、比、中等九国宣告条约无效。④ 朝鲜不甘心沦为日本的保护国。1907 年 6 月,第二届国际和平会议在荷兰海牙召开,高宗任命李相卨、李儁、李玮钟为密使,向国际社会抗议日本将朝鲜列为保护国的企图,此即"海牙密使事件"。日本以此为借口,逼迫高宗让位于太子(纯宗)。高宗退位激起了朝鲜大规模的抗日运动,军队也奋起反抗,即义兵运动。日本增派一个旅

---

① 外務省百年史編纂委員会編『外務省の百年』上巻、原書房、1969 年、457、474—478 頁。
② 井上寿一『日本外交史講義』、岩波書店、2003 年、40—41 頁。
③ 吴善花『韓国併合への道 完全版』、文藝春秋、2013 年、212—213 頁。
④ 趙景達『近代朝鮮と日本』、岩波書店、2012 年、191—193 頁。

团，对朝鲜抗日运动进行严厉镇压。1907年7月24日，伊藤博文与李完用总理大臣签署《第三次日韩协约》。根据协约，朝鲜法令的制定、重要行政措施的实施以及高级官员的任命、外国人的聘用等必须获得统监的确认或同意，朝鲜政府任命经统监推荐的日本人担任官员。附属的秘密备忘录还规定：（1）解散朝鲜军队；（2）中央政府的各部次官、书记官、事务官、内部警务局长、警视总监以下的警视厅官吏，各道观察府的书记官、事务官、警察部长以下的警察官吏、财务监督局长以下的税务官吏，府郡的主事等由日本人担任；（3）新设法院，任命日本人为判事、检事和书记；（4）新设监狱，监狱长及监狱官吏的半数为日本人等。原在朝鲜的日本顾问及其随从大多转变为朝鲜政府官吏。1909年6月，朝鲜政府官吏中，朝鲜人为6837人，日本人为5370人，次官以下的官吏多数为日本人，形成了一种日本人掌握实权的"次官政治"。1907年8月，朝鲜军队被解散。为了镇压义兵运动，日本增强了驻军、宪兵以及警察力量。1908年5月，日本向朝鲜增派两个联队，在朝鲜的兵力配置相当于两个师团。1908年7月，建立宪兵补助员制度，征集朝鲜人充当宪兵补助员。1910年3月，宪兵总数达到2369人，补助员为4392人。日本还强化对朝鲜警察的控制，由顾问警察、理事厅警察统合朝鲜政府的警察力量，增加警察署和警察官数量，强化军事警察的色彩。1909年末，警察官总数达到5336人，其中2077人为日本人，3259人为朝鲜人。1909年7月，日本政府决定在适当时候"合并"朝鲜。1910年4月，俄国在与日本的交涉中承认日本对朝鲜的"合并"。8月，李完用在《日韩合并条约》上签字，朝鲜完全沦为日本的殖民地。[①]

第四节　有贺长雄与《外交时报》

1898年2月，有贺长雄创办了《外交时报》，这是第二次世界大战前日本最重要的外交论坛。战前日本研究外交和国际问题的杂志不仅有《外交时报》，还有日本外事协会主办的《国际评论》（1932年创刊）、国际法学会主办的《国际法外交杂志》（1902年创刊）、国际联盟协会发行的

[①] 糟谷憲一『朝鮮の近代』、山川出版社、2015年、77—83頁；吴善花『韓国併合への道 完全版』、文藝春秋、2013年、212—213頁。

《国际知识》（1920 年创刊）等，但创办时间最早、影响最大的无疑是《外交时报》。战前日本共产生了 29 位首相，其中 8 位首相曾为《外交时报》撰文。《外交时报》为半月刊，总页数为 5322 页，大大超越了其他外交和国际问题的杂志。

有贺长雄生于 1860 年，为家中长子，先后毕业于大阪英语学校和东京开成学校，1878 年进入东京大学文学部学习。从东京大学毕业后留校任教，之后转入政界，受到伊藤博文和伊东巳代治的赏识，先后担任枢密院书记官、内阁总理大臣秘书官、农商务省文书课课长和特许局局长等。1913 年，有贺长雄来华担任北洋政府大总统宪法顾问。

有贺长雄著述甚丰，并先后在早稻田大学和东京大学开设国家学、国际法、最近政治史和外交史等课程，被誉为"日本的外交史学之祖"，也是第一个在日本大学讲授外交史课程的教师。朋友们形容有贺长雄"博览强记""精力绝伦"。1902 年，有贺长雄撰《外交史及其研究法》，阐述了外交史研究的重要性以及外交史研究方法，指出："研究外交史，有直接之目的。其一曰练外交之技能。外交者，技术中之技术，今欲从学理上研究法则，其途未开。故舍实地熟练外，似无研究方法。虽然，有类似之比例，则陆海军之参谋术也。以军事之要素复杂、变化无方，亦似无就学理上研究之法。然观我陆海军大学校及欧美各学教授之法，则以战史为最大要部。盖战史者，记过去之实事，两军之主，统率军队舰队于一定情况之下，若者胜，若者败，详悉其事实而分解其理由，实足以资后来之参考。夫前后之事，必一一符合，分毫不差，斯固绝无仅有者，然类似之情况，则数数见之。涉猎战史者，追他人之经验，为己事之材料，必有益于判断之力。外交亦然，事不必同，而但其相似，则若清国近年之地位，可以比土耳其，俄、日之于朝鲜，可以比英、法之于麻洛哥（摩洛哥——引者注），其尤著者也，其他仿佛之端，尤不可以数计。顾博通外交史者，鉴既往，定将来，得以纵横其策而不害。夫亦赖是耳。""其二曰在知欧美列国相互之关系。列国对外之举动，必有因，其国内部之形状，及外部之关系影响而发展，故欲于一定之时与地，预知一国之举动，其一国之内情，无论矣。其对外也，若者有所恐，若者有所恃，若者有所困，审其有无而察其形变，所谓要事，无逾于此。"[①] 同年，有贺长雄又撰写了《外交无

---

① 〔日〕有贺长雄著，李超编《有贺长雄论学集》，商务印书馆，2019 年，第 215—216 页。

为论》，指出："外交之无为也，有二，曰钝拙者，曰利巧者。外交无为，往往流于钝拙者。何耶？曰：是由涸竭其外交之资源以自毙者也。外交资源者，外交界之专门语，在制外国政府以为我用之谓。是故资源丰富者，有实行吾意之效，而穷乏者反之。今日外交，不外乎利益交换之举，苟我所处置，有影响于外国利益之关系，则务有以笼驾外国，使在不得不容吾请之地，其利益关系点多者，谓之外交资源之丰富，否则穷乏而已。"那么如何增加外交资源呢？有贺长雄认为："外交资源之丰富，在于彼我利益之关系点多，果何道以多之耶？曰无他，平时外交，勉增彼我交涉之事端而已。种种交涉之事端，有利益于彼者，有利益于我者。前者我或示与彼同意以为诱彼之作用，后者我把持之，或姑放弃之以为动彼之方便。如其素无交涉、无关系，则何以施擒纵自在之策耶？此无为外交之所以拙也。以无为外交而欲有实益于国家，犹之无金而阅市，此欧洲列强外交家所以于外交界之事，不问其起于何国，与吾国有直接关系否，必进而干涉之，以为外交资源之所由也。""唯外交资源，在滋之于平时，而非可临事急就者。当今之时，欲不依争议，不依兵力，于平和嘉会之途，而吸收利益于他国，以无损于列国共和之实，唯在有为之外交家，扶殖外交之资源，以丰富其利益交换之资料而已。若乃战战栗栗，畏多事之难，而偷一时之安，非所以尽其责也。"①

  1898年2月，有贺长雄在《外交时报》创刊词中指出，创刊的目的是向公众阐明列国外交的过去和现在，研究列国远东外交的相关问题，为确定日本的外交立场提供资料。《外交时报》每期100页左右，特刊号会增加页数，栏目分为"肖像略传"（杂志封面往往刊登各国元首、政治家和军人的肖像，并对其进行介绍）、"报社告示"、"记事"（对重要的国际事件进行介绍和解说）、"论说"（对重要的国际事件进行评论以及应采取的立场）、"国际法"、"条约改正"（对日本修改的不平等条约以及签署的新约进行介绍和评论）、"公文"（刊载国际条约和外交公文，如《第一次日英同盟条约》、1907年《日法协约》、1910年《日韩合并条约》等）、"杂报"（主要刊载欧美国家主要报刊的内容摘要、各国政坛消息和军队动向等）、"万国红十字"、"外交家传"、"外交史谈"（如《木村芥舟翁咸临丸渡航谈》等）、"外交奇闻"（如《美国总统与国库的负担》等）、

---

① 〔日〕有贺长雄著，李超编《有贺长雄论学集》，商务印书馆，2019年，第218—219页。

"书评"和"国际经济"。① 进入大正时代后,《外交时报》获得了飞速发展,在同类杂志中居于核心地位,具有压倒性优势,集学术性、报道性和评论性于一身,"可以说,战前的《外交时报》在日本的外交论坛上是空前绝后的杂志",② 充分发挥了舆论对外交的影响力。

---

① 伊藤信哉「二〇世紀前半の日本の外交論壇と『外交時報』(1)」、『松山大学論集』第 20 巻第 1 号、2008 年 4 月。
② 伊藤信哉「二〇世紀前半の日本の外交論壇と『外交時報』(1)」、『松山大学論集』第 20 巻第 1 号、2008 年 4 月。

第五章　远交近攻：日本对近东和中亚的外交战略

日本与近东、中亚等伊斯兰国家和地区的关系源远流长，近东、中亚等伊斯兰国家和地区在日本外交战略中居于十分突出的地位。土耳其在伊斯兰世界的巨大影响力以及重要的地缘战略地位引起了日本决策层的高度关注，其倡导的"泛突厥主义"和"泛伊斯兰主义"契合了日本的伊斯兰战略。日本除了"北进"与"南进"战略外，还有非常隐蔽、战略实施重点不断变化的"西进"战略。"西进"战略即伊斯兰战略，该战略以"回教工作"为核心，其目的是争取伊斯兰国家和地区的认同，获取对经济发展和军事扩张而言不可或缺的石油资源，继伪满洲国、伪蒙疆政权之后企图在中国西北地区策动建立第三个傀儡国家——"回教国"，建立一条以日本为核心的"防共长廊"，割断苏联与中国的联系，断绝国际援华通道，并越过中亚控制伊朗和土耳其，与德国、意大利在欧洲、北非等地的占领区域接壤，从而使轴心国的统治区域连成一片。

第一节　日本与伊斯兰国家关系溯源

早在奈良时代（710—794 年），伊斯兰教和伊斯兰文化就沿着丝绸之路通过中国传入日本，奈良正仓院保留了大量从西域传入日本的具有鲜明伊斯兰风格的文物。2016 年 10 月 5 日，在奈良平城宫遗址出土的"天平神护元年"（765 年）木简中有"破斯清通"的人名记录。经考证，"破斯"即"波斯"，此人是当时在"大学寮"工作的波斯人。《续日本纪》记载："（七三六年）十一月戊寅，天皇临朝，授唐人皇甫东朝、波斯人李密翳等阶位。"李密翳是不是穆斯林已无法考证。1275 年，元朝向日本派出了 5 人使节团，其中 2 人为穆斯林，劝说日本归顺，结果激怒了镰仓幕府，5人惨遭杀害。① 从此以后相当长的时间内，穆斯林再未踏足日本列岛，日本处于与伊斯兰世界隔绝的状态。

明治政府成立后逐渐与伊斯兰世界建立联系。最初访问土耳其的日本人为福地源一郎。福地源一郎作为岩仓使节团的一等书记官，随使节团出访。岩仓使节团抵达英国后，派遣福地源一郎考察土耳其，净土真宗僧侣岛地默雷与其同行。1873年4月，福地源一郎在伊斯坦布尔访问了12天，归国后向外务卿寺岛宗则递交了访问报告，岛地默雷则撰写了名为《航西日策》的旅行记。1876年，日本驻英公使馆书记官中井弘经俄国、土耳其、埃及回国，途中对伊斯坦布尔进行了非正式访问，拜会了奥斯曼帝国外交大臣，这是日本外交人员首次访问土耳其。归国后中井弘撰写了《漫游记程》（共3卷，1877年刊行），上卷为"俄国、土耳其漫游记程"，中卷为"土耳其、希腊、埃及、印度漫游记程"，下卷为"欧美名区之诗文漫游记程"，记录了访问土耳其的经历。1880年，以吉田正春为首的日本使节团出访波斯，并在伊拉克的巴士拉和巴格达停留。1887年，日本小松宫彰仁亲王在结束欧洲访问返回国内的途中，抵达伊斯坦布尔，受到了奥斯曼帝国苏丹阿卜杜勒·哈米德二世的接见，阿卜杜勒·哈米德二世为其举行了盛大宴会，彰仁亲王向阿卜杜勒·哈米德二世赠送了明治天皇的礼物。彰仁亲王归国后，明治天皇于1888年5月10日致信阿卜杜勒·哈米德二世，感谢其对彰仁亲王的热情款待并赠送了漆器等礼品。1890年6月，土耳其亲善使节团奉命乘坐军舰"埃尔图特鲁尔"号访问日本，受到了日本朝野的热烈欢迎，明治天皇接见了使节团，并接受了阿卜杜勒·哈米德二世授予的土耳其最高勋章及各种礼品。明治天皇还亲自设宴款待使节团，彰仁亲王、贞爱亲王、陆军大臣、海军大臣、外务大臣、宫内大臣等名流出席作陪。土耳其亲善使节团访日的目的是：（1）在东亚宣传"泛伊斯兰主义"，显示土耳其在伊斯兰世界的正统地位；（2）推进缔结土日条约；（3）提高土耳其舰队的远航能力。搭载亲善使节团的土耳其军舰通过苏伊士运河后，先后停靠亚丁、孟买和科伦坡，受到了当地穆斯林的热烈欢迎。当时的伊斯兰国家和地区几乎都处于奥斯曼帝国的控制或影响之下。阿卜杜勒·哈米德二世要求船员和亲善使节团成员在每周五下午，与停泊港口的穆斯林一起，在清真寺举行集体"主麻拜"，彰显土耳

---

① 宫田律『イスラムの人はなぜ日本を尊敬するのか』、新潮社、2013年、79頁。

其国威和在伊斯兰世界的正统地位。① 这一场景给日本人留下了深刻印象。

早在1875年，明治政府就从政治和经济两方面考虑与土耳其缔结条约关系，外务卿寺岛宗则就日土建交问题上书太政大臣三条实美。日本驻英国公使上野景范奉命与土耳其方面进行交涉。1881年，外务省理事官吉田正春抵达伊斯坦布尔，会见阿卜杜勒·哈米德二世，宣称日土两国人民系同一人种，希望缔结修好条约。1881年、1882年，"驻俄公使柳原（前光）奉命开始与土方进行关于缔结日土两国间条约的交涉"。② 但是，由于1878年前后日本掀起了自由民权运动，修改不平等条约是自由民权运动的主要诉求之一，日土缔约建交工作陷于停顿。

1890年9月16日，"埃尔图特鲁尔"号在返航途中于和歌山县大岛村附近海域遭遇台风，触礁沉没。海难事故发生后，大岛村村民全力救援，有69人获救，587人死亡。获救者先被安置在寺庙和小学，然后送往神户的医院。民众纷纷捐款捐物，搜索遇难者遗体并将之隆重安葬。1891年2月，大岛村村民修建了遇难者墓园，墓园中矗立着高约2米的纪念碑——"土国军舰遇难之碑"。获救者康复后由日本军舰"比叡"号、"金刚"号送回土耳其。《时事新报》记者野田正太郎（1868—1904）③ 携带募集的捐款，搭乘"比叡"号前往土耳其，为报社撰写了《日本军舰土耳其纪行》。毕业于东京药学校（现东京药科大学）的实业家山田寅次郎也为遇难土耳其军人积极募集善款并于1892年1月赴伊斯坦布尔，受到了阿卜杜勒·哈米德二世的接见。山田寅次郎向其赠送了家传的武士盔甲和剑，阿卜杜勒·哈米德二世则向山田授勋并赐予其穆斯林姓名。1909年，山田赴麦加朝圣，成为日本穆斯林赴麦加朝圣的第一人。应阿卜杜勒·哈米德二世邀请，山田也在土耳其教授日语，与野田正太郎成为同事。山田寅次郎在土耳其生活了18年，九一八事变前凡访问土耳其的达

---

① 池井優·坂本勉『近代日本とトルコ世界』、勁草書房、1999年、12—13、48—49頁。
② 「明治22年4月25日から大正15年5月27日」、戦前期外務省記録/1門 政治/1類 帝国外交/2項 亜細亜/帝国諸外国外交関係雑纂/日土間之部/外務省外交史料館藏、JACAR系统查询编号：B03030219900。
③ 野田正太郎出生在陆奥国（今青森县）的一个武士家庭，有"神童"美誉，毕业于庆应义塾，受福泽谕吉赏识而进入时事新报社。阿卜杜勒·哈米德二世希望野田正太郎留在土耳其教授日语，野田欣然答应。结果，野田正太郎以陆军少校的身份为土耳其军人讲授日语，同时也成为日本新闻界派往伊斯兰国家的第一个特派记者。在土耳其生活期间，野田正太郎皈依了伊斯兰教，成为日本第一位穆斯林。

官贵人，如闲院宫亲王、清浦奎吾、寺内正毅、乃木希典、福岛安正、德富苏峰等无不与其见面，并得到他的帮助，他被誉为"民间大使"。日俄战争期间，山田寅次郎在黑海海峡积极为军部收集俄国舰队的情报。归国后，山田积极致力于日土经济贸易关系的发展。1925 年，日土贸易协会成立，山田寅次郎就任理事长，稻畑胜太郎任会长。① 1931 年，山田寅次郎时隔 17 年随日本使节团再次访问土耳其，与老友话旧，并会见土耳其总统凯末尔。

1892 年，日本驻德公使青木周藏赴伊斯坦布尔，会见了阿卜杜勒·哈米德二世。阿卜杜勒·哈米德二世惋惜青木周藏没有缔约权，表示"朕夙愿两国间缔结条约"。青木周藏回应，日本正在同列强交涉修改不平等条约，在修改不平等条约工作结束前，日土两国可建立通商航海关系，缔结这样的条约"是极为简单的事情"。② 得知土耳其有意缔约的消息后，1893 年 12 月 21 日，日本内阁会议通过了《日本土耳其两帝国宣言案》。青木周藏与土耳其驻德大使进行谈判，日本要求在土耳其享有领事裁判权，遭到土耳其拒绝。日方记载："双方关于领事裁判权的问题意见不一，我方主张与欧洲列强享有同等的领事裁判权，土方则希望缔结完全对等的条约。由于土方不接受我方提出的领事裁判权，谈判陷入僵局。"③ 不久，中日甲午战争爆发。1895 年 10 月 7 日，明治政府授权青木周藏与土耳其驻德大使再次交涉两国缔约建交事宜，但领事裁判权问题仍然阻挠了谈判进程，"并且恰逢此时土耳其与希腊开启战端，到了明治 31 年土方也未做出任何答复"。④ 1898 年 4 月，外相西德二郎重启日土缔约建交工作，仍无果而终。土耳其认为其"国势衰微的原因就在于治外法权，无论如何也不愿在此问题上做出让步"。⑤ 日俄战争的爆发再次中断了日土建交谈判。

---

① 山田邦紀・坂本俊夫『東の太陽、西の新月：日本・トルコ友好秘話「エルトゥールル号」事件』、現代書館、2007 年、43、63、177—186 頁。
② 池井優・坂本勉編『近代日本とトルコ世界』、勁草書房、1999 年、61 頁。
③ 「明治 22 年 4 月 25 日から大正 15 年 5 月 27 日」、帝国諸外国外交関係雑纂/日土間之部、JACAR 系统查询编号：B03030219900。
④ 「明治 22 年 4 月 25 日から大正 15 年 5 月 27 日」、帝国諸外国外交関係雑纂/日土間之部、JACAR 系统查询编号：B03030219900。
⑤ 「明治 22 年 4 月 25 日から大正 15 年 5 月 27 日」、帝国諸外国外交関係雑纂/日土間之部、JACAR 系统查询编号：B03030219900。

第五章　远交近攻：日本对近东和中亚的外交战略

1909年，外相小村寿太郎训令日本驻奥地利大使内田康哉，要求将土耳其列为巴尔干国家中首个建交的国家。内田在与土方的交涉中提出了日土两国签署建交宣言，宣言不触及领事裁判权问题。但1911年9月，为争夺对的黎波里的控制权，土耳其与意大利爆发战争。不久又爆发了两次巴尔干战争，日土建交谈判再次陷于停滞。

奥斯曼帝国在鼎盛时期横跨亚非欧三大洲，但从18世纪起开始走向衰落。俄国利用奥斯曼帝国的困境，向南扩张，不断蚕食奥斯曼帝国的土地，极力获取地缘政治利益，为此土俄两国多次爆发战争，奥斯曼帝国接连失利，帝国版图不断缩减，特别是在叶卡捷琳娜二世（1762年7月至1796年11月在位）发动的第五次俄土战争（1768—1774年）中，俄军重创土军，获得了克里米亚半岛和黑海北岸广大地区，直逼黑海海峡，使黑海从奥斯曼帝国的内湖逐渐沦为"俄国之湖"，引发了欧洲国际政治中的"东方问题"。同时，沙俄政府又对境内的穆斯林进行宗教迫害。由此导致了土耳其对俄国的怨恨和土俄关系的持续恶化。

18世纪以来，俄国为了进入日本海、控制太平洋航道，由北向南对千岛群岛和北海道进行探险，成为要求日本开港通商的第一个西方国家，日本出现了"北边之警"。19世纪初，日俄两国在日本北方地区发生了多次冲突。

由于在1853—1856年的克里米亚战争中战败，俄国向西扩张的道路被堵塞，其扩张转向了东边，围绕中国东北和朝鲜与日本展开了激烈竞争。《马关条约》签署后，日本占据了中国东北南部，极大地妨碍了俄国在朝鲜获得不冻港的企图并危及俄国远东地区的安全。俄国联合德、法进行"三国干涉还辽"活动。日本屈服于俄国的压力，被迫退还了辽东半岛。"三国干涉还辽"的成功表明俄国远东外交的巨大成功，极大地提升了俄国在远东的国际影响力，同时也使日本倍感屈辱，"卧薪尝胆"、对俄复仇成为朝野共识，日俄矛盾成为远东的主要矛盾。因此地处东西两端的日本和土耳其在反俄上取得了共识。

明治时期，日本政府为了推进军队近代化建设，开设军事院校，聘请大量欧洲国家的军事教官，外国教官在授课时不断提及俄土战争。1870年海军开设"海军兵学寮"（1876年改称"海军兵学校"）；陆军于1874年开设"陆军士官学校"，1875年又开设"陆军幼年学校"。军事院校特别注重传授军事历史和军事地理方面的知识，使日本军人对遥远的土耳其有了初步认识。1894 年,"陆军幼年学校"使用了三木信近、棚桥一郎校订的《万国历史》(共 4 卷),其中第 2 卷有涉及土耳其的内容,标题为"土耳其的勃兴";第 4 卷论述了克里米亚战争及 1877—1878 年的俄土战争,标题为"西班牙、土耳其、俄国最近之沿革"。1887 年,军部还编纂了关于俄土战争的特别讲义,标题为《明治 20 年 编册 参谋本部 近卫临时炮台建筑部》,供军校使用。明治时期及大正初期,日本军人所称的俄土战争不是一场战争,而是指从 1568 年至第一次世界大战时期的一系列土耳其与俄国之间的战争。①

日本军部不仅在理论上研究俄土战争,还派遣军官实地观摩。1877 年 4 月俄土战争爆发后,在外务省的协助下,正在法国逗留的陆军中佐山泽静吾(之后晋升为中将)作为观战武官赴俄国,对战争进行了长达 3 个月的观察。归国后,他向宫内卿德大寺实则汇报观战情况,并由德大寺实则将观战报告呈递明治天皇。海军也派遣了观战军官。"清辉"号军舰在舰长井上良馨中佐的率领下从法国返航,途中于 1878 年 11 月抵达伊斯坦布尔。尽管战争已经结束,但井上良馨等人仍通过各种渠道了解战争进程。1881 年就任参谋本部监军部部长的谷干城发起成立了研究军事学的"月曜会",对 1877—1878 年的俄土战争进行了认真研究,并将研究成果在月曜会的机关杂志《月曜会记事》上连载。明治时期,陆军方面发表的涉及土耳其对外战争以及军事方面的论著相当丰富。②

中日甲午战争后,随着日本将俄国作为假想敌国,朝野对俄土战争特别是克里米亚战争表现出极大关注,大量关于俄土战争及克里米亚战争的论著出版。中日甲午战争期间,日本最大的出版社博文馆出版了"万国战史丛书",合计 24 卷,其中《俄土战史》和《克里米亚战史》分别为一卷,代表了当时日本研究俄土战争及克里米亚战争的最高水平。③

当日本密切关注俄土战争特别是克里米亚战争的时候,土耳其也在关注万里之遥的日本。日俄战争爆发后,土耳其立即派遣观战武官德米尔

---

① 三沢伸生「明治期の日本社会における露土戦争の認識」、『東洋大学社会学部紀要』第 54 巻第 1 号、2016 年。
② 三沢伸生「明治期の日本社会における露土戦争の認識」、『東洋大学社会学部紀要』第 54 巻第 1 号、2016 年。
③ 三沢伸生「明治期の日本社会における露土戦争の認識」、『東洋大学社会学部紀要』第 54 巻第 1 号、2016 年。

汉①赴旅顺，实地观察战争进程，德米尔汉在观战中受伤。德米尔汉回国后撰写了题为《日俄战争物质的、精神的教训与日本人胜利的原因》的观战报告书。报告书由"序文"（第3—6页）、"物质的教训"（第6—80页）、"精神的教训"（第81—140页）三部分构成，对日本军人的"忠诚、名誉、爱国心、自我牺牲精神以及责任感"给予高度评价，强调土耳其应该以日本为榜样，重视教育及全民皆兵。②

第二节　德皇威廉二世的"日祸西渐论"与日本伊斯兰战略的形成

日本的伊斯兰战略肇始于日俄战争。日俄战争不仅彰显了土耳其的战略地位（黑海海峡为从黑海进入地中海的咽喉要道），而且使得日本决策层对伊斯兰世界有了一定的认识。日俄战争爆发后，日本决策层最关注的问题是土耳其方面是否向俄国舰队开放黑海海峡。为此，日本一方面通过英国向土耳其施加压力，阻止俄国舰队通过黑海海峡；另一方面在土耳其展开紧张的谍报工作，掌握和确认俄国舰队的动向。

日俄开战前夕，日本驻法国公使馆武官陆军少佐久松定谟于1904年1月8日致电参谋总长："关于黑海义勇舰队6艘舰船通过达达尼尔（海峡）一事，俄国正在同土耳其进行交涉，土耳其因顾虑英国（的态度）还未做出决定。"1月10日，小村外相训令日本驻英公使林董，确认此事是否属实并希望英国政府采取措施使土耳其政府拒绝俄国的要求。③ 1月14日，小村外相致电林董，训令其再次与英国外交大臣交涉，阻止俄国舰队通过达达尼尔海峡。④

土耳其在尽量避免引起土俄关系恶化的情况下满足日本的要求，对日

---

① 奥斯曼帝国军官，出生于伊斯坦布尔，从陆军士官学校毕业后赴德国留学。从旅顺回国后，德米尔汉先后任陆军参谋长和司令官。土耳其共和国建立后，成为国会议员，从军界转入政界。小松香織「近代トルコにおける軍人のエトス」、『早稲田大学大学院教育学研究科紀要』第27号、2017年。
② 小松香織「近代トルコにおける軍人のエトス」、『早稲田大学大学院教育学研究科紀要』第27号、2017年。
③ 外務省編『日本外交文書』第三十七卷、第三十八卷別冊1、日本国際連合協会、1958年、999頁。
④ 外務省編『日本外交文書』第三十七卷、第三十八卷別冊1、日本国際連合協会、1958年、1001頁。

本军事间谍在伊斯坦布尔频繁进行谍报活动听之任之,这密切了日土关系。日本在日俄战争中的胜利赢得了土耳其的喝彩,土耳其甚至以日俄战争中著名的日本将领东乡平八郎和乃木希典的姓名命名伊斯坦布尔的某些街道。有青年土耳其党人在杂志上发表文章,声称:"以日本天皇为伊斯兰世界的宗教最高领袖哈里发是合适的。如能这样做,伊斯兰国家的团结将更加坚固。"① 日本还利用新闻媒体造势,极力扩大在伊斯兰世界的影响力。

日德关系自"三国干涉还辽"以来日趋冷淡。德皇威廉二世对日本的崛起十分警惕,抛出了"黄祸论"和"日祸西渐论"。1889 年,德国以设在伊斯坦布尔的德意志银行为核心,出资成立了安纳托利亚铁道公司。1893 年,德国与土耳其签署了工程合同,开始敷设从伊斯坦布尔经埃斯基谢尔至科尼亚的铁路,合同规定,该铁路线以后将延伸至巴格达。1899 年,德国获得了从科尼亚经巴格达延伸至波斯湾的铁路敷设权。为了防范"日祸西渐",1898 年,威廉二世在外相的陪同下出访近东,10 月 11 日,从柏林出发,一周后抵达伊斯坦布尔,受到了盛大欢迎,会见了阿卜杜勒·哈米德二世。随后,威廉二世乘坐军舰通过黑海海峡抵达海法,10 月 29 日进入耶路撒冷,会见了基督教、希腊正教、犹太教和伊斯兰教等教会代表;11 月 8 日抵达大马士革,发表演讲,声称 3 亿穆斯林可以坚信,无论何时,德意志皇帝都是你们的朋友。② 威廉二世的演讲引起了日本和欧洲列强的极大震撼。1903 年,德国又在伊斯坦布尔设立了巴格达铁道公司,极大地增强了德国在近东的影响力。1904 年 8 月,威廉二世在备忘录中写道:今后的国际政治是"黄色人种与白色人种的大决战",是"基督教与佛教的两个宗教间,更是西洋文明与东洋的半开化的文化的决战"。"假如日本攻击欧洲,我们要在日本沿岸进行战争。德国舰队已经成为日本的一个敌人。我们必须理解不久将在黑尔戈兰岛、基尔运河、喀琅施塔得看见日本舰队。"③

---

① シナン・レヴェント『戦前・戦中期における日本の「ユーラシア政策」―トゥーラン主義・「回教政策」・反ソ反共運動の視点から―』、早稲田大学出版部、2014 年、48—49 頁。
② 田嶋信雄『日本陸軍の対ソ謀略:日独防共協定とユーラシア政策』、吉川弘文館、2017 年、18—19 頁。
③ 田嶋信雄『日本陸軍の対ソ謀略:日独防共協定とユーラシア政策』、吉川弘文館、2017 年、12 頁。

第五章 远交近攻：日本对近东和中亚的外交战略

日俄战争后，日本陆军日益关注近东和中亚地区。1910年1月25日，参谋本部第二部部长宇都宫太郎[①]起草了《日土关系意见书》，首次提出了伊斯兰战略，其主要内容是"日土同盟论"和"回教徒操纵论"。

1908年12月，宇都宫太郎就任负责海外情报工作的参谋本部第二部部长，成为军部实施伊斯兰战略的核心人物。1901年1月宇都宫就任驻英公使馆武官，1906年3月卸任驻英大使馆（1905年12月驻英公使馆升格为大使馆）武官回国。宇都宫在经开罗回国途中结识了埃及陆军大尉阿玛德·费特利，阿玛德·费特利的父亲是埃及陆军少将，在土耳其上层拥有广泛的人脉关系。宇都宫极力笼络费特利，获得了大量情报。1908年，费特利来到日本，娶日本女子为妻并定居日本。1909年6月，费特利赴伊斯坦布尔，回到日本后就未来的日土关系发表意见。宇都宫太郎在日记中详细记载了费特利的意见，如他在1910年1月20日的日记中写道："埃及陆军大尉费特利来访，谈论了关于日土条约的必要性、回教徒利用、小亚细亚殖民等问题。"同年2月26日、6月6日，宇都宫就上述问题与费特利会谈。宇都宫在日记中写道："考虑他日利用回教徒操纵工具对抗耶稣教国（欧美基督教国家——引者注）的情况。"1910年1月25日，宇都宫起草完成《日土关系意见书》，内含意见书正文、附表（世界穆斯林人口数）、附录1《费特利秘密情报》（由费特利撰写并翻译成日文）、附录2《巴格达铁道的过去及现在》、附录3《关于巴格达铁道》。《日土关系意见书》的主要内容如下。第一，以先于列强撤废治外法权为条件，缔结日土建交条约。第二，作为报酬，在中东地区获得如下权利和利益：(1)在波斯湾的"湾头"（现科威特）获得"租借地"；(2)拓展孟买航路；(3)可向美索不达米亚移民；(4)获得注资巴格达铁道的权利；(5)获得幼发拉底河与底格里斯河的航行权；(6)在红海沿岸或叙利亚铁道沿线获得欧洲海上航线的一个停泊港。第三，与土耳其保持密切关系符合远交近攻之理，所谓近攻就是反俄，远交就是与土耳其等近东国家建立友好关系，而发展与近东各国、各民族的关系，至关重要的是要提出和实施伊斯兰战略。宇都宫先后将《日土关系意见书》递交给外务省政务局

[①] 宇都宫太郎（1861—1922）生于佐贺藩，曾任驻英公使馆武官、陆军大学教官、步兵第一联队长、参谋本部第二部部长、师团长等职。

局长仓知铁吉、参谋总长奥保巩和参谋次长福岛安正等。① 《日土关系意见书》的起草完成标志着军部伊斯兰战略的初步形成。从日俄战争到九一八事变，军部伊斯兰战略的主要内容是拉拢和操控近东、中亚和俄国的穆斯林，为滞留日本的穆斯林设立"回教学校"，扩大日本在伊斯兰世界的影响力，设立伊斯兰研究机构，进行广泛的情报收集工作，配合日本对外战略。

为了实施伊斯兰战略，日本参谋本部与俄国统治下的鞑靼人接触。鞑靼人原是居住在伏尔加河流域的少数民族，主要信奉伊斯兰教。18世纪后，鞑靼人垄断了俄国的东方贸易，构建了俄国和中亚的通商网络，是俄境内穆斯林中最有活力的族群。19世纪末20世纪初，鞑靼人的经商足迹从芬兰（当时处于俄国统治下）、中亚、高加索等俄国边缘地区向土耳其、德国、法国、中国东北、中国关内地区、朝鲜甚至日本延伸。以19世纪末西伯利亚铁路和中东铁路的敷设为契机，特别是俄国在哈尔滨设置铁路局后，俄国人、犹太人和鞑靼人纷纷涌入哈尔滨，使哈尔滨成为具有浓郁俄国风情的国际都市，20世纪初生活在哈尔滨的鞑靼人有两三千人。1900年，中东铁路局将哈尔滨埠头地区的土地给予鞑靼人，用于修建清真寺。鞑靼人集资在此修建了清真寺、公民馆和供伊玛目居住的各种建筑。1904年，哈尔滨鞑靼人穆斯林协会成立。1909年，鞑靼人学校开始运营。②

在日俄战争中被俘的俄国军队中的鞑靼人士兵以及生活在哈尔滨的鞑靼人给日本军部留下了深刻印象，军部认为可以从政治和军事上利用鞑靼人，因为沙俄政府奉行的民族与宗教歧视政策导致了鞑靼人的怨恨以及与沙俄统治者的紧张关系。日俄战争期间，日本驻瑞典公使馆武官明石元二郎大佐一方面展开紧张的谍报工作；另一方面从参谋本部获得巨额资金，用于收买鞑靼人和革命党人，为其提供武器，鼓动其发动革命运动，扰乱俄国后方。1925年，日本陆军大学使用谷寿夫撰写的教材《机密日俄战史》，认为日本取得日俄战争胜利的原因之一就是"明石工作"，因此，晚年的明石元二郎被授予男爵爵位。以司马辽太郎《坂上之云》为代表的

---

① 岛田大辅「明治末期日本における対中東政策構想：宇都宮太郎〈日土関係意見書〉を中心に」、『政治経済史学』第578号、2015年。
② 松長昭『在日タタール人：歴史に翻弄されたイスラーム教徒たち』、東洋書店、2009年、5頁。

历史小说，极力颂扬"明石工作"，明石元二郎被塑造为日本的"007"。实际上，明石元二郎是第一个将伊斯兰战略付诸实践的军人。①

日本的武官制度创建于19世纪70年代中期。1875年2月2日，陆军卿山县有朋采纳桂太郎少佐的意见，任命福原和胜②大佐为日本驻华公使馆陆军武官，这是日本向外派驻武官的嚆矢。

武官制度起源于西方。1830年，普鲁士首次让一名上尉担任驻巴黎公使馆的军事专家，这是第一名真正意义上的武官，尽管尚无武官的头衔。普鲁士在克里米亚战争期间派驻维也纳的武官，是第一个接受过情报收集和评估方面系统培训的武官。在陆军部，该武官被告知，"他被正式委派到全权公使手下工作，所以在有关官方通信的所有问题上必须接受后者的领导。陆军部认为，尽管公使馆内任职的军官在所有实质性问题上应保持完全独立，但其所有报告发出之前都应由公使先行阅看"。从1860年起，英国向柏林派驻陆军武官，负责对德国军事事务进行专业性观察。"由于德国是欧洲大陆的主要军事强国之一，因此这一职位一直非常重要。作为负责同世界最强陆军沟通的联络官，英国陆军武官被期待能洞察这个身为各国陆军典范的军事机器是如何运作和发展的。"19世纪70年代初，向国外派遣常驻军事专家即武官的做法，在西方国家已经固定下来并成为一种制度或惯例，越来越多的陆军武官和海军武官被派往大使馆或公使馆。1914年，武官已经成为大多数大使馆和公使馆的一个正式职位。观察一个国家的武装力量、战备情况以及战争实力，最初通常是大使和其他外交官最重要的任务之一，因此外交官有时也被称为"体面的间谍"。③但是随着军事现代化进程的加快、武装力量专业化水平的提高以及现代化武器的大规模研制等，非专业的文职外交人员越来越难以胜任情报收集工作，于是武官和武官制度应运而生。

---

① 稲葉千晴『明石工作：謀略の日露戦争』、丸善株式会社、1995年、1—2頁。
② 福原和胜出生于长州藩武士家庭，在幕末从事倒幕运动，作为奇兵队一员立下战功。为了购买武器，曾与坂本龙马一起来到上海。进入明治时代后在伦敦留学两年半，归国后被授予陆军大佐衔。1874年9月，作为大久保利通的首席随员，来华交涉琉球问题，具有比较丰富的涉外工作经验。1877年，西南战争爆发后，福原和胜任第三旅团参谋长，因伤去世。立川京一「我が国の戦前の駐在武官制度」、『防衛研究所紀要』第17卷第1号、2014年。
③ 〔美〕艾尔弗雷德·瓦茨：《武官》，陈乐福译，江苏人民出版社，2021年，第3、20—21、33—37页；〔英〕马修·塞利格曼：《戎装间谍——一战前英国武官对德国的情报战》，胡杰译，社会科学文献出版社，2021年，第20页。

日本敏锐地意识到向海外派驻武官的重要性。桂太郎认为向中国派驻武官，有利于掌握中国军制和军队战斗力的状况。因为武官除了拥有外交特权外，作为公使馆人员还享有某些便利，易于进行情报收集。1875年3月30日，桂太郎被任命为驻德公使馆陆军武官。日本海军向海外派驻武官比陆军晚了5年多，直到1880年11月30日，日本海军才任命了第一位海军武官，高田政久中尉被任命为驻俄国公使馆海军武官。1881年12月1日，黑冈带刀少佐被任命为驻英公使馆海军武官。①

早期日本武官制度并不完备，一旦武官卸任，新的武官往往不能及时接任，缺员现象严重。进入20世纪，随着派驻国家的不断增加，缺员现象逐渐减少，武官制度日趋完备。1908年和1916年，陆海军分别向英、美、德、奥匈、俄、法、意和中国派驻武官。1931年，陆海军分别向12个国家和9个国家派驻武官。为了"南进"和获取石油资源，陆军于1937年2月向泰国和伊朗派驻武官，海军则分别在1937年2月和1938年4月向泰国和荷兰派驻武官。日本向欧美国家和中国派驻武官的目的截然不同。向欧美各国派驻武官是为了研究欧美国家的兵制改革和兵器制造，引进先进的军事装备、军事体制和军事理念，促进日本军队的现代化。向中国派驻武官则是为了收集中国的军事情报，为日本将来发动侵华战争服务（见表5-1）。武官乃至军部对日本外交事务的介入不断深入。陆海军武官既是隶属于军令系统的军人，又是外交官，作为受大使或公使监督的大使馆或公使馆馆员，被登记在馆员名册上，被赋予外交特权。武官办公室有时也设在大使馆或公使馆内，但大多设在其他地方，独立办公。其财务会计也独立于大使馆或公使馆，经费被列入陆海军预算。武官除了领取本职薪酬以外，还有补贴，并可领取用于接待和情报收集的机密费。第一次世界大战前，日本主要向欧美国家和周边邻国派驻武官，第一次世界大战后日本逐渐向美俄（苏）周边国家派驻武官。鉴于战时中立国是收集情报的重要场所，1920年8月，日本陆军向瑞士派驻武官。出任武官的大多是日本军人中的精英，熟知派驻国语言和文化，有些武官任满归国后被委以重任，晋升迅速。②

---

① 立川京一「我が国の戦前の駐在武官制度」、『防衛研究所紀要』第17巻第1号、2014年。
② 立川京一「我が国の戦前の駐在武官制度」、『防衛研究所紀要』第17巻第1号、2014年。

表 5-1　明治时期至第二次世界大战结束时日本派驻主要国家的武官数量

单位：人

国家	陆军武官数	海军武官数
美国	17	22
英国	15	26
法国	16	23
俄国/苏联	20	22
德国	23	17
意大利	17	23
中国	25	29
西班牙	2	2
土耳其	6	6

资料来源：内山正熊「在外武官の研究」、『法學研究：法律・政治・社会』第 54 卷第 3 号、1981 年。

事实上，担任军部要职的军人几乎都有驻外武官的经历。与此相反，没有驻外武官经历的军人出任作为军政、军令系统核心职位的陆海军大臣、次官，参谋总长和军令部部长、次长的极少。担任陆军首脑的军人大多有出任驻德国等陆军强国武官的经历，担任海军首脑的军人大多有出任驻英美等海军强国武官的经历。因此驻外武官的报告或意见对国家决策具有重大影响。太平洋战争爆发时，日本驻德国、美国和苏联的大使均为军人，分别是陆军中将大岛浩、海军大将野村吉三郎和陆军少将建川美次。[①] 1934 年，陆军大佐大岛浩就任驻德大使馆武官。由于日本军部过于重视大岛浩的情报和意见，1936 年 11 月，日本与德国签订《反共产国际协定》；1940 年 9 月，日本与德、意结成"三国同盟"。1935 年，大岛浩晋升为陆军少将；1938 年，大岛浩晋升为陆军中将并被任命为驻德大使直至日本战败投降。战后大岛浩被远东国际军事法庭列为甲级战犯，判处终身监禁。1914 年 2 月，海军中佐野村吉三郎任驻美大使馆武官。1933 年 3 月，野村吉三郎晋升为海军大将。1939 年 9 月，野村吉三郎出任外务大臣。1940 年 11 月，野村吉三郎出任驻美大使直至太平洋战争爆发、日美断交。1913 年 7 月，陆军大尉建川美次就任驻印度武官。1928 年 3 月，

[①]　内山正熊「軍人外交官—駐在武官の研究—」、『国際法外交雑誌』第 74 卷第 6 号、1976 年。

建川美次晋升为陆军少将并出任驻华公使馆武官。1940年10月，建川美次出任驻苏联大使直至1944年7月（见表5-2）。

表5-2 东条英机内阁时期日本部分军政要员的驻外武官经历

职务	姓名	出任驻外武官的时间	派驻国家
首相、陆军大臣	东条英机	1919年8月	瑞士
		1921年7月	德国
海军大臣	岛田繁太郎	1916年2月	意大利
递信大臣兼铁道大臣	寺岛健	1916年8月	法国（武官辅佐官）
		1922年12月	法国
国务大臣	铃木贞一	1929年12月	中国（武官辅佐官）
海军大臣	野村直邦	1922年8月	德国（武官辅佐官）
		1929年5月	德国
		1938年4月	中国
参谋总长	杉山元	1915年4月	印度
军令部部长	丰田副武	1919年12月	英国
联合舰队司令长官	山本五十六	1925年12月	美国

注：东条英机内阁时期为1941年10月至1944年7月。第二次世界大战前出任日本首相的桂太郎、寺内正毅、斋藤实等也有驻外武官的经历。

资料来源：内山正熊「軍人外交官——駐在武官の研究——」、『國際法外交雜誌』第74卷第6号、1976年。

武官被称为"身着铠甲的外交官"，原则上派往驻在国的陆海军武官各为1人，因此仅凭武官很难完成繁重的情报收集工作。日本还有一些为执行公务逗留在外的军人，如辅助武官的"辅佐官"、督造订购军舰等武器装备的技术军官、学习特殊科目的"军事留学生"、负有特别任务的长期派往国外的军人、在殖民地或势力范围负责行政事务的军人等，这些军人常常与使馆武官一起开展工作，构成广义上的"在外武官"。如1881年至太平洋战争爆发期间，日本驻英大使馆的海军武官"辅佐官"共有26人，在英国学习海军军事的留学生共有580人。驻美大使馆的海军武官"辅佐官"共有30人，学习海军军事的留学生共有466人。另有大量督造武器装备的技术军官。"在外武官"具有以下特点：均为现役军人；均为士官以上的军官；负有特殊使命。①

第三节 从第一次世界大战到《洛桑条约》：日本积极走向近东

第一次世界大战爆发后，德国面临东西两线同时作战的困境。为此，德国在土耳其的协助下，加强对英、俄两国境内少数民族的政治煽动，特别在近东伊斯兰文化圈内推进恐怖、破坏活动等所谓"革命促进工作"。奥斯曼帝国于1914年8月2日与德国缔结秘密同盟条约。10月29日，奥斯曼帝国对克里米亚半岛的塞瓦斯托波尔要塞发动攻击。11月14日，奥斯曼帝国发出"圣战"号令，号召克里米亚、喀山、布哈拉、印度、中国、阿富汗、波斯、非洲等地的穆斯林支持同盟国对协约国的战争。②

德国与奥斯曼帝国结盟，利用伊斯兰世界普遍存在的反英、反俄情绪，煽动穆斯林发动反英、反俄起义，袭扰英国和俄国后方的"伊斯兰战略"给日本军部留下了深刻印象。继宇都宫太郎之后，林铣十郎③对德国的"伊斯兰战略"进行了深入研究。1914—1921年，林铣十郎围绕伊斯兰教和"犹太问题"，撰写了题为《第一次世界大战时回教诸国的动静》的长篇备忘录，④对近东、中亚的宗教、民族状况，以及德国的中亚、东亚政策与伊斯兰战略进行了全面调查和深入分析。林铣十郎指出，穆斯林分布于广阔的区域，"从大西洋岸的西非沿地中海到埃及，从东非的印度洋南下桑给巴尔，以及从西南亚经黑海与里海进入中亚，从阿富汗进入印度，从马来半岛抵达东印度诸岛，并从中亚一侧东渐，抵达遥远的支那和西伯利亚的广大区域"。在该区域内生活着两亿穆斯林，"掌握了回教圈，

---

① 内山正熊「在外武官の研究」、『法學研究：法律・政治・社会』第54卷第3号、1981年。
② 田嶋信雄『日本陸軍の対ソ謀略：日独防共協定とユーラシア政策』、吉川弘文館、2017年、24—26頁。
③ 林铣十郎于1876年出生于石川县，毕业于陆军大学。日俄战争期间作为步兵第六旅团副官参加了旅顺攻防战。1906年进入参谋本部。1913年留学德国和英国，第一次世界大战爆发后密切观察和研究大战进程，1916年任久米留战俘收容所所长，经常接触德国和奥地利战俘。1923年赴法国，出任日本驻国联陆军代表。林铣十郎是具有战略视野和政治意识的军人。之后又先后出任了陆军大学校长、近卫师团长、朝鲜军司令官。1937年2月就任首相。
④ 田嶋信雄『日本陸軍の対ソ謀略：日独防共協定とユーラシア政策』、吉川弘文館、2017年、36—37頁。

就居于新世界领导者的地位"。①

19世纪末以来，伊斯兰世界掀起了反抗殖民统治、争取民族独立的运动。日本军部和日本的大亚洲主义者密切关注处于欧洲列强统治下的亚洲穆斯林的民族独立运动，力图让日本的"大亚洲主义"与"泛伊斯兰主义"或"泛突厥主义"合流，认为加强与土耳其的关系，对争取穆斯林认同日本的价值观，推进日本的经济、政治和军事战略具有重要意义。

第一次世界大战后，协约国在瓜分战败国土耳其的问题上达成了共识。作为后起的位于东亚的帝国主义国家，本来日本对战后土耳其问题的处理并没有发言权，但日本决策层敏锐地意识到第一次世界大战为日本插手近东问题和操控伊斯兰世界提供了机会。1920年2月12日，讨论协约国与土耳其和平条约的伦敦会议召开。日本试图借会议确立其中国乃至亚洲穆斯林保护者的形象，主张保留苏丹权力，以奥斯曼帝国苏丹在伊斯兰世界的宗教权威来推进日本的"西进"战略。

伦敦会议成立了以法国福熙元帅为首的小委员会，以讨论、解决保证黑海海峡安全、自由通行的问题。日本驻伦敦陆军武官和海军武官出席了小委员会会议。会议决定由英、法、意三国作为"保证国"组成军队进驻海峡地区。1920年2月21日，伦敦会议决定设置监督海峡航行的海峡委员会，日本被排除在海峡委员会外，由此引起了日本的强烈不满。日本驻英大使珍田捨巳尽管对陆军武官和海军武官要求参加"保证国"军队，进驻海峡地区持反对意见，但强烈要求参加海峡委员会。珍田捨巳认为，一旦日本加入"保证国"军队，进驻海峡地区，将承担1/4的防卫费用，而随着防卫区域的扩大，日本承担的义务也将增加，如果海峡地区发生动荡，日本有卷入战争的危险，但若日本参加海峡委员会，承担的义务较少，享有的权利较多，既可以保证日本在近东的政治和贸易利益，又有利于监视欧洲列强在近东的活动。日本外相内田康哉于2月20日致电珍田捨巳，提出日本出席伦敦会议的3条原则意见：（1）在通商航海权利方面确保日本的对等地位；（2）在东地中海、巴尔干半岛以及黑海等方面注意不为日本未来的通商设置障碍；（3）鉴于日本的利害关系程度，应避免责任与义务的负担。为此，珍田捨巳多次与英、法代表交涉，认为将日本排除在海峡委员会之外，伤害了日本作为五大国的体面，必将引起日本国民

---

① 林銑十郎『興亞の理念』、文松堂書店、1943年、94—96頁。

的强烈不满，在日本激起强烈的排外情绪，从而引发政局动荡。珍田捨巳甚至表示，如果伦敦会议不答应日本的要求，日本将拒绝在对土和约上签字。结果，英、法、意三国同意了日本的要求。①

1920年8月10日，协约国逼迫奥斯曼帝国苏丹签署了《色佛尔条约》。《色佛尔条约》"肢解了奥斯曼帝国，将使奥斯曼帝国成为仅占有安纳托利亚中部地区的小国，而且这个小国甚至只能以安卡拉为首都"。② 土耳其失去了4/5的领土，黑海海峡由协约国组织的海峡委员会管理，对协约国船只无条件开放，列强继续在土耳其享有领事裁判权等。这项屈辱性条约遭到了以凯末尔为首的土耳其民族主义者的断然拒绝，土耳其大国民议会拒绝承认《色佛尔条约》。土耳其事实上存在两个政府，即位于伊斯坦布尔的奥斯曼帝国政府和位于安卡拉的土耳其政府。1921年4月，日本政府任命内田定槌为日本驻土耳其外交代表。内田定槌两边下注，同时保持与奥斯曼帝国政府和安卡拉政府的外交关系，积极插手土耳其和近东事务，引起了英国的抗议。尽管《色佛尔条约》未能生效，被1923年7月24日协约国与土耳其政府签署的《洛桑条约》所取代，但日本参加海峡委员会的目的还是达到了。《洛桑条约》规定成立海峡委员会，由土耳其籍官员担任主席，英、法、意、日等国在批准条约后派出代表。1924年8月6日，《洛桑条约》生效，日本正式与土耳其共和国建交，1925年3月23日，日本在伊斯坦布尔开设大使馆，这是日本在近东地区设立的第一个大使馆。对土耳其而言，这是第一次与伊斯兰世界和西方基督教世界以外的国家建立正式外交关系，日土关系发展进入新阶段。小幡酉吉被任命为日本驻土耳其大使。芦田均任大使馆一等书记官，1928年10月至1929年1月任临时代理大使。芦田均在任期间撰写的《君府海峡通航制度史论》（"君府"即君士坦丁堡）使其获得了东京帝国大学法学博士学位。小幡酉吉指出："通商发展的座右铭是，要在支那维护我国的商权，必须守住印度洋的第一线；要守住印度的商权，必须开发、维护中近东的第一线。无视中间地带，即便借力出击，结局也如无根之草，毫无效果。"③

1926年4月26日至5月5日，日本在伊斯坦布尔举行"近东贸易会议"，参加会议的有日本驻中近东国家使领馆的人员，如驻土耳其大使馆、

---

① 渡邉通弘「セーブル条約と日本（二）」、『東海大学文明研究所紀要』第14卷、1994年。
② 〔英〕诺曼·斯通：《土耳其简史》，刘昌鑫译，中信出版社，2017年，第201页。
③ 池井優・坂本勉編『近代日本とトルコ世界』、勁草書房、1999年、135頁。

驻罗马尼亚公使馆、驻希腊公使馆、驻敖德萨领事馆等的外交人员，小幡酉吉为会议主席。除了促进日本与中近东国家贸易外，该贸易会议的一个重要目的就是收集和交换关于中近东的情报，所以不是纯粹的经济贸易会议。会议召开前夕，即1925年10月6日，日本驻英大使馆商务官奉命前往巴尔干国家和叙利亚进行考察，逗留了74天，收集相关情报，向外务省提交了《巴尔干及近东方面贸易资料》，该资料长达112页，也成为日本实施"伊斯兰战略"不可或缺的情报来源。"近东贸易会议"会期长达10天，日本使领馆官员在会上充分交换情报，特别是对开辟土耳其商路以及对土耳其民情、风俗、语言、财政、经济、产业和交通等进行全面的讨论和研究，对增强日本在中近东国家的影响力提出了各种对策。当时土耳其与苏联的关系趋于恶化，会议认为这是增强日本在土耳其影响力的机会。20世纪20年代中后期，日土贸易量迅速增加，1926年日本对土输出为185万多日元，1927年为197万多日元，1928年为255万多日元，1929年上升到近400万日元。1929年4月，日本邮船公司奉命开辟了中近东航线，沿线停靠港口为伊兹密尔、伊斯坦布尔、比雷埃夫斯、安达利亚等。[1] 1925年，"日土贸易协会"在大阪成立。1926年6月15日，在东京成立了"日土协会"，日本原驻土耳其大使内田定槌任会长，高松宫宣仁亲王任总裁，土耳其驻日大使任名誉会长。1926年10月11日，日本与土耳其签署《日土通商航海条约》。1931年，高松宫宣仁亲王夫妇访问土耳其，会见了凯末尔总统。同年11月，日土协会在东京举办了"土耳其国情展览会"，展出了土耳其的各种特产以及日本人所收藏的土耳其美术工艺品。

英国对日本与土耳其以及伊斯兰世界的接触极为敏感并保持警惕。1919年6月18日，英国驻华公使告知伦敦，日本人川村乙麿在甘肃特别是兰州一带活动，与当地穆斯林结社，煽动其进行独立运动；6月27日，又告知伦敦，土耳其密使沙米·贝伊等数名土耳其人抵达上海并进行活动，而沙米·贝伊是反英的极为危险的政治阴谋家，沙米·贝伊等人在中国和中亚的反英活动，符合日本人的利益。1920年3月25日，英国外交部又得到了来自符拉迪沃斯托克（海参崴）的情报：在中国甘肃、四川、云南等地的日本人，受日本驻北京公使馆的指示，"煽动回教居民。这些

---

[1] 池井優・坂本勉编『近代日本とトルコ世界』、劲草书房、1999年、136、138—139、152頁。

第五章 远交近攻：日本对近东和中亚的外交战略

日本人向不满现有体制的人提供武器和资金，伤害了中国政府的权威，助长了民众之间的对立。针对中国的抵制日货运动，日本人使用巨额资金，煽动宗教运动，在回教徒与佛教徒之间制造争斗"。[①]

1918年2月9日，日本参谋次长田中义一致函陆军次官山田隆一，要求拨付经费，以在库伦、新疆方面扩张情报网，很快获得同意。[②] 2月12日，参谋总长上原勇作紧急致电陆军大臣大岛健一，为了在蒙古及新疆进行谍报工作，要求派遣分属于不同部队的6名军人，即陆军步兵第三十二联队的松井七夫中佐、第八联队的成田哲夫少佐、第三十六联队的江富滨二大尉、第四十九联队的相场重雄大尉、陆军步兵学校教官田岛荣次朗大尉以及第二十四联队的长岭龟助大尉，并要求其在一周内抵达目的地。[③] 长岭龟助对新疆的情况非常熟悉。1915年，当时在参谋本部工作的长岭龟助就与佐藤甫赴新疆伊犁进行情报收集工作，在伊犁和乌鲁木齐待了3年。佐藤甫是资深谍报人员，在中亚地区潜伏进行谍报工作长达10多年。早在日俄战争前夕佐藤甫就在西伯利亚一带活动，收集情报。日俄战争爆发后，佐藤甫以间谍罪被俄方逮捕并被流放到土库曼斯坦。流放期间佐藤甫改信伊斯兰教，自称"回山"，"回"即"回教"之意。佐藤甫被释放后继续逗留在中亚地区。[④] 1912年，佐藤甫来到大连，从事"满蒙问题"研究。不久后，其进入青岛特务机关从事谍报工作。1918年3月5日，支那驻屯军司令官石光真臣向陆军大臣大岛健一递交报告，要求在张家口、西安、迪化（乌鲁木齐）和库伦四地设置谍报机关。[⑤] 在蒙古及新疆配置谍报机关的原因是："俄德在支那西北边境之密谋日益明朗化，在乌里雅苏台、买卖城、恰克图以及库伦的德国外交及商业代理人业已得到活动经费，企图建立独立的满洲共和国……并使上述地区仰仗德国之各种（商品）供给，擅自制定税率"；而"（苏联）过激派政府为传播其主义，向中国、波斯及印度派遣人员，破坏远东和平与治安，日本应当联合中国予

[①] 渡邉通弘「セーブル条約と日本（二）」、『東海大学文明研究所紀要』第14卷、1994年。
[②] 「臨時軍事費使用の件」、陸軍省大日記/欧受大日記/欧受大日記/大正7年4月/防衛省防衛研究所藏、JACAR系统查询编号：C03024894800。
[③] 「松井中佐以下6名派遣の件」、陸軍省大日記/密大日記/大正7年/密大日記・4冊の内・2・大正7年/防衛省防衛研究所藏、JACAR系统查询编号：C03022435500。
[④] 宮田律『イスラム唯一の希望の国 日本』、PHP研究所、2017年、148—149頁。
[⑤] 「諜報機関配置の件」、陸軍省大日記/密大日記/大正7年/密大日記・4冊の内・2・大正7年/防衛省防衛研究所藏、JACAR系统查询编号：C03022435700。

以阻止"。谍报机关的临时经费约2万日元,维持经费约5600日元。①

1928年2月,关东军对苏谋略专家神田正种少佐起草了《对苏谋略大纲》。神田正种曾以参谋本部陆军大尉的身份随军出征西伯利亚,后任驻土耳其大使馆武官,与流亡中国东北和日本的鞑靼人保持密切联系,极力支持其在苏联南部、里海沿岸建立一个独立的"鞑靼国"的企图。神田正种指出,谋略战在未来战争中所居地位极为重要,尽管对苏战争最终以武力决胜,但战争始终与谋略战相伴随。神田正种指出,在未来的对苏谋略战中,首先,破坏苏联的国家组织,"激发人种、思想、阶级间的斗争,特别是在共产党内部制造内讧,期待国家组织的破坏。尤其需要联合苏联亚细亚系民族各州,使(苏联)亚洲各州对抗欧罗巴俄罗斯"。"在西伯利亚以东的苏联境内进行宣传煽动,在百姓和军队中煽动反共、反犹太热,掀起非战运动。"其次,对苏联军队内部的少数民族"进行厌战宣传,使苏军的远东作战计划发生错误"。再次,对以西伯利亚铁路为中心的交通、通信设施进行破坏,在军需工厂煽动工人怠工,煽动西伯利亚沿海州煤矿罢业,导致铁路运输困难,"在南满洲、朝鲜、桦太等地组织反共团体,乘机进入北满洲及苏联远东地区,掣肘苏军的作战行动,随着战况进展,在苏联境内建立反共政权,并且与西伯利亚、高加索方面相呼应,颠覆共产党政权"。"破坏输送机关,迟滞军事动员和集中工作,引发军需工厂的骚乱、妨碍军需制造",而破坏西伯利亚铁路是最为重要的战略目标。最后,煽动与苏联接壤的西方和南方国家威胁苏联,"使苏联大军不可能向远东移动,并且进行经济封锁,防止所需军用物品输入"。神田正种认为尽管对苏谋略战主要在亚、欧两洲展开,但其范围跨越整个世界,为此必须在世界各国设置特务机关。②

1929年11月15日,日本驻土耳其大使馆陆军武官桥本欣五郎将起草的《高加索的谋略利用》报告送交给参谋次长冈本连一郎。报告指出,尽管高加索是苏联的一部分,但该地远离苏联中心地带,存在人种、宗教的多样性,适合被利用来进行对苏"谋略"。"高加索地方远离苏联中央,

---

① 「蒙古及新疆地方諜報機関配置の件」、陸軍省大日記/密大日記/大正7年/密大日記・4冊の内・2・大正7年/防衛省防衛研究所藏、JACAR系统查询编号:C03022436400。
② 「A級極東国際軍事裁判記録(和文)(NO.28)」、戦犯裁判関係/戦争犯罪裁判関係資料/A級裁判記録・A級裁判速記録/国立公文書館藏、JACAR系统查询编号:A08071279300。

人种和宗教繁多，苏联文化尚未普及，是开展对苏谋略的重要地区。""谋略之一是刺激大亚美尼亚主义、格鲁吉亚独立主义、穆斯林运动、山地人的游击战式活动，使各人种反目成仇，高加索就会出现混乱状态。最有望点燃的火种是大亚美尼亚主义，土耳其当然反对，连格鲁吉亚、阿塞拜疆等也都会反对，就会出现混乱状态。上述山地人，其文化低级，人种混杂，在政治上难以利用。事件发生后进行煽动，其游击战为我所用并不是不可能的。"桥本欣五郎的意见得到了参谋本部的赏识，其归国后进入参谋本部第二部俄罗斯班工作，成为军部实施对苏谋略和伊斯兰战略的重要成员。[①]

第四节　日本近东、中亚外交战略的挫折与失败

一　日本获取中东石油的外交行动

1920年在意大利圣莫雷召开了改变土耳其石油公司权力架构的会议。土耳其石油公司由代表英德等国权益的大公司和矿产资本家建立，负责奥斯曼帝国境内的石油开采和销售。会议后，在土耳其石油公司中，战败国德国的企业被排除在外，取而代之的是法国企业。作为战胜国的企业，法国的企业被允许加入土耳其石油公司，事实上形成了英国和法国对中东石油资源的垄断。面对这种情况，另一个战胜国美国自然不甘心，并坚持"门户开放""机会均等主义"，成功地将美国近东开发公司塞入土耳其石油公司权力架构。作为战胜国，日本持有与美国相同的立场，也想分得一杯羹。1923年1月之后，日本政府开始讨论能否以某种方式从伊拉克油田特别是摩苏尔油田中获取权益。但日本又担心刺激英国等国，所以训令负责交涉的外交官员在不惹怒英国的情况下获取日本权益。

20世纪20年代，日本外交官缝田荣四郎、地理学家志贺重昂、地质学家金原信泰等人考察中东石油的储备和开采情况，强调中东石油的重要性。金原信泰从1923年起，长期在波斯（1935年改国号为伊朗）、伊拉克和波斯湾沿岸进行调查，后来成为地质调查所所长和日本地质学会会

---

① 田嶋信雄『日本陸軍の対ソ謀略：日独防共協定とユーラシア政策』、吉川弘文館、2017年、50—51頁。

长。日本石油公司也开始将目光投向中东的石油。一些大公司开始从国外进口原油并在国内进行提炼和销售。1920年，日本内阁设置的"国势院"在报告中指出，在日本石油资源极为匮乏的情况下要输入外部石油并加以储存。1923年以农商务省、海军省为核心组织了"石油调查会"，强调了分析海外产油国形势的重要性。1921年，日本帝国石油公司通过外国公司从波斯进口石油，这可能是日本第一次从中东进口石油。根据1943年一家民间石油公司的报告，有1935—1936年伊朗向日本输出石油的记载。[1] 1926年7月10日，正在波斯的日本驻土耳其大使馆二等书记官内山岩太郎奉外务省训令进行调查，调查发现波斯有可能允许外国人投资开采石油的区域在其北部地区和里海沿海，但内山岩太郎表示波斯目前还没有制定有关石油开采的法律和政策。1929年2月4日，日本首相田中义一在内阁会议上表示，如果日本与波斯的无条约关系持续下去，将危及日本与近东的通商贸易，提请内阁审议日本与波斯修好通商暂定办法。大正末期至昭和初期，列强围绕中东地区的石油资源展开了激烈竞争，如果日本不加速构建与波斯的外交关系，将阻碍日本向近东发展的步伐。1929年3月30日，正在德黑兰访问的日本驻土耳其大使馆参事官二瓶兵二与波斯代理外交大臣签署《日本国与波斯国间通商暂定办法》，两国互派外交官、领事官以及相互给予最惠国待遇，正式建交。5月13日，田中义一上奏天皇，请求批准向波斯派遣外交使节，指出随着日本与波斯两国经济关系的发展，相互派遣使节不仅可以强化经济关系，也"有助于在广泛的东方诸国提高帝国的声望"，并且由于波斯是英国和苏联对立的舞台，在此设置公使馆，派驻公使，有可能"探知英苏两国在东亚的外交政策动向"。8月1日，日本驻德黑兰公使馆开馆，以首任公使笠间杲雄到任为契机，开始进行缔结正式通商航海条约的外交谈判。1930年，波斯宫内大臣向笠间杲雄表示，拟招聘日本铁路技师，帮助波斯敷设铁路。笠间杲雄认为这是日本向波斯出口相关产品的好时机。围绕向波斯出口铁路建筑材料，美国与日本展开了激烈竞争。三菱公司还一手承揽了波斯的铁路工程。1932年10月18日，两国代表在德黑兰签署了《日本波斯修好通商条约》。[2] 1932年，伊拉克王国独立并加入国际联盟。1939年，日本与伊拉克建交，

---

[1] 保坂修司「日本と中東 石油をめぐる歴史」、近藤洋平編『アラビア半島の歴史・文化・社会』、東京大学中東地域研究センター、2021年。

[2] 日向玲理「近代日本とペルシャ」、『外交史料館報』第29号、2016年。

第五章　远交近攻：日本对近东和中亚的外交战略　　161

在巴格达设立公使馆。正当日本紧锣密鼓地推行伊斯兰战略时，侵华战争前后发生的宫崎义一①谍报事件使日本的伊斯兰战略陷于困境。

二　宫崎义一谍报事件

1919年，阿富汗经过不懈的斗争终于摆脱英国"保护"而获得独立。阿富汗特殊的地缘政治地位引起了日本军部的极大关注。阿富汗是内陆国家，北边与苏俄/苏联接壤，东边、南边与印度为邻，西边是波斯/伊朗，东北方通过瓦罕走廊在帕米尔高原与中国相连。阿富汗横跨中东、中亚和南亚，是伊斯兰文化、印度文化和中国文化的交汇点，其错综复杂的地理条件和文化因素使得阿富汗成为各大国角逐的重要场所，同时各大国也将阿富汗作为对其周边国家展开情报工作的据点。1921年11月，英国与阿富汗缔结的条约中规定，双方互派公使、领事，实行贸易自由，确定关税规则和税率。英国在阿富汗设立庞大的公使馆，构建了完善的情报系统。同时，英国积极介入阿富汗部族纷争，对阿富汗中央政府实施牵制。1921年2月，苏俄也与阿富汗缔结友好条约，约定双方相互设置公使馆和领事馆，确定关税措施，苏联向阿富汗提供财政援助等。苏俄/苏联也积极介入阿富汗内部事务，开展"革命宣传工作"，并且还向阿富汗空军提供援助。1927年11月，苏联与阿富汗缔结航空协定，开辟两国空中航线。②20世纪20年代，苏俄/苏联和英国在阿富汗的势力呈均衡状态，阿富汗成为两国的缓冲国，苏俄/苏联和英国尽量避免第三国势力介入阿富汗以破坏这种均衡。1922年10月19日至11月11日，日本驻印度武官谷寿夫经阿富汗政府允许，以"个人资格"逗留阿富汗，广泛收集相关情报，拜访阿富汗高层官员。阿富汗高层官员表达了对西方人的厌恶以及希望日本帮助开发阿富汗矿产资源的愿望。归国后，谷寿夫主张，穆斯林具有超越民族主义国家的特性，阿富汗是不能忽视的国家。为此他向参谋总长提出意见书，建议当务之急是在外国语学校开设波斯语课程，致力于研究伊斯兰教，这对于建立日阿邦交、思考中东问题和伊斯兰教问题都是不可或缺的，他还提出了设置谍报机关的方案：（1）驻印度武官，除了收集印度、

---

① 宫崎义一，香川县人，1899年出生，毕业于陆军士官学校和陆军大学，曾任步兵第十六连队中队长。1933年5月进入关东军司令部黑河特务机关工作。
② 田嶋信雄『日本陸軍の対ソ謀略：日独防共協定とユーラシア政策』、吉川弘文館、2017年、130頁。

尼泊尔、锡兰的情报外，还要收集中国的西藏和新疆、阿富汗以及波斯等地区的情报，但有时赴阿富汗旅行，收集苏联南部方面的情况非常重要；（2）将驻土耳其武官安置在伊斯坦布尔，收集土耳其、阿拉伯、高加索方面的情报，偶尔有必要去波斯旅行；（3）以新加坡为中心的南洋方面的情报收集依靠日本驻当地海军武官，或者日本有必要通过当地日本移民收集情报并给予其相应报酬；（4）在广大的中东地区收集情报仅依靠上述两名武官未免任务过重，应隔年派遣联络将校分担任务。谷寿夫方案的核心内容是从阿富汗、波斯、土耳其一线监视苏联的动向，特别是将阿富汗作为集中收集苏联南方地区情报的重要据点，"在此可窥知陆军为了包围苏联势力而结成包括伊斯兰圈在内的亚洲联盟的设想"。[1]

1923年，阿富汗外相通过谷寿夫致函日本外务大臣，希望建立阿富汗与日本两国间的亲善关系。日本外务省对阿富汗政府发展两国关系的提议予以积极回应。但1923年9月1日，日本发生关东大地震，社会各界全力以赴投入救灾工作，无暇顾及日阿建交事宜，直至1930年两国才正式建交。1930年11月9日，日本与阿富汗政府代表在伦敦签署协议，正式建交。1933年，日阿两国互派公使，日本驻埃及亚历山大总领事北田正元为首任驻阿富汗公使。日本向阿富汗派出农业专家以及接收阿富汗留学生。1934年1月，日本军部向阿富汗陆军供应日式武器，并特意派遣下永宪治少佐前往阿富汗了解情况。3月，下永宪治进入喀布尔，当年归国后完成了关于阿富汗的著作。下永宪治声称："贯通蒙古、新疆和西藏以及阿富汗的纵贯一线，即中国边疆地区对于日本未来的发展具有重大意义，故怀有很大兴趣，不懈地加以研究。"[2] 说明关东军及参谋本部对阿富汗战略的重要性有了充分认识。当时阿富汗正在积极融入国际社会，1934年加入国联，1937年7月，与土耳其、伊朗、伊拉克缔结四国互不侵犯条约。1935年7月，北田正元会见阿富汗政府总理，表示"日本将创设由满洲国经新疆到阿富汗的航空线路"。1936年11月，日德签署防共协定，12月18日，日、德、"满（洲国）"航空协定缔结。该航空协定是与日德防共协定紧密相关的协定，根据航空协定第二条，预定航线经

---

[1] 澤田次郎「アフガニスタンをめぐる日本の諜報工作活動：1934—1945年を中心に」、『政治・経済・法律研究』第22巻第1号、2019年。
[2] 田嶋信雄「アフガニスタン駐在日本陸軍武官追放事件1937年」、『成城法学』第85号、2017年。

过柏林、喀布尔、安西、新京（长春）、东京等。苏联对这条航线的开辟抱有极大危机感，与在阿富汗有共同利益的英国进行政治、外交方面的合作。1937年3月4日，苏联外交人民委员李维诺夫向英国驻苏联大使指出，这条航线"具有政治和军事性质"，"是德国在阿富汗的阴谋"。李维诺夫表示，基于英国与苏联"利益的共同性"，为了牵制德国在阿富汗的行动，寻求苏英两国合作的可能性。3月24日，苏联驻伊朗公使在与伊朗外长的会谈中，对德国的动向发出了警告。

在中亚错综复杂的形势下，宫崎义一少佐出任首任驻阿公使馆武官。1936年11月13日，宫崎义一经印度抵达喀布尔。北田正元携宫崎义一拜访阿富汗临时总理、陆军大臣、临时外务大臣、文部大臣、商务大臣以及阿富汗陆军首脑，各国驻阿富汗大使、公使及武官。12月16日，宫崎义一随外交使团拜见了阿富汗国王。宫崎义一在与阿富汗政府阁僚和军方人士的会谈中表示，希望在密切阿富汗与日本两国陆军间的关系以及他本人工作方面得到阿富汗的特别帮助，宫崎义一还向阿富汗军政官员赠送日本刀。[①] 1936年1月，喀布尔约有15万人，其中外籍人士不超过600人。日本公使馆员共有4人，另有女佣1人，其他日本人包括三井物产驻喀布尔的一对夫妻、土木技师1人、农林技师夫妇，合计10人。1936年底，在喀布尔的日本人增至26人。日本公使馆的人数常年维持在5人左右，人手紧缺，工作繁重。日本驻阿公使馆的工作主要集中在两方面，一方面设法获取开采阿富汗石油资源的权益，另一方面在阿富汗展开紧张的情报收集工作。公开的"合法"的情报收集工作由公使馆负责，包括通过新闻媒体、现场调查、拜会阿富汗官员及各国外交人员了解苏联与阿富汗边境的动向、苏联国内的状况、共产主义的宣传活动以及英属印度的军事状况等。但其防谍报工作非常脆弱，公使馆馆员的情报活动常常被英国、美国、苏联和阿富汗当局所获知。[②]

由于日本军部具有超越宪法的特权以及不受政府节制，其驻外武官直属陆军参谋本部或海军军令部，因此往往独断专行，干扰驻外使领馆工作。为了实施对苏策略，宫崎义一抵达喀布尔后并不告知外务省和驻阿公

[①] 田嶋信雄「アフガニスタン駐在日本陸軍武官追放事件1937年」、『成城法学』第85号、2017年。
[②] 澤田次郎「アフガニスタンをめぐる日本の諜報工作活動：1934—1945年を中心に」、『政治・経済・法律研究』第22巻第1号、2019年。

使馆，而是"开始独自的谋略工作"，"即宫崎到任以后，以喀布尔为据点，使用巨额资金雇佣难民，在与苏联接壤的北部国境地区建立谍报网，开展对苏联境内突厥斯坦的扰乱工作和旧布哈拉王国独立计划等各种各样的谋略工作"。当时在阿富汗聚集了许多从苏联流亡而来的白俄人和穆斯林。宫崎义一对滞留的白俄人和穆斯林进行反苏谍报工作，毫不顾忌由此产生的对苏联和阿富汗关系的严重影响，引起了阿富汗政府的强烈不满。本来阿富汗政府就对有情报工作经历的宫崎义一出任武官怀有戒心，为其工作设置障碍。阿富汗政府尤其对宫崎义一企图复辟旧王朝、颠覆现王朝的"大胆的谋略工作"深感震惊。1937年6月中旬，阿富汗驻日公使塔尔基（Habibullan Khan Tarzi）奉命紧急约见日本外相广田弘毅，要求日本政府妥善处理宫崎义一问题。日本全面侵华战争爆发后的翌月，即1937年8月初，正在轻井泽避暑的塔尔基接到本国政府的"紧急电报"，强烈要求日本政府处理宫崎义一问题，将其解职和召回本国，扫除日本与阿富汗两国友好关系的"重大障碍"。"如果日本政府不立即处理这个问题，阿富汗政府不得不采取自由行动，这对两国是不好的结果吧！"8月14日，塔尔基再次奉命通知广田弘毅，宫崎义一继续留在当地非常危险，如果不在9月中旬将其解职，阿富汗政府不负任何责任。日本与阿富汗的关系骤然紧张起来。9月末，日本政府不得不解除宫崎义一的职务并拟任命新的驻阿武官。处于事件旋涡中的宫崎义一"若无其事地"突然于10月5日赴阿富汗北部旅行，而旅行目的并不明确，自然招致阿富汗政府的反感。在此之前的9月26日，日本驻伊朗公使馆陆军武官福地春男少佐在未向阿富汗政府做出充分说明的情况下，抵达喀布尔，与宫崎义一就"善后事宜""后续工作"进行密谋，负责开拓欧亚航线业务的"满洲航空株式会社"①职员樋口正治也来到喀布尔，商量对策。这些不顾外交规则、忽视驻在国感受的行动自然引起了阿富汗政府的不满。②

宫崎义一被解职显然是阿富汗政府在苏联与英国的影响下向日本施加压力的结果。长期以来，苏俄/苏联（俄国）与英国围绕阿富汗展开了激

---

① 1932年8月7日，日本关东军司令官本庄繁与伪满洲国国务总理郑孝胥签订了关于建立航空公司的"日满协定"。9月26日正式成立了"满洲航空株式会社"。表面上该公司由日"满"双方共同经营，实际上完全由日本军部掌控。
② 田嶋信雄『日本陸軍の対ソ謀略：日独防共協定とユーラシア政策』、吉川弘文館、2017年、133—137、143—144頁。

烈角逐（从沙俄时代开始，一直延续到20世纪30年代），苏俄/苏联（俄国）将阿富汗作为由北向南渗透印度的前沿阵地，而英国将阿富汗作为防卫印度的桥头堡。20世纪上半叶，苏俄/苏联与英国担心日本在阿富汗的存在破坏了势力均衡局面。阿富汗总理和外务大臣在与北田正元的"秘密谈话"中透露，"苏联与英国对默认宫崎义一活动的本国采取了非友好行动"，在此之前的日子里，苏联对阿态度发生显著变化，制造摩擦和冲突，英印方面则在边境地区出于报复发动反对现王朝的运动，阿富汗难以忍受同时与苏联和英国关系趋于恶化的局面，不得不采取要求解除宫崎义一职务的行动。即便宫崎义一解职，如果日本委派新的武官，仍会引起苏联和英国的恐惧和疑虑。得知阿富汗政府的态度，日本参谋本部不得不采取妥协态度，考虑让驻印度或驻伊朗武官兼任驻阿富汗武官。宫崎义一事件使负责情报工作的参谋本部第二部倍感"屈辱"，也是日本近东、中亚外交遭遇的重大挫折。1938年4月5日，日本驻阿富汗代理公使桑原鹤在报告中指出："阿富汗的地位因日支事变（卢沟桥事变——引者注）而完全改变了。事变前阿富汗与英国、苏联两国的关系尚未十分紧张，我国对苏联在新疆的活动进行监视，对苏联内部形势进行侦察，存在着利用与阿富汗的亲密邦交获得帮助的余地，现在国际形势发生深刻变化，根据各种情况判断，不得不说实行我方的大陆政策而利用阿富汗是极为困难的。"①1940年10月，日本参谋本部让陆军中野学校第一期毕业生龟山六藏中尉以"公使馆嘱托"的伪装身份进入喀布尔日本公使馆，其任务是在阿富汗以及周边各地区进行"军事、政治、经济以及其他事务的调查"。②

三 大日本回教协会的成立及太平洋战争期间近东、中亚国家断绝与日本的外交关系

19世纪中后期在俄国的中亚地区产生的"泛突厥主义"（别名"图兰主义"，Turanism）是一种极端民族沙文主义思潮，主张操突厥语族语言的民族大一统，建立属于自己的政府和帝国，③ 其理论产生之初具有反抗

---

① 田嶋信雄『日本陸軍の対ソ謀略：日独防共協定とユーラシア政策』、吉川弘文館、2017年、145—145、153頁。
② 澤田次郎「アフガニスタンをめぐる日本の諜報工作活動：1934—1945年を中心に」、『政治・経済・法律研究』第22巻第1号、2019年。
③ 杜石平、姚臻主编《和谐社会背景下的反恐战略研究》，九州出版社，2010年，第20页。

沙俄政府推行"泛斯拉夫主义"、压迫其他民族的积极意义。俄国境内的鞑靼族知识分子试图利用文化认同意识，激发民族主义聚合力，通过教育和语言改革，逐渐使操突厥语的各民族团结成为一个统一的"突厥民族"，抵抗沙俄的民族同化政策。"泛突厥主义"与"泛伊斯兰主义"在思想观点上是相通的。① 19 世纪末，"泛突厥主义"适应了奥斯曼帝国上层的政治需要，在奥斯曼帝国境内广泛传播。1889 年成立的青年土耳其党将"泛突厥主义"奉为圭臬，在资产阶级革命后产生的土耳其共和国政府继续奉行"泛突厥主义"。20 世纪初，"泛突厥主义"开始向中国新疆渗透，并得到了奥斯曼帝国政府的支持。

图兰主义于 20 世纪初传入日本。1905 年匈牙利民俗学家、狂热的图兰主义活动家巴拉德希（Barathosi Balogh Benedek）携妻子来到日本，进行学术考察。巴拉德希是坚定的反俄主义者，为日本在日俄战争中的胜利欢呼雀跃，认为日本属于"兄弟国"，归国后撰写了名为《大日本》（三卷本）的图书。巴拉德希来日的目的显然不是单纯的学术考察，而是获得日本对图兰主义运动的支持。以日俄战争为标志，原来的地理概念"图兰"在匈牙利逐渐具有政治含义。1905 年初，匈牙利成立了第一个图兰团体。②

1914 年 5 月，巴拉德希再次来到日本，正在东京外语学校学习的今冈十一郎充当了巴拉德希的德语翻译兼助手，之后今冈十一郎成为日本"图兰主义"运动的核心人物。今冈十一郎陪同巴拉德希考察了库页岛、千岛群岛和北海道等地的阿伊奴人、基立亚克人和鄂温克人。今冈十一郎后来回忆道："我从他那里第一次获得了关于图兰民族的知识，并且他告诉我，匈牙利有图兰民族同盟，不仅有热心的研究者，而且匈牙利是欧洲唯一的图兰民族，作为乌拉尔-阿尔泰语系民族即历史学家所说的北方亚洲民族，对东方的同族具有无限的憧憬和乡愁。"③

十月革命和奥斯曼帝国瓦解后，俄国的鞑靼人、青年土耳其党人纷纷涌入中国东北并寻求日本的保护。日本军部认为，这些滞留在"满蒙"地区的具有反苏、反汉族倾向的穆斯林，是日本实施伊斯兰战略的重要资

---

① 厉声：《中国新疆"东突厥斯坦"分裂主义的由来与发展》，新疆人民出版社，2009 年，第 4—5 页。
② シナン・レヴェント『戦前・戦中期における日本の「ユーラシア政策」—トゥーラン主義・「回教政策」・反ソ反共運動の視点から—』、早稲田大学出版部、2014 年、91 頁。
③ 今岡十一郎「ハンガリー滞在十年Ⅰ」、『日本週報』、1956 年 12 月 10 日。

源，特意将一些穆斯林头面人物安排在满铁机关从事情报收集工作。1921年，巴拉德希第三次来到日本。今冈十一郎回忆说："巴拉德希一到日本，立即与我见面，他兴致勃勃地对我说：'请从事图兰运动吧。'我马上答应说：'好的，干吧！'他目光炯炯地握着我的手发誓：'从此以后，我们两人成为图兰的使徒。'"第一次世界大战后，匈牙利处于民穷财尽的艰难境地，协约国与匈牙利签署的《特里亚农条约》使匈牙利失去了2/3以上的国土并负有赔偿义务。为此，巴拉德希奉帕尔·泰莱基（Pál Gróf Teleki，1879-1941）首相之命来到日本，寻求日本的支持，巴拉德希在日本逗留了很长时间。当时匈牙利组成了以泰莱基为首相的新内阁。"这个泰莱基首相是热心的图兰主义活动家，也是大亲日家。"泰莱基首相曾是著名地理学家，因绘制日本地图而被颁授日本勋章。"泰莱基首相为了拯救战败祖国的穷困与混乱，恢复匈牙利，联合东方的兄弟国日本，发动图兰运动。"日本也需要为其对外扩张寻找理论依据，自然与巴拉德希一拍即合。今冈十一郎指出，日本的"图兰主义"与"大亚洲主义"不同，"大亚洲主义"以英国为敌，煽动印度以及东南亚国家反对西方殖民国家，确立日本的亚洲盟主地位；"图兰主义者不以英国为敌，当前的敌人是俄国。俄国革命后立即陷入混乱状态，而且俄国境内及其周边地区分布着追求自由与独立的图兰民族，首先援助他们，掀起反叛，达成民族自决的理想"。[1] 但不论是"图兰主义"还是"大亚洲主义"，其目的都是排除西方和苏联（俄国）势力，为日本对外扩张和获取殖民利益提供理论依据。为了在苏联境内制造混乱，今冈十一郎、巴拉德希在右翼分子头山满等人的帮助下与苏联境内的穆斯林分裂分子进行接触。巴拉德希还在今冈十一郎的介绍下，向日本参谋本部兜售"图兰主义"。巴拉德希指出："图兰民族中只有日本、土耳其、保加利亚、匈牙利和芬兰五个国家，其他全部是斯拉夫民族的奴隶，并且在这五国中有力量的仅为日本。日本作为先行者，如果鼓动这些处于奴隶、殖民地境遇的图兰诸民族，必然使共产俄国崩溃。""可以将图兰一分为四，即划分为以日本为中心的东图兰，以中亚为区域的中图兰，以匈牙利、土耳其、保加利亚、乌克兰为中心的西图兰，以芬兰、爱沙尼亚、卡累利阿等地区为阵营的北图兰，主张东图兰率先行动。为什么呢？日本军致力于对俄作战，要使这种作战有利，不外是

---

[1] 今冈十一郎「ハンガリー滞在十年Ⅰ」、『日本週報』、1956年12月10日。

掀起图兰运动。俄国境内的图兰民族不满于斯拉夫民族的统治,对亚洲怀有乡愁,必然肢解共产俄国。如果按兵不动,俄国革命假以时日,不仅使图兰民族永远失去奋起的机会,相反将出现日本在俄国威力面前屈服的局面。"[1] 巴拉德希和今冈十一郎对图兰主义在日本的传播发挥了重要作用。1921 年末,在大亚细亚协会的支持下,在东京成立了"大亚细亚协会·图兰民族同盟"。

1932 年 3 月,日本成立了"图兰协会"。"图兰协会"把关东军发动的九一八事变用捏造的民族理论加以正当化,把亚欧大陆视为所谓的"突厥民族居住圈",协会纲领声称:"将泛突厥主义作为新日本跃进的指导原理,期待日本民族回归、振兴祖国大陆的巨大成功。" 1933 年 7 月,"图兰协会"出版了《突厥民族分布地图》。"图兰主义"在日本广为流行。[2] 担任"满铁嘱托"的北川鹿藏鼓吹"通古斯民族论",声称通古斯族发源于东北亚,与蒙古、土耳其族同属阿尔泰系,操阿尔泰语,远古时代就分布于广阔的西伯利亚,可以说同属新西伯利亚族,建议把定居在远东地区的通古斯族称为大通民族或大东民族。而日本人则是领导者。[3] 北川鹿藏荒谬的"通古斯民族论"并不是其个人的异想天开,而是日本"图兰主义"者的共识。今冈十一郎也将通古斯族分为西伯利亚通古斯族,满洲通古斯族,蒙古通古斯族,黄河通古斯族(山东、直隶人)和日、鲜通古斯族,而由于通古斯族又属于图兰民族,今冈声称:"谁敢断言,再次恢复图兰故地、祖先故乡的时机不会到来!"[4]

日本经济学家野副重次则从空间经济学的角度,提倡图兰经济同盟。野副重次指出:"我们的生命线不在小小的满洲等地。""实际上我们真正的生命线在沿乌拉尔山脉南北一线。由叶尼塞河到西北蒙古的阿尔泰山脉,经新疆,往南沿帕米尔高原的高地西部边缘是我们的第二生命线。第三生命线是在满洲国的兴安岭。因此,我等应有必然与苏联以及支那发生

---

[1] 今岡十一郎「ハンガリー滞在十年Ⅰ」、『日本週報』、1956 年 12 月 10 日。

[2] シナン・レヴェント『戦前・戦中期における日本の「ユーラシア政策」—トゥーラン主義・「回教政策」・反ソ反共運動の視点から—』、早稲田大学出版部、2014 年、117—128 頁。

[3] 北川鹿藏『〈ツラン民族分布地図〉解説書』、日本ツラ協會、1933 年、1—3 頁;北川鹿藏『パン・ツングーシズムと同胞の活路』、大通民論社、1929 年、1、8—10、18 頁。

[4] 今岡十一郎『ツラン民族運動とは何か』第 1 卷、日本ツラン協会、1933 年、110 頁;今岡十一郎『ツラン民族圏』、竜吟社、1942 年、66 頁。

第五章 远交近攻：日本对近东和中亚的外交战略

大冲突的意识。日苏或者日支之间的冲突是绝对不可避免的宿命。"九一八事变后，关东军就是按照野副重次的理论行动的，即不仅"北进"，而且"西渐"，不断向内蒙古推进。"我们不能忘记蒙古问题就是青海问题。因为青海大部分居民是蒙古人。蒙古民族的理想即大蒙古国，当然包括青海。因此图兰民族具有与支那和苏联冲突的宿命。蒙古问题同时也是新疆的问题。蒙古问题一旦爆发，其火线会一直飞跃到新疆。新疆的居民大部分是土耳其人。由此蒙古问题一瞬间又转变为土耳其问题。土耳其问题和蒙古问题作为现在面临的重大问题，我等呼吁正逢其时。"野副重次认为现在是建立日土大图兰联邦的"绝好机会"，"我们必须与土耳其视为故乡同族之地的突厥斯坦合并，与土耳其结盟，以土耳其对苏联南方进行攻击。"与此同时，以图兰主义或突厥主义鼓动苏联境内的土耳其人。"日土同盟是使苏联遭遇惨败的最大关键。"为此从精神上、物质上援助土耳其，因为这是将来实现大图兰联邦的前提。"苏联一旦失去了所辖有的图兰各民族之地，自给自足的经济从根本上被颠覆，其共产主义经济就难以维持。因此，苏联最恐惧的就是民族主义的勃兴，即以日本为中心的图兰民族的觉醒。""恢复大陆、恢复祖国、民族大迁移、迁都大陆、图兰联邦的成立，这是现代日本民族特别是青年所肩负的最高使命，也是新日本建设的指导原理。"[①] 野副重次的"图兰联邦理论"深受日本军部赏识，其所著的《图兰民族运动和日本的新使命》是九一八事变前受邀为驻九州的日本陆军部队发表演讲时的演讲稿，之后在林铣十郎大将、饭村穰大佐、下永少佐等军部人士的支持下出版，也得到了日本图兰协会、善邻协会以及北川鹿藏等右翼人士的支持。因此，日本的伊斯兰研究从来都不是纯粹的学术研究，而是带有鲜明的政治色彩。军部及政界人士积极介入伊斯兰研究。参谋本部还纠集了一批学者撰写了《回教圈提要》，将此书发放给拟进驻伊斯兰国家或地区的军官，作为工作手册。而编撰者小林元（回教圈研究所调查部部长）被授予陆军教授、参谋本部嘱托职位，另一位编撰者铃木刚也被授予参谋本部嘱托职位。[②]

全面侵华战争爆发后，日本对近东、中亚的外交战略进入一个新阶段。日本决策者认为，三国轴心的成立促进了反轴心国同盟的形成，"此

[①] 野副重次『汎ツラニズムと経済ブロック』、天山閣、1933年、258—259、290頁。
[②] 参謀本部『回教圈提要』、参謀本部、1942年。见该书作者简介和凡例，国立国会图书馆藏。

时回教民族的动向"将对国际格局产生重大影响。土耳其共和国诞生后，伊斯兰国家或地区的民族运动此起彼伏，"回教各民族的觉醒行动是由泛伊斯兰主义促成的"。英国统治下的亚洲穆斯林对英国充满了怨恨，苏联境内的穆斯林苦于苏联的宗教迫害政策，大量逃亡中国，"此种情势可以通过苏联的亡命回教徒激起支那回教徒强烈的反共意识"。日本可以利用穆斯林配合日本的军事战略。①

1938年9月19日，大日本回教协会在东京军人会馆成立，陆军大将、前首相林铣十郎亲任会长，但林铣十郎并非穆斯林。协会副会长、总务部部长、调查部部长等要职均由军部人士担任，其鼓吹"大亚洲主义"与"泛伊斯兰主义"携手合作。1944年，美国战略事务局〔Office of Strategic Services，OSS，美国中央情报局（CIA）的前身〕在报告中指出："（大日本）回教协会与陆军有密切关系，是统辖整个占领区域穆斯林各团体的具有强大权限的团体。"日本战败后，大日本回教协会于1945年10月23日被盟军勒令解散。②

1939年9月，欧战爆发，日本决策层积极推进与德国在近东、中亚地区的合作。林铣十郎声称，轴心国面临东西两个包围圈，"东包围圈即在日本、满洲或中华民国（汪伪政权——引者注），所谓大东亚核心区域周边构筑的大包围圈"，东边是美国，西边是英国、中国（南京国民政府——引者注），南边是澳大利亚、荷属印度，即ABCD阵线。西包围圈，即包围德国、意大利的包围圈，东边是苏联，西边是英国，南边是英、美、法政府联盟，北海方面有英美联军。面对东西两个包围圈，轴心国的战略核心方向应该在印度以及西亚伊斯兰教区域，因为该区域人口众多、土地辽阔，特别是西亚地区居民几乎全为穆斯林，具有根深蒂固的反苏、反英情绪，一旦轴心国对其进行控制，不但可以突破东西包围圈，而且可以使轴心国在亚洲、欧洲和北非等地的占领区域连成一片。③但是，日本、德国各有自己的如意算盘，林铣十郎的伊斯兰战略设想并未能付诸实践。1942

---

① 「各国ニ於ケル宗教及布教関係雑件/回教関係 第二巻 1. 一般」、戦前期外務省記録/I 門 文化、宗教、衛生、労働及社会問題/2 類 宗教、神社、寺院、教会/1 項 宗教/0 目/各国ニ於ケル宗教及布教関係雑件/回教関係 第二巻/外務省外交史料館蔵、JACAR 系统查询编号：B04012550200。
② 岛田大辅「〔全方位〕回教政策から〔大東亜〕回教政策へ：四王天延孝会長時代の大日本回教協会 1942—1945」、『次世代アジア論集』第 8 号、2015 年。
③ 林铣十郎『興亜の理念』、文松堂書店、1943 年、151—155、163—165 頁。

第五章 远交近攻：日本对近东和中亚的外交战略

年3月，日本外相东乡茂德曾向驻德大使大岛浩提议，援助阿富汗进行对印反英工作，即日本与德国合作，援助阿富汗在印度开展反英斗争。大岛浩将此提议转达德国外交部，遭到德国的反对，德国认为进行这样的活动会导致英国对阿富汗的占领，所以日德两国在近东、中亚的步伐并不一致。①

太平洋战争爆发后，日本打着从西方殖民者手中"解放穆斯林"的幌子，占领了东南亚伊斯兰国家。军部为了便于进行殖民统治，发布公告，假惺惺地要求官兵尊重当地穆斯林的风俗习惯，但同时又强迫当地穆斯林遥拜日本皇宫，向天皇效忠。1942年11月，日本设置大东亚省，由其管辖委任统治地和占领地。大日本回教协会就伊斯兰问题向其提供决策咨询，并派遣人员协助管理占领地。1942年11月，四王天延孝接替去世的林铣十郎担任大日本回教协会会长。四王天延孝是陆军中将（退役）、众议院议员，是狂热的国家主义者、反犹主义者，战后作为甲级战犯被逮捕。1944年，大东亚省对大日本回教协会的补助金提高到20万日元，是同类规模协会补助金的2倍或3倍。② 但是太平洋战争爆发后，近东、中亚地区的伊斯兰国家纷纷断绝与日本的外交关系，并向日本宣战。1939年日本驻伊拉克公使馆被关闭，1942年伊拉克撤回驻日公使，1943年伊拉克对轴心国宣战，与日本断绝外交关系。1942年4月伊朗与日本断交，1945年2月伊朗对轴心国宣战。1945年土耳其对日宣战，而在太平洋战争期间日本驻阿富汗公使馆被关闭。

---

① 澤田次郎「アフガニスタンをめぐる日本の諜報工作活動：1934—1945年を中心に」、『政治・経済・法律研究』第22巻、2019年。
② 岛田大辅「〔全方位〕回教政策から〔大东亜〕回教政策へ：四王天延孝会长时代的大日本回教协会 1942—1945」、『次世代アジア論集』第8号、2015年。

第六章　权力真空：第一次世界大战与日本的参战外交

　　日俄战争后，英、法、日、俄四国间通过相互妥协和承认彼此利益，形成了同盟或协约关系，在东亚建立了新的格局和平衡，日本通过武力获得的成果得到了列强承认。日美关系因移民问题和日本在中国东北对美国"门户开放""机会均等主义"的抵制而趋于紧张，但两国决策层都不愿意使双边关系失控，通过《桂太郎－塔夫脱备忘录》和《高平－卢特协定》，在远东和中国问题上保持了竞争性的合作关系。1911年10月，辛亥革命爆发，中国出现了与日本君主体制迥然不同的共和政体，各派政治势力分化组合，政局持续动荡。第一次世界大战爆发后，东亚出现权力真空，日本大隈重信内阁趁西方列强无暇东顾的机会，向中国提出了"二十一条"，激起中国人民的强烈反感及反日运动的高涨。继任的寺内正毅内阁成立后，实施了以"西原借款"为标志的柔性对华战略。第一次世界大战期间的中日关系跌宕起伏。

第一节　移民问题与日美关系

　　日俄战争是日美两国关系的转折点。因为经过这场战争，日本不仅维护和扩大了在远东的殖民利益，而且确立了在西太平洋海域的海上优势（来自俄国的海上威胁不复存在，日本海军实力由战前的世界第四位上升为第三位），这不能不引起美国的不安和嫉恨。西奥多·罗斯福总统说："现在我的同情完全转移到了俄国方面。因为最大的竞争者日本的强大化，不符合美国的利益。"[1]

---

[1] 秦郁彦『太平洋国際関係史：日米および日露危機の系譜 1900—1935』、福村出版社、1972年、64頁。

第六章　权力真空：第一次世界大战与日本的参战外交

1905年2月23日的《旧金山记事报》刊登了排斥日本移民的文章，这是美国新闻界首次出现的反日现象。美国舆论逐渐从亲日转变为反日。1907—1908年，美国报刊登载了大量排斥日本移民的宣传报道，煽动各地排斥日本移民。这种狭隘的民族主义宣传迅速从加利福尼亚蔓延到美国中部和东部，"成长为不易控制的怪物"。日本向美国本土和夏威夷移民可追溯至19世纪60年代。1868年，在夏威夷驻日本总领事尤金·范·里德（Eugene Van Reed）的招募下，来自横滨的148名移民从日本出发去往夏威夷首府檀香山。他们在日语中被称为"元年者"，意即明治元年首批移民。[1] 他们以合同劳工的形式在夏威夷的甘蔗种植园中劳作，每月的薪水为4美元。1869年，在德国商人赫尔·施奈尔（Herr Schnell）的带领下，来自会津若松市（位于福岛县西部）的13个日本人前往萨克拉门托附近的一个叫金山的地方定居，创办农场。他们把定居的农场命名为"若松"，以纪念自己的故乡。在1885年前，日本向美国本土和夏威夷的移民是无计划和随意的。

1876年，美国与独立的夏威夷王国签订了互惠条约，允许蔗糖进入美国市场，这极大地刺激了夏威夷甘蔗种植业的发展，种植面积扩大，甘蔗产量猛增。于是甘蔗种植园主便开始在世界范围内招募劳动力以解决劳动力短缺的问题。起初，大量中国人来到夏威夷甘蔗种植园充当雇佣劳工，但他们在劳动合同到期后往往选择离开，这使得种植园主不得不寻找日本移民作为替代者。1881年，夏威夷国王在日本逗留了两周，拜见了天皇，希望日本移民前往夏威夷。为了鼓励日本人移民夏威夷，夏威夷政府提出了许多优惠条件："（夏威夷）政府打算为日本农业劳工或家政工作者提供路费，如若已婚，妻子及孩子也将享受同等待遇。……政府还将负担移民的食宿直至其找到工作或宣布自力更生。"[2] 1886年1月28日，双方在东京签订了"移民协定"。在缔约谈判中，日本政府以在夏威夷的日本移民受到虐待为由，向夏威夷政府施加压力，为日本移民争得了许多权利，保障了日本移民的参政权和归化权。[3] 1894年4月12日，日本政

---

[1] John E. Van Sant, *Pacific Pioneers: Japanese Journeys to America and Hawaii, 1850-80*, Urbana: University of Illinois Press, 2000, p. 97.

[2] Melendy H. Brett, ed., *Chinese and Japanese Americans*, New York: Hippocrene Books, 1984, p. 96.

[3] Brian Niiya, ed., *Encyclopedia of Japanese American History: An A-to-Z Reference from 1868 to the Present*, New York: Facts on File, 2001, pp. 206-207.

府颁布了《移民保护规则》；1896年，经议会审议通过后，《移民保护法》公布。由此可见，日本政府非常重视保护海外移民的利益。

日本人移民美国本土的时间要晚一些，截至1891年，在美国本土的日本移民仅为2637人。进入19世纪90年代，移民美国本土的日本人数量显著增加，1900年达到24326人，1910年达到72157人。[1] 1910—1970年，日本移民成为美国（包括美国本土和夏威夷）亚裔移民中最大的移民群体。[2]

由于国土辽阔、人口稀少，美国长期以来一直欢迎外来移民。移民在美国西部经济开发过程中发挥了重要作用。但白人仍对亚裔移民充满了偏见，认为亚裔移民夺走了白人劳工的饭碗。1882年，美国国会通过了排华法案，10年内禁止华工进入美国。该法案成为美国移民史上的分水岭，标志着美国传统的自由移民政策的终结。[3] 随后，排外主义分子将矛头对准日本移民。

日本移民主要聚集在美国太平洋沿岸地区和落基山地区等中西部的州，即加利福尼亚州、华盛顿州和俄勒冈州、爱达荷州、怀俄明州、蒙大拿州、犹他州、科罗拉多州、内布拉斯加州、亚利桑那州、得克萨斯州、新墨西哥州、内华达州。以1920年的人口统计为例，上述各州的日本移民占了当时日本移民总数的95.3%，[4] 而加利福尼亚州的日本移民数量最多，其成为日本在美移民的中心区域。

美国排日运动可以分为三个阶段：第一阶段主要以排斥日本劳工和禁止日本学童进入公立学校学习为目的；第二阶段主要是借"照片新娘"的婚介形式抨击日本移民的婚姻，以达到防止二代日本移民数量增长的目的；第三阶段主要是阻止日本移民获得土地，设置不利于日本移民在美生产和生活的条件，迫使日本移民离开美国。以上三个阶段的排日运动在时间上有先后、内容上各有侧重，但不能截然分开，内容上往往有交叉。

在排外主义者的压力下，1891年3月3日，美国颁布了《移住民新条例》，新条例的第一条规定：禁止贫困者移民美国。早期在美的日本移民中，以留学生居多。留学生中的自费生在经济上是没有保障的，他们必须通过打工来赚取生活费，因此往往被称为学生劳工或劳工学生（Student-

---

[1] 黑羽茂『日米抗争史の研究』、南窗社、1973年、163页。
[2] 移民研究会编『日本の移民研究：动向と文献目录1』、明石书店、2008年、60页。
[3] 潮龙起：《美国华人史（1848—1949）》，山东画报出版社，2010年，第41页。
[4] Kawakami Kiyoshi Kari, *The Real Japanese Question*, New York: Macmillan Co., 1921, p.254.

Laborers or Laborer-Students)。一名日本记者于1888年访问了旧金山，通过调查，他在新闻报道中称该市约有2000名日本人，其中穷学生有1600—1700人。1890年3月，日本《每日邮报》报道："旧金山的日本人社区在过去这些年人数增长迅速，已有约3000人。他们的身份是穷学生，每年还有数百个这样的人离家到此，口袋里空空如也。他们的目标就是依靠自己的双手赚取微薄的收入以供其完成语言、社会学、政治学的学习。"[1] 针对美国的新移民法，日本驻旧金山总领事珍田捨巳在1891年4月25日向外相青木周藏表示，如果发生日本移民因是贫困者而被拒绝入境的情况，"会损害我国民的名誉"，要求各府县知事以美国新移民法为根据慎重发放护照，特别是严格管束贱业者、契约劳工、贫困者、不健康者，努力做到不给美国排斥日本移民的口实。尽管如此，仍然多次发生日本移民被拒绝入境的事件。在是否就日本移民被拒绝入境问题与美国政府进行交涉上，驻美外交人员产生了分歧。一些日本外交人员担心：假如就移民因违反新移民法而被拒绝入境问题强行与美国进行交涉的话，将恶化美国的对日感情。1891年4月26日，外相榎本武扬要求各府县知事对赴美日本人进行严格审查。5月9日，榎本武扬要求驻美领事仔细调查有无违反美国新移民法的事例，可为无违反者辩护，若确有违反者，则不为其进行交涉。5月25日，外务省移民课课长安藤太郎再次要求出国移民人数较多的广岛县、和歌山县、熊本县知事加强对"渡美劳工的管束"。[2] 1893年6月，旧金山教育委员会通过一项决议，令"所有意图进入公立学校学习的日本人必须去华人学校就学"。理由是进入公立学校的日本人超过了入学年龄，挤占了公共教育资源，而校舍空间有限。闻知此事，珍田捨巳立即致信当地媒体，称在公立学校就学的日本学生不过四五十人，这些年轻人都是行为得体、举止恰当之人，因个别日本人超龄而将其余日本适龄学童排除在公立学校之外是没有道理的，至于校舍空间有限，说明当局有责任增筑校舍。在信的结尾，珍田呼吁加州应当体现自由主义精神，随信签名请愿的还有白人学生、牧师、教育工作者、商人等。旧金山教育委员会主席海德也表示"将日本人排除出公立学校既是不合情理的，也是对日本人不必要的侮辱"。最后，旧金山教育委员会通过投票取消了

---

[1] Yuji Ichioka, *The Issei: The World of the First Generation Japanese Immigrants, 1885-1924*, New York: Free Press, 1988, p.9.
[2] 外務省百年史編纂委員会編『外務省の百年』上卷、原書房、1969年、865—866頁。

该项决议。①

1893年4月25日，美国制定了《移住民处理细则》。在此期间，通过加拿大英属哥伦比亚省进入华盛顿州的日本移民增加了，并发生了入境被拒绝的事件。7月28日，陆奥宗光外相要求各知事对试图通过加拿大英属哥伦比亚省迁往美国的移民予以关注。1895年5月12日，有120余名劳工搭乘"北津"号轮船赴美国，引起了一场外交风波。旧金山新闻媒体借机鼓吹排日，声称日本挟中日甲午战争胜利之势，向美国输送劳工，这些日本移民都是美国社会的敌人；由于美国法规的不完备，予以取缔是不可能的，因而有必要制定禁止日本人上岸的法律。为此日本驻旧金山领事神屋三郎建议，为了不给美国排斥日本劳工的口实，外务省必须采取断然措施，或禁止劳工赴美，或对出国者严格审查，禁止一切疑似劳工者出国。7月9日，外务次官原敬要求北海道、神奈川、兵库、大阪、长崎、新潟等地的官员"特别注意赴美移民"。②

1900年5月，旧金山劳工组织在市政厅前举行了有史以来第一次大规模的反对日本移民的集会，要求将日本移民也纳入排华法案的排斥范围内。同年12月，劳联在肯塔基州路易斯维尔召开大会，大会宣称"太平洋沿岸、落基山脉和内华达山脉间各州正在遭受来自中国和日本的廉价苦力劳工的侵袭"，要求国会"重新制定排华法，增加排斥所有蒙古人种劳工的条款"。③ 1901年，蒙大拿州和爱达荷州的州议会也要求国会排斥日本劳工及其后代。

日本政府担心本国移民过多、过快地涌入美国本土，将会进一步刺激美国的排外主义者，于是在1900年8月采取了限制性政策，限制日本人前往美国本土和加拿大。但是日本政府的限制性移民政策的成效并不大，在当时合同劳工供需两旺的形势下，催生了一种新的移民途径——曲线入境。1898年，夏威夷正式并入美国。转道夏威夷，进入美国本土成了日本移民登陆美国的主要方式，据估计，约有38000名劳工是经夏威夷进入

---

① Roger Daniels, *Asian America: Chinese and Japanese in the United States since 1850*, Seattle: University of Washington Press, 1988, pp. 111–112.
② 外務省百年史編纂委員会編『外務省の百年』上卷、原書房、1969年、867—868頁。
③ Jules Becker, *The Course of Exclusion, 1882–1924: San Francisco Newspaper Coverage of the Chinese and Japanese in the United States*, San Francisco: Mellen Research University Press, 1991, p. 23.

美国的。① 这种曲线入境方式引起了美国政府和民众的不满。1907年3月14日，西奥多·罗斯福总统颁布了第589号行政令。他在解释颁布第589号行政令的原因时指出："商务与劳工部提供的证据使我确信日本国民、朝鲜人中的劳工，无论熟练或非熟练，他们持有由日本政府颁发的前往墨西哥、加拿大和夏威夷的护照，而这些护照持有人却借此达到进入美国本土的目的，他们的行为损害了美国劳工的工作环境。""我在此正告那些持有前往墨西哥、加拿大或夏威夷护照的日本、朝鲜国民，即那些熟练或非熟练的日本、朝鲜劳工，他们将被拒绝获准进入美国本土。"罗斯福要求："商务与劳工部部长，通过移民与归化局，直接采取措施制定和实施必要的规则与条例以使此项命令施行。"②

第589号行政令的出台使日本政府感到问题的严重性。随即日美两国政府开始了长达一年的谈判，于1908年2月达成了著名的"绅士协定"，协定规定：日本同意不向劳工发放前往美国的护照，但可以向曾在美国定居但之后返回日本的移民及其父母、配偶、子女发放护照，美国则允许这些人入境。"绅士协定"签订以后，日本移民进入美国的数量逐渐减少。

第二节 从《桂太郎－塔夫脱备忘录》到《蓝辛－石井协定》

日俄战争期间，西奥多·罗斯福总统采取联日抑俄的策略，但美国对日本的支持是有限度的，并不希望日本彻底击溃俄国，在远东占据绝对优势，因此罗斯福多次劝说俄国尽早议和，同时拒绝支持日本提出的割地赔款要求。1905年7月8日，美国陆军部部长威廉·霍华德·塔夫脱率领议员代表团出访菲律宾，考察防务工作。遵照罗斯福总统的指示，塔夫脱途中访问了日本，25日抵达横滨，随即前往东京，26日拜会天皇。27日上午，塔夫脱与首相兼外相③桂太郎就菲律宾、远东和朝鲜问题举行了秘密

---

① Yuji Ichioka, *The Issei: The World of the First Generation Japanese Immigrants, 1885–1924*, New York: Free Press, 1988, p.51.
② Franklin Odo, *The Columbia Documentary History of the Asian American Experience*, New York: Columbia University Press, 2002, p.142.
③ 1905年7月3日，外相小村寿太郎被任命为朴次茅斯会议日本全权代表，首相桂太郎兼任外相。

会谈。①

关于菲律宾问题。塔夫脱在谈论美国国内的亲俄派意图让民众相信日本的胜利将构成其朝菲律宾群岛方向入侵的确定性前奏时表示，在他本人看来，日本在菲律宾的唯一利益就是这些岛屿处于像美国这类友好国家的管制之下……桂太郎"用最为强烈的措辞对其观点的正确性予以肯定，同时主动声明日本对菲律宾没有任何入侵意图"。②

关于远东问题。桂太郎指出："维持远东地区的和平乃是日本对外政策的基本原则。既然如此，无论从实际还是理想角度出发，都意味着要实现上述目标，需要日本、美国和英国三者间达成充分的相互谅解。"③

关于朝鲜问题。桂太郎认为："朝鲜乃是日本与俄国爆发战争的直接原因，半岛问题的彻底解决理应是这场战争的一个合理结果，这一点对日本非常重要。如果战争结束后，让朝鲜自行其是，那么它必定会回到轻率地与其他列强签订协定或条约的老路上，由此国际局势也会回到战前就已存在的复杂状态。考虑到先前的各种状况，日本感到必须采取某些明确的手段以排除朝鲜回到先前状态以及（日本）再次陷入一场对外战争境地的可能性。"塔夫脱完全认同桂太郎的观点，同时表示他个人也认为由日本驻军并保持对朝鲜的宗主权以确保朝鲜不会在未经日本同意的情况下与他国签订条约，乃是当前这场战争的合理结果，这也有助于远东的安定和平。塔夫脱指出，在这点上他的看法尽管没有获得任何授权，但相信会得到罗斯福总统的认可。④

7月29日和7月31日，塔夫脱分别致电国务卿卢特（卢特于7月19日代替去世的海约翰，出任国务卿）和总统罗斯福，告知与桂太郎的谈话内容。7月31日，罗斯福回复塔夫脱，表示同意谈话内容。8月7日，塔夫脱将罗斯福总统的意见通知桂太郎。翌日，桂太郎向小村寿太郎告知了

---

① 美国学者泰勒·丹涅特（Tyler Dennett）于1924年8月在一次学术会议上对《桂太郎-塔夫脱备忘录》进行了解密和研究，使用的资料是1905年7月29日塔夫脱给卢特电报的复印件。该复印件于1905年7月31日经国务院书记官盖章后，存放于国务院档案室杂项信件类1905年7月第三部分档案中。在国务院档案中未找到备忘录原件。《桂太郎-塔夫脱备忘录》的日文原件已被烧毁，收录于『日本外交年表並主要文書』（上）（239—240页）中的备忘录系来自美国国务院档案室的上述文件，取名《桂-塔夫脱协定》。
② 外務省編『日本外交年表並主要文書』（上）、原書房、1965年、240页。
③ 外務省編『日本外交年表並主要文書』（上）、原書房、1965年、240页。
④ 外務省編『日本外交年表並主要文書』（上）、原書房、1965年、239—240页。

会谈内容。① 至此,《桂太郎-塔夫脱备忘录》作为具有约束力的外交文件生效,两国相互承认对方的殖民利益。在朴次茅斯出席媾和会议的小村寿太郎在会见卢特国务卿和罗斯福总统时,在日本对朝鲜的支配权上再次获得美国的承认。

本来日美双方约定不公开《桂太郎-塔夫脱备忘录》。但两个月后,东京的《国民新闻》披露了备忘录内容。《国民新闻》系右翼思想家德富苏峰于1890年创办,其兼任报社社长和主编。为了缓和民众对政府的不满和日益高涨的民族主义情绪,德富苏峰很可能是在政府的授意下披露《桂太郎-塔夫脱备忘录》内容的,以证明政府在外交上有所作为以及西方国家特别是美国对日本怀有善意且进行了帮助。然而此举弄巧成拙,反映了日本外交技巧的幼稚。日本单方面披露《桂太郎-塔夫脱备忘录》的内容,引起了美国的不满,也说明了日美关系的复杂性。本来,日本人对美国在日俄和谈中的斡旋抱有很高的期望,得到的却是不赔款、不割地的和约,认为被美国人欺骗了。美国驻日公使格里斯科姆在给本国政府的报告中指出,"大部分报纸都要求并深信不疑地期待着割让符拉迪沃斯托克(海参崴)和滨海省,割让萨哈林岛,以及取得赔款十亿美元。甚至更明智更保守一些的阶层也都期待割让萨哈林岛和取得赔款五亿美元。可以确实可靠地说,除了政府之外,帝国内任何人都没有预料到日本会被迫接受和约中的那些条件"。② 在公布和约的当天,首先是东京,随后其他几个重要城市都下半旗默哀,许多人缠着黑纱,到处有人散发传单,号召发起爱国抗议活动,要求严惩签订《朴次茅斯条约》的日方代表,并袭击西方国家驻日外交人员。在签订合约后的第四天,俄国驻上海的财政代表报告说,"据从日本逃至此间的美国人和英国人反映","普遍的暴怒""不仅是针对日本的和谈代表而发,并且更多的是针对美国和英国而发。日本人之所以责怪这两个强国,因为它们当初曾千方百计地挑动战争,但现在又似乎在施加压力,要日本明白,如果它不签订和约,今后就借不到外债"。③ 法国公使在报告中说:"杀害,威胁,图谋纵火焚烧房屋及礼拜

---

① 外务省编『日本外交文書』第三十八卷第一册、日本国際連合協会、1958年、450页。
② 转引自〔苏〕鲍·亚·罗曼诺夫《日俄战争外交史纲(1895—1907年)》,上海人民出版社编译室俄文组译,上海人民出版社,1976年,第972页。
③ 转引自〔苏〕鲍·亚·罗曼诺夫《日俄战争外交史纲(1895—1907年)》,上海人民出版社编译室俄文组译,上海人民出版社,1976年,第972页。

堂——不问是天主教还是新教的礼拜堂。"他认为:"这种敌意是针对'盟友'英国人和'朋友'美国人的,他们道义上和财政上的支持本来受到信赖,但是在……朴次茅斯和谈的时刻破产了。"9月6日,4座美国教堂被焚,美国大使馆不得不请求日本政府予以保护。西方新闻界纷纷对焚烧教堂的事件加以抨击,英国的《泰晤士报》在评论此事件时认为:"尽管日本人接受西方思想惊人迅速,但毕竟在政治上还没有成熟(这表现在焚烧基督教教堂一事上——引者注)……狂热的群众所干的这种凌辱人的事件层出不穷,在欧洲和美国,再没有比这更能引起不良的印象了。政府为自身的利益计,应当采取一切防范措施……日本已经胜利地跻身于强国之林,但它脚下的基础还是不牢靠的,它必须谨慎小心才好。"①

1905年8月31日,美国铁路大王哈里曼抵达日本。哈里曼认为日俄战争后的日本经济"极度疲惫",美国有机会以很低的价格购买南满铁路,"以发展美国在远东的商业权利。然后以此为基础,更纠合中东铁路以至西伯利亚铁路,使它和他们控制的太平洋邮船公司(Pacific Mail Steamship Company)及美国铁路相衔接,借以建成连贯日本、满洲、西伯利亚、欧俄的交通线",② 从而使美国成为日俄战争中最大的获利者。9月12日,哈里曼向日本政府提议,连接朝鲜铁路与南满铁路,日美两国共同出资并经营铁路和煤矿。日俄战争后苦于财政窘迫的日本政府,对引入美国资金经营"满洲"抱有浓厚兴趣,元老井上馨、伊藤博文、山县有朋均同意哈里曼方案。日本首相桂太郎对哈里曼方案进行了修改,即日本独占朝鲜铁路权益,仅允许美国与日本共同经营南满铁路。10月12日,双方达成了《桂太郎-哈里曼预备议定书》,主要内容如下。(1)为了供给购买南满铁路及其附属事业费用,组织一银行团。(2)签订契约之当事人,对于上述所购买之财产,享有共同而且平等之所有权。(3)开掘与该铁路有关联之煤矿,可另订合同,"许可与一公司"。两当事双方,对于此一公司有共同利害,双方各派代表。(4)在"满洲"所有企业之发展,当事双方,以权利平等为原则。(5)上述之银行团,根据环境情况,虽在日本管理之下经营,但在情况许可之范围内,对其组织,得随时加以变更,而其结果总须对代表权及管理权,保持平等。(6)此公司依照日本之法律组织之。

---

① 转引自〔苏〕鲍·亚·罗曼诺夫《日俄战争外交史纲(1895—1907年)》,上海人民出版社编译室俄文组译,1976年,上海人民出版社,第973页。
② 〔日〕东亚同文会编《对华回忆录》,胡锡年译,商务印书馆,1959年,第311页。

第六章　权力真空：第一次世界大战与日本的参战外交　　181

(7) 一旦日本对俄国或中国发生战争，日本军队可利用南满铁路运送军队和军需品。① 显然这是一项将南满铁路共同经营权出卖给美国的契约。

10月16日，朴次茅斯会议后归国的小村寿太郎认为，《桂太郎-哈里曼预备议定书》有可能使日本丢失战争的成果，指出：（1）俄国虽已在讲和条约中表明将南满铁路让与日本，但此项让与，须得中国政府之同意，方属可能。这事在讲和条约第六条中有明确记载，因此，日本政府在与中国政府交涉之前，就与哈里曼缔结此项契约，没有法律依据。（2）日本付出了10万生命、20亿日元、经过二年苦战才获得南满铁路，其付出远远超过所得，"但如连这点点贫乏的成果南满铁路都出卖给美国人，使满洲成为列强商业自由竞争的战场，究非为日本国民所能容忍者"。② 小村寿太郎说服了桂太郎首相和元老。《朴次茅斯条约》规定，俄国将在中国东北的权益转让给日本，必须获得中国政府同意。为了尽快落实和约成果，11月12日，小村寿太郎作为特命全权大使赴北京，要求中国政府承认《朴次茅斯条约》。但小村不仅要求"继承"俄国在中国东北的权益，而且企图进一步扩展权益，如要求获得东北地区沿海的捕鱼权等。为此，小村在北京的交涉遭遇清政府的强烈抵制，交涉时间长达一个多月，于12月22日双方才签署《中日会议东三省事宜正约及附约》（《中日会议东三省事宜条约》）。条约规定如下。（1）"中国政府将俄国按照"《朴次茅斯条约》第五条及第六条"允让日本之一切概行允诺"；（2）"日本政府承允按照中俄两国所订借地及造路原约实力遵行。嗣后遇事，随时与中国政府妥商厘定"；（3）"中国政府应允，俟日、俄两国军队撤退后，从速将下开各地方中国自行开埠通商：奉天省内之凤凰城、辽阳、新民屯、铁岭、通江子、法库门；吉林省内之长春即宽城子、吉林省城、哈尔滨、宁古塔、珲春、三姓；黑龙江省内之齐齐哈尔、海拉尔、瑷珲、满洲里"；（4）"中国政府允将由安东县至奉天省城所筑造之行军铁路仍由日本国政府接续经管，改为转运各国工商货物"；（5）"中、日两国政府为图来往输运均臻兴旺便捷起见，妥订南满洲铁路与中国各铁路接联营业章程"；（6）"中国政府允，南满洲铁路所需各项材料，应豁免一切税捐、厘金"；（7）"中

---

① 〔日〕东亚同文会编《对华回忆录》，胡锡年译，商务印书馆，1959年，第311页；外务省编『日本外交年表並主要文書』（上）、原書房、1965年、249—250页。
② 〔日〕东亚同文会编《对华回忆录》，胡锡年译，商务印书馆，1959年，第312页。

国政府允许设一中日木植公司，在鸭绿江右岸地方采伐木植"；等等。①

《中日会议东三省事宜条约》缔结后，小村寿太郎立即通过兴业银行总裁添田寿一代表桂太郎首相，于1906年1月15日通知哈里曼，废止预备议定书："全权大使小村男爵，业已签订中日满洲善后条约，于1月1日归国。而为朴次茅斯条约第六条所必需之中国同意，已得中国允诺，准照原来让予俄国之特许权，南满铁路仅能由中日两国人为股东之公司经营之。因此，以1905年10月12日之豫备节略为基础，已不能作任何协定，是以要求将上述节略作为无效。"②但哈里曼并不愿意轻易放弃其铁路计划，仍通过各种渠道与日本进行交涉，"然因小村依然反对，终使这项节略归于无效，满铁的经营，遂得完全按照日本独自的计划进行"。③"悻悻而归的哈里曼愤怒地将小村比作马基雅维利。"④日俄战争后，日本对外战略目标发生了变化，"主权线"和"利益线"进一步向西延伸，以小村寿太郎为代表的日本决策层将朝鲜半岛纳入日本的"主权范围"，将中国东北纳入日本的"利益范围"，认为日本要在中国东北扩展利权。⑤

日本决策层中的某些人士对日本扩张步伐迈得过大表示忧虑，伊藤博文在与秘书的谈话中表示，如果日本"无视其他国家的适当权利与利益而蛮横行动……必然会发生全国性的毁灭……必须持续向我们的人民发出警告——'树大招风'"。他在1906年5月22日的一场演讲中说道：最近英美官员都强烈抗议，因为与俄国盘踞中国东北时相比，日本渗透中国东北后对西方商品市场更不开放了。如果中国东北问题处理不好，日本将会受到严重的惩罚；朝鲜人可能借机"与俄国暗通款曲，因为目前日本尚未赢得他们的民心"。而在中国东北的对华敌视政策可能引发中国人的民族主义与排外情绪。⑥伊藤博文的警告产生了一定影响，这也是第一次世界大战前及战时日本与美国就亚太问题达成外交妥协的重要原因。

---

① 王彦威、王亮辑编《清季外交史料》第7册，湖南师范大学出版社，2015年，第3548—3550页。
② 〔日〕东亚同文会编《对华回忆录》，胡锡年译，商务印书馆，1959年，第315页。
③ 〔日〕东亚同文会编《对华回忆录》，胡锡年译，商务印书馆，1959年，第315页。
④ 〔美〕W. 拉夫伯尔：《创造新日本：1853年以来的美日关系史》，史方正译，山西人民出版社，2021年，第106页。
⑤ 〔日〕五百旗头真编著《日美关系史》，周永生等译，世界知识出版社，2012年，第45页。
⑥ 参见〔美〕W. 拉夫伯尔《创造新日本：1853年以来的美日关系史》，史方正译，山西人民出版社，2021年，第106页。

第六章 权力真空：第一次世界大战与日本的参战外交

1905年12月，西园寺公望接替桂太郎，担任日本首相。新内阁把"经营满洲"放在重要地位，成立了由外务、大藏、递信等三省官吏组成的"满洲经营委员会"，有80名委员，日军总参谋长儿玉源太郎担任委员长。该委员会确定未来的满铁机关为"公司性组织"，"但明确指出并非自由企业，而是严格按照国家规定办事的强有力的公司"。① 儿玉源太郎去世后，由陆相寺内正毅继任委员长。公司具备伞状组织形式，综合经营铁路、煤矿、土地等事业。1906年6月7日，日本天皇颁布第142号敕令，宣布成立南满洲铁道株式会社（满铁）。《南满洲铁道株式会社章程》规定，公司设总裁一人，副总裁一人，理事四人以上，总裁、副总裁、理事均由日本政府任命，"关东军司令官于公司之业务认为与军事有必要时得指示之"，"政府认为必要时，得以帝国内铁道各法令之规定适用于该公司"，"政府置创立委员使处理关于南满洲铁道股份公司一切事务"。② 日本在关于管理满铁事务的规定中指出，满铁不仅管理南满铁路及其支线和安奉铁路，而且"为铁路便利计"，得经营以下事业："矿业（特别是抚顺和烟台的煤矿）、水运业、电气业、仓库业、铁路附属土地及房屋的经营，和其它受政府许可的事业"，"该公司受政府许可，于铁路及附带事业之用地内关于土木、教育、卫生等，须为必要之设施"。③ 日本正式构建了"满洲经营体制"。

满铁于1906年9月13日召开成立大会，翌年4月1日正式开业。后藤新平④为第一任总裁。后藤新平认为，建立满铁就是"使之成为帝国殖

---

① 〔日〕草柳大藏：《满铁调查部内幕》，刘耀武译，黑龙江人民出版社，1982年，第27页。
② 宓汝成编《中国近代铁路史资料》第二册，中华书局，1963年，第554—555页。
③ 宓汝成编《中国近代铁路史资料》第二册，中华书局，1963年，第555—556页。
④ 1857年，后藤新平出生于水泽藩（现岩手县奥州市）的中级武士家庭。因水泽藩是佐幕藩，与朝廷和倒幕派为敌，受到明治政府的清算，后藤家衰落。胆泽县厅大参事（相当于副知事）安场保和是横井小楠的弟子，发现困窘中的后藤新平锐气不减，有志于学，便安排他在县厅工作，为其学习提供资助。后藤新平后与安场保和的次女结婚。安场保和升任福岛县令（相当于县知事）后，明治7年（1874年），后藤入福岛县内的须贺川医学校学习。安场保和调任爱知县令后，20岁的后藤新平赴爱知县医院工作，4年后出任院长。不久后留学德国。从德国归国后，出任内务省卫生局局长。由于牵涉一场政治骚乱，后藤新平被逮捕。1894年12月被无罪释放。出狱后，后藤被推荐给陆军次官儿玉源太郎，受到赏识，逐渐对殖民地经营产生浓厚兴趣。1898年，儿玉源太郎就任台湾总督，后藤被任命为台湾总督府卫生顾问、民政长官，在台湾工作了近9年，积累了丰富的殖民统治经验。儿玉源太郎出任"满洲经营委员会"委员长后，推荐后藤新平任满铁总裁。麻田雅文『日露近代史：戦争と平和の百年』、講談社、2018年、154—160頁。

民政策的先锋队"，"战后经营满洲唯一的妙诀，在于表面伪装经营铁路，背地实行各种设施"，满铁要主导"满洲经营"。"满铁总裁作为日本新国策的代表，必须是实现日本"新大陆政策"的主要人物，并且应如过去英国东印度公司经理一样，是日本帝国扩张战争的打头阵的干将。"① 后藤新平为满铁在中国东北的侵略扩张、为满铁的发展壮大竭尽全力，成为之后历任满铁总裁的"楷模"。

　　日本的"满洲经营"特别是满铁的设立有可能导致对中国东北的垄断和独占，威胁到美国的"门户开放""机会均等主义"，为此美国新任国务卿诺克斯抛出了"满洲铁路中立化计划"。1909 年 11 月 6 日，诺克斯向英国驻美大使递交照会，认为实施"门户开放"和商业机会政策是"促进满洲发展的最有效方法"，建议"将满洲所有公路铁路，依照一个计划，置于一个经济的科学的公正的管理机关之下。根据这个计划，铁路所有权属于中国，而由愿意参加的有关国家提供款项"。参加投资的国家在借款期间监督铁路并"享有对其国民及材料的照例优先权"。"如果这个建议不能全部实现，则可由英美两国对锦瑷铁路计划，在外交上予以支持，并邀请赞同满洲完全在商业上中立化的有关国家，共同参加投资建筑该路及将来商业发展所需要的其他铁路，同时贷款给中国，以赎回愿归入这一系统的现有铁路。"② 但诺克斯的"满洲铁路中立化计划"因遭到日、英、俄的反对而失败。

　　1905 年 12 月，日本将驻英公使馆升格为大使馆，翌年 1 月后又陆续将驻美公使馆及驻西方其他主要国家的公使馆升格为大使馆。在英、法两国的推动下，1907 年 7 月 30 日，俄国外交大臣伊兹沃尔斯基与日本驻俄公使本野一郎签署了《日俄协约》及其附件，此即第一次日俄协商。《日俄协约》划定了两国在中国东北的势力范围，基于日本与朝鲜间的条约及协约，俄国承认日本与朝鲜有政治上的"共同利益"，俄国不妨碍、不干涉日朝关系的发展，日本承认俄国在外蒙古享有特殊利益并不损害、不干涉这种利益等。③ 在此之前的 6 月，《日法协约》签订，双方相互承认在远东的势力范围。8 月，《英俄协约》签订。由此，英、法、日、俄四国

---

① 姜念东等：《伪满洲国史》，吉林人民出版社，1980 年，第 7 页。
② 解学诗主编《满铁档案资料汇编》第三卷，社会科学文献出版社，2011 年，第 153—154 页。
③ 外務省編『日本外交年表並主要文書』（上）、原書房、1965 年、281 頁。

第六章 权力真空：第一次世界大战与日本的参战外交

间形成了同盟或协约关系。日本消除了欧洲国家的警惕性，促使欧洲国家将日本视为维护亚洲秩序的"稳定力量"。通过日俄战争改变现状后，日本在将战争成果转变为既成事实上取得了成功。①

美国当然无法单独对抗日本。1908年10月26日，美国国务卿卢特与日本驻美大使高平小五郎进行交涉，11月30日达成了《高平－卢特协定》。高平小五郎原为驻美公使。其于1907年2月升任驻意大利大使，不到一年，于1908年1月接替青木周藏任驻美大使。《高平－卢特协定》重申在太平洋地区维持现状，支持中国的独立、领土保全以及各国在中国的工商业机会均等主义，维护列国在中国的共同利益，当发生破坏现状、机会均等主义事件时，两国政府为采取有益的措施而协商、交换意见。《高平－卢特协定》在某种程度上是《桂太郎－塔夫脱备忘录》的升级版，延续和扩大了《桂太郎－塔夫脱备忘录》的范围，"不管怎么说，对日本人而言，确实意味着他们在满洲的地位得到了默认"。②

美国在决定参加第一次世界大战后，为了防止在大西洋和太平洋两线作战，继续维持"门户开放""机会均等主义"，决定软化对日政策，以尽可能小的代价与日本达成妥协，保持东亚局势的平稳。1917年11月2日，美国国务卿蓝辛与日本前外相、特使石井菊次郎就中国问题进行外交换文，即《蓝辛－石井协定》，主要内容如下。(1) 美国及日本两政府承认领土相接近之国家间产生特殊之关系，故美国政府承认日本在中国有特殊利益，而于日本所属之接壤地方，尤为其然。(2) 中国之领土主权，当完全存在，因而美国政府完全信赖日本政府的累次保证，即日本以其地理位置所享有的特殊利益，不会给予他国通商不利的偏颇待遇，或者无视条约上中国从来许与他国商业上之权利。(3) 美日两国政府声明毫无侵害中国独立以及保全领土之目的，并声明两国一贯支持在中国维持所谓"门户开放"以及"工商业机会均等"的原则，凡特殊权利或特别待遇，且侵害中国独立及领土保全，以及妨碍列国臣民或人民在商业上和工业上完全享有均等机会之事，两国政府声明不问何国政府，加以反对。③ 显然，

---

① 〔日〕五百旗头真编著《日美关系史》，周永生等译，世界知识出版社，2012年，第48页。
② 外務省編『日本外交年表並主要文書』（上）、原書房、1965年、312頁；松村正義「もう一人のポーツマス講和全権委員：高平小五郎・駐米公使」、『外務省調査月報』第1期、2006年。
③ 外務省編『日本外交年表並主要文書』（上）、原書房、1965、439—440頁。

《蓝辛-石井协定》的签订是美国对日本的重大让步,该协定虽与中国有密切的关系,"但协定的谈判和公布都未征商或通知中国外交部",引起中国政府的不满,视其为"对小国政府的侮辱"。中国担心美国承认日本"在中国境内的特殊利益"会引发严重后果。[①] 因为日本可以对协定中的"特殊利益"随意做出解释,美国承认日本在华"特殊利益","同英国在1905年英日同盟条约中所承认的日本在朝鲜的'卓越利益',不幸而太相似了"。不久后,协定的后果就在中国东北和山东方面显现出来。"日本完全按照自己对于'特殊利益'一词的解释行事","美国商人在满洲遭遇的歧视性待遇更加严重"。[②] 日本还"继承"了德国在山东的权益并肆意扩大这种权益,主张在胶济铁路沿线拥有"广泛的行政权,包括警察、税务、林业和教育"。因此,美国驻华公使芮恩施(Paul Samuel Reinsch)指出"我看不出这个协定有订立的必要"。[③]

第三节 辛亥革命与日本涉华外交

1911年10月10日,武昌起义爆发,拉开了辛亥革命的序幕。辛亥革命是中国近代史上划时代的事件,对近代中日关系产生了重要影响。在中国政治体制发生重大变化以及民国成立、中国面临国家重建的历史转折时期,日本政界和军界密切关注中国政局动态及外交走向,出台了一系列战略决策和行动计划,与列强尤其是俄国频繁交涉。日俄战争的胜利,确立了日本对库页岛南部、辽东半岛和朝鲜的控制,巩固和扩大了日本在中国东北的权益,战后日本把"经营满洲"放在重要地位。辛亥革命的爆发对日本正在积极推进的"满蒙政策"产生了重大影响。日本决策层面临两个重要问题,其一是如何防止辛亥革命对日本"满蒙权益"的冲击;其二是如何借助中国新旧体制转换的混乱时期,进一步扩大日本在华权益。

1911年10月28日,日本驻华公使伊集院彦吉致电外务大臣内田康

---

① 参见〔美〕威罗贝《外人在华特权和利益》,王绍坊译,生活·读书·新知三联书店,1957年,第223页。
② 〔美〕马士、宓亨利:《远东国际关系史》,姚曾廙译,上海书店出版社,1998年,第570—572页。
③ 〔美〕保罗·芮恩施:《一个美国外交官使华记》,李抱宏、盛震溯译,文化艺术出版社,2010年,第276—277页。

哉，指出："毫无疑问，人心已完全背离清政府，现朝廷已完全丧失君临四百余州的威信与实力，不论施行何种怀柔融合之策，似也无望平定动乱、收拾时局。即使获得对清廷最有利之结局，乃不过在华北一隅维持偏安之局而已。"占据武昌的革命军的军政基础已渐趋稳固，而广东总督（两广总督）也将随时宣告独立，"利用此大好时机，立即在华中、华南建立两个独立国家，而继续维持朝廷华北的统治"。伊集院认为此方案若执行并获成功，"可立即奠定帝国百年之大计"；至于该方案能否实现，则取决于日本政府能否下定决心并周密谋划。① 伊集院要求日本政府利用武力直接介入辛亥革命以分裂中国。

辛亥革命爆发后，日本报刊上出现了"中国应分割还是保全"的争论，总体上主张保全中国领土，分割中国对日本是不利的。但保全中国的前提是要维护和扩大日本在中国东北的利益，延长对南满洲的租借权，并区分中国本土（"汉土""固有中国"）与外藩（中国蒙古、西藏和新疆）的不同，清朝一旦灭亡，外藩必然分裂独立。②

以参谋本部第二部部长宇都宫太郎为代表的一些军部人士主张两边下注。宇都宫太郎属于陆军内的"上原（勇作）派"，即反长州藩阀的中心人物之一，主张实施积极的"大陆政策"。1908年12月，宇都宫太郎就任负责海外情报工作的参谋本部第二部部长，成为军部援助革命派与实施操纵中国南北双方政策的核心人物。1911年10月15日，宇都宫太郎起草了《对支那之私见》，阐释了随着形势发展日本应采取的对策。宇都宫主张，在一定程度上援助清政府，防止其崩溃，与此同时，极为隐蔽地援助革命派，时机成熟时居中调停，将中国分裂为两个国家，两国都与日本保持某种特殊关系，一为保护国或类似国家，一为同盟国。宇都宫太郎提出了具有解决"满洲问题"意味的所谓"支那保全论"，而"支那保全论"的实质乃"支那分割论"。宇都宫要求援助处于劣势的革命派，使南北双方势力趋于均衡。12月初，宇都宫撰写了意见书，认为南北势力均衡的局面已出现，日本应主导居中调停，反对使用军事力量对革命派施加压力。1912年1月20日，清帝提出退位条件。1月28日，宇都宫太郎在日

---

① 外務省編『日本外交文書』第四十四巻、第四十五巻別冊清國事變（辛亥革命）、日本国際連合協会、1961年、377頁。
② 〔日〕马场公彦：《同时代日本人如何看待辛亥革命——以日本报刊为中心》，武向平译，《社会科学战线》2014年第11期，第250页。

记中记载，他拜访了外相内田康哉，建议在清帝退位前日本居中调停，承认南方派建国并给予各种援助，与其结成良好关系，在北方为了防止清朝崩溃，出兵进行防御，使清朝事实上成为日本的保护国。但宇都宫的意见遭到内田康哉的反对。在此前后，山县有朋和寺内正毅正在谋划以"维持满洲秩序"为名出兵中国东北。1月22日，日本出台了《满洲派遣师团编成要领》。宇都宫赞成出兵中国东北，并与预定出兵师团的参谋会面，提供建议。但是，中国形势急转直下，2月12日，清帝退位，孙中山辞去临时大总统，革命派与袁世凯达成妥协，由袁世凯就任临时大总统，中国局势趋于稳定。2月13日，宇都宫对日本失去良机感到遗憾，认为这是日本外交的失败。之后，宇都宫又支持川岛浪速等人的"满蒙分离运动"。

1913年1月17日，宇都宫离开东京，开始了在朝鲜、中国长达2个月的旅行，观察辛亥革命后的中国政局。1月23日，他进入中国东北，先后抵达奉天、大连、汤岗子、旅顺、长春、吉林、抚顺等，遵照参谋本部指示，通过海路，于2月20日抵达上海，然后经杭州、苏州、南京、大冶、汉口抵达武昌起义发生地武昌。2月12日，宇都宫在上海会见了黄兴，就"日中提携"、对抗白人势力交换了意见。2月24日，宇都宫在汉口会见了黎元洪。抵达北京后他会见了中国军政要员，2月28日会见了袁世凯。2月8日，即结束对中国东北视察之日，宇都宫撰写了题为《某绅士之言》的关于"满蒙问题"的意见书并递交满铁总裁后藤新平和首相山本权兵卫。回国后，4月7日，宇都宫会见了首相山本权兵卫，与其交换关于"满蒙问题"的意见。4月17日，宇都宫在日记中写道："满蒙"对于日本，如同外蒙对于俄国一样，具有同等地位，从中国本部分离出来加以保全最为理想。4月27日，宇都宫撰写了《当今形势下对支那方针的个人方案》，提出在尊重中国在南满洲和东部内蒙古的"宗主权"的基础上，中国承认日本的特殊地位，日本给予中国的繁荣富强以"最善"的帮助，两国协力一致，致力于南满洲和东部内蒙古的"开发保全"。中国"二次革命"爆发后，宇都宫代表陆军省与海军省、外务省官员积极协商，商讨对策。①

但日本政府对派兵直接干预辛亥革命有疑虑。早在武昌起义爆发之

---

① 宇都宫太郎関係資料研究会編『日本陸軍とアジア政策：陸軍大将宇都宫太郎日記』、岩波書店、2007年、刊行にあたって；桜井良樹「大正時代初期の宇都宫太郎—参謀本部第二部長として—」、『経済社会総合研究センター Working Paper』第23巻、2007年。

初，即1911年11月2日，内田康哉致电伊集院彦吉，认为中国之局势"处于不确定状态"，"在此情况下，有必要密切关注形势发展，慎重决定态度"。日本在做出决定前至少要与英国进行充分协商。关于出兵问题，内田康哉指出："所派的无论是新部队还是恢复庚子事变时的驻军，都必将成为重大事件而引发各国强烈关注，清政府是否欢迎，不得而知；革命党人及其他人士会将此事视为帝国政府决心以实力援助清政府，其事非同小可。"① 伊集院彦吉退而求其次，要求在中国东北采取军事行动。11月12日，他致电内田康哉："我认为目前帝国政府最妥善的策略是事先在南满洲隐然显示我方之威压态势，以防止革命党之蠢动，并保障该地区之安稳。一方面向中外表明南满洲之所以保持安稳，完全受惠于该地区处于我国势力范围之内，也表明我国并无他意；此外，也使世人产生一种更加强烈的印象，即南满洲与清国其他十八省不同。南满洲保持安稳，帝国政府政策才能对清国本土予以充分施展。"② 11月14日，内田康哉在回电中一方面表示同意伊集院彦吉的观点，即"目前革命的气势正风靡清国各地"，如日本政府不公开用实力支持清政府并对革命党之行动施加压力，此种趋势难以遏止；另一方面认为行使武力的时机并不成熟，"目前我国政府如公然以实力对抗革命党，极为不妥"，况且"满洲"地区尚未出现需要日本动用武力平息事端的局面，列强一直对日本在中国东北的动向持有戒心，一旦出兵必然加深各国的疑惧，对日本"甚为不利"。因此日本政府决定，"只要满洲地区没有发生骚扰，即不采取公开措施"。③ 尽管日本通过日俄战争巩固和扩大了在中国东北的权益，但其地位并不牢固。辛亥革命爆发后，日本决策层担心如果在中国特别是在东北地区采取过激行动，将引起列强的疑虑和反对，使本来已经得到列强默认的权益受损，所以暂时采取静观事态的方针。但静观事态并非无所作为。

辛亥革命爆发后，清政府陆军部通过日本驻北京公使馆武官请求日本提供武器弹药。日本政府经慎重考虑，决定让商人出面提供武器弹药，以避免日本政府直接卷入中国内乱。与此同时，作为供应武器的代价，日本

---

① 外務省編『日本外交文書』第四十四巻、第四十五巻別冊清國事變（辛亥革命）、日本國際連合協會、1961年、57—58頁。
② 外務省編『日本外交文書』第四十四巻、第四十五巻別冊清國事變（辛亥革命）、日本國際連合協會、1961年、266—267頁。
③ 外務省編『日本外交文書』第四十四巻、第四十五巻別冊清國事變（辛亥革命）、日本國際連合協會、1961年、269頁。

政府要求清政府改变对日态度，尊重日本在"满洲"的地位。① 但与日本政府不同的是，参谋本部考虑向革命军供应武器，也就是说辛亥革命时期日本对华外交可以分为外务省系统和军部（特别是陆军）系统或路线，即所谓"双重外交"。日本政府认为在形势不明朗的情况下，应与列强协作，避免刺激清政府和革命军，采取静观事态的策略。

辛亥革命期间的1911年12月发生了外蒙古"独立"运动，该运动是在俄国策划下发生的，并导致东北亚国际关系骤然紧张起来，产生了一系列新的问题，即外蒙古"独立"对内蒙古的影响以及日本与俄国在内蒙古势力范围的划分问题，"满洲问题"由此上升为"满蒙问题"，日本不仅要求在中国东北享有特殊权益，而且企图将内蒙古纳入日本的势力范围。② 1907年，第一次《日俄协约》签订，在秘密条款中规定了两国在中国东北的势力范围，两国相互承认日本在朝鲜的特殊利益与俄国在外蒙古的特殊利益。1910年，签订了第二次《日俄协约》。辛亥革命的爆发及东北亚国际局势的变化促使日本感到有必要与俄国签订第三次《日俄协约》，进一步确认双方在内蒙古的利益范围。日本担心在"满蒙"地区与俄国发生矛盾和摩擦进而产生一场新的军事冲突，从而影响对"满洲"的经营，而且日本的"满洲经营"也需要俄国的"善意"协助，因为美国认为日本在"满洲"的行动损害了"门户开放""机会均等主义"，不断向日本施加压力；英国对日本有可能染指长江流域而怀有戒心。

1912年1月16日，日本内阁会议通过决议，要求与俄国进行交涉，并要求俄国澄清相关问题。决议指出："帝国政府与俄国政府间，已在南、北满洲划定两国势力范围，并以第一次《日俄秘密协约》附加条款确定双方分界线，但该分界线仅止于托罗河与东经122度交叉点处，未涉及其以西地区。在帝国势力正逐渐向其西方地区扩大的今天，如不尽快就该地点以西地区之分界线商定，难免重蹈与俄国的意外纷争。""帝国政府根据《日俄秘密协约》第三条，承认俄国在外蒙古的特殊利益，但关于内蒙古未缔结任何协约。""内蒙古是与我势力范围之南满洲关系最为密切的地区，以适当时机日俄两国间就该问题达成协议，对帝国将来之发展以及两国永远的亲密交往有利。在当今清国因此次事变而使蒙古问题呈现一新局

---

① 池井優『日本外交史概説　増補版』、慶応通信、1982年、111頁。
② 北野剛『明治・大正期の日本の満蒙政策史研究』、芙蓉書房、2012年、15頁。

面之际，就内蒙古问题达成某种协定，最为得当。"俄国政府主张与外蒙古有特殊关系，但其所主张的特殊关系似乎并不限定于外蒙古范围。如果日本政府默然视之，俄国将不顾《日俄秘密协约》的规定而将其特殊关系向蒙古全域（内外蒙古）扩张。日本政府有必要立即就俄国政府所述"蒙古"一词的含义，质问俄国政府，要求驻俄大使本野一郎非正式地提出延长南、北满洲分界线以及达成关于内蒙古的协定等问题，探寻俄国政府的意向。[①] 当天，内田康哉致电本野一郎，要求其向俄国政府递交备忘录，备忘录声称："帝国政府非常注意俄国政府就蒙古问题于本月11日发表的公报，并已阅读。该公报中始终未附加任何限制性词句来使用'蒙古'一词。日、俄两国在满洲及蒙古的利益范围以现行机密协约为依据，帝国政府认为上述俄国政府公报中所谓'蒙古'一词应有限制性意义。"日本要求俄国政府发布公告予以澄清。[②] 1月17日，本野一郎会见俄国外交大臣萨佐诺夫并递交备忘录。萨佐诺夫明确表示："俄国公报中所谓蒙古，当然是指外蒙古之意，俄国绝无违反同日本的协约而擅自行动之意。"[③] 18日，本野一郎又会见俄国总理大臣，提议日、俄两国协商，将《日俄协约》划定的两国势力范围分界线延长到内蒙古，得到俄方的认可。获知俄国政府的意向后，1月21日，内田康哉致电本野一郎，要求同俄国政府进行正式谈判。翌日，内田要求将日本谈判方案告知俄国人。但俄国明确表示不能接受日本方案，该方案损害了俄国在内蒙古的利益。第一次《日俄协约》规定双方承认彼此在朝鲜和外蒙古的利益，第二次《日俄协约》添加了两缔约国在第一次《日俄协约》所划定地区内"相互尊重其特殊利益并相互承认在各自势力范围内，拥有为捍卫该利益所自由采取一切必要措施的权利"的规定，但并未涉及内蒙古问题。2月20日，萨佐诺夫在会见本野一郎时递交了俄国政府的长篇备忘录，认为日本方案损害了俄国利益，日本势力范围"有向直隶省境界接触"之趋势，根据对等原则，俄国有必要将势力范围"扩张至支那首都所在地之同省境界为止"。[④] 面对俄国的强硬要求，日本不得不做出退让。

---

① 外務省編『日本外交文書』第四十四卷、第四十五卷別冊清國事變（辛亥革命）、日本国際連合協会、1961年、286—287頁。
② 外務省編『日本外交文書』第四十五卷第一册、日本国際連合協会、1963年、48—49頁。
③ 外務省編『日本外交文書』第四十五卷第一册、日本国際連合協会、1963年、50頁。
④ 外務省編『日本外交文書』第四十五卷第一册、日本国際連合協会、1963年、70—72頁。

经过反复交涉，日俄两国代表于 1912 年 7 月 8 日，在圣彼得堡签订第三次《日俄协约》，日本将内蒙古东部纳入自己的势力范围。协约指出：

日本帝国政府与俄罗斯帝国政府，为确定并补充两国间于 1907 年 7 月 30 日（即俄历 7 月 17 日），及 1910 年 7 月 4 日（即俄历 6 月 21 日）所签订之秘密协约之条款，希望消除一切招致双方在满洲及蒙古有关各自之特殊利益方面产生误解之原因，为此决定将上述 1907 年 7 月 30 日即俄历 7 月 17 日的协约附加条款所定之分界线予以延长，并划定内蒙古各自之特殊利益范围。协定以下条款：

第一条 上记分界线由洮儿河与本初子午线东经 122 度之交叉点起，界线应沿乌珑楚尔河及木什画河至木什画河与哈尔达台河之分水界，从此沿黑龙江省与内蒙古之边界直至内、外蒙古边界线之终端。

第二条 以北京经度（本初子午线东经 116 度 27 分）为准，将内蒙古分为东、西两部。日本帝国政府约定，承认及尊重俄国在上述经度以西内蒙古的特殊利益；俄罗斯帝国政府约定，承认及尊重日本国在上述经度以东之内蒙古享有的特殊利益。

第三条 两缔约国对本协约均须严守秘密。①

中华民国临时政府成立后，其实际控制区域有限，清政府仍宣称自己是代表中国的合法政府，因此在外交上争取各国政府承认就成为临时政府外交的首要任务。1912 年 1 月 5 日，孙中山以中华民国临时大总统名义发表《对外宣言书》，技巧性地提出："（一）凡革命以前所有满政府与各国缔结之条约，民国均认为有效，至于条约期满而止。其缔结于革命起事以后者，则否。（二）革命以前，满政府所借之外债及所承认之赔款，民国亦承认偿还之责，不变更其条件。其在革命军兴以后者，则否。前泾〔经〕订借，事后过付者亦否认。（三）凡革命以前满政府所让与各国国家或各国个人种种之权利，民国政府亦照旧尊重之。其在革命军与〔兴〕以后者，则否。（四）凡各国人民之生命财产，在共和政府法权所及之域内，民国当一律尊重而保护之。"② 宣言书堵塞了清政府以出卖国家主权换取

---

① 俞辛焞：《俞辛焞著作集》第九卷，南开大学出版社，2016 年，第 220 页；外务省编『日本外交年表並主要文書』（上）、原書房、1965 年、369 頁。
② 参见严昌洪主编《辛亥革命史事长编》第 9 册，武汉出版社，2011 年，第 23 页。

列强支援的渠道，也破解了列强尤其是日本以支持清政府为条件而获取新的殖民权益的图谋。1912年1月1日，孙中山还在《临时大总统宣言书》中提出："临时政府成立以后，当尽文明国应尽之义务，以期享文明国应享之权利。满清时代辱国之举措，与排外之心理，务一洗而去之。"① 民国成立伊始，即1912年1月1日，外交总长颁行的《中华民国对于租界应守之规则》明确宣布，"上海公共租界、法国租界二处，行政、警察等权均操于外人之手，应俟大局底定，再行设法收回"，② 显示了中华民国政府要废除不平等条约的意愿。日本却要借承认中华民国政府的机会，谋求巩固和扩大日本在华权益。1月8日，日本政治家犬养毅、黑龙会首领头山满拜见孙中山，表示日本外相内田康哉反对共和政体。③ 2月12日，清帝宣布退位。13日，中国驻日临时外交代表汪大燮致函内田康哉："大清皇帝业已辞位，我国改为共和政体，定名中华民国，所有出使大臣改称临时外交代表，接续办事。"④ 15日，袁世凯被选为临时大总统，两个政府并存的状况不复存在。但日本仍不愿承认中华民国政府并阻挠其他国家承认。2月21日，内田康哉要求驻俄大使本野一郎向俄国政府递交日本政府关于承认中华民国政府条件的备忘录，并将备忘录抄送英、美、德、奥、法等国政府，要求中华民国政府正式承认各国人士在中国享有的一切权利、特权及豁免权。⑤ 3月23日，内田康哉致函驻英、美、俄、法、德、奥、意等国大使以及驻华公使，表示"帝国政府在适当时机就承认（中国新政府）的条件细节再次向有关各国政府提出建议"，拟订了《关于承认中国新政府条件细目（草案）》，草案主要内容为："一，新政府确认旧政府与各国间所缔结的一切现存条约、约定以及为实施这些条约、协定所发布的一切现存规章及上谕，并且约定，非经有关各国政府同意，不得进行任何修改或废除。二，新政府对中国旧政府和实际上存在的临时

---

① 赖骏楠编著《宪制道路与中国命运：中国近代宪法文献选编（1840—1949）》上卷，中央编译出版社，2017年，第353页。
② 上海社会科学院历史研究所编《辛亥革命在上海史料选辑》（增订版），上海人民出版社，2011年，第446页。
③ 郭廷以编著《中华民国史事日志》第一册，台北"中央研究院"近代史研究所，1979年，第5页。
④ 外務省編『日本外交文書』第四十五卷第二冊、日本國際連合協会、1963年、4頁。
⑤ 外務省編『日本外交文書』第四十四卷、第四十五卷別冊清國事變（辛亥革命）、日本國際連合協会、1961年、609—610頁。

政府以及各地方政府所借外债，现仍存在者，承担完全的责任与义务，并约定诚实履行为负担此等外债而与上述政府缔结的各项契约及合同。三，新政府对旧政府或地方政府与外国政府、团体或个人缔结或约定除上述以外的一切契约、合同、义务、特惠与转让等现仍有效力者，继续加以履行。四，新政府对中国已被理解且正在实行的，诸如治外法权或领事裁判权制度以及各国政府、团体或个人在该国所享有的权利、特权及豁免权等，全部予以承认。"① 日本不仅要求中国新政府承认一切不平等条约、外债，以及清中央政府和地方政府与外国政府、团体或个人缔结的所有契约、合同，而且要求中国新政府公开承认外国政府、团体或个人在中国实际享有但并无法律依据的特权，将非法特权正当化。7月22日，美国驻日大使会见内田康哉并递交了秘密备忘录，表示美国政府将考虑承认中国新政府。面对美国率先承认中国新政府的举动，日本极力加以阻挠。8月14日，日本政府正式答复美国，声称，"目前对现在的中国临时政府正式予以承认"，"帝国政府深信将对中国的重大利益造成有害影响，乃至损害各国的权利、利益"。② 9月10日，本野一郎致电内田康哉，建议响应俄国政府的提议，作为承认中国新政府的先决条件，提出诸如延长"关东州"租借以及南满铁路条约年限等地方性问题，"深信这是避免将来困难的极为有利的举措"。③ 1913年2月，日本组成了山本权兵卫内阁，牧野伸显任外相。新内阁在承认中国新政府问题上完全继承了前内阁的方针，1913年4月8日，中华民国国会召开，美国立即表示承认中国新政府，巴西、秘鲁亦于同日承认中华民国政府，日本仍坚持原有立场，直到10月6日才正式承认中华民国政府。

辛亥革命期间的日本涉华外交并未达到预期目的，究其原因，一方面是列强在对华步调上并不完全一致，各有盘算，美国对日本持续扩大在华权益、增强在华影响力深感不安，处处加以提防。英国尽管在承认中国新政府问题上与日本进行了一定程度的配合，但始终对日本企图染指长江流域怀有戒心，这也是之后日英同盟终止的原因。鉴于在"满蒙"的权益并

---

① 外務省編『日本外交文書』第四十五卷第二册、日本国際連合協会、1963年、11—12頁。
② 外務省編『日本外交文書』第四十五卷第二册、日本国際連合協会、1963年、20—21頁。
③ 外務省編『日本外交文書』第四十五卷第二册、日本国際連合協会、1963年、22頁。

不稳固，日本决策层不敢贸然采取过激的对华政策，而是借助形势变化，即利用中国新旧体制转换以及社会动乱之机来谋取在华利益。另一方面是辛亥革命爆发后，中国并没有发生大规模的持续内战，从武昌起义到清帝退位仅4个月，"二次革命"的时间也很短，这使得第一次"满蒙独立运动"很快偃旗息鼓，中国建立了以袁世凯为总统的比较稳定的中央政府，对日本谋取在华权益的企图和行动予以抵制。辛亥革命刺激了日本的"大陆政策"，使其确保日本在华权益、扩大势力范围的图谋变得毫无遮掩。日本赤裸裸的对华扩张政策，反过来也刺激了正在和谈的中国南北双方。奉右翼组织黑龙会之命，赴中国参与辛亥革命的极端民族主义者北一辉认为，日本"大陆政策"的实施促使中国南北议和、袁世凯就任大总统，即分裂中国的外部威胁反而强化了中国内部统一的主张，孙中山、黎元洪、袁世凯"面对悲痛的爱国呼声，当做何选择？去北京，去北京！总统不可离开首都，政府应北迁，参议院亦应设在北方"。结果是政府和参议院都被迁往北京，袁世凯取代孙中山就任大总统。"（日本）赶走了日俄战争中唯一的友邦美国并与之为敌，胜者（日本）反倒成为败者（俄国）之马前卒，践踏了其高扬的保全主义战旗而不以为耻。我们要明白，日本外交这一道义上的堕落正中其信赖的主事同盟国（英国）之下怀，并促成了以袁世凯为中心的南北和谈之真相。"南北对立引起了中国仁人志士"因内乱和割裂而亡国"的恐惧，"1912年日本的回应却只是在反复强化这一恐惧"。因此北一辉痛骂其母国日本为"愚人岛"，他说："咄，地球之上有座愚人岛，名曰日本。"然而，让日本成为"愚人岛"的不仅是庙堂政要，日本的浪人们也对自身之愚亦不自知。①

第四节　日本外交的拙劣之作："二十一条"及其后果

第一次世界大战爆发后，东亚出现权力真空，日本趁西方列强无暇东顾的机会，加紧向中国扩张，各种对华方案纷纷出笼，如驻华临时代理公使小幡酉吉的《对支外交个人意见》、参谋本部第二部部长福田雅太郎的《日支协约案要纲》、陆军次官大岛健一的《欧洲战乱的归趋与我国对华

---

① 参见〔日〕子安宣邦《近代日本的中国观》，王升远译，生活·读书·新知三联书店，2020年，第18—19页。

政策》、驻华公使馆武官兼陆军少将町田经宇致外务次官松井庆四郎的《关于时局的个人意见》、对支联合会的《关于对支根本政策意见书》、大阪朝日新闻社驻北京特派员神田正雄的《关于欧洲大战之际我方应秉持的对支政策意见》、黑龙会递交给外务省政务局局长小池张造的《对支问题解决意见》、政友会干事长小川平吉的《对支外交东洋和平根本策》等。这些建议大多充斥了利用第一次世界大战爆发的有利时机,不惜动用武力扩展日本在华权益的论调。小幡酉吉认为,"要改变以往不为支那所认可的外交方针,实行为支那所认可的外交之事"、"收揽支那人心之事","确定对大陆领土的势力扩张之限度","要以建立日支亲交为第一要务,扫除相互猜疑",批评日本以往的对华外交或者采用怀柔政策,或者实施威压政策,而怀柔之柔又不够柔,威压之刚又不够刚,甚至刚柔并用,令驻外外交官员无所适从,以至于招致对手的轻侮,而"作为国际原则,收揽对手国人心为外交关键"。小幡酉吉一方面提出免除中国的庚子赔款,将该经费充作中国军队的改良费;另一方面要求中国聘用日本军人为教官。[①]

日本陆军省兵器局局长筑紫熊七少将在其撰写的《帝国中华民国兵器同盟策》中指出,俄国在北满、外蒙古、新疆,英国在西藏、长江沿岸,法国在云南,德国在山东,美国在中国内地各地,纷纷拓展本国权益,谋划在南满、内蒙古发展的帝国,面对中国周边状况特别是俄国的"南进"政策,必须下决心永远消除"东洋的祸机",确实掌握"和平的霸权",增兵固然是当务之急,而"与中华民国缔结兵器同盟密约"同样重要。"和平"的维持,需要背后有兵力支持的外交实力作为担保,而兵器的供给、补充,则在很大程度上关乎兵力的强弱。如果日本与中国建立兵器同盟,中国陆军使用日本制造的兵器,而兵器供给与补充的来源地在日本本土,这样日本就左右了中国陆军的强弱,使得中国不得不与日本保持一致,此事对日本成为"东洋和平的霸国"具有重大作用。辛亥革命后成立的中华民国已获得各国承认,各项大政方针也已确定,其如今着手于国政整备,这是千载难逢的倡导兵器同盟的最好时机。中国陆军因各省分立而兵器不统一,主要购买、使用各国的旧式兵器,其中日、德两国兵器占了大部分,呈现竞争关系。辛亥革命爆发后,德国加速向中国提供兵器,假如日本走错一步,德国将垄断中国的兵器供应,"以至于危害永久和平之

[①] 外務省編『日本外交文書』大正三年第二册、外務省、1965年、874—903頁。

保障"。①

1914年8月15日，日本政府向德国发出最后通牒，要求德国在9月15日以前将胶州湾租借地无代价、无条件地交给日本，以备将来移交给中国。8月23日正午是最后通牒规定期限，德国未做答复。8月23日下午5时30分，日本政府正式对德宣战，日军在龙口登陆。10月6日，日军占领济南，控制了胶济全线。

日本为了把对胶济铁路及山东的占领合法化，遂企图借条约之力予以保障。1915年1月18日，日置益向袁世凯递交了"二十一条"。"二十一条"酝酿于日本对德宣战之时。1914年8月26日，日置益致电外相加藤高明，就扩大以下权益与中国进行交涉：（1）将"关东州"租借期限延长为99年；（2）南满铁路延长期限与"关东州"租借地相同；（3）安奉铁路之关系比照南满铁路；（4）在日本的援助下逐渐改善南满洲及东部内蒙古的军政及一般内政；（5）承认南满洲及东部内蒙古地区日本国臣民之居住及营业自由，并给予必要的便利；（6）由日本提供借款修建九江、武昌间及南昌、衢州、杭州间铁路，将来修建南昌、抚州、光泽、福州、厦门间铁路，以及南昌、厦门间和南昌、杭州间铁路的连接铁路，必须首先与日本协商。日置益还技巧性地提出交换条件，即胶州湾将来会归还中国和驱逐日本国内以及中国的日本势力范围内的革命党人，对于第四、第五项内容可视交涉情况做适当让步。② 8月29日，加藤高明致电日置益，认为对胶州湾的攻击还未有进展，"且支那人心尚对我怀有极大的不安，在此之际立即将本文件向支那政府提出，未免时机过早"。③ 日军攻占青岛后，加藤高明电召日置益回国，面授机宜，要求立即与中国交涉"二十一条"。加藤高明拟订的"二十一条要求"，内容庞杂，涉及领域众多，缺乏重点。日置益对此表示异议。日置益的异议引起加藤高明的不满，"加藤一度甚至考虑更换驻华公使，但为避免国际注意，又不宜特派专使担任，且时机亦不可延缓，遂决定坚持己见，仍令日置进行"。④ 迫于加藤高明的刚愎自用，日置益勉强接受了交涉任务。日置益回到北京后立即与

---

① 外務省編『日本外交文書』大正三年第二冊、外務省、1965年、865—873頁。
② 外務省編『日本外交文書』大正三年第三冊、外務省、1966年、544—545頁。
③ 外務省編『日本外交文書』大正三年第三冊、外務省、1966年、553頁。
④ 台湾"教育部"主编《中华民国建国史》第二编，台北"国立编译馆"，1985年，第897页。

公使馆官员讨论"二十一条",公使馆官员均认为不妥,具体如下。(1)交涉内容过分分歧,且轻重失宜,有的问题并非当前紧急重要的问题,不宜并案提出。如使交涉范围扩大,将引起中国政府疑惧,在进行上徒增困难。(2)要求内容中有属日本人已实际享有的权利,一旦提出,反使中国政府难以承认。(3)布教权本非紧要,日人并非不能实际享有。现因日本宗教界的意见,徒为对欧美教士泄愤之举,必招致华人恶感,对其他条款造成不利影响。日置益根据公使馆官员的意见,对交涉内容重新整理,将"真正紧急重大事项,做成今次交涉的提案",派一等书记官小幡酉吉携公使馆的修正案于12月底回东京说服加藤高明,但加藤不为所动,坚持己见。① 尽管元老井上馨认为"这次欧洲大祸乱,对于日本国运之发展乃大正新时代之天佑",日本与英、法、俄保持一致与团结,"必须确立日本对东洋之利权",但也主张作为与其他列强联合的基础是"日本必须怀柔支那的统一者",反对采取不讲技巧的鲁莽的对华政策。山县有朋也对"二十一条"的提出及交涉不以为然,认为在对华关系上不调查各国情况,罗列一些莫名其妙、无用的条款"乃大失策"。②

"二十一条"共5号。第一号四条,中国政府承认日本享有德国在山东的一切权利,"允准,日本国建造由烟台或龙口接连胶济路线之铁路"。第二号七条,日本要求中国将旅大租借期限及南满、安奉两铁路租借期限延长为99年,并承认日本在南满及内蒙古东部的特殊权利。第三号两条,中日合办汉冶萍公司,"中国政府允准,所有属于汉冶萍公司各矿之附近矿山,如未经该公司同意,一律不准该公司以外之人开采"。第四号一条,中国沿海港湾及岛屿,不得租借或割让给其他国家。第五号七条,要求中国中央政府聘用日本人为政治、财政、军事等顾问,中国警政及兵工厂由中日合办,将武昌至九江、南昌,南昌至杭州、潮州之铁路建筑权给予日本,允许日本在福建省有投资修筑铁路、开采矿产及整顿海口的优先权。③ 由此可见,"二十一条"的重点在第一号和第五号,尤其是第五号要将中国置于日本的控制之下,严重损害了中国的主权。

---

① 台湾"教育部"主编《中华民国建国史》第二编,台北"国立编译馆",1985年,第901—902页。
② 加藤陽子『戦争の日本近現代史：東大式レッスン！征韓論から太平洋戦争まで』、講談社、2002年、171—176頁。
③ 参见章伯锋、李宗一主编《北洋军阀》第二卷,武汉出版社,1990年,第786、799—801页。

第六章 权力真空：第一次世界大战与日本的参战外交

5月7日，日本发出最后通牒，限中国政府48小时答复。袁世凯于5月9日声明，除第五号"容日后协商"外，接受日本的要求。为了与日本交涉"二十一条"，中国政府与日本驻华公使举行会议20余次，时间长达3个多月。5月8日，袁世凯在国务会议上指出："日本不谅，强词夺理，终以最后通牒，迫我承认。我国虽弱，苟侵及我主权，束缚我内政，如第五号所列者，我必誓死力拒。今日本最后通牒将第五号撤回不议，凡侵及主权及自居优越地位各条，亦经力争修改，并正式声明将来胶州湾交还中国；其在南满内地虽有居住权，但须服从我警察法令及课税，与中国人一律。以上各节，比初案挽回已多。"① 事实确实如此。始终参与"二十一条"交涉过程的外交次长曹汝霖指出："日本所提之《二十一条》，议结者不满十条，而第五项辱国条件，终于拒绝撤回。""得此结果，亦是国家之福。世人不察，混称《二十一条》辱国条件，一若会议时已全部承认者⋯⋯。世人对此交涉不究内容，以讹传讹，尽失真相。"② 袁世凯在日本发出最后通牒的前一天，即5月6日，密电各省政要并指出："在我国不宜因此决裂，蹂躏全局。但尽心竭力，能挽救一份，即收回一份之权利。"③ 外交部也在致各省政要的电文中指出："此次交涉，历时四阅月，正式会议二十五次。"交涉结果，"于我主权、领土、内政及列国成约，幸无损失，即已失之胶澳，尚有交还之望。虽南满方面损失较巨，然日俄战争以后，日人在南满势力既已不可收拾，喧宾夺主已越十年，租借本根据成约，内地杂居亦久成事实，而欲于此积弱之时，求恢复已失之权利，断非口舌所能办到。政府殚精竭虑，虽迭经威吓强迫，而关于领土、主权、内政条约诸端，始终迄未松劲"。④ 北京政府在交涉中力求将权益损失减少到最低程度，确实取得了一些成果，如：在关于山东问题的第一号中，日本提出的第三条的原案是，"中国政府允准日本国建造由烟台或龙口接连胶济路线之铁路"，最后被改为中国用日本资本敷设该铁路；第二条被从条约中删除；日本答应发表归还胶州湾的声明等。⑤ 日本著名外交家币原喜重郎也指出："《1915年之条约及换文》，每多谓为'二十一条要求'，

---

① 参见章伯锋、李宗一主编《北洋军阀》第二卷，武汉出版社，1990年，第821页。
② 曹汝霖：《曹汝霖一生之回忆》，中国大百科全书出版社，2009年，第133页。
③ 参见章伯锋、李宗一主编《北洋军阀》第二卷，武汉出版社，1990年，第821页。
④ 参见章伯锋、李宗一主编《北洋军阀》第二卷，武汉出版社，1990年，第821—822页。
⑤ 楊茜『対華21ヵ条をめぐる中日両国の交渉：山東問題を中心に』、北海道大学博士学位論文（文学甲第14146号）、2020年6月。

实与事实不合,且属极大之舛误。照此名词,皆以为日本力持原来之全部提案及中国接受其全部。实则日本之第一次提案中,除第五项外,尚有数条,业经完全取消,或经大加修改,以应中国政府意愿,然后草就最后提案,交与中国而请其承受。"① "二十一条"交涉结束之后,日本舆论对政府极为不满,"以其所获不丰也。迨帝制之说起,日本强硬派认为机会又至,主张出兵干涉,大举征服中国"。②

  在日使递交"二十一条"的翌日凌晨,袁世凯即召外交总长孙宝琦、秘书长梁士诒、政事堂左丞杨士琦和曹汝霖到总统府讨论应对"二十一条"的对策。曹汝霖回忆说:"总统说,日本这次提出的觉书,意义很深,他们趁欧战方酣,各国无暇东顾,见我国是已定,隐怀疑忌,故提此觉书,意在控制我国,不可轻视。至觉书第五项,意以朝鲜视我国,万万不可与他商议。"袁世凯还对如何与日本交涉"二十一条"提出了详细的切实可行的意见:"总统逐条用朱笔批示,极其详细。""并嘱开议时,应逐项逐条商议,不可笼统并商。对第一条批,此本于前清中俄协定东三省会议时,已允继续俄国未满之年限,由日本展续满期,今又要重新更定。但将来若能收回,对于年限没有多大关系,此条不必争论。对承认德国利益问题,批应双方合议,何能由日本议定,由我承认,这是将来之事,不必先行商议,可从缓议。对于合办矿业,批可答应一二处,须照矿业条例办理,愈少愈好,可留与国人自办。对于建造铁路,批须与他国借款造路相同,铁路行政权,须由中国人自行管理,日本只可允与以管理借款之会计审核权,惟须斟酌慎重。对于开商埠,批须用自开办法,并应限制,免日本人充斥而来,反客为主。对汉冶萍铁矿厂,批这是商办公司,政府不能代谋。浙闽铁路,批须查卷,似与英国有关。对福建让与,批荒唐荒唐,领土怎能让与第三国。对内地杂居,批治外法权没收回之前,不能允以杂居。至第五项,批此项限制我国主权,简直似以朝鲜视我,这种条件岂平等国所应提出,实堪痛恨。日本自己亦觉不妥,故注希望条件,不可理也,万万不可开议,切记切记(两句加朱笔密圈)等语。"③ 美国驻华公

---

① 唐启华:《被"废除不平等条约"遮蔽的北洋修约史(1912~1928)》,社会科学文献出版社,2010年,第159页。
② 王芸生编著《六十年来中国与日本》第七卷,生活·读书·新知三联书店,1981年,第1页。
③ 曹汝霖:《曹汝霖一生之回忆》,中国大百科全书出版社,2009年,第122—123页。

使芮恩施在其回忆录中指出："反对袁的人指责说，提二十一条要求这个主意，最初是袁提出来的，以便他可以换取日本对他日后政策和野心的支持。然而就我所知道的自始至终的整个谈判情况来说，我必须认为，这种指责是非常荒诞的。"① "按袁氏以一代枭雄，富于治事能力，外交内政，均时显非凡手腕，徒以昧于时代关系，致有洪宪之役，前功尽弃，论者惜之！……至外交方面，则以惑于某某两国之言，以为泰山之靠，顾远而忽近，致日本处心积虑必倒之而后已，其间蛛丝马迹，胥可寻求，由有贺长雄之观弈闲谈，至梁启超之从军日记，即不啻其纪事本末，世以为袁与日本妥协，因以促成帝制，固全非事实也。此与吾国近年时局大有关系，故附记于此。"② 反倒是中国反袁各方势力，"几乎都接受了日本的援助，并有签署合同交换利益者"。③

袁世凯果断撤换对"二十一条"交涉漫不经心的孙宝琦的外交总长职务，任命陆征祥为外交总长。袁世凯指示陆征祥对谈判尽量采取拖延态度。陆征祥采取许多巧妙的计策拖延谈判。"日本要天天谈，每周五次，陆则提出每周开会一次，并和颜悦色地和日方争辩。他说他很忙，有许多别的外交问题等他处理，他还要参加内阁的会议。"最后达成妥协，每周会谈三次，时间是下午4点至6点。"陆的妙计是每次说完开场白后即命献茶，尽管日本公使不悦，他还是决意尽量使喝茶的时间拖长。"④ 中国为获得国际支持，不理会日本要求保密的要求，交涉期间，顾维钧在会谈当天下午或第二天，面见芮恩施和英国驻华公使朱尔典（John Newell Jordan），将谈判内容及时透露给美国和英国。美国驻华公使芮恩施认为"中国保护自己的最好办法，就是将事情公开化，不然，日本人会三番五次提出无理要求，而对外则一概拒不承认"。⑤ 王芸生在其所著《六十年来中国与日本》一书的1933年版中指出："综观二十一条交涉之始末经过，今以事后之明论之，中国方面可谓错误甚少。若袁世凯之果决，陆征祥之磋

---

① 〔美〕保罗·芮恩施：《一个美国外交官使华记》，李抱宏、盛震溯译，文化艺术出版社，2010年，第139—140页。
② 〔日〕凤冈及门弟子编《三水梁燕孙先生年谱》，上海书店，1990年，第345页。
③ 唐启华：《洪宪帝制外交》，社会科学文献出版社，2017年，第353页。
④ 参见《顾维钧回忆录》第一分册，中国社会科学院近代史研究所译，中华书局，1983年，第122—123页。
⑤ 转引自〔美〕鲍威尔《我在中国二十五年——〈密勒氏评论报〉主编鲍威尔回忆录》，邢建榕等译，上海书店出版社，2010年，第40页。

磨，曹汝霖陆宗舆之机变，蔡廷幹顾维钧等之活动，皆前此历次对外交涉所少见者。""及二十一条要求提出，中国政府乃聚精会神以应付。自兹以往，中国外交政策颇为正确，在技术上亦多可取之处。"①"二十一条"交涉结束后，中日关系不仅没有改善，反而进一步恶化。1916年1月，日本政府拒绝中国特使周自齐赴日，"以窘辱北京政府"。这一事件发生后，日本各大报刊纷纷报道，"日政府已辞退中国特使，其要旨谓：中政府扬言，俟周使归国，实行帝政，颇启列国猜疑，中国南方亦有卖国使节之目，日政府甚深迷惑"。中国驻日公使在致外交部的电文中表示：此次拒绝周使，"即是蔑视元首之发端，其机关报口气图画，已不以友谊相待"；"看彼逐日阁议及与元老往来之状态，似不仅谢绝特使而已。彼政府乱暴举动，每出意外，其欲倒我政府，计划已非一日"。②

1916年1月19日，日本内阁召开会议，指出：袁世凯政府轻视由云南发端的动乱而实行帝制，日本一方面关注南方的动乱，对承认帝制持保留态度，另一方面与列强协同，再次对中国进行劝告，"明确表示，无视现已发生的动乱而实行帝政乃无谋也"。③ 1月18日，坂西利八郎谒见袁世凯，暗示日本反对帝制的强硬态度。3月7日，日本内阁举行会议，制定了《帝国对于支那目前时局所应采取的对策》，指出："一、观察支那现状，袁氏权威失坠、民心叛离以及国内不稳之态势，日渐显露，该国之前途无法预测。在此之际，帝国政府所应采取的方针是确立在支那的优势，使该国国民认识到帝国的势力，以创造日支亲善之基础。二、袁氏在支那之权位是帝国为达成上述目的不可避免之障碍。为实施帝国上述之方针，应使袁氏退出支那权力圈。毋庸置疑，无论由何人取代袁氏，均比袁氏对帝国更为有利。三、为达到袁氏从支那权力圈中退出之目的，务使支那自身酿成此种形势方为上策，因为支那的将来取决于该国民心的趋向，帝国观察此种趋势，相机处理，盖因由帝国自身决定支那之将来，事倍功半也。四、假如为排除袁氏，帝国政府正面与袁氏交锋，要求其终止帝制

---

① 王芸生编著《六十年来中国与日本》第六卷，大公报社，1933年，第398—400页，转引自唐启华《被"废除不平等条约"遮蔽的北洋修约史（1912~1928）》，社会科学文献出版社，2010年，第156—157页。
② 王芸生编著《六十年来中国与日本》第七卷，生活·读书·新知三联书店，1981年，第27—30页。
③ 外務省編『日本外交文書』大正五年第二冊上卷、外務省、1967年、13頁。

或退位，反而给如今陷入进退维谷的袁氏打开一条活路，且帝国政府不得不承担袁氏失势后的善后责任，是帝国政府救袁氏于绝境而代其陷于绝境也。帝国在不破坏与列国协调的范围内达成所期望的政策为得策。"内阁决议还要求，如果护国军发展到一定阶段即承认其为交战团体，两边下注。对于民间在物资上资助中国倒袁活动的行为，日本政府暗中予以默认，并要求外务省协调各方行动，严防步调不统一。① 1916年3月下旬，驻长春领事森田宽藏向日本驻东三省其他领事以及驻华公使日置益传达了外相石井的秘密指示，"鉴于中国时局的演变，袁世凯继续当权，对我国甚为不利，因此，日本政府认为有必要使其脱离当前的地位。正如各位所知：目前东三省及内蒙等地，民心已开始离散，有的地方充满了反袁气氛，有的已开始行动。对于这种反袁运动，我国民间有志之士如有寄予同情或用金钱、物资予以援助者，政府应持默认态度，并为统一行动计，政府可在幕后为其提供机宜。因此，凡日本国民为上述目的而对中国的反袁运动提供金钱、物质援助或以其他方法进行援助者，政府一律予以默认。但对超过上述范围以外的轻举妄动之徒，则应严加制止，但在进行处理时，应尽量避免给予驱逐出境的处分"。②

当日本策划的第二次"满蒙独立运动"无望成功并有可能损害日本对华战略时，日本要求参与者停止活动并进行安抚。1916年8月1日，参谋次长田中义一致电西川虎次郎："在目前的情况下，在满蒙举事，不仅没有必要，而且会为对支善后政策带来不利。因此决定迅速解散该举事团（满洲举事团——引者注），想必贵官已明了此种情况，望能体察此意。所属官员在未奉到其他命令前，切勿妄信私人之流言，导致各种疑虑。如有以铁道附属地为举事策源地的，当然绝不能默许。"③ 8月5日，西川虎次郎致电田中义一，汇报对暴乱分子的安置："关于'长春举事团'的善后，由田村参谋与石本领事等人交涉后，大致做出如下决定：支那人由石本发放旅费和津贴，允许其携带各自所有武器解散，日本人最迟在六天内

---

① 外务省编『日本外交文书』大正五年第二册上卷、外务省、1967年、45—46页。
② 参见中国社会科学院近代史研究所近代史资料编辑部编《近代史资料》第三十五册，知识产权出版社，2006年，第162—163页。
③ 「袁世凯帝制计画一件（極秘）/满洲举事及宗社党ノ动静（極秘）松本记录」、战前期外务省记录/1门 政治/6类 诸外国内政/1项 亚细亚/外务省外交史料馆藏、JACAR系统查询编号：B03050740700。

解散。目前预计无法就业者，大部分由牛心台煤矿收容。"① 8 月 21 日，日本驻旅顺地区民政长官致电外相石井，就善后方案的修改意见进行汇报。②

在与日本交涉"二十一条"期间，袁世凯多次拍桌子发火。1915 年 1 月 19 日，袁世凯在会见日籍军事顾问坂西利八郎时，"以颇为激愤之口吻言称：日本国本应以中国为平等之友邦相互往还，缘何动辄视中国如狗彘或奴隶？如昨日日置公使所提出之各项要求条件，我国固愿尽可能予以让步，然而不可能之事就是不可能，毫无办法"。③ 当时欧战正酣，西方列强无法对日本进行牵制，而中国则没有力量与日本决裂。当日本发出最后通牒后，英国驻华公使朱尔典极力劝说中国政府接受，否则后果将非常严重。袁世凯指出："我国国力未充，目前尚难以兵戎相见。""为权衡利害，而至不得已接受日本通牒之要求，是何等痛心！何等耻辱！""经此大难以后，大家务必认此次接受日本要求为奇耻大辱，本卧薪尝胆之精神，做奋发有为之事业。"④ 确实，中国当时没有实力与日本开战，不得不以和平手段与日本周旋。袁世凯自以为顺利解决了"二十一条"问题，"颇喜其外交之胜利""不至再有大问题发生"，而根本没有想到日本统治者对"二十一条"的交涉结果极为不满。袁世凯倒台的主要原因之一是日本借其推行帝制，导致中国政局动荡之机，强烈支持反袁势力："若无日本支持，国内之反袁力量不成气候。"⑤

日本在交涉"二十一条"中所表现出来的虚伪、狡诈，使日本在中国和世界的形象大坏。1915 年 1 月 20 日，加藤高明致电日本驻英公使井上胜之助，告知日本已向中国提出"二十一条"，驻华公使将与中国外交总长谈判，命令他利用"适当的机会"将"二十一条"内容（除第五号外）告知英国外交大臣。22 日，井上胜之助拜会英国外交大臣格雷，透露了

---

① 「袁世凱帝制計画一件（極秘）/滿洲擧事及宗社党ノ動静（極秘）松本記錄」、戰前期外務省記錄/1 門 政治/6 類 諸外国内政/1 項 亜細亜/外務省外交史料館藏、JACAR 系统查询编号：B03050740700。
② 「袁世凱帝制計画一件（極秘）/滿洲擧事及宗社党ノ動静（極秘）松本記錄」、戰前期外務省記錄/1 門 政治/6 類 諸外国内政/1 項 亜細亜/外務省外交史料館藏、JACAR 系统查询编号：B03050740700。
③ 参见章伯锋、李宗一主编《北洋军阀》第二卷，武汉出版社，1990 年，第 803 页。
④ 参见章伯锋、李宗一主编《北洋军阀》第二卷，武汉出版社，1990 年，第 822 页。
⑤ 唐启华：《洪宪帝制外交》，社会科学文献出版社，2017 年，第 353 页。

第六章 权力真空：第一次世界大战与日本的参战外交

日本正在与中国交涉"二十一条"，并将"二十一条"（除第五号外）翻译为英文，以《对支交涉要领书》为题，递交格雷。井上又根据加藤高明的训令，致电日本驻法、驻美和驻俄大使，要求将《对支交涉要领书》告知各驻在国政府。由于日本隐瞒了"二十一条"中的第五号内容，起初各国政府并未提出异议。1月26日，中国外交总长陆征祥秘密会见俄国驻华公使，向其透露了"二十一条"，内容包括"没有日本的同意，不得将福建省内地租借给第三国"，"在中国国内，日本拥有布教权、学校经营权、寺院经营权"，"日本参与警察机关的改编"，"中国在政治、财政、军事方面聘用日本人"，"中国半数以上的军械向日本订购"等。至此，列强才得知日本故意隐瞒的第五号内容。2月10日，英国驻日大使质询加藤高明外相隐瞒第五号内容一事。加藤高明不得不表示第五号是"希望项目"。英国驻日大使对此表示抗议。2月20日，美国驻日大使会见加藤高明，递交了美国国务院具有抗议意味的"觉书"。于是加藤高明不得不要求日本驻美、驻英、驻法大使告知各驻在国政府，其承认"二十一条"中第五号内容的存在，但辩解第五号仅是"希望项目"而非"要求项目"，所以未能通知各国政府。①

芮恩施指出："日本人犯了两个根本性的错误。其一，他们虚伪地否认提出第五号的各项要求，而且不如实地说明这些要求的真正性质；其二，公然发出进行武力威胁的最后通牒。""日本人通过发布新闻说给外国人听的是一套，而他们在北京实际上干的又是一套。日本报刊对此大为恼火，这与其说是因为日本政府企图欺骗它的盟友的行为被当场揭穿，不如说是因为国外及时的宣传和强大的舆论正在挫败日本把自己的要求强加于中国人的企图。"② 5月9日，日置益在致加藤高明外相的电文中指出："五月九日当地发行的二十余种汉文报纸，俱将中国外交部提供的我最后通牒译成汉文刊出，慷慨悲愤，情绪激昂；并以五月七日为国民蒙受奇耻大辱之日，要作为纪念日永矢弗忘；痛呼国民今后卧薪尝胆，奋发图强，期于异日雪此耻辱。各报纸论调大同小异，关于交涉事项的报导与各种评论，几乎布满各报篇幅。"③ 中国掀起了大规模的抵制日货运动，许多在

---

① 杨海程「〈二十一ヵ条要求〉交涉と日中外交」、『言語と文明』第9卷、2011年。
② 〔美〕保罗·芮恩施：《一个美国外交官使华记》，李抱宏、盛震溯译，文化艺术出版社，2010年，第135页。
③ 参见章伯锋、李宗一主编《北洋军阀》第二卷，武汉出版社，1990年，第803、822页。

华日本教习被解聘,在日本的约4000名中国留学生不顾教育部的通告,愤然集体退学归国,以示抗议。"更有甚者,在大量留日学生变得反日的同时,许多留美学生在这前后陆续回国并且发挥了重要的影响。顾维钧在政界的迅速上升和胡适在学界的'暴得大名',在某种程度上象征着一种在那时主要还是潜在的权势转移——美国在华影响的上升和日本在华影响的下降。"① 政友会总裁原敬不无忧虑地感叹:"对中国外交失败之极。""总之,此次事件引起了本应成为亲善之中国之反感,亦招致了本应关系亲密之列国误解,若长此以往,日本将来会处于何种境况?不外是陷入被孤立之境。不言自明,多强大之国家,都不可被孤立。"② "二十一条"的提出,显示了日本外交的迟钝和愚笨,而发出最后通牒,"使其感觉迟钝到了顶点"。"这份最后通牒并没有使日本有多少收获,但为每年5月25日成为国耻纪念日提供了象征",激发了中国的民族主义。"从任何意义上说,它对日本是一次得不偿失的胜利。"③ 大隈重信于1898年10月辞去首相职务,到1914年4月以76岁高龄第二次组阁,已远离政权近16年,对现实外交已经不够敏锐。而且大隈没有赴欧经验,"若没有翻译,甚至都无法用英语直接和外国人沟通。他的英语阅读能力也不稳定,在个别政策上,他关于列强和中国反应的预测究竟有几分可靠性,人们不得而知。大隈重信似乎也没有充分感知第五号要求的危险性"。④ "二十一条"使得中国人对日本的好感荡然无存,民间充斥着厌日和反日情绪。

第二次大隈内阁实施的强硬对华战略遭到中国人民的强烈反对,导致日中关系急剧恶化。继任的寺内正毅内阁不得不采取"柔性"的对华外交战略,以经济渗透取代赤裸裸的政治和军事侵略,组成新的对华银行团,由寺内正毅私人代表西原龟三出面实施对华借款,即所谓的"西原借款"。但西原龟三在华就借款进行谈判时,是遵照寺内正毅内阁大藏大臣胜田主计的指示行事的。"西原借款"对日本经济而言,是正式向海外输出资金的划时代事件,是在后藤新平、胜田主计和西原龟三等人的对华政策构想

---

① 罗志田:《乱世潜流:民族主义与民国政治》,上海古籍出版社,2001年,第85—86页。
② 《原敬全集》下卷,原敬全集刊行会,1929年,第245—248页,转引自陈月娥《近代日本对美协调之路》,中国社会科学出版社,2005年,第105—106页。
③ 〔美〕费正清、费维恺编《剑桥中华民国史》下卷,杨品泉、张言等译,中国社会科学出版社,1994年,第113—117页。
④ 〔日〕佐藤之雄:《元老——近代日本真正的指导者》,沈艺、梁艳、李点点译,社会科学文献出版社,2019年,第150页。

下展开的。但综观后藤新平的《对支政策的本案》、胜田主计的《日支亲善策》和西原龟三的《对支方针》，三人的对华观实际上是有差异的，甚至在某些方面产生了对立。西原龟三、大藏省与以大仓组为核心的国内财阀资本、横滨正金银行以及外务省在"西原借款"实施过程中产生了对立关系，横滨正金银行多次批评"西原借款"。"西原借款"是在排除国内干扰以及排斥美国资本的过程中完成的。①

第一次世界大战期间日本的对华政策恶化了日本与英国的关系。有英国学者指出："1894年以后的半个世纪，英国对日观上的主要问题是日本在中国的活动。这个问题未包括在日英同盟之中，然而是……日英关系的主要事情。日本的行动是1921年日英同盟被废止的主要原因之一，并且在以后也作为日英间的问题而继续。围绕与日本结盟对英国是否有利的议论，在英国内部是经常存在的。"②

英国同日本结盟的目的是遏制俄国南下和对抗德国在远东的扩张，维护英国的在华利益。日英两国对华政策的一致是日英同盟赖以存在的基础。但是，第三次日英盟约缔结后，日英两国围绕中国问题产生了尖锐的矛盾。

第一次世界大战爆发后，英国政府于1914年8月7日要求日本海军搜索并击沉正在中国海上袭击英国商船的德国伪装巡洋舰，"这也意味着日本对德宣战"。日本政府立即答应并向英国发出了有关参战的备忘录。该备忘录声称，"一旦成为交战国，则日本之行动即不能仅限于击沉敌国之伪装巡洋舰"，"亦即为了破坏可能使日本及英国在东亚利益遭受损害之德国势力，必须采取一切可能采取之手段和方法"。③ 显然，日本将以对德作战为借口，积极扩大在华利益和朝南太平洋方向发展，"确立日本对东洋之利权"。

英国对日本这种公然的趁火打劫举动既反感又害怕。1914年8月9日，英国外交大臣格雷要求日本暂停当前的军事行动，日本断然拒绝并威胁道："如果明确英国业已撤销参战的要求，那将会给日英同盟带来极其

---

① 斉藤寿彦「勝田竜夫著『中国借款と勝田主計』」、『三田学会雑誌』第66卷第11号、1973年、80—85頁。
② 細谷千博編『日英関係史：1917〜1949』、東京大学出版会、1982年、44頁。
③ 参见〔日〕信夫清三郎编《日本外交史》上册，天津社会科学院日本问题研究所译，商务印书馆，1980年，第395页。

恶劣的影响。"英国被迫同意日本参战，"但要求日本声明不攻击德占区以外的中国地区，不在南中国海及太平洋采取战斗行动"。日本同意就限制战区一事向英国政府做出保证，但拒绝在宣战公告中加以声明。① 为了牵制日本，8月18日英国驻日大使馆发表声明："英国政府与日本政府经互相沟通认为，根据英日同盟，有必要采取行动保证双方在远东的整体利益，尤其是条约涉及的保持中国的独立和完整。据了解，除非出于保护日本在太平洋航线的需要，否则日本的行动将不会扩展到中国海以外的太平洋地区或以西的亚洲水域，也不会扩展到德国在东亚占领区以外的任何外国领土。"② 日本根本不理睬英国的声明，日军在山东的行动范围大大超越了德占区。与此同时，日本海军进攻德属南太平洋群岛。

日英两国围绕日本参战所展开的斗争给日英关系及延续了12年之久的日英同盟蒙上了一层浓厚的阴影。英国严厉批评日本在对德战争中缺乏合作诚意，日英同盟关系冷却，降至最低点。

日本对英国试图限制其行动自由感到不满。日本把第一次世界大战的爆发称作"大正新时代之天佑"，认为"现在正值欧洲多事之秋，正是我们多年努力取得总收获的时机"，"日本必须下定东亚盟主的决心，果断地确定扩展的方策"。③ 日本的扩张政策与维持中国现状和稳定的英国政策极不一致。

1912年，桂太郎受命组阁，致电驻英大使加藤高明，拟任他为外相。12月20日，加藤高明回电桂太郎，接受外相一职。加藤在回国前，于1913年1月3日和10日，两次拜会英国外交大臣格雷，就日本巩固和扩大在中国东北的地位与英国交换意见。加藤表示，作为个人意见，"关东州"租借地对日本国民而言，具有深深的"历史的、感情的因缘"，"因而日本有永远占据包括旅顺、大连及其腹地在内的关东州的决心"。为了实现对"关东州"的永远占领，日本迟早要进行对华交涉。关于南满铁路，加藤认为，日本肯定会提出延长期限，这些谈判将与租借期限的谈判同时进行。关于安奉铁路，论及其沿革及交通系统上的使命，"自然与其

---

① 参见〔日〕信夫清三郎编《日本外交史》上册，天津社会科学院日本问题研究所译，商务印书馆，1980年，第395—396页。
② 《日本外交文书》收录了《英国驻日大使馆关于日本在华军事行动区域的声明（英文）》。外务省编『日本外交文書』大正三年第三册、外务省、1965年、177頁。
③ 〔日〕井上清：《日本军国主义》第三册，马黎明译，商务印书馆，1985年，第137—139页。

干线南满铁路具有同样的命运"。① 1915 年 1 月,日本向中国提出了"二十一条"并对其中的第五号内容秘而不宣,使英国感到恼火。3 月 8 日,格雷会见日本驻英参事官,"希望日本政府表现出隐忍自重的态度"。在会见中格雷提醒日本把行动局限在中国东北地区,不要损害英国在华利益。3 月 10 日,英国驻日大使给加藤高明外相送来了长长的备忘录。该备忘录认为日本在第五号中提出的 3 条铁路修筑权与英国的既得利益相抵触,要求其重新加以考虑。5 月 4 日,格雷通过英国驻日大使向加藤表示,如果日本坚持第五号,造成日中两国关系的破裂,"英国舆论对违反日英同盟精神的事情,不会沉默吧"。②

日本同英国结盟的目的就是确立对远东的统治。英国是首先打开中国大门并在中国拥有最多殖民利益的西方强国。日本把它的触角从中国东北南部、内蒙古东部伸向长江流域,窥伺整个中国,必然危及英国在华利益,引起日英矛盾的激化,从而影响日英同盟的巩固。日本统治者逐渐意识到,日本在华行动已经超越了英国所能容许的程度,需要重新估量日英同盟的价值。元老山县有朋和井上馨要求改变日本外交的基础,"以求不仅同英国,而且也同俄法两国结盟来预先做好应付战后国际竞争的部署,通过多边同盟来发展日本帝国主义的利益"。③ 加藤高明拒不采纳山县和井上的意见,他不愿意改变日本外交的基础。加藤的固执引起了元老们的反感。1915 年 8 月,加藤被迫辞职,由驻法大使石井菊次郎继任外相。石井非常轻视日英同盟,认为第三次日英同盟对日本来说不过是"壁龛里的装饰品"。1915 年 10 月,日本正式加入《伦敦宣言》,1916 年 7 月,日本与俄国缔结了第四次《日俄协约》。日本外交的基础由此发生了显著的变化,日英同盟不再是日本外交的唯一基础了。

---

① 杨海程「〈二十一ヵ条要求〉交渉と日中外交」、『言語と文明』第 9 卷、2011 年。
② 鹿島守之助『日英外交史』、鹿島研究所、1959 年、481—482 頁。
③ 参见〔日〕信夫清三郎编《日本外交史》上册,天津社会科学院日本问题研究所译,商务印书馆,1980 年,第 410—411 页。

第七章　日本外交的转型：从巴黎和会到华盛顿会议

巴黎和会上，美国总统威尔逊提出的"十四点纲领"使中国人深受鼓舞，以为凭借美国的帮助可以一举收回德国在山东的殖民权益，但这还取决于美国是否有能力和意愿贯彻威尔逊的"十四点纲领"。1919年的美国还不够强大，还不足以使欧洲国家与东方的日本听从于它，结果中国在巴黎和会上的合理要求没有得到满足。日本在"继承"德国在华殖民权益问题上取得了胜利，从而引发了中国人民的极大愤怒，并爆发了轰轰烈烈的五四运动，日本在国际上陷入孤立境地。巴黎和会后，日本外务省内掀起了革新运动。由于中国拒签《凡尔赛和约》，而美国国会没有批准该条约，《凡尔赛和约》无法在远东发挥作用，巴黎和会后的远东太平洋地区仍处于无序状态。为了限制日本的海军军备和抑制日本的对华扩张，美国提议召开华盛顿会议。华盛顿会议是巴黎和会的继续，由《四国条约》、《五国海军协定》和《九国公约》等条约构成的华盛顿体系是凡尔赛体系的补充，确立了第一次世界大战后远东太平洋地区新的国际秩序。华盛顿会议是美日在远东太平洋问题上的一次全面的较量。

第一节　威尔逊的"十四点纲领"：新外交的诞生与日本

1918年1月8日，美国总统威尔逊在国会发表演讲，提出了公开外交、民族自决、裁军、建立国际联盟和反对秘密外交等原则，即著名的"十四点纲领"，标志着新外交的正式诞生。威尔逊的"十四点纲领"是有感于以往秘密外交、均势外交引发巨大军事冲突而提出的。旧外交"通过谋求势力均衡的协商、联盟来达到目的。协商、联盟的方式必然要产生秘密外交，随之带来秘密条约。秘密条约使国民在不知不觉中陷于战争的

第七章　日本外交的转型：从巴黎和会到华盛顿会议

深渊，在不知不觉中把国民同帝国主义者的利益联结在一起"。① 威尔逊将势力均衡和秘密外交排除于国际政治之外，"公开的和平条约，必须公开缔结，缔结后不得有任何种类的秘密的国际谅解，而外交也必须始终在众目睽睽之下坦率进行"。② 威尔逊在前往巴黎的途中对美国代表团中的专家们表示："他们的使命是进行新秩序与旧秩序的斗争。"③ 威尔逊的"十四点纲领"不仅在欧美受到了积极评价，而且给被压迫民族带来了希望。有历史学家指出，威尔逊和列宁推翻了欧洲政治传统，为世界史开创了新的时期："在欧洲的一角，有作为崭新的思想与政府体系的布尔什维克。在欧洲的另一角，美国作为没有同欧洲结合的国家，竟以凌驾于传统的所有强国的规模而开始介入了。1917年，旧的意义上的欧洲史结束了，世界史开始。这是列宁与威尔逊的年代，他们两人都把政治行动的传统标准破坏殆尽，都把乌托邦说成是地上的天国。这是我们现代世界诞生的一瞬间，也是近代人存在的富有戏剧性的一瞬间。"④

由于威尔逊决定在"十四点纲领"的基础上召开巴黎和会并构建战后国际秩序，中国驻美公使顾维钧向威尔逊递交了一份备忘录，综述了中国对和会的希望，并请美国予以支持。备忘录包括以下要点："一、今后中国和其他国家的关系应建立在平等原则基础上；二、中国的主权与独立应受到签约国之尊重；三、1900年义和拳之乱所导致的辛丑条约即使不完全废除，也应予以修正。"美国国务卿蓝辛和助理国务卿朗向顾维钧保证，"对备忘录中所述之希望，美国是同情的"。威尔逊在会见顾维钧时，回答了顾提出的问题，"他的回答进一步证实了美国的同情态度"。顾维钧在回忆录中称："他对我详谈了他对和会的希望，反复申述他在著名的'十四项原则'中论述过的原则。他说，要想世界永久和平，必须有一个新秩序。不应再用老一套的外交方式来解决战争问题，战胜国不应要求割地赔款；应该废除秘密外交，应该通过建立维护世界和平的组织来创立新秩

---

① 〔日〕信夫清三郎编《日本外交史》下册，天津社会科学院日本问题研究所译，商务印书馆，1980年，第450页。
② 〔美〕E. H. 卡尔：《两次世界大战之间的国际关系：1919—1939》，徐蓝译，商务印书馆，2009年，第225页。
③ 〔美〕罗伊·沃森·柯里：《伍德罗·威尔逊与远东政策：1913—1921》，张玮瑛、曾学白译，社会科学文献出版社，1994年，第242页。
④ 〔日〕信夫清三郎：《日本政治史》第四卷，周启乾译，上海译文出版社，1988年，第133页。

序。"① 1919年1月6日，美国驻华公使芮恩施致电威尔逊，要求总统在巴黎和会上支持中国："我感到有义务提请您考虑把中国问题的永久彻底解决纳入为缔造和平而欲达成的协议之中的迫切需要。我直接向您呼吁……因为在中国人民心目中，您已成为他们最美好的希望和愿望的化身……一位外国政治家的话在中国如此深入人心实乃前所未有……""五年来的经历使我不能不得出这样的结论：日本军事主子们采用的方法只能导致罪恶和破坏，想以公平和正义来阻止他们是不可能的，只有明确认识到这种行动不能容忍，才可能阻止他们。""中国必须摆脱外国在其境内施加的一切政治影响，摆脱由外国控制铁路和在政治势力的支持下得到种种优惠安排的状况。"② 芮恩施的报告反映了美国代表团中所存在的亲华反日观点："日本精神就是普鲁士精神，日本的领导人公开赞美这种精神，并有意识地选择普鲁士政府为样板。""在远东要想正义获胜，自由幸存就必须遏制日本。"③ 和会前，美中两国代表团建立了非常密切的关系，"前者十分坦白地向后者提供忠告和建议"。④

日本外交的转型始于第四次伊藤博文内阁时期（1900—1901年）。时任外相加藤高明认为，应该使外交决策权从元老手中回归到外相手中，同时排除军部特别是陆军对外交的干涉。日本外交名义上由外务省主管，但是元老、军部在日本政治体制中的特殊地位，其往往撇开外务省独自决定和执行对外政策，导致形成所谓"双重外交"，遭到国际社会的批评。第二次大隈重信内阁时期（1914—1916年），加藤高明再次以外相身份入阁，把他的外交理念化为具体行动，废止了从1898年以来的将外交机密文书送交元老传阅的惯例，而以简单的事后报告代替，提出了"外交归外务省"的口号。加藤高明公然挑战元老、军部在外交事务上的特权，引起了元老、军部的强烈不满。1914年9月24日，四位元老与大隈首相会谈，要求政府确认元老在外交中的重大作用，"首相和元老间经过交换意见而确定的外交上的一致意见，作为外务大臣的加藤男爵必须遵行"。"凡重要

---

① 《顾维钧回忆录》第一分册，中国社会科学院近代史研究所译，中华书局，1983年，第168—169页。
② 转引自〔美〕罗伊·沃森·柯里《伍德罗·威尔逊与远东政策：1913—1921》，张玮瑛、曾学白译，社会科学文献出版社，1994年，第245页。
③ 〔美〕罗伊·沃森·柯里：《伍德罗·威尔逊与远东政策：1913—1921》，张玮瑛、曾学白译，社会科学文献出版社，1994年，第245页。
④ 完颜绍元：《王正廷的外交生涯》，团结出版社，2008年，第67页。

的外交往来函电或交涉文书，均要破以往不交元老传阅之例，将它们的原文或译文送交元老传阅；又，将来同外国进行的重大交涉事件，均要事先与元老进行协商，以体现举国一致之实。"① 加藤拒绝向元老妥协。1915年8月10日，在元老的运作下，反加藤势力迫使加藤辞去外相职务。由此说明，"在天皇制权力范围内由外务省实行一元化的难以逾越的界限"。②

1916年10月，大隈重信内阁辞职，由元老山县有朋的心腹、朝鲜总督寺内正毅出任首相。1917年6月6日，寺内内阁设立临时外交调查委员会（简称"外交调查会"），这是对加藤高明倡导的"外交一元化"的否定。外交调查会设总裁一人，干事长一人，委员若干人，干事若干人。该机构"直属天皇，对有关时局的重要案件进行考察和审议"。根据外交调查会议事规则，"有关本会的议事及报告事项，无论大小，须绝对恪守秘密"。外交调查会会议分为报告会和评议会。干事长在报告会上就外交事务的情况进行汇报，并应其他委员的提议，提供调查资料。评议会调查审议干事长事先向各个委员分发的议案、干事长在会上临时提出的议案或口述的议案。评议会上的议案由干事长负责起草，经总裁认可后分发给各个委员。涉及国防之外的外交问题时，若外交调查会认为有调查的必要，经总裁认可后，由干事长向首相报告，要求相关部门负责人出席会议加以说明。外交调查会每月开两次例会，必要时可临时开会。③ 寺内正毅首相任总裁；本野一郎外相，后藤新平内相，加藤友三郎海相，大岛健一陆相，枢密院顾问官牧野伸显、平田东助、伊东巳代治，政友会总裁原敬，国民党总理犬养毅任委员；本野一郎外相任干事长。外交调查会的设立极大地削弱了外务省的权力，导致了外务省地位的下降。"组织这个外交调查会以来，外交大权从外务省脱离，外务省仅成为办理外交事务的官厅。因为寺内总理大臣本人是军阀巨头，把军阀的立场摆在第一位来运营国家、规定外交国策，自然外交政策也就带有军人派头的帝国主义色彩，以致出现所谓双重外交，并不奇怪。在用人等方面也是以重视严格等级制度的军人态度来对待，因此，无论是外务大臣本野一郎，或是后藤新平，在寺内面前简直可以说抬不起头来。所以，外务省的次官和政务局局长等，即使在

---

① 〔日〕升味准之辅：《日本政治史》第二册，董果良译，商务印书馆，1997年，第469页。
② 〔日〕信夫清三郎编《日本外交史》下册，天津社会科学院日本问题研究所译，商务印书馆，1980年，第412页。
③ 外務省百年史編纂委員会編『外務省の百年』上巻、原書房、1969年、661—663頁。

外交方面相当老练，或是出色人才，一旦遇上寺内，都被当作仅执行具体外交事务的官员来对待，几乎并不被放在眼里。"外交调查会设立之后，外交人员被置于无责任的地位，"诸如寺内内阁的援段、劝告中国参战、日中陆海军共同防御协定、对华经济援助贷款（通称'西原借款'）、出兵西伯利亚等外交政策，都是先由这个外交调查会讨论决定其根本大纲，然后在形式上作为内阁会议决定的事项，由外务省来实施"。① 当时外务省的机构只有政务局和通商局两个局，政务局的大部分工作由外交调查会承担了，除中国问题外该局几乎无事可做。

舆论广泛反对设立外交调查会。1917年6月17日，京都大学教授、著名宪法学者佐佐木惣一在《东京朝日新闻》上发表文章，指出尽管外交调查会辅助天皇，但宪法不允许在国务大臣之外设立辅弼机关，所以外交调查会的成立违宪。《大阪朝日新闻》《大阪每日新闻》《东京朝日新闻》《东京日日新闻》《东京每日新闻》《报知》《万朝报》等报纸连日刊登文章，猛烈抨击设立外交调查会，其主要观点是设立该机构违宪，是转移国务大臣的责任、维持寺内内阁的计谋。6月23日召开的第39届临时议会也围绕外交调查会设立的必要性和合法性展开讨论，有议员提出废止外交调查会，理由是该机构的设立违宪，侵犯了枢密院的权限。但议案未获通过。宪政会总裁加藤高明以在内阁之外设立直属天皇的外交机构会牵制外务大臣为由，拒绝入会。加藤高明倡导"外交一元化"，着眼点是在形式上统一外交，由外务省主管外交，防止政出多门。但是他的外交理念仍停留在旧时代。

威尔逊"十四点纲领"的提出，使日本敏感地意识到新外交的到来。1918年9月，原敬上台组阁，建立外交一元化体制，推行对美协调、"日中亲善"、不干涉中国内政的外交实践，形成了日本外交史上有名的"协调外交"政策。原敬任命与自己有相同外交理念的西园寺公望、牧野伸显等人为巴黎和会日本全权代表。本来不少政界人士呼吁原敬首相作为首席全权代表出席巴黎和会。因为另外四大国（英、美、法、意）的首席全权代表均为总统或总理。外交调查会多数成员赞成原敬首相任首席全权代表，元老山县有朋也劝说原敬出席巴黎和会。日本驻英大使珍田捨巳于1918年11月21日致电外相内田康哉，"为了保持在讲和会议上与列强间

---

① 外務省百年史編纂委員会編『外務省の百年』上巻、原書房、1969年、665—666頁。

的平衡，将来维持帝国的威望，以内阁总理大臣或外务大臣担此重任，代表帝国最为适当"，如因地理因素首相或外相无法出席，则由阁外有崇高资望的政治家担任"特派大使"，具体条件是军人以外的政治家，避免亲德人士充当全权代表，否则会给日本代表团完成任务"造成几乎致命的创伤"。但是巴黎和会时间长，首相、外相长期滞留国外不利于施政，因此日本最后确定由西园寺公望、牧野伸显、驻英大使珍田捨巳、驻法大使松井庆四郎、驻意大利大使伊集院彦吉为全权代表，代表团加上随员共有60人，陆军方面有奈良武次中将、田中国重少将、二宫治重中佐等，海军方面有竹下勇中将、山川端夫参事官、野村吉三郎大佐等出席会议，前首相西园寺公望任首席全权代表。西园寺公望年老体弱，直到会议进程过半的1919年3月2日才到巴黎，实际上牧野伸显充当了首席全权代表。为了安抚军部和右翼势力，原敬在调和新旧外交主张的基础上确定了日本参加巴黎和会的方针，从而使代表团的活动并未脱离旧外交的窠臼。

日本在巴黎和会上被列为与英、美、法、意并列的五大强国之一，这显然是日本国际地位的巨大提升，但日本软实力存在诸多不足，这在外交上表现得尤为明显。日本全权代表的外语能力薄弱。外交场合的通用语言一直是法语，巴黎和会把法语和英语都列为会议语言。会议中的演讲依次被翻译为英语和法语；英语演讲被翻译为法语，法语演讲被翻译为英语。日本全权代表无论是用英语还是用法语"都难以跟上讨论进度，只能沉默以对"。牧野伸显和珍田捨巳是日本实际上的全权代表，但牧野伸显"英语没那么好，无法充分表达自己的意思。珍田捨巳的英语虽然好些，但是面对不利问题表现得比较强硬"。根据英国方面的记录，日本代表"主要从旁观看"，"他们的英语和法语都讲得结结巴巴"，即使被议长询问是否赞同，也只能用英语简单地回答"啊，好的"。和会期间，牧野伸显在会上除了朗读事先准备好的演讲稿外，一直保持"沉默"。会场上的答辩环节由珍田捨巳应对。讨论"种族平等""委任统治"等问题时，牧野伸显为主力，珍田捨巳为副手。讨论山东问题时则调换过来，珍田捨巳担当主力，因为他的外语能力更强，牧野伸显从旁协助。"可能是因为对日本而言，山东问题关乎实际利益，极为重要。"巴黎和会的中心议题是欧洲问题，日本代表团却对中心议题的相关知识和情报掌握不足，无从应答，存在感很弱。此外，日本是"世界五大强国"中唯一的"有色"、"新来者"（new comer）和"迟来者"（late comer），日本代表一方面有争强好胜之心，另一方面遭到了西方列强的蔑视。法国总理乔治·克里孟梭在会上把日本全权代表叫作"小家伙"（little chap），并"用大家都能听到的音量窃窃私语"道："这些小家伙在讲什么？"（What's the little chap saying？）美国代表爱德华·豪斯上校的惯用手法是"绝对不让 Jap 讲话"。日本作为五大强国之一，理应有资格参加高级别会议。但是事实上，每日两次有时周日也会召开的"巨头会议"，只有英、美、法、意四国可以参加，日本常常被排除在外。第一次世界大战期间英、美、法、意四国曾在凡尔赛召开军事会议。对西方列强而言，巴黎和会就在该会议的延长线上，它们从未考虑把日本纳入"巨头会议"。日本代表团也在某种程度上意识到自己的旁观者角色。但是，日本"即使为了面子也希望作为东洋的代表国家加入会议中枢"。正因如此，巴黎和会上的日本"是否享受大国待遇成了一个大问题"。西方列强对日本全权代表采取了侮辱性态度，不仅是因为日本代表语言能力有限，而且是因为人种上的轻侮之心。某次会议上，乔治·克里孟梭对旁边的法国外交部部长大声说，明明世上有"金发女人"，我们却要在这里和丑陋的日本人面对面。[①]

第二节　巴黎和会与日本的种族平等提案

尽管日美两国就移民问题达成了"绅士协定"，但问题并没有得到解决。第一次世界大战爆发后，美国社会弥漫着排外和不宽容的气氛，一度消退的排日运动又重新高涨。基于"绅士协定"的自主限制，进入美国的日本移民数量一直在减少。但是如果包括在美国出生的日本人子女，则日裔人数有了很大增长，十年间增长了约70%，所以排外主义者指责日本人没有遵守"绅士协定"，掀起了以加利福尼亚州为中心的要求全面禁止日本移民的运动。日本移民被迫选择离开城市而生活在乡村。居住在乡村的日本移民渴望拥有自己的土地。而排外主义者则通过地方立法的手段，为在美国定居的日本人及其后代设置各种障碍，特别是禁止日本移民拥有土地，以限制日本移民的活动空间并达到最终驱逐日本移民的目的。1920年，加州议会通过了外籍人土地法修正案，对土地的拥有和转让程序进行

[①]〔日〕真嶋亚有：《"肤色"的忧郁：近代日本的人种体验》，宋晓煜译，社会科学文献出版社，2021年，第151—154页。

了更严格的规定。随后，美国西部的华盛顿州、俄勒冈州、新墨西哥州等12个州陆续通过了外籍人土地法。1923年，加州通过了一项更为严厉的新外籍人土地法。上述法律几乎堵死了日本移民占有土地的所有渠道，使得日本移民在美国的生存愈发艰难。

第一次世界大战结束后，日本极力将移民问题扩大化，把移民问题从日美两国的外交问题上升为世界问题，在国际舞台上以有色人种的代表身份与美国抗争，利用战后民族主义运动，向美国施加压力，维护和扩大日本在远东太平洋地区的权益，提高日本的国际地位。作为西园寺公望的随员参加巴黎和会的近卫文麿指出：

> 不言而喻，美国和英国的殖民地澳大利亚、加拿大愿意向白人敞开国门，但他们却瞧不起日本人和其他黄种人并试图将黄种人摒除在他们的领土之外……基于人道和正义，我不得不呼吁英美人士，在即将召开的和会上，应该深深忏悔其傲慢的做法，不仅要取消针对黄种人的限制性移民政策，还要取消其他所有的歧视性做法。我认为即将举行的和会是人类是否有能力在人道和正义的基础上重塑世界的重要考验。我希望日本不要轻信英美的和平主义，而要努力实现真正意义上的人道和正义。[1]

巴黎和会的召开为日本与美国交涉移民问题提供了机会。日本在巴黎和会上有3个目标：（1）取得西方各国对种族平等原则的无保留的承认，并将这个原则列入国际联盟盟约；（2）获得德国以前在山东省内享有的权利；（3）取得赤道以北的太平洋各岛屿。[2] 日本提出"种族平等原则"的目的是解决移民问题，获得实际利益。但日本的3个目标仅实现了2个。起初日本对建立国际联盟没有什么兴趣，担心西方国家借国际联盟限制日本在东亚的扩张。为此日本成立了超党派的"人种差别撤废期成同盟会"，要求把"将种族平等原则列入国际联盟盟约"作为日本加入国联的前提条件。根据政府训令，日本代表团为了在国联盟约中列入"种族平等"条文

---

[1] 〔英〕铃木胜吾：《文明与帝国：中国与日本遭遇欧洲国际社会》，王文奇译，世界知识出版社，2019年，第217页。

[2] 〔美〕马士、宓亨利：《远东国际关系史》，姚曾廙等译，上海书店出版社，1998年，第575页。

而制成了甲、乙两种方案。1918年2月4日，日本全权代表牧野伸显和珍田舍巳探询美国的意见。威尔逊总统为了实现其建立国际联盟的宏愿，对乙案原则上表示同意。乙案内容是："各国国民均等主义是国际联盟的基本纲领。为此，缔约国约定对各自领土内的外国人，在法律上及事实上的正当权力范围内给予均等的待遇及权利，不因人种或国籍的差别而有所区别。"① 但是日本的提议遭到了英国及其自治领特别是澳大利亚的强烈反对。在2月13日国联盟约起草委员会会议上，日本正式提议在国联盟约第21条，即宗教自由项内插入"种族平等"的条文："各国国民均等主义是国际联盟的基本纲领。为此，缔约国尽速约定给予国联会员国的一切外国人均等公正的待遇，不因人种或国籍的不同而在法律上或事实上进行差别对待。"牧野伸显在演讲中表示，"人种、宗教上的怨恨经常成为各国国民间的纠纷及战争的原因"，以实现永久和平为目标的国际联盟应最大努力地"开启解决本问题的道路"。② 日本的提案因仅获得巴西等国的支持而遭否决，关于宗教自由和种族平等的国联盟约第21条被删除。种族平等提案被否决引起日本国内舆论强烈不满。为了缓和日本国内舆论对国联盟约的反对，威尔逊考虑对盟约草案做适当的修改。日本利用这一有利时机提出新的议案。但是日本的提案遭到澳大利亚的反对，澳大利亚总理威廉·莫理斯·休斯（William Morris Hughes）拒绝与日本代表当面讨论种族平等问题。"日本的提案深为诸如英国各自治领这样一些国家的代表所厌恶，这些国家对于非欧洲人的入境是加以限制的。"休斯的一名下属指出："如果他损害白人主导的澳大利亚，没有哪个政府能多存活一天。我们的立场是——日本的提议要么有所图要么毫无意义；如果是前者，就放弃，如果是后者，为什么还要提出？"③ 由于"种族平等"条文涉及移民问题，美国舆论反对在国联盟约中加入该条款，这促使威尔逊总统的态度发生了变化，他担心如果把"种族平等"条文列入盟约，会招致国会的强烈反对，最终否决《凡尔赛和约》。为此，日本做出妥协，建议不将"种族平等"归纳为国联盟约的条文，而是作为一项原则写入盟约前言。"但这也没有能够使英国自治领的代表们，特别是澳大利亚总理威廉·莫

---

① 外務省百年史編纂委員会編『外務省の百年』上卷、原書房、1969年、718頁。
② 外務省百年史編纂委員会編『外務省の百年』上卷、原書房、1969年、718頁。
③ 〔美〕玛格丽特·麦克米兰：《大国的博弈》，荣慧、刘彦汝译，重庆出版社，2006年，第220页。

理斯·休斯平息下来，他威胁要挑起英国各自治领和美国西部各州人民起来反对。在这种局面下，当修改后的日本提案交付表决时，威尔逊总统和英国出席该委员会的代表都弃权。"①尽管日本提案得到了意、法、波等国的支持，但在投票表决中仅获得17票中的11票。威尔逊总统以委员会主席的身份宣布，因委员会的决议非全体一致赞成不能生效，所以日本提案不能被采纳和实行。巴黎和会否决种族平等提案，说明日本获得的大国地位是不完全的。西方国家一方面安抚日本，声称盟约既规定日本为国联理事会的理事，则已将日本置于"与其他大国完全平等的地位"，因而使日本代表可以随时"将种族平等问题提出讨论"；另一方面拒绝将种族平等原则列入国联盟约，"重新强调了东西方之间的差别"。"即便是日本，尽管必然要被承认是一个强国，但是在西方的心目中，它仍然是亚洲的一部分。"②

为了打开日美两国在移民问题上的僵局，1920年9月至1921年1月，美国前驻日大使莫里斯与日本驻美大使币原喜重郎就移民问题进行会谈，从1911年《日美通商航海条约》修订的由来、"绅士协定"、美国移民法、差别待遇的立法、二世日本移民的双重国籍等角度讨论移民问题，会谈每周一次，共进行了23次，以寻求解决的方案。日本表示：在外交文书中声明，今后将更加严格执行"绅士协定"，即便是在美日本人的亲属，也不得作为移民赴美。作为回报，在现行的《日美通商航海条约》中补充这样的条文——在美日本人除归化权以外，将享有最惠国移民的权利。由于美国政权更迭和美国依然坚持是否接纳移民以及移民待遇是一国主权范围内的事务，不愿意做出退让，莫里斯与币原的谈判无果而终。

1923年12月，美国第68届国会开幕，众议院议员约翰逊提出了新的移民法案，该法案立即被提交由约翰逊任主席的移民委员会讨论。与该法案一起被讨论的还有移民配额制度，即基于不同国籍的配额制度，西欧和北欧的移民最受欢迎，配额数量最多，东欧和南欧移民受到严格限制，而亚洲人则要被完全禁止。

在美国国会讨论约翰逊移民法案时，日本驻美大使埴原正直对约翰逊

---

① 〔英〕C.L.莫瓦特编《新编剑桥世界近代史》第12卷，中国社会科学院世界历史研究所译，中国社会科学出版社，1987年，第481—482页。
② 〔英〕C.L.莫瓦特编《新编剑桥世界近代史》第12卷，中国社会科学院世界历史研究所译，中国社会科学出版社，1987年，第481—482页。

移民法案中包含的排日条款感到焦虑，多次与美国国务卿休斯面谈，要求美方妥善处理。1924年1月13日，埴原在同休斯的面谈中指出，约翰逊移民法案与现行的《日美通商航海条约》及"绅士协定"中达成的谅解是矛盾的，一旦通过，将对在美日本移民造成重大影响。1月15日，埴原起草了说明日本政府关于移民问题立场的觉书并递交休斯。2月9日，休斯向约翰逊递交了要求修改移民法案的书简，劝告约翰逊删除法案中的排日条款，认为移民法案违反了《日美通商航海条约》，刺激了日本国民，将使日美关系得到改善的华盛顿会议的成果毁于一旦。[①] 2月13日，休斯公布了书简内容。同日，柯立芝总统会见了约翰逊。约翰逊表示，移民委员会的17人中有14人赞成不删除法案中有关禁止亚裔移民的条款，自己也持同样的立场。移民委员会在讨论休斯书简中提出的移民法案将会限制日本商人在美贸易，从而违反《日美通商航海条约》时，指出"根据现行的通商航海条约的规定，纯粹以商业为目的进入合众国的外国人"不在限制移民范围内，至于休斯提出的删除禁止日本移民条款，以免招致日本人反感的劝告是不能接受的。3月24日，众议院提出了关于移民法案的报告书，批评日美"绅士协定"，认为该协定不仅把属于美国国会的移民管理权让渡给了日本，而且协定的文本是秘密的，因此立即废除这样的协定是适当的。报告书还认为，日美"绅士协定"并没有达到当初西奥多·罗斯福总统提出的严格限制日本移民和防止在美日本人口增加的效果。接着众议院讨论了休斯的提案。休斯建议给日本一定的移民配额，如果以1890年的国情调查为基数，那么日本得到的移民配额数量是极少的。众议院否定了休斯的提案，认为该措施与归化法不能整合，还使日本人在亚洲人中居于优越地位。[②]

众议院通过关于移民法案的报告书后不久，即3月27日，休斯会见了埴原大使，对众议院可能通过移民法案表示忧虑，认为众议院对日美"绅士协定"的内容不了解，因而把日本移民数量的增加归咎于该协定，有必要就此向议员们做出说明。当时美国参议院也在讨论新移民法案，与众议院的讨论平行进行。但是参议院的移民法案与众议院的移民法案不同，在参议院的移民法案中，根据条约入境的外国人不在法律限制的移民

[①] 外務省百年史編纂委員会編『外務省の百年』上巻、原書房、1969年、874頁。
[②] 入江昭·有賀貞編『戦間期の日本外交』、東京大学出版会、1984年、77頁。

第七章 日本外交的转型：从巴黎和会到华盛顿会议 221

范围内，法案中也没有禁止不能归化的移民入境的规定，令休斯感到满意。参议院移民委员会中的积极排日派是少数派。①

4月10日，日本外相松井庆四郎致电埴原大使，对移民法案提出如下意见：（1）由于"绅士协定"是日本政府自主的行政措施，其作为国际条约加以处理是困难的；（2）如果确认"绅士协定"是国际条约，日本人不适用移民法案的话，这将会使"日本享有某种特权并妨碍了美国关于移民立法的主权"的排日派的议论显得正当，"'绅士协定'废除论"更有市场了；（3）日本政府希望在移民配额方面（日本国民）享有与欧洲各国国民同样的待遇，反对移民法案中的排日条款或对日本人进行区别对待；（4）虽然保持现状似乎是权宜之计，但将禁止不能归化移民入境的条款写入移民法案后，日本将在要求废除"绅士协定"时陷入困境；（5）为了明确移民法案中日本人的地位，接受按照共同原则与欧洲人一样的移民配额是最佳选择。② 1924年4月12日，含有排日条款的移民法案在众议院以压倒性多数表决通过。只有一个议员公开表示反对，他认为仅仅为了排斥46名移民（以1890年的国情调查为基数日本所得到的移民配额）而得罪一个友好国家是极不明智的做法。③

4月10日，埴原正直致信休斯国务卿，这封被称为"埴原书简"的信大致分为两部分，第一部分是说明"绅士协定"的由来、内容以及日本政府根据"绅士协定"采取的措施；第二部分是强烈要求删除移民法案中的"排日条款"，认为排斥日本移民是完全没有必要的，因为日本政府已经忠实履行了"绅士协定"，有效地限制了移民数量。"埴原书简"的总体内容是平和的，但书简提到一旦美国国会通过含有排日条款的移民法案，将会导致"严重的后果"（grave consequences），④ 由此引起轩然大波。

当这封信在4月11日呈递到美国参议院时，参议院外交委员会主席亨利·洛奇把"严重的后果"这一说法曲解为"潜在的威胁"（veiled threats），并指出接纳或禁止移民是最基本的国家主权，美国立法不能受外国的威胁，"埴原书简"是对门罗主义的侵犯。"埴原书简"的不适当

---

① 入江昭·有贺贞编『戦間期の日本外交』、東京大学出版会、1984年、77頁。
② 入江昭·有贺贞编『戦間期の日本外交』、東京大学出版会、1984年、80—81頁。
③ Charles McClain, ed., *Japanese Immigrants and American Law: The Alien Land Laws and Other Issues*, New York: Garland Pub., 1994, p. 98.
④ United States Department of State, ed., *Foreign Relations of United States*, 1924, Vol. 2, Washington, D. C.: G. P. O., 1939, p. 373.

措辞改变了参议员们在日本移民问题上的温和态度,其转而持强硬立场。①"埴原书简"以及日本外务省早先发出的美国人不要通过歧视性立法的呼吁,都被看作日本方面粗暴干涉美国内政的行为。媒体也推波助澜,大造声势。由于埴原正直在书简中用词不当,美国参议院与众议院趋向一致,以压倒性票数通过"移民法案",埴原正直在驻美大使任期届满后,从外务省引退,谢绝了担任驻意大利大使的任命。

移民法案于1924年5月26日经柯立芝总统签署后生效,此为"1924年移民法"。该移民法将世界划分为三大区。(1)无资格区:远东各国及不属美国管辖之太平洋各岛皆属之,此区人民一律无资格入美籍。(2)不加限制区:美洲各国及西印度群岛均属之,此区内出生之人民,可以自由移入美国。(3)定额分配区:欧洲、近东各国、大洋洲、非洲均属之,此区人民每年依照规定名额来美。② 根据1924年移民法,日本被列入无资格区。

究竟是什么导致了非常严厉的1924年移民法的通过?第一,20世纪20年代前半期,美国国内弥漫着种族主义和排外主义的气氛。第二,美国出现国会权力上升、行政权力下降的现象。威尔逊总统曾长期控制国会,而在1918年的国会中期选举中共和党获得了胜利,成为多数党,不大买总统的账。1923年哈定总统突然病故后,暴露了行政部门的腐败现象,严重影响了行政部门的权威。以副总统身份接任总统职位的柯立芝因缺乏威信,为获得党内大佬的支持而愿意在禁止移民问题上做出让步,所以在国会讨论通过1924年移民法案时,柯立芝总统未就此问题发表过任何意见。第三,1924年是总统选举年,柯立芝总统不想为移民问题而得罪太平洋沿岸各州。③

1924年移民法的通过,意味着美国人明确把日本人同其他亚洲人一样看作"不受欢迎的外国人",故意矮化日本,正如埴原正直在给休斯的信中所指出的那样:"关键之处是日本身为一个主权国家,它有没有获得他国的正式尊重或关注……(排斥移民条款)所呈现的是不把日本当作一个国家看待,在美国人民眼中,日本人已被丑化为一文不值,弃之亦毫不

---

① Charles McClain, ed., *Japanese Immigrants and American Law: The Alien Land Laws and Other Issues*, New York: Garland Pub., 1994, pp. 98-99.
② 潮龙起:《美国华人史》,山东画报出版社,2010年,第50页。
③ 入江昭・有賀貞編『戦間期の日本外交』、東京大学出版会、1984年、90頁。

足惜。"① 日美关系中的移民问题不仅是一个关涉日本国家利益的问题，还是一个涉及日本国家体面的问题。"因为他们从1873年以来，在同其他东方人和欧洲人交往中，一直顽强地为自己要求一个较其他亚洲人为优越的地位。"② 日本国内群情激愤，舆论猛烈地抨击1924年移民法，甚至有日本人在美国驻日大使馆门前自杀抗议。

第三节 山东问题与中日关系

巴黎和会是新旧外交的第一次正面交锋，也是对日本外交适应能力和弹性的一次检验。

中国作为战胜国之一，应邀出席了巴黎和会。中国代表团向和会提出的各项议题均被拒绝受理，只有山东问题因涉及德国海外殖民地的处置，被允许列入和会议程。胶济铁路③在山东问题中最为重要，"鲁案以铁路为第一要点"。

第一次世界大战爆发后，日本趁西方列强无暇东顾的机会，加紧向中国扩张。1914年8月23日下午5时30分，日本政府正式对德宣战，日军在龙口登陆。"龙口的登陆作战，不仅是为了进攻胶州湾，而且隐藏着要控制整个山东的意图。"日军占领潍县车站后，违背了原先同意不到潍县以西的诺言，沿胶济铁路西进，直逼济南。中国政府于9月26日、27日、30日接连向日本提出抗议，谴责日军破坏中国中立和侵占胶济铁路。9月27日，外交部照会日本驻华公使日置益：日本军队进入潍县，"占据车站，该铁路为中德公司，各车站向无德国军队，均归中国保护。潍县系完全中立地点，贵国如此行为，显与声明不符，实属侵犯中国中立"，中国政府要求日军立即撤退，并交还车站。④ 日本外相加藤高明辩解说，德国经营的胶济铁路同胶州湾租借地是不可分割的，占领它不是侵犯中立。当时中国外交次长曹汝霖在同日本驻华公使日置益举行的会谈中，明确表示

---

① 转引自〔美〕安德鲁·戈登《日本的起起落落——从德川幕府到现代》，李朝津译，广西师范大学出版社，2008年，第218页。
② 〔美〕马士、宓亨利：《远东国际关系史》，姚曾廙等译，上海书店出版社，1998年，第652页。
③ 胶济铁路于1904年6月1日完工通车，全长393公里，东起青岛，西连济南，接津浦铁路北达北京，战略地位十分重要。
④ 章伯锋、李宗一主编《北洋军阀》第二卷，武汉出版社，1990年，第705页。

不同意日本对胶济铁路的占领，同时提出非正式调停案：第一，中国政府不允许将胶济铁路出卖或让与日本以外的第三国；第二，战后日德两国对胶济铁路有何协议，中国政府不执异议。10月4日，中国政府得到德方同意将胶济铁路让给中国接管，待战后解决的意见。中国政府为此同日本商议，日本却不承认这种接管。① 10月6日，日军占领济南，控制了胶济铁路全线，还将铁路员工逐步换成日本人。中国政府要求日军撤回国内或仅留驻青岛，胶济铁路沿线不能驻扎日军。

日本为了把对胶济铁路及山东的占领合法化，遂企图借条约之力予以保障。1915年1月18日，日置益向袁世凯递交了"二十一条"。"二十一条"共5号，其中第一号即山东问题，内容为："中国政府允诺，日后日本国政府拟向德国政府协定之所有德国关于山东省依据条约或其他关系对中国政府享有一切权利、利益让与等项处分，概行承认。""允准，日本国建造由烟台或龙口接连胶济路线之铁路。"②

英国受日英同盟的制约，无法有效地干预日本的行动。美国既反感日本的趁火打劫，又不想卷入中日纷争，而是希望尽量维持远东现状和"门户开放、机会均等主义"。1914年8月10日，日本舆论报道美国大西洋舰队正在赴远东的途中。为此中国驻日公使陆宗舆拜访美国驻日大使格恩里（George W. Guthrie），"很想知道美国舰队是否用来保护中国及维持远东的和平"。格恩里否认了这一消息。8月12日，美国驻华公使馆的马慕瑞（John Van Antwerp MacMurray）致电国务院，"这里流传着一个谣言，美国正在给亚细亚舰队派出相当多的增援部队，以便在必要时援助中国，中国对这个谣言寄予奢望"。美国国务卿布赖恩（William Jennings Bryan）要求马慕瑞对此予以否认。③ 美国不愿意对日本施加军事压力。1914年10月7日，美国驻华公使芮恩施表示，中国政府对于山东问题，"现在不要决断，颇为得计。大战后凡与有关系之国，必有大会议，于彼时必有公断，中国不致吃亏，若现与日本决断，会议时恐无挽回机会。现在只好以日本所允者行之，其不允者听之，公道自在人心，贵国亦无所忌惮也。贵国处此时势，以和平之法待遇日本，是为上策"。④

---

① 吴东之主编《中国外交史》第二册，河南人民出版社，1990年，第39—40页。
② 章伯锋、李宗一主编《北洋军阀》第二卷，武汉出版社，1990年，第799页。
③ 章伯锋、李宗一主编《北洋军阀》第二卷，武汉出版社，1990年，第755—758页。
④ 参见章伯锋、李宗一主编《北洋军阀》第二卷，武汉出版社，1990年，第720页。

第七章　日本外交的转型：从巴黎和会到华盛顿会议

中国对德宣战后，日本为了巩固其在山东的地位，1918年9月24日，外务大臣后藤新平与中国驻日公使章宗祥交换了关于山东问题的文书，换文的主要内容为：一，胶济铁路沿线的日本军队，除济南留一部队外，其他全调集于青岛；二，胶济铁路由中国巡警队负责警备，但巡警队本部及重要站所应聘用日本人；三，胶济铁路所属确定后由"中日两国合办经营"；四，现行的民政机构撤销。① 当时中华民国北京政府在复文中竟明确表示"欣然同意"，这就默认了日本在山东的非法地位，遗日本于巴黎和会上拒绝归还山东以重要口实。

1919年1月27日，巴黎和会开始讨论山东问题。日本全权代表牧野宣称："胶州湾租借地及铁路，并德人在山东所有其他一切权利，德国应无条件让与日本。"1月28日，中国代表顾维钧在发言中指出，胶州湾租借地是中国领土不可分割的一部分，1898年中国将该地"租与德国，实肇始于德国侵略之行为"。② "以形势言，胶州为中国北部门户，为自海至京最捷径路之关键，且胶济铁路与津浦相接，可以直达首都。即仅为国防问题，中国全权断不能听任何他国于此重要地点，有所争持。以文化言，山东为孔孟降生之地，即中国人民所视为神圣之地。中国进化，该省力量居多，故该省为中国全国人民目光之所集。以经济言，该省地狭而民庶，面积不过二万五千方英里，人口多至三十六兆，人烟稠密，竟存不易，设有他国侵入其间，不过鱼肉土著而已，亦不能为殖民地也。"现中国处于战胜国地位，要求德国归还山东及胶济铁路是理所当然的事情。"二十一条"是日本依恃武力向中国提出的无理要求，中国政府不愿接受，"经日本送达最后通牒，中国始不得已而允之"，然而中国政府视之"至多亦不过临时暂行之办法"，最终修正之权当在和会。③ "进而言之，中国既于宣战布告中显然声明，所有中德两国从前所订一切条约合同协约，皆因两国立于战争地位，一律废止。则一八九八年三月六日之约，德国因之而得据有租借地暨铁路以及他项权利者，当然在废止之列。而德人所享之租借权利，按法律言之，即业已回复于领土之主权国。""即谓租借之约，不因战

---

① 章伯锋、李宗一主编《北洋军阀》第二卷，武汉出版社，1990年，第720页。
② 胡汶本、田克深编《五四运动在山东资料选辑》，山东人民出版社，1980年，第162—163页。
③ 中国社会科学院近代史研究所《近代史资料》编辑室主编《秘笈录存》，中国社会科学出版社，1984年，第73—74页。

事而废绝,然该约中本有不准转租之明文",德国无权转租给第三国,"至铁路一节,则按一九〇〇年三月二十一日之中德胶济铁路章程,本有中国国家可以收回之规定,即含有不准转让与他国之意"。①

第一次世界大战期间,英法等国为了促使日本积极对德作战,曾同意日本"继承"德国在山东的殖民权益,因此形势对中国不利。法国总理克里孟梭明确表示法日两国在青岛问题上已有成约,所以法国不能支持中国的要求。4月22日,中国代表在由英美法等国首脑出席的最高会议上再次陈述中国的要求。美国总统威尔逊声称,"中国、日本既有一九一五年五月之条约换文于前,又有一九一八年九月之续约于后,而英、法等国亦与日本协定条约,有维持其继续德国在山东权利之义务",所以中国对德宣战不能使中日间的成约取消。英国首相大卫·劳合·乔治(David Lloyd George)也表示,"当时所允酬日本之价未免稍昂,然既有约在前,究不能作为废纸"。② 中国代表指出,日本的地理位置与中国十分接近,"尤其是在满洲,它在那里占有一条直达北京的铁路,如果将德国权利转让给日本就会造成一个非常严重的局面。如果日本占领着满洲和山东的铁路,北京就将处在一个被钳制的地位"。为了防患于未然,"现在就应该解除这些不幸的条约"。③

4月30日,日本代表在四国会议上发表声明,声称:日本政府"将山东半岛完全主权归还中国,仅留业经给与德国所有经济权利",至于日本驻军济南一事,"完全为权宜之计","该戍兵仅于和议告成后过渡时代中存留。凡所谓过渡时代,彼以为能缩短者务必缩短之"。日本享有的经济权利如下:"一、在青岛要求居留地之权,但并不排斥他国公共租借之权;二、业经造成各路之德人所有权利暨与铁路相关各矿之德人所有权利,至于铁路所在之地,系完全为中国主权所在,并为中国法律管辖;三、给予德人建筑其他两路之让与权,即高徐济顺,须用日本资金,现日本正与中国磋商供给需用款项之条件,中国政府对于该两路之地位,与其他各路之用外资建造者同。又日本代表为特别担保如下:甲、不得因中国

---

① 胡汶本、田克深编《五四运动在山东资料选辑》,山东人民出版社,1980年,第173页。
② 中国社会科学院近代史研究所《近代史资料》编辑室主编《秘笈录存》,中国社会科学出版社,1984年,第131—132页。
③ 程道德等编《中华民国外交史资料选编(1919—1931)》,北京大学出版社,1985年,第60—63页。

向日本人在青岛之一切让与，而排除他国人在该埠经营之事业；乙、日本人因现有铁路占多数股份，故获有经济上之管理。然无论如何，不得因行使此项管理，遂使各国商务利益有所歧视。惟日本代表声明，倘日后中国对于此项办法或有不遵，例如警察之组织，不允协办，或不允雇日本教练官，则日本有保留援用一九一五及一九一八年中日条约之权云云。"① 日本代表在四国会议上的声明实际上满足了中国的部分诉求，所以陆征祥致电政府："查以上各节内有可注意者数端：一、中日一九一五及一九一八年各约，虽无作废字样，而业已不复完全有效；二、铁路所在之土地，为中国完全主权，路旁之地更不待言；三、中国对于各路完全为合办性质，与他路之借用外资者地位相同；四、日本不得将德国所筑炮垒之地划入租界范围；五、以后商订各项办法时，如有不在经济范围之内者，尽可与之坚持，至最后之时，可交国际联合会评断；六、所有以上各节指明者外，前为德人所有供给材料资本等优先权及烟潍兖……等线借款，均未提及，日后我仍有操纵之余地。抑尤有应请注意者，以后无论何时商议，应在北京，勿在东京。"②

但巴黎和会引起中国人的极大关注，中国国内爆发了轰轰烈烈的五四运动。在国内舆论压力下，中国代表团无法也不能妥协退让，最后代表团决定拒签《凡尔赛和约》。7月19日，顾维钧拜访英国外交大臣贝尔福时，贝尔福对中国拒签和约表示不能理解，指出："约文外，复有日本向三国会议所为之保证声明，贵国政府与委员早已了然，此项声明与约文原为一事。本总长以为此项解决有利贵国，恐非贵国单独力所能办到者。""日本对于三国会议之声明甚为切实，虽未径向中国出具，其效殆与成约无异。"③ "中国此举（拒签和约——引者注）使日本处于微妙境地，没有中国的签字同意，它在对德和约中获享的权利就不能合法继承。"④ 自此，山东问题成为中日两国的悬案。山东问题极大地影响了中日关系。王芸生

---

① 参见王芸生编著《六十年来中国与日本》第七卷，生活·读书·新知三联书店，1981年，第342—343页。
② 参见王芸生编著《六十年来中国与日本》第七卷，生活·读书·新知三联书店，1981年，第344—345页。
③ 参见中国社会科学院近代史研究所《近代史资料》编辑室主编《秘笈录存》，中国社会科学出版社，1984年，第237—238页。
④ 《顾维钧回忆录》第一分册，中国社会科学院近代史研究所译，中华书局，1983年，第212页。

指出:"自二十一条交涉以来,中日关系本已走入恶境,乃袁世凯殂谢,段祺瑞当国以后,却出现波平浪静空气和缓之一段落。此一段落,可自民国五年末西原借款酝酿之日算起,至民国八年初巴黎和会开幕时止。""迨巴黎和会开幕,山东问题之论争一起,中日外交积累之素憾遂表面化。""顾维钧在三国会议中之演词,开中日两国论战之记录,终至拒签凡尔赛和约,中日关系乃打破多年来之敷衍状态,转入对垒形式。"①

日本为赢得山东付出了巨大的代价。"山东问题悬案化令日本也很苦恼。其后美国调停之八条办法,等于将日本在四人会之声明形诸文字,日本感到屈辱,不肯就范,结果美国国会不批准对德和约,让山东问题国际化。加上山东问题完全违背威尔逊原则,以及公布中日密约,都让日本国际形象大受损伤。""若说中国'外交失败',日本方面却看不到有什么'外交胜利'的喜悦,日本民族主义者反而感受到相当的挫折感,而中日、美日关系恶化,更是苦恼。"②"1921年沃伦·哈定(Warren Gamaliel Harding)当选美国总统,美国政府更加反日。20世纪20年代,由于在中国和贷款联盟问题上的分歧以及日本公民在美国遭遇的歧视,本已紧张的美日关系继续麻烦不断。""英国人开始认真考虑盎格鲁与日本海军联盟的未来。西方人坚信日本是'黄色普鲁士'。寇松(George Nathaniel Curzon)先对真达然后对日本驻伦敦大使谈论日本在中国的行为。他认为日本坚持在中国的要求是不明智的,既使中国敌视,又使英国忧虑。他督促日本大使考虑英日关系以及远东地区的安全问题。"③

巴黎和会对山东问题的处理与"十四点纲领"的精神严重背离,令中国人极为失望,多年来中国学界对巴黎和会一直持负面评价,这是可以理解的。其实威尔逊的顾问们也几乎一致要求他反对日本的要求,无论后果如何。"如果警察可以保留捡到的钱包内的东西,而只把空钱包交还失主,并声称他履行了职责,那么日本的行为就可以容忍的。""和平令人向往,但还有比和平更珍贵的——公正和自由。"④但我们并不能因此而否认

---

① 王芸生编著《六十年来中国与日本》第七卷,生活·读书·新知三联书店,1981年,第364—365页。
② 唐启华:《巴黎和会与中国外交》,社会科学文献出版社,2014年,第376—377页。
③ 〔美〕玛格丽特·麦克米兰:《大国的博弈:改变世界的一百八十天》,荣慧、刘彦汝译,重庆出版社,2006年,第235页。
④ 参见〔美〕玛格丽特·麦克米兰《大国的博弈:改变世界的一百八十天》,荣慧、刘彦汝译,重庆出版社,2006年,第232页。

"十四点纲领"的积极意义。威尔逊在和会上批评日本坚持旧外交的做法，对日本代表团发表了措辞尖锐的长篇道德演说。"他说，远东和平的焦点在中国和日本，他认为日本应多想想它对中国的义务——这种义务论是国联的中心思想。他希望日本能带动远东共同坚持国联思想。""他要求日本明确答复它打算如何帮助中国。他希望列强将来分享利益，并给中国一个平等于世界各国的机会。"[1] 尽管和会上达成的条约有缺陷，但威尔逊认为新外交的理想并未湮灭，巴黎和会只是"修正而不是拒绝了'十四点'"。他在巴黎向国际法律协会发表演讲时，是这样回答《凡尔赛和约》的批评者的："就人类的经验而论，你不可能一下子冲进光明。在中午到来，阳光洒满山水大地之前，你必须经过黎明渐渐进入光明的白天；因此我们必须明白，所希望的东西不会因为指出实现希望必须经历的过程：法律程序、从昔日束缚我们的许多事物中慢慢解脱的过程，而落空。你不可能一下子就把人的种种积习统统抛掉，必须慢慢除掉它们，或者，更确切地说，必须慢慢改变习俗，必须慢慢地改，必须使习俗慢慢适合于我们将利用其达到的新目的。"[2] 此外，1919年的美国与1946年的美国不同，1919年的美国还不够强大，还不足以使欧洲国家与东方的日本听从于它，正如威尔逊感叹的那样："法国和英国已与日本订约承认对德条约中达成的山东解决办法因而使自身完全受到约束。你说我们应该怎么办？……除非按你的意见，我们强迫英国和法国与日本解除专约，那么你说我们应该怎么干这件事？又靠什么力量去干？"威尔逊表示，他不喜欢山东问题的解决办法，"但情况是没有其他办法可想。他问道，你打算为了把山东归还中国而对日本、法国和英国开战吗？"[3] 威尔逊与他的前任一样，因缺乏贯彻其政策所必需的实力而不得不对日本谋取远东优势地位的行动采取妥协的外交手段。巴黎和会之后，山东问题仍是中日两国交涉的重要问题，直到华盛顿会议上才得到解决。

---

[1] 〔美〕罗伊·沃森·柯里：《伍德罗·威尔逊与远东政策：1913—1921》，张玮瑛、曾学白译，社会科学文献出版社，1994年，第258页。
[2] 转引自〔美〕罗伊·沃森·柯里《伍德罗·威尔逊与远东政策：1913—1921》，张玮瑛、曾学白译，社会科学文献出版社，1994年，第271页。
[3] 参见〔美〕罗伊·沃森·柯里《伍德罗·威尔逊与远东政策：1913—1921》，张玮瑛、曾学白译，社会科学文献出版社，1994年，第283—285页。

第四节　外务省内的"革新运动"

日本对世界外交理念的变化反应迟钝，因为日本对欧美国家由外交失误和争夺殖民地及势力范围导致第一次世界大战爆发，造成巨大的人员伤亡和财产损失，缺乏感同身受，"战争因外交的崩溃而开始，并由外交的复活而终结"，所以在巴黎和会上日本仍以谋求本国私利为第一要务，根本没有显现出其作为"五大国"之一的负责任的姿态。在涉及日本国家权益的议题上，日本不遗余力地维护自身权益，甚至以拒签和约、退出会议相要挟，而在国际联盟等有关构筑世界新秩序、关乎人类和平重大议题上则沉默寡言，采取"大势顺应主义"，被国际舆论讥讽为"和平会议的沉默伙伴"。日本在国际舞台上展现的丑陋外交形象与其追求的所谓大国地位相去甚远。英美代表团阵容庞大，均由数百人组成，包租了巴黎几家宾馆，有完备的情报收集系统，对和会讨论的议题有深入研究，准备了丰富翔实的资料，能够迅速提出相关议案。而日本代表团人手不足、组织不完备，除涉及日本自身权益的议题外，对许多国际问题均缺乏深入研究，不仅无法准备议案，连发表意见都很困难，显得非常狼狈。[①] 中国年轻外交家顾维钧等人在巴黎和会上所展现的专业素质以及卓有成效的宣传活动，获得了国际舆论的高度评价，刺激了日本外务省内的少壮派官员。

巴黎和会后，日本少壮派外交官员掀起了"革新运动"，其目标是开放门户、选拔青年优秀人才充实外交团队，对外交人员进行培训，在外务省内设置有充分权限的常设机构来推进革新运动。1919年9月20日，少壮派成立了"外务省革新同志会"，东京设干事5名，英美法三国中各设干事2名以下。在东京的会员每月定期开会一次，彼此交换意见。9月26日，干事会通过了《外务省革新纲领要目》，包括"门户开放"、"省员的养成与馆员的培养"、"选拔淘汰"、"新设调查局"、"政务通商事务的一局化"和"课的增设与课长的权限扩充"、"经费的充实"等内容。9月29日，46名少壮派外交官员在《外务省革新纲领要目》上签名并呈递内田康哉外相，要求在外务省内设置有充分权限的审议和实行革新案的常设机构。10月1日的《东京朝日新闻》发表了题为《少壮派抬头之秋，霞

[①] 外务省百年史編纂委員会編『外務省の百年』上巻、原書房、1969年、734—739頁。

关的改造》的文章，指出最近外务省少壮派官员在研究外交的名义下经常聚会，列举以往日本外交政策的错误、武断外交的弊端，要求改变因袭的秘密外交方针，在新的国际形势下提高外交效率。当天的《东京朝日新闻》还指出，构成霞关中坚力量的少壮派新进外交官员在参加巴黎和会后，积极倡导改革，在外务省内吹入一股"清凉的新空气"，现在这股改革运动的潮流已席卷省内各课，大多数外交官员赞成其观点，加入该运动。① 外务省少壮派官员所掀起的"革新运动"实际上是要改变日本外交的僵硬模式，革新外交方式和手段，以灵巧、多样和富有弹性的外交方式和手段，更加隐蔽地维护和扩展日本的国家利益，尽可能使西方列强理解或谅解日本的外交诉求和外交行动。

在"革新运动"的推动下，鉴于外交事务的日趋繁杂、外交方式和外交手段的变化，日本政府对外交机构进行了调整，选拔优秀人才充实外交人员队伍。1913年，外务省为二局四课制，二局为政务局（下设第一课、第二课）和通商局（下设第一课、第二课），政务局掌管外交事务，通商局负责通商航海及移民事务，第一课负责亚洲区域，第二课负责亚洲以外区域。另有大臣官房，下设人事、文书、会计、翻译、电信五课。1919年7月，新设条约局，接着又设立临时和平条约事务局、情报部等。临时和平条约事务局负责国际联盟及对德和平条约实施等相关事宜，1924年12月被废止，其所辖事务转归条约局。尽管情报部的设置是在1921年8月13日，但筹备工作很早就开始了，并从1920年4月起进行实际活动。第一次世界大战后各国都非常重视在国际舞台上开展舆论宣传，中国外交人员也在巴黎和会上进行了卓有成效的宣传活动，日本显得非常被动。为了收集情报、操纵舆论，必须设立强有力的宣传情报机构。"外务省革新同志会"提出的改革内容之一就是"设置情报部"。在巴黎和会召开前，原敬首相就认真考虑了这一问题。他派当时的《读卖新闻》主笔伊达源一郎前往巴黎，与全权代表牧野伸显和伊集院彦吉商量此事。伊集院彦吉主张在内阁设立强有力的情报局，把外务省、陆海军和大藏省的情报系统统一起来。伊达集思广益，以伊集院的构想为中心，拟订方案并回国呈递给首相，但原敬认为："这是根本不可能实行的方案。陆军军阀、海军军阀都非常任性，要统一他们的情报是无论如何也办不到的。我身为总理大臣

---

① 外務省百年史編纂委員会編『外務省の百年』上巻、原書房、1969年、740—743頁。

也没有办法,很伤脑筋。这个方案中的情报局局长不知谁来当,我看也干不了三天。与其做无用功,不如在外务省设立强有力的情报部,大力进行情报的收集、交换、公布等活动,我认为这个办法可行,就这么办吧!"①第一次世界大战后,军部在国家政治生活中包括外交上仍有很大的影响力,军部不轻易放弃对外交的干预。原敬对军部的意图洞若观火。他在委托伊达对设立情报机构一事进行调查时,自己似乎已有方案。由于对伊达的方案不满意,原敬指令外务省实行自己的方案。这一工作大约是从1919年下半年开始的。关于在外务省设立情报部等新机构的传闻在省内外流传开来。1920年1月17日的《东京朝日新闻》发表了以《情报部的开始》为题的文章,并报道了内定的情报部部长及各部主任的人选。外务省情报部首任部长为伊集院彦吉,下设三个课,第一课负责中国内地、香港、澳门及暹罗的情报事务,第二课负责上述地区以外的情报事务,第三课掌管部内的庶务工作。另设文化事业部,负责对华文化事业。1921年,外务省开始发行《外务省公报集》和《外务省年鉴》,日本外交正式进入情报宣传时代。

1920年10月,外务省政务局拆分为亚洲局和欧美局(见图7-1)。这样,外务省就形成了稳定的四局制,即亚洲局、欧美局、通商局和条约局。亚洲局掌管中国、泰国等区域,第一课负责一般外交政策和军事,第二课负责财政经济的发展,第三课负责保护和管理居住在海外的日本人、朝鲜人以及处理"满蒙"特殊事务。欧美局掌管非亚洲局主管的地区,第一课负责苏俄,第二课负责欧洲诸国、非洲等,第三课负责南北美洲,且欧美局各课还分别掌管所涉地区的一般外交政策,政治条约、国际协定的缔结、修改,以及军事关系等事务。外务省直到1942年11月才重新设立政务局。② 第一次世界大战以后,外交人员数目和经费预算有了很大增加。1917年,外务省职员数为486人,预算为745万多日元;1924年,外务省职员数增加到了1106人,预算为2649万多日元。③

---

① 外務省百年史編纂委員会編『外務省の百年』上巻、原書房、1969年、1028—1029頁;〔日〕信夫清三郎編《日本外交史》下册,天津社会科学院日本问题研究所译,商务印书馆,1980年,第455页。
② 佐藤元英『外務官僚たちの太平洋戦争』、NHK出版、2015年、57頁;外務省百年史編纂委員会編『外務省の百年』上巻、原書房、1969年、997—999頁。
③ 外務省百年史編纂委員会編『外務省の百年』上巻、原書房、1969年、755頁。职员数包括外务省内部职员和在外使领馆判任以上人员。根据日本文官官制,一至二等为敕任,三至九等为奏任,其下为判任。

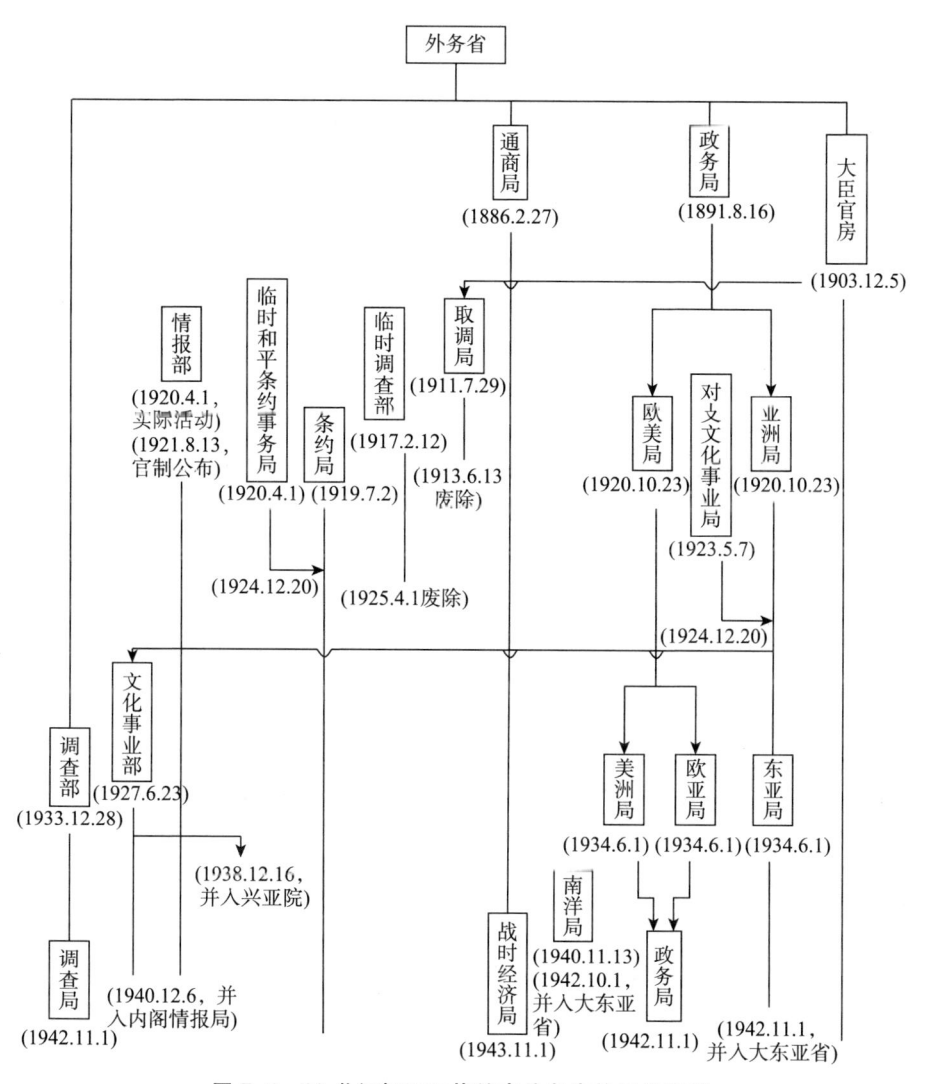

第七章 日本外交的转型：从巴黎和会到华盛顿会议

图 7-1 20 世纪初至二战结束外务省的机构变迁

资料来源：佐藤元英『外務官僚たちの太平洋戦争』、NHK 出版、2015 年、12 頁。

巴黎和会之后，舆论关于废止外交调查会的呼声日益高涨，认为外交调查会只是一个临时机构，随着第一次世界大战结束及和平条约的签订，外交调查会已失去了继续存在的理由，日本外交应回归正常。华盛顿会议之后，外交调查会委员后藤新平、犬养毅等也提出废止该机构。1922 年 9 月 18 日，外交调查会被废止。

某些军部人士也对巴黎和会后恶化的中日关系以及国际环境感到忧

虑。陆军中将由比光卫撰写了《对支政策个人建议》，分析了巴黎和会后中日关系恶化的原因，对如何改善对华关系提出意见，其建议与军部主流观点存在差异。全文分为三大部分。由比光卫首先论述了日本面临的严峻的国际环境，指出："如今我国北控混沌之西伯利亚，东拥排日源头之美国，西遗支那问题之悬念，南洋诸邦亦绝非以善意对我。远邦英国于波斯、阿富汗、中国西藏不断巩固自身地盘同时，反之有暗中控制我国大陆发展之情状，加之朝鲜内部斗争、国内思想变迁、物价飞涨之影响，均为无法预料之事，谓今为内外多事、关乎国家安危存亡之秋亦绝非妄言。"由比光卫认为明治维新以来日本对华扩张引起了中日关系的持续恶化：日本"同外邦相争之事例，其中以琉球、台湾两事件，日清战争，北清事变，日俄战争等细数，我主要对外纷争无一不与支那有关。而结果常以我方有利彼方不利告终。""加之我国朝野官民，口称日支亲善，高呼日支共存，或论以经济提携，实则鲜有以此等温和手段修好日支亲善，多凭借强制逼压或自利垄断，扩大利权，发展通商"，中国朝野"对我国标榜日支亲善、肩负保全支那之行为颇为反感"。中日甲午战争后中国"留学生蜂拥而至，各种学校接待欠缺热情，而旅社、商店贪图暴利，市民之冷遇等，使之自留学时代既已持有排日情绪……概因综上种种原因，支那官民对日恶意渐次聚积乃不争事实，继而此愤懑化为收回利权之声，此声一举，官民同应，不论事件大小，每每至引起纷争之时，大半均以为该事件与我国相关，于我对支政策上堪忧也"。其次，由比光卫认为，西方列强对日本试图独霸东亚深感不满，"英美之人由于人种原因，加之自身经济方面利害，从来对日本之大陆发展深感不快，此现象于日俄战争之后日益凸显，然我国参加欧洲大战，覆灭德东洋之根据地，清剿太平洋、印度洋之德国舰队，进而策动地中海地区等"，"以至将确立东洋之霸位。此刺激英美人固有之心理，顿生嫉妒不快之念"，"一意抑制我势力发展，排日气氛顿增"。"英美人排日气氛既已充溢，专门等待排日机会出现。"居住在中国的西方人士对中国人抱有同情之心，"较深理解支那事情，故交于支那人"，"尊重风俗习惯，国际友谊深厚。且勤于贸易往来，以对方惯例为准，戒一己暴利，努力均等分配利益等，皆异于日本人从来之行为，各方面均遂支那人意，力图投合其欢心，表面标榜所谓人道主义、共存主义，非但周全于怀柔对方，同时也增己利益"。西方国家对中国的反日运动进行推动，反日也成为中国各种政治势力的工具。最后，在分析了日本在中国面临的严峻局面后,由比光卫提出了改善日中关系的方法,即实施统一的对华政策,在华文武官员保持密切协调,加强对华交流与舆论宣传,开发中国资源、发展经济并切勿垄断,与西方国家合办企业,兴办教育及救济事业,发放低利息之特别资本,改良中国农牧业等。由比光卫认为"察日支亲善之利害,并保持同列国协调关系,乃为我国最善之策",其观点与原敬相似。①

第五节 华盛顿会议与日本

一 日美两国的海军军备竞赛与华盛顿会议的召开

华盛顿会议的召开和华盛顿体系的建立反映了一战后远东各种政治力量的变化。尽管参加华盛顿会议的国家达到了9个,但会议的主角显然是美、日、英三国,而在远东太平洋问题上更是凸显了美日的核心地位,由此说明英、法、德、俄等传统的远东列强衰落了,对远东事务的干预力不从心,或者干脆从远东撤退。从这个角度而言,华盛顿体系的稳定与延续关键取决于美日关系的变化。

明治初年,日本中央政府没有自己的军队,推翻德川幕府依靠的是西南强藩的军事力量。幕府一倒,藩兵各归故土,强藩各自为政,这种状况既潜伏着国家分裂的危险,又妨碍新政府实施对外扩张政策。1871年2月,明治政府发布建立天皇亲兵(日后成为近卫军)的法令,亲兵由萨摩、长州、土佐三藩的步兵、骑兵、炮兵一万人组成,归兵部省管辖,这是日本近代军队诞生的标志,同时旧藩兵被解散。由于明治政府建立近代军队的重要目的是对外扩张,军制改革、人员扩充和武器更新进行得非常迅速。1873年,日本兵员人数为平时31680人,战时46350人。西南战争后,日本加快了对外扩张的步伐,把"富国优先"的"富国强兵"政策转变为"强兵优先"的"强兵富国"政策。1888年,日本建立6个师团,每个师团的总兵力达到12000人。海军是在原幕府与各藩舰队的基础上逐渐扩充的。1893年,日本海军拥有31艘舰船,总吨位达到5.98万吨,与

---

① 「対支政策私議」、戦前期外務省記録/『支那政見雑纂』第二巻/1門政治/1類帝国外交/2項亜細亜/外務省外交史料館蔵、JACAR系统查询编号:B03030275100。

1872年海军初建时相比,增长了近4倍。1882年,日本以中国为假想敌国,开始了长达10余年的针对中国的扩军备战。战争的结果导致军队的大量扩充,中日甲午战争时动员24万人,占总人口的0.57%,出征者17.4万人;日俄战争时动员108万人,占总人口的2.31%,出征者94.5万人。①

为了加快军队的动员和部署,保证军队的调动和接应,克服以往的给养限制、季节限制和传递限制,日本在国内投入巨资敷设铁路,以便迅速、及时地把大量兵力和军需物资投入战场或战场后方的集结区。日俄战争前,基本上建成了连接主要区域的纵贯干线铁路。当时日本陆军的总兵力达到13个师团,13个师团的司令部所在地以及4个军港均有铁路相连。② 日俄战争结束后,明治政府又利用铁路进行了长达半年多的大规模的凯旋输送,一直持续到1906年5月,在国内激起了高涨的民族主义情绪。1907年,军部提出了建立25个师团及"八八舰队"的扩军计划。1918年,军部又要求将陆军兵力扩充到40个师团。

日俄战争成为日美两国关系的转折点。这场战争后,日本不仅维护和扩大了在远东的殖民利益,而且确立了在西太平洋海域的海上优势(来自俄国的海上威胁不复存在,日本海军实力由战前的世界第四位上升为第三位),由此引起了美国的不安。西奥多·罗斯福总统说:"我过去偏袒日本,然而讲和会议(朴次茅斯会议——引者注)召开以后,我不偏袒日本了。"③ "现在我的同情完全转移到了俄国方面。因为最大的竞争者日本的强大化,不符合美国的利益。"④

日美关系的恶化引起了国际舆论的关注,日美战争论开始流行。1906年11月27日,巴黎的《晨报》以《太平洋的战争》为题载文指出,日本将在最近同美国开战,进攻菲律宾和美国西海岸。与此同时,俄国圣彼得堡的一家报纸也刊登了类似的文章,认为日本将在巴拿马运河开通前对

---

① 殷燕军:《近代日本政治体制》,社会科学文献出版社,2006年,第378—389页;〔日〕井上清:《日本军国主义》第一册,姜晚成译,商务印书馆,1985年,第175、203页。
② 原田勝正『明治鉄道物語』、筑摩書房、1983年、224頁。
③ 日本国際政治学会太平洋戦争原因研究部編著『太平洋戦争への道:開戦外交史1 満州事変前夜』、朝日新聞社、1963年、11頁。
④ 秦郁彦『太平洋国際関係史:日米および日露危機の系譜 1900—1935』、福村出版社、1972年、64—66頁。

美宣战。① 各种预测、描述未来太平洋战争的著作纷纷问世。相关著作的出版发行显然对日美两国军方和广大民众产生极大的影响，给日美关系蒙上了浓重的阴影。

随着日美关系的日趋恶化，日美两国军方分别着手起草针对对方的作战计划。日本首次被美国海军当局列为作战对象是在1897年5月。当时美国海军当局设立的特别委员会制订了围绕夏威夷的对日作战和围绕古巴的对西班牙作战的方案。该方案的主要内容是把美国海军的主力分布在大西洋及加勒比海，以占领古巴，在太平洋海域则集结少量兵力防止日本夺取夏威夷。该方案反映出美国海军当局对日本并不重视，对日本的防御也完全是象征性的。日俄战争后，特别是1906年加利福尼亚发生了排斥日本移民的事件后，日美关系急剧恶化。美国军方修正原来的作战计划，开始把日本作为潜在的敌国，考虑在大西洋对德和在太平洋对日作战的问题。一战后，美国海军当局根据国际形势的变化和日美的海军实力，再次修订作战计划，设想了对日作战的三个阶段。第一阶段，战争爆发以后，美国迅速把舰队集中到夏威夷，守卫东太平洋海域的战略要点；第二阶段，挺进中太平洋，攻占日本委任统治的加罗林群岛和马绍尔群岛；第三阶段，掌握日本近海的制海权，从海上封锁日本本土。1919年，美国海军当局以一半的战舰编成了独立的太平洋舰队，要求强化太平洋沿岸的陆上支援设施。②

日本在1907年首次制定了《帝国国防方针》，决定以俄、美、法为假想敌国，建设一支以最新式战列舰和最新式装甲巡洋舰各8艘为主力的强大舰队。海军采取邀击击灭的作战方针，即首先扫荡美国在西太平洋的海上力量，掌握西太平洋的制海权，确保日本的海上交通线，然后以逸待劳，与进入西太平洋海域的美国主力舰队进行决战。《帝国国防方针》构建了日本海军政策的三大支柱，即以美国为假想敌国、建设"八八舰队"和维持对美七成的海军实力。1918年，日本修订了《帝国国防方针》，决定以俄、美、中为假想敌国。对美作战的时候，"在开战之初陆海军协同，攻占吕宋岛，覆灭敌人的海军根据地，使以后的邀击作战易于进行。使用

---

① 秦郁彦『太平洋国際関係史：日米および日露危機の系譜1900—1935』、福村出版社、1972年、64—66頁。
② 細谷千博・斎藤真編『ワシントン体制と日米関係』、東京大学出版会、1978年、415—416、418—421頁。

的陆军兵力预定为三个师团，海军的作战是把所有舰队集中到奄美大岛附近，以小笠原列岛一线为巡逻线，根据敌主力的进攻方向全力出击"。①

日本和美国分别视对方为假想敌国，展开了激烈的海军军备竞赛，极力谋求海上优势。西奥多·罗斯福总统深受马汉学说的影响。他用在位的短短八年时间，将美国海军实力从世界第五位提高到仅次于英国的世界第二位，成为马汉理论的实践者。1908年10月，进行环球航行的美国舰队特意在横滨停留，向日本炫耀美国的海军实力。1916年8月，美国参众两院又以压倒性多数通过了旨在把美国建成世界上一流海军强国的庞大的造舰计划。1917年，美国海军当局提出为了保证在西太平洋海域的胜利，美国必须拥有超过日本两倍的海军军备。②

面对美国咄咄逼人的造舰计划，日本不甘示弱。1906年9月，海军大臣斋藤实提议在近期内建造31艘军舰（其中包括1艘战列舰、3艘装甲巡洋舰、3艘二等巡洋舰），得到内阁的同意。1907年的《帝国国防方针》决定海军军备以最新式的战列舰和最新式的装甲巡洋舰（舰龄未满8年）各8艘为核心，并配备相应的辅助舰艇。1918年修订的《帝国国防方针》提出了新的扩充海军军备的方案。在激烈的海军军备竞赛中，日美两国的海军军费急剧上升。众所周知，日本的经济实力远远不及美国，它承受不住军备竞赛的巨大负荷，不可能在军备竞赛中胜过美国。海军将领加藤友三郎认为，即使日本勉强建成了"八八舰队"，也养不起这支庞大的舰队，因为维持"八八舰队"的费用占日本政府每年预算支出的1/3以上。"从明治末期到'八八舰队'预算通过时的海军军备的扩充，在国家预算上成为大藏省最大问题的，与其说是建造舰艇的临时费，莫如说是（维持军舰运行的）经常费。……只要国家财富没有飞跃的增长，维持'八八舰队'就完全不可能。"大藏省甚至向海军当局发出绝望的呼吁——海军决定了"日本财政的生死"。③

1919年6月，日本海军当局设立"国际联盟关系事项研究会"，着手研究裁军问题。该研究会认为，"鉴于现在及不远的将来帝国的国情和对

---

① 防衛廳防衛研修所戰史室『海軍軍戰備1』、朝雲新聞社、1969年、63頁。
② 細谷千博·斋藤真編『ワシントン体制と日米关系』、東京大学出版会、1978年、415—416、418—421頁。
③ 防衛廳防衛研修所戰史室『大本営海軍部·聯合艦隊（1）開戰まで』、朝雲新聞社、1975年、182—183頁。

外关系",国际裁军条约的产生对日本有利。① 1920 年,日本爆发了明治时代以来最严重的经济危机,主要产业都陷入了困境。日本无力继续与美国进行海军军备竞赛了。1917—1921 年日本的军费支出平均每年占总支出的 43.54% 和国民收入的 7.7%,按比例大大高于美国（1917—1922 年美国的军费支出平均每年占总支出的 23% 和国民收入的 2.26%）,财政负担已达极限。整顿财政、限制军备已是刻不容缓。日本驻美大使馆一等书记官广田弘毅要求政府主动向英美提议缩减军备,"恢复战后萎缩了的经济机能"。②

尽管 1920—1921 年太平洋上空战云初起,日美矛盾趋于激化,似乎一场战争迫在眉睫,然而在第一次世界大战结束不久之时,两国统治者都不敢冒天下之大不韪,轻率地发动一场新的战争。在华盛顿会议召开前,美国出现了历史上规模最大的反战运动,有 1400 万封信和请愿书被送到国务院,要求裁减军备。

日本的和平反战运动始于日俄战争前。1903 年,社会主义者幸德秋水、堺利彦和基督教徒内村鉴三通过《万朝报》进行反战和平宣传。持反战立场的还有《东京日日新闻》《东京每日新闻》等报刊。由于万朝报社社长黑岩周六放弃反战的主张,幸德等人毅然退出万朝报社,于 1903 年 11 月组织"平民社",出版了以宣传"平民主义、社会主义、和平主义"为宗旨的《平民新闻》（周刊）,该周刊不顾当局的压制和处罚,报道人民的困苦,反对战争。

日俄战争期间,反战、厌战的情绪在日本蔓延。东京基督教青年会组织集会活动,反对战争。诗人与谢野晶子在给进攻旅顺的弟弟的题为《君勿死去》的诗中有"旅顺城的存亡算什么"的句子,激烈反对战争。大冢楠绪子在《百度参拜》一诗中写道:"当被问道国家和丈夫孰重的时候,只有默默而饮泣。"③ 日俄战争后,内村鉴三多次呼吁日本应像瑞士、丹麦那样当一个"理想的小国"。1912 年 1 月至 3 月,《东洋经济新报》连载了该报主编的文章——《放弃满洲乎,扩军备战乎》,明确表示反对

---

① 防衛廳防衛研修所戰史室『海軍軍戰備 1』、朝雲新聞社、1969 年、294 頁。
② 日本国際政治学会太平洋戦争原因研究部編著『太平洋戦争への道：開戦外交史 1 満州事変前夜』、朝日新聞社、1963 年、19、22 頁。
③ 转引自〔日〕井上清、铃木正四《日本近代史》上册,杨辉译,商务印书馆,1959 年,第 252—255 页。

扩军，反对帝国主义，主张"放弃满洲"。1914年，《东洋经济新报》接连发表了《战争无休止乎》《反驳侵略领土论》《不可占领南洋》《决不可占领青岛》《再论不可占领青岛》等社论，指出："按照我国民生活之现状，当前无论在经济、社会以及政治诸方面，均须进行彻底整顿并开展大规模改革运动。""在政治方面，变限制选举为普通选举；在产业方面，取消保护政策，确立自由开放政策；在对外政策方面，抛弃帝国主义，奉行工商主义；在国防政策方面，缩减当前过于臃肿之军备，改为高效率之小型军备；在教育方面，废除官学特权；在社会问题方面，把妇女和工人从当前穷困境遇中解放出来。""每十年发动一次战争，是滥用国民的爱国心，或过分迫使发扬爱国心，我们不禁窃为此担忧。"[①] 1916年1月至10月，作家武者小路实笃（1885—1976）创作了和平反战剧本——《一个青年的梦》，对国家持否定、批判与怀疑的态度。在第一幕中的亡魂召开的和平大会上，亡魂登台叙述战争的残酷和死亡的痛苦，进而指出："教那些自以为不会死在战争上的人，知道战争的可怕，而且知道死在战争上，是没有意思的事。"[②]

日本的裁军运动始于1920年底。1921年2月，尾崎行雄在第44届议会上提出《限制军备决议案》，主张：通过裁军来摆脱日本在国际上的孤立；削减阻碍教育、产业、交通发展的军费；克服落后于时代的大舰巨炮主义。由此拉开了裁军大辩论。同年9月，尾崎行雄与岛田三郎、吉野作造等人成立了裁军同志会，会中集结了许多政界、学界、舆论界和劳动界中的民主主义者。[③]

美国提议召开国际裁军会议的消息，进一步推动了日本的裁军运动，"民间的裁军呼声更加高涨起来"，首相原敬、海相加藤友三郎等人认为，这是挽救日本财政的"神风"。显然，1920年的经济危机进一步加剧了财政与扩军间的矛盾，继续大规模地扩充军备势必造成日本经济的全面崩溃。此外，日本经济对美国存在高度的依赖性。第一次世界大战以来，日本对美输出和输入均占日本外贸的首位。日本对美输出物以生丝、绢织

---

① 转引自〔日〕井上清《日本军国主义》第三册，马黎明译，商务印书馆，1985年，第143—155页。
② 转引自董炳月《"国民作家"的立场——中日现代文学关系研究》，生活·读书·新知三联书店，2006年，第86页。
③ 〔日〕信夫清三郎编《日本外交史》下册，天津社会科学院日本问题研究所译，商务印书馆，1980年，第480页。

物、陶瓷器和茶叶等农副产品为主,输入物以棉花、木材、机械、铁、小麦等战略物资及工业原料居多。"在日本近代资本主义的发展史上,赖以创汇的原有产业中,生丝一直独占鳌头。"据统计,从1880年到1930年的半个世纪里,各年度生丝在出口总额中所占比重均居首位,成为日本外贸的"王牌"和"摇钱树"。① 因此,确保美国市场对日本经济的发展至关重要,生丝出口量的增减直接影响日本农村经济和硬通货储备。日本著名经济学家中村隆英指出:"日本输出入的30%以上依赖美国;可是对美国而言,日本只不过占输出的5%,占输入的约10%。"生丝的输出不仅对农产品价格低落时期的农户非常重要,而且左右了日本外贸的动向。"尽管南部栽培的棉花也是美国国内屈指可数的农产品,然而毕竟不像日本的生丝占那么大的(出口)比重。从这个意义上讲,日本在经济的一切方面,都决定性地依赖作为市场、作为原料供应者的美国。相反,日本只不过是美国经济的一个市场、妇女靴下的原料供应者而已。……美国经济的动向一有变化,日本将立即受到强烈冲击。"② 此外,第一次世界大战还暴露了日本的致命弱点——工业生产能力的薄弱以及自然资源和钢铁几乎全部依赖进口。1917年,美国政府突然宣布停止钢材出口。由于日本超过九成的造船钢材来源于美国,日本造船企业和海军都遭到了巨大打击。日本川崎重工和三井等企业向日本政府施压,要求就取消钢铁禁运与美国威尔逊总统进行直接协商,川崎重工等企业还直接与美国钢铁商接洽,以获取生产所需的钢材。但是日本的行动并没有影响美国决策层,美国政府拒绝改变钢铁禁运的立场。③

从1920年开始,日本经济出现了历时10年的长期萧条。为了克服经济困难,挽救财政,日本政府积极引进外资。第一次世界大战后,欧洲各国急于恢复经济,扩大投资,剩余资金不多,日本在引进外资方面必须依靠美国。④ "为了维持这种密切的经济关系,同美国的政治合作是必要的、

---

① 万峰:《日本资本主义史研究》,湖南人民出版社,1984年,第196—197页。
② 細谷千博・斎藤真編『ワシントン体制と日米関係』、東京大学出版会、1978年、415—416、481頁。
③ 〔美〕约翰・查尔斯・史乐文:《"兴风作浪"——政治、宣传与日本帝国海军的崛起(1868~1922)》,刘旭东译,人民出版社,2016年,第249页。
④ 細谷千博・斎藤真編『ワシントン体制と日米関係』、東京大学出版会、1978年、205、415—416頁。

这成为原内阁的外交原则。"① 在经济形势日趋恶化的情况下,出现了立足于资产阶级合理主义观点的裁军论,如犬养毅在 1921 年 7 月的国民党大会上提出了根据产业立国主义的裁军。他指出:"在经济上,通过整顿财政和裁减军备来巩固产业立国的基础,以求在国际竞争上占据优越地位;在国际上,以裁军和产业主义来消除各国认为日本是军国主义和侵略主义的误解;在军事上,为了准备国家总体战,平时应全力以赴地发展产业,缩短服役年限,削减常备师团,以增加生产劳动力。"②

在日本选择成为"大陆国家"还是"海洋国家"的问题上,陆海军有着不同的意见。陆军认为俄国是日本最大的威胁,"以俄国的对日复仇战为前提,估计即便在将来俄国仍是我国防上主要的敌国";日本应向中国特别是中国东北求发展,主张陆主海从,积极扩充陆军,"对于海军仅期待这样的辅助作用,即为了日本至大陆间的交通线的安全,确保从日本列岛到巴士海峡的制海权"。海军对陆军的战略思想不以为然。海军战略理论家、被誉为日本的"马汉"的佐藤铁太郎认为,向中国发展而置南方海洋于不顾是本末倒置。佐藤"痛斥陆军所宣传的俄国复仇战是非现实的,日本不应深入经营满洲"。③ 佐藤主张"舍弃满韩",认为英国是 11 世纪在欧洲大陆失去领土之后,才确立了执欧洲政局牛耳地位的。很显然,这是一种"南进论",即海洋国家论。海军认为应以美国为主要假想敌国,主张海主陆从,大力扩充海军。佐藤指出:"现在是时候去尝试向世界扩张了,我们的全球扩张需要依靠海上扩张。""日本必须控制世界贸易,为了这个目的,获得制海权是必不可少的,而这又相应地需要建设海军以能够消灭敌人的舰队。"佐藤的理论深受日本海军高级军官的欣赏。1915 年 8 月,他升任军令部次长。④

日本陆海军各自强调本军种的重要性,在军费分配上互不相让,唯恐本军种吃亏,政府无法统一军部的意见。陆相、海相都可以利用"帷幄上奏"单独辞职,从而倾覆政府。在此情况下,政府在军费分配方面只能折

---

① 入江昭『極東新秩序の模索』、原書房、1968 年、9 頁。
② 转引自〔日〕信夫清三郎编《日本外交史》下册,天津社会科学院日本问题研究所译,商务印书馆,1980 年,第 480 页。
③ 秦郁彦『太平洋國際関係史:日米および日露危機の系譜 1900—1935』、福村出版社、1972 年、171—172 頁。
④ 〔日〕麻田贞雄:《从马汉到珍珠港:日本海军与美国》,朱任东译,新华出版社,2015 年,第 41 页。

第七章 日本外交的转型：从巴黎和会到华盛顿会议

中调和，让陆海军平分秋色，避免偏袒任何一方。佐藤铁太郎不无忧虑地指出，自古以来没有哪个国家同时扩充陆海军，使两个军种均处于一流的地位；以陆海军中的一方为扩充的重点才是合乎逻辑的。"历史证明自古以来没有一个国家能离开海洋扩张而成为世界强国的。"然而，"前述的那种陆海均势、分立的基调，直至太平洋战争仍然没有改变"。①

陆海军为了达到扩充本军种的目的，甚至介入政治，各自寻求政党及社会团体的支持，壮大本军种支持派的声势，以便使扩充本军种的议案在议会顺利通过。陆海军的这种做法导致了双方矛盾的进一步激化。陆军少将田中义一在1913年2月2日给寺内正毅的一封长信中指出："万一海军支持政友会，陆军另属新政党，各据分野，实为国家堪虑之大事。窃维今后至要者，乃陆海军协同一致，屹立于政党之外。"② 军部已经意识到这一问题的严重性。不久，陆军内部拟定了一份题为《鉴于时弊，关于拥护军令权独立之建议》的绝密文件。该文件声称："关于国防，只应由超然于政务以外之参谋总长及海军军令部长任辅佐之责……制定符合机宜之计划，仰乞天皇圣断，别无他途。岂有军部自身玩弄权术，诉诸舆论，求其援助之必要？"关于扩充陆海军问题，指出："先由参谋本部与军令部进行协商，根据完全一致之意见，再与行政部交涉，以维护军令权之独立……若行政部由于财政情况，不能接受军部要求，双方则应进而重新协商，自行制定缓急顺序，决不可仰承内阁之成案。"陆海军当局很清楚，如果双方互相拆台，各自寻求政党的支持，势必给政党干预军务以可乘之机，"军部自身恐将走向损害统帅权之路"。③ 日本军部希望同美英等国就限制海军或陆军军备问题达成妥协，从而挽救濒临崩溃的财政，转移民众对军部专横及无限制扩军的不满，利用军备竞赛的"间歇期"协调陆海军统帅部的行动，消除双方的矛盾，维护军部的独立。

在战后和平主义运动有了很大发展，裁军的呼声日益高涨的背景下，美国提议召开国际裁军会议，这引起世界舆论的广泛欢迎。1921年7月12日，日本内阁与外交调查会举行联席会议，讨论是否接受美国提议。

---

① 秦郁彦『太平洋国際関係史：日米および日露危機の系譜 1900—1935』、福村出版社、1972年、172頁。
② 转引自〔日〕井上清《日本军国主义》第三册，马黎明译，商务印书馆，1985年，第79页。
③ 参见〔日〕井上清《日本军国主义》第三册，马黎明译，商务印书馆，1985年，第88页。

会议认为:"关于裁军问题,最近英美各国的政府当局均表赞同,其舆论也大体上呈现一致的形势,即认为达成限制军备的国际协定,尤其是日英美三国间的海军协定为当务之急。假如日本不响应美国关于审议该问题的提议,不免受到妨碍确保国际和平计划的责难。有鉴于此,日本政府答复美国政府,欣然参加以限制军备为目的的国际会议,从大局上看,这是上策。"① 原敬认为,日本已进入世界五大强国之列,在世界上的地位"非常重大,其责任亦愈益重大",日本"负有为世界和平作出贡献之责任",而华盛顿会议无疑是世界上大国之间召开的非常重大的会议,各国采取一致行动来削减军备能够减轻国民的负担,"此乃世界之幸福"。②

美国政府迫于国内裁军运动的压力,于1921年7月9日提议在华盛顿召开美英日法意五国裁军会议,主要讨论限制海军军备的问题,翌日美国又表示裁军问题同远东太平洋问题密不可分,后者也将被列入议程。华盛顿会议实际上由两个平行的会议构成,即五国裁军会议和讨论远东太平洋问题的九国会议。日本统治者对华盛顿会议的召开有一种矛盾的心理:一方面对华盛顿会议讨论的裁军问题抱有浓厚的兴趣,想借此机会结束与美国的海军军备竞赛,为缓解经济危机创造条件;另一方面对美国持有戒心,担心美国利用华盛顿会议联合其他国家,诉诸国际舆论,抑制日本在东亚特别是在中国的扩张,损害日本的既得权益。所以美国提议召开华盛顿会议的消息曾一度引起日本人的恐慌,"国难来临的危机感在国内蔓延"。7月13日发行的《东京朝日新闻》甚至登出了这样醒目的大标题:"远东问题——总清算的日子,大难局下的日本。"日本驻美大使馆官员称华盛顿会议的召开是"元寇以来的国难"。③ 由此可见,日本对提议召开华盛顿会议十分敏感,把此次会议看作美英联手将日本置于国际法庭上,对日本进行审判,剥夺日本从第一次世界大战以来在远东太平洋地区特别是"满蒙"地区获得的殖民权益的"阴谋"。但日本外务省认为华盛顿会议的召开提供了改善日美关系的机会。欧美局局长松平恒雄在备忘录中写道,预防日美战争是当务之急。日美围绕移民、雅普岛以及中国和西伯利亚问题产生了激烈纷争,每一个问题都能成为开战的理由。日美国力悬

---

① 鹿岛守之助『ワシントン会議及び移民問題』、鹿岛研究所出版会、1971年、24—25页。
② 原奎一郎编『原敬日記』第5卷、福村出版社、1965年、414页,转引自陈月娥《近代日本对美协调之路》,中国社会科学出版社,2005年,第235页。
③ 入江昭・有贺贞编『戦間期の日本外交』、東京大学出版会、1984年、23页。

殊，日本没有能力与美国开战，因此"应该捕捉此次会议的良机，排除日美战争的忧虑"，使日本摆脱国际孤立状态。①

通过巴黎和会，日本外务省吸取了三个教训，即变被动外交为主动外交、避免在国际会议上讨论日中间的相关问题或"既成事实"，以及拆散中美联合外交战线。第一，在巴黎和会上，日本除涉及自身利益的问题外，对许多重大国际问题不发表意见，无动于衷，被讥讽为"沉默的伙伴"。驻英大使林权助向政府提出建议，认为日本在以往的国际会议上始终处于被动，但在即将到来的华盛顿会议上，必须采取积极态度，以消除各国的"误解"为首要目标。驻美大使币原喜重郎也指出，日本不应停留在单纯的自我辩护和维持现状的立场上，而应"积极地"为远东太平洋地区的稳定"做出贡献"。第二，在巴黎和会上，"英美两国牵制帝国的对华活动"，日本的对华政策和西伯利亚政策受到了"列强的掣肘"和非难。为避免类似事情的发生，日本向美国国务卿休斯建议，将有关日中两国间的问题和既成事实从议题中排除出去。第三，在巴黎和会上，美国国务卿蓝辛和驻华公使芮恩施与中国代表合作，开展了反日宣传活动，使日本在国际舞台上"狼狈不堪"。为了破坏所谓的中美"共谋"，日本外交人员在华盛顿大肆活动，散布谣言，声称中国驻美公使施肇基与蓝辛有多年的私交，自巴黎和会以来保持着"特殊的联系"，促使休斯注意。② 币原喜重郎向休斯表示，华盛顿会议成功与否，关键在于休斯的态度。"据说，中国某当政者凭借与美国有权势的政治家的特殊关系，而不愿与日本妥协。我确信您绝对会做出公平无私的判断。万一有中国代表依赖美国政府博得同情而获得问题的有利解决之事的话，为了日华两国，为了华盛顿会议的顺利进行，我不得不担心会发生非常不幸的事态。我期望您的不是对日本的立场表示同情的支持，而是对日华两国采取不偏不倚的态度。"③

1921年7月11日，日本外相内田康哉在会见美国驻日临时代办时指出："关于裁军会议，作为个人意见，我想日本政府会欣然答应参加的。"④ 7月13日，日本在答复美国提议召开华盛顿会议的回文中表示，日本将很高兴地参加限制军备会议，但是闭口不谈远东太平洋问题，"以

---

① 入江昭・有賀貞編『戦間期の日本外交』、東京大学出版会、1984年、24頁。
② 入江昭・有賀貞編『戦間期の日本外交』、東京大学出版会、1984年、24—26頁。
③ 幣原喜重郎『外交五十年』、読売新聞社、1951年、91—92頁。
④ 鹿島守之助『ワシントン会議及び移民問題』、鹿島研究所出版会、1971年、24—25頁。

示不愿列强干预远东之事"。① 7月26日，日本政府虽然表示愿在华盛顿会议上讨论远东太平洋问题，但要求只限于讨论一般的原则和政策，认为"关于仅涉及特殊的国家的问题或者可以被看作既成事实的问题，慎重地回避是上策"。② "日人对于太平洋会议似怀有两种希望：一、对既往则已成事实各问题，不应在会重提。二、对将来则因地理关系，各国应认日本在华有特殊利益；不成，则认日本在满蒙有发展经济特权；不成，则应声明保证日本生计之安全云云。"③ 日本政府迫于国际形势压力，一方面希望改变原有的对华强硬政策，缓和中国民众的反日心理；另一方面不愿放弃在中国的既得权益，特别是在"满蒙的权益"。1921年5月13日，内阁会议决定，"在满蒙扶植我国势力是我国对满蒙政策的根干"。原敬和内田康哉都明确表示要确保日本在"满蒙"的既得权益。从日俄战争之后，内田康哉就不断鼓吹"满洲问题的彻底解决"。在此之前的1919年夏，内田康哉就在外交调查会会议上再次阐述了其一贯的观点，即"满洲"是不包含在中国本土内的"外藩"，"必须归帝国管理"。④ 1921年8月18日，外务省、陆军省及海军省举行三省联席会议，决定日本应采取积极的方针促使华盛顿会议成功，"利用此次机会，努力排除对帝国政府的误解和反感"。"海军基于相对的立场，同英美维持适当的（军备）比例……以不惜缩小既定（军备）计划的态度参加会议。"⑤ 1921年10月14日，日本政府在给本国代表的训令中指出，日本参加华盛顿会议的一般方针是："日本努力保持和平政策特别是对美亲善关系，会议的着眼点在于军备限制问题。太平洋及远东问题仅限于就与此问题相关联的将来的一般原则和政策达到列国共同的理解，反对审议决定与日本有重要关系的既成事实以及特定国之间的问题。"⑥

在原敬首相和内田外相不能出席华盛顿会议的情况下，日本政府在代

---

① 中国社会科学院近代史研究所《近代史资料》编辑室主编《秘笈录存》，中国社会科学出版社，1984年，第338页。
② 日本国際政治学会太平洋戦争原因研究部編著『太平洋戦争への道：開戦外交史 1 満州事変前夜』、朝日新聞社、1963年、342頁。
③ 中国社会科学院近代史研究所《近代史资料》编辑室主编《秘笈录存》，中国社会科学出版社，1984年，第342页。
④ 入江昭・有賀貞編『戦間期の日本外交』、東京大学出版会、1984年、38頁。
⑤ 外務省編『日本外交文書・ワシントン会議』上巻、外務省、1977年、222—223頁。
⑥ 日本国際政治学会太平洋戦争原因研究部編著『太平洋戦争への道：開戦外交史 1 満州事変前夜』、朝日新聞社、1963年、23頁。

表团人选上有多种选择。原敬首相倾向于驻美大使币原喜重郎任首席全权代表，全权负责会议事务。因为币原的外交理念与原敬相似，会议地点又在美国，币原处理过日美间许多复杂的外交难题，经验丰富，是合适的首席全权代表。但是此次国际会议的主要议题是海军裁军问题，如果首席全权代表是非海军人士，是否能够控制代表团内的军部代表是令人怀疑的。内田外相建议由具有较高声望、能够抑制军部强硬派势力的海相加藤友三郎担任首席全权代表，得到了原敬的认可，组成了以加藤友三郎、德川家达（贵族院议长）、币原喜重郎和埴原正直（外务次官）四个全权代表为首的华盛顿会议代表团，加上随员共有143人。加藤友三郎是参加华盛顿会议的列强代表中唯一一名现役海军军官。在原敬看来，加藤友三郎不仅作风务实，"也是海军里最成功的行政长官以及之前多次舰队扩建计划的支持者，因此他是日本为数不多的既能够成功完成限制海军扩军谈判又能使谈判结果被日本海军接受的人士"。[①]

日本在华盛顿会议上的对策有三个选项，即"理想的和平"、"反抗的孤立"和"大国的协调"。所谓"理想的和平"就是吸取第一次世界大战的教训，限制军备、放弃势力范围、忍辱负重保持国际协调；所谓"反抗的孤立"就是不仅确保在中国的特殊地位，而且不放弃在西伯利亚获得的新的特殊权益，为此受到美、英、中、俄的"排斥"而陷入"孤立无援的窘境"；所谓"大国的协调"就是根据传统外交策略寻求妥协。要达到"理想的和平"或维持"反抗的孤立"都非常困难，只有第三个选项——"大国的协调"，即消除美国的对日"误解"，通过外交交易和相互妥协来达成日美的谅解。妥协的基础就是"相互承认因地理的关系而必然产生的特殊利益"，具体而言，"维持欧洲的和平以英国为主导，确保南北美洲的和平由美国承担，而维持东洋的和平以日本为首，以此支撑整个世界的和平"。这种"大国的协调"的实质是"旧外交"的国际秩序观。[②]

二 《四国条约》与日英同盟的终止

1921年12月13日签署的美英日法《四国条约》，是华盛顿会议上产生的第一个重要条约。日英同盟的存废未被列入华盛顿会议的正式议题，

[①] 参见〔美〕约翰·查尔斯·史乐文《"兴风作浪"——政治、宣传与日本帝国海军的崛起（1868~1922）》，刘旭东译，人民出版社，2016年，第251页。
[②] 入江昭・有賀貞編『戦間期の日本外交』、東京大学出版会、1984年、35—36頁。

却是与会各国关心的一个大问题。

美国坚决反对延续日英同盟。早在一战前,美国就对日英同盟怀有戒心。美国认为,"日本凭借同盟在中国大陆随意行动,违反美国保全中国的基本政策。英国受同盟束缚不能支持美国,结果美国不得不处在单独对抗日英同盟的不利境地"。① 1910 年,美国政府提议同英国缔结仲裁裁判条约,其目的就在于拉拢英国,削弱日英同盟。英国不愿意卷入日美冲突。1911 年,日英两国进行修订日英盟约的谈判。在第三次日英盟约中追加了本条约不适用于已签订一般仲裁裁判条约的国家的规定,使英国免除了在日美发生战争时的参战义务。日本前外相小村寿太郎把日英同盟看作日本外交的"真髓"。但是在日美关系上,它已失去了"真髓"的实质。原敬在担任日本首相之前,曾在 1914 年 8 月(时任立宪政友会总裁)指出:"将来日英同盟不足恃。一旦与美国有事,欧洲毫不足恃;必须采取付出一些代价,使美国对我之感情有所缓和的方针。"②

一战后,日美在远东的矛盾日益尖锐。美国"对同盟的诋毁、嫉视进一步上升"。美国认为,以俄德为目标的日英同盟随着德国的崩溃和俄国发生十月革命已经失去了存在的理由。第三次日英盟约于 1921 年 7 月期满。美国国务院在 1920 年春天,开始了反对以现有形式延续日英同盟的运动,随后又表示无论以怎样的形式更新同盟均不赞成。英国当然更重视英美关系的发展,"增进对美友好是英国外交的首要宗旨"。③

1920 年 7 月后,日本政府积极准备与英国谈判修订日英盟约,多次询问英国的意见。英国对此不置可否。日本驻英大使林权助对日英关系的现状忧心忡忡,在 1920 年 9 月 29 日、11 月 11 日和 1921 年 1 月 21 日给内田康哉外相的电报中,要求政府改变政策,认为日本对华政策是延续日英同盟的"一大暗礁"。"当务之急是废止以往的侵略性的武断外交,同英美协商,遵守门户开放、机会均等主义,谋求日中亲善。因而,日英同盟能否延续,关键在于我外交政策如何。"坚持旧外交理念的内田康哉对林权助的意见不以为然,"不能立即赞同这种放弃帝国已经取得的地位的观点"。外务省亚洲局官员认为"将来日英同盟只不过徒有虚名",不能为

---

① 黑羽茂『日米抗争史の研究』、南窗社、1973 年、314—318 頁。
② 野村乙二朗『近代日本政治外交史の研究:日露戦後から第一次東方会議まで』、刀水書房、1982 年、296—304 頁。
③ 鹿島守之助『ワシントン会議及び移民問題』、鹿島研究所出版会、1971 年、166 頁。

了徒有虚名的同盟而放弃日本的实际利益,"把拥护大陆政策置于同盟更新之上"。①

1921年5月,英国突然向日本表示,把日英盟约延期3个月。这就暗含着不愿继续日英同盟的意思。1921年7月4日,英国建议召开英美中日四国太平洋会议,讨论日英同盟的存废问题,消除各国对同盟的"误解"和"忧虑";同时不反对英国自治领、法国和南美国家参加会议,以解决远东太平洋地区各种悬而未决的问题。英国建议选择美国某个城市作为会议地点,日期拟定在当年末或明年初。面对英国的提议,日本觉得非常突然,因为英国事先竟然没有征求日本的意见,这引起了日本的极大不满。如何应对英国的提议,外务省内部展开了激烈争论。驻英大使林权助认为日本应积极参加太平洋会议,因为此次会议"有关帝国在太平洋的地位及帝国的切身利益"。林权助认为,以往日本参加国际会议时常居于被动地位,被英美等国视若被告;现在应改变消极态度,利用此次"太平洋会议",确定改善日本的国际地位的政策:首先,改善日美关系;其次,消除过去对华外交的失误,利用此次机会转换中国民众对日本的心理状态。为达到此目的应积极参加英国提倡的"太平洋会议"。7月7日,欧美局局长松平恒雄根据林权助的报告起草了《帝国政府关于太平洋会议所采取的方策》的文件,指出对即将召开的"太平洋会议",首先要限定会议的目的与参加国的范围。关于会议的目的,日本以防止日英美三国间的战争为当务之急,美国忧虑日本在远东的侵略政策和日英同盟,英国及其自治领则要增进日英理解与英美协调,因此将会议目的"限定为确立远东太平洋的和平是恰当的"。由于此次会议与日本有重大的利益关系,应尽量限定与会国家的数量。"会议的目的是确立远东太平洋的和平,参加国应限于有直接的利害关系者,协定的中心是寻求日英美三国的和平协商。"三国的和平协商分为政治协商和军事协商,前者是三国就远东太平洋问题进行协商,后者是三国讨论限制海军军备。松平恒雄得出结论,"把会议参加国限定为当时的实力国家日英美三国是妥当的"。②

日英在华矛盾的激化和英美的暂时妥协,使日本的外交处境相当孤立。改善日美关系对日本政府来说已是刻不容缓。日本认为改善日美关系

---

① 入江昭・有賀貞編『戦間期の日本外交』、東京大学出版会、1984年、32—34頁。
② 外務省百年史編纂委員会編『外務省の百年』上巻、原書房、1969年、793—794頁。

的好处有三。首先，可以借美国的力量打破对华僵局，平息中国人民日益高涨的反日运动。早在一战期间原敬就指出，"将来美国执世界的牛耳"，"日美之间如能维持亲密关系，支那问题自然就解决了"。[①] 其次，可以得到美国的资金，从而有利于实施新的"大陆政策"。最后，可以避免出现全球性的反日浪潮。日美两国围绕移民问题一直存在尖锐的矛盾，美国国内潜伏着强烈的反日情绪。日本统治者特别担心中朝两国人民的反日斗争同美国的排日运动相联系。日本绝不会为一个没有特定对象的、"毫不足恃"的日英同盟而置日美关系于不顾。

由此可见，在华盛顿会议召开前，日英同盟已经名存实亡了。日本之所以还不愿立即废止日英同盟，主要是因为日本的外交处境相当孤立，同盟的存在具有防止国际孤立的象征意义。

美国希望签订一个新的国际条约以取代日英盟约，拆散日本和英国在远东的联合战线。日英面对世界舆论的反对及两国在远东的矛盾，延续日英同盟已极为困难，不得不顺从美国的意愿。可是日英绝不会坐视美国独霸远东。当美国凭借强大的实力实行咄咄逼人的战略而危及日英的既得利益时，这必然促使日英两国冰释前嫌。日本和英国的实力均逊于美国，谁也无力单独与美国抗衡，只有继续保持一定的协作，才能维护和扩大各自的利益。因此，日英美三国间的关系错综复杂。日本统治者很清楚，美国在华的经济利益有限，中国亦非美国的重要市场和投资场所，日美在短期内容易达成妥协，但是，美国把中国视为未来最有潜力的扩张领域，竭力促成中国统一，注重精神文化方面的渗透，着眼于长远利益，并且美国拥有强大的经济、军事力量，因此将来日美矛盾必然激化。日本不愿意同时与两个海军强国为敌，因此希望保持良好的日英关系以便牵制美国。

英国认为，由于日本的军事力量在远东居优势，日英关系的恶化将危及英国亚洲殖民地的安全。日英同盟延续论之所以在英国还有一定的市场，其原因就在于此。"把日本留在同盟内能抑制日本的对华行动，并且为了确保自治领的安全，同盟也是必要的。废弃同盟将伤害日本的感情。也就是说，与其把有可能成为敌人的日本驱逐出去，不如留在自己阵营

[①] 野村乙二朗『近代日本政治外交史の研究：日露戦後から第一次東方会議まで』、刀水書房、1982年、296—304頁。

内。"① 英国政府决定在1921年6月召开的帝国会议上讨论日英同盟问题。英国外交部在致帝国各政府首脑的备忘录中指出："帝国在太平洋的暴露位置使它高度要求有一个友好的日本。如果不重订这个同盟，我们就会发现我们自己面对一个多疑的和可能是敌对的日本，这将使我们在中国、印度和远东普遍处于相当困难的地位。由于我们目前的经济需要和日本海军力量的日益增长，我们不可能在远东保持足够的力量，用以支持一种涉及可能对日本实行强制的强硬政策，或甚至不可能维持一支与日本规模相等的舰队。……取代在太平洋保持一支能对付日本舰队的唯一选择，似乎是重订这个联盟，我们在将来能从这个联盟中时时获得像我们过去曾经获得的那种有用的支持。"帝国国防委员会也认为"重订与日本的条约是最理想的目标"。② 但自治领对外交部的备忘录有不同意见。特别是加拿大反对延续日英同盟，因为一旦日美开战，加拿大有可能卷入与美国的战争，这迫使英国政府不得不搁置该问题。英国历来奉行均衡主义的外交政策，它绝不愿意美国独霸远东。为了削弱美国对华盛顿会议的控制，英国提议召开日英美三国预备会议，认为这是保证华盛顿会议成功的"绝对必要的序曲"。英国的提议得到了日本的积极响应，内田外相指示驻英大使同英国政府进行秘密联系。美国非常清楚英国的意图，不同意举行预备会议。美国的态度引起了英国的极大不满，并且把这种不满向日本透露。日英两国政府都认为，在日英同盟终止后也应继续保持一定的合作关系，因为这对双方都有益处。

1921年11月22日，英国代表贝尔福（Arthur James Balfour）在会见日本代表加藤友三郎和埴原正直时说："俄、德的崩溃，促使日英同盟成立的原来的理由目前已消失，但是不能轻易废弃曾为两国带来很大利益、有珍贵历史的日英同盟。并且今天一时消失了的同盟的存在理由，难以保证将来不再出现。我试做一个提案，以日英美三国的协商为着眼点。该提案既采用美国能够接受的形式，又具有这样的意思，即日英两国保留恢复日英同盟的自由。"③ 贝尔福明确表示日英同盟的终止不会危及日英关系，将来若有必要可以恢复日英同盟。日本对此很满意。

---

① 日本国際政治学会太平洋戦争原因研究部編著『太平洋戦争への道：開戦外交史1満州事変前夜』、朝日新聞社、1963年、21頁。
② 徐蓝：《英国与中日战争（1931—1941）》，北京师范学院出版社，1991年，第12页。
③ 外務省編『日本外交文書・ワシントン会議』上巻、外務省、1977年、547頁。

但贝尔福的提案是一种近似于同盟的"政治联合案",该提案还具有关于缔结防御性的军事同盟的条款,这显然有悖于美国的外交原则。美国国务卿休斯"把英国的提议文书锁进抽屉,不置可否"。此时,日本代表团接到政府的训令,训令指出:关于日英同盟的问题,也许会在会议中涉及。如果出现这种情况的话,或者对同盟条约加以修正,或者在形式上加以处理,无论哪种做法都可以接受。倘若废止的话,也是可以的。关于此问题,先听取各国的意见,再采取适当的态度。币原喜重郎参照贝尔福的提案,起草了比较现实的"具有协议条约性质的协约案"。贝尔福对币原草案表示完全同意,"希望把该案作为币原、贝尔福协商之案交给休斯"。[①]

1921年11月26日,贝尔福向美国代表洛奇(Henry Cabot Lodge)、卢特(Elihu Root)出示了币原草案,洛奇、卢特表示极为满意。11月28日,休斯也表示基本满意,同意以币原草案为交涉的基础。休斯提出把三国协商扩大为日英美法四国协商,认为"美国国内现在仍存在着强烈的反英及排日思想,不能无视这种事实。仅以日英两国为伙伴缔结协定,必将招致强有力的反对的危险。所以为了缓解危险,法国的加入是上策。然而在另一方面也充分谅解日本的意见,即不愿夹杂过多的国家使协定的效力变得薄弱"。[②] 美国之所以把三国协商扩大为四国协商,更为重要的原因在于考虑到日本和英国曾经结为盟友,担心日英再次联合起来对抗美国,美国毕竟在三国协商中只有一席,法国的加入可以起到平衡作用,防止日英捣鬼。日本"鉴于法国的国际地位及现存日法协商的关系",对法国的加入没有异议。从12月6日开始,日英美三国(法国于12月8日参加会议)逐条讨论协约条款。币原喜重郎称:"这样逐条讨论的结果是,渐渐形成正式条约的样式。其条文以我最初起草并经贝尔福在几处文字上修正的提案为主体,美国国务院附加了协约前言以及关于效力的发生和存在期间的规定。"[③] 12月13日,英美日法正式签署了《四国条约》。

《四国条约》并没有达到彻底消灭日英同盟的目的,该条约本身仍然残存着日英同盟的影子。条约签署后的第5天,英国驻日大使向日本政府表示,日英同盟"现在发展了,其范围更加广大。英国政府看到两国传统的友好关系的永存,以及在太平洋拥有重大利益的四大国间的亲善关系被

---

① 幣原喜重郎『外交五十年』、読売新聞社、1951年、70—71頁。
② 外務省編『日本外交文書・ワシントン会議』上巻、外務省、1977年、565頁。
③ 宇治田直義『幣原喜重郎』、時事通信社、1985年、60—62頁。

增进，感到无比喜悦"。① "英国外交官员强调，同盟条约并未被废除，而只不过被《四国条约》代替而已。"②

通过对日英、日美关系的分析，并且从《四国条约》产生的具体过程来看，我们很难得出这样的结论，即日英同盟的终止是日本外交的失败。《四国条约》一方面解除了日本与英国的同盟关系；另一方面与《五国海军协定》第 19 条——日英美三国在太平洋水域的特定区域维持防备现状——相结合，"极大地加强了帝国的安全"。③日英同盟的终止缓和了日美间的紧张关系，打开了日本的外交僵局，提高了日本在山东问题谈判中的地位。日英同盟是在美国的压力下被迫终止的，导致日英两国对美国存在某种不满，所以同盟终止后的一段时间内日英两国互相接近，两国高级官员围绕如何发展日英关系在华盛顿会议上进行了频繁的接触。12 月 10 日，埴原正直对英国代表兰普森说："即使同盟终止，日本仍渴望两国的历史上的友好关系不仅不改变，而且更加发展。"在当天的晚宴上，加藤友三郎向贝尔福表达了同样的意思，"贝尔福非常高兴，再三表示谢意"。④其实，日英美三国从《四国条约》中得到了各自所需要的东西。1921 年 12 月 2 日，即日英美三国代表就条约草案基本达成一致意见时，日本代表团在致内田外相的电文中要求政府尽快做出决断，电文指出："回过头来考虑本协约的结果，英国根据协约使日英同盟变形，密切了同日美的关系，更重要的是排除了对日本威胁其殖民地利益的恐惧心理。美国既废止了日英同盟，又确保了同日本的友好关系。对日本来说，则避免了陷于孤立处境，同时扫除了日美间存在着的各种怀疑。"⑤ 这一评价是客观和恰当的。

三 《五国海军协定》的签订

《五国海军协定》是世界现代史上主要强国据以进行裁军的协议，在现代国际关系史上产生了重要的影响。

---

① 鹿岛守之助『ワシントン会議及び移民問題』、鹿島研究所出版会、1971 年、166 頁。
② 〔苏〕维戈兹基等编《外交史》第 3 卷，大连外国语学院俄语系翻译组译，生活・读书・新知三联书店，1979 年，第 336 页。
③ 鹿岛守之助『日本外交政策の史的考察』、鹿島研究所出版会、1958 年、364 頁。
④ 外務省編『日本外交文書・ワシントン会議』上卷、外務省、1977 年、604 頁。
⑤ 外務省編『日本外交文書・ワシントン会議』上卷、外務省、1977 年、570 頁。

1921年11月12日，华盛顿会议开幕。大会主席、美国国务卿休斯在首次发言中就抛出了详细的、具体的裁减海军军备的提案。该提案的核心内容是规定英、美、日三国的主力舰比例为10∶10∶6。英国全权代表贝尔福立即表示赞同休斯提案。这样一来，休斯提案能否通过就完全取决于日本的态度。法国和意大利在海军裁军问题上没有什么发言权，美国之所以邀请法意与会，只是出于尊重它们的大国地位而已。

日美两国的海军力量维持7∶10的比例是日本海军政策的基础，也是日本海军当局的传统思想。海军战略理论家、被誉为日本的"马汉"的佐藤铁太郎在其所著的《帝国国防史论》一书中指出："鉴于我国国力，不得不甘心于'进攻不足，防守有余'的兵力。""进攻舰队对邀击舰队（防守舰队——引者注）需要50%以上的兵力优势；而防守舰队对假想敌国的舰队必须确保70%以上的兵力。"[①] 日俄战争期间曾作为东乡平八郎作战参谋的秋山真之通过分析古往今来的各种海战实例，得出了与佐藤铁太郎相同的结论。基于这种认识，日本在1907年首次制定的《帝国国防方针》中就决定以美国为假想敌国和维持对美七成的海军实力。1918年修订的《帝国国防方针》再次肯定了这种战略思想。因而，"七成论"成为日本海军的一般观念，成为整备日本海军兵力的基准。[②]

加藤友三郎要求休斯把日美两国的主力舰比例从6∶10改变为7∶10，休斯拒不接受。因为美国海军当局对休斯提案也不满意，认为休斯把日本对美国的主力舰比例定得太高，根据日美6∶10的比例，美国无法在太平洋海域确立绝对优势。为此，休斯受到海军人士的强烈责难。日美两国围绕主力舰比例问题展开了激烈争论，该问题成为达成《五国海军协定》的重大障碍。

以加藤宽治（海军大学校长，加藤友三郎的首席随员）为首的日本代表团中的强硬派强烈反对日美"6∶10"的比例。加藤宽治深受马汉学说的影响，认为海权的消长决定一个国家的盛衰。他指出，日美两国海军为了争夺太平洋的支配权必然会展开一场生死搏斗，即由围绕中国的经济战引发日美两国海军的争霸战。进入20世纪20年代后，"美国经济界呈现出从未有过的繁荣……共和党政府为了延续这种繁荣向中国蜂拥而来，寻

---

① 防衛廳防衛研修所戰史室『海軍軍戰備1』、朝雲新聞社、1969年、120頁。
② 野村實「対米英開戦と海軍の対米7割思想」、『軍事史学』第9巻第2号、1973年。

第七章　日本外交的转型：从巴黎和会到华盛顿会议

找其膨胀能量的大排泄口"。为了维护这种国策，美国建设具有进攻性的海军，煞费苦心地制订舰队进入远东海域的计划，日本的大陆政策因此受到极大威胁。加藤宽治从日美必战论的前提出发，认为日本必须维持强大的海军军备。他还指出："美国拥有极其丰富和伟大的资源及工业力量，开战以后立即能根据需要整顿军备。因为有巨大的潜在战力，美国平时没有必要维持大军备。即使拥有与日本同等或劣等的常备兵力仍能保障安全。与此相反，像日本这种资源和工业力量都居绝对劣势的国家，平时不拥有强大的现有兵力，一旦危急就无依靠。"他警告说，第一次世界大战的最大教训在于寻求早期决战；如果在开战之初不发动积极的攻势，日本将陷于最不利的持久战，即经济消耗战。此外，加藤宽治还根据"国家体面论"，认为日本作为对等的主权国家，本应享有同美国均等的海军军备，甚至10：10的主力舰比例，对美保持七成的海军军备已是最大的让步，反对再做妥协。①

尽管同其他海军将领一样，加藤友三郎深受"七成论"的影响，对休斯提案很不满意，但他并未把"七成论"奉若神明，机械地处理问题。"加藤（友三郎）具有超乎眼前的利害得失，从大局出发做出判断的能力。"为了打破会议僵局，加藤友三郎"基于对未来的洞察力，在合理的计算下"，权衡轻重，决定在主力舰比例问题上做出让步，表现出一定的灵活性。加藤友三郎的妥协态度遭到加藤宽治的坚决反对，代表团发生了分裂。在整个会议期间，加藤友三郎和加藤宽治的斗争非常激烈。加藤宽治无视首席全权代表的权力，自己直接向海军次官、军令部次长致电，策动海军上层人物向加藤友三郎施加压力，这使代表团与东京之间的通信联系一时出现了"杂音"。他甚至向外国记者表示，如果美英拒不接受日本的要求，日本将退出会议。这种独断专行的越权行为受到加藤友三郎的痛斥。② 加藤友三郎责问加藤宽治：到底是根据什么数学原理来断言70%就会"绝对"保障日本的安全，而60%就会"绝对"破坏它？加藤宽治等强硬派人士答不上来。"作为一名海军军官，"加藤友三郎说，"我当然可以理解70%的要求，但美英的政治家和外交官们接受不了，我们必须有一

---

① 細谷千博・斎藤真編『ワシントン体制と日米関系』、東京大学出版会、1978年、353—361頁。
② 細谷千博・斎藤真編『ワシントン体制と日米関系』、東京大学出版会、1978年、362頁。

个能说服他们的论据。"①

11月23日，加藤友三郎再次致电政府。希望持妥协立场。11月28日，日本政府致电代表团，表示可以考虑接受休斯提案，但要求美国答应缩减太平洋区域的防备力量或者维持现状，"以此削弱美国舰队在太平洋的集中活动，与其保持均势"。②

12月初，加藤友三郎就维持或限制太平洋区域的防备力量问题询问贝尔福、休斯的意见，得到了贝尔福、休斯的积极响应。英美两国愿意在限制防备区域问题上做出妥协，以此为代价，软化日本在主力舰比例问题上的僵硬态度。英美日三国的观点趋于一致。12月15日，三国代表就海军裁军问题达成临时协定。临时协定指出，"采用规定英美日三国海军力量比例为5∶5∶3的美国提案，约定包括香港在内的太平洋方面的要塞及海军根据地维持现状。但是，本限制完全不适用构成日本本土的诸岛、夏威夷群岛、澳大利亚和新西兰，当然也不适用从属于北美合众国及加拿大的诸海岸，各关系国对于这些地带拥有完全的自由"。③ 至此，主力舰比例问题得到"圆满"解决。

从临时协定的条文中可以看出，日本最终还是在主力舰比例问题上向美国做了让步，放弃了传统的比例观。这是对日本海军政策的重大改变，是一种极不寻常的举动。日本政府之所以做出这种让步，主要有以下几个原因。

第一，改善日美关系、谋求日美协调是日本参加华盛顿会议的重要目的。如前所述，一战后日本的外交处境相当孤立——日英同盟形同虚设；日俄关系紧张（因日本出兵西伯利亚）；中国反日浪潮汹涌澎湃……日本要想摆脱外交孤立，恢复传统的日英关系，必须首先改善日美关系。加藤友三郎表示，会议之际支配他的观点是改善日美间的关系、缓和美国的排日倾向，不管对什么问题都根据这种观点下"最后的决心"。④ "与比例问题相比，加藤友三郎更重视的是避免日美关系的恶化和会议的破裂。"⑤

---

① 〔日〕麻田贞雄：《从马汉到珍珠港：日本海军与美国》，朱任东译，新华出版社，2015年，第103页。
② 外務省編『日本外交文書・ワシントン会議』上巻、外務省、1977年、287—288頁。
③ 外務省編『日本外交文書・ワシントン会議』上巻、外務省、1977年、327—328頁。
④ 日本国際政治学会太平洋戦争原因研究部編著『太平洋戦争への道：開戦外交史別巻』、朝日新聞社、1963年、3頁。
⑤ 日本国際政治学会太平洋戦争原因研究部編著『太平洋戦争への道：開戦外交史1満州事変前夜』、朝日新聞社、1963年、11頁。

加藤友三郎用非常直率的语言断言："我们不能打一场没有钱的战争。美国是唯一可能和我们打仗的国家，也是唯一可以举借外债的国家，因此我们不能和美国打仗。"①

此外，美国把互不相关的五国裁军会议与讨论远东太平洋问题的九国会议合在一起意味深长。美国想借中国问题迫使日本在限制海军军备方面做出让步。日本当然愿意进行这种交易。美国大西洋舰队司令琼斯直言不讳地告诉日本海军代表："要使美国在中国问题上屈从日本，日本接受日美6：10的比例是绝对条件。"② 美国对限制海军军备问题的重视程度远远超过了对中国问题的重视程度。日本政府知道，为了提高主力舰对美比例而引起日美关系的恶化，失去美国在中国问题上对日本的支持是极不合算的。事实证明，日本在主力舰比例问题上付出的代价，在远东问题上得到了补偿。

第二，休斯提案不仅得到了美国公众的支持，还得到了国际舆论的广泛赞同。在此情况下，日本成为国际舆论瞩目的中心，日本的态度直接关系到五国裁军会议乃至整个华盛顿会议的成败。"假如由于日本的反对，裁军以失败而告终，日本将会受到全世界的非难，成为国际孤儿，所以无论怎样也不得不采取协调的态度。"③

第三，接受休斯提案，尽快同美国就限制海军军备问题达成协议，可以防止日美两国海军力量差距的进一步扩大。日本的经济实力远远不及美国，它承受不住海军军备竞赛的巨大负荷。1920年日本又爆发了自明治时代以来最严重的经济危机。因此，日本统治者最明智的做法就是暂时稳住美国，用一纸协定束缚美国的手脚，大致维持日美两国现有海军力量的比例，以待时局的变化。1921年12月1日，英国代表贝尔福在与加藤友三郎的谈话中表示，除非美日能在60%的比例问题上达成一致，否则整个海军协议将会走向极端，给正在讨论的远东问题造成灾难性的后果。贝尔福强调限制海军军备和远东太平洋问题之间的关联，警告说如果日本坚持70%的比例而使会议失败，美国将开始大规模的造舰计划，在五年之内日

---

① 〔日〕麻田贞雄：《从马汉到珍珠港：日本海军与美国》，朱任东译，新华出版社，2015年，第100页。
② 細谷千博・斎藤真編『ワシントン体制と日米関係』、東京大学出版会、1978年、362頁。
③ 入江昭・有賀貞編『戦間期の日本外交』、東京大学出版会、1984年、49頁。

本的海军力量将会远远低于美国的60%。加藤友三郎立即将贝尔福的意见告诉东京,指出:贝尔福第一次公开地表示支持60%的比例并向日本施压,"要求接受美国的方案,激烈地表示,如果我们坚持70%的比例就会破坏整个谈判",在这种情况下重开海军军备竞赛将使日本的比例进一步降低。"目前的情况必须视为帝国未来的一个转折点,我对此非常担心。"12月4日,加藤友三郎再次致电日本政府:"用更为广阔的世界性的眼光来看国家安全问题,我相信决不能只考虑海军,还有很多其他重要的因素。""从严格的海军防卫传统上来说,70%的比例是正确的,没有人比我更渴望它能在会议上被接受。但是,从更广泛的角度来看,有必要与英美国家合作,获得国际的理解并提高帝国的位置,从而确保我们国家的安全和未来发展。"加藤友三郎认为在这一问题上继续讨价还价只会是徒劳的。[①]

第四,英美两国同意在太平洋水域的特定区域维持防备现状,这是日本的重大胜利。从日俄战争到太平洋战争前,美日两国的基本战略思想就是美国的远距离渡洋作战和日本的近海迎击作战。日本在1907年制定和1918年修订的《帝国国防方针》中,决定海军采取"邀击击灭"的作战方针,即在日美开战之初迅速占领美国在西太平洋的海军基地,消灭美国在远东的舰队,确保西太平洋海域的制海权;以此激怒美国海军当局,引诱美国主力舰队进入日本近海,然后一举歼灭。显然,如果美国大力强化西太平洋岛屿的军事设施,势必严重影响日本实施"邀击击灭"的作战方针。

此外,日本委任统治的南洋群岛包括大小1400多个岛屿,分布在东西长达2700海里的广阔海域上,防卫南洋群岛对日本海军是一个沉重的负担。属于美国的关岛犹如一把利剑插入南洋群岛。美国海军当局认为,南洋群岛的非军事化是巴黎和会做出的最重要的决定,要求迅速强化关岛的军事设施,以关岛为基地夺取不设防的南洋群岛。因此,无论是出于实施"邀击击灭"作战方针的考虑,还是为了确保南洋群岛的安全,日本都希望限制美国在关岛、菲律宾和阿留申群岛方面的防务。1921年7月,日本海军省国际联盟事项研究会发表了一篇报告,认为"适度限制加上禁止

[①] 参见〔日〕麻田贞雄《从马汉到珍珠港:日本海军与美国》,朱任东译,新华出版社,2015年,第97—99页。

美国强化防御工事实际上可以改善日本海军在与美国抗争中的处境"。如果继续与美国进行无限制的海军军备竞赛，日美两国主力舰比例的差距将进一步加大，包括国际联盟事项研究会成员在内的"很多海军人士均相信，这对于日本本土及帝国的安全都是极其危险的"。加藤友三郎坚信："实用主义策略，即在国际体系框架内设置各种限制，是确保日本长期军事、经济、政治安全的最可靠、最稳定的方法。"①

1921年12月15日，英美日三国就限制海军军备问题达成了临时协定，并公布了协定内容。然而，时隔不久，英国代表团突然表示不能接受临时协定，迫使起草正式协定的工作陷于停顿。英国认为：首先，临时协定所规定的限制防备区域过于广阔，对英国不利；其次，该协定限制了英国在香港方面的防务，可是邻近香港的日本各岛屿却不在限制防备区域内（"构成日本本土的诸岛"这一概念的含义极不明确），因而极不公平，英国远东殖民地受到了潜在威胁。为此，英国代表提出将东经110度至180度、北纬30度至赤道间的区域作为限制防备区域。英国方案得到了美国的支持。

日本政府致电代表团，要求坚持12月15日的临时协定。日本政府认为，日本已经在主力舰比例问题上做了让步，不能在限制防备区域方面再做妥协，否则将给国民造成限制海军军备条约"毕竟是英美两大国压迫日本的计策的印象"。②

日本同英美两国就英国方案进行了多次交涉，无法取得一致意见，英国的态度极其强硬，会议再一次陷入僵局。1922年1月18日，东京接到加藤友三郎的急电，其敦促政府改变不妥协的态度，否则他只能辞职。高桥是清首相和内田康哉外相深感震动，立即通过井出谦治海军次官向加藤友三郎表示劝慰，希望他"隐忍自重"。1月20日，内田康哉致电代表团，同意把小笠原群岛、奄美大岛列入限制防备区域，这样就给了加藤友三郎较大的回旋余地。1月22日，加藤友三郎提出了新的限制防备区域的方案。英美两国对日本方案基本满意，会议出现了转机。

休斯综合日本方案和贝尔福的修正意见，于1922年1月23日提出美国方案，该方案规定的限制防备区域为："（1）合众国现在占有或将来获

---

① 参见〔美〕约翰·查尔斯·史乐文《"兴风作浪"——政治、宣传与日本帝国海军的崛起（1868~1922）》，刘旭东译，人民出版社，2016年，第250—251页。
② 外务省编『日本外交文書·ワシントン会議』上卷、外務省、1977年、424—425頁。

得的在太平洋的岛屿属地；但是，（甲）阿拉斯加和包括巴拿马运河在内的邻近合众国海岸的岛屿以及（乙）夏威夷群岛除外。（2）香港以及英国现在占有或将来获得的在东经110度以东的太平洋的岛屿属地；但是，（甲）邻近加拿大海岸的岛屿、（乙）澳大利亚联邦及其领地和（丙）新西兰除外。（3）日本在太平洋的下列岛屿属地，即冲绳岛、奄美大岛、小笠原群岛、台湾和澎湖列岛以及日本将来在太平洋获得的一切岛屿属地。"①

加藤友三郎对美国方案比较满意，认为该方案与日本方案比较接近，基本上采纳了日本的意见。他指出，鉴于千岛群岛的防备自由，休斯若不将巴拿马运河区和阿拉斯加（包括阿留申群岛）尤其是后者置于限制防备区域外，美国参议院断难同意。从美国方面来讲，追加这两个地区是绝对必要的。此外，冲绳岛位于奄美大岛的南方，更加邻近菲律宾，美国将冲绳岛置于限制防备区域内也是理所当然的。②加藤友三郎要求政府接受美国方案。

1922年1月28日，内田康哉致电代表团，同意美国方案，但要求把美国的阿留申群岛置于限制防备区域内，日本则在维持防备现状的岛屿名单上添上千岛群岛。1月30日，休斯约见加藤友三郎，接受日本的修正意见。至此，日英美三国终于就限制海军军备问题达成了最后妥协。

日本代表在限制防备区域问题上表现出一种异乎寻常的克制态度，他们再三电告政府妥协忍让，甚至以辞职向政府施加压力。究竟是什么促使加藤友三郎等人采取这种态度呢？为什么日本政府继主力舰比例问题之后再一次向英美做出让步呢？

首先，英国方案和之后的美国方案都把菲律宾、关岛和香港列入限制防备区域，基本上符合日本海军当局的愿望，为日本与英美两国就限制防备区域问题达成新的妥协提供了基础。当时日本海军当局尚无远距离渡洋进攻作战的设想，所以把夏威夷群岛、邻近美国海岸和巴拿马运河区各岛及英属南太平洋岛屿（巴布亚及其附近岛屿）置于限制防备区域外，不会直接影响日本海军实施"邀击击灭"的作战方针。

其次，日本统治者希望在日英同盟废止以后继续保持良好的日英关系，以便牵制美国。日本不愿意同时与两个海军强国为敌。华盛顿会议

---

① 外务省编『日本外交文书・ワシントン会议』上卷、外务省、1977年、450页。
② 外务省编『日本外交文书・ワシントン会议』上卷、外务省、1977年、447页。

后，日本政府仍然非常重视日英关系，甚至试图复活日英同盟。

最后，华盛顿会议自开幕以来，已经持续两个多月了，各国代表均现疲劳之态，国际舆论对会议迟迟不能圆满结束深感不满。日本在主力舰比例问题上与美国相矛盾，又在限制防备区域方面同英国相对立，给各国新闻界留下日本总是与英美格格不入、缺乏协调精神的印象。国际舆论甚至认为加藤友三郎等人在远离日本本土的英属南太平洋岛屿的防备问题上大做文章，似有意给会议设置障碍，怀疑日本参加会议的诚意。日本代表团向政府指出，各国全权代表和新闻界均认为"华府会议的拖延在于我国的缓慢作风，这种声音呈逐渐扩展的趋势"。[①] 至1922年1月中下旬，华盛顿会议的其他议题基本上得到解决，因而限制防备区域问题备受世人瞩目。如果日本在该问题上拒不让步，一意孤行，势必造成难以预料的严重后果。日本统治者对此是非常清楚的。

由于日本的妥协，《五国海军协定》得以签订。从表面看，《五国海军协定》似乎对日本不利，因为在某种程度上它毕竟是日本向美国让步的产物，而之后日本首先废除该协定，又进一步加深了人们的此种印象。其实，美国并没有从《五国海军协定》中捞到多少实惠。美国参议院的某些议员严厉批评这次会议为美国海军史上最大的悲剧，认为《五国海军协定》保证了日本在西太平洋海域的海上优势，从而巩固了日本在东亚的优越的政治地位。美国某些将领认为，日本同意把日美主力舰比例从7∶10降低为6∶10，以此为代价换来了《五国海军协定》第19条（限制防备区域条款），对日本大为有利。结果，日本在西太平洋海域对美国的优势从6∶5上升到10∶5，使美国海军的渡洋进攻变得极为困难。[②] 如前所述，从日俄战争到太平洋战争前，美日两国的基本战略思想就是美国的远距离渡洋作战和日本的近海迎击作战。远距离渡洋作战的难度显然大大高于近海迎击作战。美国不仅要维持一支占压倒优势的舰队，而且必须克服远距离渡洋作战所面临的一系列问题，如气象、修理、补给等。《五国海军协定》第19条实际上使美国舰队在西太平洋海域得不到陆上军事设施的支援，从而极大地增加了对日作战的困难。此外，日本还通过《五国海军协定》限制和束缚了拥有巨大经济潜力及军工生产能力的美国，防止了

---

① 外務省編『日本外交文書・ワシントン会議』上巻、外務省、1977年、432頁。
② 秦郁彦『太平洋国際関係史：日米および日露危機の系譜 1900—1935』、福村出版社、1972年、220頁。

日美两国海军军备差距的进一步扩大，使日本有可能在废约后的短时间内消除同美国海军军备的差距。

四　日本与《九国公约》

远东太平洋问题是华盛顿会议讨论的另一个重要议题，而远东太平洋问题的实质是中国问题。美国企图借华盛顿会议在中国确立"门户开放、机会均等"原则，抑制日本的对华扩张。中国代表为了取得美国的支持和在山东问题的谈判中居于有利地位，在11月16日太平洋与远东问题委员会第一次会议上，提出了包括美国倡导的"门户开放"在内的"十项原则"，主要内容有："各国尊重并遵守中国领土完整和政治与行政之独立"；"中国既极赞同所称开放门户主义，即与约各国一律享有工商业机会均等主义，故自愿承认该项主义，并实行于中华民国各地方，无有例外"；对于中国政治上、司法上、行政上的自由行动之各种限制应迅速废除；等等。美国代表卢特认为中国提出的"十项原则"对美国有利，并对"十项原则"加以压缩修改，于11月21日提出所谓的"四项原则"，其中包括：第一，"尊重中国之主权与独立暨领土与行政之完整"；第二，"给予中国完全无碍之机会，以发展维持一有力巩固之政府，并解除由改革年久之帝制政府后所生之困难"；第三，"尽吾人权力所及，为世界保护各国在中国全境商务实业机会均等之原则"；第四，"不得因中国现在状况，乘机营谋特别权利或优先权利，而减少友邦人民之权利，并不得奖许有害友邦安全之举动"。[①] 显然，卢特四原则是美国第一次在国际会议上对传统的"门户开放"政策进行的全面解释，并暗含着对日本利用第一次世界大战之机在中国大肆扩展势力范围的指责。为了与卢特相呼应，澄清以前关于"门户开放、机会均等"原则的某些含混不清的地方，并进一步扩大该原则的外延，1922年1月17日，休斯提出《在华门户开放案》，要求缔约各国（除中国外）协定不得谋求或赞助任何办法，"为自己利益起见，欲在中国任何指定区域内，获取有关于商务或经济发展之一般优越权利"。日本敏锐地觉察到休斯提案与海约翰照会的不同。币原喜重郎认为《在华门户开放案》扩大了海约翰照会中"门户开放"原则的范围，损害了其

[①] 程道德等编《中华民国外交史资料选编（1919—1931）》，北京大学出版社，1985年，第104页。

他国家的既得利益，因为海约翰照会是以承认各国在华势力范围或租借地为前提的，其适用地区是限定的；其适用范围也只限于有关商业和出口的问题。《在华门户开放案》把海约翰照会中的原则的定义大大扩大了，新的定义没有任何溯旧效力。[①] 为了避免过于刺激日本，休斯做出让步，表示对日本提出的关于取消现存势力范围的意见（即承认各国已有的在华势力范围和特权）予以保留，对关于今后不准在华谋求新的势力范围和特权的意见则要求各国采纳。

经过讨价还价，最终日美两国达成了妥协，1922年2月6日，与会各国签订了《九国公约》，卢特四原则和休斯提案被写入了《九国公约》第一条、第三条和第四条。美国对《九国公约》的签订感到满意，正如休斯在关于华盛顿会议的正式报告中所指出的那样，《九国公约》的价值就在于将美国的"门户开放、机会均等"原则从外交照会转变为国际法，更加具有约束力，即"把它具体化为一个正式的、由九个在远东有特殊利益的国家所签订的国际协定"。[②] 日本对接受抽象的外交原则并不反感，因为根据《九国公约》的条款，日本在华权益没有受到实际损害。《九国公约》仅限于阐明原理原则，是为了缓和中国的排日感情、消除列强对日疑忌而必需的一个国际条约，"《蓝辛－石井协定》的废弃也是基于这样的认识——从地理的接近关系中产生的特殊地位是与协定本身无关的事实问题"。[③]

在华盛顿会议上，中国提出了各种收复主权的要求，为此与日本发生了激烈的冲突。山东问题是巴黎和会留下的一项国际悬案，中国代表希望在华盛顿会议上解决山东问题，而日本则极力维护其在山东的特殊利益。华盛顿会议前夕，日本在外交上有两个重大举措。第一，加强同美国的接触，以确保美国在山东问题，特别是胶济铁路问题上支持日本。1921年9月末，美国新任驻菲律宾总督沃德（Leonard Wood）和前总督福布斯（William Cameron Forbes）以总统特使的身份出访日本，受到了日本的热情款待，"预先就华盛顿会议谋求日美的圆满妥协"。"在与田中义一（日本原陆相）的长时间的会谈中，沃德将军表示，日本在东洋的地位来自过

---

① 〔日〕信夫清三郎编《日本外交史》下册，天津社会科学院日本问题研究所译，商务印书馆，1980年，第477页。
② 刘笑盈：《眺望珍珠港——美日从合作走向战争的历史透视》，北京广播学院出版社，2002年，第76页。
③ 日本国際政治学会太平洋戦争原因研究部編著『太平洋戦争への道：開戦外交史1 満州事変前夜』、朝日新聞社、1963年、37頁。

去的战争结果,美国将予以尊重。关于山东问题也约定以保持日本'面子'的方式给予解决。"① 第二,逼迫中国与日本直接谈判,以求早日"继承"德国在山东的殖民权益。1921年9月7日,日本驻华公使小幡酉吉向中国政府递交《山东善后处置大纲》,大纲共9条,其中包括"山东铁路及附属矿山,作为中日合办之组织";"关于山东铁路特别巡警队之组织,中日间应另行协定","俟接中国政府巡警队组织之通告,日本政府即宣言撤兵,将铁道警备之任移交巡警队后,即行撤退"。10月5日,中国政府在复文中指出,"合办山东铁路(即胶济路线)一层,为全国人民所反对,因各国铁路当有统一制度,合办即破坏铁路之统一,侵害国家之主权,且中国鉴于合办铁路之先例,流弊滋多,无法纠正,对于合办原则上不能承认。全路及管理权,应完全归诸中国"。10月19日,小幡再次照会中国政府,声称"原来该铁道在德国时代,纯系德国单独经营,日本牺牲几多生命与巨额之财力,始由德国获得,则公平之基础,莫过于中、日合办也"。11月3日,中国政府在复文中继续驳斥日本的观点:"胶济铁路建筑在中国领土之内,本系公司承办性质,并有中国之资本,既非德国之公产,亦非完全德商之私产,虽暂由德人办理,中国早拟乘机收回,且护路警察权完全属诸中国。日本占据该路,毫无军事上之必要,当时中国曾屡次抗议,日军实无占据该路之理由,且该路沿线除租借地一段外,绝无德国军队驻屯,日本占路时并未受何抵抗,不能谓因该路而致有牺牲生命钱财之事也。"中国主张"将该路资产折半均分,至日本取得之一半,仍由中国分年赎回",此种办法"已极公平"。山东境内日军,应尽快撤退,"所有铁路警备事宜,自有中国警察负其责任"。②

中国政府的一贯立场是绝不与日本直接谈判山东问题,认为该问题不仅与中国有关,也关系到远东太平洋地区的整个形势。中国要求将山东问题列入华盛顿会议议程,日本的立场恰好相反。"为了迁就日本的意愿,山东问题的会谈是在会议之外进行的。"③

1921年12月1日,中日两国代表开始谈判山东问题,英美派观察员

---

① 入江昭・有賀貞編『戦間期の日本外交』、東京大学出版会、1984年、45頁。
② 中国社会科学院近代史研究所《近代史资料》编辑室主编《秘笈录存》,中国社会科学出版社,1984年,第345—385页。
③ 《顾维钧回忆录》第一分册,中国社会科学院近代史研究所译,中华书局,1983年,第224页。

列席会议。日本代表首先提出由日本接替德国在铁路贷款协定中的位置，与中国合办胶济铁路。中国代表表示反对，"因为铁路已经修好，已在运营了；铁路贷款协定已不再需要"，提出偿还贷款，赎路自办（铁路贷款为2500万元）。"日代表迭次坚持合办，几至决裂。"不久，日本退而求其次，提出中国应向日本贷款赎路，中国代表对此进行反驳："没有贷款的需要；中国准备偿还贷款，任何国家坚持让别国接受不需要的贷款都是不合情理的。"① 但是，当时中华民国北京政府陷于财政危机，无力备款赎路。12月30日，外交部致电代表团，"现款赎路，恐难实行"。② 中国代表团不得不表示原则上接受贷款规定，但要求尽可能缩短贷款期限。日本提议贷款期限为20年，中国提议为3年，经过反复磋商，最后定为15年。

在交涉贷款问题的同时，中日双方围绕胶济铁路的3个关键性职位，即总工程师、会计长及车务长的分配问题进行谈判。中国代表认为，由于胶济铁路即将为中国政府所经营，胶州也将交给中国，连接胶州与济南的铁路理应由中国人经营管理。如果日本要保障其在铁路贷款上的财政利益，中国愿将总工程师一职让给日本。日本不同意，提出"派日人为胶济总工程师、车务长、会计长"。车务长一职是中日双方争论的中心。因为车务长掌握铁路日常运行、货运管理事务，对贸易有很大影响。中国政府在致代表团的电文中指出，"车务较会计尤重，倘争持至不得已时，可仅允用日人充副会计长，再不得已，可仅允日人充副车务长。若仅允日人充胶济段养路工程师，关系尤轻"。"无论用日人任何职务，均须加以下之限制：（甲）须由我自由聘用；（乙）须受津浦车务长或会计长或总工程师节制指挥；（丙）其职权限于胶济段；（丁）聘用期间，以款项清偿时为限等语。"③ 日本要求由日本人担任车务长，中国人任副职。中国针锋相对，提出由中国人任车务长，日本人任副职。双方各执己见，相持不下。美国国务卿休斯和英国代表贝尔福在会见中国代表时提议，日本人任车务长及会计长，"均受中国总办之管辖"。对这种欠公正的方案，中国表示不能接

---

① 《顾维钧回忆录》第一册，中国社会科学院近代史研究所译，中华书局，1983年，第228页。
② 中国社会科学院近代史研究所《近代史资料》编辑室主编《秘笈录存》，中国社会科学出版社，1984年，第481页。
③ 中国社会科学院近代史研究所《近代史资料》编辑室主编《秘笈录存》，中国社会科学出版社，1984年，第481页。

受,"为表示格外让步起见,我方愿允在华正长之下用日人充副车务长、副会计长"。休斯、贝尔福希望,给日本人副车务长、副会计长"以同等之权"。中国代表表示,"准备承认此种提议,并转达政府"。① 但是日本的态度极其强硬,拒不接受此方案。

之后,日本代表提出最后妥协案:日本人任车务长,中日各派一人任会计长,权限相等。日本声称此案"为日本最后之让步"。此时,英美两国向中国施加压力,要求中国接受该案。休斯指出:"此项办法并非完善或公平之解决,但须考虑不解决之利害。""倘此问题不解决,则日本仍留据山东,其结果非常可危。"贝尔福亦"请中国人权其轻重,采纳是项提议"。休斯和贝尔福还表示"此项提议乃最后之提议","大会行将闭幕,不能再有谈判及迟回余地"。"中国允即照办,不允即罢论。"② 由此可见,英美两国在山东问题的谈判中偏袒日本。日本代表币原喜重郎曾这样追述山东问题的谈判情景:"在这以前中国方面为了使英美观察员保持善意而努力!然而观察员一点也不偏袒中国。相反,在第24次会议上,英国的朱尔典打断中国全权代表顾维钧的陈述,说自己以前居住在中国,顾维钧所言与事实不符。在下一次会议上,美国观察员马慕瑞也发了言……听了马慕瑞的发言,我想起了休斯最初所说的对于中日纷争采取公平不偏态度的事情,立刻觉得其言不假。这样一来,似乎中国也意识到不能利用英美了。会议的气氛逐渐缓和,最后几次会议进行得非常迅速,至此中日山东交涉解决了。"③ 美国国务院远东司官员对休斯在山东问题上明显偏袒日本提出批评。曾在威尔逊总统任内担任过民主党全国事务委员会公共事务主任的科克伦(William J. H. Cochran)指出:"共和党有义务帮助中国。因为哈定总统的当选,主要就是靠山东问题,其他问题都是无足轻重的。""在总统竞选中,共和党得票最多的便是山东问题。哈定常常在竞选演说中提及'劫走山东'这个字眼。"④ 其他共和党政客也都不断提到山东问题和日本侵占中国,用以诋毁《凡尔赛和约》和国际联盟。面对舆论和同

---

① 中国社会科学院近代史研究所《近代史资料》编辑室主编《秘笈录存》,中国社会科学出版社,1984年,第494—495页。
② 中国社会科学院近代史研究所《近代史资料》编辑室主编《秘笈录存》,中国社会科学出版社,1984年,第495—496页。
③ 宇治田直義『幣原喜重郎』、時事通信社、1985年、72—73頁。
④ 参见〔美〕鲍威尔《我在中国二十五年——〈密勒氏评论报〉主编鲍威尔回忆录》,邢建榕等译,上海书店出版社,2010年,第63—64页。

僚的批评，休斯辩解说："我们当然不会考虑为了把日本从山东驱逐出去而与日本进行战争。"① 1922年1月26日，中国外交部致电中国代表团，同意接受英美劝告。2月4日，中日双方正式签署《解决山东悬案条约》。条约规定，"日本应将胶州德国旧租借地交还中国"。"日本应将青岛济南铁路及其支线并一切附属产业，包括码头、货栈及他项同等产业等项，移交中国"，中国须以该路实价（5340万金马克）向日本偿还，以国库券支付，以铁路财产及收入为抵押，偿还期限15年；支付5年后，中国可部分或全部付清债款，不过须6个月前通知；在国库券还清前，由日本人担任车务长，中日双方各派一人任会计长，权限相等，"此项职员统归中国局长指挥、管辖、监督，有相当理由时得以撤换"；胶济铁路支线，即济顺、高徐二线"让与国际财团"。② 12月5日，中日两国签署《山东悬案铁路细目协定》。协定规定，日本将胶济铁路于1923年1月1日正午移交给中国，个月内交接完毕；中国向日本偿付"日金四千万元"，以"胶济铁路国库券"支付，"年息六厘"，"每半年支付一次"。③ 1923年3月29日，中国与日本又签署了《胶济铁路交收之协定》。至此，延续多年的胶济铁路问题及整个山东问题遂告解决。

在华盛顿会议上，中国还在"二十一条"问题、提高关税税率问题以及撤邮撤电问题上与日本发生激烈争论。早在1921年11月16日，中国代表在太平洋与远东问题委员会第一次会议上所提出的"十项原则"就包含了取消"二十一条"的要求，12月14日，中国再次提出了废除"二十一条"的要求，日本以"二十一条"是中日两国间的问题为由拒绝在会上讨论。美国由于与日本有密约在先，也没有支持中国的要求，只是希望中日在会外解决。直到1922年2月2日，即华盛顿会议闭幕前4天，太平洋与远东问题委员会才开始讨论"二十一条"问题。迫于形势，日本做出了一定的让步，宣布放弃在"满蒙"筑路和铁路借款的优先权，以及在南满政治、财政、警察方面的日本人顾问、教官的聘用优先权，放弃"二十一条"中的第五号。美国对日本的让步表示满意，卢特声称"二十一

---

① 入江昭・有賀貞編『戦間期の日本外交』、東京大学出版会、1984年、52頁。
② 程道德等编《中华民国外交史资料选编（1919—1931）》，北京大学出版社，1985年，第110—111页。
③ 王芸生编著《六十年来中国与日本》第八卷，生活・读书・新知三联书店，1982年，第358—359页。

条"问题"不会再提出来而成为喧嚣一时的问题了"。中国仍坚持完全废除"二十一条"的原则立场。2月4日，休斯将中国代表的声明在太平洋与远东问题委员会会议上宣读，并重申了美国在布赖恩照会中的"不承认主义"。① 最后以将三国声明载入大会记录的方式结束了对"二十一条"问题的讨论。

恢复关税自主权及提高关税税率是中国提出的又一项重要内容。美英等国对提高中国关税税率表示支持。因为提高关税税率可以抑制日本在中国的经济扩张，减少日本产品在中国市场中的占有份额，为美英等国产品进入中国腾出空间，并可以增强北京政府的经济实力，维持中国的稳定与统一。日本则坚决反对提高关税税率，因为日本对华输出大大超过美国，提高关税税率对日本而言是灾难性的。最后会议决定：（1）中国关税税率维持在5%，另增加2.5%的附加税，个别奢侈品的附加税可以增加到5%；（2）设立临时会议，筹备裁厘，厘金裁撤后，进口税增加到12.5%。②

对中国提出的撤废外国在华邮电问题，美国表示坚决支持。当时日本在华邮局有124个，美国只有1个，同时日本还有无线电台55处。日本邮电的存在严重威胁了美国的商业利益。正如卢特所指出的："如果一个美国商人被迫用日本的邮局，那么他的邮件将有利于日本商业而受到窜改，这不是不可能的。"③ 由于日本在华邮局和电台数量众多，极大地便利了日本的通信联络，其对撤废邮电问题极力拖延、阻挠，最后会议通过的撤废邮电案中规定：原则上承认设立邮局和电台应由中国政府批准，除在租借地或根据条约设立的邮电机构外，"在中国有邮局之四国，允许撤销，其期限不得过1923年1月1日"。外国政府在中国所办电台，"未经中国允许者，由交部偿价接办；其在租借地南满铁路一带，暨上海法租界内之电台，视为应讨论之事件，将来讨论结果，须与门户开放机会均等主

---

① 1915年5月11日，美国就中日"二十一条"交涉问题照会两国政府："美国对于中日两国政府间已经缔结或行将缔结的任何协定或约定，凡有损美国及其在华公民的条约权利或中华民国之政治或领土完整或通称为门户开放政策的国际对华政策者，一概不能承认。"这就是著名的"布赖恩不承认照会"。布赖恩系当时的美国国务卿。参见王雁《"山东问题"与美国的门户开放政策（1914—1922）》，山东人民出版社，2016年，第51—52页。
② 中国社会科学院近代史研究所《近代史资料》编辑室主编《秘笈录存》，中国社会科学出版社，1984年，第451—452页。
③ 转引自刘笑盈《眺望珍珠港——美日从合作走向战争的历史透视》，北京广播学院出版社，2002年，第81页。

义相同"。①

第六节　华盛顿会议的影响

　　日本很清楚美国想通过华盛顿会议迫使日本在远东太平洋问题上做出一定的让步，这是日本所不情愿的。由于日本特有的外交体制，外交问题并不是由政治家决定的，军部对外交政策有很大的影响力。参加华盛顿会议的日本代表团中的陆军人士就主张在中国问题、西伯利亚撤军问题以及日本的特殊地位问题上持决不退让的强硬立场。关于华盛顿会议的外交战术，日本准备了3个对策，第一个对策是将"既成事实"以及"限于日中两国间的问题"排除于议题之外，但因遭到美国国务卿休斯的反对而失败。第二个对策是与美国进行预备交涉，限定议题的范围，也因遭到休斯的否决而受挫。第三个对策就是主动出击，抛出作为"逆袭案"的"太平洋的门户开放"政策，即"门户开放"不仅是限于中国和西伯利亚的政策，而且适用于整个太平洋区域：首先是美国大陆的开放，大洋洲的开放，印度、印度支那、荷属印度的开放，具体包括经济的、通商的开放——完全废除太平洋区域的经济壁垒（如差别的、特惠的关税），确保平等的通商、资源的公平利用。其次是"移民问题"——要求美国、加拿大、澳大利亚保障移民自由与废除人种差别待遇。② 1921年9月号的《外交时报》发表了原敬的《永久和平的先决考察——华盛顿会议之际日本国民世界观的陈述》，其指出原有大国英美占有地球上的绝大部分资源，与此相比，日本苦恼于"庞大的人口和资源的匮乏"，改变这种"世界物资的不平衡、不平均"，废除各国间人为的经济、通商障碍和民族的差别待遇是即将召开的华盛顿会议的"急务"。从第三个对策可以看出，日本似乎要在华盛顿会议上与美国全面对抗。但是日本并未在华盛顿会议上实施第三个对策。因为在华盛顿会议前日美达成了一定的谅解，美国从威尔逊的理想主义"新外交"中后退了，至少在远东太平洋问题上回归了西奥多·罗斯福的传统现实主义的"旧外交"。③ 休斯的特别顾问、国务院法

---

① 王芸生编著《六十年来中国与日本》第八卷，生活·读书·新知三联书店，1982年，第50—51页。
② 入江昭·有贺贞编『戦間期の日本外交』、東京大学出版会、1984年、39—40页。
③ 入江昭·有贺贞编『戦間期の日本外交』、東京大学出版会、1984年、38—44页。

务官罗宾·克拉克在他长长的引人注目的备忘录中明确阐述了美国在远东太平洋问题上所采取的基本方针："（1）美国在会议上最关心的是太平洋上的安全保障，其他的远东问题只有次要意义。（2）在远东太平洋地区的势力均衡。——倘若日本一国占有压倒性的支配力，将威胁菲律宾等美国领土，务必保持多角的平衡。（3）有必要在远东太平洋地区维持领土现状。（4）有必要同意特殊关系的原则。——日本主张在中国特别是在满洲享有特殊权益的观点是正当合理的，美国应予以承认。"[①]

华盛顿会议的影响是相当深远的，通过削减军备，解除了和平时期经济发展的限制，而且完成此举的方式是国际合作；一种清晰而为各国共享的观念出现了：世界变了，历史已经进入了一个新的时代。[②] 因此，20世纪20年代是世界近代史上真正进行过裁军的10年，《五国海军协定》是主要强国据以进行裁军的协议。

日本也变了，华盛顿会议促进了日本国内裁军运动的高涨。日本在华盛顿会议期间召开的第45届议会成了裁军和批判军部的议会。1922年1月28日，尾崎行雄和岛田三郎在议会上提出了《关于海陆军备及特例的质问书》：关于海军，要求把华盛顿会议上决定的主力舰30万吨"再裁减一半"，并削减辅助舰；关于陆军，主张把现有21个师团削减一半。尾崎断言，由于陆军所设想的假想敌国——俄国的崩溃，21个师团之多的军队已无必要，并且认为无事可做的大军，对内阻碍教育和产业的发展，对外招致各国的猜疑，反而使国家"陷于危殆"。尾崎等人以出兵西伯利亚为例，指出"徒耗六亿日元国帑，招致全世界非难。而遭受侵略主义、两重外交之恶评等，亦皆备置毫无必要之大军之结果"。政友会、国民党和宪政会在此届议会中采取协调行动，将各党提出的裁军议案归纳为统一建议案，该案于3月23日在众议院以压倒性多数通过。1922年6月12日，加藤友三郎内阁成立后，首先根据《五国海军协定》，断然废弃现存主力舰14艘，并停止5艘的建造，对"海军省部进行'统、废、合'"（统一、废止、合并），官兵退伍约7500人，裁减海军工厂工人14000人。[③]

---

① 入江昭·有贺贞編『戦間期の日本外交』、東京大学出版会、1984年、45—46頁。
② 〔美〕孔华润主编《剑桥美国对外关系史》（下），王琛等译，新华出版社，2004年，第72页。
③ 〔日〕信夫清三郎编《日本外交史》下册，天津社会科学院日本问题研究所译，商务印书馆，1980年，第480—482、503—504页。

在国内外舆论的压力下，对裁军持消极态度的陆军也被迫裁军。在加藤友三郎内阁时期（1922年6月至1923年8月），陆军削减了6万多名官兵，约合5个师团的兵力。1923年9月发生的关东大地震成为再次推进裁军的动因。1925年陆相宇垣一成裁减了相当于4个师团的兵力。尽管宇垣一成并不愿意裁军，他把裁军与陆军的现代化联系起来，从而达到舍名求实的目的，但毕竟表现出不敢与舆论相抗衡的心态。"华盛顿会议后若干年，在不得不裁减海军以至陆军的国际压力下，'和平主义'情绪弥漫整个日本，连日本政府和军部中主张对华执行露骨的帝国主义政策的人，一时也销声匿迹了。"①

20世纪20年代日本通过裁军究竟节减了多少军费，由于统计口径的不同，有不同的数据，但从征兵角度来观察，我们可以对日本的裁军有一个大致的印象。1898年，现役军人征兵人数为53452人，1911年达到104803人，增长了96%；1919年，现役军人征兵人数为120254人，而1929年为104803人，减少了12.85%。②议会不仅要求裁军，而且要求改革军制，即废除"军部大臣现役武官制"。与议会的动向相呼应，著名的民主主义人士吉野作造等人在议会外也大造舆论。1922年2月13日起，吉野在《东京朝日新闻》上发表长文《论所谓帷幄上奏》（分五次连载），提出了全面改革军制的理论。在1923年2月召开的第46届议会上，加藤友三郎首相明确表示支持军部大臣文官制。革新俱乐部乘势提出的废除"军部大臣现役武官制"议案被一致通过。与此同时，社会上出现了追求个人利益和个人享乐主义的世俗化风景，人们玩股票、吃西餐、穿洋服、建私宅，对扩军备战不感兴趣。1930年4月，滨口雄幸首相在财界和舆论的支持下，不顾军部的反对，决定签订《伦敦海军条约》。出席伦敦海军裁军会议的代表团在归国时受到了国民广泛的欢迎，至此裁军运动发展到顶峰。

华盛顿会议是巴黎和会的继续，解决了巴黎和会没有解决的远东太平洋问题。由《四国条约》、《五国海军协定》和《九国公约》等条约构成的华盛顿体系是凡尔赛体系的补充，确立了一战后远东太平洋地区的新的国际秩序。

---

① 〔日〕井上清：《日本军国主义》第三册，马黎明译，商务印书馆，1985年，第201页。
② 殷燕军：《近代日本政治体制》，社会科学文献出版社，2006年，第390页。

华盛顿会议是美日在远东太平洋问题上的一次全面的较量，是新旧外交理念和政策的再一次博弈。从较量的结果来看，美国感到满意，因为美国所提出的每一个重大目标似乎都达到了，如限制日本的海军军备，废止日英同盟，抑制日本对华扩张，确立"门户开放、机会均等"原则等。然而，美国"新外交"的胜利是表面的，因为美国没有建立一种机制来维护华盛顿会议的成果，确保华盛顿体系的稳定。美国也缺乏压制日本行动的手段，美国在远东太平洋地区没有驻扎大量军队，军事基地和设施很不完备，这使得美国不敢同日本全面决裂。"休斯在给美国代表团的指示中强调：因为无论日本怎样侵略中国，我国都绝没有同日本开战的意思，所以美国外交的界限是尽量摁住日本的手，完全不给日本找到新侵略行为的借口。"美国采取妥协政策的另一个原因在于这次会议对共和党政权关系重大，它不想过分刺激日本以致华盛顿会议的破裂。1921年11月1日出版的日本《外交时报》预测说："对绞尽脑汁追求会议形式上成功的美国政府来说，当然不会干那种高压日本使其目的落空的事。"①

长期以来，中国人对华盛顿会议的评价多趋于负面，认为"华盛顿会议给中国造成了一种新局面，就是历来各帝国主义者的互竞侵略，变为协同的侵略"。列强借此次会议将在华特权合法化。近年来，学界对华盛顿会议乃至整个中华民国北京政府外交的评价有所改变。② 有学者认为，美国主导的华盛顿会议"从三个方面完成了新的远东国际秩序的构建"：其一，各国承诺以国际合作代替国际竞争，在对华重大问题上奉行协商一致的原则；其二，实现"门户开放"原则的国际化，各国承诺不再谋求新的在华特权和势力范围，这使中国获得发展机会和必要的援助；其三，中国"承认中外关系的改变通过渐进的方式来完成，并认同美国为中国设计的自由主义发展道路"。③ 更进一步的观点则认为，中国在华盛顿会议上的主要外交目标基本上达成：《四国条约》取代日英同盟，"固非中国之力，但使日本不能再借'英日同盟'以东亚宪兵自居，形成东亚门罗主义"；《九国公约》中，各国承诺尊重中国主权，不再干涉中国内政，日本对华

---

① 入江昭・有贺贞编『戦間期の日本外交』、東京大学出版会、1984年、43、48頁。
② 金光耀、王建朗主编《北洋时期的中国外交》，复旦大学出版社，2006年；唐启华：《被"废除不平等条约"遮蔽的北洋修约史（1912～1928）》，社会科学文献出版社，2010年。
③ 王立新：《华盛顿体系与中国国民革命：二十年代中美关系新探》，《历史研究》2001年第2期。

收敛;"在新的远东国际秩序中,中国处境大为改善。而关税条约及修改条约各决议案,对中国皆属有利,中国外交应属成功"。[①] 外交总长颜惠庆在回忆录中指出,尽管山东问题的谈判结果"尚不能完全实现公众的期望",但"这是一个未失公允的解决办法,似应为大多数有理智的人群所接受"。[②] 代表团在给总统的呈文中也表示,"十项原则"的提出并列入议程,"示领土主权之有属,破势力范围之成见,杜秘密缔约之危机,因人道厌乱之同情,博世界提携之公论"。其他议案的讨论并决议,"或定期施行,或委员调查,或彼此宣言,或订立条约,或由他国代表撤回,或待至将来续议。历年积案,告一结束"。[③]

[①] 唐启华:《北洋外交与"凡尔赛-华盛顿体系"》,载金光耀、王建朗主编《北洋时期的中国外交》,复旦大学出版社,2006年,第63页。
[②] 颜惠庆:《颜惠庆自传——一位民国元老的历史记忆》,吴建雍等译,商务印书馆,2003年,第158页。
[③] 黄纪莲编《中日"二十一条"交涉史料全编(1915—1923)》,安徽大学出版社,2001年,第642—643页。

第八章　在华盛顿体系内运行的日本外交

华盛顿体系是华夷国际秩序崩溃后东亚重新构建的国际体系。该体系的稳定主要取决于三个国家，即中国、日本和美国。第一次世界大战之后，中国出现了持续的民族主义运动，提出了废除不平等条约、收回租界、撤销领事裁判权、恢复关税自主权等捍卫国家主权及民族独立的口号。这些斗争目标显然已经超出了华盛顿体系的范围。面对中国声势浩大的民族主义运动，列强将各自的私利置于国际协调之上，无视中国人民民族情绪的强烈反弹，导致爆发了五卅运动等爱国反帝运动，中国政局出现动荡。

华盛顿会议后，日本出现了以"币原外交"为代表的"协调外交"。从1924年6月至1931年12月，中间除田中内阁外，币原喜重郎任四届内阁的外相，形成了日本外交史上有名的币原外交。日本外交开始从"自主外交"向"协调外交"转型，币原喜重郎则将萌芽于原敬内阁时期的"协调外交"推向了新的高度。20世纪20年代也被誉为近代日本的"和平与民主主义时期"，日本在政治上实行普选制和由政党组阁，外交上积极融入国际社会，参与构建凡尔赛－华盛顿国际体系，签订《五国海军协定》和《伦敦海军条约》，国际主义协调外交思想及外交实践成为20世纪20年代日本外交的主流。但币原外交具有不可克服的内在矛盾，当和平的外交手段不足以维护日本的特殊利益时，使用武力就成为日本统治集团的选择。这就是1927年4月出现短暂的田中外交的原因。田中义一上台后奉行的强硬外交不仅使币原外交以来中日之间建立的短暂信任趋于瓦解，而且恶化了远东的外交氛围，极大地侵蚀了华盛顿体系。由于日本还没有做好武力侵略中国和废弃华盛顿体系的准备，1929年7月日本统治集团放弃田中外交，币原喜重郎再次任外相，开始了第二次币原外交。但是，国际环境已发生了急剧变化，币原外交的实施基础被严重削弱了。日本军部和右翼势力选择"满蒙"地区作为对外扩张的突破口，发动了九一八事变。1933年3月，日本退出国联，华盛顿体系名存实亡，从法律规范转变为道义约束。20世纪20年代的日本外交始终徘徊在"协调外交"与"自主外交"（强硬外交）之间，日本对华外交是运行在华盛顿体系内，还是逸出华盛顿体系的轨道，一直困扰着日本决策层。

第一节　币原外交的限度：从第二次直奉战争到北京关税特别会议

华盛顿会议对日本外交的影响是巨大的。在华盛顿会议前，日本大陆政策的实施多半依靠政治、军事的力量，日本外交奉行所谓"自主独立"的路线。中日甲午战争和日俄战争给日本带来了巨大的"回报"，列强容忍了日本在东亚的扩张。但是第一次世界大战以来，列强加深了对日本的疑虑。华盛顿会议及其通过的《九国公约》，确立了"门户开放、机会均等"主义和在对华重大问题上各国协商一致的原则，限制了日本独霸中国的图谋。以华盛顿会议为界，此后金融、经济的力量成为日本统治阶级推行大陆政策时的主要力量，萌芽于原敬内阁时期的"协调外交"（国际协调路线）占据了主导地位，继原敬之后的几届内阁都强调日本要实行"协调外交"。

1924年6月，币原喜重郎就任日本外相。至1931年12月下台，中间除田中内阁外，币原任四届内阁的外相，时间长达5年零3个月，形成了日本外交史上有名的币原外交。币原外交的理念主要体现在1924年7月1日他在日本第49届议会上发表的外交演说中。根据这一外交演说，币原外交的理念可以归纳为：国际协调主义、不干涉内政主义、经济主义和合理主义。国际协调主义就是在对华政策上与欧美列强协调，避免出现与欧美列强的对立。不干涉内政主义就是反对公然出兵中国、停止对地方军阀的支持、率先承认中国的关税自主权，并且以同情的态度面对中国的民族主义运动。他在华盛顿会议上强调要重视由中国民族主义激发的革命。经济主义就是不以武力威胁、侵略和扩大国家的权利，而是奉行能扩大外贸、投资，增进经济关系的"互惠互利"原则。合理主义就是在追求国家利益与国际、国内环境之间保持适当的平衡，诉诸理性，反对采取情绪化、非理性的行动。① 显然，币原外交充满了矛盾，一方面以国家利益特别是日本在华权益为外交的最高价值；另一方面强调要采取和平的外交手段维护国家利益，"维护、增进日本的正当权益"。当日本在华权益受到威胁或损害时，其并不否认采取强硬的手段。所以当政友会政客在元老西园寺公望面前攻击币原外交软弱时，西园寺不客气地回敬道："你到底对软弱外交了解多少？币原所做的是强硬外交。我看见他一直在推行强硬外交，希望他取得圆满成功。"②

币原赞成"门户开放、机会均等"原则，但是币原把"门户开放"政策理解为"机会均等"主义，因为海约翰第一次"门户开放"照会是以承认列强在华势力范围和既得利益为前提的，其只是表示美国也要分享中国"蛋糕"。海约翰私下里说，美国利用"门户开放"政策同其他列强在中国角逐，"我们将使他们浑身冒汗"。③ 日本把"机会均等"写入日英盟约和《日法协约》中。1902 年 1 月签订的第一次日英盟约中没有关于"门户开放"的表述，但有关于机会均等主义的内容——日英两国"保证各国在这些国家的贸易和工业的机会均等"，"机会均等"第一次被写入国际条约中。1905 年 8 月签订的第二次日英盟约重申日英两国"确保中华帝国的独立与完整，以及各国在中国的贸易和从事工业的机会均等原则"。在《朴次茅斯条约》中，俄国应日本的要求，声明"它们在满洲没有任何损害中国主权或违反机会均等原则的领土利益或优惠或排他性的特许要求"。在 1907 年 6 月签订的《日法协约》中，两国"同意尊重中国的独立和完整，以及所有国家的贸易和臣民或公民（即属民）在该国得到同等待遇的原则"。同年 7 月达成的《日俄协约》中，"缔约双方承认中华帝国的独立和领土完整以及各国在该国的贸易和从事工业的机会均等原则"。在 1908 年 11 月达成的《高平-卢特协定》中，日美两国"决心通过它们掌握的一切和平手段支持中国的独立和完整，以及各国在该帝国通商和开办工业的机会均等原则"。在 1911 年 7 月签订的第三次日英盟约中，双方重申："通过确保中华帝国的独立和完整，以及各国在中国的贸易和从事工业的机会均等原则维护所有国家在中国的共同利益。"因此对币原

---

① 斎藤鎮男『日本外交政策史論序説：外交教訓の史的研究』、新有堂、1981 年、43—45 頁。
② 幣原喜重郎『外交五十年』、読売新聞社、1951 年、300 頁。
③ 参见杨生茂主编《美国外交政策史：1775—1989》，人民出版社，1991 年，第 223 页。

而言，所谓"门户开放"政策主要就是机会均等主义，其赞同海约翰第一次"门户开放"照会的精神。《九国公约》第一条"尊重中国之主权与独立暨领土与行政之完整"，体现了海约翰第二次"门户开放"照会的精神；《九国公约》第三条"为适用在中国之门户开放政策或各国商务、实业机会均等之原则更为有效起见"，体现了海约翰第一次"门户开放"照会的精神。在第一条和第三条之间，币原更重视第三条，即为了推进日本在中国的经济利益，有必要实施和维持"机会均等"原则。中国的行政与领土主权的完整则不是币原重点考虑的问题。币原接受作为主义的"门户开放"政策，但严格限制该政策的解释和适用范围，维护日本在华实际利益。[①]

币原要维护的所谓正当权益（实际利益）是由一系列不平等条约规定的损害中国主权的权益，而废除这些不平等条约是中国国民革命运动的主要目标。币原反复强调要"遵守、充实巴黎和平条约和华盛顿会议诸条约、诸决议所明示及暗示的崇高精神"，其实就是要维护根据这些条约日本所享有的在华权益。但是中国国民革命运动的兴起对日本在华权益产生了极大的冲击，使币原外交的内在矛盾显露出来。同时，1924年4月，美国国会通过了含有严重歧视日本人条款的移民法，极大地刺激了日本朝野，舆论开始检讨日本的外交政策，主张回归亚洲，联合中国等亚洲国家抗衡盎格鲁-撒克逊主义。

1872年9月13日，币原喜重郎生于大阪的门真村（现门真市），其家族为门真村的豪族。币原家族原定居在京都，后迁移到门真村。币原喜重郎的父亲名叫币原新治郎，任门真村的村长助理，育有二男二女，即长子坦，次子喜重郎和女儿操、节。币原喜重郎初中时就读于大阪中学，大阪中学以英语教育闻名社会，著名外交家松井庆四郎即毕业于该校。币原从大阪中学毕业后进入了第三高等中学学习，同学中有以后的首相滨口雄幸。高中毕业后，币原进入东京帝国大学法律系学习。币原喜重郎早就有志于当外交官。1893年10月，日本设立外交官录用考试制度，规定年满20岁的男子可参加该项考试，考试分两次进行，第一次考试的科目包括外语、公文写作、速记等。第二次考试的科目分两类，第一类包括宪法、

---

① 服部龍二『幣原喜重郎と二十世紀の日本：外交と民主主義』、有斐閣、2006年、52—53、62頁。

行政法、刑法、经济学、国际公法、国际私法等，第二类包括刑法、民法、财政学、商法、刑事诉讼法、民事诉讼法、外交史等，考生可选择其中的科目应考，日本以此选拔优秀人才充实外交队伍。1894年9月，日本进行了第一次外交官录用考试，由外务次官、外务省政务局局长、外务省通商局局长、文官高等考试委员（法学博士）、法科大学教授（法学博士）等组成考试委员会，外务次官林董任委员长。① 1895年7月，币原喜重郎从东京帝国大学毕业，因患脚气病错过了外交官录用考试，后进入农商务省矿山局工作。1896年9月，币原喜重郎参加了第四次外交官录用考试，此次外交官录用考试的合格者仅4人，币原是其中之一。战前外交官录用考试制度在选拔优秀外交人才上发挥了重要作用。② 外交官录用考试合格后的翌月，币原以领事官补的身份赴朝鲜仁川工作，当时的驻仁川领事是石井菊次郎，币原深受石井和石井的继任者伊集院彦吉的赏识。1899年5月，币原赴伦敦工作。1900年12月，任驻比利时安特卫普领事。1901年9月，改任驻釜山领事。在驻釜山领事任内，币原与三菱公司创始人岩崎弥太郎的第四个女儿雅子结婚，与加藤高明成了连襟（岩崎弥太郎的长女春路是加藤高明夫人）。加藤高明先后出任过驻英公使、大使，担任了第四次伊藤博文内阁、第一次西园寺公望内阁、第三次桂太郎内阁和第二次大隈重信内阁的外务大臣，在日本政界、外交界建立了广泛的人脉。1904年3月，日俄战争爆发后币原回国，先后任外务省电信课代理课长、课长。1912年5月，任驻美大使馆参事官，1913年改任驻英大使馆参事官。1914年6月，升任驻荷兰公使兼驻丹麦公使。1915年10月，经外相石井菊次郎的推荐，年仅43岁的币原任外务次官。1915年10月至1919年11月是日本外交的多事之秋——第一次世界大战正酣、因"二十一条"交涉日中关系跌入低谷、美国对日本破坏"门户开放"政策进行批评、巴黎和会召开等，时任外务次官的币原先后辅助了石井菊次郎、寺内正毅、本野一郎、后藤新平、内田康哉五位外相，对日本外交的利弊得失以及如何在维护国家利益与协调国际关系方面把握均衡点有了更深切的体会。1919年11月，币原被任命为驻美大使。驻美大使是外务大臣的热门候选人，这一任命意味着币原升任外相的可能性大大增加了。当时日本

---

① 外務省百年史編纂委員会編『外務省の百年』上巻、原書房、1969年、220、228頁。
② 服部龍二『幣原喜重郎と二十世紀の日本：外交と民主主義』、有斐閣、2006年、2—5頁。

在外仅有6个大使馆，即驻英、法、俄、意、美、德大使馆，驻荷兰、比利时和中国等使馆是公使馆。明治时期日本最重视的驻外公使馆为驻英、美公使馆，如驻英公使加藤高明、林董，驻美公使陆奥宗光、小村寿太郎等人后来都成为外相。1906年1月，日本驻美公使馆升格为大使馆，担任驻美大使的青木周藏、内田康哉、石井菊次郎等也成为外相。加藤高明在物色阁僚时，最初的外相人选并不是币原，而是石井菊次郎，由于石井推辞并力荐币原，币原才以52岁的年龄首次入阁。因加藤高明任外相时向中国提出臭名昭著的"二十一条"，导致中日关系恶化，加藤高明就任首相后的首次议会演说几乎未触及外交问题，而由币原以"外交政策的连续性"为题阐明新政府的外交政策。加藤高明病逝后，1926年1月30日继任的首相若槻礼次郎不太过问外交问题，由币原完全掌控外交事务。①

　　在币原的外交官生涯中，外务省的美国顾问丹尼森（Henry Willard Denison）对他产生了深远影响。明治政府为了推进国家现代化建设，曾聘请了大量外国专家。从1868年至1889年，政府机关共聘请了2000多名外国专家。1885年，外务省聘请的外国专家为5人，其中就包括丹尼森。丹尼森原是美国驻横滨副总领事。1880年，经美国驻日公使推荐，丹尼森担任了日本外务省顾问，在外务省工作长达34年，为日本外交事业做出了积极贡献。币原进入外务省后就跟随丹尼森学习英文，练习外交文书的起草，咨询法律问题和外交技巧，特别是升任电信课课长后，币原与丹尼森的接触更加频繁。1903年7月，日俄两国围绕俄国驻军"满洲"问题产生了尖锐矛盾。外务大臣小村寿太郎要求丹尼森代他起草致驻俄公使的训示电文，提议与俄国进行交涉。丹尼森询问，是否无论如何都要避免战争？小村表示，是否诉诸战争要看交涉的结果，隐含着日本不惜一战的意思。为此，丹尼森起草了一封语气非常柔和的训示电文。日俄交涉电文除了1份是小村起草的，其余均由丹尼森起草。日俄交涉破裂、战争爆发之后，日本公布了所有的交涉电文，博得了国际舆论的广泛同情，就连俄国的盟国法国也理解日本的行动，"那是因为被丹尼森的电文所感动"，日本发行的军事公债多半是在巴黎售出的。英国外交部远东局局长曾当面对币原说："给驻俄公使的日俄交涉电文，不知是谁撰写的？日本外务省

---

① 服部龍二『幣原喜重郎と二十世紀の日本：外交と民主主義』、有斐閣、2006年、88—91頁。

有很厉害的人。写得相当好。近来进入英国外交部的人，把它作为文章规范来阅读。真是了不起！"丹尼森向币原传授公文、口述记录、觉书的写法，帮助币原掌握通过外交文书最大限度地赢得国际舆论、维护国家利益的技巧。丹尼森对明治时期日本出现的过度西化现象不以为然，建议政府要采取措施加以遏制，保持和发扬日本的传统文明和道德。1887年，原农商务大臣谷干城从欧美旅行归来后，贬斥西方文明，倡导国粹主义、农本主义，夸耀日本文明的优秀，社会上出现了狂热的民族主义和排外主义。对此，丹尼森认为此风不可长，否则日本的进步革新会陷入停顿状态。1914年，丹尼森去世，葬于日本。币原作为丹尼森的遗嘱执行人，获赠了几千部藏书。遗憾的是，这些藏书大部分毁于关东大地震，小部分毁于太平洋战争，竟无一册留存下来。[①]

由于具有长期在英国工作的经历和受其夫人的影响，耳濡目染，币原养成了英国贵族式的生活习惯，性格严谨、理性。币原晚年在回忆录中表示，伦敦郊外的公寓生活是他一生中最幸福的时光之一。币原喜重郎在任驻英大使馆参事官时经历的一场外交风波，让他印象深刻，充分理解了外交的限度。1910年，墨西哥爆发了资产阶级革命，反对外国资本对墨西哥经济的控制。有一次在民众举行的要求收回英国人油田所有权的示威活动中发生了过激事件，示威者烧了工厂，杀了经理，闹得沸沸扬扬，酿成了严重的外交事件。当币原询问英国外交部远东局局长如何处理该事件时，该局长表示："英国面对被杀的事情也没有办法。为了保护在墨西哥的英国侨民，英国向墨西哥派遣了军舰，但是引起了美国的不快。虽说是为了保护侨民，但是向美洲派遣军舰，美国绝不会坐视不理。这对美国来说是一种侮辱。美国奉行门罗主义的传统政策。英国的行动与门罗主义相抵触。为此，我们提议让美国来代替英国，保护英国侨民，英国停止向墨西哥派遣军舰。但是美国政府以没有保护英国人的生命财产的责任拒绝了。"英国议会为此举行了听证会。议员询问外交大臣格雷："外交大臣知道在墨西哥发生的杀人以及工厂被烧毁的事情吗？"格雷简单地回答道："我当然知道。"接着又问道："今后您打算采取什么保护手段呢？"格雷回答："不会采取任何手段。"旁听此次会议的日本驻英大使馆一等书记官吉田伊三郎非常吃惊："人被杀了，财产也被烧毁了，然而政府不采取任

[①] 幣原喜重郎『外交五十年』、読売新聞社、1951年、239—240頁。

何手段，格雷真是太大胆了，绝不会被舆论所接受。"可是翌日当币原翻阅报刊时，发现不仅政府方面的报刊，而且反对派方面的报刊，一致认为格雷的回答是英国唯一可以执行的方针，并对格雷的理性主义态度以及对外交行动分寸的拿捏表示赞赏。币原觉得匪夷所思，同一位英国记者讨论此事："昨天关于爱德华·格雷的答辩，各大报刊都持赞成态度。如果是我国，外务大臣这样回答的话，当晚就会被杀了。这是为什么呢？"这位记者反问道："这是理所当然的，难道为了这种事和美国打仗吗？如果置之不理，那么骚乱也就是一场闹剧，无损英国的威信；相反诉诸战争的话，却使得骚乱者的行为具有了合法性，而且有可能卷入与美国的战争，英国必败无疑，极大地损害英国的国威，因此以沉默为好。按照这样的常识来思考问题，格雷的发言是理所当然的。"币原认为，此事反映了英国民众在外交问题上所具备的常识。"这在日本简直是难以想象的。"英国普通民众具有外交常识，着眼于大局，能够预见强行采取某种行动所造成的严重后果。"如果考虑到这是英国人的常识，有这样的国民，那么英国外交大臣不论做什么事都是容易的。如果我做那样的回答，估计早就被杀死两三次了。"为此，币原非常羡慕英国的外交官员。①

第一次世界大战和俄国十月革命的爆发使东亚国际均衡格局遭遇极大冲击。日本乘机与西方列强出兵西伯利亚，压缩俄国的活动空间，攫取俄国和德国的在华权益和势力范围，东亚的权力天平极大地向日本倾斜。为此，美国采取了再平衡战略，通过巴黎和会和华盛顿会议，以"门户开放、机会均等"主义限制日本扩大在华权益，削弱日本势力。英国鉴于英美两国实力消长的情况，终结日英同盟，强化英美关系，支持美国重构东亚格局和建立集体安全保障体制。当币原执掌外务省时，东亚已恢复了势力均衡。此外，东亚出现了有利于币原实施经济外交和不干涉内政主义的外部环境。当时苏联内部正在进行权力转移和体制构建，传统的日本陆军的假想敌国（之前指俄国，此时指苏联）的威胁暂时消失了；尽管日本在华盛顿会议上接受了6∶10的对美主力舰比例，但由于美国承诺维持西太平洋区域的防备现状，日本并没有感受到美国海军力量的现实威胁。② 列强在促成中国统一、培育中国市场方面达成了共识。币原对结束中国政治

---

① 幣原喜重郎『外交五十年』、読売新聞社、1951年、276—279頁。
② 石津朋之編『日米戦略思想史：日米関係の新しい視点』、彩流社、2005年、27頁。

纷争持积极态度，因为一个统一和快速发展的中国市场不仅有利于美国，也有利于日本。1925年1月20日，币原在议会阐述了他的带有理想主义的外交理念："当今世界之人心一般都排斥偏执狭隘且排他性的利己政策，反对滥用兵力，否认侵略主义，认为在处理各种国际问题时有赖有关国家的相互理解和协作的时代即将来临，关于德国赔偿问题的伦敦会议、和平处理国际纷争的国际联盟会议显示了向该时代的迈进。以上趋势的自然结果就是近年来国际会议数量的显著增加。"1924年日本参加的各种国际会议达40多次。币原表示："我国不应孤立在远东的一个角落，紧闭门户，将自己局限在单独生存的狭小范围内。作为国际联盟的主要成员，应该对世界的和平、人类的幸福承担重大的责任。因此，只要是与这个大目标有关的问题，即使与我国利害关系不大或仅有间接关系，也应该理所当然地被讨论。我国肩负如此重大的责任，时至今日已经不是讨论其事是否可行的时候了，而是不可回避的时局要求。我相信，这是推动全世界发展的巨大进步力量使然。"①

币原执掌的外务省与过去相比有很大的不同。首先是人员数量的增加，20世纪20年代通过外交官录用考试合格的人数大幅度增加，如1920年和1921年的外交官录用考试合格者近40人。不仅如此，外务省还积极吸引其他优秀人才充实外交队伍。当币原任外相时，外务省人员已突破1100人，形成了欧美派与亚洲派。表8-1为20世纪20年代日本外务省的主要人事变动。

表 8-1　20 世纪 20 年代日本外务省的主要人事变动

首相	外相	外务次官	亚洲局局长	欧美局局长	通商局局长	条约局局长	情报部部长
原敬	内田康哉	币原喜重郎	芳泽谦吉	松平恒雄	埴原正直	松田道一	伊集院彦吉
高桥是清	内田康哉	埴原正直	出渊胜次	广田弘毅	田中都吉	山川端夫	田中都吉
加藤友三郎	内田康哉	田中都吉	出渊胜次	广田弘毅	永井松三	山川端夫	田中都吉
山本权兵卫	伊集院彦吉	松平恒雄	出渊胜次	广田弘毅	永井松三	山川端夫	松平恒雄
清浦圭吾	松井庆四郎	松平恒雄	出渊胜次	广田弘毅	永井松三	山川端夫	松平恒雄
加藤高明	币原喜重郎	松平恒雄	出渊胜次	广田弘毅	佐分利贞男	山川端夫	松平恒雄
若槻礼次郎	币原喜重郎	出渊胜次	木村锐市	堀田正昭	斋藤良卫	长冈春一	出渊胜次

---

① 外務省編『日本外交年表並主要文書』(下)、原書房、1965年、72頁。

第八章　在华盛顿体系内运行的日本外交

续表

首相	外相	外务次官	亚洲局局长	欧美局局长	通商局局长	条约局局长	情报部部长
田中义一	田中义一	出渊胜次 吉田茂	木村锐市 有田八郎	堀田正昭	斋藤良卫 武富敏彦	佐分利贞男 松永直吉	出渊胜次 小村欣一 斋藤博
滨口雄幸	币原喜重郎	吉田茂	有田八郎	堀田正昭	武富敏彦	松永直吉	斋藤博

注：本表未含兼职情况。
资料来源：服部龙二『幣原喜重郎と二十世紀の日本：外交と民主主義』、有斐閣、2006年、88頁。

欧美派以币原为核心，包括出渊胜次、佐分利贞男、佐藤尚武、广田弘毅等人，重视与欧美国家的协调与合作；亚洲派又称革新派，产生于巴黎和会后成立的"外务省革新同志会"，在外务省内推进"革新运动"，在维护日本在华利益与国际协调之间，偏向于前者。亚洲派以有田八郎为核心，包括重光葵、谷正之、白鸟敏夫等人。但两派并不是泾渭分明的，如欧美派的广田弘毅比较认同亚洲派的外交理念，亚洲派的白鸟敏夫则与币原保持良好的协作关系，所以在亚洲派内又分为白鸟派和有田派。由于币原没有在驻华使领馆工作的经历，缺乏对中国问题的直接感受，因此他通过与自己具有相同外交理念的部下推进对华政策，如在其担任驻美大使期间，作为使馆参事官的出渊胜次、二等书记官佐分利贞男等人就得到了币原的充分信任，币原放手让他们工作，对他们言听计从。而持不同外交理念的一等书记官广田弘毅、三等书记官石射猪太郎等人则被疏远。[①] 20世纪20年代，欧美派是外务省的主流，九一八事变后亚洲派成为外务省的主流。

鉴于以往强硬外交的负面效应，币原改进外交方式，推行所谓的正直外交，即吸取加藤高明与中国交涉"二十一条"的教训，改变加藤高明英

---

① 服部龙二『幣原喜重郎と二十世紀の日本：外交と民主主義』、有斐閣、2006年、16頁。亚洲局成立后，与其他部门相比，表现得极为强势和本位主义。1925年任外务省通商局第三课课长的石射猪太郎回忆说："亚洲局门罗主义"说法在当时的外务省内广为流传，亚洲局在外务省内显示了最突出的存在感。木村锐市局长和其手下的谷正之第一课长，十分活跃。从那时起，出现了"亚洲局门罗主义"的声音。其他部门对亚洲局的指责不绝于耳，即亚洲局领导用派系手段巩固亚洲局，不让派系外人士进入亚洲局；亚洲局职员被派往海外时，常为其选择一个好地方，极不正常；等等。亚洲局中心主义的价值观在其成立伊始便在外务省内逐渐形成，以后与亚洲派的存在一起成为币原外交的羁绊。参见熊本史雄『幣原喜重郎：国際協調の外政家から占領期の首相へ』、中央公論新社、2021年、60—62頁。

国式的帝国主义外交实践，针对一战后欧美力量的消长，重视与美国的协调，如废弃日英同盟、接受"门户开放"主义、积极参加华盛顿会议和解决山东问题等。为消除舆论和民间对外交的误解，币原有选择地公布一些重要的外交文件，增加外交的透明性。1924年4月美国国会通过的含有严重歧视日本人条款的移民法，激起日本人的极大愤慨，日美关系面临崩溃的危险。币原一方面不同意采取过激反应，直到9月中旬才向美国国务卿休斯发出外交抗议；另一方面及时公布日美交涉移民问题的外交文件，有效地化解了外在压力，平息了社会上的不满情绪。1924年7月，外务省公布了两部重要的外交公文集，即《一九二四年美国移民法制定及与此相关的日美交涉经过》和《一九二四年美国移民法制定及与此相关的日美交涉经过公文书英文附属书》。尽管驻美大使埴原正直担心这些机密外交文书的公布会造成严重后果，但币原仍决定刊行。两部外交公文集共印刷了上千份，分别送达贵族院、众议院、枢密院、内务省、东京各报社、各府县机关、驻外使领馆、银行和各地方报社等，取得了较好的效果。8月，币原组织了移民委员会，组成人员包括外务省、大藏省、农商务省和递信省的局长级干部，每周开会，讨论善后措施。在移民美国的渠道被彻底堵塞的情况下，日本决定鼓励本国公民向巴西等拉美国家和南洋国家迁移。①

1924年9月爆发的第二次直奉战争是对币原外交的第一次考验。第二次直奉战争包括9月3日开始的江浙战争、9月18日开始的第二次直奉之战以及10月23日冯玉祥发动的北京政变，北京政变推动了11月中旬以段祺瑞为首的临时执政府的成立。1924年4月28日，朝鲜总督斋藤实致电日本政府，声称对直奉两派的纷争"甚为挂念"，为了"东洋和平"以及"管护满洲之决心"，日本政府应表明态度，"惩戒彼等之蠢动"。"若放任目前之局势，不仅野心家之蠢举妄动愈发严重，且支那人声势日渐高涨，最终帝国在满洲、朝鲜将陷入威信扫地、万事皆休之境地。"② 与此同时，斋藤实在致政府的密信中"吐露衷情"。斋藤实在密信中说：应向列强通报，鉴于中国现状，此时如在"满洲"发生军事行动，会妨碍治安并进一步扰乱满铁沿线地区及朝鲜的治安，帝国政府为了"自卫"不得不动用兵力予以镇压，同时向中国政府发出严重警告。斋藤实指出，一旦奉

---

① 服部龍二『幣原喜重郎と二十世紀の日本：外交と民主主義』、有斐閣、2006年、97—98頁。

② 外務省編『日本外交文書』大正十三年第二冊、外務省、335頁。

直两军交战,"张作霖方面胜算甚少。万一张(作霖)战败,东三省无论由何人统治都将陷入大混乱,马贼、不法朝鲜人乘虚而入,肆意实施各种暴行。出于维持满铁沿线及朝鲜国境之治安需要,帝国乃不得不出兵"。① 朝鲜总督府还企图利用第二次直奉战争导致中朝边境局势变化的时机,解决所谓"边境问题"等。1924年9月17日,朝鲜军参谋长赤井春梅致电陆军次官津野一辅:"伴随着奉直关系之紧张,朝鲜总督府对于国境问题亦稍感不安,甚至意欲借机解决国境问题之悬案。"② 朝鲜总督斋藤实也致电币原外务大臣,指出:"频繁出现奉直开战之说法,若果真如此,形势之变化恐怕会使朝鲜国境方面之支那马匪及不法朝鲜人立刻蜂拥而起,我方恐怕直接受到此危险之影响。""我认为奉直战胜败之结果所导致的满洲形势,不仅影响朝鲜国境,对整个局势也产生重大影响。政府应在对满洲政策上做特别考量,国境警备上亦要做与其相应之计划,欲消除当前之不安,并完全确保将来治安,相信此乃解决此问题之绝佳机会,希望予以关注。"③

当时日本国内舆论普遍要求干预直奉战争,援助张作霖,采取强硬手段维护日本在"满蒙"的权益,并对币原施加压力,一些暴徒还直接冲入办公室泄愤。一贯持稳健对华政策的农商务大臣高桥是清也对"满洲"的局势深感忧虑,在1924年10月23日的内阁会议上主张援助张作霖,但币原坚决反对,提出三条理由。第一,政府曾决定对中国的内部纷争持不干涉的方针,并且已向中外声明,而援助一方是明显的干涉,有违之前的严肃声明,是否坚守国际信义是关系到国运消长的重大问题。第二,即使发生吴佩孚乘胜侵入东三省的事情,进军奉天必须跨越南满铁路;根据条约,日本在满铁地带有驻兵权,跨越南满铁路必须以与满铁守备队交战并取胜为先决条件。然而,直隶军长驱奉天,已经没有与日本精锐部队交战的余力。即使吴佩孚统治了"满洲",他与张作霖一样,绝对不可能不"尊重"日本的既得权益。第三,冯玉祥部正在张家口厉兵秣马,冯吴有宿怨,冯绝不会对吴称霸东三省袖手旁观。当张吴在山海关生死决战时,

---

① 外务省编『日本外交文書』大正十三年第二册、外務省、335—336頁。
② 「奉直問題に対する朝鮮総督府の態度」、陸軍省大日記/密大日記/大正14年/密大日記大正14年6冊の内第1冊/防衛省防衛研究所藏、JACAR系统查询编号:C03022694100。
③ 「奉直問題に対する朝鮮総督府の態度」、陸軍省大日記/密大日記/大正14年/密大日記大正14年6冊の内第1冊/防衛省防衛研究所藏、JACAR系统查询编号:C03022694100。

这正是冯崛起的好时机。如果发生这样的事，吴佩孚因为后方被截断，不得不引兵后撤；张作霖也将重整旗鼓。在此情况下，对日本来说采取不干预的态度是最好的选择。最终，在币原对不干涉内政主义的坚持下，军部加速策动冯玉祥倒戈，终于促使冯玉祥发动了北京政变。当币原报告来自驻北京公使馆的电报内容时，高桥是清非常兴奋，特意走到币原跟前，两手紧握币原的手，说："好！好！由于你的努力日本得救了。如果按我们主张的那样秘密援助张作霖的话，可不得了啦。我们没有脸见列国了，进退维谷了。这样，日本的权益被保全了，日本的信用得到了维持。如此高兴的事再也没有了。"①

1925年1月，币原喜重郎在第50届议会发表演说并指出："去年9月由江苏、浙江两省开启战端，进而演变为直奉两军之激战。虽然一时间中国内部发生了复杂动乱，但是我方处理时局始终贯彻先前声明之政策，即首先我们始终十分注重维护我方合理立场，所谓合理立场之一例，乃关于我方在满蒙地方有关权益之事。为了不使该权益受山海关附近直奉战争之结局影响，并考虑到万一遭遇侵害的情况发生，10月13日直接对奉直两军表明我方之立场，并在当时报纸上公开发表，获得理解。毋庸赘言，日方关心之处并不仅限于满蒙地方之事态，整个支那对于日本国家生存具有极为密切之利害关系，这是现实中不争的事实。然而我国国民对于满蒙地方尤为敏感，是因为在上述利害关系之外，还有历史缘由，即日本在满洲之地为了自卫，为了东洋之和平，以国运相赌，进行了两次大的战争。日本人今天能在该地方进行和平之事业正是这种巨大努力之结果。"② 由此可见，军部和外务省在解决"满蒙"边境和"满洲"悬案问题上趋于一致。

1924年国共合作的建立使二七惨案后一直处于低潮的中国工人运动开始恢复和发展。1925年中国共产党第四次全国代表大会的召开为国民革命运动的高涨做了思想上和组织上的准备。上海、青岛两地日本纱厂工人的罢工，揭开了五卅运动的序幕。

一战以后，日本在华经营的纺织厂无论在规模上还是在数量上都超过

---

① 幣原喜重郎『外交五十年』、読売新聞社、1951年、98—103頁。
② 「第五十回（大正十四年一月）幣原大臣」、戦前期外務省記録/1門 政治/5類 帝国内政/2項 議会及政党/帝国議会関係雑纂/総理、外務両大臣演説/外務大臣演説集第二巻/外務省外交史料館蔵、JACAR系统查询编号：B03041473100。

其他国家。1925年日本在中国的纺织厂有45家，雇佣中国工人8.2万多人。英国在华纺织厂数量仅为日本的1/3。尽管中国人投资经营的纺织厂有80多家，但规模比较小。由于日本在华纺织企业享有治外法权和低关税税率等特权，中国民族纺织企业难以与日资企业竞争。① 中国工人在日本开设的纺织厂里遭受残酷的剥削，工作时间长、劳动条件差、工资待遇低，日本纱厂工人反对日本帝国主义的要求特别强烈，所以五卅运动发源于日本纱厂的工人罢工运动。

在五卅惨案前，上海工人运动的矛头始终针对日本帝国主义。日本外务当局一方面要求中国政府采取措施，严厉镇压煽动闹事的过激分子，稳定局势，维护社会治安；另一方面要求日本企业主与工人代表进行谈判，做出一定让步，尽快平息罢工浪潮。但是五卅惨案发生后，中国人民斗争的矛头扩大到英国及其他列强，提出了废除不平等条约、收回租界、撤销领事裁判权、恢复关税自主权等捍卫国家主权及民族独立的口号。中国民族主义运动已经逸出了列强在华盛顿会议上为中国设定的以渐进方式改变中外关系的轨道。面对中国声势浩大的民族主义运动，列强的步调并不一致，而是各有打算，充分暴露了华盛顿体系的脆弱。

日本无法承受中国长期罢工、罢市和抵制日货运动的后果，希望尽快平息事端，所以愿意向中国工人做出一定的让步，并在五卅惨案发生后，巧妙地摆脱困境。沙基惨案发生后，日本认为这是把中国人民反帝斗争的锋芒引向英国的又一个好机会，声称这次风潮"唯英国应负其完全责任"，"日本自始至终，不愿变更其所抱之和平政策"。1925年7月，日本避开英国，诱使中国政府单独解决上海罢工问题。在这种情况下，8月1日召开的省港罢工工人第七次代表大会决定改变斗争策略，把"反对一切帝国主义"的口号改为"集中打击英帝国主义"，把全面封锁香港的政策改变为单独对英封锁的政策，并实施"特许证"制度，保护其他国家的合法贸易。这一政策拆散了列强反对中国民族主义运动的联合战线，而且加深了列强之间的矛盾。9月2日，日本发表声明："日本对于列国对华任何强硬政策决不予以援助。"② 美国则希望以中国友人的面目出现，不愿意与

---

① 李新、陈铁健主编《中国新民主革命通史》第二卷，上海人民出版社，2001年，第152页。
② 参见李新、陈铁健主编《中国新民主革命通史》第二卷，上海人民出版社，2001年，第262—267页。

英国一起趟这场"浑水"。当美国驻上海总领事为制造五卅惨案的租界警察辩护,要求派遣军舰来保护美国在华侨民时,美国政府没有接受这一建议。对于日本的外交举动,中共中央在告全国民众书中指出:此次上海五卅惨案"起于日本帝国主义向上海以及青岛纱厂工人积极的进攻,而成于英帝国主义对学生工人市民狠毒的残杀","日本帝国主义正在努力企图将此次事变的目标转嫁于英国"。①

五卅惨案发生后,段祺瑞临时执政府试图利用五卅运动加强临时执政府的基础,力促修改条约,同时削弱激进的民族主义。1925年6月24日,段祺瑞政府向外交使团发出照会,要求修改不平等条约。照会指出:不平等条约的存在"常为人民怨望之原因,甚至发生冲突,以扰及中外和好之友谊。如最近上海之事变,至为不幸"。"对于中国政府,依公平主义,修正条约之提议,予以满足之答复。"② 8月18日,中国政府向各国发出关税特别会议的正式请柬。段祺瑞对关税特别会议非常重视。临时执政府成立后,中央财政陷入困境,各省税收尽为地方军阀所截留,分文不交中央,"执政府的日常开支,如北京的军警费用、政府开支以及教育经费等等,主要只能靠借内外债"。③ 段祺瑞执政伊始,就决定解决搁置多年的金法郎案。华盛顿会议规定,在与会各国批准关于中国关税的条约后3个月内,由中国政府召集各国举行关税特别会议,讨论增加二·五附加税。法国以不批准华盛顿关税条约为要挟,迫使中国政府在金法郎案上做出让步。中国政府慑于国内舆论的压力,一直未敢同意法国的要求,法国政府也就迟迟不批准华盛顿关税条约,使关税特别会议无法召开。段祺瑞催促财政总长李思浩尽快解决金法郎案,以谋求法国批准华盛顿关税条约,归还被扣留的关余、盐余,从而促使关税特别会议召开。结果中国在金法郎案上未能坚持"中国政府的原有立场,放弃了中国的合法权利","完全接受了法国的要求"。④ 段祺瑞通电全国,声称"解决时局之要,首在财政,尤在协定关税之得其宜"。"盖吾国今日上下交困,欲图补救,惟冀关税会议成立,由百分之七·五再进而加至一二·五,不特内外各债得有归

---

① 参见上海市档案馆编《五卅运动》,上海人民出版社,1991年,第26页。
② 程道德等编《中华民国外交史资料选编(1919—1931)》,北京大学出版社,1985年,第230—231页。
③ 杜春和等编《北洋军阀史料选辑》(下),中国社会科学出版社,1981年,第240页。
④ 《顾维钧回忆录》第一分册,中国社会科学院近代史研究所译,中华书局,1983年,第322页。

结，抑且财政既活，百废待兴，民国转机，实赖乎此。"金法郎案解决后，华盛顿关税条约"所定加税免厘之税率，颇信于关税会议中可得切实讨论，理财政策由此而施"。① 日英美等国希望中国有一个稳定的中央政府，但面对法国政府的蛮横态度，却未能采取有效、果断的措施，而是对事态的发展袖手旁观。尽管段祺瑞政府采取妥协态度，使金法郎案得到解决，然而其付出的代价是巨大的，进一步削弱了段祺瑞政府的执政基础。日英美等国在金法郎案上的表现，显示了其远东外交政策的短视性。

美国赞成尽快召开关税特别会议。1925年7月1日，美国国务卿凯洛格（Frank Billings Kellogg）在致美国代理驻华公使麦雅的电文中表示，"在对中国外交部6月24日照会进行答复的文本中，你可以利用机会向他们强调我国政府的愿望，即有关国家加速准备召开有关中国关税的特别会议，声明我国政府认为该会议在完成条约所要求的工作后应提出具体建议，据以制定给予中国完全关税自主权的方案。你也要向中方表明，本政府希望立即着手准备派遣调查治外法权问题的委员会，并声明本政府认为应要求该委员会在其报告中包括关于逐步取消治外法权计划的建议，中国政府也应采取步骤，通过法律和建立法律机构，使得依靠当前条约保护的外国合法利益仍能得到保护"。② 尽管凯洛格没有到过东亚，但是曾担任美国驻英大使，拥有在国务卿休斯领导下与英国合作处理中国问题的经验。与休斯不同，凯洛格对同其他列强合作并不那么积极，而是把美中的友好关系视为亚洲的基本课题。凯洛格认为，如果美国以中国友人的姿态出现，美国就不会成为排外运动的对象。因此，凯洛格主张美国应采取稳健的政策。五卅运动爆发后，美国代理驻华公使麦雅一方面倾向于采取一切手段恢复法制和秩序；另一方面主张为了使事态尽快平息下来，尽可能采取妥协的态度。因此麦雅主张尽快召开关税特别会议，使中国与列强的关系"安定化"。③ 1925年6月6日，麦雅在致凯洛格的电文中指出："在今天上午的公使馆负责人会议上，根据我的建议，决定由公使馆派代表于

---

① 杜春和等编《北洋军阀史料选辑》（下），中国社会科学出版社，1981年，第239、245页。
② "The Secretary of State to the Chargé in China (Mayer), July 1, 1925," in United States Department of State, ed., *Foreign Relations of United States*, 1925, Vol. 1, Washington, D. C.: G. P. O., 1940, pp. 767-768.
③ "The Chargé in China (Mayer) to the Secretary of State, June 6, 1925," in United States Department of State, ed., *Foreign Relations of United States*, 1925, Vol. 1, Washington, D. C.: G. P. O., 1940, pp. 658-659.

6月8日离开北京前往上海,实地考察情况并向我们汇报。这一行动的主要目的是向中国政府和人民表明我们对上海事态及其在全中国的影响的严重关切,以及我们对尽早妥善解决这一问题的极大关心。我们认为必须采取一些这样的行动,以便使我们不被人误解,被人指责为不采取行动。""我们的行动正在得到尽可能广泛的宣传。""虽然为维持法律和秩序可采取必要的武力,但如果和解措施有助于恢复正常状况,我认为应尽可能使用这些措施。"① 新任驻华公使马慕瑞持有与麦雅同样的观点。1925年7月9日,马慕瑞在致凯洛格的电文中说:"我自己的理念是,有鉴于中国人认为华盛顿条约强加于他们异乎寻常的不平等,只有各大国始终如一地严格遵守它们在华盛顿会议上所承担的义务和责任,才能减轻中国人对外国权利和利益的敌意以及改变中国政府目前民族自我意识的高涨。因此,我认为,我们应该抵制任何偏离华盛顿条约和决议所规定路线的诱惑,如果这些协议的预期目的由于中国自身过失而失败,而不是我们拒绝中国要求条约国重新考虑华盛顿会议为他们提供了讨论这几个问题的机会,那么我们将处于一个更有利的地位。面对目前反对外国条约权利的骚动,在我看来严格遵守华盛顿会议的纲领是唯一的安全之道。"② 美国在恢复中国关税自主权问题上表现出明智的态度。美国国内舆论对中国民族主义运动的高涨也持同情态度,某些国会议员认为中国国民革命类似于美国的独立战争。凯洛格指出:"直到几个月前,本政府以及其他列强政府都一直以为,(华会)关税条约的条款足以满足中国人在修改关税方面的愿望,但是最近几个月的事件表明,这些条款作为渐进实现关税自主的一个步骤并不能满足中国人的期望,中国人民要求摆脱列强强加给他们的种种强迫性限制以获得自由的愿望并不限于关税问题,而是包括其他很多方面,在这些方面他们同样要求做出彻底的改变。我对中国人民的目标表示同情,并希望对我们与中国的条约进行修正,直至其公正可行……在我看来,就关税问题而言,特别会议的行动应超越关税条约所严格限定的范围,讨论整

---

① "The Chargé in China (Mayer) to the Secretary of State, June 6, 1925, " in United States Department of State, ed. , *Foreign Relations of United States*, 1925, Vol. 1, Washington, D. C. : G. P. O. , 1940, pp. 658-659.

② "The Chargé in China (Mayer) to the Secretary of State, June 12, 1925, " in United States Department of State, ed. , *Foreign Relations of United States*, 1925, Vol. 1, Washington, D. C. : G. P. O. , 1940, pp. 778-779.

个协定关税问题，甚至包括旨在最终实现关税自主的建议。"①

1924—1929年任英国外交大臣的张伯伦（Arthur Neville Chamberlain, 1869-1940）对欧洲事务的关心远过于对远东事务的关心，奉行欧洲中心主义的外交政策。仔细阅读20世纪20年代英国外交部每年所做的备忘录，即"英国政府的外交政策——承担义务及其相对重要事项一览表"，就可以明确了解英国政府的外交政策。1926年4月10日，英国外交部官员在呈递给张伯伦的备忘录中，对英国政府需要承担的外交义务进行了排序，依次为"国际联盟条约、凡尔赛条约、1925年《洛迦诺公约》、1921—1922年华盛顿条约、埃及、苏丹等"。由此可见，围绕日本、中国、华盛顿条约等的问题，在英国政府的外交事务排位中是处于欧洲事务之下的。20世纪20年代的英国外交部被欧洲中心主义笼罩，主要关心的是欧洲事务。② 这也就不难理解英国为何在中国问题上接连出错。由于英国对"五卅事件"处理不当，其成为中国人民反帝斗争的主要对象，这严重影响了英国对华贸易的开展，导致贸易损失巨大。英国国王对英国在中国的外交处境深感忧虑。如何改善英中关系，平息中国人民的民族主义情绪，就成为英国政府不得不考虑的一件事情。对北京关税特别会议，英国持"稳健的立场"。所谓"稳健的立场"，即张伯伦在致出席北京关税特别会议的英国代表的电文中所说的那样，英国的立场"居于日本政策的利己主义与美国的理想主义的宽大化（牺牲其他国家）之间"。③ 因此，英国政府对中国提出的提高关税税率表示赞成，但对中国提出的恢复关税自主权持保留态度。显然，一旦中国恢复关税自主权，英国就会失去对中国海关的把持权，这直接影响英国在华利益。20世纪20年代英国外交政策有一个重要目标就是遏制苏联共产主义的影响。为此，英国在欧洲支持法德和解，将德国拉入国联，并且使德国成为国联行政院常任理事国，防止德苏接近；在远东则拉拢日本，将之作为将来反苏的强大力量。英国驻日大使曾对英国国王表明加强与日本协作的重要性，指出"假如日本的政策受到合众国的反对，而又感到失去我国的支持，日本当然不敢在中国与苏

---

① 转引自王立新《华盛顿体系与中国国民革命：二十年代中美关系新探》，《历史研究》2001年第2期。
② 細谷千博編『日英関係史：1917~1949』、東京大学出版会、1982年、51頁。
③ 細谷千博・斎藤真編『ワシントン体制と日米関係』、東京大学出版会、1978年、72—73頁。

联人敌对化"。对此，英国国王表示，"关于东洋，特别是我们对苏联在东洋和西洋进行两面活动的危险性进行正确评价的话，与美国相比，英国更应与日本协作"。①

同英国一样，日本也想借关税特别会议进一步改善日中关系，扩大日本产品在中国的销路。自日本向中国提出"二十一条"以来，日中关系一直处于紧张状态。紧张的日中关系显然影响了日本对华贸易的开展。在1925年初召开的第50届议会上，滨口雄幸藏相指出，受关东大地震的影响，1924年日本对外输出18.07亿日元，输入24.53亿日元，外贸赤字高达6.46亿日元，输入额和外贸赤字都是日本外贸史上的最高纪录；如果加上朝鲜、台湾等殖民统治地区的贸易，外贸赤字达到了7.25亿日元。这样，第一次世界大战以来，日本的外贸赤字累计达到了27.83亿日元。因此日本必须抑制输入、扩大出口。日本输出的大宗产品是对美国的丝织品和对中国的棉织品，确保美国和中国市场对加藤高明内阁来说，是一个重要课题。②北京关税特别会议的召开使日本陷入了左右为难的境地：如果反对中国恢复关税自主权的要求，并且在各国普遍同意提高中国关税税率的情况下，独持异议，日本必将在国际上陷入孤立；如果同意提高中国关税税率，则会给自1922年战后经济危机和震灾恐慌以来全面入超的日本经济带来严重影响。为了解决这个矛盾，主管关税问题的外务省通商局局长佐分利贞男向外相币原喜重郎建议：原则上同意中国恢复关税自主权的要求，但在恢复关税自主权前设一个过渡阶段，在此过渡阶段内要求中国采用日本主张的"等级税率"。佐分利贞男的建议得到了币原喜重郎的完全同意，其被任命为日本出席关税特别会议的全权代表的随员兼事务总长。

关税特别会议前，外务省首脑制定了以下与会原则："列强在华盛顿会议上曾经反对日本之等级税率提案，此次会议恐难指望列强赞同。此案不能通过，而一律征以百分之十二点五的高税率，则日本对华贸易将遭受重大打击。必须千方百计考虑实现等级税率之方案。为此，应由日本采取大大方方的措施，率先提议承认中国关税自主权，然后对中国国民所向往的撤销不平等条约抢先迈出一大步。采取这一措施，中国将对日本的好意

---

① 細谷千博・斎藤真編『ワシントン体制と日米関係』、東京大学出版会、1978年、74頁。
② 臼井勝美『日本と中国：大正時代』、原書房、1972年、235頁。

有所反应，或将采用等级税率作为国定税率的原则；在某种情况下，为保全同日本的特殊贸易关系，或将出现缔结两国间关税互惠协定的可能性。"① 为了贯彻日本的上述原则，佐分利贞男在会前赴北京与中国全权代表之一、司法总长黄郛接触。黄郛曾留学日本，精通日语。佐分利贞男向黄郛表示，"日本原则上承认中国的关税自主权的要求，但前提是接受等级税率或制定日华特惠关税协定"。②

由此可见，英、美、日等国对关税特别会议抱有不同的目的，英、美希望通过关税特别会议，协调列强对华关系，在华盛顿体系的框架内解决中国问题，进一步巩固中国中央政府的地位，促使中国政局趋于稳定；而日本则希望通过关税特别会议，改善日中关系，确保并进一步扩大日本产品在中国市场中的占有份额。这样，与英美不同，日本并不关心关税特别会议的成败，日本在关税特别会议上的表现也具有某种作秀成分。1925年11月3日，加藤高明首相在会见英国驻日大使时明确表示，"缺乏会议成果对日本是有利的，因为中国恢复关税自主权只会给日本带来损失"。③

1925年10月26日，关税特别会议在北京居仁堂开幕。段祺瑞致欢迎词，强调中国关税自主，不仅有利于中国经济，也有利于世界经济："查我国现行约定税则，不合经济原理，致所受影响，不可胜计。若国定税率实施以后，纵税率变更，外商之负担似略加重，而我国民久困之经济，得以借此复苏，购买之能力，得以借此增进，萌芽之实业，得以借此发展。我国本为世界一大好市场，一旦经济苏复，富力增进，实业发展，不独我国家之幸，即我各友邦同蒙之利益，宁属浅鲜。"④ 中国代表王正廷宣读关税自主提案，办法为：

一、与议各国向中国政府正式声明尊重关税自主，并承认解除现行条约中关于关税之一切束缚；

二、中国政府允将裁废厘金与国定关税定率条例同时实行，但至

---

① 〔日〕信夫清三郎编《日本外交史》下册，天津社会科学院日本问题研究所译，商务印书馆，1980年，第511—512页。
② 上村伸一『中国ナショナリズムと日華関係の展開』、鹿島研究所出版会、1971年、127頁。
③ 服部龍二『幣原喜重郎と二十世紀の日本：外交と民主主義』、有斐閣、2006年、105頁。
④ 章伯锋、李宗一主编《北洋军阀》第五卷，武汉出版社，1990年，第84页。

迟不过1929年1月1日；

三、在未实行国定关税定率条例以前，中国海关税则照现行之值百抽五外，普通品加征值百抽五之临时附加税，甲种奢侈品（即烟酒）加征值百抽三十之临时附加税，乙种奢侈品加征值百抽二十之临时附加税；

四、前项临时附加税，应自条约签字之日起，三个月后即行开始征收；

五、关于前四项问题，应于条约签字之日起立即发生效力。[1]

为了支持政府的关税自主提案，北京及其他地方举行了声势浩大的游行示威，中国民众的民族主义情绪达到一个新的高潮，对与会列强造成了很大的压力。鉴于五卅运动的经验教训，英、日、美等国不敢轻易对中国政府的提案持否定态度，以免惹火烧身。日本全权代表日置益当天发表声明，明确表示同意中国恢复关税自主权。日本的这一举动获得了中国民众的好感，为改善自"二十一条"交涉以来一直处于恶化状态的中日关系创造了一个良好的氛围。外务省通商局事务官堀内干城（日本代表，也是事实上的日本代表团的中心人物）在其所著的《中国的暴风雨中》中指出：日本在会议开始时就对中国国民多年的愿望即废除有关税权的不平等条约加以承认，使日本的侵略政策、高压政策来了180度的转换，获得了全中国国民特别是青年的极大好感。因此在所有问题上，日本代表团主导着关税特别会议。英国全权代表在涉及与会各国的重要问题上认为有必要与中国方面接触时，由于日本最为中国方面信赖，直率地表示委托日本进行这种接触。结果，英国全权代表在各种场合体验到了北京市民对日本代表团表现出的100%的好意，而且出现了上海等各大城市的反日现象渐渐消失，亲日气氛抬头的状况。[2] 英、美等国对日本在不同其协商的情况下，独自表态同意中国恢复关税自主权，以此赚取中国人民好感的机会主义做法极为恼火。华盛顿体系是一个国际协调体制。美国之所以不愿意率先对中国的民族主义运动表示积极的态度，就是希望各国采取协调一致的行动，反

---

[1] 程道德等编《中华民国外交史资料选编（1919—1931）》，北京大学出版社，1985年，第250页。

[2] 上村伸一『中国ナショナリズムと日華関係の展開』、鹿島研究所出版会、1971年、131—133頁。

对单边主义计划或行动,不论是柯立芝总统,还是凯洛格国务卿,都希望列强在对华问题上保持"和谐"。"当时日本方面的态度因过于积极而得到中国方面的好评,引起英美方面的极大不满,日本超越列国啦,或币原外交破坏对华协调啦等非难之声上升,由此刺激了日本的对华强硬派,在日本内部出现了攻击币原外交的声音。"① 1925年11月19日,会议通过了恢复中国关税自主权的决议案。1926年1月,币原喜重郎在第51届议会上就日本关于关税特别会议的方针做了说明:"仔细观察中国时局之发展,不得不承认近年来中国国民逐渐显现出政治觉醒的征兆。古老之中国逐渐被新中国所取代。""无视近年来中国形势明显变化之事实乃是重大错误。中国军阀因战乱之命运或兴或亡,但是国民的觉醒一旦发生就绝不会消失。如果受到外部压迫,反而会更加强烈。于是中国国民觉醒之一就表现为近来要求恢复关税自主权。我们特别观察此形势,据此而决定关税特别会议之方针。"② 币原喜重郎认为日本与其他列强步调一致而去反对恢复中国关税自主权,并非明智之举。当时赴华就任的其他国家外交官大多转道日本,在关税特别会议前币原喜重郎频繁地与其他国家代表,尤其是英美代表会晤。币原喜重郎指出:"此次会议,中国的侧重点也许在恢复关税自主权方面吧。如果承认其关税自主权,中国会随意制定关税,从而可能给各国带来麻烦。话虽如此,但是如果不承认(关税自主权),对中国也是不公平的。日本历史上也曾有此种情况。安政条约以来,一直受片面关税权束缚。但伴随与各国修改通商条约,最终恢复了关税自主权。这在独立国家间是理所当然的。假若中国滥用关税自主权,实行违法的税率,妨碍与各国通商,从长远来看,总有一天这种违法的关税制度是无法继续下去的,中国自己也会感觉其利益受损而进行适当的修改。"③ 显然,币原喜重郎希望列强在恢复中国关税自主权方面达成一致,然后要求中国实行有利于列强的关税税率。

所以关税特别会议失败的根本原因是日本固守一己之私利,顽固坚持华盛顿关税条约的规定。日本为取得中国的"好感"而同意其恢复关税自

---

① 上村伸一『中国ナショナリズムと日華関係の展開』、鹿島研究所出版会、1971年、131—133頁。
② 「帝国議会に於ける外務大臣演説集」、戦前期外務省記録/A門 政治、外交/1類 帝国外交 0項 0目/外務大臣(其ノ他)ノ演説及声明集第一巻/外務省外交史料館蔵、JACAR系统查询编号:B02030023900。
③ 幣原喜重郎『外交五十年』、読売新聞社、1951年、112—113頁。

主权所表现出来的真正意图是,"要把华盛顿关税条约所规定的附加税限制在百分之二点五的范围内,作为1929年1月以前的暂定措施,这是上策;此策不成,则以百分之十二点五为最高限度,制定等级税率,这是中策。对于附加税收的用途,日本的提案是,除用以代替过去来自厘金收入的基金、政府行政费外","还举出可以充作'清理现存各种无抵押、无偿还把握的债务'",换句话说,就是要收回以西原借款为主的不可靠的借款的本金。①

当与会各国接受中国的关税自主提案,同意中国从1929年1月起实行国定税率后,关税特别会议的焦点就集中在1929年以前的暂定措施上。日本顽固地坚持华盛顿关税条约的规定,即把附加税限制在2.5%。11月6日,日本代表芳泽谦吉在关税特别会议第二委员会会议上表示,"若立即施行高于二·五之附加税,必致扰乱中国与各国之贸易关系,而影响日本之工商业为尤甚"。② 日本的提案与中国的要求相去甚远,中国根本无法接受。11月23日,中国代表在关税特别会议税率小委员会会议上提出附加税率具体方案,即普通品值百抽五,每年收入约3000万元;甲种奢侈品值百抽三十,每年收入约3200万元;乙种奢侈品值百抽四十,每年收入5000万元。英、日代表坚持普通品值百抽二·五。奢侈品税率则遭到各国的反对。为此中国同与会其他国家进行广泛的交涉和协商,最后除日本外,其他国家同意使附加税收入增加到9000万元。日本显得十分孤立。为了摆脱在关税特别会议上的孤立立场,日本政府决定做出让步,即"以中国所要求的增加税收九千万元为前提,把附加税按类定为七级税率,最低百分之二点五,最高百分之二十五,并使之承认日本输出品中百分之五十以上列为最低税率"。③ 1926年2月13日,佐分利贞男带回日本政府对于关税特别会议的方案,其具体内容为:

(一)根据《华盛顿条约》,承认加增普通货物税二分五厘,奢侈品五分之附加税;(二)货物分为七种,由最低七分五厘以至最高

---

① 〔日〕信夫清三郎编《日本外交史》下册,天津社会科学院日本问题研究所译,商务印书馆,1980年,第512页。
② 章伯锋、李宗一主编《北洋军阀》第五卷,武汉出版社,1990年,第92页。
③ 〔日〕信夫清三郎编《日本外交史》下册,天津社会科学院日本问题研究所译,商务印书馆,1980年,第513页。

三成（三十分）之差等税率，按各种货物分别课税；（三）日本运华之重要商品棉纱、棉布（未加工品）、砂糖等类，无论如何必主张归七分五厘课税品之类；（四）但加工制造之棉布，可酌增若干；（五）承认差等税率之时，日本即撤回延期支付案；（六）关税增加后，中国关税额年约增收七千万元，以四千万元整理不确实之内外债（大约先作为付利息之用），二千万元或二千五百万元，作撤废厘金之抵偿金，五百万元作中央政费；（七）中国所要求以征收税金修筑铁路一事，碍难承认。①

该方案充分表明，"日本的态度是表面上装好意，骨子里则不外是帝国主义外交，是以冷酷而坚定地追求自身利益的彻头彻尾的资产阶级算盘为根据的"。② 由于日本的顽固坚持，其提出的七级税率和把大部分日本货物列入最低级税率适用范围的方案基本上获得了与会其他国家的同意。"日本得以在附加税所增加的收入中"只负担19%，其对华总输出货物的约60%适用最低级税率，即附加税为2.5%。③

正当关税特别会议进展到紧要关头时，中国政局却发生了急剧变化，导致段祺瑞政府垮台。5月初各国代表纷纷离京回国，7月底"耗费百余万元之特别关税会议乃暂告终结矣"。④

尽管北京关税特别会议表面上失败了，但取得的成果是不容否认的。第一，会议承认了中国的关税自主权，这是中国外交的重大胜利。出席关税特别会议的中国代表颜惠庆指出："在这次关税会议上，中国实现了收回关税自主权的最低愿望，虽然新约付诸实施的日期未定，但已赢得列强首肯，实际上等于成功。中国关税主权，蒙受外国财政与经济上霸占盘剥屈辱，历经一个世纪之后，至少从这时开始挣脱了关税枷锁。""列强在会议上表示承认中国的关税自主权，同意废除以往不平等条约中种种涉及关税的限制。此外，中国海关自主的新税率自1929年1月1日起生效。中

---

① 王芸生编著《六十年来中国与日本》第八卷，生活·读书·新知三联书店，1982年，第110页。
② 〔日〕信夫清三郎编《日本外交史》下册，天津社会科学院日本问题研究所译，商务印书馆，1980年，第512页。
③ 〔日〕信夫清三郎编《日本外交史》下册，天津社会科学院日本问题研究所译，商务印书馆，1980年，第513页。
④ 章伯锋、李宗一主编《北洋军阀》第五卷，武汉出版社，1990年，第75页。

方亦承诺在同日废止厘金的征收。这一决议既极其重要又意义深远，为中国日后自行管理关税事项提供了法律基础，即使关税会议中途而辍，未获全功，亦是如此。"① 1926年5月11日，出席关税特别会议的中国代表通电全国，报告关税特别会议的经过及中国的收获，电文指出："惟自主一层，既编定案，税权不受条约束缚，将来善为张弛，国民经济，自有发展之希望，关税收入，亦宽留增加之余地。"②

第二，作为一个弱势政府，临时执政府本想借关税特别会议的召开达到增收附加税之目的。这个目的只能说是部分达到了。在过渡期间，中国附加税的收入将增至9000万元。但是"将来实收之数能否足额，未敢预定。就此数分配裁厘、抵补偿还债务，每年至少约各需三、四千万元。所余建设费及政费实属无几，但不得不拮据支持，以待自主届期，另行支配"。③ 也就是说，在过渡期间中国附加税的收入能否增至9000万元，仍是一个未知数，即便能够达到预定的增收数额，但在用于裁厘抵补、偿还债务之后，已经所剩无几，为当时的中国经济建设带来的益处极为有限。

第三，北京关税特别会议是列强在华盛顿会议后至九一八事变前就中国问题召开的非常重要的一次国际会议，实际上也是列强在华盛顿体系内协调行动、共同维护中国稳定的最后机会。《九国公约》在华盛顿体系中居于核心地位，仔细阅读《九国公约》的条文，不难发现其暗含着两条基本原则：一是任何一国不得奉行排他性、独占性的对华政策；二是任何一国未经与其他缔约国协商，不得单独采取对华行动。④ 但是，在北京关税特别会议上，日本率先打破国际协调原则。一方面日本不与英美协商，独自宣布同意中国恢复关税自主权；另一方面以"冷酷而坚定"的态度把"等级税率"方案强行"塞给"中国和其他缔约国。在1927年1月的中日修订商约会议上，日本将订立互惠税率协定作为恢复中国关税自主权的条件，并要求在新的商约草案中列入最惠国待遇的条款。北京关税特别会议之后，英国也开始采取单独的对华行动。1926年12月18日，英国向华

---

① 颜惠庆：《颜惠庆自传——一位民国元老的历史记忆》，吴建雍等译，商务印书馆，2003年，第197页。
② 参见颜惠庆《颜惠庆自传——一位民国元老的历史记忆》，吴建雍等译，商务印书馆，2003年，第202页。
③ 章伯锋、李宗一主编《北洋军阀》第五卷，武汉出版社，1990年，第96页。
④ 刘笑盈：《眺望珍珠港——美日从合作走向战争的历史透视》，北京广播学院出版社，2002年，第122页。

盛顿会议各与会国送交了一份长长的备忘录，声称"近日中国之时局，乃与各国缔结华会条约之时入其目者，适不相侔"，认为对中国民族主义运动应"体贴及谅解"，建议由《九国公约》缔约国联合宣布，愿意修改条约问题及其他悬而未决的问题，"俟华人自己立有政府时，即行与之交涉"。英国在备忘录中认为，各国应"竭尽所能迎合中国国人合乎大理之想望，并废弃中国经济政治非有外人监督不能发达之意"。[①] 该备忘录的发表意味着英国将奉行新的对华政策。由于这一文件发表于圣诞前夕，因此被称为"圣诞文件"。显然，英国想通过实施对华怀柔政策，重新夺回对华主导权。"与各国协调相比，同中国建立两国间的协约关系更为有利，这样揭开了东亚国际关系的又一章。"[②]

列强本来试图通过北京关税特别会议消除彼此矛盾，化解侵蚀华盛顿体系的消极因素，继续维持华盛顿体系或更新这一体系，在中国建立一个稳固的中央政府，使中国国内政局趋于好转。然而，"与事实相反，带来了华盛顿体系的最终崩溃，列国间的协调消失了，各国共同创建外交上的框架的行动归于完全的失败"。[③] 在一定程度上标志着华盛顿体系的崩溃。

第二节　北伐战争与日本所谓的"绝对不干涉主义"

1926年7月，国民革命军开始了北伐战争。国民革命军出师两湖，直捣江西，打击的目标为直系的吴佩孚及孙传芳。吴、孙两人所控制的地区系英国的势力范围，因此两人得到英国的大力支持。北伐初期，国民党把反帝斗争的锋芒直指英国。《北伐宣言》指出，"帝国主义复煽动军阀，益肆凶焰。迄于今日，不特本党召集国民会议以谋和平统一之主张未能实现，而且卖国军阀吴佩孚得英帝国主义者之助，死灰复燃，竟欲效袁贼世凯之故智，大举外债，用以摧残国民独立自由之运动"。"中国人民一切困苦之总原因，在帝国主义者之侵略及其工具卖国军阀之暴虐。"[④]

[①] 程道德等编《中华民国外交史资料选编（1919—1931）》，北京大学出版社，1985年，第363—369页。
[②] 入江昭『極東新秩序の模索』、原書房、1968年、73、118頁。
[③] 入江昭『極東新秩序の模索』、原書房、1968年、73、118頁。
[④] 程道德等编《中华民国外交史资料选编（1919—1931）》，北京大学出版社，1985年，第350页。

日本政府对国民革命军所采取的旨在打倒吴佩孚与孙传芳的军事行动持默认态度。外相币原喜重郎在第 52 届议会演说中指出："中国宜由何人掌握政权以及实施何种国内政策为健全妥当，当然是由中国国民自己决定的问题。""其政策如果适用于中国人之国民性，推进国内繁荣和国际信誉声望，自然会得到支持；如果与此相反，背离国民之期待，那么自然会埋下隐患。中国人之国家生活实际上以数千年之历史为背景，在本国特有之环境影响下而发展起来，所以任何国家出于自身目的拟订出来的政治或社会组织计划并强加于中国的做法，则永远不可能成功，且中国国民无论如何也不会长期默认他国之干涉，服从其指示。"日本政府"尊重保全中国之主权及领土，对于中国之内争，严守绝对不干涉主义"。① 9 月 4 日，币原喜重郎致电日本驻汉口总领事，指出："帝国政府遵循既定方针，对中国国内的各党派继续持不偏不倚的态度，完全通过与当地实力派交涉，以达到保护侨民之目的。"至于学生、工人在煽动下袭击租界的行为，可将之视为单纯的反英运动。在保护租界及侨民方面不可采取超越必要限度的强硬手段，在与其他国家有共同利害关系的事项上，有意识地与其他国家协商以分担责任，在防卫范围内相互协作。② 日本对华政策在一定程度上得到了美国的支持，因为英国在华利益受损符合美国的愿望。1926 年末，英国驻华公使向日、美两国提议，"为了维护我们的条约上的权利和既得利益而结成统一战线"，没有得到响应。英国还寻求恢复日英同盟的可能性，认为恢复日英同盟是英国"在远东的最佳对策"。③

北伐战争开始后，中国政局急剧动荡，未来的中国将为何种党派势力所统治，一时难以判定。日本政府决定采取以静观变的方针。1927 年 1 月 2 日，日本驻汉口总领事在致币原喜重郎的电文中指出："迄今为止，从各方面情况来看，革命军的对日态度都是很好的，而根据多次电报中陈友仁与佐分利的会见谈话，也能察觉出他们理解我方持有的公平态度，希望

---

① 「帝国議會に於ける外務大臣演説集」、戦前期外務省記録/A 門 政治、外交/1 類 帝国外交 0 項 0 目/外務大臣（其ノ他）ノ演説及声明集第一巻/外務省外交史料館藏、JACAR 系统查询编号：B02030023900；外務省編『日本外交年表並主要文書』（下）、原書房、1965 年、88—90 頁。
② 外務省編『日本外交文書』大正十五年第二冊上巻、外務省、1985 年、259 頁。
③ 細谷千博・斎藤真編『ワシントン体制と日米関係』、東京大学出版会、1978 年、104 頁。

保持与日本间的亲善关系。"① 1927年1月,汉口、九江爆发了收回英租界的斗争。某些日本政界人士担心这一事件会引起连锁反应,极力敦促政府采取实际行动,然而日本政府持慎重态度。1月14日,币原喜重郎将关于防卫汉口日本租界的内阁决定告知驻欧美各国大使,决定指出:"帝国政府对于汉口地方事态,仍秉持隐忍自重之态度。倘若将来出现危害帝国威信及条约权利之事,如国民军企图凭借暴力收回帝国租界,万一出现最坏情况,经研究提出具体对策。目前特别应与中国方面负责人密切联系,要求中国方面制定预防措施以防止日中间人员发生不祥之事。同时,使国民政府领导感知,如果中国官民对我方租界出现类似于收回英租界的盲动情况,帝国政府有采取断然措施的决心。如果该地区发生了需要防卫我方租界之群众运动以至于要采取相应措施时,租界周边路面的警戒可委托中国军警,租界内侨民的保护则由领事馆警察及陆战队负责,对租界外暴徒要求中国方面负责人予以处置。一旦发生暴徒冲入租界的事态,如有必要,可将租界内侨民妥善收容于帝国舰船,避免对暴徒采取对抗性措施。根据事态发展,不得已时可将领事馆人员、陆战队妥善撤离领事馆,以后经请示再采取相应措施。如果出现前述事态时,驻长江上游、下游各地区领事须制定保护侨民的对策,同时由帝国海军根据需要派出相应兵力增援上海方面。"②

英国担心汉浔租界的丧失会瓦解其在远东的殖民利益,叫嚣"汉口事件是严重的",准备出兵上海(英国约70%的企业投资在上海),并且请求日、美两国采取同样的行动。在上海的英国外交人士还拟定了一份秘密计划,即英国派兵进攻长江流域,在上海和汉口之间,沿长江大约600英里的距离中,建立南北两岸各宽50英里的"保护区"。"外国军队只要显示武力,中国就会吓得半死,最终屈服。"③ 美国驻华公使马慕瑞致电国务院,声称为了保护美国人,有必要防卫共同租界。为此应该"积极而果断地同其他国家协调","保卫外国人在华权益的最后城堡"。④ 美国国务卿凯洛格对马慕瑞的"共同防备论"不以为然,提出了禁止国民革命军和

---

① 外务省编『日本外交文书』昭和期Ⅰ第一部第一卷、外务省、1989年、900页。
② 外务省编『日本外交文书』昭和期Ⅰ第一部第一卷、外务省、1989年、386—387页。
③ 〔美〕鲍威尔:《我在中国二十五年——〈密勒氏评论报〉主编鲍威尔回忆录》,邢建榕等译,上海书店出版社,2010年,第130页。
④ 入江昭『極東新秩序の模索』、原書房、1968年、73、105页。

孙传芳部在上海租界附近交战的所谓"上海中立化"方案。1927年1月27日，凯洛格发表声明："美国政府期待中国人民及其领袖们承认美国在华侨民的生命财产在这不应由他们负责的冲突期间有被保护的权利。""本政府愿意以最宽大的精神同中国办交涉。本政府在中国没有租界，并且绝不曾对中国表现任何帝国主义的态度。"①

　　日本军部希望政府积极响应英国关于共同防卫上海租界的提议，陆相宇垣一成对外相币原施加了很大压力，但币原明确表示，同英国的协作仅限于交换军事情报。1927年1月20日，英国驻日大使蒂雷（John Tilley）会见币原，要求日本派出一个旅团参加"上海防卫军"。币原指出，现在各国在上海的兵力足以维持租界的治安，国民政府不敢与列强为敌而强行攻占租界。币原劝告蒂雷，英国出兵上海有可能引起中英战争。②翌日，币原正式拒绝了英国的提议。显然，日本政府认为响应英国关于共同出兵上海的提议，势必激起中国人民新的反日浪潮，从而影响日本在华利益。日本赞成美国提出的"上海中立化"方案。英国在没有得到日、美支持的情况下，决定单独出兵上海。正如日本政府所预料的那样，英国增兵来华引起了中国人民的极大愤怒，使事态更加恶化。国民政府对此提出强烈抗议，并中止同英国就汉浔租界问题进行的谈判。2月2日，币原再次会见蒂雷，指出：作为个人意见，为了防止事态继续恶化，希望英国派遣军不在上海登陆而去香港待命。③在中国人民的强大压力以及日、美两国的劝阻下，英国不得不改变政策，来华英军大部分去了香港。日本的对华政策取得了一定成效，获得了国民革命军的好感。

　　1927年3月，驻守南京的直鲁联军被国民革命军击败，南京城内发生严重骚乱，并殃及教堂和外国人办的学校、医院，以及英、美等国的领事馆，数名外侨在骚乱中丧生。英美军舰借口领事馆遭到破坏及外国侨民遭到伤害，公然向南京城内开炮轰击，制造了震惊中外的"南京惨案"。对于如何解决这一事件，英、美、日等国展开了频繁的外交活动。英国的态度最强硬，迅速调派大批英军来华，4月17日，驻沪英军人数高达15000

---

① 程道德等编《中华民国外交史资料选编（1919—1931）》，北京大学出版社，1985年，第377页。
② 臼井勝美『中国をめぐる近代日本の外交』、筑摩書房、1983年、85頁。
③ 臼井勝美『中国をめぐる近代日本の外交』、筑摩書房、1983年、86頁。

人。① 英国要求向国民政府发出条件苛刻并限期答复的最后通牒，如果列强的要求没有得到满足，将不惜诉诸武力。

美国对英国的武力制裁建议持保留态度。在 3 月 29 日举行的记者招待会上，美国总统柯立芝把"南京事件"归咎于"暴徒"，而不是"任何有组织的政府"。"白宫发言人今天在此间说，总统相信中国局势将逐步好转。另据可靠人士称，美国无意参加任何为惩罚南京事件的犯罪人员而组织的联合行动。虽然上海的形势亟需各方合作，美国政府认为增兵中国也无必要。现在在中国和正在开往的部队，已经足够需要。国务院一再强调说，在中国的任何美军部队，仅担负防卫性的任务，而绝不是干涉中国内政。"② 3 月 31 日，美国国务卿凯洛格在致美国驻上海总领事高斯的电文中指出：

> 我们部队的任务，只是保护侨民的生命财产不受侵犯，而不是一支远征军。实际上，他们只是尽其所能保护我们侨民的一支警察部队，不允许与任何人开战。在中国，并没有发生袭击我们侨民的有组织的军事行动，虽然免不了有散兵游勇的骚扰。我们可以断定，这些人的行动，决非是听从了任何企图组织政府的人指挥，完全是一帮歹徒而已。由于随时会发生诸如此类的事情，才使我们考虑增兵，但是他们在中国的使命并没有改变。我们的部队当然由美国军官指挥，据我所知，迄今为止也从不打算搞"统一指挥"。③

4 月 2 日，美国国务卿凯洛格致电驻华公使马慕瑞，表示"本政府不愿让照会载有任何含有规定时限的最后通牒性质的内容"；"美国政府对应采用什么制裁的问题持保留意见"。4 月 5 日，凯洛格再次致电马慕瑞，美国对向中国发出任何最后通牒一事的立场是："国务院根本不同意（英国的）声明……也就是国民政府拒不满足英国提出的要求，其他国家原则上同意进行制裁。"在此以前，凯洛格已经明确表示："美国政府根本没有

---

① 王维礼主编《中国现代史大事纪事本末》（上），黑龙江人民出版社，1987 年，第 434 页。
② 参见〔美〕鲍威尔《我在中国二十五年——〈密勒氏评论报〉主编鲍威尔回忆录》，邢建榕等译，上海书店出版社，2010 年，第 131、144 页。
③ 转引自〔美〕鲍威尔《我在中国二十五年——〈密勒氏评论报〉主编鲍威尔回忆录》，邢建榕等译，上海书店出版社，2010 年，第 144 页。

进行制裁的义务。"① 4月7日，凯洛格通知英国驻美大使："美国政府原则上无法接受实行制裁，并对此表示遗憾。"凯洛格解释了美国之所以在中国走一条"不偏不倚的中间道路"，是因为"外国人可以侵占中国领土或在贸易中使用武力强占势力范围的时代已经过去……对（南京事件进行）制裁既无实效，又很危险"。②

日本国内主张用武力干涉中国革命的舆论甚嚣尘上，攻击政府"一味袖手旁观，因循敷衍"。在议会中，许多议员认为英国的提议是千载难逢的好机会，放弃这个机会不出兵的原因是外务大臣的优柔寡断，其忽视对在华日本侨民利益的保护，因此议员集中攻击币原。③ 但是，币原仍坚持"绝对不干涉主义"。币原认为，由于中国大陆的广阔，制裁论是脱离实际的。4月初，币原召见英国和美国驻日大使，指出：

> 对于那个最后通牒，蒋介石会怎么做？想必只有接受和拒绝两种方法吧。如果他接受最后通牒做出承诺，一定会被中国民众攻击为胆小鬼、做出了屈辱的让步。从蒋介石的立场来看，目前国内尚未安定，若受到年轻人的攻击，蒋介石政权有可能崩溃。一旦蒋介石政权崩溃，其结果就是国内再次陷入混乱。发生这样的事，对于你们而言不是大事，因为侨民数量不多，容易逃出避难。但是，日本有十几万侨民，完全、尽快地转移到安全地方是不可能的。即便马上出兵，也需要一定的时间。在此期间恐怕会有许多人遭受掠夺和侵害。与此相反，如果蒋介石断然拒绝列国的最后通牒，怎么办呢？你们要共同出兵，用炮火惩罚他吗？对此必须认真加以考虑。

> 任何国家与人一样，心脏只有一个。然而，中国有无数个心脏。只有一个心脏的话，受到了重击，全国将陷入麻痹状态。如日本的东京、英国的伦敦、美国的纽约，一旦受到外国炮击毁灭，全国立即处于麻痹状态，交易中断，银行等许多设施关门，受到致命打击。但是，中国有无数个心脏，一个停止跳动了，别处的心脏还在跳动。永

---

① 参见〔美〕伯纳德·科尔《炮舰与海军陆战队：美国海军在中国（1925—1928）》，高志凯译，重庆出版社，1986年，第111—117页。
② 参见〔美〕伯纳德·科尔《炮舰与海军陆战队：美国海军在中国（1925—1928）》，高志凯译，重庆出版社，1986年，第118页。
③ 幣原喜重郎『外交五十年』、読売新聞社、1951年、108頁。

远不会停止。把所有的心脏都击碎是办不到的。因此，根据冒险政策，对华采取武力征服的手段能否达到目的，很难预料。①

币原明确表示，对于在华有重大利益关系的日本来说，如此冒险的事情，不想加入，并决定不参与向中国发出最后通牒一事。②

从以上论述我们不难看出，北伐战争期间日本奉行"不干涉中国内政"的方针，其所作所为表面上比较克制。日本之所以不像以往那样对中国内政横加干涉，动辄使用武力，主要有以下两方面的原因。

其一，国民革命军首先把吴佩孚、孙传芳作为讨伐对象，而吴、孙两人所盘踞的地区系英国的势力范围。"由于日本的利益主要在北方，因此它在制订和（显示）新的战略方面，时间比较宽裕。"③

其二，出兵西伯利亚的失败给日本统治者的教训。1918年8月，日本出兵西伯利亚，公然干涉苏俄革命，引起两国关系的极度紧张和美国的不满。在1922年的第45届议会上，有议员就外交问题质询政府说："大正7年（1918年）出兵西伯利亚，已三年有半，耗资六、七亿日元，牺牲三千人，所得者何？外招各国猜疑和当地人之怨恨，内遭国民抱怨，如是而已。"④ 出兵西伯利亚的失败，使日本政府对武力外交政策的有效性持怀疑态度。币原告诉蒂雷："对于中国的军事干涉事实上是不可能的。日本因出兵西伯利亚而苦恼于（当地）游击队的猖獗，必须认识到如果出兵中国，中国会进行更大规模和深入的抵抗。"⑤ 币原还不无感慨地说，日、英两国的情况不同，对华贸易额占日本外贸总额中的很大一部分，日本长期为中国"抵制日货"所苦。因此，从政治大局考虑，日本不能忍受处于被中国人长期怨恨的状态。⑥

---

① 幣原喜重郎『外交五十年』、読売新聞社、1951年、131—133頁。
② 幣原喜重郎『外交五十年』、読売新聞社、1951年、131—133頁。
③ 〔英〕C. L. 莫瓦特编《新编剑桥世界近代史》第12卷，中国社会科学院世界历史研究所译，中国社会科学出版社，1987年，第501页。
④ 转引自〔日〕信夫清三郎编《日本外交史》下册，天津社会科学院日本问题研究所译，商务印书馆，1980年，第488页。
⑤ 臼井勝美『中国をめぐる近代日本の外交』、筑摩書房、1983年、89頁。
⑥ 参见沈予《日本大陆政策史（1868~1945）》，社会科学文献出版社，2005年，第303页。

第三节 艰难曲折的中日修订商约谈判

日本在政治上，可以容忍国民革命军进入英国的势力范围，但在经济政策上，丝毫不放弃已到手的利益。

1926年10月，《中日通商行船条约》第三次期满，北京政府要求根据相互平等的原则修订该约。该约第26款规定："此次所定税则及此约内关涉通商各条款，日后如有一国再欲重修，由换约之日起，以十年为限，期满后须于六个月之内知照，酌量更改。"由于中国民族主义运动的持续高涨，南北政府都采取了比较强硬的政策。10月20日，北京政府外交部知会日本驻华公使，要求根本修改全约，不以商务条款为限，速开谈判。日本驻华公使芳泽谦吉表示同情中国人民的正当要求，同时，他又指出中国的要求太广泛，"未见可以想象或承认"，至于中国照会中所说的"'六个月内新约不成，中国保留对于该约之态度'之声明"，与"互相让步互相信赖之精神不符"，日本不能接受。①

1927年1月21日，中日修订商约会议正式召开，日本外务省在关于修订中日商约问题的备忘录中指出，目前只做"暂行的适当的调整"。币原要求将订立互惠税率协定作为恢复中国关税自主权的条件，认为把关税自主权问题同互惠税率问题相割裂对日本不利。不仅如此，日本还蛮横地要求在新的商约草案中列入最惠国待遇的条款，声称这是保证日本推进对华贸易所必不可少的。日本早在1925年10月的北京关税特别会议上就表示同意恢复中国的关税自主权，所以中国反对把关税自主权问题与缔结互惠税率协定联系在一起。中日双方在修订商约问题上意见分歧很大，会议进展缓慢。3月18日，北京政府代表顾维钧表示"可酌量予以互惠税率及附加条件之最惠国待遇"。这一让步显然是为了打破会议的僵局。3月31日，顾维钧又向日本提出"最惠国待遇之范围"。②但是，日本的立场丝毫没有松动，仍不接受中国的建议。鉴于北京政府的统治岌岌可危，芳泽谦吉于1927年12月1日致电田中首相，"统观中国现状，尽管政权南

---

① 王芸生编著《六十年来中国与日本》第八卷，生活·读书·新知三联书店，1982年，第118页。
② 王芸生编著《六十年来中国与日本》第八卷，生活·读书·新知三联书店，1982年，第125—126页。

北对立，但在废弃现行条约、缔结完全平等新约方面却意见一致。日本无论如何难以同意缔结完全平等之条约，且因南北均无践约能力，即便与其中一方缔约也将毫无意义。北京政府势力只限于东三省及以外的两三省份，而南方政府屡次宣言北京政府所订条约无效，故即使同北京政府缔约，也难望在中国全国实施"，但是，"由日方主动露出使改约谈判失败之态度甚为不利，即使没有缔约可能，但对外尤其对中国须显出缔约之诚意"。① 日本明知旧约难以维持，缔结新约是大势所趋，仍顽固坚持一己之私利，虚与委蛇，延宕拖沓，导致中国舆论的强烈不满。结果，北京政府与日本关于修订商约问题的谈判没有取得成功。

北伐前后，国民党人开展"革命外交"的新外交运动，就是想以革命的手段解决中外不平等的外交关系，快刀斩乱麻，废除不平等条约。"换言之，就是要在不完全顾及过去的条约、协定、惯例与既成事实的前提下，在必要时运用大胆而强烈的手段，在革命精神与群众运动的强烈支持下，在威迫性或半威迫性的情况下，以达成中国外交谈判的目的——逐项整体地或部分地废除不平等条约中不平等的各项目，以改变外人在华优越地位的状态。"曾任广州和武汉国民政府外交部部长的陈友仁指出："革命的外交，应取断然的革命手段，坚持到底，宁为玉碎。"② 1927年1月22日，陈友仁就收回汉口英租界代表武汉国民政府发表对外宣言："今日民族主义之中国已臻强盛之域，且自知饶有能力以经济上之手段，实行其意志于中国境内，而与任何列强相抵抗。故目前待决之问题，非各国声言，'为适应中国合理之欲望计'。所欲赋与中国之事物，乃为民族主义之中国欲不背公道及正义，行将畀与英国及其他列强者。""综观历史，凡以政治上之束缚加诸他民族者，必不能垂诸永久。列强在华之侵略政策，其将近末日也，复何疑哉！"③ 如果说陈友仁奉行的是"激进型革命外交"，那么南京国民政府首任外长伍朝枢和第三任外长王正廷则奉行"温和型革命外交"，主张"铁拳之外，罩上一层橡皮"，采取一种不让步但有弹性的外交方式，与列强分别进行谈判以撤废不平等条约，逐一订立平等的、互惠

---

① 参见唐启华《被"废除不平等条约"遮蔽的北洋修约史（1912~1928）》，社会科学文献出版社，2010年，第448页。
② 参见李恩涵《北伐前后的"革命外交"（1925—1931）》，台北"中央研究院"近代史研究所，1993年，第6—7页。
③ 程道德等编《中华民国外交史资料选编（1919—1931）》，北京大学出版社，1985年，第371页。

的新约。① 由此可见，随着中国民族主义运动的持续高涨，中国的外交理念和方式发生了很大变化，过去保守的、因循姑息的外交理念和方式被摒弃了，各党派都不敢也不能质疑"革命外交"的正当性，当政者通过实施"革命外交"获取和强调执政的合法性。

北京关税特别会议承认中国的关税自主权并同意中国从1929年1月1日起实行国定税率。但是在1929年以前的过渡时期中国征收附加税的问题上，日本抛出了一个中国根本无法接受的关于暂定措施的提案。北伐战争开始后，国民政府不顾华盛顿关税条约的有关规定，在自己控制的区域内征收附加税。与此同时，北京政府也采取了同样的行动。对于中国强行征收附加税，英、美等国均持默许态度，唯独日本极力反对。1926年11月11日，日本驻英大使松井庆四郎在伦敦提醒英国政府注意：假若承认中国征收附加税，那是违反华盛顿关税条约、破坏关税特别会议的行为。12月18日，英国政府在对华"新政策"的备忘录中声明，"主张各国现即对于华会附加税，予以无条件之应允"。② 美国也不甘落后，12月初，马慕瑞建议国务院授权他敦促英、日等国无条件同意中国征收附加税。

尽管英、美等国在附加税问题上已经表现出明智的态度，日本仍然一意孤行。1927年1月21日，在北京驻华公使团的会议上，芳泽谦吉表示坚决反对中国征收附加税。2月2日，北京驻华公使团就附加税及其他问题举行会议，"日使反对附加税最烈"。2月11日，天津海关宣布自即日起征收附加税，"欧美商人均完纳，日商不缴。日本驻南京总领事冈本一窦提出抗议，谓在关税会议未解决及中日商约未修定前，绝对不纳附加税"。③

1928年2月，黄郛就任国民政府外交部部长。他在与美国驻华公使马慕瑞的谈话中表示，国民政府当不对不平等条约做激烈性的废除，而希望做渐进性的改革。关税自主权与关税税率的制定是一个国家最重要的主权之一，关系到本国工商业的发展和国库收入。南京国民政府建立后，亟须

---

① 李恩涵：《北伐前后的"革命外交"（1925—1931）》，台北"中央研究院"近代史研究所，1993年，第11页。
② 程道德等编《中华民国外交史资料选编（1919—1931）》，北京大学出版社，1985年，第366页。
③ 中国社会科学院近代史研究所中华民国史研究室编《中华民国史资料丛稿大事记》第十三辑，中华书局，1984年，第27页。

增加国库收入，所以把恢复关税自主权和提高关税税率作为重要的外交任务。黄郛在与马慕瑞的谈话中要求美国答允在中国争取关税自主的过程中，率先采取领导性的友好行动，以为各国的表率。马慕瑞立即予以响应，表示愿在中国统一政府建立后，即与中国谈判关税自主问题。[1] 1928年7月24日，美国国务卿凯洛格向国民政府外交部发出照会，声称："美国政府及人民对于中国人民，凡能促进统一和平，及进步之一切举动，莫不表示欢慰。""余虽深知中国人民之前途，艰难甚巨。但余不得不确信中国经频年内争之祸后，一统一的新中国正在发现之中，美国人民当然俱抱此希望。""预备以驻华公使为代表，与国民政府依法委派之代表，对于中美间条约关于关税之规定，即时商议，以期缔成新约。"[2]

1928年7月7日，《南京国民政府关于重订条约的宣言》颁布，接着在当月，《南京国民政府关于与各国旧约已废新约未订前所适用的临时办法七条》（《临时办法》）颁布。《南京国民政府关于重订条约的宣言》指出："对于一切不平等条约，特作下列之宣言：（一）中华民国与各国间条约之已届满期者，当然废除，另订新约。（二）其尚未满期者，国民政府应即以相当之手续解除而重订之。（三）其旧约业已期满，而新约尚未订定者，应由国民政府另订适当临时办法，处理一切。"[3] 南京国民政府秉持上述理念继续与日本改订新约。1928年7月19日，南京国民政府向日本驻华公使发出照会：

> 国民政府为适合现代情势，增进国际友谊及幸福起见，对于一切不平等条约之废除及双方平等互尊主权新约之重订，力求贯彻。业于本年七月七日郑重宣言，并于七月十二日照会贵公使，转达贵国政府在案。查光绪二十二年中日订立之通商行船条约并附属文件，及同年九月十三日所订附属前约之公立文凭，与光绪二十九年订立之通商行船续约，业于民国十五年十月第三次满期。当经照会贵国政府，提议根本改订。原以上述条约及其一切附属文件章程，施行以来，历时已

---

[1] 李恩涵：《北伐前后的"革命外交"（1925—1931）》，台北"中央研究院"近代史研究所，1993年，第118—119页。
[2] 程道德等编《中华民国外交史资料选编（1919—1931）》，北京大学出版社，1985年，第475页。
[3] 程道德等编《中华民国外交史资料选编（1919—1931）》，北京大学出版社，1985年，第456页。

久，于中日两国现存之政治商务关系，多不适宜，在六个月修约期间内，新约不能完成，当应宣示旧约失效。惟以中日邦交关系密切，为巩固亲密邦交起见，曾迭经展限磋商，迄未就绪。本月二十日又届展限期满，国民政府自应本七月七日宣言之主张，根据平等相互之原则，商定新约。在新约尚未订定以前，当按照本国政府所颁布中华民国与各外国旧约已废新约未成前之临时办法，宣布实行，以维持中日两国之政治、商务关系。相应抄录临时办法七条，照会贵公使查照，将上述本国政府意旨，转达贵国政府查照，即时特派全权代表，于最短期内，以平等及相互尊重主权之精神，缔结新约。①

南京国民政府的照会包含以下意思：第一，中日关系是非常重要的双边关系；第二，旧的通商行船条约，"施行以来，历时已久，于中日两国现存之政治商务关系，多不适宜"，应该按照平等及相互尊重主权的精神，尽快订立新约；第三，中国政府为维持中日邦交，不愿采取激烈手段，"在六个月修约期间内，新约不能完成"，即宣示旧约失效；第四，如日本继续拖延、缺乏诚意，中国"当按照本国政府所颁布中华民国与各外国旧约已废新约未成前之临时办法，宣布实行"。在此前后，其他列强先后表示同意与南京国民政府谈判修约，以回应南京国民政府的"革命外交"。美国于7月10日照会南京国民政府，愿与中国订立关税新约。8月、9月，比利时驻华代办和葡萄牙驻华公使先后与南京国民政府进行修约谈判。

面对远东国际形势的变化和中国"革命外交"的压力，日本外交面临新的抉择。1928年6月21日，芳泽谦吉致电田中首相：

近来日中谈判几陷于停顿，原因之一因中国方面不适当地提出了过高的要求，但也不能忽视日方采取消极方针之原因，即自己不提出对策，仅一味批评对方之方案。但因日本目前之谈判对象已从因循姑息的北京政府变为标榜废除不平等条约的南京政府，试图实现多年来之夙愿：改订不平等条约。在列强相继加入修约协商之际，日本如前

---

① 程道德等编《中华民国外交史资料选编（1919—1931）》，北京大学出版社，1985年，第462页。

之消极态度将难于维持，重新确立根本方针之时机已经来临，应积极制定能引导中方之适当对策，同时于必要时与英、美等国交换意见，尽可能使该诸国之方针不与日本极端地背道而驰。①

但田中义一对芳泽谦吉的意见不以为然，7月11日训令日本驻南京总领事冈本一策向南京国民政府施压，声称"如中方做出废除中日条约之暴举，则日方绝不能容忍"。7月19日下午，当南京国民政府向驻南京总领事冈本一策递交给日本驻华公使的照会与《临时办法》时，冈本以田中曾训令"不得转交含有废除现行条约内容之公文"为由，一度拒绝接受中国照会。日本政府对南京国民政府7月19日的照会，反应激烈。7月20日，日本内阁召开紧急会议，田中强硬地表示：日本应坚持条约有效论，断然拒绝中国政府之废约要求，如中国不做反省，日本唯有按既定方针推进。内阁会议决定：对中方"蔑视国际信义的不慎和不法暴举"一概置之不理，并注意监视南京国民政府之行动，若其以已无条约为由做出不慎行为，日本将断然抗议，并按条约规定采取合法措施。② 7月31日，日本政府强硬复照，声称原约第26款并无废弃或失效之规定：

因之两国间如无特别之合意或协定，则此项条约，不仅不能废弃或失效，且上述约文明载有在六个月以内，改正商议，未完了时，条约及税则再有延长十个年间之效力等语。是条约及税则再有延长十个年间之效力，并无置疑之余地。此为帝国政府夙所怀抱之见解。

再如此次国民政府照会中，于订立新约期间欲律以国民政府一方所颁布之临时办法，是直强使现行有效之条约失其效力。此则不仅违反条约正文，为清理解释上或国际惯行上所不应有之事，且为蔑视国际信义之暴举，帝国政府万难容认。

其间不幸条约未见改订者，主要由于中国国内政情之不安定，不得不特为指明。

若国民政府仍坚持其现行条约失效之主张，则帝国政府不仅不能

---

① 转引自唐启华《被"废除不平等条约"遮蔽的北洋修约史（1912~1928）》，社会科学文献出版社，2010年，第452页。
② 唐启华：《被"废除不平等条约"遮蔽的北洋修约史（1912~1928）》，社会科学文献出版社，2010年，第453—455页。

接纳条约改订之商议，而于国民政府一方强行其临时办法时，帝国政府为拥护条约上之权益，将有不得已出于认为适当之处置。①

日本的蛮横态度引起了中国舆论的强烈不满，也在国际上遭到孤立。7月25日，中美两国代表在北平签署了《整理中美两国关税关系之条约》，废除了中美间的片面协定关税制度，美国在列强中率先承认了中国的关税自主权。7月28日，南京国民政府外交部部长王正廷在致美国驻华公使的照会中表示："贵国政府对于国民政府所定之修约政策，首先以最诚恳之意，予以美善之答复。"② 中美新约的签署扩大了南京国民政府内部王正廷等亲西方派的影响力，使得中日关系的改善更趋艰难。日本对中美新约的签署极为恼火。芳泽谦吉批评美国的对华政策，认为美国单独与中国签署关税条约，等于破坏了华盛顿关税条约，这将成为日本将来也可以不遵守华盛顿会议诸条约的先例。③ 中美新约是第一份列强应中国修约要求与之订立的国别条约，受到了舆论的高度评价："此约为近年来中外间所订第一平等条约，亦即中国修约运动之最初成功，其于中国修约运动全般形势，有深远之良好影响，自不待言；而其为中国关税自主运动划一新纪元，促其最终之实现，则尤毫无疑义。"④

中美新约产生了连锁反应，其他列强相继与中国谈判修约，修约外交呈现新的局面。1928年12月20日，《中英关税条约》签署。该条约在范围、内容、形式上比只作为原则性规范的《整理中美两国关税关系之条约》更具体，意味着以"革命外交"为旗帜的中国改订新约运动，已从全面废除不平等条约，完全转入以部分修约及财政需求为中心的轨道。⑤ 中美、中英关税条约的签订对于与中国有密切贸易关系的日本来说无疑是一个重大冲击。对比其他列强所奉行的灵活、富有弹性的外交策略，日本显得非常被动和孤立。芳泽谦吉向田中建议："中日继续争论条约效力问

---

① 程道德等编《中华民国外交史资料选编（1919—1931）》，北京大学出版社，1985年，第463—464页。
② 程道德等编《中华民国外交史资料选编（1919—1931）》，北京大学出版社，1985年，第477页。
③ 入江昭『極東新秩序の模索』、原書房、1968年、223頁。
④ 李育民：《中国废约史》，中华书局，2005年，第657页。
⑤ 唐启华：《被"废除不平等条约"遮蔽的北洋修约史（1912~1928）》，社会科学文献出版社，2010年，第460—461页。

题，只会进一步伤害相互感情，而且英、美各国多在废约问题上对南京宽容，日本孤立。现在中、日在几乎所有问题上都有冲突，给国民党左派及共产党挑拨对日敌意之机会，让南京倒向英、美或苏联。中、日在条约效力问题上很难妥协，应避开法理上的争议，集中于展开缔结新约的实际谈判。"[1] 日本舆论对田中内阁僵硬的、不思变通的对华外交进行抨击，认为中日交涉停顿而激成对日风潮，"徒便利美国之外交政策，此诚吾人不忍坐视者也"。"不认识前年满期之通商条约改订问题之重要性"，反而出兵山东，"遂将国交基础之条约问题，未一染指，徒使他国着其先鞭，陷日本于不得不仿效先例之穷地"。因此，"现在速为收拾济南事件，入于条约改订之交涉，实为现政府所负之一大任务，及匡正其过去错误唯一之途"。[2]

1928年10月19日，停顿已久的中日谈判由王正廷、宋子文与日本驻上海总领事矢田继续，双方就条约、汉案、宁案、济案等问题进行商议。由于日本对华政策强硬，与南京国民政府的"革命外交"针锋相对，谈判或陷入僵局或中断。中国国内舆论对代表团施加了很大压力。谈判期间，南京、济南、天津、广州等地接连爆发了大规模反日示威游行。

1929年7月，田中义一由于在对华外交上遭遇重大挫折被迫下台，民政党总裁滨口雄幸上台组阁，币原喜重郎再次任外相，日本政府改变了高压、强硬的政策，在中日修约谈判中的态度有所软化。而20世纪20年代末南京国民政府实施"革命外交"的手段也渐趋稳健温和，以避免引起大规模的中外冲突，为国家重建争取一个有利的外部环境。币原喜重郎为了打破对华僵局，任命亲信佐分利贞男为驻华公使，负责修约谈判。但佐分利的工作进行过半，就离奇死亡。中国以小幡酉吉曾参与筹划"二十一条"为理由，拒绝接受其为新任驻华公使，中日关系再趋恶化。1930年1月，币原喜重郎起用驻上海总领事重光葵为驻华代理公使，继续推进修约谈判。1930年5月6日，王正廷与重光葵签署了《中日关税协定》。日本承认中国关税自主权，两国相互约定给予最惠国待遇，双方对某些货物实行互惠税率，中国承认废止厘金及地方附加税，加速清理债务等。该协定是双方妥协、让步的产物。

---

[1] 参见唐启华《被"废除不平等条约"遮蔽的北洋修约史（1912~1928）》，社会科学文献出版社，2010年，第458页。

[2] 李育民：《中国废约史》，中华书局，2005年，第656—657页。

第四节　中国政局的急剧变化与日本的应对

北伐战争开始后，日本政府通过驻华外交官员以及其他途径密切注视中国政局的动向。"虽然币原外相不认为国民革命军会取得对北方军阀的彻底胜利；但是他预测不管胜败如何，国民政府所代表的政治思想将扩展到全中国并得到支持"，"国民革命军的胜利将为中国的未来带来和平及为民众所接受；根据这一判断，币原欢迎国民革命军进入长江流域"。[①] 当国民革命军打垮吴佩孚、孙传芳主力，革命力量迅速从广东发展到长江流域的时候，日本统治者加强了与蒋介石的接触，一方面企图把蒋介石培植为日本在华利益的代表；另一方面鼓励、纵容蒋介石反共，扑灭中国大革命，在中国建立一个符合其殖民利益的政府。

随着国民革命军向北推进，华北政局出现动荡并有可能波及东北，日本需要重新审视和定义其对华外交目标。其对华外交面临四个重要的课题：东北问题、南北政府的强硬外交、北伐和国民党内部的派系斗争。[②] 1927年1月18日，币原外相在第52届议会上阐述了日本的对华外交方针。币原认为，目前东亚国际关系最重要的问题是中国的时局，中国形成了南北对立的形势。日本希望中国迅速恢复和平秩序。"此希望的实现唯有等待中国国民自身的主动努力，别无他法，若以外部压力强制其国内和平，有害无益。""中国宜由何人掌握政权以及实施何种国内政策为健全妥当，当然是由中国国民自己决定的问题。""因此，我认为有必要禁止一切助长中国内乱的武器及借款供给。""任何外国出于自身目的拟订出来的政治或社会组织计划并强加于中国的做法，则永远不可能成功，且中国国民无论如何也不会长期默认他国之干涉，服从其指示。"[③] 币原上述言论暗含着指责苏联对中国国民革命运动的支持以及向中国输出革命之意，也暗含着希望列强不要干预中国内部的政治纷争之意。币原最后表示，概括而言，日本的对华方针是："第一，尊重保全中国之主权及领土，对于中国

---

① 臼井勝美『中国をめぐる近代日本の外交』、筑摩書房、1983年、82頁。
② 入江昭『極東新秩序の模索』、原書房、1968年、110頁。
③ 「帝国議会に於ける外務大臣演説集」、戦前期外務省記録/A門 政治、外交/1類 帝国外交 0項 0目/外務大臣（其ノ他）ノ演説及声明集第一巻/外務省外交史料館蔵、JACAR系统查询编号：B02030023900；外務省編『日本外交年表並主要文書』（下）、原書房、1965年、89頁。

之内争，严守绝对不涉主义；第二，期待两国间共存共荣的关系并增强经济上的提携；第三，对于合理的中国国民的希望，给予同情和好意的态度，并协助促其实现；第四，对于中国的现状，尽可能持忍耐和宽大的态度，同时对于日本正当而重要的权利与利益，以合理的手段，努力加以维护。"①

北伐战争以来，日本政府考虑的一个重要问题是如何阻挡国民革命军统一华北，并防止国民革命运动扩展到中国东北地区，为此采取了一些极为隐蔽、强硬的预防性措施。

首先，日本政府把中国东北地区同所谓"中国本土"相区别，要求张作霖停止针对冯玉祥国民军的军事行动，置身于中国政治斗争的旋涡之外，维持东北地区的治安，防止革命波及本地区。1926年夏天以来，日本军部和外务省围绕"满洲"问题展开了多次讨论。维持"满洲"的"安定"是日本军部的首要目标，即不让东三省卷入"中国本土"的纷争，从而损害日本在"满洲"的权益，以维持所谓"满洲的和平和安定"来防备苏联。8月末，日本陆军省致电奉军日本顾问团，命令其竭尽全力推动张作霖与国民军的妥协，维持东三省的安定。"外务省也持有同样的方针。"②

其次，日本政府利用张作霖迫切需要日本提供援助的机会，拟向张作霖提出"改革""满洲"政治机构与经济机构的要求，如公布东三省"宪法"，军政与民政相分立，采用系统的预算制度，为整理奉票而建立中央银行，在铁路沿线设置日本商港，等等。③ 这些要求显然是为了进一步扩大日本在"满洲"的权益，并达到把"满洲"从中国分离出去的目的。"币原同意日本在满洲和蒙古拥有'有形无形的'特殊权利及利益，主张保护这些权益与不干涉中国内政是'两个完全不同的问题'。"④

第二次直奉战争以来，张作霖与日本统治者的关系日趋紧张。随着奉系势力的不断膨胀，张作霖不愿意完全受日本的摆布，对日本提出的一些殖民要求往往采取拖延甚至拒绝的态度。日本外务省亚洲局局长木村锐市

---

① 外务省编『日本外交年表並主要文書』（下）、原書房、1965年、91頁。
② 入江昭『極東新秩序の模索』、原書房、1968年、113頁。
③ 入江昭『極東新秩序の模索』、原書房、1968年、113—114頁。
④ 細谷千博・斎藤真編『ワシントン体制と日米関係』、東京大学出版会、1978年、103頁。

曾经起草了一份有关中国时局的考察报告。报告指出："至于华北尤其是满蒙问题，因为（与日本）有密切接壤的利害关系和涉及东亚的安宁，从帝国独自的立场来看，必须讲求确保政局安定的对策。""总是以张作霖为唯一（支持）的目标，是极为短见的，而且是颇不策略的。""在这次中国大变革时期，我国朝野特别要考虑的重要问题，按照卑职的意见，及早把张（作霖）一身的沉浮和帝国维护在满蒙的特殊地位问题，加以截然区别考虑，并付诸实行的时机已经到来。"①

为了消除日本对北伐的阻扰，"安抚"日本决策者，从1926年12月至翌年3月，蒋介石密集会见了日本要人，包括佐分利贞男（外务省条约局局长）、小室敬二郎（海相财部彪的使者）、铃木贞一（陆相宇垣一成的代表）、山本条太郎（满铁总裁）和松冈洋右（政友会的代表）等。1927年1月，蒋介石指派吴铁城秘密赴日，"交涉中日间政治问题"。2月，戴季陶又作为蒋介石的使者出访日本，声称此行"乃以国民党同志资格求日本朝野谅解本党真意"。戴季陶会见日本外务次官出渊胜次、外务省亚洲局局长木村锐市等人，"戴称中国革命决不采过激手段，俄人援助只为精神的，说国民党赤化者全属误解，并力说中日必须提携，望日本朝野谅解与援助"。②

日本政府对中国的政治嗅觉比英美等国敏锐得多。1926年11月，币原外相指示正在北京参加关税特别会议的外务省条约局局长佐分利贞男到中国南方活动。佐分利在会见陈友仁、蒋介石等人后致电币原：国民党的实际意图并不像公开宣言所声称的那样，两者有很大的差别；关于条约问题，相比完全废除现存条约，中国方面更主张以"合理的方法"改订条约。即便对佐分利提出的以订立互惠税率协定为恢复中国关税自主权的交换条件，陈友仁也表示赞同。关于"满洲"问题，陈友仁表示，"充分考虑日本的立场"。在上海的日本企业界人士也感觉到国民革命阵营正在发生分化。1926年12月，他们致电日本外务省、陆军省和海军省，认为当务之急是谋求江浙地区的和平并用国民党右派取代左派，希望政府采取"适当的方法"。③

---

① 外務省編『日本外交年表並主要文書』（下）、原書房、1965年、98頁。
② 中国社会科学院近代史研究所中华民国史研究室编《中华民国史资料丛稿大事记》第十三辑，中华书局，1984年，第26、37—38页。
③ 入江昭『極東新秩序の模索』、原書房、1968年、120—121頁。

第八章　在华盛顿体系内运行的日本外交　　317

南京事件发生后，蒋介石立即派使者去日本领事馆向代理领事藤村表示，南京事件由他负责处理，希望日本居间调停。蒋介石到上海以后，币原命令矢田七太郎，要抢先与蒋建立联系。1927年3月30日，日本驻上海总领事矢田拜会蒋介石，要求蒋"对维持上海治安必须予以特别深切的考虑"。蒋介石当即回答："充分谅察尊意，定当严加取缔。"4月1日，矢田又向蒋介石的亲信黄郛传达外相币原的训令内容。币原认为：目前上海和其他地方共产党分子企图使蒋氏垮台，"国民（革命）军、蒋介石及其一派的命运已到重要关头"。对蒋介石来说，"当前是赢得内外信赖在平定时局上取得成功，还是为内部阴谋所挟制而丧失时机？决定命运的关键在于蒋介石本人的决心"。黄郛明确表示蒋介石已经把"火速解决南京事件"和"解除上海工人武装"两件事列为"需要断然采取行动的紧急任务"，希望列强"用行动给以支持"。第二天，黄郛再次会见矢田，透露蒋介石现在对"整顿国民政府内部已下定决心"，正召集军事将领进行仔细讨论。① 4月2日，蒋介石在与汪精卫、白崇禧、吴稚晖等人举行的秘密会议上提议：赶走国民政府顾问鲍罗廷、分共（即反共）。会议决定暂停各地共产党员的一切活动，对在内阴谋捣乱者予以制裁。由此可见，日本的鼓励加速了蒋介石反共步伐。

与此同时，日本政府不断向英美两国透露蒋介石的反共决心和计划，劝说英美改变对蒋介石的高压政策。英美两国对于蒋介石政治态度的转变缺乏足够的认识。1927年3月29日，美国驻华公使马慕瑞在致国务卿凯洛格的电文中说："如果我们要避免一场不幸的新义和团运动，我看不出我们怎么能忽视南京事件，或者要求比这一谨慎适度的保证和补偿更少的东西，这场运动是以苏联人引入中国排外运动的大胆和灵活的方式组织和鼓励的。但是，我们必须坦率地承认，我们所面临的最主要的可能性是，蒋介石不能或不愿放弃报端所说的那种好战态度。据报道，他的态度是，事件现在已经结束，无论如何都不重要了。还有一种可能，就是蒋介石本来是公道的，通情达理的，但是在制造事端的苏联顾问的唆使下，蒋介石可能立即被撤职。在任何一种情况下，我们都必须准备采取果断行动，与其他主要关心对国民党施加压力的国家合作。据我所知，海军当局已对摧

---

① 沈予：《日本大陆政策史（1868～1945）》，社会科学文献出版社，2005年，第299—301页。

毁南京附近江阴要塞的可能性给予了有利的考虑。显然，这可以在不过分危及非战斗人员的情况下完成。"① 马慕瑞认为蒋介石是一个"在苏联控制之下的极为不可靠的"领导人。4月上旬，马慕瑞致电美国国务院，声称"国民党势力在向中国南部扩展的同时，正以燎原之势蔓延到北方，毫无疑问这个运动的主导者是苏联人"。"因而，各国唯一可信赖的只有北方政府。如果国民党拒不接受外国关于南京事件的要求，我们就必须和北方政权联合起来。"② 马慕瑞还提醒政府，不要"招怨于张作霖，他是反对中国无政府状态硕果仅存的堡垒"。凯洛格也表示"蒋介石是否真能控制国民党军队，并履行（最后通牒）各项要求还是个问题"。③

南京事件发生时，下关停泊着三艘外国军舰，日美英各一艘，仅美英军舰向南京城内开炮轰击，日舰却未发一炮。为此，币原受到了右翼势力的攻击，社会上谣传着币原外相发出训令禁止日舰开炮的虚假消息。其实，禁止日舰开炮的是南京城内的日本侨民。侨民鉴于日本出兵西伯利亚，在西伯利亚的日本人受到俄国军队报复性的虐杀的历史，担心一旦日舰开炮，南京的日本侨民也会受到中国军队的报复，所以侨民代表向舰长哭诉道："希望您无论如何也要忍耐，不要开炮。"舰长答应了侨民代表的请求。但士兵和右翼势力以为是外务省特别是币原下令禁止日舰开炮的，对币原群起攻击，但币原不为所动。他一方面会见英、美驻日大使，劝说不要动用武力，表示日本政府不会因南京事件而改变对华政策，南京事件是由激进派挑起的，目的是促使蒋介石垮台，"对华采取武力征服的手段能否达到目的，很难预料"；另一方面加强与蒋介石沟通，"通过他人向蒋介石发出忠告：这不是作为外务大臣，而是以个人名义发出的忠告，请考虑尽快与各国商谈，果断地进行赔偿、道歉，消除纷争的根源"。④

日本的说服工作使英美改变了对蒋介石的态度。1927年4月5日，英国驻美大使霍华德（Esme Howard）致函凯洛格，表示"完全欣赏日本政府看法的说服力"，目前对蒋介石"过分羞辱"，与"列强的利益是背道

---

① "The Minister in China (MacMurray) to the Secretary of State, March 29, 1927," in United States Department of State, ed., *Foreign Relations of United States*, 1927, Vol. 2, Washington, D. C.：G. P. O., 1942, pp. 164-168.
② 入江昭『極東新秩序の模索』、原書房、1968年、138頁。
③ 参见沈予《日本大陆政策史（1868~1945）》，社会科学文献出版社，2005年，第303页。
④ 幣原喜重郎『外交五十年』、読売新聞社、1951年、129—134頁。

而驰的"。① 日英美三国暂时取得了一致并协调对华行动，决定不向蒋介石发出具有最后通牒性质的照会和放弃武力制裁政策。

1927年8月，蒋介石因国民党内部派系斗争加剧，宣布下野，9月东渡日本，11月5日下午1时30分前往东京青山田中义一私宅会见了日本首相田中，张群同行担任蒋介石翻译。田中义一的翻译是所谓"中国通"、陆军少将佐藤安之助。会议持续了约两个小时，佐藤安之助对会议做了记录。

田中义一披露了支持蒋介石的原因：

> 列强中，在贵国最有利害关系的是日本，日本对于贵国的内乱可以一概不予干涉，但对共产党在贵国的跋扈，断难袖手旁观。此即意味着，反对共产主义的您能够巩固南方，对日本来说，乃是最大的期望。为此，在国际关系允许或在不牺牲日本利权等条件下，将对您的事业，不惜给予充分的援助。
>
> 共产主义在日本蔓延，其原因就在于中国共产党的壮大。日本方面之所以常常叫喊反对贵国赤化，不外是为了自卫。我们对蒋君表示同情，也是为此。如果您是共产党的同情者，我们就不会信赖您。②

从佐藤安之助记载的《田中首相蒋介石会谈录》中可以看出，双方在反共问题上达成了共识。"对于共产党问题，则双方意见一致，都认为非予清除不可。"③根据当天的《蒋介石日记》记载，会谈中蒋介石对田中义一提出了三点希望：

> 田中（义一）询吾此次来日之抱负，吾以三事告之：略曰："余之意：第一、中日两国必须精诚合作，以真正平等为基点，方能共存共荣，则此胥视日本以后对华政治之改善。第二、中国国民革命军以后必将继续北伐，完成其革命统一之使命，希望日本政府不加干涉，且有以助之。第三、日本对中国之政策必须放弃武力，而以经济为合

---

① 参见沈予《日本大陆政策史（1868~1945）》，社会科学文献出版社，2005年，第303—304页。
② 外务省编『日本外交年表並主要文書』（下）、原书房、1965年、102—106页。
③ 张群：《我与日本七十年》，台北：财团法人中日关系研究会，1980年，第24页。

作之张本。"又曰："余此次来贵国，对中日两国之政策，甚愿与阁下交换意见，且期获得一结果，希明以教之。"①

田中义一并未回应蒋介石的希望，而是"每当提及统一中国之语，辄为之色变"，显然日本支持蒋介石是有条件的，即放弃北伐、形成中国南北分裂局面以维护和扩大日本在华权益。"在这次会谈中，田中义一很显然地一再强调国民革命军不宜继续北伐，应以安定南方为急务。言外之意，他是不希望有一个统一的中国出现。"② 蒋介石与田中义一是初次见面，对会谈抱有极大期望。蒋介石曾私下向张群表示："这次访日，最重要的是和田中会谈。"③ 但会谈结果令蒋介石失望，他在日记中记录了会谈感想并得出结论："综核今日与田中谈话之结果，可断言其毫无诚意，中日亦决无合作之可能，且知其必不许我革命成功；而其后必将妨碍我革命军北伐之行动，以阻止中国之统一，更灼然可见矣！日本尝以北洋军阀为对象。自满清甲午以来，凡与日人交涉者，类皆腐败自私之徒，故使日人视我中国人为可轻侮，亦积渐之势然也。余此行之结果，可于此决其为失败。然彼田中仍以往日军阀官僚相视，一意敷衍笼络，而相见不诚，则余虽不能转移日本侵华之传统政策，然固已窥见其政策之一斑，此与余固无损也！"④ 强硬的田中外交将对中日关系造成极大的负面影响。

第五节　田中外交与东方会议

1927年4月，日本爆发金融危机，这场危机导致民政党的若槻内阁倒台，4月20日，政友会总裁田中义一上台组阁，并亲自兼任外相，以所谓的田中外交取代币原外交。田中内阁除了陆相、海相和法相外，其余阁僚

---

① 张秀章编著《蒋介石日记揭秘（中）》，团结出版社，2010年，第410页。又见"国史馆"藏《蒋中正总统档案·革命文献拓影·北伐时期（济南事变）》第二十册，《蒋总司令访田中首相，民国十六年一月五日。转引自张玉法《近代变局中的历史人物》，九州出版社，2019年，第258页。
② 张群：《我与日本七十年》，台北：财团法人中日关系研究会，1980年，第21页。
③ 张群：《我与日本七十年》，台北：财团法人中日关系研究会，1980年，第21页。
④ 张秀章编著《蒋介石日记揭秘（中）》，团结出版社，2010年，第410页；张群：《我与日本七十年》，台北：财团法人中日关系研究会，1980年，第25页。张群在《我与日本七十年》中全文抄录了这段蒋介石日记。

均出自政友会，田中起用与自己具有相同理念的人，如任命关东军司令官白川义则为陆相，田中认为"解决满蒙问题，白川是最合适人选"。① 币原奉行的是"协调外交"，即在维护日本在华权益与保持同西方列强的协调关系之间维持一种平衡，外交上采取低姿态。在日本国内，对币原外交的批评从来没有停止过，军部、政友会、枢密院、右翼团体等压力集团攻击币原外交是"软弱外交"，陆相宇垣一成在4月7日向若槻首相建议，为了防止中国共产化、保持日本的地位，"与其消极雌伏，莫若积极雄飞"；在4月17日的枢密院会议上，伊东巳代治猛烈抨击币原外交软弱与失败，导致若槻内阁当天宣布辞职。②

田中上台后，改变了外交上的低姿态，更注重采取武力威慑政策，突出表现就是为了阻止国民革命军北上，一年内三次出兵山东，并制造了震惊中外的"济南惨案"。田中认为，中国的分裂是不可避免的，而中国的统一是不可能的，"他只是想操纵中国的政治"，"他怕日本藩阀失了政权，怕日本的神权失了信仰，怕日本的帝国失了生命，怕中国的革命运动阻碍日本传统政策的推行，同时又怕中国的革命影响及于日本的民众……"③ 田中义一以中国的分裂为前提，以主要保护在华侨民和维护在华权益为外交目的，有限度地采用军事力量。由于田中不相信中国会实现统一，轻视币原外交中的"不干涉内政主义"，利用军事力量压制中国日益高涨的民族主义运动。④ 日本出兵山东不仅遭到了中国人民的强烈抗议，也引起了国内舆论和西方列强的不满，美国对日军占领济南提出抗议，英法也表示反对。为了显示对南京国民政府的支持，1928年3月，美国率先与南京国民政府谈判解决南京事件，美、德、意、荷、英、法等国先后承认中国的关税自主权。与西方列强的怀柔政策相比，田中的强硬外交显得非常被动和愚蠢，它不仅使币原外交以来中日之间建立的短暂信任趋于瓦解，而且恶化了远东的外交氛围，极大地侵蚀了华盛顿体系。

国民革命军进入北京后，南京国民政府于1928年7月19日宣布废除《中日通商行船条约》。此时，田中内阁既无法采取武力威慑政策，因为这会导致日本在远东的进一步孤立，又无法忍受中国单方面的废约行动。田

---

① 小山俊樹『評伝森恪：日中対立の焦点』、株式会社ウェッジ、2017年、161頁。
② 斎藤鎮男『日本外交政策史論序説：外交教訓の史的研究』、新有堂、1981年、51頁。
③ 参见戴季陶《日本论》，九州出版社，2005年，第112页。
④ 斎藤鎮男『日本外交政策史論序説：外交教訓の史的研究』、新有堂、1981年、47頁。

中声称:"国民政府如竟伤害日本条约权利,日本不得已,将采行各种需要方法,以应付此局。"日本驻华公使芳泽谦吉也表示:"据现行通商条约第二十六条之规定,若于一定期间,不能改订商议完毕时,则该条约自动的更有十年间效力之继续存在。"日本政府特别指责南京政府在照会中不用"改订"而用"废弃"为"非常暴举"。① 南京国民政府外长王正廷拒绝再与日本驻华公使芳泽谦吉辩论撤废旧约问题,坚持谈判新约。田中内阁除非无视列强的干预、彻底践踏华盛顿会议诸条约,否则只能吞下强硬外交所造成的苦果。实际上,田中外交的最大后果就是日本有被从中国市场上全面排挤出去的危险。在这种情况下,田中内阁在对华政策上不得不有所收敛,宣布从山东撤军并接受中国修约的既成事实。有感于田中外交的愚钝,币原在贵族院会议上就出兵山东问题,公开质疑田中一直倡导的所谓积极外交和强硬政策:"外交有无强硬外交与软弱外交的区别?如果有的话,在哪里?如果说外交有积极与消极之分,那是什么?请举例说明。田中内阁出兵山东是积极政策,还是消极政策?把出兵看作积极政策。可是,其结果却什么也没有得到,完全以失败而告终。这究竟是积极政策,还是消极政策呢?"田中无言以对,非常狼狈。会后对币原表示:"你问的那种事,我很为难啊。"②

为了制订"对华政策的根本方针",田中内阁于1927年6月27日至7月7日在东京召开东方会议。

东方会议共召开过两次。第一次是在1921年5月,即原敬内阁时期召开的。参加人员包括原敬首相等全体内阁大臣、朝鲜总督、朝鲜军司令官、关东厅长官、关东军司令官、驻华公使、驻奉天总领事等,议题是就中国、朝鲜和西伯利亚等有关对外关系的重大问题广泛交换意见,决定当时在政治上亟须解决的西伯利亚撤兵和山东撤兵问题的善后措施。而田中内阁召开的第二次东方会议,专门讨论和研究对华政策,特别是对"满蒙"政策,会议还兼及对南方革命军政策、对北方政权政策等。田中内阁召开第二次东方会议的目的是向驻外使节宣示政府方针并就其贯彻执行的方法进行说明和指示。

田中内阁时期的外务省,实际掌控外务省具体事务的是政务次官森

---

① 王芸生编著《六十年来中国与日本》第八卷,生活·读书·新知三联书店,1982年,第167页。
② 幣原喜重郎『外交五十年』、読売新聞社、1951年、125頁。

恪①。森恪具有强烈的右翼民族主义思想。南京事件发生后，1927年3月31日，森恪率政友会骨干分子赴外务省责问币原外相。币原对关于日本人遭遇暴行的事实"以没有接到报告为由"答复责问。森恪将此作为攻击币原的材料。4月2日，政友会发表批评外交当局的声明。4月7日，森恪与松冈洋右一起，在青山会馆做了题为《币原外交的价值》的演讲，抨击币原外相"极为严格地实行这种不干涉主义"，无视日本侨民遭遇的暴行和国家体面的损伤。森恪的言行自然获得田中义一的赞赏。

田中原拟任命井上准之助为外相，但井上准之助已就任台湾银行调查委员会委员长，不便临时更换，故田中亲自兼任外相，而任命森恪为政务次官，由其实际掌控外务省。田中声称，因为"外务省的外交软弱、难办"，所以自己当外相，"改革、重建外务省"，而常在政友会内部抨击币原外交、倡导积极外交的森恪自然受到田中的青睐。外务省亚洲局局长木村锐市回忆说，森恪就任政务次官后，立即召集外务省主要官员开会，在会上发表了盛气凌人的演说，抨击前内阁对郭松龄事件的消极政策，在维护"满蒙""特殊权益"方面没有采取任何积极行动，即便面对南京事件这样的"不幸"事件的爆发，在对侨民的保护等方面也无所作为。作为非职业外交官的森恪插手具体的外交事务，以田中外相的名义发往海外的大量电文几乎都是由森恪起草的，其在外务省内一手遮天。②

东方会议原定在1927年6月16日召开，但中国政局的急剧变化，"使驻华各重要官员一时归国述职诸多不便"，会议稍延期，不久后又出现田中首相身体不适的情况，会议直到6月27日才得以在霞关外务省大楼内召开。参加东方会议的有23人，其中外务省本部8人，驻外公使馆、领事馆4人，陆海军方面分别为5人和3人，大藏省1人，另有关东厅长官、朝鲜总督府警务局局长出席会议。中心议题是确立对华政策，特别是对"满蒙"政策。③由外务大臣田中义一任委员长，外务省亚洲局局长木村锐市任干事长。会议分为正式会议和特别委员会会议。会议严格保密，经委员长同意后，国务大臣及其他人士才能旁听会议。6月29日，驻上海

---

① 森恪（1882—1932），大阪人，日本政治家。从东京商工学校毕业后进入三井物产工作。1913年创立中国兴业株式会社。之后加入政友会并成为众议院议员。1929年任政友会干事长。犬养毅内阁成立后任内阁书记官长。
② 小山俊樹『評伝森恪：日中対立の焦点』、株式会社ウェッジ、2017年、154、164—165頁。
③ 外務省百年史編纂委員会編『外務省の百年』上巻、原書房、1969年、920頁。

总领事矢田七太郎发表了"以南方特别以南京政府为中心之政治情形报告与意见";驻汉口总领事高尾亨发表了"以南方特别以武汉政府为中心之政治情形报告与意见";驻奉天总领事吉田茂发表了"北方特别是满蒙之政治情形报告与意见";松井石根发表了"从军事上所见到之中国南北情势报告与意见"。6月30日,关东军司令官武藤信义发表了"从军事上所见到满洲之情势报告与意见";海军省军务局局长左近司致三发表了"海军警备上之报告与意见";关东厅长官儿玉秀雄发表了"从行政观点所作之满洲情势报告与意见";驻华公使芳泽谦吉发表了"中国一般之政治情形报告与意见"。与会人员围绕上述报告与意见进行讨论和交换意见。特别委员会会议着重讨论和研究两个问题:一是"满蒙悬案之解决问题",二是"长江方面日侨之救济问题以及对华经济发展方案"。① 会议期间还专门举行了"满蒙问题"的讨论会,芳泽谦吉持稳健意见,而武藤信义持强硬论。这出政治剧的主要演员是外务政务次官森恪,会议实际上是要彻底清除"币原外交"在外务省的影响,采取所谓的"积极对华方针"。森恪与参谋本部、关东军的少壮派军官有非常密切的关系。田中义一在东方会议上所发表的《对华政策纲领》的主要内容是以会议召开三周前,即6月6日由关东军参谋长斋藤恒向陆军次官正式提出的《关于对满蒙政策的意见》文件为蓝本的。关东军参谋河本大作随关东军司令官武藤信义参加东方会议,唆使武藤持武力强压论。森恪本人在会议前赴汉口与好友、参谋本部作战课的铃木贞一少佐晤谈,铃木贞一主张把"满蒙"从"中国本土"分离出来,并扶植亲日政治势力,得到了森恪的赞同。铃木通过少壮派军官的秘密组织与石原莞二、河本大作等人保持频繁的接触。②

在7月7日会议闭幕时,田中做了题为《对华政策纲领》的训示。纲领由简明的前言和八条原则性意见组成,其中第一至第五条是对"中国本土"的对策,第六至第八条是对"满蒙"的政策。森恪对八条原则性意见做了逐条解释。纲领前言表示,日本对"中国本土"和"满蒙"应采取不同的政策。纲领第六条的内容是:"满蒙特别是东三省地方,在国防及国民的生存上有重大的利害关系,我国不得不加以特殊考虑。在该地区维护和平、发展经济,成为内外人士安居之地方面,我国作为接壤的邻邦

---

① 章伯锋、李宗一主编《北洋军阀》第五卷,武汉出版社,1990年,第517—520、531—533页。
② 衛藤瀋吉『二十世紀日中関係史』、東方書店、2004年、95—97頁。

不能不感觉有特殊的责任和义务。"第八条的内容是："万一动乱及满蒙，治安混乱，我国在该地之特殊地位与权益受侵害之虞时，不问它来自何方，均将予以防护。且为把该地保护为内外人士安居、发展之地，要有不失时机地采取适当措施的思想准备。"森恪在解释这一条时说，"何方"是指南京国民政府、北方的苏联和中国以外的一切外国以及东三省内部，"不问其何等理由，断然采取措施"。①

《对华政策纲领》与以往日本政府的对华外交方针相比，有两点明显的不同。一是由共产党等"不逞分子"的"猖獗"导致在中国的权利、利益受到侵害时，"将根据需要断然采取自卫措施"，具体而言，就是以出兵保卫政策代替侨民撤离政策，于是"自卫"就常常成为日本把出兵和战斗行为正当化的理由。二是明确主张日本的特殊地位和权益及于"满蒙"全境。松冈洋右在九一八事变中表示，田中内阁的最大功绩就在于把以往限于满铁及满铁附属地的日本特殊地位和特殊权益扩大到"满蒙"全境。②为此田中内阁极力阻挠南京国民政府统一中国的行动，把东三省置于日本控制之下。《对华政策纲领》第七条指出："对于尊重我国在满蒙之特殊地位并认真地致力于该地区政局稳定的东三省实力派，帝国政府应予以适当的支持。"但是，这一表述并不意味着支持张作霖。森恪在解释这一条时说：这"既不意味着支持张作霖，又不意味着排斥张作霖，我们以独自的立场来行动"。田中义一向蒋介石表示："人们总是说日本援助张作霖，这完全与事实不符。日本绝对没有支援过张作霖，不要说援助物资，就是替他说话等也未有过。日本的愿望，仅在于满洲的治安得以维持，也就安心了。"③由此可见，日本政府对张作霖并不满意。因为张作霖对日本攫取"满蒙新五路"等侵略计划采取敷衍的态度，迟迟不肯明确表态。奉系入主北京后，张作霖逐渐疏离日本，频繁向西方示好，甚至被一些年轻日本军人视为英美的傀儡。"在（日本）陆军内部，尤其是在关东军内，要求不甘做日本傀儡的张作霖下野的呼声愈发强烈。"④张作霖"对付日人，内外并进，刚柔互用，关东军无所施其技。少壮派恨之入骨，

---

① 外務省編『日本外交年表並主要文書』（下）、原書房、1965年、101—102頁；俞辛焞：《近代日本研究论集》，天津人民出版社，2000年，第69—72页。
② 衛藤瀋吉『二十世紀日中関係史』、東方書店、2004年、95—96頁。
③ 外務省編『日本外交年表並主要文書』（下）、原書房、1965年、104頁。
④ 〔日〕黑泽文贵：《两次世界大战之间的日本陆军》，刘天羽译，社会科学文献出版社，2020年，第329页。

非去之不可，遂以非常手段，致丧其命"。① 在南京国民政府命留学日本的黄郛出掌外交时，张作霖却在1928年2月任命了顾维钧的朋友、留学牛津的罗文干为外交部部长，"南北双方的两项任命不仅透露了奉系与日本日益加剧的冲突，同时也凸显了南北双方外交取向的歧异：南方试图走东京路线而北方打算走华盛顿路线"。②

田中内阁时期，日本对华政策日趋混乱。在对待张作霖的问题上，外务省内有以驻华公使芳泽谦吉为代表的承认张作霖统治并予以支持的援张路线派，以及以驻奉天总领事吉田茂为代表的在援助或排斥张作霖方面持慎重态度的中立路线派。在陆军内部，有以陆相白川义则为代表的援张路线派，而关东军则对张作霖煽动排日运动非常反感，欲以武力驱逐张作霖。东方会议为日本涉华机关和部门提供了交换意见和对话的平台，反映了日本对华外交方针的转变。③ 尽管东方会议在具体对华政策上并没有形成一致意见，也未做出任何决定，但从第二次直奉战争以来，经北京关税特别会议、北伐战争后，日本决策层内部的"国际协调派"与"强硬外交派"在维护"满蒙"利益上是趋于一致的，在维护在华既得权益方面也没有原则分歧，只是在实施手段上有所不同。币原喜重郎在历届议会和历次枢密院会议上发表对华方针与政策时，一方面声称"不干涉中国内政"，尊重中国主权；另一方面强硬表示日本在华既得权益不容损毁。币原喜重郎在第50届议会（1925年1月）的演说中指出"满蒙地方系我方权益之所在"，"毋庸赘言，日方关心之处并不仅限于满蒙地方之事态，整个中国对于日本国家生存具有极为密切之利害关系，这是现实中不争的事实。然而我国国民对于满蒙地方尤为敏感，是因为在上述利害关系之外，还有历史缘由"。④ 币原在第51届议会（1926年1月）上又表示，"我方在彻底秉持对中国实行不干涉内政主义的同时，对我方正当地位竭尽所能采取维护手段。日本在满蒙拥有最重要的有形无形之权益，乃是众所周知的事实。此种有形权益有遭遇战乱破坏的危险（郭松龄倒戈反奉——引者

---

① 曹汝霖：《曹汝霖一生之回忆》，中国大百科全书出版社，2009年，第287页。
② 罗志田：《乱世潜流：民族主义与民国政治》，上海古籍出版社，2001年，第343页。
③ 小山俊樹『評伝森恪：日中対立の焦点』、株式会社ウェッジ、2017年、168、179頁。
④ 「第五十回（大正十四年一月）幣原大臣」、戦前期外務省記録/1門 政治/5類 帝国内政/2項 議会及政党/帝国議会關係雜纂/総理、外務両大臣演説/外務大臣演説集第二巻/外務省外交史料館藏、JACAR系統查詢编号：B03041473100。

注），主要为满铁沿线存在之现状。我们认为保护此种有形权益要以过去我方采取之手段来达成其目的"。基于维护"满蒙"权益的目的，在郭松龄军攻占锦州、逼迫张作霖下台的关键时刻，关东军不允许郭军在满铁附属地展开军事行动，并公然出兵支持奉军，导致郭松龄兵败被杀。北伐战争开始后，币原喜重郎在第52届议会（1927年1月）上发表演说，声称："我国国民在任何情况下都理应享有在中国受到生命财产保护的权利，且享有为全世界所公认国际法之一切保障。如果中国国内发生任何政治上和社会上之变革，我国国民所享有的这些基础权利应不受任何限制和改变。目前未曾听说中国政界的哪个方面否认此种权利，只是负有维持治安责任的权力中心不稳定，结果出现了对不良分子的跋扈之处理极不充分的地方，此乃清楚明白之事实。但这些事态随着地方政情之稳定，预计会逐渐改善。我们正与各地方实际行使政权者接触，竭尽全力使日本人之生命财产得到适当保护，迄今已经基本上达到目的。"① 这就为之后关东军擅自采取行动埋下了隐患，是日本长期以来秉持的对华政策的自然结果。

东方会议加强了外务省与军部的联系，扩大了军部对外交的影响力。森恪认为在对华行动方面，外务省和军部必须协同。为此森恪多次在会议前后与军部人士接触，听取意见。1927年3月，森恪在汉口会见了参谋本部的铃木贞一少佐。铃木向他提出了"满蒙分离论"，即"把满蒙从中国本土分离出来，置于日本的政治势力下"。6月1日，关东军制订了《关于对满蒙政策的意见》，要求中国方面给予东三省"自治"，对阻碍对"满蒙"政策的势力采取断然行动加以排除，"必要时准备采取武力"，得到了森恪赞同。② 铃木贞一认为："我的目的是统一其有关日本在大陆应该遵循路线的想法。我们大多数人认为应当把满洲从中国本土分割出来，置于日本的政治控制之下。这就要求日本的整个政策，即国内、外交和军事上的政策，应该集中于实现这个目标……"③

张作霖不甘心失败，对日本要求他退回关外的建议非常恼火，多次大发雷霆。田中内阁担心一旦张作霖在失败的情况下退回东北，会引起国民

---

① 「帝国議会に於ける外務大臣演説集」、戦前期外務省記録／A門 政治、外交／1類 帝国外交／0項／0目／外務大臣（其ノ他）ノ演説及声明集第一巻／外務省外交史料館藏、JACAR系统查询编号：B02030023900。
② 小山俊樹『評伝森恪：日中対立の焦点』、株式会社ウェッジ、2017年、181—183頁。
③ 参见〔美〕戴维·贝尔加米尼《天皇与日本国命》（上），王纪卿译，民主与建设出版社，2016年，第302页。

革命军为了追击张作霖部而进入东北，造成南京国民政府对东北地区的实际控制，威胁日本在东北的权益。1928年5月16日，田中内阁举行会议，决定在18日向张作霖和蒋介石两政府发出《五一八觉书》，声称："战乱进展至京津地方，其祸乱及于满洲之时，帝国政府为维持满洲治安起见，或将不得不采取适当而有效的措施。"① 所谓"适当而有效的措施"的实际含义，就是：（1）如果奉军在北京附近开始战斗以前撤退到东北，日军将容许其这样做；（2）如果两军在京津地区交战而奉军兵败逃往关外，或者国民革命军进攻向东北退却的奉军时，日本将解除奉军和国民革命军的武装。换言之，就是要求奉军有序撤回东北并绝不允许国民革命军插足东北。② 显然，《五一八觉书》是对中国内政的粗暴干涉，也是对华盛顿体系的严重挑战，引起了美英的强烈批评。5月18日，美国国务卿凯洛格指示驻华公使马慕瑞：美国不介入日本政府按照《五一八觉书》采取的行动。19日，凯洛格在华盛顿记者会上宣称：日本发出《五一八觉书》，事先没有同美国磋商，美国认为"满洲是中国领土的一部分"。同时，他向记者散发了《九国公约》的副本。同一天，《纽约时报》以大字标题报道："东京照会实质上是日本欲在满洲建立保护领地的一项宣言。"田中得知美国的反应之后，深感不安。22日，他训令驻美大使松平恒雄向美国政府解释：日本对华政策没有任何变化，没有把中国东北作为日本保护地之意，仍坚持保全中国领土与行政之完整以及"满蒙""门户开放、机会均等"的政策。随后，美国政府照会东京，要求日本政府在采取实际行动之前，预先告知美国。与此同时，英国也做出了反应。20日，英国驻日大使和驻华公使分别告诉外务省和日本驻华公使：英国政府希望日本采取任何对华行动之前，要得到英国的谅解。欧美各国的报刊对日本武力威胁中国的举动接连发出抨击。③ 日本的行动逸出了华盛顿体系的轨道，违背了列强间达成的在华协调行动的原则，使美、英等国不得不对日本加以约束。

田中在美英压力下被迫后退的行为引起了关东军的不满。关东军首脑

---

① 外務省編『日本外交年表並主要文書』（下）、原書房、1965年、116頁。
② 章伯锋、李宗一主编《北洋军阀》第五卷，武汉出版社，1990年，第517—520、762—763页。
③ 沈予：《日本大陆政策史（1868~1945）》，社会科学文献出版社，2005年，第332—335页。

拟订了暗杀张作霖、制造东北局势混乱，然后以维持治安的名义乘机占领东三省的计划。1928年6月4日，发生了关东军谋杀张作霖的"皇姑屯事件"。但是，张作霖被炸身亡并没有引起东北局势的混乱，在东北军将领的支持下，张学良顺利接班并采取非常手段除掉亲日派杨宇霆，息兵罢战，于1928年12月29日毅然通电宣布东三省"易帜"，归顺国民政府，完成国家统一。皇姑屯事件与东北易帜使田中内阁处境艰难，其实施的对华强硬外交和"满蒙分离"政策失败了。1929年7月2日，田中内阁垮台。民政党总裁滨口雄幸上台组阁，币原喜重郎再次任外相，开始了第二次"币原外交"。

第六节　"协调外交"的绝唱：伦敦海军裁军会议

英、美、日、法、意五国在华盛顿会议上就主力舰比例问题达成了协议，但在辅助舰比例问题上意见不一，未能达成妥协，因而华盛顿会议后各大国在辅助舰方面展开了激烈竞争。在世界经济不景气的情况下，海军军备竞争既给各国财政造成了重大压力，也恶化了国际氛围，引发了大国间的不信任。1930年1月21日，英、美、日、法、意五国在伦敦举行海军裁军会议，讨论裁减辅助战舰问题。

滨口雄幸内阁执政后面临三大任务，即裁减军备、解除黄金出口禁令和实施财政紧缩政策，而裁减军备是实施财政紧缩政策的前提。当时日本右翼势力抬头，对裁减军备持反对意见。担当此次会议的首席全权代表是吃力不讨好的事情，因此政界和军界人士互相推诿。内阁最后决定由币原喜重郎恳请前首相若槻礼次郎出任首席全权代表。但若槻礼次郎也心存疑虑，不愿接受。币原劝说若槻："您本军人出身，对海军事务了如指掌，尽管此行困难重重，但这是和我国财政有关系的重大问题，希望您为国分忧。"① 经不住币原的再三恳请，若槻最终应承下来。日本任命若槻礼次郎、海军大臣财部彪和驻英大使松平恒雄等人为全权代表出席伦敦海军裁军会议。日本海军提出了裁军的三大原则：（1）日本对美辅助舰比例为70%；（2）确保重巡洋舰对美70%的比例；（3）维持现有潜水艇78000吨的规模。根据海军人士的测算，三大原则体现了日本对美海军战略"防守

---

①　幣原喜重郎『外交五十年』、読売新聞社、1951年、142—143頁。

有余、进攻不足"的底线。美国拒绝接受三大原则，会议陷入僵局。2月25日，日本代表松平恒雄和美国代表里德开始进行私人的、非正式的"自由谈判"，寻找打破会议僵局的办法。经过反复磋商，达成了《里德-松平协定》。该协定规定日本对美辅助舰总吨位比例为69.75%，重巡洋舰方面允许美国拥有18艘，日本拥有12艘，日本对美比例达60.2%。为了使日本满意，美国接受了一个复杂的安排，18艘重巡洋舰中的最后3艘将分别推迟至1933年、1934年和1935年开工建造。由此，日本在1935年将拥有对美72.2%的比例，1936年为67.8%，1937%年为63.8%，1938年为62%，因此日本将在1935年即下一次海军裁军会议召开前实际拥有重巡洋舰对美70%的比例（见表8-2）。若槻礼次郎对英国代表说："如果接受（《里德-松平协定》），我将成为日本人民谴责的唯一目标，不知道我的生命和荣誉将会有怎样的后果……如果我们能够达成协议，我愿将其置之度外。"其实，若槻礼次郎对协定是满意的，认为已经满足了日本对巡洋舰总吨位达到对美70%比例的要求。至于潜艇，他认为美国同意和日本数量平等已经是"做了很大的让步"，"我已经完成了政府指令的意图，所以我觉得现在可以签署条约"。① 日本代表经磋商后，于3月14日致电币原外相，认为指望美国再做让步是困难的，日本要避免承担会议决裂的责任。

表8-2 《里德-松平协定》规定的日美两国拥有的辅助舰数量、吨位、比例情况

单位：吨，%

类型	美国	日本	日本对美的比例
8英寸口径主炮巡洋舰	180000（18艘）	108400（12艘）	60.2
6英寸口径主炮巡洋舰	143500	108415	76
驱逐舰	150000	97500	65
潜艇	52700	52700	100
总计	526200	367050	69.75

资料来源：〔日〕麻田贞雄《从马汉到珍珠港：日本海军与美国》，朱任东译，新华出版社，2015年，第353页。

---

① 参见〔日〕麻田贞雄《从马汉到珍珠港：日本海军与美国》，朱任东译，新华出版社，2015年，第166—167页；外務省百年史編纂委員会編『外務省の百年』上巻、原書房、1969年、925頁。

在财部彪海相出国期间，兼理海相事务的滨口首相要求海军内部统一思想。围绕是否接受美国妥协案，海军省与海军军令部产生了分歧。以海军军令部部长加藤宽治、次长末次信正为首的舰队派，要求坚守三大原则，拒绝让步。他们的主张得到了伏见宫亲王和海军元帅东乡平八郎的支持。加藤宽治认为华盛顿会议期间，缺乏国内舆论的声援，令他寸步难行，他决心绝不让这种情况再次发生。加藤宽治大张旗鼓发动新闻界、商界、政界和右翼组织举行支持裁军三大原则的活动，令若槻礼次郎大感尴尬，处处掣肘。美国驻日大使威廉·R.小卡尔斯指出："大部分（日本）人都被教育说这一（70%）比例对国家安全十分重要，因此他们觉得不能投降。""比例问题已经成了至高无上的政治原则，美国不考虑比例问题被当成我们已经预见到战争可能性的象征。"末次信正表示，承认美国妥协案是对美国的单方面让步，是美国企图把日本海军实力束缚在对美八成上的阴谋。①

以海军次官山梨胜之进为首的条约派则从政治和财政状况的角度出发，认为应该接受美国妥协案。滨口首相具有同条约派相似的理念，认为一旦谈判破裂，则将重新掀起造舰竞赛，增加财政负担，影响政府的财政紧缩政策。元老西园寺公望、军事参议官冈田启介、朝鲜总督斋藤实、侍从长铃木贯太郎也主张达成妥协比确保七成更有必要。② 西园寺指出："只有当其军备被限制在财政允许的范围内时，一个国家才开始拥有真正持久的实力……如果日本现在往前走，接受60%的比例，使这次会议圆满成功，那么各国将会认识到，特别是在当前的情况下，日本是真诚致力于世界和平的。如果日本领导这次会议取得成功，我们未来的国际地位将会更高。喊着'我们不管怎样也要拿到70%'退场不会让我们得到想要的东西……彻底疏远英美究竟能使我们得到多少利益？"③ 舰队派拒绝让步，把《里德-松平协定》叫作"美国的方案"，是"最霸道的方案，给了我们一个没有馅儿的空心大饼"。3月17日，加藤宽治致电财部彪，指出："不可能考虑美国的意见，它表面上是给我们让步，但实际上是把美国的

---

① 参见〔日〕麻田贞雄《从马汉到珍珠港：日本海军与美国》，朱任东译，新华出版社，2015年，第162页。
② 〔日〕升味准之辅：《日本政治史》第三册，郭洪茂译，商务印书馆，1997年，第609页。
③ 参见〔日〕麻田贞雄《从马汉到珍珠港：日本海军与美国》，朱任东译，新华出版社，2015年，第174—175页。

要求强加给了我们。"加藤宽治引用了前一天东乡平八郎对他说的话,向财部彪施加压力:"一旦我们达成了协议,它将造成一场无法挽回的损失,就像在华盛顿会议上接受了60%的比例一样。从一开始我们就做出了让步,提出在重巡洋舰上只要70%的比例,但美国没有做出丝毫让步。在这种情况下,唯一的办法是各自打道回府。就算不能缔结一项条约,也不至于引起快速的海军扩张,所以不必为了财政而担心。一开始我就怀疑70%的比例是否足够,最后我还是同意了,因为我得到保证……我们绝对不会放弃70%这条底线。由于再减少一点,我们的国防安全就无法保障了,所以不用为了1%或2%去讨价还价,如果他们不接受,就坚决退出会议。"①在冈田启介等人的斡旋下,3月26日的最高干部会议统一了海军的意见。冈田启介曾任联合舰队司令官,自诩为"加藤友三郎弟子",常常说:"我在军备限制方面,从加藤大将那里学到很多。"冈田认为:"对于海军军备来说是无终点可言的,不管我们囤积多少武器,也不可能在某天说:'那就够了,我们安全了。'""'我们无法与英美国家进行战斗'不是一个问题……以我国劣势的资源,不论我们的努力多么顽强也是做不到的。既然做不到,那还不如省点儿力气。"②

4月1日,内阁会议决定接受美国妥协案,经上奏批准后,立即通知了日本代表团。但是,4月2日,加藤宽治上奏天皇,表示反对美国妥协案,认为该妥协案将给日本海军作战带来重大影响。4月22日,日本代表团正式在《伦敦海军条约》上签字。"这样,协调外交的舞台便从伦敦转移到国内,批准条约这一关就成了考验政党政治力量的试金石。"反对派认为,政府不顾海军军令部的反对而决定签署《伦敦海军条约》,侵犯了统帅权,因而违宪。滨口首相、币原外相在议会中辩称:"在宪法上,统帅大权不包括编制大权。编制大权完全属于政府的辅弼权限,因此签署的《伦敦海军条约》并不侵犯统帅权。"东京帝国大学教授美浓部达吉指出,"军队数量的确定是国务上的大权,属于内阁的辅弼责任",坚定地站在滨口内阁一边。③许多宪法学者亦持相同的观点,媒体也予以积极支持。当

---

① 参见〔日〕麻田贞雄《从马汉到珍珠港:日本海军与美国》,朱任东译,新华出版社,2015年,第170页。
② 参见〔日〕麻田贞雄《从马汉到珍珠港:日本海军与美国》,朱任东译,新华出版社,2015年,第172页。
③ 外務省百年史編纂委員会編『外務省の百年』上巻、原書房、1969年、926頁。

日本代表团从伦敦返回国内时，受到了国民的热烈欢迎。但是，反对派并不甘心失败。海军军令部参谋草刈英治少佐为抗议《伦敦海军条约》而自杀。6月20日，加藤宽治直接向天皇提出辞呈。右翼势力成立了各种反对《伦敦海军条约》的团体，"以决议、国民大会、讲演会、个别说服、散发文件等各种方法，展开了要求废除条约的运动"。①

　　日本议会对条约没有批准权，条约的批准权掌握在天皇手中。但枢密院官制规定，天皇在批准之前须向枢密院咨询。当天皇咨询书递交枢密院时，枢密院内暗潮汹涌。枢密院的审查委员会中有非常多的反对条约派人士。滨口雄幸、财部彪和币原喜重郎商议后一致认为，面对反对论者，无法用妥协和缓和的态度解决问题。如果枢密院中的那些人提出无理要求，应该据理力争并加以驳斥，不惧产生正面冲突。"因此，当枢密院审查委员会讽刺、挖苦地提出各种问题时，应直接加以回敬。枢密院方面由此在相当程度上能感受到内阁强烈的决心，态度会软化下来。枢密院中热衷于干预政局或者进行倒阁运动的只是一小部分人，并非全部。"② 当内阁收到让已辞去海军军令部部长一职的加藤宽治出席枢密院会议并阐述他的主张的意见书时，内阁毫不犹豫地予以驳回。实际上，滨口内阁摆出了"破釜沉舟"的架势。面对滨口内阁的强硬态度，枢密院被迫后退。政府依靠元老、财界、在议会中占绝对多数的执政党、新闻界特别是希望维持国际和平的一般国民舆论，排除反对派的顽强阻挠，强行批准了条约。1930年10月27日，在伦敦举行了交换批准书的仪式。当天，美国总统胡佛、英国首相麦克唐纳、日本首相滨口雄幸同时发表广播讲话。滨口在讲话中指出，"该条约给人类的文明开辟了一个新纪元，并祝福时代的发展已从列强对立的'冒险时代'到达了一个国际协调和国际和平的'稳定时代'"。③ 但是，让滨口雄幸意想不到的是，《伦敦海军条约》的签署仅仅是"协调外交"的余晖，全球经济危机的爆发与加深，使国际协调外交的基础发生了崩塌。在日本海军内部，条约派被视为"叛徒"，遭到排挤和打压。11月14日，滨口雄幸在东京车站遭到右翼分子的刺杀，身负重伤，翌年8月26日去世。滨口雄幸的去世对日本是一个不祥的征兆，不到一

---

① 币原喜重郎『外交五十年』、読売新聞社、1951年、146—147页。
② 币原喜重郎『外交五十年』、読売新聞社、1951年、146—147页。
③ 参见〔日〕信夫清三郎编《日本外交史》下册，天津社会科学院日本问题研究所译，商务印书馆，1980年，第546页。

个月就爆发了九一八事变。

第七节　一波三折的日苏、日英关系

一　庙街事件与日苏《北京条约》

十月革命爆发后，日本和西方国家对新生的苏维埃政府十分敌视，拒不承认，甚至采取了出兵干涉苏俄革命的极端行动。但在苏维埃政府稳定国内局势后，西方国家秉持现实主义的外交政策，纷纷与苏联恢复外交关系。而作为苏联邻国的日本则迟至 1925 年 1 月 20 日才与苏联签订《北京条约》，结束了十月革命以来两国的敌对状态，恢复了外交关系。为什么俄国二月革命后成立的临时政府在两周内就获得了日本的承认，而日本对新生的苏维埃政府的承认却需 8 年之久？其重要原因就是庙街事件极大地影响了日苏关系。

十月革命后，日本趁新生的苏维埃政权立足未稳，出兵西伯利亚。明治时代，日本海军舰艇所用燃料为煤炭，进入大正时代后，舰艇所用燃料转变为石油。俄国临时政府成立后，为了扭转俄国在第一次世界大战中的困窘局面，请求日本援助武器。海相加藤友三郎以俄国割让库页岛北部为援助武器的交换条件，其目的就是获取石油资源。十月革命爆发后，1917 年 12 月 28 日，在登陆攻占符拉迪沃斯托克（海参崴）后，日本海军迅速与陆军达成一致意见，占领了整个库页岛。日军对库页岛北部的"保障占领"一直持续到 1925 年日苏《北京条约》的签署。[①]"保障占领"成为日苏恢复外交关系的重大障碍。

庙街（俄文名称为"尼古拉耶夫斯克"，日本称"尼港"，下文统称"庙街"）位于黑龙江河口，渔业发达，早在 19 世纪末 20 世纪初，日本渔民就常常进入庙街。十月革命爆发后，日本出于维护在中国东北的殖民利益和巩固对朝鲜的殖民统治，并垄断西伯利亚经济资源的考虑，于 1918 年 8 月 2 日发表出兵西伯利亚的声明，声称最近俄国政局混乱，在东线的捷克斯洛伐克军人遭到迫害，而捷克斯洛伐克军人怀有建国的夙愿，始终

[①] 麻田雅文『シベリア出兵：近代日本の忘れられた七年戦争』、中央公論新社、2016 年、152—154 頁。

联合协约国共同对敌，其安危所系影响有关国家，协约国及美国政府对捷克斯洛伐克军人抱有极大的同情，对其遭遇不能袖手旁观，故美国政府提议日本尽快派出援军，日本政府予以响应。该声明由首相及全体内阁大臣署名。① 参与出兵西伯利亚行动的有陆军第三师团、第七师团、第十二师团、第十四师团以及在朝鲜的第十九师团，另有海军第三舰队及海军陆战队。

日本移民在19世纪70年代进入俄国远东地区。1875年，俄国远东地区有日本移民50人，1897年达到了2197人，1917年增至5001人，日本移民主要居住在符拉迪沃斯托克（海参崴）。1916年在符拉迪沃斯托克（海参崴）的日本移民有3668人，约占该地区总人口的3.76%。1917年俄国远东地区共有1087600人，日本人约占0.046%，中国人为78110人（1916年数据），朝鲜人为64000人。1912年，庙街有日本人523人。1917年，俄国远东地区共有16个日本人居留民会，日本移民还建立了日本人学校，1919年在符拉迪沃斯托克（海参崴）日本人学校就读的小学生有238人。② 日本人主要进行海产、服装贸易以及从事餐饮、理发、金银加工等行业，由于侨民人数多，日本在庙街开设了领事馆。

1918年9月，日本海军陆战队以保护侨民为由在庙街登陆。9月25日，陆军第十二师团一部替换了海军陆战队。1919年5月25日，陆军第十四师团第二联队第三大队接管了庙街防务，约有兵力300人。当时庙街是萨哈林地区的政治与经济中心，也是萨哈林州政府所在地，有居民15000余人，其中日本侨民450人。③ 出于对苏俄政权的敌视，日军与白卫军建立了密切关系，在庙街的日军与白卫军共同维持当地治安，并从1920年1月起联合讨伐苏俄游击队。④ 1920年2月1日，在赤塔的日本翻译官致电外务大臣内田康哉，称当地行政官员递交了白卫军首脑谢苗诺夫通过日军司令官致日本政府的信函，要求日本在物资上给予援助，"期望日本帝国政府及国民向正在与破坏国家的过激派进行战斗并重建紊乱的财

---

① 外務省編『日本外交文書』大正七年第一册、外務省、1968年、937頁。
② サヴェリエフ・イゴリ『移民と国家：極東ロシアにおける中国人、朝鮮人、日本人移民の比較研究（1860—1917）』、名古屋大学博士学位論文（乙第6228号）、2003年7月、162、176、216、231頁。
③ 菅原佐賀衛『西伯利出兵史要』、偕行社、1925年、124—125頁。
④ 「分割2」、戦前期外務省記録/5門 軍事/3類 暴動及内乱/2項 外国/尼港ニ於ケル帝国官民虐殺事件 第四巻/外務省外交史料館藏、JACAR系统查询编号：B08090306900。

政及经济的我们提供援助"。① 日军与白卫军的密切关系自然引起了苏俄游击队的疑虑与不满。其实，日本驻俄国远东地区外交官对于政府持续支持白卫军的立场是有不同看法的。1920年2月12日，日本驻符拉迪沃斯托克（海参崴）领事在致外务大臣内田康哉的电文中指出，俄国远东政府发生急剧变化，俄国国民对帝国的感情迅速恶化，在此情况下继续援助得不到俄国国民信任的谢苗诺夫之辈"乃是违反潮流的最为无谋之策"，应宣布撤退军队，"与劳农政府保持良好的关系并向该国提供最为欠缺的物资，谋求密切通商关系，这是最为适宜的"。②

1920年1月下旬，苏俄游击队占领了庙街郊外的炮台，缴获大小火炮30余门，对庙街形成合围之势。2月5日，苏俄游击队用火炮袭击日军，摧毁了日军电信所，切断了庙街与外界的联系。③ 2月14日，日本参谋总长上原勇作致函陆军大臣田中义一，拟派步兵一大队、炮兵一中队、工兵一小队以及无线电信队增援庙街日军，并向增援部队下达训令，"鉴于庙街附近俄国过激派军逐渐占据优势，1月下旬以来在该地区我第十四师团守备队及海军无线电信队持续受到攻击，2月7日以来与该地区联络中断"。增援部队"抵达庙街附近，联络第十四师团守备队及海军无线电信队，保护居留的帝国臣民并维持治安"。④ 但援军并未立即出发，因为天寒地冻，行军困难。此外，面对占据绝对优势的苏俄游击队，庙街日军一度与其达成了停战协议。当时驻扎庙街的日军共400人，即陆军守备队290人，在领事馆内的海军无线电信队40人，另有在乡军人及其他武装人员70人。⑤ 2月28日，苏俄游击队进入庙街市区，人数达3000余人。日军与苏俄游击队在庙街划分警备区域，设置岗哨，维持市区秩序。但从3月2日起，苏俄游击队采取过激行动，为此日本领事提出抗议，指责苏俄游击队违反了双方达成的协议，苏俄游击队则要求日军交出武器但遭到拒绝。3月11日、12日，双方发生军事冲突，结果日军遭遇毁灭性打击并

---

① 外務省編『日本外交文書』大正九年第一册下巻、外務省、1972年、630—631頁。
② 外務省編『日本外交文書』大正九年第一册下巻、外務省、1972年、635頁。
③ 「分割2」、戦前期外務省記録/5門 軍事/3類 暴動及内乱/2項 外国/尼港ニ於ケル帝国官民虐殺事件 第四巻/外務省外交史料館蔵、JACAR系统查询编号：B08090306900。
④ 「〈ニコラエフスク〉附近に部隊派遣に関する件」、陸軍省大日記/西密受・西受大日記/シベリア出兵/西伯利亜出兵作戦に関する命令 訓令 西動綴/防衛省防衛研究所蔵、JACAR系统查询编号：C06032009300。
⑤ 菅原佐賀衛『西伯利出兵史要』、偕行社、1925年、134—135頁。

殃及日本侨民。"大多数日本居留民被杀戮，其房屋被焚毁，财产被掠夺。领事馆也在12日遭到炮击，帝国领事及其家属最后遭遇悲惨的命运。"残存的日军依托兵营进行抵抗。3月17日，双方达成停战协议，120余名放下武器的日本军人被投入监狱。① 5月24—27日，苏俄游击队在从庙街撤退时，焚毁了整个街区，虐杀了被关在庙街监狱内的日本军人及其亲属，此为庙街事件或庙街惨案。

1920年6月30日，日本外务省发表公报，指出根据得到的情报，"驻扎庙街的日本军与过激派军激战2个昼夜，其结果是驻屯军及当地侨民合计约700人几乎全部惨遭杀害，司令部、领事馆以及侨民房屋全部被烧毁"。② 经过调查，合计被杀害的日本人有735人，其中侨民384人（含女性184人）、军人351人。在庙街事件中遇难的不仅有军人、侨民，而且有受国际法保护的外交官，即日本驻庙街副领事石田虎松一家4口。这是日本从未经历过的在外侨民被虐杀的案件，在日本国内掀起了轩然大波。日本各地连续不断地举行追悼集会和法会，石田虎松的女儿石田芳子作为遇难者亲属被邀在各地集会上发言，朗诵她为庙街遇难者撰写的诗词，与会者潸然泪下。日本新闻媒体持续不断地报道庙街事件，政府在东京举行了"尼港遇难实况展览会"。一些地方神社还为在庙街事件中遇难的侨民建立纪念碑：天草神社内建有"尼港事变殉难者碑"，因为在殉难侨民中，有110人来自天草市；札幌护国神社内建有"尼港殉难碑"；小樽市的神社内建立了"尼港殉难者追悼碑"；等等。这些纪念碑至今仍矗立在神社内，默默地述说着这段历史。事后，日本陆军参谋本部编撰的《西伯利亚出兵史》专列一章叙述庙街事件，"流着悲愤之泪执笔撰写记录此千秋之一大痛恨事"。庙街事件导致了日本人对苏俄政府持续的恶感。

对于庙街事件发生的原因，日本和苏俄各执一词，但惨案的发生显然与日本实施的混乱的西伯利亚出兵政策有必然联系。在庙街事件中战死的海军少佐三宅骏五的兄长三宅骥一博士指出："总而言之，这次大惨案的发生虽不能说是我当局的无智、无能、无策、无诚意的结果，但溯本求源的话，可以断言其是我国西伯利亚政策的无方针、不彻底导致的一大牺牲。如果探求更深层次的原因，完全是我们官僚政治多年累积的弊端偶然

---

① 「尼港事件経過/西比利亜問題参考資料/1921年」、調書/欧米局/欧米局第一課/外務省外交史料館藏、JACAR系统查询编号：B10070050700。
② 外務省編『日本外交文書』大正九年第一册下卷、外務省、1972年、790頁。

在陆海军及外务领域暴露出来而已。我们现代官僚政治的弊端乃责任转嫁主义、事不关己主义、无视人格主义，口称忠君爱国、实乃极端的个人主义也。"① 1919 年 7 月以来，高尔察克军在与布尔什维克军的交战中接连失利，英国决定立即撤出本国军队，美国也于 1920 年 1 月 9 日通告从西伯利亚撤兵，西伯利亚局势急转直下，列国出兵干预苏俄革命的政策彻底失败。但日本不愿放弃在西伯利亚的利益，在撤兵问题上犹豫不决。参谋总长上原勇作反对撤军，仅命令缩小防卫区域，"全力以赴发扬帝国陆军的威武"，认为撤军会导致外部敌对势力对日军实力的"轻蔑"，"成为日本陆军史上永不磨灭的污点，进而危及国防基础"，② 结果导致庙街事件的发生。但政府及军部极力推卸责任。在执政党政友会干部会议上，首相原敬等决定按以下基调报道庙街事件，即高尔察克政权的崩溃导致在庙街的日本人处于危险境地，为此日本决定派出援军。但是由于江水结冰，援军未能及时抵达，抵达时虐杀和焚毁城市的行动已经结束，"对被残杀的日本将士及当地侨民不胜同情之至。此事之发生出于不可抗力，因此希望国民知悉真相后，谅解政府所采取的举措"。③ 1920 年 6 月 19 日，在东京筑地本愿寺举行的追悼法会上，尽管原敬内阁的陆相、海相、外相、递信相、内相等均出席，但原敬本人未出席，而是由内阁书记官长高桥光威代为宣读悼词，这被质疑是逃避责任。宪政会议员安达谦藏指出，"政府仅以不可抗力为借口逃避责任，我们决不同意这种观点"，要求解散议会，举行大选。尽管在随后举行的大选中，原敬任总裁的政友会仍然获胜，但日本社会对政府处理庙街事件不力的批评声从未停息。在新一届议会会议上，反对党议员激烈抨击原敬政府的西伯利亚政策，认为原敬的辩解不符合事实。按照现有兵力防卫西伯利亚是极为困难的，应该尽早撤侨；不撤侨即意味着当局自认为防备力量充足，结果却发生了预料之外的事件，实际上这是政府对西伯利亚实施错误的大政方针的结果。出兵西伯利亚"导

---

① 「分割 2」、戦前期外務省記録/5 門 軍事/3 類 暴動及内乱/2 項 外国/尼港ニ於ケル帝国官民虐殺事件 第四巻/外務省外交史料館蔵、JACAR 系统查询编号：B08090306900。
② 小林幸男「シベリア干渉の終焉と日ソ修交への道（正）——北京会議における北樺太撤兵問題」、『京都学園法学』第 2 号、2003 年。
③ 井竿富雄「尼港事件と日本社会、一九二〇年」、『山口県立大学学術情報』第 2 号、2009 年。

致俄双方①对日本帝国的怨恨"。②

被害者亲属对政府在庙街事件中的应对措施非常不满，在大分县还举行了以庙街事件为主题的戏剧演出。在政府采取正式行动之前，民间自发地为被害者募集捐款，陆军省、海军省和外务省、内务省等均开设窗口接受捐款。日本评论社于1920年发行了沟口白羊的《尼港事件——国辱记》。作家上司小剑发表了以庙街事件为主题的小说《英灵》。日本决策层利用"日本国民的敌意、死难者亲族的眼泪"进行反苏、反共宣传，并且宣称一旦俄国正统政府确立，就向其提出"赔偿"，而日本将在俄国承担赔偿责任之前对库页岛北部进行所谓的"保障占领"。这在国际法上是没有先例的，同时表明日本不承认苏俄政权。③ 1920年7月3日，日本政府在《关于占领萨哈林的宣言》中指出："本年3月12日以来至5月末在庙街的帝国守备队、领事馆人员及在留臣民约700名老幼男女遭遇过激派的虐杀，其状极为悲惨，帝国政府为保全国家威信，不得不采取必要的措施。""将来（俄国）合法政府成立并满意地解决本事件前，对于萨哈林州内认为有必要的地点实施占领。"④

1920年4月6日，作为缓冲国的"远东共和国"发表独立宣言并获得苏俄政府承认。1920年12月，列宁在俄共（布）党团会议上指出："问题就是这样摆着的：远东，堪察加和西伯利亚的一部分现在事实上为日本所占有，因为日本的军事力量在那里发号施令，因为正像你们所知道的，形势促成了远东共和国这个缓冲国的建立，我们很清楚，日本帝国主义的压迫使西伯利亚的农民遭受着实在令人难以置信的灾难，日本人在西伯利亚犯下了大量闻所未闻的兽行。"尽管如此，列宁认为"我们不能同日本打仗，我们不仅应该尽力设法推迟对日战争，如果可能的话，还要避免这场战争，因为根据大家都知道的情况看来，我们现在无力进行这场战争"。苏俄"被各帝国主义国家包围着，它们在军事方面比我们强大得多，它们使用各种宣传鼓动手段来加深对苏维埃共和国的仇恨，它们不会放过

---

① 十月革命后，在俄国远东地区出现了苏俄红军和白军两方。
② 井竿富雄「尼港事件と日本社会、一九二〇年」、『山口県立大学学術情報』第2号、2009年。
③ 小林幸男「シベリア干渉の終焉と日ソ修交への道（正）——北京会議における北樺太撤兵問題」、『京都学園法学』第2号、2003年。
④ 外務省編『日本外交文書』大正九年第一冊下卷、外務省、1972年、796頁。

任何一个机会来进行它们所说的武装干涉，也就是扼杀苏维埃政权"。列宁指出苏俄之所以能够顽强生存下来，其外部原因就是日美两国之间存在不可调和的矛盾："为了控制太平洋和占领太平洋沿岸地区，日本和美国之间，几十年来都在进行着无休无止的争斗，而有关太平洋及其沿岸地区的全部外交史、经济史、贸易史都十分肯定地表明，这种冲突正在日益加剧，美国和日本之间的战争不可避免。""我们所以能够支持下来，能够战胜受到我国白卫分子支持的空前强大的协约国列强联盟，只是因为这些强国一点也不团结。我们迄今为止所以能够取得胜利，只是由于帝国主义列强之间存在着极其深刻的争执，完全是由于这些争执不是偶然的党派内部的争执，而是帝国主义国家之间经济利益上的最深刻的、无法消除的矛盾。""要想把它们的力量联合起来反对苏维埃政权，那是徒劳的。我们就拿日本来说吧，日本几乎控制了整个西伯利亚，它当然随时都能够帮助高尔察克，但是，它没有这样做，其主要原因就在于它的利益同美国的利益根本不一致，它不愿意为美国资本火中取栗。我们知道了他们这个弱点，自然就只能采取利用美日矛盾的政策，而不能采取任何其他政策，以便巩固自己，推迟日本和美国可能达成反对我们的协议的时间。"① 在西方国家对苏俄政权采取封锁、敌视态度的情况下，苏俄政府重视改善与东亚国家的关系，愿意同日本达成某种妥协。

美国对日本出兵西伯利亚怀有戒心。1917年12月27日，美国国务卿蓝辛在会见日本驻美大使佐藤爱麿时表示：美国政府认为此时向符拉迪沃斯托克（海参崴）派遣军队并不明智，毫无疑问，外国干涉反而会导致苏俄国民在布尔什维克的领导下统一起来的结果。1918年1月14日，日本驻美代理大使田中都吉向美国国务院通报日本决定向符拉迪沃斯托克（海参崴）派遣两艘军舰。为此美国国务院训令驻日大使莫利斯面见日本外相本野一郎，向其转达美国政府的口头意见，即美国政府拒绝共同出兵的提议，确信对西伯利亚的军事行动将带来不幸的结果。美国政府强烈地感觉到，正在同德国作战的各国基于共同利益，有必要对苏俄国民目前的不幸的争斗持同情的态度。因而，占领苏俄领土的任何行动都会立即被视为对苏俄的敌对行为，这将使苏俄各派团结一致以反对协约国，帮助了德国的对苏俄宣传。根据美国政府掌握的情报，当下符拉迪沃斯托克（海参崴）

---

① 《列宁全集》第40卷，人民出版社，1986年，第97—98页。

的形势平稳，日本军舰的存在将导致误解。① 美国一方面反对日本出兵西伯利亚，另一方面极力推动在西伯利亚建立一个亲美政权。1918年2月8日，美国驻俄大使致电本国政府："西伯利亚人口1800万，面积是美国的一倍，土地富饶，有丰富的矿物及森林。正在计划建立另一个政权，3月召开由选举产生的代表组成的宪法会议，决定政体，任命官吏，表示希望与美国建立密切的通商关系，欢迎美国资本。"如果新成立的西伯利亚政府充分保证在战时不向德国出售产品，大使将建议美国政府向西伯利亚政府提供借款。"西伯利亚氛围是保守的社会主义，反对布尔什维克主义。"② 尽管1918年7月8日，美国改变了主意，突然向日本建议两国对西伯利亚进行联合干涉，但其目的是"圆满地处置西伯利亚战俘营中的三十万名以上的战俘，收回协约国堆积在符拉迪沃斯托克（海参崴）的战争物资"。日本迅速响应，美国人却感觉"日本派出的兵力太多，行动太快"。③

1921年5月13日，日本内阁会议提出了《关于与远东共和国进行非正式交涉的我方应持的方针》，指出："鉴于目前形势，帝国政府开始迅速与远东共和国就通商问题进行非正式交涉，一方面是便于从该地区输入物资，另一方面是为了远东的政情安定及推进帝国利益。"日本在交涉中提出如下诉求：（1）远东共和国声明实行有产民主制度；（2）不在日本及朝鲜进行共产主义宣传，采取措施对远东共和国境内朝鲜人所进行的扰乱朝鲜统治的行为予以取缔；（3）尊重日本享有的条约上的权利和日本国民的既得权益；（4）外国人享有出入境、居住、营业、产业、交通、沿岸贸易等方面的自由，拥有土地所有权或永住权；（5）拆除要塞，不得有威胁日本的军事设施；（6）符拉迪沃斯托克（海参崴）纯商港化，不得有阻碍贸易的设施；（7）庙街事件善后问题。④

1921年6月8日至7月20日，日本与远东共和国代表在哈尔滨进行预备交涉。莫斯科指示远东共和国，给予日本在远东经济特权的条件是日本首先从西伯利亚撤军。但远东共和国政府并未遵从莫斯科的指示，在日

---

① 池田十吾「日本のシベリア出兵をめぐるアメリカの態度（一）」、『日本政教研究所紀要』第6号、1982年。
② 池田十吾「日本のシベリア出兵をめぐるアメリカの態度（二）」、『日本政教研究所紀要』第7号、1983年。
③ 〔美〕戴维·贝尔加米尼：《天皇与日本国命》（上），王纪卿译，民主与建设出版社，2016年，第255—256页。
④ 外務省編『日本外交文書』大正十年第一册下卷、1974年、外務省、830—831頁。

本未承诺撤军的前提下，擅自给予日本森林与矿业特权，并与日本三井公司签署临时契约，这引起了莫斯科的不满，远东共和国总统被追责并召回莫斯科。① 8月26日起，日本与远东共和国进行正式会谈，双方提高谈判代表级别，将会议地点改换在大连。日本为了确保对库页岛北部的占领，提出远东共和国对庙街事件负有完全责任，作为对庙街事件中日本国民损害的赔偿，将库页岛北部租给日本，租赁期为80年。② 大连会议持续了近8个月，1922年4月16日，谈判破裂。1922年9月4日，日本与远东共和国代表在长春再次举行会谈。日本从库页岛北部撤军问题成为会议争论的焦点。日本要求把庙街事件的解决与日本从库页岛北部撤军联系起来，但遭到拒绝。会议经过13轮商谈，仍无果而终。③

1923年3月，苏联限制日本渔民在苏联远东领海捕鱼作业。1924年，国际社会出现了承认苏联的潮流，许多西方国家纷纷与苏联建交。在这种新的国际形势下，苏联决定与日本建立正式的外交关系，为国家的经济建设创造一个良好的外部环境。但庙街事件是日苏复交遭遇的一个难题，由于日本决策层的持续宣传和推卸责任，日本国民对苏联的观感很差，苏方需要对庙街事件有一个交代，这就限制了日本的对苏政策。

1923年3月7日，东京商工会议所要求政府与苏联缔结通商协定。当时担任日苏协会会长、东京市长的后藤新平在推进日苏关系方面发挥了重要作用。参与日苏基本条约交涉全过程的外务省欧美局第一课（苏联）课长东乡茂德指出："此后藤氏（后藤新平——引者注）的会谈，营造了良好的氛围，为不久后的北京交涉打下了基础，其功绩是显著的。"④ 后藤新平重视改善日本与苏俄/苏联关系，1920年在哈尔滨设立日苏（俄）协会学校，致力于增进日本与苏俄间的相互理解，认为改善日本与苏俄关系"是帝国外交的一个转机"，"第一，帝国当务之急是诱导劳农政府，抓住对苏俄发展的好时机，开辟日本与苏俄共荣的道路；第二，在美国对苏俄关系暗中活跃之际，抢先一步，消除将来的祸根；第三，针对中国与苏俄

---

① 麻田雅文『シベリア出兵：近代日本の忘れられた七年戦争』、中央公論新社、2016年、188頁。
② В. Г. Смолярк「ニコラエフスク事件」、『ロシア史研究』第45号、1987年。
③ 外務省百年史編纂委員会編『外務省の百年』上巻、原書房、1969年、695頁。
④ 駄場裕司「後藤・ヨッフェ交渉前後の玄洋社・黒龍会」、『拓殖大学百年史研究』第6号、2001年。

的接近，先行一步，制止中国的妄动，把东洋和平的钥匙掌握在我手中"。①

早在任满铁总裁时期，后藤新平就提出了建设横贯亚欧大陆的国际铁路大动脉的构想，即将日本的下关，经铁路轮渡与朝鲜的釜山连接，由此经纵贯朝鲜的铁路与中国东北连接，进而经俄国经营的中东铁路、西伯利亚铁路与欧洲相连。借此，通过铁路连接的日本、俄国、欧洲的"旧大陆"诸国联合起来并紧紧包围中国，与在中国进行扩张活动的新兴的美国这一"新大陆国家""对峙"，这就是后藤著名的"新旧大陆对峙论"。俄国十月革命推翻了沙皇专制统治并建立苏俄/苏联后，后藤新平也不认为这两种体制之间有本质性区别，指出："日本别无选择，只能尽早与其建立外交关系，构筑起围绕中国的旧大陆整体的安定关系，最终与扩张的美国这一新大陆势力对峙。"此外，后藤新平也对其在担任外相期间（1918年4月至9月）未能阻止造成惨重损失的出兵西伯利亚事件负有责任。②外务省内具有强烈反共思想的外务大臣内田康哉、欧美局局长松平恒雄等人对后藤新平的意见不以为然，认为日苏关系正常化的时机还不成熟，应该慎重。但是后藤新平的意见得到了首相加藤友三郎和在外务省内"孤军奋战"的东乡茂德的支持，于是后藤新平以"私人"名义邀请苏联驻远东地区代表越飞访问日本，以非政府交涉方式举行会谈。1923年2月1日，越飞抵达东京。日本警察却在越飞外出时检查他的携带物品，禁止他使用密码电报，拒不承认其享有的外交特权，这预示着日苏谈判充满坎坷。③ 3月7日，越飞在谈判中提出了关于日苏交涉的3个条件：（1）双方享有相互平等的权利；（2）日本在法律上承认苏联；（3）日本明确从库页岛北部撤军的日期。3月21日，欧美局局长松平恒雄向后藤新平递交了政府的答复意见：（1）原则上赞成相互平等主义；（2）法律上承认苏联要以庙街事件的解决和履行国际义务为先决条件；（3）庙街事件解决后再确定撤兵时期。④ 越飞驳斥了日本的意见。由于双方分歧太大，谈判没有取得进展。4月20日，日本内阁会议决定继大连会议、长春会议之后举行第三次日苏两国谈判。5月23日，后藤新平正式向越飞表示，两人间的

---

① 外務省百年史編纂委員会編『外務省の百年』上卷、原書房、1969年、847頁。
② 〔日〕黒川创：《鹤见俊辅传》，夏川译，广西师范大学出版社，2021年，第12、17页。
③ 〔日〕信夫清三郎编《日本外交史》下册，天津社会科学院日本问题研究所译，商务印书馆，1980年，第491页。
④ 外務省百年史編纂委員会編『外務省の百年』上卷、原書房、1969年、848頁。

"私人"会谈到此结束。

经过协商，6月28日，日苏两国政府代表在东京举行非正式预备会谈。苏联代表仍为越飞，日本政府代表为驻波兰公使川上俊彦。越飞提出了苏联的方案：（1）日本正式承认苏联；（2）日本确定从库页岛北部撤军的日期。对此，川上俊彦提出反方案。（1）关于庙街事件的解决条件：第一，苏联政府发表具有遗憾意思的声明；第二，承担对给日本人造成的损害进行赔偿的义务。（2）关于库页岛北部的解决方法：第一，苏联将库页岛北部出售给日本，价格为15000万日元左右；第二，如苏联不出售库页岛北部，则允许日本有长期开采库页岛北部石油、煤炭、森林资源的权利。（3）关于国际义务的履行：第一，承认以前俄国政府与日本签订的条约；第二，承认欠下的债务；第三，同意返还日本人的私有财产或对所造成的损害进行赔偿。① 围绕日本方案双方进行了激烈的争论，进行了11轮的谈判。起初，越飞认为庙街事件与日本出兵西伯利亚事件的性质是一样的，拒绝道歉和赔偿，之后稍做让步，同意发表道歉声明，但拒绝进行物资赔偿。关于出售库页岛北部，越飞原则上表示同意，出售价格为10亿金卢布，之后又根据政府的指示，将价格抬高到15亿金卢布，但基本同意日本有开采库页岛北部石油、煤炭、森林资源的权利，期限为55年以上或至99年。关于履行国际义务问题，越飞断然拒绝。但对日本提出的其他要求，如获得贝加尔湖以东的森林、矿山开发权，缔结通商条约以保障日本人的生命财产安全、工商业自由以及尊重日本人的私有财产权，禁止双方进行有损对方的宣传和侵略行为等，越飞或表示同意或表示有条件地同意。7月27日，越飞通告川上终结两国间非正式预备会谈。与此同时，日本政府发表从西伯利亚撤军的声明，认为有必要举行日苏正式会谈。②

1923年9月1日，日本发生关东大地震，政府和社会各界全力投入救灾工作，无暇顾及日苏谈判事宜。此外，外务省欧美局局长广田弘毅等人认为，在此遭受地震灾害、国力虚弱之时，日本轻易同意谈判，会给苏联以可乘之机。日苏谈判被搁置，直到1924年5月15日日本驻华公使芳泽谦吉与新任苏联驻远东地区代表加拉罕才举行正式会谈。由于当时苏联已

---

① 外務省百年史編纂委員会編『外務省の百年』上巻、原書房、1969年、849頁。
② 外務省百年史編纂委員会編『外務省の百年』上巻、原書房、1969年、849—850頁。

经打破了西方国家的孤立政策,中苏谈判取得了重大进展,苏联外交环境得到了改善,加拉罕在会谈一开始就提出非常强硬的主张,即日本明确撤军日期以及在两周内完成撤军。但是日本军部要求撤军日期由日本自主决定以及撤军期限为3周。日苏正式谈判从一开始就遭遇重大障碍。1924年5月10日,护宪三派在选举中获得压倒性胜利,组成了以加藤高明为首相的护宪三派内阁,币原喜重郎出任外相,对日苏谈判持积极态度。

与此同时,1924年4月美国国会通过了含有严重歧视日本人条款的移民法,日本国内群情激愤,舆论开始检讨日本的外交政策,要求联合苏联抗衡美国。苏联也软化了立场,同意日本企业在库页岛北部获得一定的经济权益,在附加照会中对庙街事件"谨向日本政府表示真诚的遗憾",而日本则放弃要求苏联赔偿等主张。最终双方代表于1925年1月20日在北京签订了《日苏关于规定两国关系基本法则的条约》(简称"日苏《北京条约》")。双方同意从条约生效之时起,建立外交和领事关系;苏联政府承认《朴次茅斯条约》继续有效,给予日本民众、公司和团体在苏联领土内开发矿产、森林和其他天然资源的租让权;日本军队于1925年5月15日前全部撤离库页岛北部,苏联将库页岛北部勘探确定的50%的油田面积租让给日本企业;等等。①

综上所述,日苏《北京条约》是双方妥协的产物,该条约的签署正式宣告了十月革命以来日苏(俄)两国敌对关系的终结,使得日苏关系正常化。美国驻日大使在致国务卿凯洛格和驻华公使的信件中认为,日苏《北京条约》明显有利于日本,因为条约承认《朴次茅斯条约》继续有效、修改渔业条约、允许日本开采苏联能源等。②

1926年,日本政府对庙街事件被害者进行再救济。受害者认为,由于经济不景气和物价高涨,政府支付的抚恤金根本无法保证生活,不得不乞求亲戚故旧的帮助。"事变当时虽幸免于难,但在俄苦心经营数十年的财产被全部掠夺和毁灭,而且遭遇经济界的危机及停滞,完全处于茫然若失的境地。"日本通过条约获得了库页岛北部的石油开采权,表面上看与

---

① 世界知识出版社编《国际条约集(1924—1933)》,世界知识出版社,1961年,第130—138页;外務省百年史編纂委員会編『外務省の百年』上巻、原書房、1969年、849—856頁。

② 服部龍二『幣原喜重郎と二十世紀の日本:外交と民主主義』、有斐閣、2006年、109頁。

庙街事件似乎没有关系，但"北桦太（库页岛北部）利权的获得无外乎是庙街事件后'保障占领'的结果，毋庸置疑，庙街事件与利权获得之间具有明显的因果关系"。朝鲜此时处于日本的殖民统治之下，其民众也要求赔偿。1927年，珲春被害者要求政府不仅对庙街事件，而且对北桦太撤兵事件、珲春事件被害者进行救济。日苏《北京条约》签署，日本从库页岛北部撤兵，那么曾迁移至库页岛北部的日本侨民不得不回国，其损失也应赔偿，损失为三四千万日元，而政府仅仅支付百万日元，完全显示不出救济的效果，既然被害者不能向苏联政府提出赔偿，那么日本政府就应负起赔偿的责任。向西伯利亚出兵导致的对被害者的救济政策一直持续到大正时代的终结。①

苏联通过《中苏协定》和日苏《北京条约》实际上加入了华盛顿体系，回归了国际社会。但是苏联并不以日苏《北京条约》的签订和日苏两国经济关系的密切为满足，要求加强双方的政治关系，其目的就是确保苏联东部边界的安全。但出于维持日、英、美国际协调体制和避免造成日苏提携印象的考虑，日本外相币原喜重郎将日苏关系严格限定在经济领域，即政经分离。继任的田中内阁对苏联共产主义的"渗透"更是保持高度警惕。

1927年冬，后藤新平访问了莫斯科，与苏联方面就以下3项事宜进行协商：第一，在中国问题上达成一致；第二，对于日本人及朝鲜人向苏联东部沿海州移民一事达成一致；第三，解决日苏之间的渔业问题。12月22日，后藤新平抵达莫斯科并与苏联代表举行会谈。1928年1月7日、14日，后藤新平与苏联最高领导人、苏共中央总书记斯大林举行会谈。除了在渔业问题上签署协议外，双方并未就最重要的中国问题发表共同声明。② 随着1929年4月13日后藤新平去世，其"新旧大陆对峙论"也就烟消云散了。

二 后同盟时代的日英关系

第一次世界大战极大地改变了远东太平洋地区的格局。俄国由于爆发

---

① 井竿富雄「尼港事件・オホーツク事件損害に対する再救恤、一九二六年」,『山口県立大学学術情報』第3号、2010年。
② 〔日〕黑川创：《鹤见俊辅传》，夏川译，广西师范大学出版社，2021年，第41—42页；麻田雅文『日露近代史：戦争と平和の百年』、講談社、2018年、239—242頁。

十月革命，暂时失去了在远东太平洋地区的影响力。德国则由于军事上的失败和失去在远东太平洋地区的殖民地，实际上已被排挤出远东太平洋地区。日本则扩大了它在这一地区的殖民利益，美国也不失时机地增强了在远东太平洋地区的影响力。在这种情况下，英国在东亚面临三重挑战，即日本咄咄逼人的东亚扩张战略、苏联恢复在东亚的影响力的努力和中国日益高涨的民族主义运动。对日本的扩张，英国采取纵容或默认的政策，因为日本在"满蒙"地区的扩张与英国在华利益不会发生直接碰撞，实际上英国还指望日本的扩张会导致日苏关系紧张，借日本之手遏制共产主义在中国的影响。对中国民族主义运动，英国一度采取强硬的政策，结果激起了中国人民强烈的反英情绪。在国民革命运动中，中国多次爆发了针对英国的反帝爱国运动。为了缓解中国人民的反英情绪，英国表示愿意与中国讨论修改不平等条约和其他问题。因此，英国在小处让步和维护重大利益之间尽力保持平衡。"维护英国的利益，首先要维护英国在上海的利益。当中国国内的混乱日益加剧，看来要危及英国在上海的商业和投资以及侨民的安全时，英国在上海的驻军便大大地增兵了。"[①] 然而，这种公然的出兵行动，比英国展示的亲善姿态要坚决果断得多，使英国处在被中国人民反对和国际舆论谴责的尴尬境地。

英国有全球利益。进入20世纪后，随着经济、军事实力的下降，英国面临一个问题，即广阔的防务范围与有限的防卫力量之间的矛盾导致其在东亚的防务显得非常脆弱，这是英国与日本结盟的重要原因。20世纪20年代，英国又面临苏俄/苏联的压力。1926年英国外交部的一份备忘录对此做了详细而明确的阐述："自布尔什维政权在俄国建立之后，它的活动主要是直接针对这个国家（指英国），而且……在世界的任何部分我们都已经遭遇了它持久连贯的敌对。其原因在于无法逾越的两国政策的特点，我们各自的目标完全与对方相反。英国的政策旨在寻求帝国安全和促进贸易发展……另一方面，俄国的政策却在于建立共产主义，这只能通过破坏现存秩序才可以实现。为了促进革命，俄国在各处煽动骚动与混乱。它的主要武器是在全世界进行疯狂宣传，而因为我们是一个世界范围内的帝国，而且推翻我们是莫斯科的主要目标，因此，这种宣传处处带有反英的特

---

① 〔英〕C.L. 莫瓦特编《新编剑桥世界近代史》第12卷，中国社会科学院世界历史研究所译，中国社会科学出版社，1987年，第501页。

征。在远东，我们有一个布尔什维俄国，它与沙皇俄国追求着同样的目标，主要的不同只在于布尔什维主义者在实施政策时远比它的任何前任更加胜任而且无耻。"①

当美国裹挟一战胜利的余威，要求拆散日英同盟时，英国就需要在日本与美国之间做出痛苦的选择。美国的战略目标很清楚：美国海军在大西洋上与英国海军保持均势，防止英国对大西洋商路的垄断；在太平洋上保持对日本海军的优势，抑制日本在东亚的扩张。一战后，英国将在欧洲以英法协商为基础，在世界范围保持与美国的密切关系，在所有场合避免与美国发生战争作为一贯的战略方针。1920 年 2 月，英国海军部表示，没有必要也没有意愿以现行形式延续日英同盟。1921 年 4 月，英国海军大臣李（Arthur Hamilton Lee, 1st Viscount Lee of Fareham）表示，放弃英国传统的海军政策，与美国缔结对等的海军条约。美国把所有舰队集中于太平洋，而将大西洋防务委任英国。显然，英国将继续保持在大西洋的优越地位，同时又避免了与太平洋上作为日本的对抗势力——美国发生战争的可能性。②

日英同盟终止后日本的外交与国防环境发生了重大变化。中日甲午战争期间日本是在无同盟的国际环境下步入战争的，结果日本取得了战争胜利，但是面对"三国干涉还辽"，日本孤立无援，不得不归还辽东半岛，凸显了其国际地位的脆弱。日俄战争是在有同盟的国际环境下进行的，列强非但不干涉日本的行动，反而暗中帮助日本，日本确立了在中国东北和朝鲜的优越地位。所以有无同盟对日本的外交与国防战略有重要影响。③在军事上，如果日英保持同盟关系，两国海军力量就大大超越美国海军力量（16∶10），日本在东亚的扩张就不必过多顾虑美国的干预；相反，英美携手，日本海军就不得不以绝对劣势面对强大的英美舰队（6∶20），日本在东亚陷入孤立境地。如何构建后同盟时代的日英关系就成为日本决策层必须认真思考的重大问题。由于美国的压力，日英同盟被迫终止，引起了日英两国对美国的不满，甚至试图恢复同盟关系。但在远东纷繁复杂的国际背景下，华盛顿会议后的日英关系显然远不如以往密切，两国渐行渐

---

① W. R. Louis, *British Strategy in the Far East, 1919-1939*, Oxford: Clarendon Press, 1971, p.12, 转引自王蓉霞《英国和日本在华关系（1925—1931）》，东方出版中心，2011 年，第 232 页。
② 黒野耐『大日本帝国の生存戦略：同盟外交の欲望と打算』、講談社、2004 年、187—191 頁。
③ 黒野耐『大日本帝国の生存戦略：同盟外交の欲望と打算』、講談社、2004 年、205 頁。

远。英国加强新加坡海军基地建设被日本视为对其不友好的行为，恶化了日英关系。尽管日本始终将美国作为第一假想敌国，海军以防卫美国为主要战略目标，陆军以美中俄（苏）为假想敌国，然而在假想敌国行列中总是隐约浮现出英国的影子。

第一次世界大战后，英国面对国力下降的现实情况，愿意与日本开展某种程度的合作，借助日本的地理优势和力量维持英国在东亚的既得权益并抑制中国日益高涨的民族主义运动。"英国利益的建立为时已久，而且规模庞大。这些利益主要集中在那些早期即由于国民党的势力向前推进而受到影响的地区。由于这些原因，中国人反对外国利益的情绪，有很大一部分就是针对英国的利益的。"[1] 当其他列强通过各种策略回避中国民族解放运动的锋芒时，英国却由于"帝国情结"作祟，公然干预中国民族解放运动，这使得英国单独面对中国民族主义运动的挑战。经历了多次挫折后，英国开始调整在东亚的政策，愿意放弃某些利益，缓和中英矛盾并巧妙地从中国民族解放运动中脱身。第一次世界大战后至九一八事变前的日英关系呈现出复杂微妙的状态。两国都面临中国民族主义运动的挑战，都对中国民族解放运动持敌视态度，但都不愿意单独面对中国民族主义运动的锋芒。在抑制中国民族解放运动、防范共产主义方面，双方有共同利益，有合作的空间。此外，持续了近20年的日英同盟毕竟在日英关系中烙下了深深的印记，两国有过在东亚合作的历史。

---

[1] 〔英〕C. L. 莫瓦特编《新编剑桥世界近代史》第12卷，中国社会科学院世界历史研究所译，中国社会科学出版社，1987年，第500页。

第九章　摆脱华盛顿体系：九一八事变与日本退出国联

币原上台后，重拾"协调外交"，力图改善田中外交实施以来急剧恶化的日中关系和日本在国际上的不良形象，振兴日本对华贸易。1930年5月6日，中日在关税问题上达成协议，排除了中国恢复关税自主权的最后一个障碍，结束了鸦片战争以来片面协定关税的时代。但是，国际环境已发生了变化。1929年10月，美国爆发了经济危机，并很快演变成世界性经济危机。1930年3月，经济危机蔓延到了日本。摆脱经济危机成为日本的首要任务，政府、社会各阶层以及军部势力纷纷提出各种反危机纲领和具体办法，其中反对华盛顿体系、鼓吹自主外交的呼声日益高涨，币原外交的实施基础被严重削弱了。日本军部右翼势力选择"满蒙"地区作为对外扩张的突破口，因为列强承认日本在"满蒙"地区有特殊权益，在该地区采取军事行动对列强的刺激较小，同样受列强的干预也较小。中苏关系自东北易帜以来趋于恶化，张学良对苏联采取强硬政策。军部判断苏联对日本占领中国东北进行军事干预的可能性较小。1935年，苏联将中东铁路出售给伪满洲国，放弃了在中国东北北部的权益。九一八事变后日本退出国联，脱离了凡尔赛-华盛顿体系，在体系内与西方列强协调的外交模式宣告终结，日本外交进入了在体系外与列强协调、冲突的时代。

日本军部在"满蒙"军事行动的成功，实际上埋葬了"协调外交"，撕毁了《九国公约》，是日本在东亚采取更大军事行动的前奏。

第一节　九一八事变与远东国际关系

九一八事变前日本帝国所统治的区域，除了北海道、本州、四国、九州外，还包括明治维新以后吞并的琉球、库页岛南部、朝鲜和中国台湾，其中北海道、本州、四国、九州，被称作"内地"。进入昭和时代

第九章　摆脱华盛顿体系：九一八事变与日本退出国联

（1926年12月25日，大正天皇去世，皇太子裕仁继位，改元"昭和"）后，冲绳（琉球）在制度上也被视作"内地"。中国台湾、库页岛南部和朝鲜被视为"外地"，明治宪法与所谓的日本"内地"法令并不适用于这些地区。日本决策层在强行宣示当地为日本领土的同时，既希望避免当地民众反抗，又不愿给予当地人与"内地"居民同等的待遇。1943年，库页岛南部被划入"内地"。"关东州"租借地、南满铁路附属地、南洋群岛委任统治地等也在日本统治之下。租借地是一个国家从他国租借而来并实施统治的土地。南满铁路附属地与"关东州"租借地接壤。日本不仅拥有南满铁路的线路、车站以及周边土地，还拥有在这些区域的大部分行政权。日本设立满铁对南满铁路进行运营管理，满铁同时也是殖民统治机关。南洋群岛是日本在第一次世界大战期间从德国手中夺来的，之后国际联盟将这些岛屿以委任统治的方式移交日本。此外，还有一些虽然是外国领土，却由日本实际统治的区域，即租界。从明治中期开始，日本在中国的天津和汉口各占据了一部分区域作为租界。在中国最重要的城市上海有所谓公共租界，公共租界由包括日本在内的列强共同管理，居住了不少日本人。根据日本1930年的人口普查结果，日本"内地"人数量为6445万人，朝鲜有2105万人，台湾有460万人。连同殖民地在内，当时日本统治区域内共有9179万人，其中6526万是"内地"人，而近1/3的人口有着与日本不同的语言和文化，处于被"内地"人统治和支配的境遇。[1] 但日本决策层并不满足于所拥有的统治区域，进一步开疆拓土，企图不断扩大帝国版图。

九一八事变与中日甲午战争、日俄战争不同，它是以特异形态爆发的战争，是关东军采用阴谋手段发动的，既没有经过内阁会议、军部首脑会议研究讨论，也没有经过御前会议的最后裁决。[2] 事变爆发后，日本决策层内部曾有过扩大事态与不扩大事态两种意见，对事变的发展趋势及导致的后果，日本决策层还难以把握。在1931年9月19日的内阁会议上，决定采取"要努力不使事态进一步扩大"的方针，陆军大臣电告驻朝鲜的日军停止增援中国东北。元老西园寺公望在9月20日转告昭和天皇的心腹内大臣秘书官长木户幸一："当陆军大臣或参谋总长就未经天皇批准而动

---

[1] 〔日〕古川隆久：《毁灭与重生：日本昭和时代（1926—1989）》，章霖译，浙江人民出版社，2021年，第21—22页。

[2] 俞辛焞：《近代日本研究论集》，天津人民出版社，2000年，第86页。

用军队一事上奏时，陛下决不可宽恕他们。"① 9月24日，日本政府发表了《关于满洲事变的声明》，声称日本政府持尽力防止事态扩大之方针，日军大多返回原驻地，"帝国政府在满洲没有任何的领土欲望"。② 日本政府决定采取这种较为隐蔽、稳妥的方针，显然是吸取了田中外交的教训。

事变发生前的9月11日，天皇召见陆相南次郎，面饬注意整顿关东军的军纪。次日，元老西园寺公望严厉提醒南次郎："虽说是满蒙之地，但仍是中国的领土，事关外交，应由外务大臣处理，军队抢先说三道四，这成何体统。阁下不论从辅弼的责任上还是作为军队首长，都应持充分慎重的态度管束之。"外相币原喜重郎接到关东军即将动武的报告后，迅即在9月15日告诫南次郎："如此作为，是要彻底推翻以国际协调为基础的若槻内阁的外交政策，对此，断不能默视。"③ 其实，对关东军独断专行的阴谋活动，币原喜重郎是有预感的，他曾多次与南次郎沟通，说："如果任其发展，会出大事的，不仅贻误青年军官们的前途，往大的方面讲，还将危及国家的前途。我们必须充分注意。请陆相务必竭尽全力维持军纪。"④

事变发生后的第二天下午6点左右，关东军收到了陆军大臣和参谋总长的电报，电文指出，"十八日晚之后的关东军司令官的决心和处置是恰当的"，同时根据政府的不扩大方针，要求"今后军队的行动应依据这一方针进行妥善处理"。随后关东军又收到了朝鲜军司令官的电报，声称参谋总长不同意朝鲜军的再三请求，禁止派遣增援部队，并告知朝鲜军将在新义州以南待命。但没有朝鲜军的增援，关东军不可能展开大规模的军事行动。关东军参谋部参谋片仓衷在日志中写道："关东军司令官及参谋部之气氛极为紧张，板垣（征四郎）、石原（莞二）及其他参谋开始谋划善处之策。"⑤

日本很早就觊觎中国东北。幕末，著名思想家佐藤信渊就提出："皇国开辟他邦必先吞并支那"，征服中国应先攻略"满洲"。"满洲之地与我

---

① 参见〔日〕升味准之辅《日本政治史》第三册，郭洪茂译，商务印书馆，1997年，第705页。
② 外務省編『日本外交年表並主要文書』（下）、原書房、1965年、182頁。
③ 参见熊沛彪《近现代日本霸权战略》，社会科学文献出版社，2005年，第35页。
④ 幣原喜重郎『外交五十年』、読売新聞社、1951年、196頁。
⑤ 转引自〔日〕绪方贞子《满洲事变：政策的形成过程》，李佩译，社会科学文献出版社，2015年，第78页。

之山阴及北陆、奥羽、松前等隔海相对者凡八百余里","顺风举帆,一日夜即可达彼之南岸"。如得"满洲",则中国全国之衰败必当从此始,"则朝鲜、支那次第可图也"。1855年,维新运动先驱吉田松阴提出海外扩张补偿论:"在贸易上失之于欧美者,应由朝鲜、满洲之土地以为偿。"① 明治政府成立后,外务省官员佐田白茅认为:"台湾、满清、朝鲜,皆皇国之屏藩也。"② 为了夺取朝鲜半岛和中国东北,1904—1905年日本发动了对俄战争。在日俄战争中,日本动员了百万军队,伤亡和因病退役者达40%以上,人力、财力、物力损失巨大。"因日俄战争'付出了10万人的英灵和20亿国币'的代价而得到的满洲,对一般国民而言是'圣地'","因此"'不能失去满洲'成为国民的口号",在日本人中兴起了一种"满洲圣地传说"。一旦有可能失去在中国东北的权益,日本人"或者有对外危机感,或者把进出满洲作为正当化的手段加以使用"。③ 日俄战争后,日本开始了所谓"满洲经营",如设立"关东总督府"来管辖旅顺、大连租借地,成立"满铁"等。尽管日本在中国东北苦苦经营,但把"满洲"与中国相脱离的所谓"满蒙分离"政策始终未能成功。

当世界性经济危机蔓延至日本时,关东军把侵占中国东北作为转移国民视线、改造国家的手段,实行所谓"先外后内"的大陆先行战略。九一八事变的始作俑者、关东军作战主任参谋石原莞二指出:"解决满蒙问题是日本生存的唯一道路,为了消除国内的不稳定,需要依靠对外扩张。"④ 1931年5月,石原莞二在其所撰写的《满蒙问题之我见》中指出:"因欧洲大战(第一次世界大战——引者注)而形成的五个超级大国的世界必将进而归于一个体系,该体系的中心将由代表西洋的美国和作为东洋'选手'的日本之间通过战争来决定,也就是说我国必须以尽快获得东洋选手的资格为国策之根本要义。""解决满蒙问题是当下最为紧迫之事。"石原莞二声称:日本不仅面临北方苏联的威胁,还要应对来自南方的美英海军力量。"呼伦贝尔兴安岭地区在战略上具有重要价值,我国控制北满地区,那么苏联东进将极为困难。"无论是向"中国本土"扩张,还是侵略东南

---

① 参见沈予《日本大陆政策史(1868~1945)》,社会科学文献出版社,2005年,第35—36页。
② 参见沈予《日本大陆政策史(1868~1945)》,社会科学文献出版社,2005年,第39页。
③ 池井優『日本外交史概説 増補版』、慶応通信、1982年、96頁。
④ 〔日〕堀幸雄:《战前日本国家主义运动史》,熊达云译,社会科学文献出版社,2010年,第141页。

亚，"满蒙正是我国国运发展的最为重要的战略据点"。石原莞二认为"满蒙"的政治和经济价值在于4点。（1）有利于稳定日本对朝鲜的殖民统治，"将满蒙置于我势力之下，对朝鲜的统治首次得以安定"。（2）有利于对"中国本土"的侵略。（3）"满蒙的农业产量足以解决我国民之粮食问题。"（4）"鞍山的铁矿、抚顺的煤炭等足以确立目前我国重工业的基础。"占领"满蒙"需要解决以下两个问题，即将"满蒙"吞并为日本领土是"正义"的以及日本具有果断实施的能力。"打倒在满三千万民众的共同敌人——军阀官僚乃是我日本国民的使命。"日本占领"满蒙"必然会引起美国的反对，因此"满蒙"问题并非对华问题而是对美问题，"没有击败此敌人的觉悟，那么要解决满蒙问题如同缘木求鱼"。石原莞二声称：通过占领"满蒙"以及实施各种"改革"，日本将首次跃升为发达工业国家，建议选择在1936年以前，即"苏联复兴和美国海军实力增强之前"悍然发动对美战争。[①] 而解决"满蒙"问题的唯一办法就是把其作为日本的领土……如果做不到，则由军部主导，通过谋略手段，创造机会。"打倒满洲的军阀政权、谋求在满民众的幸福和发展是日本人的使命。"[②] 1931年春，以石原莞二、板垣征四郎、花谷正等人为代表的关东军中下级军官已经暗地里准备好了夺占"满洲"的计划。花谷正在战后回忆道："计划制订得十分周密，充分吸取了炸死张作霖事件的教训。现在想来，当时时机还不成熟。只是杀死了张作霖一个人，没有采取任何后续行动。既与中央没有任何联系，也没有与近邻朝鲜军队进行任何磋商。国民对满洲没有太多的关心，所有的步调都不一致。而且，时而利用（大陆）浪人，时而利用中国人的流浪汉，结果暴露了陆军的阴谋。今后绝不能再犯同样的错误。事件发生后应该以迅雷不及掩耳之势出动军队一夜之间占领奉天，在各国还没有进行干预之前迅速占领预定区域。当时，必须考虑来自政府以及当地外交官的干扰，但是如果迁延时日将导致一事无成。因此，有时候需要即便在事实上无视中央的命令也要果断地采取行动。"[③]

九一八事变爆发后，张学良和南京国民政府采取了"军事上不抵抗、

---

① 稲葉正夫等編『太平洋戦争への道：資料編別巻』、朝日新聞社、1963年、99—101頁。
② 波多野澄雄・戸部良一・松元崇・庄司潤一郎・川島真『決定版 日中戦争』、新潮社、2018年、22頁。
③ 参见〔日〕堀幸雄《战前日本国家主义运动史》，熊达云译，社会科学文献出版社，2010年，第140—141页。

外交上不屈服"的对日方针,希望西方列强干预中日冲突,通过国联与日本周旋,以和平的外交手段使东北局势恢复到九一八事变前的状态。九一八事变是以特异形态爆发的战争,因为它不是日本决策层协调一致、通过周密计划发动的一场战争,而是由关东军挑起的战争。战争之初,日本关东军、军部和外务省之间便存在分歧与矛盾,对战争的结局如何并不清楚。南京国民政府对事变初期所存在的日本政府尤其是外务省和军部的不同政策以及扩大事变与不扩大事变派的对立有相当的了解,既对日本政府和币原外相能否压制军部感到疑惑,又对其抑制军部、撤退日军寄予希望。所以南京国民政府首先考虑的不是军事抵抗,认为军事抵抗将刺激日本军部法西斯势力,而是采取和平的外交手段,幻想日本内部的国际协调派能在两派斗争中占据上风。但是,日本决策层内部两派的对立不是根本性的对立。关东军企图借九一八事变一举占领中国东北,以扩大日本的殖民权益。日本外务省虽然反对一举占领中国东北,但是也想以事变初期的军事胜利为背景,解决自"二十一条"以来的各种"满蒙悬案",以扩大日本的权益。因此随着事态的发展,日本外务省和军部在政策上相互调整、逐渐合拍,最终趋于一致。[①] 国际社会和南京国民政府对日本发动九一八事变的真实目的所做出的判断远远落后于形势的发展。

日本参谋本部对占领后的东北确立一种什么样的政权形式有3种方案,即扶植替代张学良的亲日地方政权、建立独立国家和将之直接并入日本。九一八事变后的9月22日和10月2日,关东军先后起草了两个《满蒙问题解决方案》。9月22日的《满蒙问题解决方案》的主要内容如下:

第一　方针

在我国支持下,成立以东北四省及蒙古为疆域、以宣统帝为首脑之中国政权,使其成为满蒙各民族之乐土。

第二　要领

一、国防外交依新政权之委托,由日本帝国掌管;交通通信之主要业务,亦由日本管理。内政及其他方面,由新政权自行统治。

二、首脑及我帝国之国防外交等项所需经费,由新政权承担。

三、为维持地方治安,大致起用以下人员为镇守使(略)。

[①] 俞辛焞:《近代日本研究论集》,天津人民出版社,2000年,第87—91页。

四、地方行政，由省政府任命新政权之县长。①

10月2日，关东军起草了第二个《满蒙问题解决方案》，明确提出，"将满蒙作为独立国置于我保护之下，以其满蒙各民族之平等"，为达此目的将采取如下方法："极力促进即将兴起之各种独立运动，对于坚决采取军事行动者，尤其应予相当之援助，以求开展一场声势浩大之统一运动，并期尽速完成。"② 石原莞二主张将"满洲"直接并入日本。除极少数激进分子外，参谋本部中大部分人倾向于建立亲日地方政权。因为关东军发动九一八事变的借口是自卫/维护日本的权益，其以此获得了国内舆论的支持，一旦将"满洲"直接并入日本则暴露了军部的虚伪和言行不一。经过权衡，军部最后决定在"满洲"建立独立国家。关东军法律顾问松木侠告知石原莞二等人，建立亲日地方政权表明"满洲"仍是中国的一部分，日本无法与地方政权缔结含有重要内容的条约，即地方政权不具有缔约权，这不利于日本维护和进一步攫取在"满洲"的权益。于是军部策划建立伪满洲国。③ 松木侠奉命于1931年10月21日和11月7日为关东军起草了《满蒙共和国统治大纲方案》和《满蒙自由国设立方案大纲》。《满蒙自由国设立方案大纲》指出："应以何种形态成立这一新政府，实为最重大之事项，若其方针出现失误，则我满蒙政策将从根本上归于失败。""不在满蒙建立独立国家，而只成立独立政权，使其按照帝国意志行动，此计划到底是否可行？也许只是一空想而已。若以满蒙为中国国家之一部，则无法与其缔结条约或协定。若不能与独立政权缔结条约，则绝对不可能随心所欲地驱使之，亦无理由排除中国中央政府对于满蒙政权之干预，而最近我们已充分认识到，满蒙政权本身亦非完全听从调遣。而对于一个并非完全脱离中央而独立之政权，若加以阻止，则将导致彻底干涉内政之结果，且绝无实行之可能。"④

---

① 转引自〔日〕绪方贞子《满洲事变：政策的形成过程》，李佩译，社会科学文献出版社，2015年，第97页。
② 转引自〔日〕绪方贞子《满洲事变：政策的形成过程》，李佩译，社会科学文献出版社，2015年，第102页。
③ 波多野澄雄・戸部良一・松元崇・庄司潤一郎・川島真『決定版 日中戦争』、新潮社、2018年、24—25頁。
④ 转引自〔日〕绪方贞子《满洲事变：政策的形成过程》，李佩译，社会科学文献出版社，2015年，第163—164页。

第九章 摆脱华盛顿体系：九一八事变与日本退出国联

由于在军事上无法与日本相抗衡，中国便把斗争场所转移到了国联，在国际舞台上揭露日本的侵略行径，力图借助外交达到自己的目标。日本政府则希望通过两国交涉解决九一八事变引发的中日冲突。币原喜重郎在得知中国向国联"提起诉讼"后，立即会见中国驻日公使蒋作宾，表示："听说贵国已将柳条沟（应为柳条湖——引者注）事件向日内瓦（国联所在地——引者注）提起诉讼，我认为这并非明智之举。在国联会议上，由那些对东亚事情不了解的国家议论，会使问题趋于复杂化，难以达成一致意见。我觉得由日中两国直接交涉是解决问题的最佳途径。总而言之，在向日内瓦提起诉讼之前应该穷尽一切外交手段，这是国联盟约的规定，还未穷尽外交手段就立即诉诸国联极为不妥。解决国际问题，如果先由当事两国代表直接面对面进行推心置腹的交涉，是不难达成一致意见的。"① 1931年9月19日，国联举行行政院例会，九一八事变自然受到了国联的极大关注。南京国民政府对国联寄予很大的希望，而实际上国联对中国的帮助是非常有限的。9月21日，中国常驻国联代表施肇基致函国联秘书长，提请立即召开行政院会议，讨论九一八事变。9月22日，中国代表在行政院会议上报告了事态的发展，要求国联采取必要的措施，"英代表提议即刻恢复原状，并将此次会议录送美国"。国联行政院"从速请求中、日两国政府停止一切行动"，"商同中日代表觅得适当办法，俾两国将各本国军队速予撤退，同时不妨碍各本国人民之治安，及其所有财产之保护"。②

在国联中居于主导地位的英、法等国，深感难以处理九一八事变。英国在中国东北没有实际利益，而且它历来认为中国东北是日本的势力范围："日本视满洲对它的重要性就像英国看待爱尔兰或埃及一样。"③ "日本在满洲的特殊地位使她构成了当地权力角逐的一分子，因此，她的行为不同于一国的军队侵入另一国边界的通常侵略案例，毋宁说类似于过去20年在中国猖獗的内战，而这不幸超出了国联的权力范围。"④ 有一位英国

---

① 币原喜重郎『外交五十年』、読売新聞社、1951年、199—200頁。
② 中央档案馆、中国第二历史档案馆、吉林省社会科学院合编《日本帝国主义侵华档案资料选编：九·一八事变》，中华书局，1988年，第422页。
③ 王宇博：《英国、国联与九·一八事变——兼评〈李顿报告书〉》，《历史档案》2002年第2期。
④ 王立诚、吴金彪：《一二八事变与英国对中日冲突的立场转变》，《安徽史学》2003年第6期。

驻华公使曾将东三省比作一只梨,"长在伸出墙外的梨树枝上,他说,那么,邻居摘下这只梨来品尝,完全是意料之中的事"。[①] 英国由于抱着这样的外交理念看待九一八事变,因此采取息事宁人的态度,在承认中国对东三省拥有主权以外,希望进一步扩大日本在东三省的殖民权益或使日本的殖民权益明确化,企图通过牺牲中国的利益来满足日本的愿望,安抚日本,使日本不扩大在中国东北的军事行动,以此来化解危机。英国实际上在中日之间玩弄"平衡术"。9月30日,国联通过的关于九一八事变的第一个决议就是英国外交平衡术的具体体现,决议声称:"日本政府之宣言谓对于满洲并无领土野心,行政院认为重要。""日代表宣言军队业经开始撤退,日政府在可能范围内,以日本人民生命财产之安全得有切实之保护为比例,仍继续将其从速撤至铁路区域以内,并希望在可能范围内从速完全实行此种意愿。行政院对之业已阅悉。""中国代表之宣言谓该区域以外之日侨其生命财产之安全,在日军继续撤退、中国地方官吏及警察再行恢复,中国政府当负责任。""深信双方政府均极愿避免采取任何之行动,足以扰乱两国间之和平及和好谅解者。并阅悉中、日代表既保证该两国政府将采取一切必要之步骤,以防止因时局愈加严重致扩大事变之范围。"该决议对日本的侵略行动没有任何谴责,只是"请求双方尽力所能,速行恢复两国间通常之关系"。[②] 但是,英国通过国联实施的外交平衡术并没有达到预期目的,日本采取了咄咄逼人的军事行动和毫不妥协的外交姿态。10月8日,关东军派战机轰炸锦州,局势日益恶化。10月24日,国联在法国前总理白里安(Aristide Briand)的主持下,提出了"要求日本政府立即开始并顺序进行将军队撤至铁路区域以内,要在规定之下次开会日期以前完全撤退"的决议草案,该决议草案以13票赞成、1票反对获得通过。但是日本反对限期撤兵,提出对案,要求"先行成立基本交涉原则,然后撤兵"。中国坚决反对撤兵前开始谈判。日本提案以13票反对、1票赞成被否决。与此同时,关东军制订了进攻锦州的计划。11月27日,关东军越过辽河,向锦州进犯。12月25日,日本军部电示关东军:为了

---

① 参见颜惠庆《颜惠庆自传——一位民国元老的历史记忆》,吴建雍等译,商务印书馆,2003年,第232页。
② 中央档案馆、中国第二历史档案馆、吉林省社会科学院合编《日本帝国主义侵华档案资料选编:九·一八事变》,中华书局,1988年,第422页。

"剿匪",可向锦州"靠近"。1932年1月3日,关东军占领锦州。① 南京国民政府曾提出中国军队撤出锦州、设立锦州中立区的方案,遭到日本的反对。显然,日本是要完全占领中国东北地区。日本的强硬行动使英、法和国联面临窘境,因为在日本侵略行动面前,国联发挥的作用有限,其继续存在的价值受到了舆论的质疑。

九一八事变发生后,美国一度采取观望的态度,因为美国对日本在中国东北的军事行动究竟要达到一种什么样的目的并不清楚,而且它也不想卷入中日纷争,担心国联把"满洲弃儿""倒"在美国的怀抱里。胡佛总统表示:"如果日本人侵略中国东北,这可能不是什么坏事,因为两边都受到牵制——中国和布尔什维克——足够他们忙一会儿了。"换句话说,如果日本击退了来自中国和苏联的革命力量,胡佛完全支持。② 但是当美国发现日本要占领整个东北,从而威胁美国的"门户开放、机会均等"原则时,美国的态度开始发生变化,表现出一定的倾向性。当日军占领锦州后,美国国务卿史汀生(Henry Lewis Stimson)紧接着在1932年1月7日向中日两国政府送达照会,"最近锦州方面之军事行动,业将一九三一年九月十八日以前中华民国政府在南满最后存留之行政权威破坏无遗"。声称美国政府"鉴于目前情势,及其自身之权利与义务,认为有对于中日两国政府作下列通知之义务,即美国政府不能承认任何事实上之情势为合法;凡中日两国政府或其代表所订立之任何条约或协定,足以损及美国或其人民在华条约上之权利,或损及中国主权独立或领土及行政之完整,或违反国际上关于中国之政策,即通常所谓门户开放政策者,美国政府均无意承认"。③ 照会重申了"门户开放"政策、《九国公约》和《白里安-凯洛格公约》(《非战公约》)的有关条款。这个照会就是后来被称为史汀生主义的"不承认照会"。史汀生主义除了具有道义上的力量外,对日本的侵略行动并没有约束力。史汀生主义规定了美国对中国东北局势变化的基本态度。当天,美国政府把这个照会分送给了《九国公约》签约国的所

---

① 沈予:《日本大陆政策史(1868~1945)》,社会科学文献出版社,2005年,第384—385页。
② 〔美〕W. 拉夫伯尔:《创造新日本:1853年以来的美日关系史》,史方正译,山西人民出版社,2021年,第211页。
③ 转引自〔美〕韦罗贝《中日纠纷与国联》,薛寿衡、邵挺等译,商务印书馆,1937年,第183页。

有驻美使领馆。美国的这一举动显然是要告诉其他国家,日本在中国东北的军事行动违反了《九国公约》的原则和精神,危及了华盛顿体系的稳定,希望国际社会响应美国的号召,以"不承认主义"为旗帜,拒绝承认日本在中国东北所造成的既成事实。但是,史汀生主义并没有产生预期效果。

英国一直认为要将中国东北局势恢复到九一八事变前的状态是不可能的,只是希望日本的行动有所克制,不要让国联过分为难和尴尬,以一种各方都能接受的方式结束中日在中国东北的纷争。所以英国政府拒绝向中日双方发出类似"史汀生主义"的照会,声称"日本既已保证愿履行华盛顿九国公约之义务,及遵守门户开放政策,兹对于美国政府所宣布之立场,无需有所宣言"。英国外交部次官艾登在议会下院答复对美国"不承认照会"采取何种立场或政策时,表示:"余以为此问题如再发照会,即对中日双方同发……亦未必有何益处。"① 与美国相比,英国有根深蒂固的殖民主义情结,对大革命以来中国民族主义运动的高涨,英国有很深的抵触情绪,英国把九一八事变看作对中国民族主义运动的打击。"对中国而言不幸的是,它所强烈认同并向之求助的国际体系(华盛顿体系——引者注)本身,正遭遇另一场重大危机:世界大萧条开始了。建立并维护国际体系的列强——各个发达工业经济体——正危机深重。"世界经济危机严重影响了各国的经济交往。换言之,九一八事变发生时,国际合作已开始破裂,九一八事变在政治上造成的影响,恰如大萧条在经济上的造成影响,"即令国际主义声名扫地——尤其是大行于20年代的国际主义。聚集在日内瓦来关注中国抗议的国家,都参演了这一幕剧。讽刺的是,正当中国成为世界秩序更自觉的参与者时,整个体系却在崩塌"。②

第二节 不抵抗政策与中国国际地位的严重失坠

美国学者埃弗拉在《战争的原因》一书中用各种事例分析战争的原因,他提出了一个重要的观点,即预测战争代价的大小与发生战争的危险

---

① 转引自〔美〕韦罗贝《中日纠纷与国联》,薛寿衡、邵挺等译,商务印书馆,1937年,第183页。
② 〔美〕入江昭:《第二次世界大战在亚洲及太平洋的起源》,李响译,社会科学文献出版社,2016年,第15—16页。

第九章 摆脱华盛顿体系：九一八事变与日本退出国联

性成反比。他指出："政府认为战争的代价越高昂，它们就会越谨慎地避免战争的发生。""当征服是容易的时候，战争更有可能发生。""当征服是困难的时候，由于担心成本过高或难以实现，国家的扩张受到遏制。当征服是容易的时候，扩张就显得更加具有吸引力了：它进行尝试的代价更小，而且往往成功。所以，如果防御是强有力的，即使是侵略性国家的攻击也受到遏制，而如果进攻是强有力的，即使是温和的国家也被诱使去发动进攻。"① 九一八事变及之后中日关系的演变完全印证了埃弗拉的论断。

九一八事变如何发展，取决于中国军队的抵抗程度。起初日本统治者对中国军队的战斗力是有所忌惮的，担心中日会在东北发生激烈的军事对抗。在《关于满洲事变的声明》中，日本政府特别提到了中日军队数量上的差距，"守卫满铁沿线的日本军的兵力总计不过1万零400人，相反其四周却有22万中国军队"，言下之意就是日本军人绝对不敢向东北军寻衅。另外，皇姑屯事件在政治上掀起的轩然大波也使日本军部有所顾忌。1931年9月19日上午，日本陆军中央在讨论朝鲜军的越境行动时，参谋总长金谷范三认为，"林（铣十郎）军司令官的独断行动是不适当的"；同时向朝鲜军司令官林铣十郎拍发电报，关于增援关东军一事，"望暂待奉敕命令下达"，命令驻平壤的第三十九步兵旅团，"贵旅团之行动亦应暂缓，如有已出发之部队，望即采取措施，不得越境"。林铣十郎在他的《满洲事件日志》中写道："2时5分（9月19日下午），参谋总长发来了令人意外的命令……意思是在派兵的敕令没有下达之前不许增援。在第一次、第二次运输军队已经出发之后停止出兵令人意外。"20日凌晨，参谋总长再次致电林铣十郎："贵司令官今晨开始之独断行动，就当时形势而言毫无异义。然其后奉天附近之形势稍有缓和，故内阁会议决定，只要情况无特殊变化，则暂不使事态继续扩大，本官亦同意此决定。贵军之出兵关外，尤需等待敕命。"第三十九步兵旅团按原计划应在20日到达沈阳，但由于陆军中央的命令，"不得不暂且在新义州待命"，"这样，参谋本部向朝鲜军发出的严厉的命令，总算是执行了"。② 当时在关外的东北军有

---

① 〔美〕斯蒂芬·范·埃弗拉：《战争的原因》，何曜译，上海人民出版社，2007年，第30、312—313页。
② 参见〔日〕关宽治、岛田俊彦《满洲事变》，王振锁、王家骅译，上海译文出版社，1983年，第232—241页；〔日〕堀幸雄《战前日本国家主义运动史》，熊达云译，社会科学文献出版社，2010年，第146页。

近20万人，关东军仅1万余人，东北军在数量上占据绝对优势，而且东北军训练有素，拥有飞机、大炮等新式武器，在东北坚守一两个月是没有问题的。但张学良采取了"不抵抗行动"，声称"东北军既无抵抗之力量，亦无开战之理由，已经电沈（阳），严饬其绝对不抵抗，尽任日军所为"。① 东北军不战而退，几乎使关东军兵不血刃地占领了东北，其军事进展之迅速、战争代价之微不足道，使国际社会瞠目结舌，严重影响了中国的国际形象，导致了非常严重的后果。

1932年1月14日，以李顿为团长的国联调查团成立并于3月14日抵达上海。当中国外交部部长顾维钧陪同国联调查团去长春时，日本关东军司令官本庄繁坚持要求面见顾维钧。本庄繁是在1931年8月，即九一八事变的一个月前出任关东军司令官的。顾维钧回忆称："他说他坚持邀我会见交谈，是因为他要告诉我一些心里话。他说，整个满洲事件②全都出乎人们意料，出乎他和他的日本军方同事的意料。""他说南满铁路总裁内田康哉先生就反对这件事。……内田康哉反对占领柳条沟（应为柳条湖——引者注）。他试图用阻碍准备车辆的办法来进行拖延。当来电话叫他赶快准备时，他才下令预备火车，命令他们只前进到柳条沟。可是在柳条沟指挥官发现没有一点抵抗。他们预料要遭到中国人某种抵抗，可能会阻止他们前进。但是一点抵抗也没有。他们想，为什么不继续前进呢？他们告诉火车上的人员开往沈阳，甚至违反内田先生的命令。本庄将军说，在沈阳，中国人并没有抵抗。他们去北大营只是显示一下武力，本来不严重，可是却占领了全城，少壮军官们就得意洋洋起来。"③ 事实确实如此。当本庄繁接到关于九一八事变的第一份电报时，对是否出兵增援是犹豫的，他拒绝了参谋石原莞二中佐"应刻不容缓地立即命令各部队出动，制敌中枢于死命"的建议，命令"仍然按计划集中（即将兵力集中到据点）"。日军进攻北大营时，沈阳城门大开，日军未放一枪就从敞开的城门进入城内。林久治郎多次给关东军高级参谋板垣征四郎打电话，劝他停止战斗。本庄繁到达沈阳后，仍然没有下定决心采纳石原莞二把兵力派到

---

① 参见彭敦文《国民政府对日政策及其变化——从九一八事变到七七事变》，社会科学文献出版社，2007年，第17页。
② "满洲事件"为日本的叫法，中国称"九一八事变"。——编者注
③ 《顾维钧回忆录》第一分册，中国社会科学院近代史研究所译，中华书局，1983年，第432页。

第九章 摆脱华盛顿体系：九一八事变与日本退出国联

南满以外地区的献策。① 在研究是否要对吉林省省会吉林市发动攻击时，本庄繁担心在缺乏援兵的情况下，再发动进攻，会导致战线过长，兵力不敷使用，万一中国军队反击，关东军将处于南北两线作战的困境，因而提议慎重考虑。但出乎本庄意料的是，吉林省主席熙洽投降，中国军队不战而退，日军在9月21日清晨出兵吉林市，下午6时就占领了该市。② 其他重要城市如安东、营口、抚顺、辽阳、本溪、四平等均在几天内先后沦陷，从1931年9月18日到1932年2月5日，日军仅用4个多月就攻占了中国东北。本来连板垣征四郎都认为"在现今的形势下，不可能实施一举占领（满蒙）的方案"，但中国军队放弃抵抗，使不可能的事情变成了可能。

东北快速沦陷的最直接后果就是一·二八事变的发生。一·二八事变发生的原因是多方面的，其中之一是关东军在中国东北的轻易引起了日本海军的嫉妒，"海军希望在中国采取一次行动"，并相信不会遭遇实质性的抵抗。"在满洲就没有真正的战斗，日本军方首脑对中国的军事实力不屑一顾。"③ 但是，日本人在上海遇到了顽强的抵抗，"十九路军已成为一个具有无私的爱国主义和英雄气概的民族象征"。由于在上海的军事进展缓慢且代价巨大，日军不断向上海增兵，增兵达三个师团，并三易主帅，死伤逾万。事实证明，一·二八事变遏制了日军的嚣张气焰，使日本内部一度高涨的扩张主义情绪降温。正如埃弗拉所说的那样："当征服是困难的时候，由于担心成本过高或难以实现，国家的扩张受到遏制。……所以，如果防御是强有力的，即使是侵略性国家的攻击也受到遏制，而如果进攻是强有力的，即使是温和的国家也被诱使去发动进攻。"④ 张学良本想以局部的退让、忍耐避免军事冲突，使关东军适可而止，结果反而助长了关东军和日本军部的嚣张气焰，使华北成为其染指的下一个目标，日本很快进兵滦河和攻占长城各关口。

一·二八事变发生后中国军队在上海进行的坚决抵抗为列强干预中日

---

① 中国社会科学院中日历史研究中心编《九一八事变与近代中日关系——九一八事变70周年国际学术讨论会论文集》，社会科学文献出版社，2004年，第161—162页。
② 胡德坤：《中日战争史（1931—1945）》，武汉大学出版社，1988年，第15—16页。
③ 〔美〕柯博文：《走向"最后关头"——中国民族国家构建中的日本因素（1931～1937）》，马俊亚译，社会科学文献出版社，2004年，第36页。
④ 〔美〕斯蒂芬·范·埃弗拉：《战争的原因》，何曜译，上海人民出版社，2007年，第312—313页。

纷争创造了极为有利的条件。国联新任秘书长爱文诺对中国军队在东北放弃抵抗而仅仅指望国联调停的做法提出严厉批评，他对在国联秘书厅工作的中国人吴秀峰说："当一个国家受到外国侵略时，首要的在它自己起来抗战，然后才有希望得到他国的援助。如果它自己不去抗战，像你们的国家一样，而希望别人替你们火中取栗，这是史无前例的。所以，中国今后必须自己起来抵抗日本的侵略，才是你们的唯一出路。"① 南京国民政府也逐渐意识到了"不抵抗行动"的后果："外启友邦之轻视，内招人民之责备，外交因此愈陷绝境，将何辞以自解？"② 因此在一·二八事变中采取了"一面抵抗、一面交涉"的政策。中国军队在上海的抵抗使西方列强深受鼓舞，认为"中国军队在上海做出的坚决而令人出乎意料的抵抗标志了远东一个新时代的开端"。③

此外，一·二八事变震惊了西方世界，严重威胁到英美等国的利益。当时正在参加日内瓦国联行政院会议的以外交大臣西蒙爵士（Sir John Simon）为首的英国代表团"被搅得坐立不安，因为英国在远东的利益集中在上海。而英国对于满洲的态度则不同，认为那个地方太遥远了，英国在那里没有重要利益，况且那个地区在长城之外，因此严格地说，不是'中国'"。④ 1932年2月2日，国联行政院应英国的请求召开会议，讨论一·二八事变。英国代表托马斯表示：英国政府觉得远东的现状不能继续下去了。上海已成战场，不宣而战正在继续发生。国联对此不能漠不关心。如果任其继续下去，那么《非战公约》和《九国公约》难免失去世界的信赖。⑤ 2月16日，由英国外交大臣西蒙提议，国联向日本发出申请书，指出"只有依赖互助及互相尊重，可使各国间获有良好之交谊，依赖军事或经济上之压力者，决不能得有永久性之解决"。申请书提醒日本，"盟约第十条之规定，即国联会员国担任尊重并维持联合会（即国联）各会员之领土完整及现有之政治独立"，"乃彼等所应享之友谊的权利"。"凡有违反

---

① 吴秀峰：《国际联盟处理"九一八事变"经过》，《文史资料选辑》第七十六辑，中国文史出版社，1987年，第113页。
② 赵冬晖：《"九·一八"国难史》，黑龙江人民出版社，1991年，第176页。
③ 王立诚、吴金彪：《一二八事变与英国对中日冲突的立场转变》，《安徽史学》2003年第6期。
④ 颜惠庆：《颜惠庆自传——一位民国元老的历史记忆》，吴建雍等译，商务印书馆，2003年，第232页。
⑤ 李广民：《准战争状态研究》，社会科学文献出版社，2003年，第151页。

第九章 摆脱华盛顿体系：九一八事变与日本退出国联

该条而致侵害任何国联会员国之领土完整，及变更其政治独立者，国联会员国，均不应认为有效。""对于日本与中国之关系"，日本"实负有公平处理及不得任意行动之重责"。① 尽管国联发出的申请书措辞委婉，但含义非常明确，反映了英国一改过去对中日纷争采取的含糊不清的态度。

美国的态度比英国更强硬、更明确，各种反日组织在美国纷纷成立，舆论界一致抨击日本的侵略行动，甚至还出现了抵制日货运动。为此，史汀生以致美国参议院外交委员会主席博拉公开信的方式发表了一篇长文，重申了华盛顿会议和《九国公约》的原则，指出：《九国公约》"一方面可以贯彻保证各缔约国在华之权利及利益，一方面可以使中国人民依照近代文明之准则，为世界各民族所借以相维者，俾获完全无碍之机会，以发展及巩固其主权与独立"。"后此六年，九国条约之反对强国侵略弱国之根本政策，得于世界全体国家所签字之巴黎公约，即所谓凯诺格白里安公约之中，又得一有力的后援。此两种公约，系两个独立而协调之步骤，其目的在联合世界之良心与舆论，以赞助一种根据公法依序发展之制度。而所谓舍弃武力专以公共和平之手段解决一切纠纷，亦即包括于此。""九国条约之签字国与加入国，固深觉中国四万万人民之有秩序与和平之发展，为全世界和平幸福之关键。以为无论何种计划为全世界之幸福谋，决不能忽视中国之幸福，中国之维护。"史汀生要求有关各国严格遵守《九国公约》，并与美国采取"同一之决定，取同一之步骤，则即可警告日本，即可使一切凭恃强权违背条约所攫取之权利，不能得合法之承认。证诸往史，且将使中国横被剥夺之权利，终克复归原主"。史汀生全面驳斥了关于修改《九国公约》的谬论或不遵守《九国公约》的理由，称若《九国公约》"为关系国忠实遵守，则此种情势（九一八事变——引者注）决不至发生"。② "不承认主义"显示了美国积极干预远东国际政治的姿态。西方列强利用中国出现的强烈抗日情绪，积极介入中日纷争。1932年10月2日，以李顿为团长的国联调查团公布了《李顿报告书》。《李顿报告书》确认了日本侵略中国东北的事实，总体上有利于中国。正如南京国民政府外交部部长罗文干在声明中所说的那样，《李顿报告书》有两点最为突出：一是认为"九一八及九一八以后之一切日本军事行动，均无正当之理由，

---

① 李广民：《准战争状态研究》，社会科学文献出版社，2003年，第152—153页。
② 参见〔美〕韦罗贝《中日纠纷与国联》，薛寿衡、邵挺等译，商务印书馆，1937年，第227—231页。

不能认为系自卫之手段";一是"所谓'满洲国'者,并非真正自发独立运动的产物",其存在是"日本军队出现和日本文武官吏各种活动的结果"。① 基于以上认识,南京国民政府决定接受《李顿报告书》。

《李顿报告书》认为:"中国方面遵守上峰之训令并无在该时、该地攻击日军或危害日人生命财产之计划。对于日军并未奉命或联合攻击,故于日军之突击及其以后之行动,莫不惊异。""日军在是夜所采之军事行动,不能认为合法之自卫手段。""中国人民认满洲为中国之一完整部分,而使满洲脱离中国之任何阴谋,皆所极端反对。东三省向来为中国之一部,此则中国及列国所共认者。中国政府在此地之法律上威权,亦从未发生疑问。""日本关于满洲之要求,乃干犯中国之主权。"造成"满洲国"的"独立之主要机具,厥为自治指导部,其总事务所设在沈阳。据本调查团所得之可靠证据,该部为日人所组织","实际上乃关东军司令部第四课之机关,以扶助独立运动为目的"。九一八事变后,日本军事当局的行动,"政治意味,特为浓厚。日方逐步以武力占据东三省,使齐齐哈尔、锦州、哈尔滨及最后满洲境内一切重要城市,脱离中国之统治"。独立运动"于一九三一年九月以前,在满洲从无所闻,而今有此运动者,仅由于日本军队之在场,甚为明显也"。日本参谋本部"对于独立运动之组织分子,予以援助及指导。由各方所得一切证据,使调查团确信,助成'满洲国'创立之原动力,虽有若干种,但其中两种,即一为日本军队之在场,一为日本文武官吏之活动。两者联合,发生效力最大"。②

1933年2月24日,国联大会通过了在《李顿报告书》基础上起草的《最终报告书》,认为日军在九一八事变中的行动并非自卫手段,"日军是夜在沈阳以及东省他处之军事行动,国联大会不能认为自卫手段,即日本嗣后在此项争议进行中所采取之全部军事行动,亦不能认为自卫手段"。"满洲"主权属于中国,"满洲"独立"端赖日军之存在,不能认为自动及真实之独立运动"。"'满洲国'政府,其主要政治及行政权,均操诸日本官吏及日籍顾问之手中。彼辈所居地位,足使其实在的指挥及支配东省行政。在东省占人口大多数之中国人,大抵均不拥护此种政府,并视为日

---

① 参见《顾维钧回忆录》第二分册,中国社会科学院近代史研究所译,中华书局,1985年,第62页。
② 参见〔美〕韦罗贝《中日纠纷与国联》,薛寿衡、邵挺等译,商务印书馆,1937年,第341—343、366—370页。

第九章 摆脱华盛顿体系：九一八事变与日本退出国联

人之工具。"建议日军撤出南满铁路沿线以外的区域。①《最终报告书》的通过表明中国在外交上取得了道义上的胜利。日本驻国联全权代表松冈洋右宣布日本退出国联。当时日本正在进攻热河，军事行动有向中国华北蔓延的趋势。日本担心国联会发起对日制裁活动。退出国联后，日本不再是国联会员国，国联的制裁活动也就无从发动。日本退出国联意味着脱离凡尔赛-华盛顿体系，在体系内与西方列强协调的外交模式宣告终结，日本外交进入了在体系外与列强协调、冲突的时代。② 其实，松冈洋右对于退出国联是犹豫的，持有不同意见。1933年1月，他在致内田外相的电文中说："不用我多说，很多事情都是保持在八分程度最好。联盟不可能如期望的那样对满洲问题不闻不问，袖手旁观，我国政府内部应该从一开始就明白这一点。……纠结于一个问题，最终落得不得不退出的境地，令人遗憾，绝对不能这样。考虑到国家的前途，我在此直率地陈述意见。"松冈认为，日本应该就1932年12月英国外交大臣西蒙的提案进行讨论，西蒙提出了两个方针：一是邀请美国、苏联等非国联会员国加入国联调解委员会，听取意见；二是中日两国以当事国的身份一起加入国联调解委员会。但松冈的意见遭到内田的反对。当时的首相斋藤实也主张适当妥协和退让。如果日军继续进攻热河地区，就使得日本成了国联盟约第十六条中规定的"不顾本盟约第十二条、第十三条或第十五条所定之规约而进行战争者"。在这种情况下，日本会成为所有国联会员国的敌人。因此，1933年2月8日，斋藤实请求天皇取消内阁已经通过的关于热河战役的决定。侍从武官奈良武次在日记里记录了天皇的讲话："根据今日斋藤首相所言，热河战役关乎与国际联盟之关系，不应实施，内阁不能同意。虽然前几日因参谋总长表示热河战役不得已而为之，便给予了肯定。今日要与内阁商议，取消之前决定。"③

但是，中国外交上的暂时成功并不能掩饰军事上的溃败所造成的难以挽回的国际影响。中国军事上的不断溃败使得在国联舞台上驳斥日本侵略

---

① 〔美〕韦罗贝：《中日纠纷与国联》，薛寿衡、邵挺等译，商务印书馆，1937年，第695—696页。
② 波多野澄雄・戸部良一・松元崇・庄司潤一郎・川島真『決定版 日中戦争』、新潮社、2018年、33—34頁。
③ 参见〔日〕加藤阳子《日本人为何选择了战争》，章霖译，浙江人民出版社，2019年，第239、242页。

行径的中国外交人员感到沮丧和不解，影响了国际社会干预中日冲突的积极性。正当国联根据《李顿报告书》起草《最终报告书》和研究解决中日冲突办法的关键时刻，日本进攻热河。在热河战役中，中国军队无所作为，闻风溃退，引起了国际舆论的哗然。战前张学良还致电中国驻国联代表团，信誓旦旦地表示，将坚守热河，并希望把中国军队的抗战意志向全世界声明。参加国联会议的中国代表顾维钧、颜惠庆、郭泰祺等人，希望政府采取两项对策，即与日本断绝外交关系和在军事上进行坚决抵抗。他们在电文中指出："友好国家殷切希望我们坚决抗战，以便国联能有充裕的时间来准备下一步行动。他们认为，无论国联将会采取什么行动，都要看中国作出了什么样的抵抗。同时，日本宣传说中国军队全无斗志，他们轻而易举地攻取了热河。""热河至关重要。当我们请求国联援助之时，当国联正在研究确定如何进行下一步行动之时，如果我们不能长期坚守，国土一片接一片地沦于敌手，这样我们就只能更加招致世界的轻视，丧失友好国家的同情。到那时，我们恐怕纵有奋发自强之心，亦将为时已晚。"代表团对政府的行为感到不解："日本侵占我国领土，屠杀我国人民，于兹已一年有余。我们在国外向国联宣布日本犯下的罪行。但在国内，中、日密使却往来频仍，官方屡设酒筵款待日人。所有这些，国外无不引为怪事。日本人在避免战争的借口下正在进犯热河，据他们说，这是为了维护傀儡政权下的和平与秩序。但国联报告已拒绝承认傀儡政权，因此，日本入据热河，无论在道义上或法律上，都没有任何依据。目前在这一案件上，谁是谁非的问题业已彰明昭著。我们向国联的控诉既已获胜，自应立即向全世界宣布与日本断绝外交，以便杜绝国外再说中国自己也不把日本侵略视作战争，从而不能援用盟约第十六条。"① 代表团不断向政府呼吁："有可能采取国际行动的先决条件是中国首先进行自助的意志和能力。""在此紧要关头，更为重要的是中国的实际军事形势，外国以及他们在日

---

① 《顾维钧回忆录》第二分册，中国社会科学院近代史研究所译，中华书局，1985年，第189—190页。国联盟约第十六条规定："（一）联盟会员国如有不顾本盟约第十二条、第十三条或第十五条所定之规约而从事战争者，则据此事实应即视为对于所有联盟其他会员国有战争行为。其他各会员国担任立即与之断绝各种商业上或财政上之关系，禁止其人民与破坏盟约国人民之各种往来并阻止其他任何一国，不论为联盟会员国或非联盟会员国之人民与该国之人民财政上、商业上或个人之往来。（二）遇此情形，行政院应负向关系各政府建议之责，裨联盟各会员国政府各出陆、海、空之实力组成军队，以维护联盟盟约之实行……"

内瓦的代表正在密切注视着这种形势的发展。"代表团根据政府的指示，在日内瓦一再郑重表示，中国人有持久地、坚决地抵抗日本侵略的准备。实际情况却相反，中国军队不断溃败。国际上"看到中国军队这般软弱无能，与中国代表团在国联大会上辩论时所持的强硬态度适成强烈的对照，感到迷惑不解"。为此顾维钧等人于2月28日致电政府，要求辞职："前年三省之陷，不战而走，世界为之骇异。此次热河之役，日人宣传，谓我军并无抵抗诚意。松冈在国联且谓我军勇于内战，无意对外。连日热河要地，纷纷失守。各国论者，以我军凭崇山峻岭之险，有主客攻守之异。而战线屡缩，失地频闻。友我者对于我国是否真心抵抗，群来惶问；忌我者谓我本无自助决心，国联原可不必多事。惠等待罪海外，无法答辩。且自报告书公布后，军事方面重要甚于外交。将来外交前途，多视军事转移。惠等心余力拙，应付乏术，应请准于开去代表职务，另委贤能接充。"代表团的辞职电不但未激发军队领袖的抵抗意志，反而被其指责"撒娇卸责"。代表团非常气愤，不客气地回应道："国威日堕，无娇可撒。痛切陈词，原为负责。"3月4日，外交部致电代表团，对于中国败北失地、叛变投敌等消息一概予以否认，给了代表团很多令人鼓舞的消息，"说我军在建平大战告捷，反攻凌源，获得胜利"。代表团按照指示公布胜利消息，"而承德失守之惊耗同时亦见于报端，并谓已经北平中国官方证实"。对此代表团非常不满军队的不抵抗以及政府隐瞒真相的做法："今晨各方纷来询问，谓我事前大张其词，决心抵抗，不料毫无布置，一至于此。热河大于瑞士四倍，凌源、承德亦相距二百里，乃承德之兵不战而退，敌军摧枯拉朽，如入无人之境，较之法国攻摩洛哥土人尚为容易。可见松冈丑诋中国之语，皆已证实，其鄙视我国之心，溢于言表。吾代表团前尊训令宣传抵抗到底者，今竟无词以对。"[①]

第三节 九一八事变与日本国内政治

自政友会总裁原敬于1918年组阁以来，至1932年5月，除两年的官僚内阁外，一直由政党内阁轮流执政，即所谓"宪政常道"。这一时期，

[①] 《顾维钧回忆录》第二册，中国社会科学院近代史研究所译，中华书局，1985年，第191、194—195页。

日本民众反对藩阀政府独裁统治以及军部扩军备战的斗争取得了一定的成果，实行政党内阁制和在此基础上实践"政治以议会为中心"的政治理念产生了越来越大的影响。华盛顿会议期间召开的第 45 届议会，成了裁军和批判军部的议会。议会不仅要求裁军，而且要求改革军制，即废除"军部大臣现役武官制"。尾崎行雄等人在《关于海陆军备及特例的质问书》中针对保证军部特权地位的各种制度进行了弹劾，把批判的锋芒指向统帅权独立，指出参谋本部和军令部"完全违反我国宪法条文的规定，事实上是在内阁之外还有一种不负责任的军事内阁"，形成了外交、军事"政出双门的状态"；指责军部大臣由武官担任的制度是"违反官制条例和各国实例"的"不符合时代精神的制度"；帷幄上奏权违背宪法第五十一条等规定。[1]

　　与议会的动向相呼应，著名民主主义人士吉野作造等人在议会外也大造舆论，提出了全面改革军制的理论。在 1923 年 2 月召开的第 46 届议会上，加藤友三郎首相明确表示支持军部大臣文官制。革新俱乐部乘势提出的废除军部大臣现役武官制议案被一致通过。

　　这一时期，社会上出现的追求个人利益和享乐主义的世俗化现象与政治上的和平民主潮流碰撞，民众对国家政权表现出来的盲目的政治热情在日俄战争后特别是大正时期开始退去。"现代的大众文化呈现蒸蒸日上的上升趋势。"1924 年，可以容纳 5 万人的甲子园棒球场落成，打高尔夫和网球也成为人们新的爱好，人们开始在咖啡厅里聚会。"20 世纪 20 年代，一股西方文化潮流席卷了日本社会生活的各个方面。日本民众的生活方式、饮食、住房以及穿着等等方面，都受到西方文化的深刻影响。在东京和其他一些大城市当中，情况就更是如此，在这些城市里，由于西方文化的影响，人们开始流行吃面包，公共场所也开始流行穿西装，而时髦的家庭住所里也一般最少有一间西式房间。在日本银座大街的路上，那些来来往往穿戴着最新外国款式服装和首饰的'摩登男'和'摩登女'们，可能正是前去参加爵士音乐会或是去看电影。"[2] 人们玩股票、吃西餐、穿洋服、建私宅，对扩军备战不感兴趣。1930 年 4 月，滨口雄幸首相在财界

---

[1] 参见〔日〕信夫清三郎编《日本外交史》下册，天津社会科学院日本问题研究所译，商务印书馆，1980 年，第 482 页。

[2] 〔美〕康拉德·希诺考尔等：《日本文明史》，袁德良译，群言出版社，2008 年，第 214—215 页。

和舆论的支持下，不顾军部的反对，决定签订《伦敦海军条约》。出席伦敦海军裁军会议的代表团归国时受到了国民广泛的欢迎，日本的裁军运动发展到顶峰。社会上还出现了较为普遍的"蔑视军人"、认为"军人的社会地位低下"的倾向，"军人乘电车也被认为是不应该的，例如，当着军人乘客的面前，起劲地谈着'军人为什么要坐电车'。军人的长剑也被乘客认作讨厌的东西"。①军官的靴子碰了别人就会听到骂声，一些军官上下班都不敢穿军装。1931年8月，关东军司令官本庄繁回国开会时，得知日本政府"把解决满蒙问题的期限放在1935年"。实际上这是政府的拖延计策，对此少壮派军人是心知肚明的。参谋本部俄国班班长桥本中佐在其手记中指出："中央只在口头上夸夸其谈，暴露出对满洲事变全无决心。"他还抨击军部上层人士把解决"满蒙"问题"埋解为例行公文，仍照旧没有采取任何措施。这时，关东军少壮派不用说，内地以樱会（日本法西斯军人团体——引者注）为主体的我们这一派，每件事都要促使上层人士下决心。上层人士只靠每月散发的宣传册子高谈阔论，丝毫没有断然行动的意志"。②

另一种社会现象也值得注意，那就是马克思主义在日本迅速、广泛传播。根据日本著名政治史学者丸山真男援引的当时内务省警保局的内部资料，"以世界大战为契机，民主主义思想流入日本。紧接着，受苏维埃革命的影响，社会主义、共产主义思想被引进日本，旋即这一思想以燎原之势弥漫于国民之中。关东大地震后，高等专科学校毕业以上的所谓有识阶层受到赤化洗礼的程度最深"。③《改造》、《解放》和《社会问题研究》等具有左翼倾向的杂志于1919年创刊。据丸山真男的调查，日本是当时世界上唯一出齐了马克思、恩格斯全集的国家，而且销量惊人。左翼思潮的蔓延和左翼力量的崛起对军部和右翼扩张势力起到了抑制作用。大正时期女权运动也开始出现，女权主义者为获得女性的平等地位和各种权利特别是选举权而斗争。妇女杂志不断创刊，而且拥有大量读者，除了创刊于明治时期的《妇女之友》和《妇女世界》外，大正时期相继创办了《妇

---

① 〔日〕重光葵：《日本侵华内幕》，齐福霖、李松林、张颖、史桂芳译，解放军出版社，1987年，第5页。
② 参见〔日〕升味准之辅《日本政治史》第三册，郭洪茂译，商务印书馆，1997年，第703—704页。
③ 林少阳：《"文"与日本的现代性》，中央编译出版社，2004年，第111页。

女界》（1913年）、《妇女公论》（1916年）、《妇人界》（1917年）、《主妇之友》（1917年）、《妇人俱乐部》（1920年）以及《令女界》（1922年）、《女性改造》（1922年）和《妇人画报》（1922年）等。由此可见，整个20世纪20年代，日本社会左翼和民主主义思潮占了上风。

由于日本轻易地征服了中国东北，日本国内出现了狂热的民族主义情绪，右翼精神领袖大川周明得意洋洋地说："国民在可以称之为国民的浪漫主义那种狂热中间，赞美并支持了关东军的态度。"① 1931年8月，即九一八事变前，天皇表示："处理满蒙问题也要以'日华亲善'为基本方针。"他还特别告诫陆军大臣南次郎："驻满蒙军队的行动要特别慎重。"但关东军轻易占领中国东北，使天皇的态度发生了根本转变。翌年1月，天皇发布敕语，赞扬关东军："满洲事变爆发之际，关东军将士克制众敌，予以全歼。近来扫荡各地群起之匪贼，完成警备之任务，使皇军之威武传遍日本国内外，朕深嘉其忠烈。"② 由此日本社会快速向右转。九一八事变的轻易成功"鼓舞"了日本少壮派军人，无视军纪国法的事件屡屡发生。

此外，日本舆论界和国民听到关东军接二连三占城夺地的消息后，忘记了民主危机而支持军部，甚至在一些无产者政党中也产生了"满洲是日本生命线"的论调。1931年11月22日，社会民众党中央委员会通过了《关于满蒙问题的决议》，声称"为了确保日本国民大众的生存权，侵害我国由条约规定之满蒙权益是不正当行为"。该党书记长赤松等人对原来无产阶级政党和工会奉行的马克思主义国家观及无产阶级国际主义展开了批判："在对国家本质的认识上，必须排斥马克思主义的剥削国家观，明确立场，肯定作为具有纯正的统制功能机构的国家观，以期进而实现统制功能的民众化。""在当前激烈的民族斗争的世界形势面前，我们必须阐明马克思主义式的国际主义是空想，是谬误。这种国际主义忽视国民性利害关系、仅仅强调全世界无产阶级的共同利益且企图推动机械性划一的国际斗争。我们应该在明确无产阶级的国民立场的基础上，采取最为现实的国际主义。"1932年5月29日，赤松联合从全国劳农大众党中退出的一些分

---

① 转引自〔日〕信夫清三郎编《日本外交史》下册，天津社会科学院日本问题研究所译，商务印书馆，1980年，第558页。
② 转引自〔日〕祢津正治《天皇裕仁和他的时代》，李玉、吕永和译，世界知识出版社，1988年，第78页。

子组建了日本国家社会党，该党的纲领是"秉承一君万民的国民精神，期以建设没有剥削的新日本"，与军部法西斯理论同出一辙。全国劳农大众党的松谷与二郎在九一八事变后作为"众议院议员满洲考察团"的一员赴中国东北进行实地考察，回国后宣称："为了维护满蒙的权益，出兵亦属不得已，这不是帝国主义战争。"他在提交给全国劳农大众党的《关于满蒙问题的意见书》中公然声称："必须维护满蒙权益"，"应将我国现在200万人的失业者送到满蒙的原野，通过他们的手来处理满蒙权益"。[①] 随着无产阶级政党的集体转向，长谷川如是闲、吉野作造等少数民主主义者的批判呼声完全被淹没在"满洲生命线论"的大合唱中，根本无人理睬。实际上，中国东北的快速沦陷助推了日本国内扩张主义情绪的高涨，刺激军部实施新的对华扩张行动，使得中日两国发生全面冲突的危险性大大提高了。

日本各大报社对九一八事变进行了全面报道。早在9月21日，朝日新闻社就已经上映了一部关于日本士兵攻占沈阳的纪录片，"大肆渲染的新闻标题使公众舆论燃烧起来"。《朝日新闻》和《每日新闻》派到中国东北和上海的特派记者超过了300人次，并发行号外。"阅读这样的报道，观看这样的宣传影片，日本人必然会对正在发生的一切形成极其简单的看法。""这些哗众取宠的新闻报道也表明，日本记者们甘愿把官方宣传照单全收，并衷心拥护单方面使用武力。"[②]"在事变之前，各报在某种程度上对军部采取的是批判的态度。"然而由于军事进展非常顺利，每天都是占城夺地的消息，中国军队望风而逃，舆论开始倾向于支持军部，"历数中国的排日行为，把关东军的行为看成是使用自卫权，采取了支持国策的方针，主张'只有强行才是与中国交涉的基调'"。[③] 舆论对坚持"协调外交"的内阁进行抨击，报纸还刊登了《战斗在酷寒中的皇军士兵》《守住帝国的生命线》之类的报道，通过渲染军国主义气氛以迎合读者的口味。九一八事变后赞美侵略战争、丑化中国人的文学作品充斥日本。

为了与在中国东北的成功相呼应，日本少壮派军人要在国内进行激进

[①] 参见〔日〕堀幸雄《战前日本国家主义运动史》，熊达云译，社会科学文献出版社，2010年，第176—182、188页。
[②] 〔美〕入江昭：《第二次世界大战在亚洲及太平洋的起源》，李响译，社会科学文献出版社，2016年，第12页。
[③] 〔日〕山本文雄编著《日本大众传媒史》（增补版），诸葛蔚东译，广西师范大学出版社，2007年，第139—141页。

的改革，由此导致了五一五事件的发生。1932年5月15日，一批陆海军少壮派军人及右翼组织成员发动政变，占领首相官邸，刺杀了首相犬养毅。尽管五一五政变失败了，但不仅参加政变的人员没有受到严厉处置，对他们的审判甚至还变成了一场煽动民族主义情绪的闹剧。政变者在法庭上滔滔不绝地为自己申辩，旁听者为其鼓掌喝彩，11万份用血签名甚至完全用血写成的请求宽恕政变者的请愿书如潮水般涌到法院，有些青年要求为政变者服刑，为了表示决心，还向法院寄来了泡在酒精里的小指头，不少女性还要求与政变者结婚。整个社会弥漫着狂热的民族主义情绪。九一八事变使整个日本社会变得疯狂起来。"满洲事变发生之前，民众的动向具有十分复杂的可能性和多样性，另一方面，资产阶级民主主义的倾向相当显著。此外，还存在着接近社会民主主义性质的无产政党的倾向。是一种各种要素、倾向重叠交叉的状况。"但九一八事变完全改变了日本社会和政治，"像在乡军人会呀、青年团呀之类支撑天皇制基础的团体，真正开始活动也是在满洲事变之后，国防妇女会这种庶民性的妇女团体的闪亮登场，也是以满洲事变为契机"。① 日本著名学者日高六郎认为，思考日本百年来的历史，国际主义时期有三次，即明治维新时期、第一次世界大战结束时期、第二次世界大战结束时期。与国际主义相抗衡的国家主义时期也有三次，从教育敕语的颁布到中日甲午战争、日俄战争是第一次；九一八事变到太平洋战争时期是第二次；第三次发源于20世纪70年代。② 九一八事变对日本内政外交的影响是巨大的，它使日本社会产生了一种错觉，即征服中国乃是无须付出代价或只需付出少许代价的事情，既然成本如此低廉，而收获如此巨大，为何不放手一搏呢？"1931年中国的不抵抗，也注定了企图抑制关东军的日本温和派的命运。当极端分子以极小的生命代价取得了如此容易和深受鼓舞的胜利时，抑制关东军完全是不可能的了。由于关东军胜利的影响，日本的国内政治发生了剧变，军人掌握了权力，而政党的政治家们则成了明日黄花。因此，可以认为，蒋的不抵抗政策，帮助了日本军国主义的膨胀。"③ 五一五事件结束了长达14年的政

---

① 〔日〕堀幸雄：《战前日本国家主义运动史》，熊达云译，社会科学文献出版社，2010年，第195—196页。
② 参见纪廷许《现代日本社会与日本社会思潮》，中国社会科学出版社，2007年，第7页。
③ 〔美〕柯博文：《走向"最后关头"：日本侵略下的中国（1931—1937）》，马俊亚译，浙江人民出版社，2021年，第347页。

党政治。1932年5月26日，海军大将斋藤实出任首相，舆论鼓噪政府立即承认伪满洲国。6月14日，众议院全体会议一致通过了承认伪满洲国的决议。1932年8月，外相内田康哉在议会回答质问时甚至表示：为了解决"满蒙问题"，"举国一致，即使把国家化为焦土，也决心贯彻这一主张，寸步不让"。[①] 作为外务大臣竟然如此胡言乱语，这说明日本决策层已被在中国东北的暂时成功冲昏了头脑，完全失去了理智。1933年3月6日，日本宣布退出国联，华盛顿体系宣告破产。

[①] 转引自〔日〕信夫清三郎编《日本外交史》下册，天津社会科学院日本问题研究所译，商务印书馆，1980年，第579页。

第十章　日本外交的破产：从不战不和到全面侵华战争及太平洋战争的爆发

　　九一八事变后，日本外交日趋激进，军部在外交事务上的影响力不断增强，外交沿着军部的扩张路径行进。军部策动的华北分离运动极大地损害了中国的主权以及政治、经济利益，国民政府的对日政策渐趋强硬。

　　卢沟桥事变爆发后，中日两国进入了全面战争状态，奇怪的是两国并未"绝交"和"宣战"，日本是"不宣而战"，中国是"战而不宣"，两国仍保持一定的外交联络渠道，日本始终没有放弃诱降国民政府的计谋。中国局势引起了全世界的关注。日本的行动逾越了西方国家特别是美国的容忍限度。日本在诱降国民政府的同时，围绕中国问题与国际社会进行交涉。但是日本外交随军事局势的变化而左右摇摆。当日本加入轴心国集团并开始染指西方国家在东南亚的势力范围时，日本已经与世界上大多数国家为敌，日本外交的回旋余地越来越小。

　　美国对华援助和对日经济制裁是美国远东政策的两个方面。在日美对立日益严重的情况下，双方仍在寻求妥协的可能性。从1941年3月至12月，美日两国进行了长达9个月的谈判。但谈判无果而终。

第一节　华北事变与中日关系的急剧恶化

　　1933年5月31日，中日双方签署《塘沽停战协定》。根据协定，入侵关内的关东军撤回长城线以北，而南边则设定为广阔的非武装地带，暂时中止了九一八事变以来中日之间接连不断的军事冲突，进入了不战不和的状态。[①] 代表关东军签署《塘沽停战协定》的冈村宁次（关东军副参谋

[①] 井上寿一『日本外交史講義』、岩波書店、2003年、84頁；〔日〕户部良一：《稳定日中关系的可能性——从塘沽停战协定到卢沟桥事件》，高莹莹译，《抗日战争研究》2011年第2期。

长）认为"这是从满洲事变到太平洋战争，我国长期对外作战的最重要的境界点。如果能就此中止我国对外的积极政策，那就好了。不论当时或后来，我都认为应在此停止"。① 但占领东三省并不是日本决策层的最终目的，华北是其染指的下一个目标，因为华北有丰富的煤炭、棉花、高粱、大豆等资源，而且华北地方实力派林立，南京国民政府对该地区的控制较弱。日本军部利用地方实力派与中央政府的矛盾，策动"华北自治"，企图把华北地区分离出去，建立一个亲日的地方政权，在伪满洲国南边制造一个缓冲地带，同时阻碍南京国民政府推动国家现代化的努力。

1933年冬和1934年春，日本得知中国政府正在与德国、意大利、美国进行军事合作，美国还派遣教官在杭州培训中国飞行员，深感不安。日本当局认为一旦中国在军事力量方面实现了现代化，经济发展，政治统一，将会妨碍日本对华侵略。1934年4月17日，日本外务省情报部部长天羽英二发表声明，宣称日本在维护远东的和平上享有特殊地位，"日本的责任是单独维持东亚和平及秩序，这是自然的归宿"，反对各国对华的一切军事援助和财政援助。天羽声明的实质是"亚洲门罗主义"。4月19日，中国发表声明驳斥日本的称霸主张，称"世界无一国家得在任何地方，主张有独负维持国际和平之责任"，中国与其他国家间的关系是独立主权国家间的正常关系。4月23日，英国政府向日本发出照会，暗示天羽声明违反了《九国公约》，"英国对于九国公约，极为关切"，"若单独宣告废止，不论出于何种方式，皆为英国所反对"。4月29日，美国政府也向日本发出照会。美国国务卿赫尔在会见日本驻美大使时指出，天羽声明含有日本在邻国及相邻土地上"享有太上政府地位"的意图。② 各国政府和国际舆论对天羽声明的强烈反应出乎日本决策层的预料。外相广田弘毅庇护天羽英二，认为不能仅把责任归于天羽个人，外务省负有"连带责任"，拒绝处分天羽英二。③ 广田弘毅执掌外务省期间，日本对华外交变得更加激进和富有侵略性。

---

① 〔日〕稻叶正夫编《冈村宁次回忆录》，天津市政协编译委员会译，中华书局，1981年，第445页。
② 参见复旦大学历史系中国近代史教研组编《中国近代对外关系史资料选辑（1840—1949）》下卷第一分册，上海人民出版社，1977年，第261—267页。
③ 服部龍二『広田弘毅：「悲劇の宰相」の実像』、中央公論新社、2008年、79頁。

广田弘毅①于 1933 年 9 月接替内田康哉就任外相。1936 年 3 月任首相兼外相。1937 年 6 月任第一次近卫内阁外相。广田弘毅执掌日本外交长达三年半，即 42 个月，是 20 世纪 30 年代任外相时间最长的外交官，对这一时期的日本外交产生了重大影响。1933 年，广田弘毅提出就任外相的条件之一是"日本的外交政策，以外务大臣为主导者，首相极力予以支持"，获得了斋藤实首相的承诺。②

日本一方面对天羽声明重新加以解释，安抚美英等国；另一方面加紧策动"华北自治"。1935 年 5 月初，日本华北驻屯军利用亲日派报人在天津日租界被枪杀事件，挑起河北事变，向中国施加压力。华北驻屯军司令官梅津美治郎向何应钦发出备忘录，要求南京国民政府罢免河北省政府主席于学忠、天津市长张廷谔，将第 51 军等部队调离河北省，撤离国民党在河北省内的所有支部，禁止中国境内的所有排日活动，以及日方对河北地方官员的任命有建议权等。何应钦以复函方式答应了日方的要求，此即《何梅协定》的由来。在中日双方交涉河北事变的同时，1935 年 6 月 5 日，察哈尔省中国驻军在张北县（今属河北省）扣留了 4 名潜入该省偷绘地图的日本特务，日本借机生事，向国民党政府提出所谓抗议。③察哈尔省民政厅长秦德纯被迫与日本关东军代表土肥原贤二签订《秦土协定》。《何梅协定》和《秦土协定》为日本分离华北奠定了基础，在此以后，日本通过拉拢地方实力派和已失去权势的原北洋军阀人士，正式实施"华北

---

① 广田弘毅是福冈县锻冶町人，1878 年出生于一个石材商家庭，幼名丈太郎，是家中长子，成年后加入右翼组织玄洋社，受"三国干涉还辽"的刺激，17 岁的广田丈太郎立志成为外交官。20 岁时改名弘毅，取自《论语》中"士不可以不弘毅，任重而道远"。1901 年进入东京帝国大学政治学系学习，1905 年 7 月毕业，参加了第十四次外交官录用考试，但未能考上。1906 年 9 月参加第十五次外交官录用考试，获得第一名。1907 年 10 月赴驻北京公使馆工作，1909 年 12 月任驻英大使馆三等书记官。之后先后任外务省通商局第一课课长、外务省情报部第二课课长、外务省欧美局局长、驻荷兰公使、驻苏大使等。广田弘毅在求学期间和外交官生涯中得到了玄洋社的经济资助和各种关照，并与玄洋社的领袖月成攻太郎的第二个女儿静子结婚。据说，著名外交家加藤高明曾想让岩崎弥太郎的女儿与广田弘毅缔结姻缘，这样，广田和加藤高明、币原喜重郎就有了姻亲关系，在外交界可以彼此照应，但遭到拒绝。通过右翼分子头山满的介绍，广田弘毅结识了著名外交家山座园次郎。山座园次郎也是福冈县人。山座对广田说："无论怎样，我国外交的中心在于中国和俄国。外交官首先必须搞清楚俄国和中国的事情。"服部龍二『広田弘毅：「悲劇の宰相」の実像』、中央公論新社、2008 年、11—23 頁。

② 服部龍二『広田弘毅：「悲劇の宰相」の実像』、中央公論新社、2008 年、11—23、65 頁。

③ 张洪涛：《国殇：国民党正面战场抗战纪实》第一卷，华文出版社，2021 年，第 86 页。

自治"运动。

日本向华北的扩张和策动"华北自治",企图把华北变成第二个东三省的做法引起了中国人民反日情绪的高涨,也是南京国民政府难以容忍的,因为这严重损害了中国的主权以及政治、经济利益。1935年6月21日,蒋介石在致何应钦的电报中表示:"冀于(学忠)既去,察宋(哲元)又撤,党部取消,军队南移,华北实已等于灭亡,此后对日再无迁就之必要。"① 华北事变后,国民党对日政策逐渐变得强硬起来,暗中加快了对日抗战的准备工作,如在铁路建设中抢修、赶修了一些着眼于国防战备的铁路工程。1936年6月,粤汉铁路全线通车,把九省通衢的武汉与南方重镇广州连接起来,成为南北纵行第一干线。"在日本军阀谋以武力威胁中国之际,若此路仍未完成,则一旦战争发生,中国将无由抗战。"② 1932年5月,中日双方签署《淞沪停战协定》,其中有限制中国军队驻守在京沪铁路安亭站以东至长江边的浏埔口一线的规定,为南京国民政府在南京与杭州间调动军队造成困难。于是铁道部决定兴建苏嘉铁路,并于1936年7月15日通车。苏嘉铁路作为京沪与沪杭甬路的连接线,全长75公里,自南京到杭州经由此路比经由上海的路程缩短了150公里。随着华北局势的日趋紧张,从1936年起,铁道部把军事运输放在重要位置。

从九一八事变到卢沟桥事变期间,南京国民政府的对日外交秉持"有限度的和平政策"。1932年1月至1935年12月,汪精卫担任国民政府行政院院长,形成了国民党内蒋介石主军,汪精卫主政,蒋、汪共同主党的权力格局,汪精卫一度拥有对日外交的最后决定权。国民政府没有放弃改善对日关系的意愿和努力。1934年6月,北平与奉天通车,不久后,国民政府又与伪满洲国通邮。日本也呼应汪精卫的媚日行动,做出某些改善中日关系的姿态。1935年2月9日,蒋介石致电汪精卫,在国民党元老、国际法院法官王宠惠离国赴海牙回任国际法院法官之际,"拟请其取道日美转欧,便在东京历访日当局交换意见,以探明日方之真意,较之另派他人为最无痕迹。兄如谓然,即请就近劝驾,亮畴(王宠惠字——引者注)兄眷恋祖国,当不惜此一行。倘承慨诺,则东京方面应如何略为布置,并祈

---

① 秦孝仪主编《中华民国重要史料初编——对日抗战时期》绪编(一),台北"中央"文物供应社,1981年,第688页。
② 秦孝仪主编《抗战前国家建设史料交通建设》,台北"中央"文物供应社,1979年,第301页。

与膺白（黄郛字膺白——引者注）兄妥筹速办"。2月11日，汪精卫致电行政院北平政务整理委员会委员长黄郛，告知蒋介石电文内容，并"请吾兄（黄郛—引者注）就近先与亮畴一商"。2月12日，黄郛致电汪精卫，告知其与王宠惠商谈情况："（一）彼准于铣（十六）晨赴日；（二）在日约可住八日；（三）彼直接已与有吉（日本驻华公使有吉明—引者注）说明顺道访日之意；（四）见人范围及谈话程度颇费斟酌。至东京方面布置尤应慎重，因过露恐被利用，扩大宣传，然些微不露，又恐彼方作为纯粹过路之游客接待，则失去访日之意义，而杳无可得"。① 2月19日，王宠惠抵达东京，在日本逗留了两周多。抵达东京的翌日，王宠惠会见了日本外相广田弘毅。同日下午与外务次官重光葵进行会谈，傍晚会见了日本记者。王宠惠与日本记者的谈话引起了日本新闻界的高度重视，各大报纸均用大幅标题以访谈形式在头版头条位置刊登了谈话内容。王宠惠指出：

当前日本同中国的两国关系尚未恢复正常，故此在调整两国关系之际，首先应当恢复正常的外交关系。

实现经济合作，应该在上述问题得到解决之后。中国朝野一致希望，经济合作应该排除政治干扰，采取正确的方法，以实现真正意义上的互通有无式的通商经济合作。关于国民政府颇感头痛的白银问题，目前正同美国政府交涉，尚未进入决策阶段。

恢复正常的外交关系，是调整两国关系的先决条件。作为具体的方法，首先是中日两国国民之间能够相互理解。中国国民对贵国国民的不理解之处为数不少，而贵国国民对中国国民的谅解也不够。因此，当务之急是增进两国国民之间的理解和谅解。……至于具体研究调整国家关系，我相信应该在这以后才能进行。中日两国间合作的基础，应遵循孙中山先生的大亚洲主义思想。故此敦请贵国国民加深对于这一点的理解。两国国民始终以平等的立场相互帮助，这就是孙中山先生所倡导的大亚洲主义。贵国国民对中国的排日运动表示遗憾，平心想来，两国的外交就好比两个人之间的交际。两个人之间的友情有时会因为其中一方的行为而遭受破坏，但友情的增进却离不了双方的共同努力。国家关系亦不例外，如一方排斥另一方，则其中必有一

---

① 参见沈亦云《亦云回忆》（下），岳麓书社，2017年，第457—458页。

定原因。如果另一方不消除这种原因，则无法维系友谊。关于中日两国关系失和之原因，由我来说或许不妥，但坦率言之，部分原因就在贵国。广田外相在此次国会上提出的不威胁不侵略原则，应该成为引导今后两国外交关系迈向崭新局面的指南针。对于中国方面来说，应当诚心诚意地朝着这个新方向，努力地去实行……①

2月21日，王宠惠拜访冈田启介首相、林陆相、大角海相、桥本陆军次官和长谷川海军次官等要人，并同数人举行会谈。

王宠惠最重要的活动是在2月20日、26日与日本外相广田弘毅举行的两次会谈。在会谈中，王宠惠实际上代表中国政府，向日方提出了调整中日关系的3点意见（原则）：

一、中日两国彼此尊重对方国在国际法上之完全独立，即日本对中国取消一切不平等之条约，各租界、租借地、领事裁判权等均应取消；军队、军舰等无对方国之许可，不得通过或停驻在对方国领地领水之内。此外，凡国际法上之独立国家在国际上应有之权利义务，中日两国彼此均应享有及遵守。

二、中日两国今后须维持真正友谊，凡一切非友谊行为，如破坏统一、扰乱治安、诽谤或破坏对方国等类之行为，均不得施之于对方国。

三、今后中日邦交须回（恢）复正轨，今后两国间之一切事件及问题，均须（以）平和的手段从事解决，非外交机关之行动，或任（何）之压迫手段，应即停止。

再：《上海停战协定》、《塘沽停战协定》，以及华北事件等，须一律撤销，恢复"九·一八"以前之状态。②

王宠惠还单刀直入地指出，目前传说日本支持华北地方政权，虽然事情的真假有待核实，但希望日方停止这类行为。③ 王宠惠的话暗含着对日

---

① 转引自〔日〕松本重治《上海时代》，曹振威、沈中琦等译，上海书店出版社，2005年，第184页。
② 转引自高宗武《日本真相》，夏侯叙五整理注释，湖南教育出版社，2008年，第32页。
③ 高宗武：《日本真相》，夏侯叙五整理注释，湖南教育出版社，2008年，第32页；〔日〕松本重治：《上海时代》，曹振威、沈中琦等译，上海书店出版社，2005年，第187页。

本秉持使用武力或以武力威胁的对华政策的批评，要求日本尊重中国的主权和独立。

广田弘毅对王宠惠提出的调整中日关系的 3 点意见做了如下答复。关于第一点，日本以不威胁、不侵略为基本方针，用和平方式处理两国关系。关于第二点，两国间的平等关系，是理所当然的。至于不平等条约的废除，原则上没有任何异议，但具体实行还需慎重考虑。在适当的时机，日本准备敦促各国撤回在中国的驻军，但先决条件是必须确立两国间的友好关系。关于第三点，广田弘毅没有回答。为了使中日关系的调整显现成果，在会谈结束前，王宠惠提议将两国外交关系由公使级升格至大使级，得到了广田弘毅的积极回应。① 日本外务省对会谈发表了如下新闻稿：

> 王宠惠先生谈道："我认为最重要的是中日两国在相互平等的基础上，始终坚持以和平的方式调整外交关系。这次有机会和日本朝野各界实力人物会谈，我相信已经充分地转达了中方的意见。作为中国将一定秉承上述的基本方针，尽可能促进中日合作。希望阁下今后为增进两国的友好关系而作出贡献。"广田外相答道："王宠惠先生来日本，受到了日本各界的热烈欢迎，相信对日中关系的改善具有重要意义。日本的东亚主义是通过与中国的合作以期维持东亚的和平，其实质同孙文先生的大亚洲主义是完全一致的。日本考虑到中国在东亚地区的国际地位，在同日本合作分担维持东亚和平的责任时，将始终站在平等的立场，以和平的方式调整两国关系。并且对于中国国际地位的提高，积极提供帮助。……"王宠惠先生表示充分理解广田外相的意见，并相约为两国的合作而共同努力。②

比较外务省的官方记录③和发表的新闻稿后可以看出，广田弘毅对于

---

① 关于王宠惠访日以及与广田弘毅的会谈，笔者在拙著《法官外交家王宠惠》中有比较详细的论述。参见祝曙光《法官外交家王宠惠》，福建教育出版社，2015 年。
② 参见〔日〕松本重治《上海时代》，曹振威、沈中琦等译，上海书店出版社，2005 年，第 188—189 页。
③ 東亜局第 1 課「広田大臣王寵惠会談要録」、外務省編『日本外交文書』昭和期 II 第一部第四卷上、外務省、2006 年、25—27 頁。《广田大臣王宠惠会谈纪要》(「広田大臣王寵惠会談要録」) 详细记录了王宠惠与广田弘毅的会谈情况。会谈中，王宠惠认为改善中日关系应做到以下 3 点："(1) 应以和平方式处理日中关系；(2) 应在（转下页注）

王宠惠提出的3点意见虚与委蛇，只是对于第一点和第二点在原则上表示理解和同意，"但是第二点中的具体问题，则明确表示了相当程度的保留。至于第三点，广田外相并无特别具体的回答"。实际上，不免有一种"总方向是 Yes，而各具体问题则是 No"的感觉。①

3月4日，王宠惠发表离日谈话，呼吁日本放弃武力威胁政策，循着正常外交途径解决中日纷争，内称："近数年来，东方两大国之纠纷，不特中日皆受重大影响，且使世界大局，亦蒙不利，余今将离日赴海牙，此次在日对中日不幸纠纷解决之道，已有所成就。""余窃愿对于寻常外交之恢复，有所贡献，余尝谓中日之关系，仅能以和平之方法，外交之途径，以平等和平之基础解决之。"②

9月7日，中国驻日大使蒋作宾与广田外相在东京进行了两小时的会谈，郑重提出："两国应以政府为对象，不得涉及国内各组织。"言下之意就是要日本停止策动"华北自治"。蒋作宾还要求日方履行此前向王宠惠许诺的调整中日关系的原则。蒋作宾表示，如日方履行对王宠惠允诺的原则，中国政府将设法停止排日抵货，"并置满洲问题不谈，中日两国经济在平等互惠贸易均衡原则下可商量提携，凡于两国有利者固当为之，于日本有利于中国无害者亦可商量。倘经济提携成绩良好，两国之民互不猜疑，并可商量军事"。③

王宠惠的日本之行和蒋作宾与广田外相的会谈，体现了国民政府切实改善中日关系的良好愿望。1935年2月，国民政府禁止新闻媒体刊载反日

（接上页注③）平等的基础上建立两国关系，特别是日本基于国际法上的平等原则处理对华关系至关重要"，如废除不平等条约、撤退驻华军队等；"（3）两国应友好相交，中国今后会在消除排日等问题上采取切实行动。而日本方面，当消息不知真假时当以谣言视之，特别是要避免支持中国地方政权"。对此，"（广田）大臣回应说：（1）众所周知，不威胁、不侵略乃日本的根本方针，特别是以和平方式处理日中关系不仅是我个人的想法，也是政府的方针。这一点毋庸置疑；（2）日中两国关系应该平等，自不待言。日本原则上不反对取消不平等条约"。"我方打算慎重考虑应如何予以实现，以尽可能满足中方愿望。"但广田又声称，废除不平等条约不应对在华日本侨民的经济地位产生不利影响。"（3）日中应友好交往。"广田弘毅要求中国"根除排日氛围"，"暂时取缔排日活动是不够的"。

① 〔日〕松本重治：《上海时代》，曹振威、沈中琦等译，上海书店出版社，2005年，第188—189页。
② 参见余伟雄《王宠惠与近代中国》，台北文史哲出版社，1987年，第86页。
③ 秦孝仪主编《中华民国重要史料初编——对日抗战时期》绪编（三），台北"中央"文物供应社，1981年，第640—641页。

文章，禁止使用具有反日内容的教科书。5月，中日两国互派大使。其实早在1924年，日本内阁会议就决定将中日关系升格为大使级，然而由于中日关系的跌宕起伏，该内阁决议一直未能付诸实施。

将中日外交关系由公使级升格为大使级的想法始于1908年。1908年10月，唐绍仪赴美途中以"考察财政大臣"的名义访问日本。在与外相小村寿太郎的会谈中，唐绍仪表示中日之间有非常密切的关系，"清国政府希望与日本间交换全权大使"，为此询问日本政府的意见。但小村寿太郎表示在交换大使问题上日本要与其他列强协调，避免采取单独行动，拒绝了唐绍仪的提议。1923年3月25日，在第46届议会上，革新俱乐部的众议员田渊丰吉提出《关于升格在中国公使馆一事的建议》并发表长篇演讲，"倘若中国实现统一便为世界一等国家……与日本有军事、外交、政治上的密切关系。但是，日本的外交官太无知，不仅不能提供令人满意的对中国观察报告，而且对在中国的侨民保护任务也未能尽职，外交交涉也不顺畅。我们绝不能把我国的前途托付给这样的外交官，将在华公使馆升格为大使馆，并向中国派遣像俾斯麦这样善于进行政治、外交活动的一流人物，即便与美、英大使樽俎折冲也毫不逊色的总理大臣级别的外交官，以谋划日华亲善，相互提携。"[1] 但该议案被搁置。1924年6月，日本护宪三派内阁成立，币原喜重郎就任外相，开启了日本外交史上有名的"币原外交"。1924年5月31日，《中苏协定》签订，中苏恢复正式外交关系，两国互派大使。为此北京政府以中苏互派大使为契机，力图将与日、美、英、法、意等国的外交关系提升至大使级。6月21日，中国驻日代理公使拜访日本外务省亚洲局局长出渊胜次，征求关于日本升格驻华公使馆问题的意见。出渊表示，英、法等国对中苏交换大使一事均感不快，持反对立场，暗示日本并无与中国互派大使之意。得到出渊的报告后，币原喜重郎却持有相反的意见，即借互换大使的机会，改变日本对华政策。7月8日，币原喜重郎在第49届特别国会上递交升格驻华公使馆的报告并发言指出："政府本着重视日中邦交的宗旨，乘此机会，决定两国间交换大使的方针，希望本年通常议会协赞，以获得升格北京帝国公使馆所需经费，明年4月1日实行此事。"币原喜重郎的提议在当天内阁会议上获得通过。[2] 但是

---

[1] 島崎貞彦「在中国日本公使館の大使館昇格問題」、『国際政治』第28卷、1965年。
[2] 島崎貞彦「在中国日本公使館の大使館昇格問題」、『国際政治』第28卷、1965年。

第十章　日本外交的破产：从不战不和到全面侵华战争及太平洋战争的爆发

美、英、法、意四国代表以中国政局不稳为理由，认为现在交换大使时间尚早，敦促日本政府重新考虑。不久，第二次直奉战争爆发，日本以中国政局不稳以及列强在互换大使问题上意见不一为理由，延期实施升格方案。

南京国民政府成立后，互换大使问题再次进入中日两国外交部门的决策议程。1927年5月2日，南京国民政府外交部部长王正廷在与日本驻华公使芳泽谦吉的会谈中表示中国政府正考虑中日两国间尽快互换大使一事，并征求芳泽谦吉的意见，芳泽谦吉表示赞同。但此事还未尘埃落定，田中内阁就于1929年7月垮台。滨口雄幸上台组阁，币原喜重郎再次就任外相。1929年11月，日本驻华公使佐分利贞男突然去世。在驻华公使继任人选问题上，币原犯了一个错误，即任命小幡西吉为新任驻华公使。由于小幡西吉积极谋划对华提出"二十一条"，1918年10月任驻华公使后，围绕山东问题与中国交涉，态度极为强硬，引起中国舆论的反感。南京国民政府拒绝承认小幡西吉为驻华公使，引起了一场外交风波，互换大使一事再次被搁置。① 1934年9月28日，日本驻南京总领事须磨弥吉郎致电广田弘毅，电文指出：当天中国外交部次长唐有壬来访，说明意大利方面以中国购买其飞机为条件，同意将中意关系由公使级升格为大使级并已与中国达成协议。"此次对（中国）与意大利缔结条约深感意外。"② 9月30日，日本驻华公使有吉明也在致广田弘毅的电文中报告了中意将互换大使的消息，电文指出：据中国驻意公使刘文岛的推测，墨索里尼拟派遣其女婿齐亚诺担任首任驻华大使，"此次升格主要也是由于齐亚诺的活动才迅速实现的。根据墨索里尼的命令，意大利还计划将大使馆迁往南京"。据传意大利公使已于26日赴南京考察并选择使馆用地。9月29日，唐有壬在上海会见有吉明时，表示中国政府拟将驻日公使馆升格为大使馆。③ 10月8日，英国外交大臣会见日本驻英大使松平恒雄。松平恒雄询问英国对中意将外交关系提升至大使级的态度，英国外交大臣表示，与英国保持大使级外交关系的国家有限，因此英国无意升格驻华公使馆并将此意向通报了日、美、法、德等国家，法、美与英国持相同意见。次日，日

---

① 島崎貞彦「在中国日本公使館の大使館昇格問題」、『国際政治』第28巻、1965年；波多野澄雄・戸部良一・松元崇・庄司潤一郎・川島真『決定版 日中戦争』、新潮社、2018年、37頁。
② 外務省編『日本外交文書』昭和期Ⅱ第一部第三卷、外務省、2000年、110—111頁。
③ 外務省編『日本外交文書』昭和期Ⅱ第一部第三卷、外務省、2000年、111—112頁。

本外务次官重光葵在给英国驻日大使的复函中指出："帝国政府鉴于在东亚的帝国与中国的特殊紧密关系非他国对华关系可以相比的事实及日本国民对日本对中国外交的重视，对驻华使节的资格必须加以特别考虑，早已确定了升格驻华帝国公使的方针，实现升格所需费用已列入大正14年（1925年）后的预算。此外，现任驻华帝国公使实际上拥有大使的官阶，也就是说帝国政府鉴于上述中日关系的国际和国内因素，已在原则上决定升格驻华公使馆，只是实行日期乃取决于中国政局及其内外形势，特别是考虑到近年来东亚局势的变化，帝国政府基于自身立场，慎重处理。但时至今日帝国政府对于升格驻华公使馆的日期仍未做出任何决定。"[①] 中国政府本着积极改善中日关系的良好愿望，经过与日本政府反复交涉，排除各种干扰，最终将两国外交关系提升至大使级。

但日本并未与中国相向而行，而是虚与委蛇。1935年10月7日，日本外相广田弘毅向蒋作宾提出："对于贵国所提三大原则认为应当照办，惟实行顺序，贵国须先同意下列三点。第一点，中国须绝对放弃以夷制夷政策，不得再借欧、美势力牵制日本，如仍旧阳与日亲善，阴结欧美以与日仇绝，无亲善之可能。第二点，中日'满'三国关系须常能保持圆满，始为中日亲善之根本前提，欲达此目的先须中日实行亲善，在日本方面中国能正式承认满洲，方认中国确有诚意，在中国方面或有种种关系有不能即时承认之苦，然无论如何对于'满洲国'事实的存在，必须加以尊重。（一）须设法使'满洲国'与其接近之华北地位不启争端。（二）须设法使'满洲国'与其接近之华北地位保持密切之经济联络。第三点，防止赤化，须中日共商一有效之方法，赤化运动发源某国，在中国北部边境一带有与日本协议防止赤化之必要。"这就是著名的"广田三原则"。广田声称：中国如能同意"广田三原则"，日本对于中国所提改善中日关系的原则，方能"逐渐商议实行"。[②]"广田三原则"就是要中国脱离国联、承认伪满洲国和与日本建立反苏同盟。"广田三原则"是日本对中国的单方面要求，严重恶化了中日关系。中国一旦接受"广田三原则"，不仅会使国家主权受到严重损害，而且会使中国在国际上陷入孤立境地。

围绕"广田三原则"，中日之间不断进行交涉，但南京国民政府始终

[①] 外务省编『日本外交文書』昭和期Ⅱ第一部第三卷、外務省、2000年、117—118頁。
[②] 秦孝仪主编《中华民国重要史料初编——对日抗战时期》绪编（三），台北"中央"文物供应社，1981年，第641—642页。

拒绝接受"广田三原则"。10月20日，蒋作宾奉命向广田弘毅传达中国政府的答复："关于广田阁下所提第一点：中国本无以夷制夷之意，中日两国以前之纠纷，皆出未能建立亲善关系而起，今为实现亲善起见，中国与其他各国关系事件，决不使中日关系受不良之影响，尤不使有消极的排除日本或积极的妨害日本之意义。日本与其他各国关系事件，亦须对于中国采取同样之方针。关于广田阁下所提第二点：日本对于中国之不能承认满洲既已谅解，今后中国对于满洲虽不能为政府间之交涉，对于该处现状，决不用和平以外之方法，以引起变端，且对于关内外人民之经济联络，设法保持。关于广田阁下所提第三点：防止赤化，数年以来，中国已尽最大之努力，不惜以重大之牺牲，从事剿除，赤祸已不足为患，至于中国北边一带之境界地方，应如何防范，若日本照中国所提中日亲善基本前提条件之三大原则，业已完全实行，则中国在不妨碍中国主权独立原则下，拟与日本协议有效之方法。""除满洲问题外，一切应回复九一八以前之状态，如上海停战协定、塘沽停战协定及本年六月间华北事件中日两国军人之商议，皆足使中国在其领土以内不能充分行使主权，致不能镇压随时发生之纷纠，徒伤中日两国之惬洽，切盼日本立即撤销，以谋中国地方秩序之安宁及中日关系之根本改善。"1936年1月26日，中国外交部发言人发表声明，否认广田弘毅在日本贵族院的演说内容，即中国政府已承认"广田三原则"，指出："我方以该二点措辞过涉空泛，无从商讨。当要求日方提示其具体内容，日方迄今尚未提出，而广田外相演说谓，中国业已同意，殊非事实。"[①] 日本统治者通过外交手段不能迫使中国屈服，于是行使武力就成为一种选择。1936年5月，驻华北的日军人数增长了3倍，达到5800人。[②]

第二节 卢沟桥事变的爆发与国际社会的反应

20世纪30年代，日本法西斯势力猖獗，接连发生恐怖暴乱事件，法西斯势力企图以此来推动整个统治阶级的法西斯化，以1936年2月26日

[①] 秦孝仪主编《中华民国重要史料初编——对日抗战时期》绪编（三），台北"中央"文物供应社，1981年，第645—646页。

[②] 波多野澄雄・戸部良一・松元崇・庄司潤一郎・川島真『決定版 日中戦争』、新潮社、2018年、43頁。

法西斯少壮派军人发动军事政变为标志，法西斯军国主义体制在日本确立。1936年8月7日，日本"五相会议"（首相、外相、陆相、海相、藏相）通过了确定日本国策的纲领性文件——《国策基准》，规定日本的"根本国策在于国防与外交相配合，在确保帝国在东亚大陆地位的同时，向南方海洋进出发展"，"排除苏联的威胁，同时防备英美，具体实现日'满'华三国的紧密提携"。为此，要求陆军在开战初期即能对苏联远东兵力加以一击，海军足以对抗美国，确保西太平洋制海权。[①] 至此，日本战时的"南北并进"战略正式确立，发动全面侵华战争是日本实施《国策基准》的重要环节，日本制定了一系列具体的侵略计划，中日之间的战争已不可避免。

1937年7月7日晚，日军发动卢沟桥事变，由此拉开了长达8年的全面侵华战争。但日本并没有正式向中国宣战，如果正式宣战，进入国际法意义上的战争状态，美国就会根据中立法停止向日本出口废钢、石油以及机床等重要物资，使日本难以继续进行战争。[②] 在1936年12月西安事变的和平解决所奠定的政治基础上，中国各党派和政治势力走上了团结抗战之路，以第二次国共合作为基础的抗日民族统一战线正式形成，中国人民投身于波澜壮阔、艰苦卓绝的抗日民族解放战争，其成为世界反法西斯战争的重要组成部分。

1937年11月19日，日本决策层组织了"大本营政府联络会议"，其目的是协助将陆海军统帅部的决定和要求与政府其他部门的政策和对策统一起来。11月27日，裕仁天皇下令在宫中成立"大本营"（天皇的司令部），这是一个纯军事机构，裕仁可以通过它行使大元帅的宪法职权，使陆海军的行动更加统一。该联络会议的最终决议在裕仁亲自参加的"御前会议"上进行决定和正式公布。"御前会议"既不是依照政府规定设立的，也与宪法程序无关。通过大本营，天皇对陆海军行使了最终指挥权；通过联络会议，天皇和统帅部与文职政府在政策上协调一致。"大本营政府联络会议"和"御前会议"是将"天皇意志"合法地转换为国家意志

---

① 外务省编『日本外交年表並主要文書』（下）、原書房、1965年、344页。
② 〔日〕古川隆久：《毁灭与重生：日本昭和时代（1926—1989）》，章霖译，浙江人民出版社，2021年，第116页。

的工具，分散了承担责任的主体，①削弱了日本政府的外交权力，外务省在制定外交政策和实施外交事务中的地位下降，非专业部门不断侵蚀外交部门的职权。

卢沟桥事变发生后，引起了国际社会的广泛关注。在此之前的1936年11月，日德两国签订《反共产国际协定》（该协定的秘密附件中有鲜明的反苏内容），这使苏联面临东西两个法西斯国家夹击的危险。为此，苏联公开支持中国人民的抗日战争，以达到利用中国牵制日本、避免日本北向进攻苏联的目的。苏联在道义上和物资上给中国以极大的支持。

1936年3月，广田弘毅就任日本首相兼外相，4月由驻华大使有田八郎接任外相。广田弘毅要求中国加入《反共产国际协定》，遭到中国的拒绝，蒋介石表示"中国的防共是中国的内政问题"。广田弘毅指示陆相寺内寿一和外相有田八郎，"即便与德国缔结防共协定，也不具有军事目的"。②但苏联对《反共产国际协定》极为敏感。

卢沟桥事变发生前，苏联驻华大使鲍格莫洛夫曾就加强中苏关系多次与中国外长王宠惠密谈，表示"苏联近年来感觉其在远东所处之环境与中国同，故极愿中国统一强盛。盖中国向无侵略之野心，中国强则为远东和平之一种保障，中国弱则为远东战争之导火线"。鲍格莫洛夫根据本国政府的训令，向王宠惠建议两国共同预防外患的3项步骤。（1）中国出面召集太平洋国家举行国际会议，签订集体互助协定；若中国不愿出面召集或无国家响应，则进行第二项步骤；（2）中苏订立互不侵犯协定；（3）中苏订立互助协定。王宠惠敏锐地感觉到苏联的提议有利于中国，但也提出疑问：（1）苏联为何不出面召集？（2）所提三项步骤，有无先后及连带关系？换言之，可否先进行第二项或第三项，然后扩充范围至第一项？对此，鲍格莫洛夫回答：苏联认为召集太平洋国家举行国际会议，一则可以表示中苏两国非常愿意与有关国家共同维持远东和平，二则可以表明两国绝无秘密联合以抵制第三国之意，所以有关国家均可参加互助协定。如果日本不愿加入，"而其他数国或一国加入，亦可谓不成功之成功也"。如无一国参加，"则中苏两国订立互不侵犯协定（第二项）或互助协定（第三项），非两国之过也，实出于不得已也。至于主张由中国邀请一层，盖有

---

① 〔美〕赫伯特·比克斯：《真相：裕仁天皇与现代日本的形成》，孙盛萍、王丽萍译，新华出版社，2020年，第201—203页。
② 服部龍二『広田弘毅：「悲劇の宰相」の実像』、中央公論新社、2008年、140—141頁。

历史上之原因。苏联前在欧洲提议与法、德、波、捷四邻邦缔结互助协定，不料发生诸多误会，且谓苏联欲恢复欧战（第一次世界大战——引者注）前之秘密军事同盟，以抵制他国"。若此次由中国出面召集，"可免去许多误会"。关于三项步骤的先后次序及关联问题，鲍格莫洛夫表示，三项步骤确有先后次序及关联性。由中国召集太平洋国家举行国际会议，如无国家响应，则中苏两国可以先签订互不侵犯协定，经过相当一段时间后，再签订互助协定。也可以直接签订互助协定，不必经过签订互不侵犯协定的步骤。即使中国不愿与苏联签订互不侵犯协定或互助协定，苏联"亦愿助中国五千万元之军械及军用品"。1937年7月8日，王宠惠上书蒋介石，认为苏联提议"关系我国存亡至深且巨，我国似不宜轻于拒绝，亦不宜仓促赞成"。[①] 王宠惠认为"在抗战期间，寻求与国，是我们外交上重要目的之一。苏联和我国国境毗连，其爱好和平与反对侵略的愿望，亦多与我国一致"。[②] 其实，抗战前夕苏联对是否援助中国是犹豫的。苏联外交人民委员李维诺夫对中国驻日大使蒋廷黻表示，一旦中日开战，他对中国不做任何军事援助的承诺，原因如下：第一，苏联必须以西线为绝对优先；第二，苏联援助中国的承诺会引起西欧的怀疑，使苏联遭到更大的困难。另外，远东的局势需要英美合作。如果苏联表示积极希望中日开战，必将减弱英美对中国的同情。苏联绝不能走在英美的前头。[③] 但抗战爆发后，苏联立即改变了对华政策。

1937年8月21日，苏联主动与中国签订了《中苏互不侵犯条约》。双方还口头约定：苏联不与日本缔结互不侵犯条约，中国不与第三国签订共同防共协定。《中苏互不侵犯条约》的签订鼓舞了抗战中的中国人民，是苏联在政治上对中国的重大支持，使日本奉行的孤立中国的外交政策遭到沉重打击。广田弘毅非常恼火地对美国驻日大使表示："苏联和中国本来在近年任何时候都可能缔结这个协定，却偏要选择这个特殊的时机和特殊的局势来签订，这是令他感到遗憾的。"[④] 根据条约，苏联向中国提供了924架飞机、1516辆汽车、1140门大炮和9720挺机枪，并且派遣大量

[①] 秦孝仪主编《中华民国重要史料初编——对日抗战时期》第三编（战时外交）（二），台北"中央"文物供应社，1981年，第325—327页。
[②] 中国国民党中央委员会党史委员会编《王宠惠先生文集》，台北"中央"文物供应社，1981年，第232页。
[③] 蒋廷黻：《蒋廷黻回忆录》，谢钟琏译，东方出版社，2011年，第215页。
[④] 齐世荣：《世界史探研：齐世荣自选集》，首都师范大学出版社，2008年，第284页。

军事顾问和飞行员参战，向中国提供低息贷款，"苏联认为，与日本发生军事冲突是迟早的事，如果能够让中国在苏联做好对日战争的准备之前，为自己争取一些备战的时间，给予这种程度的军事援助完全不是问题"。①《中苏互不侵犯条约》签订后的1937年10月，李维诺夫在日内瓦告诉法国驻国联代表，日本一定会在中国遭遇巨大困境，苏联"希望中日战争尽可能长久地继续下去，从而引发日本尽可能广泛地侵吞中国的企图。那将使苏联在欧洲的行动免受干扰"。但李维洛夫同时表示苏联不会参与中日战争。②

日本全面侵华对英、美的远东政策提出了挑战，特别是日本发动八一三事变，于1937年11月占领全上海，更是极大地损害了英、美在华利益，因为英国在华投资的80%、美国在华投资的60%在上海。但是当时英国政府把避免欧洲战争的爆发作为考虑的头等大事，忙于在欧洲与德国搞绥靖，没有精力过问远东事务，于是指望美国出头来干预中日战争。1937年7月27日，英国外交大臣艾登会见苏联驻英大使伊万·迈尔基。艾登询问苏联对中国事件的评估。迈尔基回答说："这些事件的本质已经暴露无遗。日本试图重复六年前的九一八事变。换句话说，日本的目标是在中国北方建立第二个伪满洲国。手法与1931年的相同。日本和其他侵略者一样，在试图扩张的过程中，主要以经验主义和机会主义考量为指导。她正探寻自己能在不受惩罚的情况下走多远。因此，日本新冒险的成败主要取决于两个因素：①中国的抵抗力量，②在远东地区有利益的大国的行动。"迈尔基问艾登，其他大国打算如何应对？艾登回答说："我不知道。"艾登告诉迈尔基，他曾两次试图将美国拉入三国（英国、美国和法国）统一战线以反对日本侵略，但都没有成功。美国人固执地拒绝了这个想法，"他们只愿意参与'平行行动'"。③但是英国并未改变拖住美国的决心。1937年11月1日，英国外交大臣艾登在下议院的演讲中声称：没有美国，英国在远东就不可能做出任何有成效的事情，因此英国将同美国一样，美国准备走多远它就走多远，美国准备走多快它就走多快。英国

---

① 〔日〕加藤阳子：《日本人为何选择了战争》，章霖译，浙江人民出版社，2019年，第274页。
② 〔美〕阿瑟·N.杨格：《抗战外援：1937—1945年的外国援助与中日货币战》，李雯雯译，四川人民出版社，2019年，第25页。
③ 〔苏〕伊万·迈尔基著，加布里埃尔·戈罗德茨基编注《伦敦日记：苏联驻伦敦大使二战回忆》，全克林、赵文焕译，广西师范大学出版社，2021年，第137—138页。

指望美国出面干预中日战争而自己坐享其成的想法,表明英国的远东政策完全是机会主义和不负责任的,所以罗斯福讥讽英国就像"受了惊吓的兔子"。①

尽管日本发动卢沟桥事变,严重威胁了美国在华利益,但美国政府对卢沟桥事变究竟是一个孤立的、局部的事件,还是日本全面侵华的开始缺乏正确的判断,因此对事件的初步反应是呼吁中日双方尽快停火,平息事端。1937年7月13日,美国国务院对分别造访的中日官员表示:"日中之间的武装冲突,对和平事业及世界进步将是一个沉重打击。"7月16日,美国国务卿赫尔又发表了一个所谓"不偏不倚"的声明,"它没有指责谁,没有点谁的名",使日本"绝对找不到发怒的理由"。② 显然,在美国决策层看来,无所作为最符合美国的利益。美国政府采取这种立场是出于两方面的考虑:一是避免欧洲国家将美国推到与日本直接对抗的第一线,二是受国内孤立主义思潮的制约。1937年10月5日,罗斯福在芝加哥发表演说,认为"世界的政治情势近来发展得越来越恶劣,引起了那些希望同其他国家和民族和平友好相处的一切民族和国家的严重关切和焦虑"。罗斯福不点名地指责日本的行为已经"违反了国联公约、白里安-凯洛格公约和九国公约"。"在当前的时代,任何国家竟然可以不顾经验教训,违背庄严的条约,侵犯和蹂躏从未真正伤害过自己而其本身又软弱到几乎不能自保的国家的领土,以至不惜把全世界投入战争,这一切应该是难以想象的。""不论宣布与否,战争都会蔓延,战争可以席卷远离原来战场的国家和人民。"罗斯福呼吁:"爱好和平的国家必须作出一致的努力去反对违反条约和无视人性的行为,这种行为今天正在产生一种国际的无政府主义和不稳定状态,仅仅依靠孤立主义或中立主义,是逃避不掉的。""爱好和平国家的和平意志必须伸张到底,以促使可能被诱而破坏协议和侵犯他国权利的国家终止此种行动。必须作出保卫和平的积极努力。"③ 罗斯福发表这一演说的目的是试探孤立主义者,看看美国在对外干预方面到底能走多远。罗斯福的演说在国内引起轩然大波,孤立主义者指责总统在煽动战

---

① 参见〔美〕郝伯特·菲斯《通向珍珠港之路:美日战争的来临》,周颖如等译,商务印书馆,1983年,第15页。
② 〔美〕约瑟夫·C. 格鲁:《使日十年——1932至1942年美国驻日大使格鲁的日记及公私文件摘录》,蒋相泽译,商务印书馆,1983年,第214—215页。
③ 〔美〕富兰克林·德·罗斯福:《罗斯福选集》,关在汉编译,商务印书馆,1982年,第150—155页。

争,还有人发起"使美国置身于战争之外"的大规模签名运动。在这种形势下,在抗战第一年,美国在中日战争中采取了有利于日本的"中立政策",因为避免恶化美日关系比援助中国显得更重要。所以赫尔在卢沟桥事变之初的第一周指示驻华大使詹森(Nelson Trusler Johnson)告诉中国官员,不要指望美国会给予任何经济、政治和军事上的帮助。[①] 1937年12月12日,日本在南京附近的长江上炸毁了美国军舰"佩纳"号和三艘美孚油轮。美国的反应仅是要求日本道歉和赔偿损失,没有采取进一步的措施。

卢沟桥事变发生后,南京国民政府为了将中日冲突国际化、争取国际社会的同情和支援,先后申诉于国联和布鲁塞尔会议,向日本施加压力,迫使日本停止侵略。1937年9月12日,中国代表团向国联提交了正式申诉书,建议国联采取以下行动:(1)宣布日本为侵略者;(2)声明拒绝对日本提供战争物资和贷款,拒绝接受日本的进口;(3)为中国购买和输送武器提供方便,向中国提供贷款和一般财政援助。[②] 9月13日,国联第18次大会在日内瓦召开。16日,大会议决将中国申诉案移交远东咨询委员会讨论处理。国联在讨论中拒绝接受中国提出的关于实施对日制裁的要求,"他们对任何类似制裁的东西都害怕"。9月中下旬,日本飞机对中国东南地区的非军事目标、重要城镇进行轰炸,造成平民生命财产的重大损失。9月27日,顾维钧在远东咨询委员会会议上大声呼吁:"如果国联在强权面前不能捍卫公理,它至少可以向全世界指出谁是为非作歹的人。如果它不能制止侵略,它至少可以斥责侵略,如果它无力执行国际公法和盟约的原则,它至少可以让人们知道,国联并未弃之不顾。如果它不能防止对无辜男女老少的残酷屠杀和对财产的疯狂毁坏,它起码可以表示它愤怒的感情,并借以加强文明世界的普遍要求,立即停止这种非法的、灭绝人性的空袭兽行的行动。"经过激烈辩论,10月5日,远东咨询委员会通过了关于中国申诉案的决议及报告书,6日交国联大会通过。决议及报告书的基本内容包括:(1)"日本犯有违反它的条约义务的罪行";(2)建议各会员国"应避免可能削弱中国,或在中、日冲突中给中国增加困难的任何行动";(3)各国应分别考虑对中国能做出多大程度的支援;(4)召集

---

① 任东来:《争吵不休的伙伴——美援与中美抗日同盟》,广西师范大学出版社,1995年,第1页。
② 李广民:《准战争状态研究》,社会科学文献出版社,2003年,第358页。

《九国公约》签字国及在远东有重大利益的国家举行会议,讨论中日冲突。第四项内容是由英国提议并获与会国同意的,"是将责任推卸给美国的巧妙手段",目的是让美国介入远东冲突,借美国之力向日本施加压力以维持国联摇摇欲坠的威信。[1]

11月3日,《九国公约》签字国会议在比利时首都布鲁塞尔召开,出席会议的有19个国家,日本拒绝出席。会议通过的宣言和决议书"非常模棱两可,非常软弱无力"。"除了再次确认某些一般原则外,没有更多的内容,没有提出任何具体措施。"中国代表顾维钧严正指出:"拒绝给中国以援助,是否意味着中国应该停止抵抗侵略,或者在无足够手段的情况下,能无限期地抗战下去?在清楚而有力地证实了目前冲突中,日本和中国的政策在法律上的区别之后,你是否还认为在侵略者和受害者之间,无需作实际上的区别对待?由于拒绝停止向日本提供继续侵略中国所需的物资和经济资源,你不是似乎已经作了这样的表示了吗?"布鲁塞尔会议的结果表明,"它主要不是一个向中国提供有效援助或解决中、日冲突的工具,而是一个为英、法提供摆脱困境的方法,特别是对英国来说更是如此,因为它在远东的利益更在其他西方列强之上。这次会议被视为谋取美国在远东局势中给予合作和支持的唯一手段"。[2]

但布鲁塞尔会议通过的宣言也有一些积极意义:(1)会议认为日本违反了《九国公约》;(2)中日问题为国际问题,不能由中日两国直接谈判解决;(3)希望各关系国考虑今后应采取的态度。全面侵华战争爆发后,日本一再声明中日冲突为中日两国之事,应由中日两国自行谈判解决,其他国家无权过问。布鲁塞尔会议通过的宣言,"不独认定日本为违约国,并认定中日问题不能由中日两国自行解决,这无异于对日本为一严重之打击"。[3]

第三节 德国调停与中国抗战

抗战爆发后,德国一直在中日之间进行调停。德国之所以积极调停中

---

[1] 参见《顾维钧回忆录》第二分册,中国社会科学院近代史研究所译,中华书局,1985年,第502—509页。
[2] 参见《顾维钧回忆录》第二分册,中国社会科学院近代史研究所译,中华书局,1985年,第692—693页。
[3] 王宠惠:《三年来之国际形势与我国外交》,载中国国民党中央委员会党史委员编《王宠惠先生文集》,台北"中央"文物供应社,1981年,第282—283页。

日冲突，是基于自己的战略考虑。因为德国希望日本北向进攻苏联，使苏联面临日德东西夹击的不利境地；如果日本将主要兵力投入中国战场，使中日战争长期化，会削弱日本对苏联的威胁，日本作为盟国的战略价值将大大降低。

日本为了争取国际舆论，把战争责任推向中国，切断德国对华援助，希望德国调停中日冲突，因为日本与德国签订了《反共产国际协定》，德国出面调停对日本有利。

德国在中国拥有巨大的商业利益。1937年，中国成了德国第三大贸易伙伴，德国输入中国的产品总值已经超过日本。德国还向中国派驻军事顾问团，向中国出口军火。1935年5月，中德关系由公使级升格为大使级。尽管德国是日本的盟国，但德国并不想失去对华贸易优势。抗战爆发后，日本垄断了中国东北和华北贸易，排斥其他工业国家，在华德国公司和公民的财产遭到日军扣押或摧毁。1937年，德国产品占华北地区进口总额的18%，但1939年下降到了6%。对此，希特勒非常不满，指出：自1938年8月以来，日本从未与德国无条件地合作过。① 为此，1938年7月，德国外交部向日本驻德大使提出5点书面抗议，详述德国在华北的经济利益，特别是自日本占领华北以来，被日本全盘逐出的两个领域——铁路运输和电器行业。"德国认为，鉴于上述现实，根本谈不上日本改善德国在华北的待遇。"11月，德国驻日大使向日本外相提出德国在华贸易和损失赔偿问题。为了报复日本并获得中国的原料和外汇，希特勒一度听任国防部通过印尼和其他中立地区继续向中国提供军火。②

中国政府出于进口德国军火和获得德国军事顾问智力支持的目的，竭尽全力地维持良好的中德关系，分化日德关系，至少不使德国偏袒和帮助日本。因此德国成为中日两国均愿接受的调停者。

1937年7月17日，蒋介石发表庐山谈话，严正声明中国政府解决卢沟桥事变的立场：（1）任何解决，不得侵害中国主权与领土之完整；（2）冀察行政组织，不容任何不合法之改变；（3）中央政府所派地方官吏，如冀察政务委员会委员长宋哲元等，不能任人要求撤换；（4）第二十九军现在所驻地区，不能受任何的约束。蒋介石指出，以上4点原则是中国外交的

---

① 杜继东：《中德关系史话》，社会科学文献出版社，2011年，第139—140页。
② 陈仁霞：《中德日三角关系研究（1936—1938）》，生活·读书·新知三联书店，2003年，第196、322页。

最低限度。① 蒋介石的庐山谈话奠定了国民政府接受国际调停的基本原则。

　　淞沪抗战期间，德国即表示愿意调停中日冲突，但日本自恃在军事上占有绝对优势，不理会德国政府的和平呼吁，以为"国内动员的声势或满载兵员的列车一通过山海关，中国方面就会屈服"。② 但是中国人民不畏强暴，坚决抗击日本法西斯的军事进攻，迫使日本在采取军事进攻的同时，不得不请求第三国进行调停。

　　1937年11月2日，日本外相广田弘毅会见德国驻日大使狄克逊，正式要求德国出面调停中日冲突并提出具体的议和条件：（1）内蒙古自治，（2）扩大华北非军事区，（3）扩大上海非军事区，（4）停止反日政策，（5）共同防共，（6）降低对日货的关税，（7）尊重在华外侨权利。③ 德国驻华大使陶德曼于11月29日上午，面见中国外长王宠惠，声称："彼奉政府训令云：德国驻日大使在东京曾与日本陆军外务两大臣谈话，探询日本是否想结束现在局势，并问日本政府如欲结束现在局势，是何种条件之下，方能结束；日本政府遂提出条件数项，嘱德国转告于中国当局。"④ 王宠惠没有立即对日本的议和条件予以答复，仅表示可以将之作为商议的基础。

　　但是日本对华政策随战场形势变化而摇摆不定，缺乏稳定性。侵占南京后，日本统治集团内部强硬派抬头。当日本得知中国方面表示愿在陶德曼转达的条件的基础上开始谈判后，内阁会议却认为条件太宽，答复无礼。广田弘毅辩称：在付出了巨大"牺牲"的今天，以这样"简单"的条件谈判是难以容忍的。近卫文麿表示完全同意。对此，参谋本部战争指导课中某些头脑冷静、了解战场形势的军官有不同看法，指出："广田外相的强硬论调是什么？是把自己的失策转嫁于蒋介石吗？两位大臣明知实情而加以附和，其罪非轻。陶德曼为了回答蒋介石提出的问题，最近不是又叮问过广田外相吗？""为什么不同军队商议一下呢？""是因为陶醉于南京追击的战况而骄横起来了呢，还是因为害怕舆论而胆怯起来了呢？倘如根据同意的条件做出回答，承担起责任开始谈判，而这岂不是作为外相

---

① 秦孝仪主编《卢沟桥事变史料》上册，台北"中央"文物供应社，1986年，第3页。
② 徐蓝：《英国与中日战争1931—1941》，首都师范大学出版社，2010年，第109页。
③ 沈予：《日本大陆政策史（1868~1945）》，社会科学文献出版社，2005年，第553—554页。
④ 参见陶恒生《高陶事件始末》，中国大百科全书出版社，2012年，第60页。

应有的机制和胆略吗？""这种做法，除破坏国家的信义之外，只能解释为日本总是找借口继续进行战争和侵略，这是违反道义的。""应当采纳中国方面此次提出的建议，开始谈判。谈判开始后，交涉妥协的途径自然就会打开。"战争指导课中的一些军官还直接面见参谋次长多田骏、陆军次官梅津美治郎，向其陈述意见。他们认为："外务省的和谈调子很低，只限于事务性的交涉，丢掉了日华合作的根本观念。""随着战争的发展而不断增加欲望是难以结束战争的。"[①] 12月21日，日本内阁会议通过了更加苛刻的议和条件，由外务省草拟了《为日华和平交涉致德国大使的复文》。内阁会议还制定了"日华媾和条件细目"：（1）中国正式承认"满洲国"；（2）中国放弃排日和反"满"政策；（3）在华北、内蒙古设置非武装地带；（4）为了实现日、"满"、华三国的共存共荣，华北在中国主权下应设置适当机构，并赋予其广泛权限；（5）在内蒙古应设立防共自治政府，其国际地位与现在的外蒙古相同；（6）中国确立防共政策；（7）在华中占领地区设置非武装地带，并在大上海市区域进行日华协作、维持治安和发展经济；（8）日、"满"、华三国就资源的开发、关税、贸易、航空、通信等缔结协定；（9）出于保障目的，华北、内蒙古和华中的一定地区，应在必要期间驻扎日本军队；等等。[②] 另一方面，日本又不亮出所有底牌，仅笼统提出部分议和条件，试探中国政府的反应。12月22日，日本广田外相将日本的部分议和条件告诉德国驻日大使狄克逊并表示，中国不仅要接受日本的议和条件，而且要向日本"表示乞和的态度"。[③]

1938年元旦之夜，陶德曼非正式地向王宠惠转达了日本4项议和条件的细目，内容如下。第一项，首先是要中国承认"满洲国"，并表示中国政府有积极排除共产党的证据，不过并非要求中国参加防共协定或废除《中苏互不侵犯条约》。第二项，所谓"非武装地带"，是指内蒙古、华北和上海附近已为日本占领区之一部分（约为自市区至湖沼之地段）等三个地区。所谓"特殊机构"（政权）则指内蒙古方面须具有和外蒙古相同地位的"自治政府"；至于华北方面，就连转达要求的陶德曼本人也不清楚

---

① 参见〔日〕堀场一雄《日本对华战争指导史》，王培岚等译，世界知识出版社，2017年，第60、63页。蒋介石在会见陶德曼时曾询问日本在所提出的条件外，是否还有其他条件？陶德曼表示没有。
② 猪木正道编『日本政治・外交史資料選』、有信堂、1967年、204—205頁。
③ 参见沈予《日本大陆政策史（1868~1945）》，社会科学文献出版社，2005年，第557页。

日方的意图；而上海方面，则是在公共租界与法租界以外之地区设立"特殊政权"。第三项，经济协定一节，是指关税与商务方面。第四项，所谓"赔偿"，一部分为战费赔偿，一部分为日本财产损失的赔偿；日本军的占领费用亦须由中国负担。此外，关于停战一事，由中国派遣代表赴日本议和；须俟中国提出相当保证之后，始可考虑停战。①

比较日本先后提出的议和条件，其可以说是层层加码，是配合军事行动所展开的外交行动，暗藏玄机。"细目之'非正式'转达方式就有了问题。日本是要在未经正式向中国提出细目的情况之下就要中国接受它的4项条件，这是外交交涉上未见先例的卑劣手段；是要含含糊糊地先将4项条件强迫中国接受，然后再运用细目任意需求的一种阴谋。"②蒋介石认为中国必须表示严正的态度，不能接受如此苛刻、卑劣的议和条件，但没有必要因此得罪德国。他在日记中写道：他之所以愿意接见陶德曼，"为缓兵之计，不得不如此耳"。"倭所提条件如此苛刻，决无接受余地。""倭寇所提条件，等于征服与灭亡我国；与其屈服而亡，不如战败而亡。"③日本一些军部人士也认为，"上述四项条件给人的印象是，侵略性很强"。"四项条件中，非军事区和赔偿问题就占了两项。非军事区，作为保障条款或许可以算是暂时的权宜之计，至于赔偿问题，实际上是不可能办到的。中国方面怀着疑心要求日本提出具体的言证，应该说是理所当然的。"④

1938年1月12日，陶德曼再度面见王宠惠，询问中国是否已决定答复日本的议和条件。王宠惠当即回答："如果日本政府将详细办法正式通知我方，则可以考虑答复。"陶德曼乃表示："恐怕日本方面不会将细节明白表达。"13日，王宠惠与陶德曼又进行了两次会谈。在正午稍过的第一次会谈中，陶德曼提到日本外务次官堀内谦介于12日要求德国驻日大使馆转促中国政府急速回答，"倘在15日之前仍无回答，日本政府则须保留自由行动"。实际上这是日本通过德国大使向中国下达的最后通牒。中国

---

① 〔日〕《产经新闻》社撰，古屋圭二主笔《蒋介石秘录》第四卷，《蒋介石秘录》翻译组译，湖南人民出版社，1988年，第59—60页。
② 〔日〕《产经新闻》社撰，古屋圭二主笔《蒋介石秘录》第四卷，《蒋介石秘录》翻译组译，湖南人民出版社，1988年，第61页。
③ 〔日〕《产经新闻》社撰，古屋圭二主笔《蒋介石秘录》第四卷，《蒋介石秘录》翻译组译，湖南人民出版社，1988年，第55—59页。
④ 〔日〕堀场一雄：《日本对华战争指导史》，王培岚等译，世界知识出版社，2017年，第63页。

政府并不屈服于日本的压力。下午4时20分，第二次会谈开始。王宠惠宣读了一份拟好的文件，指出在目前的情况下中国政府对于日方议和条件所能表明的态度，"……经过适当考虑之后，我们觉得：改变了的条件太广泛了。因此，中国政府希望知道这些新提出的条件的性质和内容，以便仔细研究，再作确切的决定"。王宠惠明确要求日本将详细议和项目公布。陶德曼在将王宠惠草拟的书面文件过目之后，露出遗憾的神情，问道："这个通知就是答复吗？"王宠惠说："我方所要知道的是四项条件的内容。"陶德曼又问："如果日方认为这是一种躲避的答复（evasive answer），将如之何？"王宠惠则明白地回答："如果我们有意躲避，又何必要再询问其内容与性质？"① 王宠惠要求陶德曼将中方意见转告日本政府。陶德曼随即向德国外交部和在东京的狄克逊大使发出以下报告：

> 中国外长今天向我宣读了口头的文书，他请我转告日本政府，1937年11月5日，若干日本提出的和平条件经由阁下善意地转告我们，接着，11月28日、11月29日和12月2日阁下再度通知汉口和南京的中国当局以日本政府的意向，说日本当局表示，虽然日方得到军事上绝对的胜利，11月初日本政府提出的条件仍然有效。在德国善意的调停和日方恢复和平的希望下，我们准备接受日方所提的诸点为商议的基础。
>
> 12月2日、12月27日阁下转予我们一些日本的基本条件，说日本外相通知驻东京的德国大使，谓因情况的转变，日本提出了新条件，经过适当的考虑，我们认为新条件的范围太广泛，因而中国政府希望获悉新提条件的性质和内容，以便仔细研究而达成明确的决定。②

1938年1月15日，日本大本营政府联络会议在首相官邸召开，日本将王宠惠的答复视为"拒绝的答复"，围绕是否继续让德国调停一事进行讨论。参谋次长多田骏主张继续等待中国政府的答复，对停止交涉持慎重态度。参谋总长闲院宫载仁亲王表示，多田骏的发言代表了参谋本部的意见。但广田弘毅与近卫首相赞成陆相杉山元的意见，即中国政府的不答复

---

① 参见〔日〕《产经新闻》社撰，古屋圭二主笔《蒋介石秘录》第四卷，《蒋介石秘录》翻译组译，湖南人民出版社，1988年，第59—61页。
② 转引自陶恒生《高陶事件始末》，中国大百科全书出版社，2012年，第65—66页。

意味着无和平诚意，应立即中断"和平交涉"。① 广田弘毅、近卫文麿和杉山元的"停止谈判论"与多田骏代表的参谋本部的"继续谈判论"形成了尖锐对立。广田弘毅在会上说："根据我长期外交官生活的经验，中国方面反应的态度，显然是缺乏和平解决的诚意。难道参谋次长不信任外务大臣吗？"近卫文麿表示："需要迅速停止调停，表明我方的态度。"② 多田骏表示，考虑到日本的国际关系，"特别是出于对苏联的关系，鉴于我国的实力，为使事变尽早得到解决，强烈主张继续谈判，反对政府声明"。但是，他的主张并未获得政府的同意。会议从上午开到下午，争论得很激烈，结果也没有取得一致的意见。傍晚一度休会后，又继续开会。此时甚至出现了如果得不到统帅部的同意，那么政府就该引咎辞职的论调。多田骏中将考虑到由统帅部的反对导致倒阁的后果，这关系到整个时局，因此虽然不同意也不再表示反对，对政府的方案表示妥协，排除了参谋本部的"慎重论"。③

1938年1月16日，日本首相近卫文麿发表声明，宣称"帝国政府今后不以国民政府为对手"，这就是第一次"近卫声明"。不久，中日两国使节归国，中日外交关系中断。对于第一次"近卫声明"，德国驻日大使狄克逊感到非常不理解，日本不断促请德国调停，又无议和的诚意并贸然关闭交涉大门，其向广田弘毅明确表达"遗憾"之意，并且说明："日本应负断绝今后交涉途径的责任。"广田弘毅在议会就第一次"近卫声明"做出说明时"宣称日本的态度比宣战时还要强硬，博得了一片掌声"。④ 中国发现日本决策层中潜藏着一个讽刺性的矛盾现象，即日本政府是热衷于战争的，而日本军方却是希望和平的。"这也是中日双方并未因为近卫的声明，以及国交之断绝而停止幕后试探和平活动的缘故。"几天后，即1月22日，广田外相在议会发表对华四原则：第一，中国政府须放弃亲共政策与抗日抗"满"之方针，而与日"满"采取共同之政策；第二，规

---

① 服部龍二『広田弘毅：「悲劇の宰相」の実像』、中央公論新社、2008年、188頁。
② 参见〔日〕堀场一雄《日本对华战争指导史》，王培岚等译，世界知识出版社，2017年，第69页。
③ 〔日〕今井武夫：《今井武夫回忆录》，《今井武夫回忆录》翻译组译，上海译文出版社，1978年，第68页；服部龍二『広田弘毅：「悲劇の宰相」の実像』、中央公論新社、2008年、187—188頁。
④ 〔日〕重光葵：《日本侵华内幕》，齐福霖、李松林、张颖、史桂芳译，解放军出版社，1987年，第135页。

定解除军备之区域；第三，议定中日"满"经济合作的协约；第四，中国向日本赔款。由于中断了德国调停以及声明"不以国民政府为对手"，日本政府根本不可能再有与中国进行正式谈判的机会。但是广田弘毅提出的这些条件，之后出现在了日本与汪伪政权的所谓和平谈判议程之中。① 后来日本首相近卫文麿承认1938年1月16日的声明是"最大的失败"。侵华战争的长期化使广田弘毅在日本决策层内遭到批评，广田多次向近卫首相提出辞职，以承担对华外交失败的责任。日本前首相西园寺公望说："日本不得不把蒋介石作为合法的谈判对手……中日甲午战争谈判时的中方代表李鸿章同样在日本声名不佳，但他是当时的唯一人选。因此，我们要接受现实，认清中国在谁的掌控之下，并与这个人进行谈判。"② 1938年5月下旬，近卫首相决定改变"不以国民政府为对手"的对华政策，改组内阁，改换外相和陆相，任命宇垣一成为外相。宇垣一成严厉抨击了广田弘毅的对华外交，称之为"束手无策"。天皇也对广田草率地终止德国调停极为不满，认为某学者对广田弘毅做出的"无定见、无责任"以及"从1936年初开始，广田失去判断力"的评价"非常正确"。广田卸任后对所推行的外交政策有所反思。③

在对待德国调停问题上，中国既坚持原则，又获得了德国的同情和谅解，分化了日德关系，这使德国的远东政策天平向中国倾斜。

1939年10月5日，中国驻德大使馆参赞丁文国奉命向德国外交部请求"调停"，指出日本不能希望从对华的进一步作战中得到任何东西，"远东和平的重建，德国也有利益关系"，并许诺，"德国的调停，也会给

---

① 参见陶恒生《高陶事件始末》，中国大百科全书出版社，2012年，第68页。
② 转引自〔日〕堀田江理《日本1941：导向深渊的决策》，马文博译，新华出版社，2020年，第21页。
③ 服部龍二『広田弘毅：「悲劇の宰相」の実像』、中央公論新社、2008年、188頁。近卫文麿第二次组阁时，广田推荐温和派的东乡茂德出任外相，反对松冈洋右担任外相，"松冈危险，起用东乡为好"。果然，松冈洋右出任外相后采取了更为激进和强硬的外交政策。1940年9月，在松冈洋右的极力推动下，日本与德国和意大利签订了《德意日三国同盟条约》。广田弘毅对松冈在不到三周的时间内就草率地缔结《德意日三国同盟条约》极为不满，在重臣会议上明确表示反对："我不明白本条约缔结有何必要？目前日本外交最重要的事情是中国事变的终结。但是本条约的缔结使英美真正地成为敌人。蒋介石当然会利用这一情况努力将英美拉到中国一方，于是中国事变的终结越来越困难了。"（『広田弘毅「悲劇の宰相」の実像』、中央公論新社、2008年、204—205頁。）

德国带来将来在中国经济生活中的一个强有力的地位"。① 1940年春夏，德军突袭北欧和西欧，国际局势发生重大变化。为此，蒋介石拟定了上、中、下三种"国际战略"。他认为日军无论"南进"还是"北进"，都再无力西进，重庆可保无恙，故"中倭媾和为'下策'，……参加英美战线为'中策'"，因为美英苏之间尚存芥蒂，倘贸然行事，遭苏联"忌恨，更促其对我断绝关系"。"……独以倭寇为敌而对英美、对德意皆采中立政策……乃为目前唯一之'上策'也"。蒋介石根据复杂多变的国际形势交替运用他的上、中、下三策，使中国外交处于一种较为"游刃有余"的境地。②

抗战爆发后，日本要求德国实施对华武器禁运，并以废除《反共产国际协定》相要挟，但德国对日本的要求或不予理睬或阳奉阴违，德国的武器及兵工生产机器被源源不断地运往中国，其实中德军火贸易正是在希特勒执政后才步入鼎盛期的。经受德式训练并用德国武器装备起来的中国军队表现出极高的军事素质，予日军以沉重打击，多名德国军事顾问获得中国的勋章，德国军事顾问团迟至1938年7月，即抗战一年后才返回国内。截至1937年10月，德国依约供应中国的武器达5000万马克。另外，德国还与中国签署了武器供应长期订单，包括钢铁厂和兵工厂扩充计划，约7200万马克，德国向中国供应快艇、潜水艇、水雷、鱼雷、海防重炮等，约6800万马克。"抗战前夕和初期，透过易货条约，中德军火贸易达到顶点，1935年中国由德进口的军火占德国军事总输出的8.1%；1936年占28.8%，且成为德国军火输出的主要国家；1937年更高达37%。至于中国输出德国的钨量，占德国输入钨总量的比例，在1937年为70.7%；1938年为63.11%。"③ 抗战爆发后输入中国的军事物资中，60%以上来自德国。1938年10月19日，中德双方在重庆正式签订协定，包括：确认《中德易货协定》及信贷合同继续有效，德国向中国提供1亿马克贷款，中国不需要任何担保即可在德国订购2000万马克的货物，等等。直到1940年5

---

① 复旦大学历史系中国近代史教研组编《中国近代对外关系史资料选辑（1840—1949）》下卷第二分册，上海人民出版社，1977年，第61页。
② 参见祁怀高《战争与秩序：中国抗战与东亚国际秩序的演变研究》，复旦大学出版社，2010年，第145页。
③ 马文英：《德国军事顾问团与中德军火贸易关系的推展》，台北《"中央研究院"近代史研究所集刊》第23期，1994年。

月，中国在隶属于德国经济部的合步楼公司还有价值9900万马克的订货（包括潜艇）。① 1940年11月，德国外长里宾特洛甫再次出面调停中日战争，要求中国向日本妥协求和。蒋介石答复说，须以日本撤出全部侵华军队为议和前提，并称"德方当知日本控制中国后，对德终属无利而且有害；反之，中国之独立与主权仍能维持，则将来德国对华之经济发展，自属无可限量"，希望德国在关键时刻"审慎考虑"其远东政策。② 至此德国才彻底放弃了调停的念头。

虽然后来德国单方面终止了中德军火贸易，其原因并不完全是来自日本的压力。因为随着德国扩军备战步伐的加快，"所需军火亦大，故难以继续供应中国。据德国军部1937年供称，其供应中国之军火皆非当下生产所得，而是取自库藏。如此一来，日久必有损德军战力"。从中德军火贸易的账目来看，国民政府也无足够财力支付所需军火款项，且有拖欠现象。"是以不待希特勒宣告对华禁运军火，该约亦已形同具文。"③

日本对德国远东政策徘徊在德日关系和德华关系之间，以及对德国在是否将德日关系置于德华关系之上方面犹豫不决极为不满，但也无可奈何。中国利用中德日之间错综复杂的关系，接受德国的调停，延缓中德关系恶化的时间，尽量获取德国的战争物资和智力支持，为中国抗战争取有利的外部环境。所以抗战前期的中德关系非常微妙，正如中国外长王宠惠所说，对于德国，"根据我国国策，既不愿见其袒敌，复不愿轻与为敌，致令日寇得与之打成一片。当时在外交上之折冲，由笼络而敷衍，由敷衍以至疏远，由疏远以至防范，由防范以至绝交，诚可谓历经波折"。④

第四节　日本全面侵华战争前期的对华政策

尽管日本发动了全面侵华战争，中国进入了全民抗战时期，中日两国却并未"绝交"和"宣战"，日本是"不宣而战"，中国是"战而不宣"，

---

① 杜继东：《中德关系史话》，社会科学文献出版社，2011年，第139—140页。
② 参见吴景平《从胶澳被占到科尔访华——中德关系（1861—1992）》，福建人民出版社，1993年，第210页。
③ 马文英：《德国军事顾问团与中德军火贸易关系的推展》，台北《"中央研究院"近代史研究所集刊》第23期，1994年。
④ 中国国民党中央委员会党史委员会编《王宠惠先生文集》，台北"中央"文物供应社，1981年，第359页。

两国仍保持一定的外交联络渠道。直到珍珠港事件爆发、美英对日宣战后，国民政府才在1941年12月9日发布对日宣战公告。日本却始终不对中国"绝交宣战"。由此表明，日本始终没有放弃诱降国民政府的努力。抗战前期中日之间维持着一种非常奇特的关系。

卢沟桥事变后，日本在采取军事进攻的同时，积极开展外交活动。1937年10月1日，日本四相会议（首相、外相、陆相、海相）通过了《处理中国事变纲要》，规定外交措施的目标"在于迅速促使中国反省，将中国诱导到我方所期待的境地；对中国及第三国进行恰当的交涉与工作"。[①]

德国调停失败后，1938年1月16日，日本政府发表声明，宣称："帝国政府今后不以国民政府为对手，而期望真能与帝国合作的中国新政权的建立与发展，并将与其调整两国邦交，协助建设复兴的中国。"[②]

1938年10月，日军攻陷广州、武汉。以此为标志，中日战争进入战略相持阶段。中国人民的英勇抵抗粉碎了日军在短期内灭亡中国的妄想，日本被迫放弃主要以军事手段解决"中国事变"的企图，开始注重采用政治手段。1939年9月欧战爆发后，国际形势急剧动荡，日本对华政策呈现出许多新的特点并与国际政治风云的变幻紧密相连。

全面侵华战争爆发后，陆相杉山元向天皇表示，只需一个月就可以解决"中国事变"。但是，中国人民的顽强抵抗出乎日本侵略者的预料，打乱了日本的如意算盘，使日军深陷中国战场的泥潭，欲进不能，欲退不得，中日战争朝着长期化方向发展，从而严重影响了日本当局的世界战略。1938年10月，日军攻陷广州、武汉后，侵华总兵力高达24个师团100万人以上，国内仅剩下1个师团。在此情况下，日本当局已经无法继续增派侵华兵力，发动大规模的全面进攻，迫不得已开始了侵华政策的战略转变。从1938年10月开始，日本改变了以往军事进攻为主、政治诱降为辅的对华政策，转而采取政治诱降为主、军事进攻为辅的对华政策，极力拉拢诱降国民政府，扶植汪伪势力，把军事进攻的重点移向中共领导的敌后抗日根据地。12月22日，近卫首相发表声明，提出了调整日华邦交三原则，即日本将"与中国同感忧虑、具有卓识的人士携手，向建设东亚新秩序迈进"，谋求实现"善邻友好、共同防共、经济合作"。[③] 尽管日本

---

① 猪木正道编『日本政治・外交史資料選』、有信堂、1967年、203頁。
② 外務省编『日本外交年表並主要文書』（下）、原書房、1965年、386頁。
③ 外務省编『日本外交年表並主要文書』（下）、原書房、1965年、407頁。

从1938年10月开始,加强了对国民政府的政治诱降;然而,由于1938年1月16日近卫内阁曾发表过"帝国政府今后不以国民政府为对手,而期望真能与帝国合作的中国新政权的建立与发展"的声明,这实际上关闭了中日两国直接交涉的大门,政治诱降的收效不大。特别是1938年12月汪精卫公开投入日本侵略者的怀抱,声称要建立新中央政府,引起了蒋介石的极大愤恨。

1939年9月1日,德军突袭波兰,国际形势发生了很大的变化,英法等国的视线转向西方,无暇东顾。日本统治者企图借这种有利的国际形势迅速解决"中国事变"。因此,阿部信行内阁在1939年9月4日发表声明说:"当此欧洲战争爆发之际,帝国决定不予介入,一心向解决中国事变的方向迈进。"①

经过两年多的全面侵华战争,日本统治者认识到不以蒋介石为对手就解决不了"中国事变",达不成"和平"协议。近卫本人也承认1938年1月16日的声明是"最大的失败","为了纠正此错误,另设法与重庆谈判"。② 1939年9月15日,参谋本部起草了《以建立中央政府为中心处理事变的最高方针》的文件。该文件指出"建立新中央政府(汪伪政权——引者注)的工作,其实质包括促成重庆停战的指导,吸收其武力、财力",决定把对重庆政权的"和平"停战工作和建立汪伪政权的工作统一起来。"把汪工作和重庆工作同时并进,力争在新中央政府建立前或不得已时在建立后,使日军和重庆军达成停战,并指导汪、蒋政权合流。这就是巧妙地指导这两项工作向停战、汪蒋合流、全面和平方向发展。"③ 在这种方针的指导下,日本积极推进同重庆政权的"和谈",极力促成汪蒋合流。1939年12月27日,日方代表铃木卓尔中佐开始同重庆代表进行秘密会谈(代号"桐工作")。日本参谋总长闲院宫载仁亲王对会谈做了详细指示。驻华日军总部对这一工作倾注了全力。会谈持续了近一年,会谈争论的中心问题是承认"满洲国"问题、华北驻兵问题和汪政府的处理问题。慑于国内外舆论,蒋介石不敢承认"满洲国"和与汪伪政权公开合

---

① 日本防卫厅防卫研修所战史室:《中国事变陆军作战史》第三卷第一分册,田琪之等译,中华书局,1981年,第2页。
② 龚古今、唐培吉主编《中国抗日战争史稿》(上),湖北人民出版社,1984年,第372页。
③ 日本防卫厅防卫研修所战史室:《中国事变陆军作战史》第三卷第一分册,田琪之等译,中华书局,1981年,第117页。

流。日方也不愿意做过多的让步,会谈陷入僵局。蒋介石对日本扶植汪精卫非常敏感,希望日本推迟扶持建立汪伪政权的时间,甚至放弃对汪精卫的支持。司徒雷登于20世纪40年代初代表蒋介石向日本提出八项和平原则,其中第一项就是日本政府要"以蒋介石为对手"。在蒋介石和汪精卫之间,日本当然更看重拥有实力的蒋介石。参谋总长闲院宫载仁亲王在1940年3月17日给驻华日军总司令官的命令中指出,"建立政府若走在停战协定签字之前时,要尽最大努力使重庆同意。为此,不妨暗示对方,我方对于承认新中央政府的时间有保留之意"。① 虽然日本对"和谈"抱有极大的热情,希望借此一举解决"中国事变",但不可能完全置汪精卫于不顾,无限期地推迟扶持建立汪伪政权的时间,从而造成汪精卫等人的离心倾向。日本决策层中的某些人士对会谈怀有一定的疑虑,因为日本不了解重庆政权的谈判代表宋子良(战后证明并非宋子良本人),担心被重庆特务机关所蒙骗。参谋总部指示驻华日军首脑"不能以中止或延期建立新中央政府作为停战条件"。② 驻华日军首脑反复权衡,思虑再三,终于在1940年3月30日扶持建立汪伪政权,指望通过扶持建立汪伪政权来分裂和瓦解重庆政权,诱降国民党官员特别是高级将领。不过,日本并没有把筹码全部押在汪精卫身上,只是让汪精卫任伪国民政府的代理主席,在外交上也没有立即予以承认,为同重庆政权再开"和谈"留有余地。

1939年11月到次年1月,日军发动南宁战役。继南宁战役后,1940年5月,日军又发动了宜昌战役。如果说占领南宁是为了从经济上封锁重庆,割断重庆与外国的联系,那么宜昌战役则是着眼于政治上的效果,迫蒋重开"和谈",逼蒋就范。日军经过一个多月的作战,于6月14日攻占宜昌。宜昌距重庆480公里,西扼入川咽喉,东通武汉,又盛产稻米,素有"华中粮仓"之称。宜昌失守,重庆深感震动,加上这时欧洲战局激变,因此重庆投降派又活跃起来。"日中战争八年中,蒋介石总统最感到危机的时刻,就是宜昌作战的时候。这时一个走向解决中国事变的机会已经来临。"③ 蒋介石面对日本的巨大军事压力,于6月上旬恢复与日本的"和平谈判"。

---

① 日本防卫厅防卫研修所战史室:《中国事变陆军作战史》第三卷第一分册,田琪之等译,中华书局,1981年,第128页。
② 日本防卫厅防卫研修所战史室:《中国事变陆军作战史》第三卷第一分册,田琪之等译,中华书局,1981年,第128页。
③ 日本防卫厅防卫研修所战史室:《中国事变陆军作战史》第三卷第二分册,田琪之等译,中华书局,1983年,第28页。

1940年，德军突袭北欧、闪击西欧；1941年6月22日，苏德战争爆发。由此引起了日本内部早已孕育出的"南进论"的高涨，这给对华政策以很大影响。在中日战争还未结束的情况下，日本统治者决定向南方扩张是为了"把因中国事变失败造成的国民不满情绪转移到南方去"，把"南进"作为建立"大东亚新秩序"的捷径和解决中国问题的重要办法。"重庆政权之所以仍未放弃抗战者，主要是由于过分低估了帝国的国力，并且寄希望于第三国的援助，特别是对美国在经济上的依赖。"① 全面侵华战争爆发后，日本经济的对外依赖度也进一步提高了，其进口总额的30%以上来自美国，尤其是战略物资对外依赖度非常高。1939年9月，外务省通商局的一份文件显示，对美国依赖度最高的战略物资分别为：钒矿100%，电解铜98.7%，原油92.9%，碎铁90.1%，碎铜81%。② 1940年7月15日，华南方面军从驻华日军战斗序列中被解除，直属大本营领导。苏德战争的爆发更坚定了日本"南进"的决心。

德军在欧洲战场上的胜利以及苏德战争的爆发使日本的对华政策产生了一些调整。首先，日本加强了对重庆政权的"和平"攻势。1940年5月18日，日本陆军省制定了《以昭和15、16年为目标的处理中国问题策略》的文件。该文件指出："帝国决心进一步统一与加强政略、战略和谋略，以全力迅速使重庆政权屈服。""进行各种努力，进一步促进对重庆直接停战的和平交涉。为此，特别应从大局着眼，重新研究讨论允许停战及和平的条件。"③ 显然，日本统治者希望用"和谈"的方式迅速全面地解决"中国事变"，恢复国家及日军的机动性，使重庆政权不战而降。日本利用这一时期有利的国际形势重新进行因扶持建立汪伪政权而一度中断的"桐工作"，继续与重庆代表举行会谈。"在这昭和15年6月中旬以后约一个月时间内，的确出现了似乎事变行将解决，日中两国最接近的一刹那。"④ "7月，美联社驻重庆记者报道，英国封锁滇缅公路以来，在中国

---

① 日本防卫厅防卫研修所战史室：《中国事变陆军作战史》第三卷第二分册，田琪之等译，中华书局，1983年，第90页。
② 服部聡『松岡外交：日米開戦をめぐる国内要因と国際関係』、千倉書房、2012年、10頁。
③ 日本防卫厅防卫研修所战史室：《中国事变陆军作战史》第三卷第二分册，田琪之等译，中华书局，1983年，第45页。
④ 日本防卫厅防卫研修所战史室：《中国事变陆军作战史》第三卷第二分册，田琪之等译，中华书局，1983年，第55页。

人中关于日中和平的议论急剧上升，一般的看法是战斗在六个月以内结束，政府将返回南京。"① 正在这时，八路军发动了震撼全国的百团大战，给日本的"和平"攻势和蒋介石的妥协动摇以沉重打击。1940年9月，日本因蒋介石的态度趋于强硬而被迫停止了寄予最大期望的"桐工作"。在日本军方结束"桐工作"的时候，外相松冈洋右打算开辟两条对重庆工作的途径：一是以德国为中介的同重庆政权的间接接触，一是通过钱永铭、周作民等江浙财阀与重庆政权的直接交涉。前一条途径未能打通，后一条途径虽取得一些成果，但最终还是被堵塞了。松冈洋右选择外务省东亚局第一课原课长田尻爱义、汪伪政府上海市顾问船津辰一郎负责"钱永铭工作"。船津辰一郎曾是外交官，之后投入实业界，被誉为"中国通"。卢沟桥事变发生后，日本决策层通过船津辰一郎开展所谓的"和平"工作（"船津工作"）。日方与钱永铭交涉的焦点仍是"和平条件"。日方起先准备的"和谈"条件是日军完全撤退、经济提携、两国缔结防卫同盟等。面对日方的"和谈"条件，1940年11月19日，国民政府方面要求将日本立即完全撤军以及延期承认汪伪政府作为双方交涉的前提。在此之前的10月1日，日本陆相、海相和外相三相会议通过了《对重庆和平交涉事宜》的文件，确定了所谓"和平条件"，即要求国民政府承认伪满洲国、放弃抗日政策和共同防卫东亚以及必要期间日本在华北驻军和开发利用资源，且在一定时期在长江下游地区进行保障驻军等。以该文件为基础，军部制定了《支那事变处理纲要》，其在11月13日的御前会议上获得通过。《支那事变处理纲要》具有非常强的约束力，其提出的条件是不可随意更改的。因此，立即完全撤军并没有被列入日本方面的"和平条件"，但松冈洋右在开展"钱永铭工作"时，却把立即完全撤军列为"和平条件"。11月24日，松冈洋右向在香港的船津辰一郎传达了关于无条件完全撤军和无限期延期承认汪伪政府的"和谈"条件，完全无视御前会议的决定，显示了松冈洋右急于打破对华外交僵局的心理。松冈试图以无条件完全撤军来引诱国民政府回到谈判桌前，抓住日中交涉的最后机会，在交涉过程中再将驻军权作为谈判目标。由于双方互不信任，即国民政府怀疑日本的"和谈"诚意，日方担心"和谈"乃国民政府的谋略，"钱永铭工作"无

---

① 日本国際政治学会太平洋戦争原因研究部編著『太平洋戦争への道：開戦外交史4 日中戦争下』、朝日新聞社、1963年、236頁。

果而终。日方失去了诱降国民政府的可能性,除了承认汪伪政府外,在对华政策上已经没有其他选择了。① 此外,国际形势有了新的变化,即美日关系的明显恶化和英国再开滇缅公路,增强了国民政府抗战的信心。

其次,极力扶植汪伪政权。汪伪政权成立后,日本政府并未立即承认它,而是煞费苦心地延缓对汪伪政权的承认,耐心等待重庆政权的"觉悟"。日本军方首脑认为,"承认新中央政府,将导致南京、重庆两政权长期的对立和斗争。……将是重走不以蒋介石为对手的老路"。② 先后任第十一军、华北方面军和中国派遣军总司令官的冈村宁次在回忆录中指出:"我国指导战争的当局,满足于汪精卫的脱出重庆,并考虑将来以他为中心建立和平的中国政府。但以此等临时政府压迫重庆,不过是白日做梦。如果借此搞重庆和平妥协工作,不仅至为困难,还可能适得其反。""至于'不以蒋介石为对手'的近卫声明,只不过是不懂中国国情,徒为解决事变增加困难而已。"③ "和谈"失败后,日本政府才于11月30日正式承认汪伪政权。承认汪伪政权,日本政府就在国际法上完全抹杀了重庆政府的存在,从根本上堵塞了与重庆"和谈"的道路。这表明日本最终下定了进行持久战的决心。由此,日本也比以前更加重视汪伪政权,尽一切手段扶植它。驻华日军针对汪伪政权政令不出南京城的情况,决定实行"清乡"运动,企图在长江下游地区渗透和发展汪伪政权的政治力量,奠定汪伪政权"完全独立自主"的基础。

最后,改变军事战略方针。日本统治者对85万日军长期陷于中国战场非常焦虑,因为这对日军的"南进"是很不利的。这一时期,日军首脑一再提出对华转向持久战态势。所谓转向持久战态势,其实质就是想方设法减少驻华日军兵力和削减对华战费,对战局维持现状,采取"以华制华"的方针,恢复日军的机动性,为"南进"做准备。在这种情况下,日军对华作战态势发生了变化,不再进行大规模的内陆作战。如华北方面军实施的"治安肃正建设"和"治安强化运动",采取"三分军事、七分政治"的方针,在政治、军事、经济、文化等方面进行全面侵略和渗透。

---

① 服部聡『松岡外交:日米開戦をめぐる国内要因と国際関係』、千倉書房、2012年、174—175頁。
② 日本防卫厅防卫研修所战史室:《中国事变陆军作战史》第三卷第二分册,田琪之等译,中华书局,1983年,第48页。
③ 〔日〕稻叶正夫编《冈村宁次回忆录》,天津市政协编译委员会译,中华书局,1981年,第398—399页。

第五节　失去的机会：日美谈判的破裂与太平洋战争的爆发

抗战爆发后，中国面临军需物资匮乏、财政经济状况严重恶化的困境，迫切需要国际社会特别是美英的财政、军事援助。美国出于自身利益的考虑，在战争初期采取无所作为的中立态度。美国对中国的抗战前途一度抱有悲观态度，有些军方高层人士甚至预言中国的军事抵抗坚持不了几个星期。在中日战争前景不明朗的情况下，美国不愿介入中日战争，更不愿给中国以援助而得罪日本。但中国人民表现出坚韧不拔的抗战意志，顽强地抵抗了日本的疯狂进攻，赢得了美、英等国的尊敬。广州、武汉沦陷后，中日战争进入战略相持阶段，日本在短期内不可能灭亡中国。与美、英等国的麻木、冷漠相比，苏联对中国的抗战提供了大量援助，赢得了中国人民的好感，中苏关系变得异乎寻常的密切，这使美、英感到不安，担心中国倒向共产主义和苏联。与此同时，随着侵华战争规模的扩大，日本显露出向东南亚扩张的势头。美、英等国开始考虑对华援助，因为这是拖住日本、阻止日本"南进"的最好办法。国民政府不断向美国求援，充分阐述中国所面临的困难形势以及中国得不到外援支持的严重后果，向美、英等国施加压力。蒋介石还利用苏联积极援助中国的事实，劝说美国政府改变消极的援华态度，否则中国将不得不改变政治立场。中国外长王宠惠要求美、英两国作为《九国公约》签字国履行对中国的义务。"在消极方面我们要求各国不予日本以任何援助，在积极方面我们要求各国不断地以财政军械或其他物资供给我们，或是采取有效方法，制止日本的侵略，恢复远东的和平。"[①] 1938 年 11 月 21 日，中国驻美大使胡适来电称罗斯福总统表示："在过去十五个月中，贵国人民所受之痛苦，激起余甚深之同情，而贵国人民之勇毅，尤足使余钦佩。余确知美国人民对于余之关怀、同情与钦佩，具有同感。至中日间现有之冲突，美国迭经表示反对不顾条约的权利义务而从事武力，并主张和平必需系于法律与公平。"[②]

[①] 中国国民党中央委员会党史委员会编《王宠惠先生文集》，台北"中央"文物供应社，1981 年，第 230 页。
[②] 秦孝仪主编《中华民国重要史料初编——对日抗战时期》第三编（战时外交）（一），台北"中央"文物供应社，1981 年，第 81 页。

美国对华援助和对日经济制裁是美国远东政策的两个方面。王宠惠指出：太平洋战争爆发前，美国对中国的经济援助主要有两项："第一，延长购银协定之期限，第二，除三次贷我本金外，二十九年十二月（1940年12月——引者注），又对我贷款一万万美元，其中半数系作一般用途，其余半数则用以稳定我之币制。"中国政府特别重视美国中立法不适用远东之事，要求驻美大使胡适全力劝告美国。中国的劝告工作收到了明显成效。自1935年8月以后，美国先后出台了三部中立法。欧战爆发后，美国拟修改中立法，允许交战国在美国用现款购买军火，但要自己运输。王宠惠指出：中立法中增加交战国用现款购买并自行运输的规定，"于英法方面有利，以英法军舰及商船甚多，有海上权之故；惟远东情形，适得其反，侵略国之日本有其海上权，而中国不能办到现款自运，故若不对日向美购用军火有特殊限制，于我国实为不利，经我前后运用及说明，现美国亦极明瞭此项情形"。1939年11月3日，美国通过修正的中立法，恢复实行"现购自运"的原则，但修正的中立法"适用于目前之欧洲战争"。王宠惠回忆称，"这也是在间接助我。因为第一，如对远东实施中立法，则美国将不能予我贷款。第二，如对远东实施中立法，则日本依据现购自运之规定，得利用其在海上权之优势，而我中国则不能办到"。①

美国对华援助实质上是对中国战场的投资，不仅支持了中国人民的抗战，也维护了美国在东亚的根本利益。1940年10月18日，蒋介石向美方表示："日本封锁中国的海岸线，弱化中国，且削弱了中国人民的抗日意识，长此以往，正中共产党的下怀。我认为共产党比日本人更为危险。日本还有可能侵略新加坡，封锁缅甸。如果美国不能提供更多的援助，包括由美国志愿飞行员驾驶的飞机，中国可能会崩溃。但是，如果能顺利地获得飞机，从中国起飞的飞机就能够破坏日本的海军基地，这样一来就能彻底地解决太平洋的悬案。"②蒋介石的说服工作取得了一定的成效。从1940年9月至1941年12月，美国对华援助逐渐发展为全面援助，援助项目增多，条件更加优惠，间隔时间缩短，援助形式多样化，援助领域广泛

---

① 中国国民党中央委员会党史委员会编《王宠惠先生文集》，台北"中央"文物供应社，1981年，第289页，第547页。
② 参见〔日〕加藤阳子《日本人为何选择了战争》，章霖译，浙江人民出版社，2019年，第278—279页。

化,从单纯的物资援助发展到人员交流方面。在珍珠港事件爆发时,中美之间已经形成了一套全面的援助体系。① 在美英的支持下,蒋介石拒绝了日本的停战条件,对日态度趋于强硬,日本的诱降阴谋失败。"民国29年11月,蒋总统达成一个有重大意义的决定。他决定中国与英美直接采取一致行动,以对抗轴心国的侵略。从此以后,中国对于日本企图与中国单独解决的一切和平条件概置之不理。"②

随着美国对华援助的扩大,美国对日经济制裁也逐渐升级。1940年7月后,美国"先后对日禁运飞机、飞机马达、石油、制造飞机用燃料之机械、废钢废铁,及其他战争所需之原料。并逐渐扩充禁运项目,包括主要原料百余种。以后更将禁运之地区,包括菲律宾在内,以防转口。日本作战原料之主要来源,厥为美国,故此项禁运对于暴日之打击,甚为重大"。1941年7月,美国冻结日本在美资产,"使其作战物资趋于枯竭"。③

日本统治集团长期以来在"南进""北进"上举棋不定。所谓"北进"就是占领外蒙古和苏联远东西伯利亚地区;"南进"范围则包括日本南面海域诸岛及东南亚各地。在侵华战争陷入僵局的情况下,究竟选择"南进"还是"北进",日本在较长时间内议而不定。"北进"是与苏联为敌,"南进"则是与美英作战。"北进"以陆战为主,意味着陆军扮演主要角色;"南进"则以海战为主,海军将担当主力。全面侵华战争爆发后,"南进论"在日本有过两次高涨。第一次发源于1940年春夏,来势很猛,然而不久后就沉寂下去。第二次出现于苏德战争爆发之后。

1940年春夏,德军以迅雷不及掩耳之势突袭北欧、闪击西欧,取得了一连串异乎寻常的胜利,诱发了日本内部早已孕育出的"南进论"的高涨。"德国的战争机器和体制,德国的耀眼的胜利,有如烈酒,已冲昏了日本人的头脑。"④ 德国政府极力鼓励日本"南进",声称:"日本应利用这个形势,向东南亚挺进,进攻新加坡,在大英帝国崩溃之际,应该获得

---

① 任东来:《争吵不休的伙伴——美援与中美抗日同盟》,广西师范大学出版社,1995年,第21、30—39页。
② 日本防卫厅防卫研修所战史室:《中国事变陆军作战史》第三卷第二分册,田琪之等译,中华书局,1983年,第37页。
③ 中国国民党中央委员会党史委员会编《王宠惠先生文集》,台北"中央"文物供应社,1981年,第341—342页。
④ 〔美〕约瑟夫·C.格鲁:《使日十年——1932至1942年美国驻日大使格鲁的日记及公私文件摘录》,蒋相泽译,商务印书馆,1983年,第325页。

充分瓜分英国的权利，日本万勿错过这千载难逢的好机会。"① "不要误了班车"成了日本朝野最时髦的话题，军部对"南进论"逐渐着迷。

1940年1月成立的米内光政内阁是一个维护现状、极力谋求改善日英美关系的内阁，"美中两国在米内内阁的后期明显地展现了同日本接近的姿态"。但是欧洲战局的激变导致了米内内阁的垮台。参谋总长闲院宫载仁亲王认为，"此刻最重要的是组成举国一致的、强有力的内阁，这个内阁不是左顾右盼，而是果断实行各种政策"。② 1940年7月3日，大本营陆军部通过了《适应世界形势演变的时局处理纲要》的重要文件。该文件指出："在世界形势动荡的情况下，帝国迅速解决中国事变的同时，特别注重改善国内外形势，继而寻求良机，解决南方问题。"③ 继任首相近卫文麿在新内阁正式组成前就急急忙忙地召开了"四巨头会议"（首相、外相、陆相和海相），商议日本的"基本国策"。会议认为，"为了使英、法、荷、葡在东亚及其邻近岛屿的殖民地包括在东亚新秩序之内，要进行积极的处理……"④ 7月27日，新政府和大本营举行联席会议，批准了《适应世界形势演变的时局处理纲要》"这个划时期的国策"。"这个划时期的新国策，使日本的前进道路发生了重大变化，近卫内阁执行和推进了日德意三国同盟政策，陆军开始研究南方作战计划，并进驻了法属印度支那北部，海军正式推进对美国的战备，日本积极地介入了世界性的动乱，向着处于战乱状态的太平洋大大前进了。"⑤

必须指出的是，这一时期的日本"南进"政策在确定打击对象、实施时机、作战范围上是有严格限制的，是一种有限的、局部性的"南进"政策，要达到的目标不是彻底打垮英美，而是摆脱对英美的经济依赖，确立自给自足的战争体制。"捕捉英国的困境和美国的犹豫不决这种良机对英、荷开战，攻下马来亚、香港，把英国势力从远东及南方驱逐出去，利用胜利的余威，把荷属印度纳入日本的资源圈内，摆脱对英美的经济依存关

---

① 〔日〕重光葵：《日本侵华内幕》，齐福霖、李松林、张颖、史桂芳译，解放军出版社，1987年，第220页。
② 日本国際政治学会太平洋戦争原因研究部編著『太平洋戦争への道：開戦外交史別巻』、朝日新聞社、1963年、315頁。
③ 外務省編『日本外交年表並主要文書』（下）、原書房、1965年、437頁。
④ 外務省編『日本外交年表並主要文書』（下）、原書房、1965年、435頁。
⑤ 日本防卫厅防卫研修所战史室：《中国事变陆军作战史》第三卷第二分册，田琪之等译，中华书局，1983年，第76页。

系。""目前的政策是尽力避免对美作战。"① 日本决策层决定将"南进"的时间定为 1940 年 8 月底。

但是，日军并未按原定计划"南进"，反而无限期地推迟了该计划，笼罩在太平洋上空的战争乌云暂时消失了。那么日本为何不敢把"南进"政策立即付诸实施呢？

第一，这一时期的"南进"政策是以所谓"英美可分"这种观点为基础的。日本统治者认为，美国政府鉴于德国征服欧洲、威胁西半球的现实危险以及国内孤立主义的影响，对日本的"南进"不敢以力相拒；日本趁此机会对英一击，可以轻松地接收英法荷的遗产。然而，在不列颠战役中，美国抛弃孤立主义立场，响应英国的紧急呼吁，从各方面援助英国，英美结盟同德意对抗的战略态势日益明显。军令部部长永野修身大将说："英美绝对不可分，对南方行使武力就是对美开战。"② 当时日本军方首脑还没有同美较量的决心。

第二，日本决策层内部的稳健派激烈反对"南进"。他们认为，"南进"势必出现"国防上对苏作战准备、进行中国事变的作战、准备南方作战三者并进的困难局面"，这是日本的国力难以承担的。在陆军部作战课的一次参谋会议上，反对"南进"的人竟达 60% 以上。天皇也劝诫军方首脑对"南进"要慎重。③

第三，中国人民英勇顽强的斗争牵制了日军的力量，使日军不敢贸然闯入南方。"以满洲事变到日华事变以至今历时十年，日本逐渐深陷泥潭，国家前途困难重重。"参谋次长泽田茂中将说："日本的国力投入中国事变后已余力无几，无法以自己的力量解决南方问题。"④ 很显然，日军"南进"将极度危险地分散国力与兵力，使侵华日军的困难变得更加深重。

第四，以 1940 年夏天为标志，美国在对日关系上开始奉行一种含而不露的威胁政策。美国舆论也大多倾向于对日强硬。一向"非常同情日

---

① 日本国際政治学会太平洋戦争原因研究部編著『太平洋戦争への道：開戦外交史 7 日米開戦』、朝日新聞社、1963 年、23 頁。
② 日本国際政治学会太平洋戦争原因研究部編著『太平洋戦争への道：開戦外交史別巻』、朝日新聞社、1963 年、315 頁。
③ 日本防卫厅防卫研修所战史室：《中国事变陆军作战史》第三卷第二分册，田琪之等译，中华书局，1983 年，第 89 页。
④ 日本防卫厅防卫研修所战史室：《中国事变陆军作战史》第三卷第二分册，田琪之等译，中华书局，1983 年，第 89 页。

本"的格鲁大使在1940年9月拍发了一封自称是"出使日本八年来发往华盛顿的最值得注意的文电",建议政府采取强硬措施,"美国若是继续运用耐心和克制,反倒会使美日关系越来越不稳定"。此电报发出后,格鲁"心情很沉重。我过去所了解的那个日本,已不复存在了"。① 格鲁此前所发的都是不主张对日本制裁的所谓"红灯"电报,当他看到仅仅对日本进行安抚或抗议已经无济于事时,终于拍发了他称为"绿灯"的电报。格鲁是罗斯福的哈佛大学同学和密友,其对日态度的改变不能不引起罗斯福的注意。美国开始对日实施经济制裁。这种有限的经济制裁对日本是一个沉重的打击,同时"也是个信号,表明美国认为它会和日本开战"。② 美国显示出的坚定立场以及英美两国海军在太平洋海域合作的谣言,迫使日本政府实行暂时的外交退却。

第五,苏联的威胁始终是日本统治者心中的隐忧。1939年8月23日签订的《苏德互不侵犯条约》在日本引起极大震动。该条约的签订暂时解除了德国从西面进攻苏联的可能性,苏联增强了在远东的军事实力。1940年末,苏联在远东布置了30个师团,而日本在朝鲜和中国东北仅驻扎了12个师团;远东苏军拥有2800架飞机和2700辆战车,日军只有720架飞机和450辆战车。③ 自明治维新以来,日本一贯把防卫俄国/苏联当作自己军事上的重要任务。这一时期苏日两国远东军备的极度不平衡使日本军方首脑深感不安。特别是1939年发生的诺门坎事件,再一次证实了远东苏军不仅在兵员数量,而且在火力和机动力量上占压倒性优势。因此,北方问题不解决,日军就不可能"南进"。1939年12月,日本军部决定把当时已膨胀到85万人的在华兵力缩减到50万人,腾出预算和资材来充实对苏战备。1940年3月,参谋本部和陆军省首脑会议决定了从中国主动撤兵的方针,即如在1940年内不能解决"中国事变",则从1941年初开始,逐步从中国撤兵,到1943年,把兵力压缩到上海三角地带及华北、"蒙疆"地区。显然,军部提出这样的兵力部署,实际上等于承认全面侵华战争失败,尽管这一战略方针由于形势的变化未能付诸实施。

---

① 〔美〕约瑟夫·C.格鲁:《使日十年——1932至1942年美国驻日大使格鲁的日记及公私文件摘录》,蒋相泽译,商务印书馆,1983年,第334—339页。
② 〔美〕赫伯特·菲斯:《通向珍珠港之路——美日战争的来临》,周颖如等译,商务印书馆,1983年,第112页。
③ 日本防卫厅防卫研修所战史室:《中国事变陆军作战史》第三卷第二分册,田琪之等译,中华书局,1983年,第76页。

然而，1941年6月22日苏德战争的爆发从根本上消除了日本念念不忘的北方威胁，一度沉寂的"南进论"又高涨起来。德军进攻苏联的第三天，大本营陆海军部就制定了《适应形势演变的帝国国策纲要》的重要文件，指出："帝国为自存自卫，促进对南方重要地区的各项施策。为此，做好对英美作战的准备。首先，根据《关于促进南方施策的方案》，贯彻执行对法属印度支那和泰国的各项措施，借以加强向南方扩展的态势。帝国为达此目的，不惜对英美一战。"① 把作战对象从英荷扩展到美国。7月3日，日军总部下达了准备进驻法属印度支那南部的命令，7月28日，日军占领了法属印度支那南部。美国对此立即做出反应。7月24日，美国政府下令冻结日本在美资产；8月1日，美国又禁止向日输出石油。

"这种决定性报复措施，使东京政府必须在两条道路中进行选择：要么实行限制性撤退；要么孤注一掷，与美国作战。"② 日本既不愿妥协退让，又不敢立即开战，而是在这"两条道路"之间徘徊观望，踌躇不定。

以外相松冈洋右为代表的"北进派"，认为苏德开战是千载难逢的好机会。苏德战争爆发的当天，日本驻德大使大岛浩致电政府："苏德战争的爆发，赋予我们一个千载难逢的机会，一劳永逸地解除北方的威胁，而且能解决中国事件。"日本驻布加勒斯特公使筒井清也致电东京，表示如果日本不联手进攻苏联，那德国就会让日本一无所获，而且在决定苏联未来的时候，也不会考虑日本的愿望。为避免这样的灾难性结果，日本人应当进占西伯利亚各地区，从而消除它们对日本东北亚利益的威胁。日本进攻苏联当然违反了《日苏中立条约》。但是苏联支持中国的抗日力量，已经先违反了中立条约。松冈赞同大岛和筒井的意见，认为成功进攻苏联，将会让日本武装力量在对苏战争结束后腾出手来南下占领富饶的欧洲列强殖民地。到那时，德国和日本都将非常强大，美国不可能再进行干预，其表示"我们应当先北进，然后再转向南方"。③ 在"北进论"的影响下，《适应形势演变的帝国国策纲要》在确定"南进"的同时，又指出："如果德苏战争的进展情况对帝国极为有利，就行使武力解决北方问题，以确

---

① 〔日〕服部卓四郎：《大东亚战争全史》第一册，张玉祥等译，商务印书馆，1984年，第147—148页。
② 〔美〕入江昭：《权力与文化》，吴焉译，中信出版社，2019年，第23页。
③ 〔美〕入江昭：《权力与文化》，吴焉译，中信出版社，2019年，第23页。

保北部边界的安定。"① 由于战略进攻方向的不明确，日本确立了一种含糊不清的、充满机会主义色彩的"南北并进"战略。这种机会主义战略非常危险，因为它有可能将日本导入与美、苏同时为敌的"最险恶事态"。日本参谋本部决定"以苏联远东总兵力减少一半作为发动武装进攻的条件"。7月7日，日军首脑下达了关东军特别大演习的动员令，这是日本陆军创建以来最大的动员，日本极其迅速地向中国东北、朝鲜等地输送大量兵员、马匹和武器，大大增强了关东军的总兵力，摆出"北进"的姿态，"日苏即将开战之说盛传一时"。由于德军的攻势受到遏制，日本短期内看不到苏联崩溃的可能性，8月6日召开的陆海军联席会议做出了放弃"北进"的决定，参谋本部紧接着在8月9日宣布，不管德苏战争进展如何，也要放弃1941年内武装解决北方的想法，而集中力量做好在南方对英美的战争准备。② 日本决策层在"北进""南进"问题上的争论、犹豫，在一定程度上影响了"南进"计划的实施。

1941年1月，美国国会通过了《租借法案》，授权总统可以向任何被认为对美国国家安全至关重要的国家出售、转让、交换和租借武器以及相关物资。英国成为《租借法案》的直接受益国，而中国在5月也成为租借物资的接收国。与此同时，美、英、荷、中开始协调对日政策，实际上建立了ABCD联盟。③ 在美日对立日益严重的情况下，双方仍在寻求妥协的可能性。从1941年4月至12月，美日两国进行了长达8个月的谈判。中国问题始终是美日谈判的核心议题。美国希望日本结束在中国的军事行动，尊重中国的主权、独立与领土完整，而日本则希望美国对国民政府施加压力，迫使中国与日本达成妥协。1941年4月，日本新任驻美大使野村吉三郎与美国国务卿赫尔在华盛顿进行非正式会晤，就调整双方关系现状交换意见。1941年1月22日，即野村吉三郎从东京启程的前一天，收到了外相松冈洋右的亲笔训令，其中明确规定了野村的任务和日本的谈判方针：

---

① 〔日〕服部卓四郎：《大东亚战争全史》第一册，张玉祥等译，商务印书馆，1984年，第147—148页。
② 〔日〕信夫清三郎编《日本外交史》下册，天津社会科学院日本问题研究所译，商务印书馆，1980年，第646页。
③ 〔美〕孔华润主编《剑桥美国对外关系史》（下），张振江等译，新华出版社，2004年，第167页。ABCD分别是美、英、中、荷四国英文名称的首字缩写。

一、如果不下决心改变我国国策,要想和美国达成谅解,确保太平洋的和平,进而为世界恢复和平谋求合作,终究是不可能的。

二、如果按目前情况发展下去,终将难保美国不参加欧战或对日开战。

三、如果这样,将发展成为可怕的世界战争,其灾难将数倍于上次大战,或将终于毁灭现代文明。

四、如果没有达成日美直接谅解合作的办法,帝国将与英美以外的国家携手合作,即使向这些国家施加压迫和威胁,也必须防止其对日开战或参加欧战。这不只是为了皇国自卫,实际上也是为了全人类的生存。

五、无论为了保卫我国或是为了防止世界大战,因为已别无它途可走,所以终于签订了日德意同盟。

六、既然已经签订了这个同盟,我国的外交就将以同盟为轴心来进行,和当年的日英同盟一样。

七、如果三国政府认为发生了三国同盟条约第三条规定的第三国的进攻,日本当然要忠于同盟。

八、有人认为日本现在在中国的行动是不正当的,或是侵略的行为,但这只是一时的现象。我国终有一天会实行日华平等互惠,实现开国以来传统的宏伟理想——八纮一宇。

九、建立大东亚共荣圈,实际上也是出于八纮一宇的理想,"没有掠夺,没有战争,没有剥削"是我们的宗旨。

总之,首先要在大东亚创造国际上睦邻互助的天地,以树立世界大同的模范。

十、这种理想暂且不谈,就眼前的现实问题来说,我国也迫不得已选择在大东亚圈内走自给自足的道路。对君临西半球,进而向大西洋、太平洋扩张的美国来说,以上日本的理想和愿望能说没有道理吗?允许日本做这样的事情都不可以吗?[①]

松冈要求野村吉三郎"向美国总统、国务卿以及美国朝野实权人物透

---

① 〔日〕重光葵:《日本侵华内幕》,齐福霖、李松林、张颖、史桂芳译,解放军出版社,1987年,第252—253页。

彻地说明"。很显然,松冈洋右训令的重点就是要利用三国同盟向美国施加压力,日本并非为了寻求妥协而与美国谈判。① 苏德战争爆发后,松冈洋右积极支持"北进"政策,协助德国迫使苏联屈服。但是日本决策层对实施"北进"政策犹豫不决。近卫希望通过对美交涉,重新建构对外关系。但是松冈洋右与近卫的外交理念不一样,他暗示三国同盟适用于美国的可能性,以此来威吓美国,企图阻止美国参加欧战,甚至否定与美国对话。②

1940年7月,松冈洋右③担任第二次近卫内阁外务大臣,直到1941年7月,这是太平洋战争前夕日本外交乃至国家发展方面极为关键的时期,由极端民族主义者松冈洋右执掌日本外交是一个不祥的征兆。松冈在任期间,日本外交最重要的活动是签订了《德意日三国同盟条约》和《日苏中立条约》。④ 松冈洋右试图通过强化与德意的合作,呼应以德意为中心的欧洲新体制,确立以日本为中心的远东新体制。1941年3月,松冈洋右开始了访欧之旅。抵达柏林后,松冈洋右立即与德国外长里宾特洛甫举行会谈,提出四国协商方案,即调整三国同盟与日苏关系,让两者兼

---

① 〔日〕重光葵:《日本侵华内幕》,齐福霖、李松林、张颖、史桂芳译,解放军出版社,1987年,第252—254页。
② 服部聡『松岡外交:日米開戦をめぐる国内要因と国際関係』、千倉書房、2012年、361頁。
③ 松冈洋右于1880年出生于山口县,13岁时赴美国,在美国度过了10年时光。1900年大学毕业后回国,参加了1907年10月的外交官录用考试,然后进入外务省工作,担任了17年的外交官。1919年,作为日本代表团随员,参加了巴黎和会。1921年6月,从外务省辞职并担任满铁理事。1927年升任满铁副总裁。1930年,松冈从满铁辞职并参加议会选举,当选政友会的众议员。伪满洲国建立后,松冈率日本代表团出席了在日内瓦召开的国联会议。在1932年12月8日的国联大会上,松冈发表了长达1小时20分的英语演说,为日本在中国东北的行动辩护并驳斥《李顿报告书》。尽管松冈在国联的活动并不成功,但归国后受到民众的狂热欢迎,被誉为"日内瓦的英雄"。"在日内瓦的松冈巧舌如簧,起到了将日本国内弥漫的大众不满情绪发泄到国际社会的作用。"松冈洋右的法西斯主义和民族主义思想急剧膨胀,1933年12月,从政友会退党,成立了以确立举国一致体制为目标的政党解除联盟组织。松冈采用与纳粹相似的手段,高举民族主义旗帜,发挥自己能言善辩的特长,蛊惑大众,开展政党解除运动,吸引了200万名支持者,鼓吹"不是向罗马进军而是向东京进军"。1935年8月,松冈任满铁总裁。1940年7月担任第二次近卫内阁外务大臣,直到1941年7月。战后,松冈洋右作为甲级战犯被逮捕和审判,因审判期间病亡而逃脱了惩罚。服部聡『松岡外交:日米開戦をめぐる国内要因と国際関係』、千倉書房、2012年、66—67頁。
④ 服部聡『松岡外交:日米開戦をめぐる国内要因と国際関係』、千倉書房、2012年、1頁、66—67頁。

容，将三国同盟改变为四国协商。松冈洋右设想依据德意在欧洲的占领区域和日本在东亚的统治区域，加上横跨欧亚大陆的苏联，四国具有支配半个世界的实力，以四国协商为后盾，同美国进行交涉，在避免新的战争情况下达成日本的战略目标。但是四国协商方案遭到德国的拒绝，因为德国正在酝酿发动对苏战争。在德国遭遇挫折的松冈，前往苏联，于1941年4月签订了《日苏中立条约》。对苏联而言，《日苏中立条约》的签订大大降低了日苏战争的可能性，自以为确保了北方安全的日本会被引诱"南进"。① 因此，《德意日三国同盟条约》和《日苏中立条约》在很大程度上推动了日本对美开战。

1940年11月，美国天主教神父乌尔歇（Bishop James E. Walsh）和唐拉福特（Father James K. Drought）赴日，会见近卫首相的朋友、产业工会中央金库理事井川忠雄，就调整日美关系交换意见，由此拉开了日美谈判的序幕。1941年2月，井川忠雄赴美，会见了美国邮政部部长。紧接着抵达华盛顿，继续与乌尔歇和唐拉福特协商制定调整日美关系的方案。3月31日，陆军省军务局军事课课长岩畔豪雄大佐抵达华盛顿并参与谈判。经过5个多月的反复磋商，相关人士于4月初草拟出一份旨在消除日美双方认识差异并拟解决相关问题的谈判方案，即所谓《日美谅解方案》，"对日本而言，（此方案）条件相当好"。② 尽管日本的要价太高，但赫尔认为谈比不谈好，同意以《日美谅解方案》为谈判基础。于是美日谈判升格为正式的外交谈判。《日美谅解方案》涉及的主要问题包括：（1）日美两国持有的国际观念及国家观念；（2）两国政府对欧洲战争的态度；（3）关于中国事变两国政府的关系；（4）关于在太平洋的海空兵力及海运关系；（5）两国间的通商及金融提携；（6）关于西南太平洋方面两国的经济活动；（7）关于太平洋的政治安定的两国政府的方针。《日美谅解方案》规定：关于欧战问题，日本声明，三国同盟的目的是防御，只有在德国受到尚未参加欧洲战争的国家的攻击时，日本才履行三国同盟所担负的军事义务；美国声明，美国专注于捍卫本国的福祉与安全，不参与欧洲的军事同盟。关于中国问题，美国总统在日本政府承认并保障以下条件

---

① 井上寿一『日本外交史講義』、岩波書店、2003年、101—102頁。
② 服部聡『松岡外交：日米開戦をめぐる国内要因と国際関係』、千倉書房、2012年、1、303—305頁；〔日〕信夫清三郎编《日本外交史》下册，天津社会科学院日本问题研究所译，商务印书馆，1980年，第671页。

时，劝告蒋政权实现和平，即（1）中国独立；（2）根据日中之间的协定，日军从中国领土上撤退；（3）日本不兼并中国领土；（4）日本不要求赔款；（5）在中国恢复"门户开放"方针；（6）蒋政权与汪政府合流；（7）日本限制向中国移民；（8）中国承认"满洲国"。《日美谅解方案》还规定：日美恢复正常的经济贸易关系；日本保证在西南太平洋不使用武力而采取和平的手段，但美国应帮助日本从该地区获得日本所需要的物资，日美不承认欧洲各国在东亚及西南太平洋地区的领土割让或合并，给美国和西南太平洋地区的日本移民以平等待遇；两国首脑举行会谈等。① 6月21日，美国针对日本的《日美谅解方案》提出了美国的对案。但是翌日，苏德战争爆发，给美日谈判以很大的冲击，"南进论"再次高涨。7月25日，日军强行进驻法属印度支那南部，美国立即对日实施经济制裁。

针对美国的经济制裁，近卫首相仍主张继续与美国谈判并撤换对美持强硬态度的外相松冈洋右。近卫清楚日美两国国力存在巨大的差距。日俄战争后期，日本的国力、兵力均已告罄，只是借助美国的调停，才体面地结束战争。这说明日本只能打一场针对弱小国家的速决战，它经不起持久战的消耗。现在日本既要维持侵华现状，又要在孤立无援的情况下对英美两个强国作战，不能不引起日本统治集团中稳健派的恐慌和焦虑。1941年夏天，近卫对日美谈判陷入停滞状态以及在对华外交上铸成大错感到绝望和痛心。他对贵族后裔、著名记者松本重治说："在日本对华关系上我犯了一个大错。""我太惭愧了，没脸面对我的祖辈。我不想重蹈覆辙，所以我要不惜一切代价避免与美国的战争。如果还有一丝可能的话，我还想改善日中关系。我想尽力而为，你愿意帮我吗？"② 从1941年8月起，近卫置东条英机的反对和国内极端分子的威胁于不顾，接二连三地向美国呼吁，表示愿意在任何地方同罗斯福会晤，以消除目前的紧张状态，还准备了高速的"新田丸"轮船，一俟美国同意立即起锚登程。格鲁认为，"一个日本首相，在这个崇奉惯例和传统的国家，竟如此打破惯例和传统，并且可以说是卑躬屈节，甘愿到美国地界去拜会美国总统，这也就是一个标志，表明日本政府已下了决心，要消除给我国造成的巨大损害，这种损害

---

① 外务省编『日本外交年表並主要文書』（下）、原書房、1965年、492—495頁。
② 参见〔日〕堀田江理《日本1941：导向深渊的决策》，马文博译，新华出版社，2021年，第163页。

已经得罪并逐渐激怒了一个强国"。① 但是近卫并没有拿出一个切实可行的谈判方案。日本决策层内部对谈判方案没有形成一致意见，非常混乱。赫尔国务卿在他的回忆录中说："野村大使不但未充分了解美国的主张，连日本的提案也未弄清楚。"② 10月2日，赫尔拒绝了近卫提出的举行美日首脑会晤的建议。在10月14日的内阁会议前，近卫劝说东条英机接受美国的撤军要求，为日美首脑会晤创造条件，他说："我对中国事变负有最大责任。经过了4年，日中战争仍然没有结束。我的确无法同意再开启一场前景未卜的战争。我建议我们同意美国的撤军要求，避免日本与美国交火。我们确实需要结束日中战争……日本未来的发展无疑是最重要的，但为了取得巨大飞跃，我们有时必须（向更强的一方）妥协，这样我们才能保持和加强我国国力。"但东条英机认为"首相大人的意见太悲观了"。③东条英机在内阁会议上声称："（强加于我们的从印度支那和中国的）撤军问题是关键所在。陆军认为这个问题极其重大。如果完全听从于美国的主张，支那事变的成果将毁于一旦。满洲国也将遭遇危机，进一步讲，会威胁到我们对朝鲜的统治。"④ 近卫不敢承担发动对美战争的重责，在1941年10月16日主动辞职。

近卫辞职后，东条英机受命组阁。东条上台后把再三推迟的"南进"计划立即付诸实施。11月5日，御前会议通过了《帝国国策实施要领》，明确指出："现在决心对美、英、荷开战"，"发动进攻的时间为12月初，陆海军应做好作战准备"。但该文件并没有彻底关上日美谈判的大门，指出："如在12月1日零时以前对美谈判取得成功，即中止发动进攻。"⑤为了争取在谈判桌上获得日本的利益，日本准备了甲、乙两个方案。《甲案》包括：以25年为期驻兵华北、内蒙古和海南岛；日本尊重印度支那的领土主权，但从印度支那撤军需在中国问题解决及公正的东亚和平确立

---

① 〔美〕约瑟夫·C.格鲁：《使日十年——1932至1942年美国驻日大使格鲁的日记及公私文件摘录》，蒋相泽译，商务印书馆，1983年，第442页。
② 转引自〔日〕重光葵《日本侵华内幕》，齐福霖、李松林、张颖、史桂芳译，解放军出版社，1987年，第276页。
③ 参见〔日〕堀田江理《日本1941：导向深渊的决策》，马文博译，新华出版社，2021年，第217页。
④ 〔美〕赫伯特·比克斯：《真相：裕仁天皇与现代日本的形成》，孙盛萍、王丽萍译，新华出版社，2020年，第263页。
⑤ 外务省编『日本外交年表並主要文書』（下）、原書房、1965年、554—555頁。

之后；中国商业机会均等问题只有在机会均等原则适用全世界时方可实行。《甲案》是非常强硬的方案，根本显示不出日本对谈判的诚意。为此日本又提出了一个缩小范围的《乙案》。《乙案》的主要内容是：日美两国约定，不向法属印度支那以外的东南亚及南太平洋地区实行武力扩张；日美两国相互协助保障从荷属东印度群岛取得物资；日美两国恢复正常的通商关系，美国供应日本石油；美国支持日中两国达成和平的努力；等等。① 美国根本不可能接受这两个方案。在美日谈判的最后阶段，美国已经对谈判前景不抱希望，只是将谈判作为拖延战争的手段，因为美国在东亚和西太平洋的军事防御还很不完备。美国通过破译日本外交电报得知《乙案》是日本的最后方案，如不接受，战争将不可避免。

11月26日，美国答复日本提案，向野村大使递交了《美日协定基础大纲》，即"赫尔备忘录"，其主要内容是：日本与中、美、英、荷、苏等国订立互不侵犯条约；日本必须撤出在中国、印度支那的所有海、陆、空军队及警察；美国和日本不给予在临时首都重庆的国民政府以外的其他中国政权以军事的、经济的支持；等等。② "赫尔备忘录"是美日谈判开始后美国提出的最为强硬的谈判条件，它的实质就是要把中国恢复到九一八事变前的状态，表明美国已经决定与日本开战。日本外相东乡茂德对"赫尔备忘录"的内容大为震惊："我遭到绝望的打击。我试图想象接受所有（这些要求），但我无法强迫自己将它们全部咽下。"东乡认为"赫尔备忘录"直接否定了日美两国在谈判中已经做出的努力，就好像这些谈判从未发生过。对于军部中那些不计后果想要开战的人来说，"这一照会无异于一个奇迹。现在已经没有外交解决问题的可能性了"。③

其实，日本军部已经为战争做好了准备，尽管获胜的希望渺茫。东条英机说："有些时候，一个人必须鼓足勇气做事，就像从清水寺的平台上往下跳一样，两眼一闭就行了。"④ 1941年11月初，日本决策层其实已经做出了由国家意志发动战争的决定。在日美随着交涉越来越不可能达成妥协的情况下，日本外务省把工作重点置于开战的事务性程序上。外务大臣

---

① 外務省編『日本外交年表並主要文書』（下）、原書房、1965年、554—555頁。
② 外務省編『日本外交年表並主要文書』（下）、原書房、1965年、563—564頁。
③ 参见〔日〕堀田江理《日本1941：导向深渊的决策》，马文博译，新华出版社，2021年，第286页。
④ 参见〔日〕堀田江理《日本1941：导向深渊的决策》，马文博译，新华出版社，2021年，第10页。

东乡茂德在11月5日的御前会议上指出,在余下的时间里达成日美妥协的希望非常渺茫,只是作为外务大臣仍尽"万全的努力"。与此同时,刚从英国回国的驻英大使重光葵表示,"日美开战几乎必至"。外交顾问有田八郎说:"十有八九是日美交涉不会成功。"东条英机则说:"日美交涉只有三分成功的可能性和七分失败的概率。"① 日本决策层中的大部分人士对日美交涉进行了悲观性预测。既然日美不可能达成妥协,那么外务省就开始起草作为对美最后通牒的"觉书"。起草工作由外务省条约局局长松本俊一负责,第二课课长佐藤信太郎着手研究有关开战的国际法问题,他是对美强硬论者。日本外交走向彻底破产。

第六节 穷途末路的战时外交

太平洋战争爆发后,日本政府正式将其命名为"大东亚战争"。"战争因外交的崩溃而开始,并由外交的复活而终结。"许多国家纷纷与日本断交,甚至对日宣战,日本外交密度明显降低。1942年11月,日本设置大东亚省,下设满洲事务局、支那事务局以及南方事务局,管理委任统治地和占领地的事务,外务省东亚局、南洋局被并入大东亚省,这大大缩小了外务省的业务范围,形成了新的"二元外交"。1943年4月重光葵就任外相时,东条英机对他说这次战争并不像日俄时期那样是国家与国家的决斗,而是吃掉或被吃掉的全面战争。军部表示,决心将这场战争打到底,如果有人中途提倡和平,必须毫不留情地对其加以制裁。为贯彻军部的这一政策,日本使用宪兵作为政治警察,而宪兵则将国内凡谈论和平的人都斥责为反战主义和反军思想者并加以严厉镇压,日本外交实际上仅限于轴心国外交和维持《日苏中立条约》的"对苏外交"。② 东条英机还兼任陆军大臣,并曾临时兼任内务、商工、军需大臣,之后还兼任参谋总长,用巨额陆军机密费笼络皇族、重臣等上层人士,集政、军大权于一身,其政府被讥讽为"东条幕府",战时外交完全按照东条的旨意进行。

1943年11月,外务省在东京主持召开所谓的"大东亚会议"。出席会议的有日本首相东条英机、汪伪政权行政院院长汪精卫、伪满洲国国务

---

① 佐藤元英『外務官僚たちの太平洋戦争』、NHK出版、2015年、23頁。
② 〔日〕重光葵:《日本侵华内幕》,齐福霖、李松林、张颖、史桂芳译,解放军出版社,1987年,第346页。

总理张景惠、泰国代表、自由印度临时政府首脑、菲律宾总统、缅甸总理等。"代表们合影时，东条将军站在中间，笑容可掬，活像慈祥的一家之长。"① 会议通过了《大东亚共同宣言》，声称："大东亚各国相互提携，完成大东亚战争，将大东亚从英美的桎梏中解放出来，完全确立其自存自卫，基于下列纲领以建设大东亚，为世界和平之确立做出贡献。一、大东亚各国协同确保大东亚之安定，建设基于道义的共存共荣之秩序；二、大东亚各国相互尊重其自主独立，追求互助敦睦之实，确立大东亚之和亲；三、大东亚各国相互尊重其传统，发展各民族的创造性，以高昂大东亚之文化；四、大东亚各国基于互惠，紧密提携，谋求经济发展，增进大东亚之繁荣；五、大东亚各国增进同万邦之友谊，废除人种之差别，进行广泛的文化交流，开放资源，以贡献于世界之进步。"②《大东亚共同宣言》实际上是对《大西洋宪章》的模仿和抄袭。重光葵承认："宣言的内容同一九四一年发表的《大西洋宪章》是相对的，同时它又包括宪章的许多思想。它是会合了各国的政策所实行的宣言，因此这个宣言被称为《大东亚宣言》。"③《大东亚共同宣言》不过是日本版的"大东亚宪章"，在华丽的辞藻下掩盖日本的侵略野心，麻痹亚洲各国人民，抗衡反法西斯同盟。日本发动"大东亚战争"、召开"大东亚会议"，其实质就是要在亚洲建立以日本为核心和霸主的"大东亚共荣圈"。

1943年11月，中、英、美三国政府首脑举行开罗会议并发表《开罗宣言》。《开罗宣言》指出："我三大盟国此次进行战争之目的，在于制止及惩罚日本之侵略。三国决不为自身图利，亦无拓展领土之意。三国之宗旨在剥夺日本自一九一四年第一次世界大战开始以后，在太平洋所夺得或占领之一切岛屿。在使日本所窃取于中国之领土，例如满洲、台湾、澎湖群岛等，归还中华民国。日本亦将被逐出于其以武力或贪欲所攫取之所有土地。我三大盟国轸念朝鲜人民所受之奴隶待遇，决定在相当期间，使朝鲜自由独立。我三大盟国抱定上述之各项目标，并与其他对日作战之联合国家目标一致，将坚持进行。为获得日本无条件投降所必要之重大的长期

---

① 〔荷〕伊恩·布鲁玛：《创造日本：1853—1964》，倪韬译，四川人民出版社，2018年，第107页。
② 外务省编『日本外交年表並主要文書』（下）、原書房、1965年、594頁。
③ 〔日〕重光葵：《日本侵华内幕》，齐福霖、李松林、张颖、史桂芳译，解放军出版社，1987年，第341页。

作战。"① 陪同蒋介石出席开罗会议的国防最高委员会秘书长、原外交部长王宠惠指出："就开罗会议之伟大成绩而论，吾人确信战后之太平洋将永保名副其实之'太平'。日本在太平洋占领岛屿之剥夺，将永保太平洋之海上自由。东北四省及台湾之物归原主，不仅为确认中国领土完整之原则，且将使日本南进北进两种政策失其根据。而朝鲜之独立，使日本与大陆绝，则其以前所具侵略大陆之野心，亦永无复活之可能。"②《开罗宣言》彻底排除了反法西斯同盟同日本媾和谈判的可能，要求日本无条件投降，退出其通过武力获得的殖民地，在日本决策层中引起极大震动。《开罗宣言》于1943年12月1日美国东部时间晚上7时30分（东京时间12月2日上午8时30分）正式发表。12月2日，外交官出身的内阁情报局总裁天羽英二通过外国通讯社获得了有关开罗会议和《开罗宣言》的信息，并立即告知东条英机和重光葵。天羽英二在当天的日记中写道"开罗：丘吉尔、罗斯福、蒋介石会晤公布。返还满（洲）、台（湾）、珊瑚（澎湖），朝鲜独立等。"③ 天羽英二与陆军中将、内务大臣安藤纪三郎、内务省警保局局长等商议，严密管控开罗会议的报道。12月3日，日本内阁举行会议讨论应对办法。天羽英二出席内阁会议，并介绍了开罗会议的经过和《开罗宣言》的内容。重光葵展示了《开罗宣言》原文和译文并进行了分析。内阁会议认为，《开罗宣言》与第一次世界大战末威尔逊总统提出的"十四点纲领"完全不同，其要求轴心国无条件投降，即采取以征服为目的的"威吓""恐怖"政策，完全扫除了交战国家间妥协的气氛，今后的战争形势会越来越严峻，现在双方已陷入殊死搏斗，因此作为日本来讲，必须以彻底完成战争的心态，在所有方面尽最大努力。敌方对日德的攻击速度将越来越快，但苏联仍坚持不介入"大东亚战争"的态度。重光葵在内阁会议上最后表示："针对以上形势，日德作为轴心国的联系将日益紧密，以冷静且坚定的决心加以应对。击退它们的总反攻，努力推动战局发展。"④ 陆军大将、曾多次被推荐为首相候选人的宇垣一成在12月13日的

---

① 张宪文主编《见证与记录：南京大屠杀史料精选（中方史料）》，江苏人民出版社，2014年，第513—514页。
② 中国国民党中央委员会党史委员会编《王宠惠先生文集》，台北"中央"文物供应社，1981年，第378页。
③ 转引自土田哲夫「カイロ会談と日本の対応」、『法学新報』123卷、2017年。
④ 转引自土田哲夫「カイロ会談と日本の対応」、『法学新報』123卷、2017年。

日记中写道："联合国（反法西斯同盟——引者注）举行的以太平洋问题为中心的开罗会谈，甚至讨论了关于日本的处理办法，而像不触及日本皇室的内容，可谓理解日本人心理之贤明举措。就当前问题而言，苏联不参加此会谈，应当是其努力避免产生苏联敌视日本的误解的一种表现。而在德黑兰会议上，推测西欧、中欧、东欧、近东的各种问题，特别是巴尔干、第二战线问题将成为中心议题。此种迹象与英、美、苏三国同床异梦的微妙关系，日本可大加利用，不，应当是妙用才是。"① 但战争形势不以日本决策层的意志为转移。苏联对日本希望延期《日苏中立条约》的要求，虚与委蛇，最后于1945年4月5日通告废除《日苏中立条约》。苏联不理睬重光葵的呼吁和交涉，多次默许空袭日本的美国空军飞机降落在苏联领土上。"很明显的，苏联对战争的结果，曾加以精密的计算。"②

1944年7月，由于日军屡遭重创，东条英机被迫辞去首相职务，由陆军大将小矶国昭组阁。1945年4月，小矶国昭内阁下台，铃木贯太郎组阁。铃木贯太郎内阁实际上就是设法结束战争的内阁。昭和天皇的心腹、内大臣木户幸一告知铃木贯太郎："陛下对战争的发展趋势非常忧虑，并希望尽可能迅速地带来和平。""希望阁下的内阁成为战争中的最后的内阁。"铃木贯太郎表示："我对迅速结束战争抱有同感。如果我接受陛下的委任，我的使命完全在于此。"4月7日，铃木贯太郎会见东乡茂德，邀请其担任外相。但是东乡茂德希望与铃木贯太郎在结束战争这一点上达成一致，将尽早结束战争作为入阁条件，没有马上答复铃木贯太郎。翌日，以前首相冈田启介、内大臣木户幸一为首，包括外务省的前辈在内的相关人士纷纷劝说东乡茂德，希望其就任外相。内大臣秘书官长松平康昌对东乡茂德表示，"天皇陛下也在考虑结束战争，所以不用担心，务必助陛下一臂之力"，终于说动了东乡茂德。③ 1945年7月26日，中、美、英三国发表《中美英三国促令日本投降之波茨坦公告》（简称《波茨坦公告》），重申"开罗宣言之条件必将实施"，④ 由此尽快结束战争、开启和平就成为日本外交的第一要务。

---

① 宇垣一成『宇垣一成日記 3』、みすず書房、1971 年、1572 頁。
② 〔日〕重光葵：《日本侵华内幕》，齐福霖、李松林、张颖、史桂芳译，解放军出版社，1987 年，第 343 页。
③ 佐藤元英『外務官僚たちの太平洋戦争』、NHK 出版、2015 年、298—299 頁。
④ 张宪文主编《见证与记录：南京大屠杀史料精选（中方史料）》，江苏人民出版社，2014 年，第 515 页。

主要参考文献

一 中文档案文献

1. 陶德民编《卫三畏在东亚——美日所藏资料选编》，大象出版社，2016年。
2. 顾廷龙、戴逸主编《李鸿章全集》，安徽教育出版社，2008年。
3. （清）曾国藩撰《曾国藩全集》，岳麓书社，2011年。
4. 中国史学会主编《洋务运动》（二），上海人民出版社，1961年。
5. 复旦大学历史系中国近代史教研组编《中国近代对外关系史资料选辑（1840—1949）》，上海人民出版社，1977年。
6. 沈云龙主编《近代中国史料丛刊》第96辑，台北文海出版社，1973年。
7. 刘雨珍主编《清代首届驻日公使馆员笔谈资料汇编》，天津人民出版社，2010年。
8. （清）曾纪泽：《曾纪泽集》，岳麓书社，2008年。
9. 王彦威、王亮辑编《清季外交史料》，湖南师范大学出版社，2015年。
10. 戚其章主编《中国近代史资料丛刊续编 中日战争》，中华书局，1994年。
11. 中国史学会主编《中国近代史资料丛刊 中日战争》，上海人民出版社，1957年。
12. 戴逸、李文海主编《清通鉴》，山西人民出版社，2000年。
13. 世界知识出版社编《国际条约集（1872—1916）》，世界知识出版社，1986年。
14. 宓汝成：《中国近代铁路史资料》第二册，中华书局，1963年。
15. 解学诗主编《满铁档案资料汇编》第3卷，社会科学文献出版社，2011年。
16. 章伯锋、李宗一主编《北洋军阀》全六卷，武汉出版社，1990年。

17. 中国社会科学院近代史研究所《近代史资料》编辑室主编《秘笈录存》,中国社会科学出版社,1984年。
18. 程道德等编《中华民国外交史资料选编(1919—1931)》,北京大学出版社,1985年。
19. 杜春和等编《北洋军阀史料选辑》,中国社会科学出版社,1981年。
20. 秦孝仪主编《抗战前国家建设史料——交通建设》,台北"中央"文物供应社,1979年。
21. 秦孝仪主编《中华民国重要史料初编——对日抗战时期》绪编(一、二、三),台北"中央"文物供应社,1981年。
22. 秦孝仪主编《中华民国重要史料初编——对日抗战时期》第三编(战时外交)(一、二),台北"中央"文物供应社,1981年。
23. 中国国民党中央委员会党史委员会编《王宠惠先生文集》,台北"中央"文物供应社,1981年。
24. 秦孝仪主编《卢沟桥事变史料》上册,台北"中央"文物供应社,1986年。
25. 上海社会科学院历史研究所编《辛亥革命在上海史料选辑》(增订版),上海人民出版社,2011年。
26. 赖骏楠编著《宪制道路与中国命运:中国近代宪法文献选编(1840—1949)》,中央编译出版社,2017年。
27. 王绳祖主编《国际关系史资料选编》上册(第一分册),武汉大学出版社,1983年。

二 中文著作(含译著)

1. 俞辛焞:《俞辛焞著作集》全十卷,南开大学出版社,2016年。
2. 〔美〕徐中约:《中国进入国际大家庭:1858—1880年间的外交》,屈文生译,商务印书馆,2018年。
3. 〔日〕信夫清三郎:《日本政治史》(第一卷至第四卷),周启乾译,上海译文出版社,1982—1988年。
4. 复旦大学文史研究院编《世界史中的东亚海域》,中华书局,2011年。
5. 〔日〕五百旗头真编著《日美关系史》,周永生等译,世界知识出版社,2012年。
6. 〔日〕加藤祐三:《黑船异变 日本开国小史》,蒋丰译,东方出版社,

2014年。

7. 〔美〕戴维·贝尔加米尼：《天皇与日本国命》（上下），王纪卿译，民主与建设出版社，2016年。

8. 钟叔河主编《日本日记 甲午以前日本游记五种 扶桑游记 日本杂事诗（广注）》，岳麓书社，1985年。

9. 〔日〕三谷博：《黑船来航：对长期危机的预测摸索与美国使节的到来》，张宪生、谢跃译，社会科学文献出版社，2013年。

10. 〔美〕马士、宓亨利：《远东国际关系史》，姚曾廙等译，上海书店出版社，1998年。

11. 〔美〕W. 拉夫伯尔：《创造新日本：1853年以来的美日关系史》，史方正译，山西人民出版社，2021年。

12. 〔美〕唐纳德·基恩：《明治天皇（1852—1912）》，曾小楚、伍秋玉译，上海三联书店，2018年。

13. 郭丽：《近代日本的对外认识——以幕末遣欧美使节为中心》，北京大学出版社，2011年。

14. 〔日〕升味准之辅：《日本政治史》第一册、第二册、第三册，董果良译，商务印书馆，1997年。

15. 〔日〕久米正雄：《伊藤博文传》，林其模译，团结出版社，2003年。

16. 〔日〕大隈重信撰《日本開國五十年史》上册，上海社会科学院出版社，2007年。

17. 〔日〕三谷太一郎：《日本的"近代"是什么：问题史的考察》，曹永洁译，社会科学文献出版社，2019年。

18. 〔日〕信夫清三郎编《日本外交史》上下册，天津社会科学院日本问题研究所译，商务印书馆，1980年。

19. 杨栋梁主编《近代以来日本的中国观》全六卷，江苏人民出版社，2012年。

20. 杨栋梁主编《日本现代化历程研究丛书》全十卷，世界知识出版社，2010年。

21. 〔日〕西里喜行：《清末中琉日关系史研究》上下册，胡连成等译，社会科学文献出版社，2010年。

22. 〔日〕坂野润治：《未完的明治维新》，宋晓煜译，社会科学文献出版社，2018年。

23. 王芸生编著《六十年来中国与日本》全八卷，生活·读书·新知三联书店，1979—1982年。

24. 〔日〕梅村又次、山本有造编《日本经济史3：开港与维新》，李星、杨耀录译，生活·读书·新知三联书店，1997年。

25. 张华：《中朝日近代启蒙思想比较——以严复、俞吉浚、福泽谕吉的思想为中心》，中央民族大学出版社，2012年。

26. 云南社会科学院历史研究所摘编《清实录中朝关系史料摘编》，吉林文史出版社，1991年。

27. 权赫秀：《东亚世界的裂变与近代化》，中国社会科学出版社，2013年。

28. 〔日〕冈本隆司：《属国与自主之间——近代中朝关系与东亚的命运》，黄荣光译，生活·读书·新知三联书店，2012年。

29. 〔日〕伊原泽周：《近代朝鲜的开港——以中美日三国关系为中心》，社会科学文献出版社，2008年。

30. 王如绘：《近代中日关系与朝鲜问题》，人民出版社，1999年。

31. 潘晓伟：《俄国与朝鲜关系问题研究 1860—1910》，黑龙江大学出版社，2013年。

32. 〔日〕陆奥宗光：《蹇蹇录：甲午战争外交秘录》，徐静波译，上海人民出版社，2018年。

33. 陈占彪编《甲午五十年（1895—1945）：媾和·书愤·明耻》，生活·读书·新知三联书店，2019年。

34. 〔英〕季南：《英国对华外交（1880—1885年）》，许步曾译，商务印书馆，1985年。

35. 〔日〕横手慎二：《日俄战争：20世纪第一场大国间战争》，吉辰译，社会科学文献出版社，2019年。

36. 〔英〕克里斯蒂安·沃尔玛：《通向世界尽头：跨西伯利亚大铁路的故事》，李阳译，生活·读书·新知三联书店，2017年。

37. 〔俄〕奥列格·阿拉别托夫：《溃败之路：1904~1905年俄日战争》，周健译，社会科学文献出版社，2021年。

38. 〔日〕大谷正：《甲午战争》，刘峰译，社会科学文献出版社，2019年。

39. 〔日〕野村秀行：《明治维新政治史》，陈轩译，时代文艺出版社，2018年。

40. 〔日〕和田春树：《日俄战争：起源和开战》（上下卷），易爱华、张剑译，生活·读书·新知三联书店，2018年。

41. 〔苏〕鲍里斯·罗曼诺夫：《俄国在满洲（1892—1906年）》，陶文钊、李金秋、姚宝珠译，商务印书馆，1980年。

42. 佟冬主编《中国东北史》，吉林文史出版社，2006年。

43. 〔美〕费正清、刘光京编《剑桥中国晚清史（1800—1911年）》（上下卷），中国社会科学院历史研究所译室译，中国社会科学出版社，2006年。

44. 〔英〕诺曼·斯通：《土耳其简史》，刘昌鑫译，中信出版社，2017年。

45. 杜石平、姚臻主编《和谐社会背景下的反恐战略研究》，九州出版社，2010年。

46. 厉声：《中国新疆"东突厥斯坦"分裂主义的由来与发展》，新疆人民出版社，2009年。

47. 潮龙起：《美国华人史》，山东画报出版社，2010年。

48. 〔苏〕鲍·亚·罗曼诺夫：《日俄战争外交史纲1895—1907》，上海人民出版社编译室俄文组译，上海人民出版社，1976年。

49. 〔日〕东亚同文会编《对华回忆录》，胡锡年译，商务印书馆，1959年。

50. 〔日〕草柳大藏：《满铁调查部内幕》，刘耀武译，黑龙江人民出版社，1982年。

51. 姜念东等：《伪满洲国史》，吉林人民出版社，1980年。

52. 〔美〕威罗贝：《外人在华特权和利益》，王绍坊译，生活·读书·新知三联书店，1957年。

53. 台湾"教育部"主编《中华民国建国史》第二编，台北"国立编译馆"，1985年。

54. 唐启华：《被"废除不平等条约"遮蔽的北洋修约史（1912—1928）》，社会科学文献出版社，2010年。

55. 唐启华：《洪宪帝制外交》，社会科学文献出版社，2017年。

56. 陈月娥：《近代日本对美协调之路》，中国社会科学出版社，2005年。

57. 〔日〕井上清：《日本军国主义》，马黎明译，商务印书馆，1985年。

58. 〔美〕E. H. 卡尔：《两次世界大战之间的国际关系：1919—1939》，徐蓝译，商务印书馆，2009年。

59. 〔美〕罗伊·沃森·柯里：《伍德罗·威尔逊与远东政策1913—1921》，张玮瑛、曾学白译，社会科学文献出版社，1994年。

60. 吴东之主编《中国外交史》第二册，河南人民出版社，1990年。
61. 唐启华：《巴黎和会与中国外交》，社会科学文献出版社，2014年。
62. 〔美〕玛格丽特·麦克米兰：《大国博弈：改变世界的一百八十天》，荣慧、刘彦汝译，重庆出版社，2006年。
63. 蒋立峰、汤重南主编《日本军国主义论》，河北人民出版社，2005年。
64. 〔日〕井上清、铃木正四：《日本近代史》，杨辉译，商务印书馆，1959年。
65. 董炳月：《"国民作家"的立场——中日现代文学关系研究》，生活·读书·新知三联书店，2006年。
66. 万峰：《日本资本主义史研究》，湖南人民出版社，1984年。
67. 〔日〕麻田贞雄：《从马汉到珍珠港：日本海军与美国》，朱任东译，新华出版社，2015年。
68. 徐蓝：《英国与中日战争（1931—1941）》，北京师范学院出版社，1991年。
69. 刘笑盈：《眺望珍珠港——美日从合作走向战争的历史透视》，北京广播学院出版社，2002年。
70. 〔美〕孔华润主编《剑桥美国对外关系史》，张振江等译，新华出版社，2004年。
71. 殷燕军：《近代日本政治体制》，社会科学文献出版社，2006年。
72. 金光耀、王建朗主编《北洋时期的中国外交》，复旦大学出版社，2006年。
73. 杨生茂主编《美国外交政策史：1775—1989》，人民出版社，1991年。
74. 李新、陈铁健主编《中国新民主革命通史》第2卷，上海人民出版社，2001年。
75. 〔美〕伯纳德·科尔：《炮舰与海军陆战队：美国海军在中国（1925—1928）》，高志凯译，重庆出版社，1986年。
76. 中国社会科学院近代史研究所中华民国史研究室编《中华民国史资料丛稿大事记》第十三辑，中华书局，1984年。
77. 李育民：《中国废约史》，中华书局，2005年。
78. 沈予：《日本大陆政策史（1868~1945）》，社会科学文献出版社，2005年。
79. 戴季陶：《日本论》，九州出版社，2005年。
80. 罗志田：《乱世潜流——民族主义与民国政治》，上海古籍出版社，2001年。
81. 《列宁全集》第40卷，人民出版社，1986年。

82. 〔美〕安德鲁·戈登：《日本的起起落落——从德川幕府到现代》，李朝津译，广西师范大学出版社，2008 年。

83. 〔英〕C. L. 莫瓦特编《新编剑桥世界近代史》第 12 卷，中国社会科学院世界历史研究所译，中国社会科学出版社，1987 年。

84. 王蓉霞：《英国和日本在华关系（1925—1931）》，东方出版中心，2011 年。

85. 熊沛彪：《近现代日本霸权战略》，社会科学文献出版社，2005 年。

86. 〔日〕关宽治、岛田俊彦：《满洲事变》，王振锁、王家骅译，上海译文出版社，1983 年。

87. 〔日〕堀幸雄：《战前日本国家主义运动史》，熊达云译，社会科学文献出版社，2010 年。

88. 中央档案馆、中国第二历史档案馆、吉林省社会科学院合编《日本帝国主义侵华档案资料选编：九一八事变》，中华书局，1988 年。

89. 〔美〕韦罗贝：《中日纠纷与国联》，薛寿衡、邵挺等译，商务印书馆，1937 年。

90. 〔美〕入江昭：《第二次世界大战：在亚洲及太平洋的起源》，李响译，社会科学文献出版社，2016 年。

91. 〔美〕斯蒂芬·范·埃弗拉：《战争的原因》，何曜译，上海人民出版社，2007 年。

92. 彭敦文：《国民政府对日政策及其变化——从九一八事变到七七事变》，社会科学文献出版社，2007 年。

93. 中国社会科学院中日历史研究中心编《九一八事变与近代中日关系——九一八事变 70 周年国际学术讨论会论文集》，社会科学文献出版社，2004 年。

94. 〔美〕柯博文：《走向"最后关头"：中国民族国家构建中的日本因素（1931—1937）》，马俊亚译，社会科学文献出版社，2004 年。

95. 李广民：《准战争状态研究》，社会科学文献出版社，2003 年。

96. 〔日〕加藤阳子：《日本人为何选择了战争》，章霖译，浙江人民出版社，2019 年。

97. 〔日〕祢津正治：《天皇裕仁和他的时代》，李玉、吕永和译，世界知识出版社，1988 年。

98. 〔美〕康拉德·希诺考尔等：《日本文明史》，袁德良译，群言出版社，2008 年。

99. 林少阳：《"文"与日本的现代性》，中央编译出版社，2004年。
100. 〔日〕山本文雄：《日本大众传媒史》（增补版），诸葛蔚东译，广西师范大学出版社，2007年。
101. 纪廷许：《现代日本社会与日本社会思潮》，中国社会科学出版社，2007年。
102. 余伟雄：《王宠惠与近代中国》，台北文史哲出版社，1987年。
103. 齐世荣：《世界史探研　齐世荣自选集》，首都师范大学出版社，2008年。
104. 〔美〕阿瑟·N. 杨格：《抗战外援：1937—1945年的外国援助与中日货币战》，李雯雯译，四川人民出版社，2019年。
105. 〔美〕郝伯特·菲斯：《通向珍珠港之路：美日战争的来临》，周颖如等译，商务印书馆，1983年。
106. 〔美〕富兰克林·德·罗斯福《罗斯福选集》，关在汉编译，商务印书馆，1982年。
107. 任东来：《争吵不休的伙伴——美援与中美抗日同盟》，广西师范大学出版社，1995年。
108. 杜继东：《中德关系史话》，社会科学文献出版社，2011年。
109. 陈仁霞：《中德日三角关系研究（1936—1938）》，生活·读书·新知三联书店，2003年。
110. 陶恒生：《高陶事件始末》，中国大百科全书出版社，2012年。
111. 〔日〕堀场一雄：《日本对华战争指导史》，王培岚等译，世界知识出版社，2017年。
112. 〔日〕《产经新闻》社撰，古屋圭二主笔《蒋介石秘录》第四卷，《蒋介石秘录》翻译组译，湖南人民出版社，1988年。
113. 祁怀高：《战争与秩序：中国抗战与东亚国际秩序的演变研究》，复旦大学出版社，2010年。
114. 吴景平：《从胶澳被占到科尔访华——中德关系（1861—1992）》，福建人民出版社，1993年。
115. 日本防卫厅防卫研修所战史室：《中国事变陆军作战史》第三卷第一分册、第二分册、第三分册，田琪之等译，中华书局，1981—1983年。
116. 〔日〕服部卓四郎：《大东亚战争全史》（全四册），张玉祥等译，商务印书馆，1984年。
117. 〔美〕入江昭：《权力与文化》，吴焉译，中信出版社，2019年。

118. 栾景河、张俊义主编《近代中国：思想与外交》（上卷），社会科学文献出版社，2013年。

119. 严昌洪主编《辛亥革命史事长编》第9册，武汉出版社，2011年。

120. 〔日〕古川隆久：《毁灭与重生：日本昭和时代（1926—1989）》，章霖译，浙江人民出版社，2021年。

121. 〔美〕柯博文：《走向"最后关头"：日本侵略下的中国（1931—1937）》，马俊亚译，浙江人民出版社，2021年。

122. 〔日〕堀田江理：《日本1941：导向深渊的决策》，马文博译，新华出版社，2021年。

123. 〔美〕赫伯特·比克斯：《真相：裕仁天皇与现代日本的形成》，孙盛萍、王丽萍译，新华出版社，2020年。

124. 〔日〕半藤一利：《幕末史》，王琪译，九州出版社，2020年。

125. 吴天任：《康有为年谱》上卷，广东人民出版社，2018年。

126. 〔日〕佐藤之雄：《元老——近代日本真正的指导者》，沈艺、梁艳、李点点译，社会科学文献出版社，2019年。

127. 〔日〕真嶋亚有：《"肤色"的忧郁：近代日本的人种体验》，宋晓煜译，社会科学文献出版社，2021年。

128. 〔日〕子安宣邦：《近代日本的中国观》，王升远译，生活·读书·新知三联书店，2020年。

129. 〔英〕铃木胜吾：《文明与帝国：中国与日本遭遇欧洲国际社会》，王文奇译，世界知识出版社，2019年。

130. 〔美〕艾尔弗雷德·瓦茨：《武官》，陈乐福译，江苏人民出版社，2021年。

131. 〔英〕马修·塞利格曼：《戎装间谍——一战前英国武官对德国的情报战》，胡杰译，社会科学文献出版社，2021年。

132. 〔美〕约翰·查尔斯·史乐文：《"兴风作浪"——政治、宣传与日本帝国海军的崛起（1868~1922）》，刘旭东译，人民出版社，2016年。

133. 〔荷〕伊恩·布鲁玛：《创造日本：1853—1964》，倪韬译，四川人民出版社，2018年。

134. 〔日〕黑川创：《鹤见俊辅传》，夏川译，广西师范大学出版社，2021年。

135. 李恩涵：《北伐前后的"革命外交"（1925—1931）》，台北"中央研究院"近代史研究所，1993年。

三 中文论文

1. 王铁军：《玛利亚·路斯号事件与中日关系》，《日本研究》2006 年第 2 期。
2. 张晓刚等：《试析日本幕末时期的攘夷运动——以关东地区的暗杀外国人活动为线索》，《内蒙古师范大学学报》2010 年第 1 期。
3. 林子候：《日韩江华岛事件的检讨》（上），台北《食货月刊》（3/4 合刊），1984 年 7 月。
4. 林子候：《日韩江华岛事件的检讨》（下），台北《食货月刊》（5/6 合刊），1984 年 9 月。
5. 李晓丹：《美国对朝政策研究（1882—1905）》，吉林大学博士论文，2017 年 6 月。
6. 张存武：《读金基赫著〈东亚世界秩序的结局：一八六〇——八八二间的朝鲜、日本及大清帝国〉》，台北《"中央研究院"近代史研究所集刊》第 10 期，1981 年。
7. 王立新：《华盛顿体系与中国国民革命：二十年代中美关系新探》，《历史研究》2001 年第 2 期。
8. 王立诚、吴金彪：《一二八事变与英国对中日冲突的立场转变》，《安徽史学》2003 年第 6 期。
9. 马文英：《德国军事顾问团与中德军火贸易关系的推展》，台北《"中央研究院"近代史研究所集刊》第 23 期，1994 年。
10. 王宇博：《英国、国联与九·一八事变—兼评〈李顿报告书〉》，《历史档案》2002 年第 2 期。

四 日文著作

1. 外務省百年史編纂委員会編『外務省の百年』上下卷、原書房、1969 年。
2. 茂木敏夫『変容する近代東アジアの国際秩序』、山川出版社、2016 年。
3. 横浜開港資料館『ペリー来航と横浜』、横浜開港資料館、2012 年。
4. 池井優『日本外交史概説 増補版』、慶応通信、1982 年。
5. 呉善花『韓国併合への道 完全版』、文藝春秋、2013 年。
6. 井上寿一『日本外交史講義』、岩波書店、2003 年。
7. 永井秀夫『明治国家形成期の外政と内政』、北海道大学出版会、

1990 年。
8. 糟谷憲一『朝鮮の近代』、山川出版社、2015 年。
9. 趙景達『近代朝鮮と日本』、岩波書店、2012 年。
10. 岡崎久彦『陸奥宗光』（上下巻）、PHP 文庫、1990 年。
11. 片山慶隆『小村寿太郎：近代日本外交の体現者』、中央公論新社、2011 年。
12. 森万佑子『朝鮮外交の近代：宗属関係から大韓帝国へ』、名古屋大学出版会、2017 年。
13. 竹内正浩『鉄道と日本軍』，筑摩書房、2010 年。
14. 麻田雅文『日露近代史：戦争と平和の百年』、講談社、2018 年。
15. 井上勇一『東アジア鉄道国際関係史：日英同盟の成立および変質過程の研究』、慶應義塾大学出版会、1989 年。
16. 平間洋一『日英同盟：同盟の選択と国家の盛衰』、角川文庫、2015 年。
17. 宮田律『イスラムの人はなぜ日本を尊敬するのか』、新潮社、2015 年。
18. 宮田律『イスラム唯一の希望の国 日本』、PHP 研究所、2017 年。
19. 池井優・坂本勉『近代日本とトルコ世界』、勁草書房、1999 年。
20. 山田邦紀・坂本俊夫『東の太陽、西の新月：日本・トルコ友好秘話「エルトゥールル号」事件』、現代書館、2007 年。
21. シナン・レヴェント『戦前・戦中期における日本の「ユーラシア政策」―トゥーラン主義・「回教政策」・反ソ反共運動の視点から―』、早稲田大学出版部、2014 年。
22. 田嶋信雄『日本陸軍の対ソ謀略：日独防共協定とユーラシア政策』、吉川弘文館、2017 年。
23. 松長昭『在日タタール人：歴史に翻弄されたイスラーム教徒たち』、東洋書店、2009 年。
24. 稲葉千晴『明石工作：謀略の日露戦争』、丸善株式会社、1995 年。
25. 北川鹿藏『<ツラン民族分布地図>解説書』、日本ツラ協會、1933 年。
26. 北川鹿藏『パン・ツングーシズムと同胞の活路』、大通民論社、1929 年。

27. 今岡十一郎『ツラン民族運動とは何か』第 1 巻、日本ツラン協会、1933 年。
28. 今岡十一郎『ツラン民族圏』、竜吟社、1942 年。
29. 野副重次『汎ツラニズムと経済ブロック』、天山閣、1933 年。
30. 秦郁彦『太平洋国際関係史：日米および日露危機の系譜 1900—1935』、福村出版社、1972 年。
31. 黒羽茂『日米抗争史の研究』、南窓社、1973 年。
32. 移民研究会編『日本の移民研究 動向と文献目録 1』、明石書店、2008 年。
33. 加藤陽子『戦争の日本近現代史：東大式レッスン！征韓論から太平洋戦争まで』、講談社、2002 年。
34. 細谷千博編『日英関係史：1917 -1949』、東京大学出版会、1982 年。
35. 鹿島守之助『日英外交史』、鹿島研究所、1959 年。
36. 日本国際政治学会太平洋戦争原因研究部編著『太平洋戦争への道：開戦外交史 1 満州事変前夜』、朝日新聞社、1963 年。
37. 日本国際政治学会太平洋戦争原因研究部編著『太平洋戦争への道：開戦外交史 4 日中戦争』、朝日新聞社、1963 年。
38. 日本国際政治学会太平洋戦争原因研究部編著『太平洋戦争への道：開戦外交史 7 日米開戦』、朝日新聞社、1963 年。
39. 細谷千博・斎藤真編『ワシントン体制と日米関係』、東京大学出版会、1978 年。
40. 防衛廳防衛研修所戦史室『海軍軍戦備 1』、朝雲新聞社、1969 年。
41. 防衛廳防衛研修所戦史室『大本営海軍部・聯合艦隊（1）開戦まで』、朝雲新聞社、1975 年。
42. 入江昭『極東新秩序の模索』、原書房、1968 年。
43. 鹿島守之助『ワシントン会議及び移民問題』、鹿島平和研究所、1971 年。
44. 入江昭・有賀貞編『戦間期の日本外交』、東京大学出版会、1984 年。
45. 野村乙二朗『近代日本政治外交史の研究：日露戦後から第一次東方会議まで』、刀水書房、1982 年。
46. 宇治田直義『幣原喜重郎』、時事通信社、1985 年。
47. 鹿島守之助『日本外交政策の史的考察』、鹿島研究所、1958 年。

48. 斎藤鎮男『日本外交政策史論序説：外交教訓の史的研究』、新有堂、1981 年。
49. 服部龍二『幣原喜重郎と二十世紀の日本：外交と民主主義』、有斐閣、2006 年。
50. 石津朋之『日米戦略思想史日米関係の新しい視点：日米关系の新しい視点』、彩流社、2005 年。
51. 臼井勝美『日本と中国：大正時代』、原書房、1972 年。
52. 上村伸一『中国ナショナリズムと日華関係の展開』、鹿島平和研究所、1971 年。
53. 臼井勝美『中国をめぐる近代日本の外交』、筑摩書房、1983 年。
54. 小山俊樹『評伝森恪：日中対立の焦点』、株式会社ウェッジ、2017 年。
55. 衛藤瀋吉『二十世紀日中関係史』、東方書店、2004 年。
56. 菅原佐賀衛『西伯利出兵史要』、偕行社、1925 年。
57. 麻田雅文『シベリア出兵：近代日本の忘れられた七年戦争』、中央公論新社、2016 年。
58. 黒野耐『大日本帝国の生存戦略：同盟外交の欲望と打算』、講談社、2004 年。
59. 波多野澄雄、戸部良一、松元崇、庄司潤一郎、川島真『決定版 日中戦争』、新潮社、2018 年。
60. 服部龍二『広田弘毅：「悲劇の宰相」の実像』、中央公論新社、2008 年。
61. 長田彰文『セオドア・ルーズベルトと韓国——韓国護国化と米国』、未来社、1992 年。
62. 北野剛『明治・大正期の日本の満蒙政策史研究』、芙蓉書房、2012 年。
63. 佐藤元英『外務官僚たちの太平洋戦争』、NHK 出版、2015 年。
64. 稲葉千晴『暴かれた開戦の真実：日露戦争』、東洋書店、2002 年。
65. 服部聡『松岡外交：日米開戦をめぐる国内要因と国際関係』、千倉書房、2012 年。
66. 上白石実『幕末期対外関係の研究』、吉川弘文館、2011 年。
67. 松方冬子編『別段風説書が語る19 世紀——翻訳と研究』、東京大学出版会、2012年。

68. 外務省編『小村外交史』、新聞月鑑社、1953年。
69. F. V. ディキンズ著、高梨健吉訳『パークス伝　日本駐在の日々』、平凡社、1984年。

五　日文档案文献

1. 外務省調査部編『大日本外交文書』第一巻第一冊、第四巻、第五巻、第七巻、第八巻、第九巻、日本国際協会、1936年—1940年。
2. 外務省編『日本外交文書』第二十七巻第二冊、第三十七巻第一冊、第三十八巻第一冊、第三十七巻、第三十八巻『別冊日露戦争Ⅰ』、日本国際連合協会、1953—1958年。
3. 外務省編『日本外交文書』第四十四巻、第四十五巻別冊清國事變（辛亥革命）、日本国際連合協会、1961年。
4. 外務省編『日本外交文書』第四十五巻第一冊、第二冊、日本国際連合協会、1963年。
5. 外務省編『日本外交文書』大正三年第二冊、第三冊、大正五年第二冊、大正七年第一冊、大正七年第三冊、大正九年第一冊、大正十年第一冊、大正十三年第二冊、大正十五年第二冊上巻、昭和期Ⅰ第一部第一巻、外務省、1965—1989年。
6. 外務省編『日本外交文書・ワシントン会議』上下、外務省、1977年。
7. 外务省編『日本外交年表並主要文書』（上下）、原書房、1965年。
8. 外務省編『日本外交文書』昭和期Ⅰ第一部第一巻、外務省、1989年；昭和期Ⅱ第一部第三巻、外務省、2000年。
9. 日本国際政治学会太平洋戦争原因研究部編著『太平洋戦争への道：開戦外交史別巻』、朝日新聞社、1963年。
10. 猪木正道編『日本政治・外交史資料選』、有信堂、1967年。
11. 「井上外務卿朝鮮人金玉均ト談話筆記」、太政官・内閣関係/公文別録/公文別録・朝鮮事変始末・明治十五年・第八巻・明治十五年/国立公文書館蔵、JACAR系統査詢編号：A03023653800。
12. 「朝鮮国統理交渉通商事務衙門章程ノ件」、太政官・内閣関係/公文録/公文録・明治十六年・第十四巻・明治十六年五月~六月・外務省/国立公文書館蔵、JACAR系統査詢編号：A01100246500。

13. 「朝鮮事変/2〔明治17年11月28日から明治18年1月〕」、戦前期外務省記録/1門 政治/1類 帝国外交/2項 亜細亜/対韓政策関係雑纂/明治十七年朝鮮事変/外務省外交史料館藏、JACAR系统查询编号：B03030194500。

14. 「帝国諸外国外交関係雑纂/日土間之部 明治22年4月25日から大正15年5月27日」/戦前期外務省記録/1門 政治/1類 帝国外交/2項 亜細亜/帝国諸外国外交関係雑纂/外務省外交史料館藏、JACAR系统查询编号：B03030219900。

15. 「欧州戦争関係独墺ノ隠諜及連合国ノ独探取締関係雑件」、大正6年1月26日、戦前期外務省記録/5門 軍事/2類 戦争/7項 間諜、反逆/外務省外交史料館藏、JACAR系统查询编号：B07090877600。

16. 「臨時軍事費使用の件」、陸軍省大日記/欧受大日記/欧受大日記/大正7年4月/防衛省防衛研究所藏、JACAR系统查询编号：C03024894800。

17. 「松井中佐以下6名派遣の件」、陸軍省大日記/密大日記/大正7年/密大日記・4冊の内・2・大正7年/防衛省防衛研究所藏、JACAR系统查询编号：C03022435500。

18. 「諜報機関配置の件」、陸軍省大日記/密大日記/大正7年/密大日記・4冊の内・2・大正7年/防衛省防衛研究所藏、JACAR系统查询编号：C03022435700。

19. 「蒙古及新疆地方諜報機関配置の件」、陸軍省大日記/密大日記/大正7年/密大日記・4冊の内・2・大正7年/防衛省防衛研究所藏、JACAR系统查询编号：C030224364。

20. 「A級極東国際軍事裁判記録（和文）（NO.28）」/法務省/戦犯関係/戦争犯罪裁判関係資料/A級裁判記録・A級裁判速記録/国立公文書館藏、JACAR系统查询编号：A08071246400。

21. 「各国ニ於ケル宗教及布教関係雑件/回教関係 第二巻1.一般」、戦前期外務省記録/I門 文化、宗教、衛生、労働及社会問題/2類 宗教、神社、寺院、教会/1項 宗教/0目/各国ニ於ケル宗教及布教関係雑件/回教関係 第二巻/昭和13年1月21日（1938/01/21）/外務省外交史料館藏、JACAR系统查询编号：B04012550200。

22. 「清国事変ニ関シ騒乱地方ニ派遣シタル海軍軍人軍属ニ対スル増給

ノ件ヲ定ム」、公文類聚・第三十六編・明治四十五年～大正元年・第五巻・官職四・官制四・官等俸給及給与・任免/国立公文書館藏、JACAR系統査詢編号：A01200081400。

23. 「袁世凱帝制計画一件（極秘）/満洲挙事及宗社党ノ動静（極秘）松本記録」、戦前期外務省記録/1門 政治/6類 諸外国内政/1項 亜細亜/外務省外交史料館藏、JACAR系統査詢編号：B03050740700。

24. 「対支政策私議」、戦前期外務省記録/『支那政見雑纂』第二巻/1門 政治/1類帝国外交/2項亜細亜/外務省外交史料館藏、JACAR系統査詢編号：B03030275100。

25. 「奉直問題に対する朝鮮総督府の態度」、陸軍省大日記/密大日記/大正14年/密大日記 大正14年6冊の内第1冊/防衛省防衛研究所藏、JACAR系統査詢編号：C03022694100。

26. 「第五十回（大正十四年一月）幣原大臣」、戦前期外務省記録/1門 政治/5類 帝国内政/2項 議会及政党/帝国議会関係雑纂/総理、外務両大臣演説/外務大臣演説集第二巻/外務省外交史料館藏、JACAR系統査詢編号：B03041473100。

27. 「帝国議会に於ける外務大臣演説集」、戦前期外務省記録/A門 政治、外交/1類 帝国外交0項0目/外務大臣（其ノ他）ノ演説及声明集第一巻/外務省外交史料館藏、JACAR系統査詢編号：B02030023900。

28. 「分割2」、戦前期外務省記録/5門 軍事/3類 暴動及内乱/2項 外国/尼港ニ於ケル帝国官民虐殺事件第四巻/外務省外交史料館藏、JACAR系統査詢編号：B08090306900。

29. 「ニコラエフスク」附近に部隊派遣に関する件」、陸軍省大日記/西密受・西受大日記/シベリア出兵/西伯利亜出兵作戦に関する命令・訓令・西動綴/防衛省防衛研究所藏、JACAR系統査詢編号：C06032009300。

30. 「尼港事件経過/西比利亜問題参考資料/1921年」、調書/欧米局/欧米局第一課/外務省外交史料館藏、JACAR系統査詢編号：B10070050700。

31. 「佐田白茅外二人帰朝後見込建白」、公文録・明治八年・第三百五巻・朝鮮講信録/国立公文書館藏、JACAR系統査詢編号：A0110012

4300。

六　日文回忆录、日记和报告

1. M. C. ペリー、F. L. ホークス編纂、宮崎壽子監訳『ペリー提督日本遠征記 上下』、角川ソフィア文庫、2016 年。
2. 林銑十郎『興亜の理念』、文松堂書店、1943 年。
3. 今岡十一郎「ハンガリー滞在十年Ⅰ」、『日本週報』、1956 年 12 月 10 日。
4. 参謀本部『回教圏提要』、参謀本部、1942 年。
5. 宇都宮太郎関係資料研究会編『日本陸軍とアジア政策：陸軍大将宇都宮太郎日記』、岩波書店、2007 年。
6. 幣原喜重郎『外交五十年』、読売新聞社、1951 年。
7. 宇垣一成『宇垣一成日記 3』、みすず書房、1971 年。

七　日文论文

1. 川崎晴朗「明治時代の東京にあった外国公館（2）」、『外務省調査月報』第 1 期、2012 年。
2. 永井秀夫「鹿鳴館と井上外交」、『北海学園大学人文論集』第 2 号、1994 年 3 月。
3. 東元春夫「『東雲新聞』」と条約改正問題」、『新聞学評論』第 27 巻、1978 年 6 月。
4. 布和「1874 年の台湾事件における清国琉球政策の変化」、『桜花学園大学研究紀要』第 3 号、2000 年。
5. 張偉雄「明治初年日中間の文化交流と外交交渉：初代駐日公使何如璋を中心に」、『札幌大学総合論叢』、1999 年。
6. 高橋秀直「江華条約と明治政府」、『京都大学文学部研究紀要』第 37 号，1998 年。
7. 諸洪一「明治初期の朝鮮政策と江華島条約——宮本小一を中心に」、『札幌学院大学人文学会紀要』第 81 号、2007 年。
8. 鈴木文「明治初期日朝関係と詩文応酬」、『史観』第 160 号、2009 年。
9. 狐塚裕子「一八八一年朝鮮朝士視察団（紳士遊覧団）の来日（二）——朝士の視察状況を中心に」、『清泉女子大学紀要』第 51 号、2003 年。

10. 許東賢「朝士視察団（一八八一）の日本経験に見られる近代の特性」、『神奈川法学』第 38 巻第 2、3 号、2006 年。
11. 呉正萬「近代朝鮮ナショナリズムに関する一考察（一）」、『神奈川法学』第 21 巻第 1 号、1986 年。
12. 布和「1880 年代初期の日本の対朝鮮外交——壬午事変までの時期を中心に」、『桜花学園大学人文学部研究紀要』第 7 号、2004 年。
13. 小林隆夫「サー・ハリー・パークスと華夷秩序：イギリスと中国・朝鮮の宗属関係」、『中京大学教養論叢』第 43 巻第 2 号、2002 年。
14. 金容暉「東学・天道教の霊忤と生命平和思想」、『都留文科大学研究紀要』第 76 号、2012 年。
15. 周継紅「日清戦争と李鴻章の外交指導」、『中京大学大学院生法学研究論集』、1999 年。
16. 古結諒子「日清戦争下の外交関係—〈三国干渉〉への道—」、海外大学院とのジョイント教育 日本学共同ゼミ研究報告「国際社会と東アジア」、2005 年。
17. 伊藤信哉「二〇世紀前半の日本の外交論壇と"外交時報"（1）」、『松山大学論集』第 20 巻第 1 号、2008 年 4 月。
18. 伊藤信哉「二〇世紀前半の日本の外交論壇と"外交時報"（2）」、『松山大学論集』第 20 巻第 1 号、2008 年 8 月。
19. 武田龍夫「トルコ対外関係論序説」、『北海道東海大学紀要 人文社会科学系』第 6 号、1993 年。
20. 三沢伸生「明治期の日本社会における露土戦争の認識」、『東洋大学社会学部紀要』第 54 巻第 1 号、2016 年。
21. 小松香織「近代トルコにおける軍人のエトス」、『早稲田大学大学院教育学研究科紀要』第 27 号、2017 年。
22. 島田大輔「明治末期日本における対中東政策構想：宇都宮太郎「日土関係意見書」を中心に」、『政治經濟史學』第 578 号、2015 年。
23. 渡邉通弘「セーブル条約と日本（一）」、『東海大学文明研究所紀要』第 13 巻、1993 年。
24. 渡邉通弘「セーブル条約と日本（二）」、『東海大学文明研究所紀要』第 14 巻、1994 年。
25. 保坂修司「日本と中東 石油をめぐる歴史」、近藤洋平編『アラビア半島の歴史・文化・社会』、東京大学中東地域研究センター、2021年。
26. 日向玲理「近代日本とペルシャ」、『外交史料館報』第29号、2016年。
27. 澤田次郎「アフガニスタンをめぐる日本の諜報工作活動：1934—1945年を中心に」、『政治・経済・法律研究』第22巻第1号、2019年。
28. 田嶋信雄「アフガニスタン駐在日本陸軍武官追放事件1937年」、『成城法学』第85号、2017年。
29. 島田大輔「〔全方位〕回教政策から〔大東亜〕回教政策へ——四王天延孝会長時代の大日本回教協会1942—1945」、『次世代アジア論集』第8号、2015年。
30. 松村正義「もう一人のポーツマス講和全権委員：高平小五郎・駐米公使」、『外務省調査月報』第1期、2006年。
31. 桜井良樹「大正時代初期の宇都宮太郎—参謀本部第二部長として—」、『経済社会総合研究センター Working Paper』第23巻、2007年。
32. 楊茜『対華21ヵ条をめぐる中日両国の交渉：山東問題を中心に』、北海道大学博士学位論文（甲第14146号）、2020年6月。
33. 楊海程「二十一ヵ条要求交渉と日中外交」、『言語と文明』第9巻、麗澤大学大学院言語教育研究科、2011年。
34. 斉藤寿彦「勝田竜夫著『中国借款と勝田主計』」、『三田学会雑誌』第66巻第11号、1973年。
35. 野村實「対米英開戦と海軍の対米7割思想」、『軍事史学』第9巻第2号、1973年。
36. サヴェリエフ・イゴリ『移民と国家：極東ロシアにおける中国人、朝鮮人、日本人移民の比較研究（1860—1917）』、名古屋大学博士学位論文（乙第6228号）、2003年7月。
37. 小林幸男「シベリア干渉の終焉と日ソ修交への道（正）——北京会議における北樺太撤兵問題」、『京都学園法学』第2号、2003年。
38. 井竿富雄「尼港事件と日本社会、一九二〇年」、『山口県立大学学術情報』第2号、2009年。
39. 池田十吾「日本のシベリア出兵をめぐるアメリカの態度（一）」、『日本政教研究所紀要』第6号、1982年。

40. 池田十吾「日本のシベリア出兵をめぐるアメリカの態度（二）」、『日本政教研究所紀要』第 7 号、1983 年。
41. В. Г. スモリャーク「ニコラエフスク事件」、『ロシア史研究』第 45 号，1987 年。
42. 駄場裕司「後藤・ヨッフェ交渉前後の玄洋社・黒龍会」、『拓殖大学百年史研究』第 6 号、2001 年。
43. 井竿富雄「尼港事件・オホーツク事件損害に対する再救恤、一九二六年」、『山口県立大学学術情報』第 3 号、2010 年。
44. 島崎貞彦「在中国日本公使館の大使館昇格問題」、『国際政治』第 28 巻、1965 年。
45. 加地良太「外交実施体制の強化に向けた取組―在外公館を中心に―」、『立法と調査』342 号、2013 年。
46. 立川京一「我が国の戦前の駐在武官制度」、『防衛研究所紀要』第 17 巻第 1 号、2014 年。
47. 平山龍水「明治初期の日本の朝鮮政策―1868 年～1872 年―」、『東京国際大学論叢 グローバルスタディーズ論集』第 2 号、2018 年。
48. 松村正義「もう一人のポーツマス講和全権委員：高平小五郎・駐米公使」、『外務省調査月報』2006 年第 1 期。
49. 土田哲夫「カイロ会談と日本の対応」、『法学新報』123 巻、2017 年。

八　中文回忆录、日记和报告（含译著）

1. 〔英〕萨道义：《明治维新亲历记》，谭媛媛译，文汇出版社，2017 年。
2. 〔日〕陆奥宗光：《蹇蹇录 甲午战争外交秘录》，徐静波译，上海人民出版社，2018 年。
3. 〔美〕保罗·芮恩施：《一个美国外交官使华记》，李抱宏，盛震溯译，文化艺术出版社，2010 年。
4. 曹汝霖：《曹汝霖一生之回忆》，中国大百科全书出版社，2009 年。
5. 〔日〕凤冈及门弟子编《三水梁燕孙先生年谱》，上海书店，1990 年。
6. 《顾维钧回忆录》第一分册、第二分册、第三分册，中国社会科学院近代史研究所译，中华书局 1983—1985 年。
7. 〔美〕鲍威尔：《我在中国二十五年——〈密勒氏评论报〉主编鲍威尔回忆录》，邢建榕等译，上海书店出版社，2010 年。

8. 颜惠庆：《颜惠庆自传——一位民国元老的历史记忆》，吴建雍等译，商务印书馆，2003年。

9. 〔日〕稻叶正夫编《冈村宁次回忆录》，天津市政协编译委员会译，中华书局，1981年。

10. 〔日〕松本重治：《上海时代》，曹振威、沈中琦等译，上海书店出版社，2005年。

11. 高宗武：《日本真相》，夏侯叙五整理注释，湖南教育出版社，2008年。

12. 蒋廷黻：《蒋廷黻回忆录》，谢钟琏译，东方出版社，2011年。

13. 〔美〕约瑟夫·C.格鲁：《使日十年——1932至1942年美国驻日大使格鲁的日记及公私文件摘录》，蒋相泽译，商务印书馆，1983年。

14. 〔日〕今井武夫：《今井武夫回忆录》，《今井武夫回忆录》翻译组译，上海译文出版社，1978年。

15. 〔日〕重光葵：《日本侵华内幕》，齐福霖、李松林、张颖、史桂芳译，解放军出版社，1987年。

16. 〔日〕有贺长雄著，李超编《有贺长雄论学集》，商务印书馆，2019年。

17. 沈亦云：《亦云回忆》（上下），岳麓书社，2017年。

18. （清）何如璋：《何如璋集》，天津人民出版社，2010年。

19. 张宪文主编《见证与记录：南京大屠杀史料精选（中方史料）》，江苏人民出版社，2014年。

20. 〔俄〕维特著〔美〕亚尔莫林斯基编《维特伯爵回忆录》，傅正译，商务印书馆，1976年。

九 英文文献

1. Niiya, Brian, ed., *Encyclopedia of Japanese American History: An A-to-Z Reference from 1868 to the Present*, New York: Facts on File, 2001.

2. Odo, Franklin, ed., *The Columbia Documentary History of the Asian American Experience*, New York: Columbia University Press, 2002.

3. Sant, John E. Van, *Pacific Pioneers: Japanese Journeys to America and Hawaii, 1850-80*, Urbana: University of Illinois Press, 2000.

4. Reid, John Gilbert, ed, "Taft's Telegram to Root, July 29, 1905," *Pacific Historical Review*, 1940（1）.

5. Becker, Jules, *The Course of Exclusion, 1882-1924: San Francisco News-*

paper Coverage of the Chinese and Japanese in the United States, San Francisco: Mellen Research University Press, 1991.

6. Kawakami, Kiyoshi Kari, *The Real Japanese Question*, New York: Macmillan Co., 1921.

7. Brett, Melendy H., *Chinese and Japanese Americans*, New York: Hippocrene Books, 1984.

8. Daniels, Roger, *Asian America: Chinese and Japanese in the United States since 1850*, Seattle: University of Washington Press, 1988.

9. Ichioka, Yuji, *The Issei: The World of the First Generation Japanese Immigrants, 1885-1924*, New York: Free Press, 1988.

后 记

历经数年，终于完成了《从黑船来航到开罗会议：近代日本外交历程》的撰写工作，感慨万千。我没有想到工作量如此巨大，需要阅读的资料似乎无穷无尽，一度有动摇甚至放弃的念头。但总算坚持下来了。

我是1978年春天跨入高校大门的。作为77级中的一分子，有幸赶上了改革开放的好时代，获得了学习和研究历史的机会。1987年作为一名在校研究生，第一次在学术刊物上发表了关于日本外交史的论文，也是平生发表的第一篇学术论文。在学习和研究日本史特别是日本外交史的过程中得到了许多师友的关照和帮助，拙著中的某些章节曾以学术论文的形式在刊物上发表，在此谨对各位师友和编辑表示深深的谢意！

在拙著出版之际，我要特别感谢奈良大学的罗东耀教授、河内将芳教授，承蒙他们的热情邀请，本人多次赴奈良大学访学。奈良大学图书馆拥有非常丰富的文献资料，为拙著撰写提供了便利。访学期间，得到了罗东耀教授的悉心关照，罗东耀教授多次亲自驾车陪我外出，或去国立国会图书馆关西馆查阅资料，或去探访历史遗址。

张建伟博士、张天乐同志分别参与了拙著第六章第一节、第二节和第七章第二节的撰写，李嘉明、张旭、张建伟、马藤、景梦瑶、胡文嘉、刘硕、陆则奕等同志帮助查阅或核对了部分资料，谨致谢意！

2016年，本人应邀参加了教育部哲学社会科学研究重大课题攻关项目"近代以来日本对华政军档案整理与研究"，课题组成员围绕近代以来日本对华政军档案的收集、甄别、整理、编译和出版等问题进行深入研讨，编辑了《近代以来日本政军对华档案要目（1868—1986）》和《近代以来日本政军对华关系专题论集》等，获益良多。

苏州科技大学以及社会发展与公共管理学院的领导、老师长期以来一直关心本人的教学和研究工作，在此谨致谢忱！

家人一直耐心和默默地支持本人的工作，本人心怀感激之情！

最后我要衷心感谢社会科学文献出版社尤其是高明秀同志认真、细致的编辑工作。高明秀同志提出了许多宝贵的修改意见，使我深受启发。当然拙著中出现的错漏应由本人承担，欢迎学界朋友批评指正！

祝曙光

2022 年 4 月 12 日于苏州

图书在版编目(CIP)数据

从黑船来航到开罗会议：近代日本外交历程 / 祝曙光著. --北京：社会科学文献出版社，2025.3
ISBN 978-7-5228-3285-2

Ⅰ.①从… Ⅱ.①祝… Ⅲ.①外交史-研究-日本-近代 Ⅳ.①D831.39

中国国家版本馆CIP数据核字(2024)第035673号

从黑船来航到开罗会议：近代日本外交历程

著　　者 / 祝曙光

出 版 人 / 冀祥德
责任编辑 / 高明秀
文稿编辑 / 邹丹妮
责任印制 / 王京美

出　　版 / 社会科学文献出版社·区域国别学分社（010）59367078
　　　　　地址：北京市北三环中路甲29号院华龙大厦　邮编：100029
　　　　　网址：www.ssap.com.cn

发　　行 / 社会科学文献出版社（010）59367028
印　　装 / 三河市龙林印务有限公司

规　　格 / 开本：787mm×1092mm 1/16
　　　　　印 张：28.5　字 数：482千字
版　　次 / 2025年3月第1版　2025年3月第1次印刷
书　　号 / ISBN 978-7-5228-3285-2
定　　价 / 128.00元

读者服务电话：4008918866

版权所有 翻印必究